Das Berliner Schloß

Das klassische Berlin

Goerd Peschken
Hans-Werner Klünner

Das klassische Berlin
Propyläen

Das Berliner Schloß

unter Mitarbeit
von Fritz-Eugen Keller
und Thilo Eggeling

Der Band enthält 439 Abbildungen, davon 287 im Tafelteil und 152 im Textteil

Printed in Germany 1991
Redaktion: Andreas Simonides
Typographische Einrichtung und Einband:
Dieter Speck, Erika Huss
Satz: Bongé & Partner, Berlin
Druck und Verarbeitung: SVA, Ludwigsburg

ISBN 3 549 06652 X

Inhaltsverzeichnis

Anhang

Vorwort

Das Berliner Schloß hat ziemlich genau fünf Jahrhunderte bestanden. Zwischen seiner ersten Erbauung in den Jahren 1443–1451 und seinem Untergang in den Jahren 1944–1951 hat es den brandenburgisch-preußisch-deutschen Staat architektonisch repräsentiert, war dessen baulicher Mittelpunkt. Selten hat ein Großbau die Schicksale der politischen Kraft, die ihn sich geschaffen hatte, so sehr geteilt wie dieser. Seine Gründung durch die brandenburgischen Kurfürsten fällt in eins mit, ja ist Werkzeug zu der Errichtung einer frühen Stufe landesfürstlich-absolutistischen Regiments. Sein glanzvoller Ausbau ein knappes Jahrhundert später entspricht dem Aufschwung und der Konsolidierung landesfürstlicher Gewalt in der Reformationszeit. Der vielbewunderte barocke Um- und Ausbau dann der Zeit um 1700, der bis zuletzt dem Schloß und der ganzen Stadt Berlin das Gesicht gegeben hat, stand in wohlbewußtem Zusammenhang mit der Begründung des Königreichs Preußen. Das Schloß blieb Residenz auch des preußisch-deutschen Kaiserreichs bis 1918. Dann schien es aus der aktiven Geschichte entlassen und in den Bestand des kulturellen Erbes Europas aufgenommen werden zu sollen, wurde aber doch zusammen mit Preußen-Deutschland zerstört.

Wenn auch der kleindeutsche Nationalstaat, die geschichtliche Leistung des brandenburgisch-preußischen Absolutismus, zerfallen ist – sein Territorium ist zum Teil polnisch oder russisch geworden, der Rest ist heute in der Bundesrepublik wiedervereinigt –, so ist dieser ursprünglich größer gedachte Nationalstaat doch zwei Jahrhunderte lang erst die Hoffnung und dann der freilich etwas eng geratene Rahmen des deutschen bürgerlichen Lebens und der deutschen bürgerlichen Kultur gewesen (sicherlich ist uns zu wenig bewußt, daß es daneben fortwährend eine österreichische und eine schweizerische bürgerliche Kultur in unserer Sprache gegeben hat und gibt). Vergangen muß nicht vergebens heißen; es hängt immer wieder von uns selbst ab, was vergebens gewesen ist. Und ein Schicksal, dessen Verhängnis sich, von heute her gesehen, schon früh abgezeichnet hat, muß darum nicht ohne Größe, Glanz und Hoffnung gewesen sein. Das gilt so gut wie für Preußen-Deutschland auch für das Schloß. In der ganzen Spanne seines Bestehens sind wieder und wieder die Mittel und Kräfte des Landes auf dieses Schloß konzentriert worden, und die Arbeit seiner Architekten, Bildhauer, Maler und Kunsthandwerker war wieder und wieder vorzüglich und vorbildlich erst für die Mark Brandenburg, dann – mit der Gründung des Königreichs Preußen – auch über die preußischen Grenzen hinaus. Und immer wieder war das Schloß Schauplatz von Ereignissen der Geschichte, die Brandenburg-Preußen und zuletzt ganz Deutschland und andere Länder angingen. Und schließlich war es ein Mittelpunkt Berliner Lebens, nicht nur seiner »großen Welt«, sondern auch seines Volkes.

Die Idee zu diesem Buch kam von Andreas Simonides, Propyläen Verlag. Das Schloß ist seinerzeit eines der bestfotografierten Architekturobjekte überhaupt gewesen. Das Buch sollte deshalb ursprünglich vor allem ein Fotobuch werden, mit einer geschichtlichen Übersicht vorweg und kurzen Erläuterungen zu den Tafeln, in denen lediglich der bisherige Stand der Kenntnisse referiert werden sollte. Wir wollten wissenschaftliche Spezialdarlegungen vermeiden, wollten lieber allgemeingeschichtliche Aspekte verfolgen, das Schloß nicht nur als Monument der Bau- und Kunstgeschichte, sondern auch als Teil und Schauplatz unserer politischen Vergangenheit darstellen. Ich konnte dafür Hans-Werner Klünner zum Mitautor gewinnen; seine lokalhistorischen Kenntnisse sind diesem Konzept und auch meinen Texten sehr zugute gekommen.

Mit zwei der Neueinrichtungen im bestehenden Schloßbau, die sich vom übrigen Text isolieren ließen, konnte ich Kollegen von der Kunstgeschichtsseite betrauen: Die Wohnung Friedrichs des Großen übernahm Thilo Eggeling, die Königskammern Friedrich Wilhelms II. Fritz-Eugen Keller. Da eine wissenschaftlich vollständige Bearbeitung der im Archiv der Schlösserverwaltung Berlin-West befindlichen originalen Planbestände zu den Königskammern sonst nicht in Aussicht stand, aber im Interesse auch der Kollegen in der DDR – wo in Potsdam und Dessau-Wörlitz eng verwandte Bauten und Einrichtungen erhalten sind und gepflegt werden – zu wünschen war, fanden wir uns veranlaßt, von dem ursprünglichen Konzept ein erstes Mal abzugehen: Fritz-Eugen Kellers Kapitel über die Königskammern ist auf Vollständigkeit angelegt und bringt wissenschaftlich Neues. Den anderen Autoren wollte es beim Schreiben indessen ebenfalls nicht gelingen, noch unveröffentlichte Erkenntnisse langjähriger Beschäftigung mit dem Schloß zu verleugnen. Im ersten Kapitel der Schloßgeschichte hat Hans-Werner Klünner die Diskussion über manchen bedeutsamen Punkt wiedereröffnet und ist zu neuen Erkenntnissen und Fragestellungen gelangt; in seinem abschließenden Kapitel über das Berliner Schloß nach 1918 findet der Leser eine Fülle bisher unbekannter Tatsachen.

Auch in meinen Darlegungen über den Königsbau wird manches dem Kenner ungewohnt sein; ich konnte allerdings nicht zu allem Neuen die vollständigen Argumente entwickeln, weil dazu der mehrfache Platz und ein Vielfaches an Bilddokumentation erforderlich gewesen wäre. Ich muß auf eine seit langem in Arbeit befindliche detaillierte Baugeschichte des Barockbaues verweisen, die in den nächsten Jahren erscheinen soll. Zu dem wohl größten und jedenfalls schwierigsten Thema, das im vorliegenden Buch angeschnitten wird, den Paradekammern, habe ich nur sehr unzureichende Bemerkungen machen können. Liselotte Wiesinger, die seit langer Zeit darüber arbeitet, war so freundlich, meinen Text gegenzulesen. Sie hat auch zu den Erläuterungen der Innenräume die Einzelangaben über die Teppiche beigesteuert, Wilfried Baer die zu den Möbeln und Helmut Börsch-Supan diejenigen zu den Tafelbildern. Vroni Heinrich-Hampf hat alle von mir abgefaßten Abschnitte kritisch durchgesehen. Ihnen allen sei für ihre Hilfsbereitschaft herzlich gedankt.

Zu danken habe ich auch Margarete Kühn und Martin Sperlich, Mitherausgeber des geplanten wissenschaftlichen Spezialwerks, sie haben freundlicherweise in unsere Vorweg-Publikation eingewilligt.

Zur zweiten Auflage

Die Einsicht in bisher unzugänglich gehaltene Archive und zehn Jahre weitere eigene Forschung seit dem Erscheinen der ersten Auflage dieses Bandes ermöglichen es mir, einige Irrtümer zu berichtigen. Die Berichtigungen betreffen die Reihenfolge und zeitliche Stellung von Schlüters Umbauten im Schloßhof und Einbau seines großen Treppenhauses, die Autorschaft der Sockeltäfelung in der Drap d'Or-Kammer sowie die Autorschaft des Ausbaus des Staatsrats-Saales.

Hans-Werner Klünner hat einige Ergänzungen und Korrekturen vorgenommen und seinen Geschichtstext die zehn Jahre bis in die Gegenwart weitergeführt.

G. P.

Vom Hohen Haus zur »Burg« Kurfürst Friedrichs II.

Der Hof der Markgrafen von Brandenburg in Berlin

Im 19. Jahrhundert war man noch vielfach der Meinung, daß die Städte Berlin und Cölln in Anlehnung an eine landesherrliche Burg gegründet seien, ähnlich wie Spandau und Köpenick. Diese Ansicht vertrat auch der Berliner Stadtarchivar Paul Clauswitz noch 1893 in seiner umfangreichen geschichtlichen Einleitung zu dem von Richard Borrmann bearbeiteten Werk »Bau- und Kunstdenkmäler von Berlin«. Clauswitz' Nachfolger im Amt, Stadtarchivdirektor Ernst Kaeber, hat später jedoch überzeugend herausgearbeitet, daß es zur Entstehungszeit der Doppelstadt hier keine Burg gegeben hat (Hansische Geschichtsblätter 34, 1929, S. 19ff.). Wohl aber haben sich die Markgrafen von Brandenburg bei der Absteckung der Stadtanlage, die in Erweiterung einer bereits vorhandenen Kaufmannsniederlassung vermutlich um 1230 erfolgte, an der Ostseite Berlins an der Klosterstraße einen größeren Platz für eigene Zwecke vorbehalten. Dieses Areal umfaßte die Grundstücke mit den späteren Bezeichnungen Klosterstr. 73 bis 78, Königstr. 27 bis 30 und Neue Friedrichstr. 82 bis 84; auf der Westseite der Klosterstraße kamen später die Grundstücke Nr. 35 bis 37 hinzu – als »Altes Haus«, »Kanzlei« und »Alter Marstall« urkundlich erwähnt. Die Grundstücke Klosterstraße 75 und 76 bildeten den »Alten Hof«,

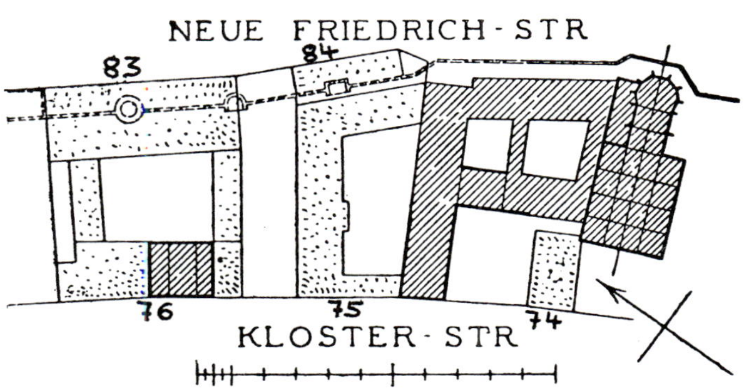

Lageplan von Hohem Haus und Grauem Kloster, nach Julius Kothe

Dieser markgräfliche Hof wird als »Aula Berlin« in einer Urkunde vom 21. November 1261 erwähnt, als Markgraf Otto III. der Stadt Cölln die »Mirica«, die Heide im Südosten der Stadt, zu ständigem Besitz überträgt. Irgendwelche Einzelheiten über diesen Hof sind nicht überliefert, aber daß Wohneinrichtungen für den Markgrafen und seine Familienangehörigen vorhanden waren, ist schon deshalb zu vermuten, weil sich mindestens seit 1250 auf dem Südteil des Grundstückskomplexes (die Grundstücke Klosterstraße 73-74) eine Niederlassung des Franziskaner-Ordens befand, dessen Lektor Hermann von Langele Beichtvater des Markgrafen war. Reste der ersten, aus Granitfindlingen errichteten, etwa 52 Meter langen flachgedeckten Saalkirche sind noch heute an der Nordmauer der jetzigen Kirchenruine zu erkennen.

Infolge der 1258 durchgeführten Teilung der Mark Brandenburg zwischen den markgräflichen Brüdern Johann I. und Otto III. kamen Berlin-Cölln mit fast dem ganzen Teltow und Teilen des Barnim an die ottonische Linie. Die gemeinsame Hof- und Haushaltung, welche die Brüder mit ihren Familien bis dahin geführt hatten, wurde 1260 aufgelöst. Daraus kann geschlossen werden, daß sich Markgraf Otto III. spätestens um diese Zeit auf dem ihm schon gehörenden Grundstück in Berlin eine Hofhaltung einrichtete, eben die 1261 erwähnte »Aula Berlin«. Wahrscheinlich hängt damit auch der Ausbau des Franziskaner-Klosters und besonders der Neubau seiner Kirche zusammen, die ja die Funktion einer Hofkirche hatte. Wie neuere Forschungen darlegen, ist die jetzt nur noch als Ruine erhaltene Kirche des Grauen Klosters zwischen 1260 und 1270 als Basilika errichtet und das polygonale Chorhaupt als späterer Bauteil – wahrscheinlich um 1290 – hinzugefügt worden. Schmoll-Eisenwerth betont, daß der Langhausbau der Franziskaner-Kirche die Vorstufe der um 1273 begonnenen Klosterkirche zu Chorin sei: »zwischen Lehnin und Chorin geschaffen, ist er die erste eigenwillige Verkörperung der neuen Baugedanken in der Mark.« Dem widerspricht auch nicht, daß eine jetzt zerstörte Inschrift im Chor der Kirche die Söhne Ottos III., die Markgrafen Otto V. und Albert III., als Gründer des Klosters nennen, weil diese 1271 das Grundstück schenkten, denn dieser Akt wird für die damals schon über zwanzig Jahre bestehende Mönchsniederlassung nur eine letzte Bestätigung ihres Eigentumsrechtes gewesen sein.

hanneischen Linie im Mai 1281. Berlin war also damals bereits eine so bedeutende Stadt, daß die zahlreichen Vertreter der Geistlichkeit, des Adels und der Städte mit ihrem Gefolge hier untergebracht werden konnten. Die Ständeversammlungen werden in dem großen, 36 Meter langen Festsaal des neuerbauten berlinischen Rathauses getagt haben, während die Verhandlungen mit den Markgrafen in deren neuerbauten Wohnhaus in der Klosterstraße stattfanden.

Spätestens seit Ernst Fidicins Forschungen um 1840

Portal und Saalfenster des Hohen Hauses während ihrer Freilegung beim Abriß des ehem. Lagerhauses im Jahr 1931

Beurkundungen von Regierungshandlungen seitens der Markgrafen in Berlin sind aus dieser Zeit nicht überliefert. Die erste in Berlin ausgestellte Urkunde stammt aus dem Jahr 1280. In der zweiten Augusthälfte jenes Jahres fand in Berlin ein Landtag der Stände aus allen Landesteilen der ottonischen Linie statt. Am 18. August 1280 beurkundeten die Markgrafenbrüder Otto V., Albert III. und Otto VI. die Abschaffung der Bede in ihren Landesteilen. Die Bede, eine bis dahin nach den Bedürfnissen der Landesherrn erhobene – erbetene – unregelmäßige Steuer, wurde damals in eine feste Jahresabgabe umgewandelt. Der gleiche Vorgang erfolgte für die Landesteile der jo-

war den Kennern Berliner Geschichte bekannt, daß das Stadtwohnhaus der Markgrafen von Brandenburg, das spätere »Hohe Haus«, an der Stelle des Lagerhauses in der Klosterstraße 76 gestanden hatte (siehe Abbildung S. 15). Die irrige Ansicht, daß der mittelalterliche Bau im 17. Jahrhundert bei der Erbauung des Gouverneurshauses abgebrochen worden sei, war auch durch die Existenz mittelalterlicher Kreuzgewölbe im Erdgeschoß des Lagerhauses nicht zu erschüttern. Als 1909 die Untergrundbahnstrecke Klosterstraße–Alexanderplatz über das Lagerhausgrundstück geführt werden sollte, verkaufte das Finanzministerium die Grundstücke Klosterstraße 75 und 76 an die Hochbahngesellschaft, um mit dem Erlös die Neubauten für die bisher hier untergebrachten Einrichtungen der Kunstschule, des Rauch-Museums und des Geheimen

Staatsarchivs zu finanzieren. Durch den Ersten Weltkrieg wurde das Neubebauungsprojekt der Hochbahngesellschaft, das auch die Durchlegung der Grunerstraße zur Klosterstraße vorsah und für das deren Chefarchitekt Alfred Grenander bereits Pläne geliefert hatte, zunichte gemacht. Infolge der Inflation erfolgte die Auflassung der Grundstücke an die Hochbahngesellschaft erst 1924. Sie verkaufte das Kunstschulgrundstück an die Stadt Berlin und das Lagerhausgrundstück an die Wertheim Grundstücks GmbH, die hier einen Erweiterungsbau ihres benachbarten Warenhauses errichten wollte.

1931 begann der Abbruch des Stadtviertels an der Königstraße, und im Mai kam das Lagerhaus unter die Spitzhacke. Beim Abbruch einer Innenmauer traten spitzbogige Arkaden zutage, und als man von hier aus suchend weiteren Putz abschlug, kam unter der barocken Oberfläche die gotische Architektur zum Vorschein, »streng und trotzig, als schlüge ein harter Ritter das Visier zurück«, wie Walter Stengel, der damalige Direktor des Märkischen Museums, es tief beeindruckt formulierte. Die Entdekkung der Reste des Hohen Hauses war tatsächlich eine Sensation für Berlins Geschichtsfreunde. Das nebenstehende Bild zeigt den Zustand nach Freilegung der ganzen Portalzone. Der mittlere der drei Spitzbögen, sechs Meter hoch und drei Meter breit, enthielt das eigentliche Portal, in den Seitenbögen saßen Fenster mit Kreisblenden darüber. Auch im Keller und im Obergeschoß waren noch Teile des frühgotischen Mauerwerkes erhalten, so daß die wichtigsten Teile des Hauses zeichnerisch rekonstruiert werden konnten. Aus dem Abbruchmaterial der Fassade und aus unbeschädigten, im Kellerfußboden gefundenen Formsteinen wurde der Portalbogen in der großen Halle des Märkischen Museums wieder aufgebaut.

Baurat Julius Kohte, der den Abbruch des Hauses überwacht hatte, veröffentlichte 1936 das Ergebnis seiner bau- und kunstgeschichtlichen Forschungen unter dem Titel »Das Hohe Haus in Berlin«. Er datierte das Hohe Haus aufgrund der Übereinstimmung seiner frühgotischen Schmuckformen und des Ziegelmaterials mit denen der benachbarten Klosterkirche in den Anfang des 14. Jahrhunderts, weil man damals noch der Meinung war, die Klosterkirche sei nach 1290 errichtet worden. Da die oben erwähnten neuen Forschungsergebnisse von Schmoll-Eisenwerth die Erbauung der Kirche in die Zeit zwischen 1260 und 1270 setzt, kann das Hohe Haus ebenfalls früher datiert werden; es paßt auch wegen der Verwandtschaft seiner Schmuckformen mit denen des Rathauses in die Zeit vor 1280.

Nach den Forschungsergebnissen Kohtes war das Haus ein Rechteck von 19,70 Meter Breite an der Straßenfront und 17,50 Meter Tiefe. Auf einem 2,45 Meter hohen Sockel- oder Kellergeschoß, in das eine Einfahrt für kleine Wagen hineinführte, erhob sich das 5,32 Meter hohe flachgedeckte, dreischiffige Haupt- oder Erdgeschoß und darüber ein 5,15 Meter hohes Obergeschoß. Über Form und Höhe des Daches lassen sich nur Vermutungen anstellen. Der Eingang in das Haus erfolgte über eine altanartige hölzerne Freitreppe, wie man sie ähnlich auch bei Kaiserpfalzen dieser Zeit kennt. In der Südostecke des breiten Mittelschiffs führte eine Steintreppe in das Untergeschoß, während die Treppe in das Obergeschoß aus Holz gewesen sein muß. Die unterschiedlich breiten Seitenschiffe waren durch Spitzbogenarkaden vom Mittelschiff getrennt; in

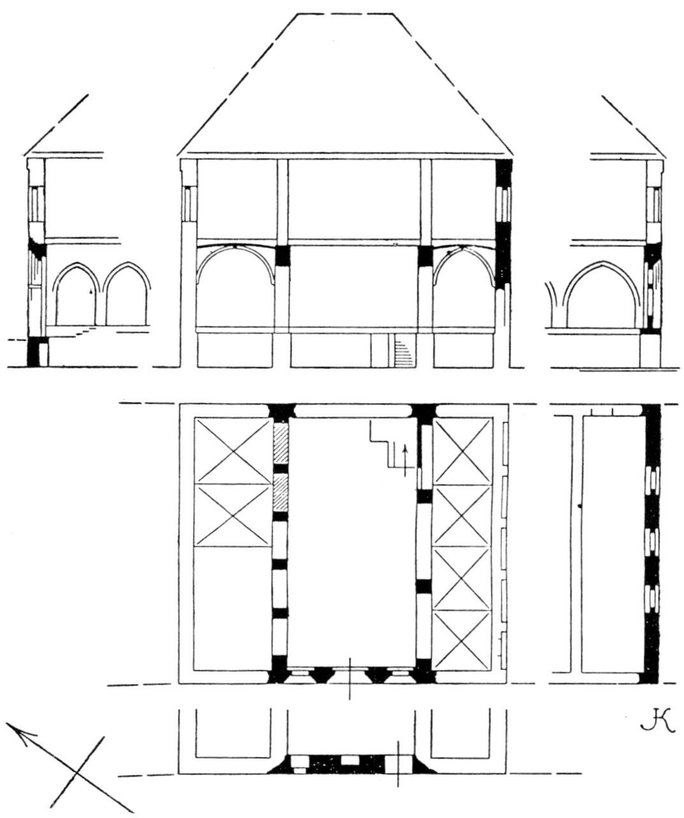

Das Hohe Haus, Grundriß und Längsschnitte, nach Julius Kothe

der zweiten Hälfte des 15. Jahrhunderts wurden ihnen Gewölbe eingezogen. Im Schutt des Kellerfußbodens und als Ziegelbruch vermauert wurden Formsteine aller Art gefunden, die erlaubten, die Formen der Fenstergewände sowohl wie der Saalpfeiler und der Türlaibungen, des Hauptgesimses wie der Kaffgesimse, eines Maßwerkfrieses und der Giebelkrabben zu rekonstruieren. Es muß also ein durchaus stattlicher Bau gewesen sein, wie ihn die Rekonstruktion der West- und Südfront durch Kohte noch ahnen läßt (siehe Abbildung S. 14).

Bekannt ist, daß sich hinter dem Haus noch ein Garten bis an die Ostmauer des Grundstücks erstreckte; über etwaige hier stehende Nebengebäude sind wir indessen nicht unterrichtet, obwohl sie zweifellos vorhanden gewesen sein müssen. Zwischen Grundstücksmauer und Stadtmauer führte dann ein schmaler Weg entlang. Sicher wegen des Hohen Hauses war die Stadtbefestigung an dieser Stelle besonders stark: Neben dem Georgentor (dem späteren Königstor) lag ein langgestreckter Zwinger, und die anschließende Stadtmauer war durch einen Turm und zwei Weichhäuser zusätzlich gesichert. Die Wirtschafts- und Stallgebäude befanden sich ebenso wie die Wohnungen für das Gefolge der Markgrafen gegenüber dem Hohen Haus auf der anderen Seite der Klosterstraße.

Es war also eine recht stattliche Anlage, die den brandenburgischen Markgrafen hier zu Verfügung stand, doch sie wird hauptsächlich von der Familie Markgraf Ottos V., des Langen, bewohnt worden sein. Er hatte sieben Kinder, von denen seine Tochter Kunigunde, die um 1317 unvermählt starb, in der Franziskaner-Klosterkirche begraben wurde; die eigentliche Grablege für die Angehörigen der ottonischen Linie war das Kloster Lehnin. Von 1280 an tritt Berlin auch häufiger als Ausfertigungsort markgräflicher Urkunden in Erscheinung, so 1285, 1286, 1288, 1295, 1297, 1300, 1310, 1316 und 1317. Als 1317 mit dem Erlöschen der ottonischen Linie durch den Tod Markgraf Johanns V. der Besitz an den Markgrafen Waldemar fällt, entwickelt sich der markgräfliche Hof in Berlin sogar zu einer Art Regierungszentrum, zumindest was die Häufigkeit der hier vorgenommenen Beurkundungen betrifft. Seiner Gemahlin Agnes, der Schwester Johanns V., hatte Waldemar den Berliner Hof als Witwensitz überschrieben. Schon 1319 stirbt Waldemar und 1320 sein Vetter Heinrich II., das Kind, als der letzte der brandenburgischen Askanier. Die herrenlose Mark Brandenburg wird von König Ludwig dem Bayern als erledigtes Reichslehen eingezogen und an seinen erst achtjährigen Sohn Ludwig vergeben. Auch die nun regierenden Markgrafen aus dem Hause Wittelsbach, Ludwig I., Ludwig II., der Römer, und Otto VIII., hielten sich häufig in ihrem Berliner Hof auf. Markgräfin Kunigunde, Ludwig des Römers erste Gemahlin, starb hier 1357 und wurde in der Klosterkirche begraben, 1365 wurde Markgraf Ludwig an ihrer Seite bestattet.

Nachdem die Mark Brandenburg 1373 von Otto VIII. an Kaiser Karl IV. übergegangen war, sah Berlin und der markgräfliche Hof den Kaiser in den Jahren 1373–75 und 1377 jeweils für einige Tage in seinen Mauern. Die nachfolgenden Markgrafen aus dem Hause Luxemburg, Sigmund (der spätere deutsche König) und Jobst von Mähren, weilten in Berlin nur jeweils einmal zur Entgegennahme der Huldigung; diese Fürsten haben sich nur wenig um ihr Land gekümmert. 1411 wurde Burggraf Friedrich VI. von Nürnberg von König Sigmund zum »Verweser und Hauptmann« der Mark Brandenburg bestellt; im Juni 1412 kam er in die Stadt Brandenburg und berief zum 10. Juli eine allgemeine Versammlung der Landstände zur Entgegennahme der Huldigung dorthin ein. Vorher jedoch begab Friedrich sich nach Berlin, um hier zuerst die Huldigung der Doppelstadt entgegenzunehmen, die am 7. Juli 1412 entweder im Hohen Haus oder im Rathaus von Berlin erfolgte. Die Chronik meldet dazu, daß man dem Burggrafen »zu seiner Ankunft eine Tonne Bernauisch Bier verehret, so damals 17 Groschen gekostet«.

Am 18. Oktober 1415 sieht die Doppelstadt Berlin-Cölln den Burggrafen wieder in ihren Mauern, diesmal aber nicht mehr als »Verweser und Hauptmann«, sondern als rechtmäßigen Landesherrn, und es zeugt für die Bedeutung und für die Einschätzung der Spreestädte durch den nunmehrigen Kurfürsten Friedrich I., daß er hierher die Stände der gesamten Mark zur Erbhuldigung zusammenrief, die drei Tage später erfolgte. Die Städte Berlin und Cölln leisteten am 22. Oktober eine Sonderhuldigung. Das Hohe Haus in Berlin wird in der Folgezeit zum ständigen Aufenthaltsort der Markgrafen, wenn sie in der Stadt weilen, aber erst in einer Urkunde des Markgrafen Johann des »Alchymisten« von 1429, als dieser dem Arzt Johann Hase ein Grundstück »auf dem orte by unserm Hogen Hauße zu Berlin« schenkt, wird es mit diesem Namen genannt.

Das Hohe Haus, Rekonstruktion der West- und Südfront nach den erhaltenen Teilen, von Julius Kothe. Oben drei Fenster im Obergeschoß der Südfront, unten Portal und Saalfenster der Westfront

Man hat die Bezeichnung »Hohes« Haus immer mit seiner Höhe zu erklären versucht, die es angeblich über die benachbarten Häuser hinwegragen ließ. Unseres Erachtens ist dieser Name aber erst von Kurfürst Friedrich I. oder seinen Söhnen für die Berliner Stadtresidenz eingeführt worden in Erinnerung an das »Hohe Haus« in Konstanz am Bodensee, in welchem Kurfürst Friedrich während des Konzils 1417 wohnte und von dem aus am 18. April 1417 der festliche Zug zum Obermarkt ging, wo der Burggraf von König Sigmund mit der Mark Brandenburg feierlich belehnt wurde. Das Hohe Haus in Konstanz, ein vielleicht schon 1291 erbautes fünfstöckiges Gebäude, war wirklich hoch, während die Übertragung dieses Namens auf das Berliner Haus mehr auf den Rang seiner Bewohner hinwies; denn mit seinen zwei Geschossen wird es der Normalhöhe der damaligen Berliner Häuser entsprochen haben.

Am 21. September 1440 folgte Friedrich II. Eisenzahn als Kurfürst und Markgraf seinem Vater in die Regierung der Mark Brandenburg. Seine erste Regierungshandlung noch vor der Huldigung war am 29. September in Berlin die Stiftung des Schwanenordens, einer ritterlichen Gesellschaft zum Dienste der Jungfrau Maria. Die Huldigung durch die Städte Berlin und Cölln erfolgte am 19. November 1440. Wenige Monate später begann der Konflikt zwischen dem Kurfürsten und den Städten, der im Laufe des Jahres 1442 sich derart zuspitzte, daß die Doppelstadt dem Kurfürsten das Öffnungsrecht der Stadttore verweigerte, so daß dieser sich mit einer Streitmacht von 600 Reitern den Eingang in Berlin erzwang. Rat und Bürgerschaft der Städte mußten sich dem Landesherrn unterwerfen und verschiedene wichtige Rechte, wie das oberste und niederste Gericht und das Recht der Warenniederlage für durchziehende Kaufleute, an den Kurfürsten abtreten. In diesem Zusammenhang wohl am schmerzlichsten für die alte Stadtfreiheit war allerdings die Abtretung eines Platzes zur Errichtung eines Schlosses an der Nordseite der Stadt Cölln.

Mehrere Jahre lang hielt sich Friedrich II. fern von Berlin, und erst 1449, nach der für ihn erfolgreichen Beilegung des »Berliner Unwillens« von 1447/48, bei dem das Hohe Haus erstürmt und die Kanzlei erbrochen wurde, sieht man den Kurfürsten wieder sehr häufig in Berlin, bis er im Frühjahr 1451 – zwischen dem 19. Februar und 16. März – sein neues Schloß zu Cölln bezog.

Die Vorgänge, die zur Abtretung des Schloßbauplatzes in Cölln und zum Aufstand der Doppelstadt gegen den Kurfürsten geführt haben, können hier nicht geschildert werden. Es sei verwiesen auf die schon genannte Arbeit von Ernst Kaeber, der die Vorgänge am umfassendsten behandelt, sowie auf den Aufsatz von Eckhard Müller-Mertens von 1956 zum Berliner Unwillen, der einige wichtige Ergänzungen dazu gibt, obwohl seiner historischen Einschätzung der Vorgänge – aus der Sicht der DDR-Historiker – nicht zugestimmt werden kann. Wichtig für das Gesamtbild jener Zeit des Kampfes der deutschen Städte mit der Fürstengewalt ist noch immer Felix Priebatschs Buch »Die Hohenzollern und die Städte der Mark im 15. Jahrhundert«.

Das weitere Schicksal des Hohen Hauses ist kurz erzählt. Am 14. Dezember 1451 überträgt Kurfürst Friedrich II. »unsern alten Hof und Hohe Hauße zum Berlin, da wir selbst in gewohnet haben, mit seinem Raum, Garten und allen Gebäu« seinem Kammermeister, dem Ritter Georg von Waldenfels, als Burglehen. Das Grundstück mit der Kanzlei und dem Marstall auf der anderen Seite der Klosterstraße wird am selben Tag dem Küchenmeister Ulrich Zeuschel als Burglehen übergeben. Das Hohe Haus geht im Verlaufe der folgenden zweihundert Jahre als Burglehen und Freihaus noch durch mancherlei Hände, bis es um 1670 wieder an den Kurfürsten zurückfällt und 1685 zum Gouverneurshaus bestimmt wird. Auf dem Schultzschen Plan von 1688 (siehe Abbildung S. 48) ist es abgebildet, zweigeschossig und mit sieben (in Wirklichkeit nur sechs) Fenstern Front. 1705 wurde es zur »Königlichen Ritter-Akademie« bestimmt. Unter Einbeziehung des auf dem Grundstück nördlich angrenzenden, um 1675 erbauten Dorotheen- oder Oranienburger Waisenhauses – mit acht Fenstern Front die linke Hälfte des Hauses – sowie Anbau von zwei Fensterachsen an der Südseite des Hauses und Erhöhung um ein zweites Obergeschoß, erhielt es seine bis zuletzt erhaltene äußere Form. An der Stadtmauerseite des Hofes wurde ein Reithaus errichtet und südlich daneben ein großes Stallgebäude; 1708 baute man an der Südgrenze parallel zum ehemaligen Klostergebäude ein Proviantmagazin mit einem Brauhaus (Klosterstraße 75). Die Ritterakademie ging 1712 ein, und nachdem 1713 auch das hier untergebrachte Königliche He-

Das ehem. Lagerhaus, Klosterstraße 76, in der 2. Hälfte des 17. Jhs. durch Erweiterung und barocke Umgestaltung des Hohen Hauses entstanden, 1931 abgerissen

roldsamt aufgelöst wurde, kamen die Gebäude an die im gleichen Jahr gegründete Wollmanufaktur des Ministers Andreas von Krautt; das 1712 abgebrannte Proviantmagazin wurde 1716 wieder aufgebaut und der Manufaktur zugeschlagen. Unter dem Namen »Königliches Lagerhaus« ist der ganze Komplex trotz später ganz anderer Verwendung bis zum Abbruch bekannt gewesen.

Nachdem die Wollmanufaktur während der Befreiungskriege ihren Betrieb eingestellt hatte, wurden 1819 Teile der leerstehenden Fabrikräume den Bildhauern

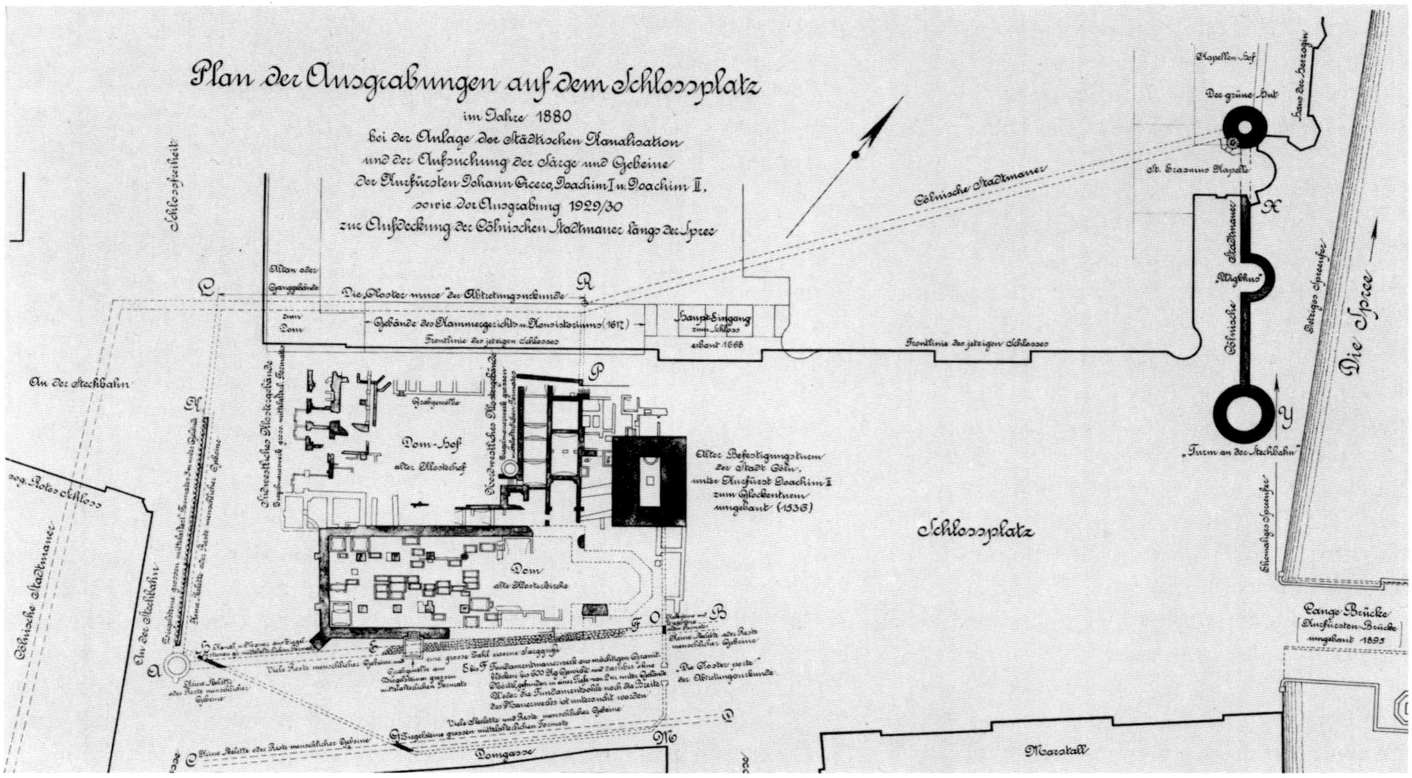

Plan der Ausgrabungen auf dem Schloßplatz 1880 und der Grabungen zur Aufdeckung der cöllnischen Stadtmauer an der Spree 1929/30 (Ausschnitt), nach Albert Geyer

Christian Daniel Rauch und Friedrich Tieck als Atelier eingerichtet; Rauch wohnte dort auch, im Südteil des Vorderhauses im zweiten Stock. Als nach Rauchs Tod in den ehemaligen Atelierräumen das Rauch-Museum eingerichtet wurde, hatte dessen Direktor eine Dienstwohnung im Obergeschoß des Vorderhauses an der Klosterstraße; die übrigen Räume wurden von verschiedenen Behörden genutzt. 1872/73 wurde die ehemalige Reithalle umgebaut und aufgestockt zur Aufnahme des 1874 mit dem »Geheimen Ministerialarchiv« vereinigten »Geheimen Staatsarchivs«. Anstelle des ehemaligen Magazingebäudes (Klosterstraße 75) erbaute Martin Gropius 1878–80 die Kunstschule. Abgesehen von einem kleinen Erweiterungsbau für das Archiv in den Jahren 1893–95 hat dann der Lagerhauskomplex bis zum Abbruch des Hohen Hauses 1931 keine Veränderungen mehr erfahren.

Das Schloß Kurfürst Friedrichs II., Eisenzahn

Im Vorgehen Kurfürst Friedrichs II. gegen die Städte Berlin und Cölln, bei dem nicht nur ihre politische Vereinigung aufgehoben wurde – was ja den Interessen zumindest eines großen Teils der Bürgerschaft entsprach –, sondern bei dem auch der Bauplatz für ein neues Schloß an den Kurfürsten abgetreten werden mußte, darf man auf Seiten des Kurfürsten verschiedene Beweggründe unterstellen. Der eine ist der Wunsch nach Wiederherstellung aller landesfürstlichen Rechte, die den Markgrafen im Laufe einer über hundertjährigen Entwicklung aus der Hand genommen waren und mit deren Rückerwerbung Friedrichs Vater und Bruder bereits begonnen hatten, der andre ist der auch von Friedrich vertretene neue Gedanke an feste Residenzen im Lande.

Felix Priebatsch schreibt dazu:

»Friedrichs Hang zum städtischen Leben ist bekannt. Er wußte den Wert und die Annehmlichkeiten wohl zu schätzen, die die Städte für fürstliche Hofhaltungen und Zusammenkünfte besaßen. Voll Stolz erwähnt er einmal seinem Bruder Albrecht gegenüber (es handelte sich um den Ort eines Fürstentages) er habe in seinem Lande Städte genug, die sich zu fürstlichem Aufenthalte eigneten. Er und ebenso (sein Neffe) Johann Cicero haben im Gegensatz zu Albrecht

und Friedrich I. die hohe Bedeutung, die ein fester Regierungssitz für das ganze Land habe, erkannt, während jene ein Umherziehen im Lande, ein Hofhalten heut an dem, morgen an jenem Orte, für förderlicher erklärten. Wir sehen auch, daß Friedrich II., selbst wo er fern von Berlin weilte, die Gründung der Residenz eifrig betrieb. Von Tangermünde aus vergibt er an einen seiner Hofdiener, den Trompeter Johann Schwanenschnabel, ein Freihaus in Berlin. Man erkennt aus der Urkunde, daß die kurfürstlichen Getreuen sich schon in Berlin anzusiedeln beginnen.

Um aber mit Sicherheit und Befriedigung in der Stadt leben zu können, mußte der Fürst gewisse Herrschaftsrechte über sie besitzen. Der Rat durfte kein Recht haben, die Größe seines Gefolges zu bestimmen, der Fürst mußte frei sein von kleinlichen städtischen Polizeimaßregeln, er mußte bei Händeln zwischen Bürgern und seinem Gesinde, die ja nicht ausbleiben konnten, in der Lage sein, für die Seinigen einzutreten. Friedrich legte hierauf besonderen Wert... Um aber eine Stadt zu beherrschen, dazu diente am besten ein Schloß in ihren Mauern. Als der Kurfürst (im Frühjahr 1442) die Überlassung eines (freien) Stadttores gefordert hatte, mag er an einen Ausbau des Hohen Hauses gedacht haben. Jetzt aber erschien ihm dies ungenügend. Es sollte hier ein Schloß entstehen, das die Zahl der kurfürstlichen Burgen erhöhte und den Gürtel von Festungen, mit denen er das Land sichern wollte, zu schließen geeignet war. (Albrecht Achill nennt später Berlin unter den sechs großen Landesschlössern. Die andern heißen Potsdam, Saarmund, Spandau, Köpenick und Oderberg.) Auch mußte hier zur Verteidigung der Residenz eine zahlreiche Schloßgemeinde untergebracht werden. Zu alledem war ein größeres Terrain erforderlich, über dessen Überlassung der Kurfürst mit den beiden Städten unterhandeln mußte.«

Es ist verständlich, daß so ein weitgehender Eingriff in die fast reichsstädtische Freiheit der Doppelstadt Berlin-Cölln dem Kurfürsten nur möglich war, weil die innere Uneinigkeit in den Städten zwischen dem Patriziat und der gemeinen Bürgerschaft dem Landesherrn ein Eingreifen erleichterte. Am 29. August 1442 beurkundeten Berlin und Cölln die Abtretung der Gerichte, des gemeinsamen Rathauses auf der Langen Brücke, der Niederlage und des Bauplatzes für ein Schloß an den Landesherrn. Dafür erhielten die Städte ihr vorher vom Kurfürsten beschlagnahmtes Eigentum, den Johanniterhof Tempelhof mit seinen Dörfern, zurück.

Der Schloßbauplatz lag an der Nordseite der Stadt Cölln. Die Abtretungsurkunde beschreibt ihn folgendermaßen: »...von dem Closter porten na der langen brugge wente (= bis) an dy Sprew dy Sprew langes nedder wente an dy statt mure, wes in deme orde und winkele begrepen is und dartho den Werder, dy an dem orde over dye stattmure und over dy graven, wente an dy Sprewe lyt; dartho dy Stattmure von der Sprew wente gegen dat Closter mure langes wente an dy statt muren mit tormen wigkhuseren und graven, Also was dy genannten unnse gnedigen herrn oder gnaden erven und nakomen Marggraven to Brandburch up den benanten Steden mit Doren muren und Bruggen, hindene und vor aff und uth und wo en dat bequeme sin werdt, buwen willen, des scholen sie gantzen und fullen walt und macht hebben und ewigliken beholden, ungehindert vor uns allen und ok vor allen unsen erven und nakomen, on arch und on all geverde.«

Der Wortlaut der Urkunde war vielfach umstritten, bis ihm Schloßbaudirektor Albert Geyer in seiner »Geschichte des Schlosses zu Berlin« eine wohl abschließende Deutung gab, die er in der nebenstehenden Zeichnung festgehalten hat. Geyers These, daß der »Grüne Hut« (der nur wenig sichtbare Turm rechts neben der Erasmus-Kapelle) ursprünglich ein Teil der Cöllner Stadtbefestigung gewesen sei, ist durch Beobachtungen und Funde bei den Ausschachtungsarbeiten für die Baugrube des »Palastes der Republik« im Herbst 1973 bestätigt worden. Der dem Kurfürsten abgetretene Bauplatz zwischen dem Kloster, der Spree und der Stadtmauer war keineswegs so leer, wie man aus der Geyerschen Zeichnung schließen könnte. In diesem Raum lag, dem Dominikaner-Kloster benachbart, der Hof der Äbte von Lehnin, für dessen Abtretung das Kloster vom Kurfürsten entschädigt wurde und einen neuen Hof in der Heilig-Geist-Straße bekam. Außerdem befand sich dort ein Wohnhaus, das 1428 als dem Otto von Schlieben auf Baruth gehörig bezeichnet wird, ferner Haus und Hof des Berliner Bürgermeisters Bernd Ryke, der 1448 als einer der Anführer des »Berliner Unwillens« des Landes verwiesen wird, und direkt am Wasser die Cöllnische Badestube, für deren Abtretung der Kurfürst die Stadt Cölln entschädigte. Ob dicht an der Stadtmauer, wie an anderen Stellen üblich, noch kleine Häuser, sogenannte »Hausbuden«, standen, ist nicht überliefert.

Jenseits der Stadtmauer, auf dem in der Abtretungsurkunde genannten Werder, besaß die Stadt Cölln eine acht Morgen große Wiese, die sie regelmäßig abmähen ließ. Also eine Fläche, die ungefähr dem Raum zwischen der cöllnischen Stadtmauer und dem Stadtgraben entsprach, der im Bogen von Südwesten nach Nordosten quer über den Werder verlief. Erst zwischen 1650 und 1652 ist dieser Graben zugeschüttet worden zur Vergrößerung des Lustgartens hinter dem Schloß; als Ersatz für die Schiffahrt, die ja auf diesem Graben stattfand, wurde der »Neue Ausfluß« der Spree gegraben, den man auf dem Memhardtschen Stadtplan von 1652 sieht (siehe Abbildung S. 43).

Am 31. Juli 1443 legte Kurfürst Friedrich II. selbst den Grundstein zu seinem neuen Schloß. Der Bau schritt nur langsam voran, und erst 1448 scheint er unter Dach zu kommen, als der Kurfürst den Schieferdecker Berthold aus Daßleben annimmt, »unser neues Schloß mit guten Schiefersteinen zu decken«. In die Ereignisse des »Berliner Unwillens« von 1447/48 wurde das noch unfertige Schloß hineingezogen, als die Bürger die kurfürstlichen Bauleute verjagten, durch Aufziehen der Arche – des unteren Wehres im Stadtgraben – Teile des Bauplatzes unter Wasser setzten und über das kurfürstliche Baugelände einen Blockzaun bauten, wohl um die Stadt von dem Bauplatz abzutrennen und die Stadtmauerlücke zu schließen. Wie schon erwähnt, wurde das neue Schloß im Frühjahr 1451 vom Kurfürsten bezogen. In diese Zeit etwa fällt auch die Erhebung der Schloßkapelle zur Pfarrkirche durch Papst Nikolaus V.; als Pfarrer fungierte der Probst von Berlin Franz Steger. Diese Schloßkirche, die wir als »Erasmus-Kapelle« kennen, erhob Friedrich II. zur Stiftskirche durch die Gründung eines Kollegiatstiftes von acht Kanonikern, die am 7. April 1465 feierlich in ihr Amt eingeführt wurden. Mit dieser Rangerhebung der Schloßkirche muß auch eine bauliche Vergrößerung verbunden gewesen sein, wahrscheinlich stehen die Bauarbeiten an der Kapelle, für die der Baumeister Claus Sandow aus Zerbst im Jahr 1459 nach Berlin berufen wurde, damit im Zusammenhang. Erst damals, zwischen 1459 und 1465, wird die Erasmus-Kapelle ihren langgestreckten Chor erhalten haben, der sich so unmotiviert mit dem Grünen Hut verschneidet. Bauarbeiten für das Jahr 1464 werden auch bestätigt durch die Ernennung eines Claus Pfennig zum Mühlenmeister in Berlin und Leiter der Bauarbeiten am Schloß in Cölln. Am 20. Januar 1469 erläßt der Kurfürst neue Bestimmungen für sein Kollegiatstift; unter anderem wird die Zahl der Domherren dadurch auf neun erhöht, indem an ihre Spitze ein Propst tritt, welches der jeweilige Propst von Berlin sein sollte. Hier erfahren wir auch, daß die Domherren ihre Wohnung im Schloß nehmen mußten und an bestimmten Festtagen des Jahres am kurfürstlichen Tische gespeist wurden.

Die neue Stiftsordnung war eine der letzten Regierungshandlungen des Kurfürsten, denn am 6. Mai 1470 verzichtete er auf die Kurwürde und Regierung zu Gunsten seines Bruders Albrecht »Achilles« und stirbt schon am 10. Februar 1471 im Schloß zu Neustadt a.d. Aisch. Seine Witwe, Kurfürstin Katharina, Tochter Kurfürst Friedrichs I. von Sachsen, kehrte später nach Berlin zurück und starb hier im Schloß am 23. August 1476. Ihr waren als Leibgedinge auf Lebenszeit Gemächer im Schloß zur Benutzung verschrieben worden. Der Tod der Markgräfin Katharina erfolgte unerwartet während der Hochzeitsfeierlichkeiten des Markgrafen Johann, Albrechts Sohn, mit der Markgräfin Margarete, Tochter des Herzogs Wilhelm von Sachsen. Kurfürst Albrecht hielt sich nur ungern in der Mark auf und hatte deshalb seinen Sohn Johann als Statthalter eingesetzt. So fand denn auch die Hochzeit des Kurprinzen in Berlin statt, die nach dem Willen des Vaters nur eine »kleine« mit etwa 1000 Pferden sein sollte, das heißt, 1000 fürstliche und ritterliche Personen mit ihrem Gefolge waren unterzubringen und zu beköstigen. Der eigentliche Hochzeitstag war der 25. August, und man berichtet, daß die verstorbene Markgräfin »heymlichen hinden uß gein Lenyn ins closter, do ir begrebniß ist, gefurt und zur erden bestat« worden sei.

Aus der Regierungszeit Kurfürst Albrechts beziehungsweise Markgraf Johanns sind verschiedene Nachrichten über das Schloß überliefert, die Geyer nicht herangezogen hat, die aber die geringen Kenntnisse über die Frühzeit der sogenannten Zwingburg nicht unwesentlich ergänzen. Sie finden sich in Felix Priebatschs »Politische Correspondenz des Kurfürsten Albrecht Achilles«. Am 18. August 1470 schreibt Kurfürst Albrecht aus Ansbach

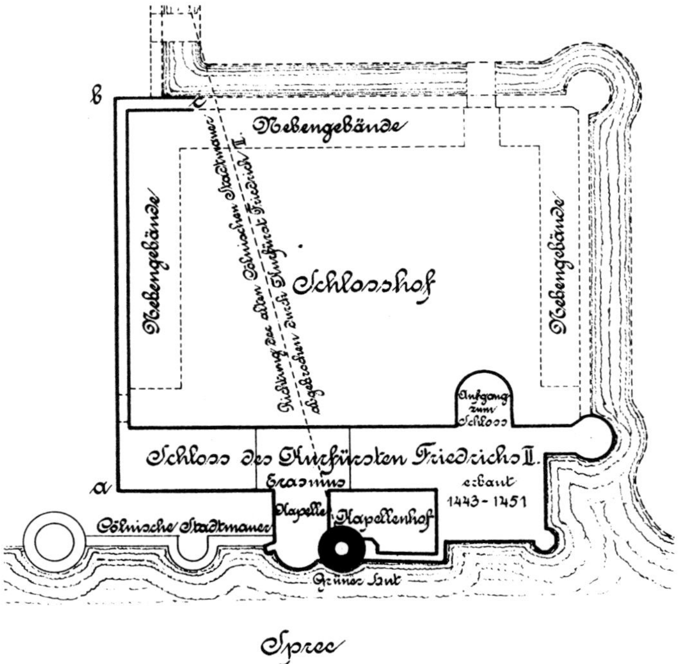

Das Schloß Kurfürst Joachims II., Grundriß, nach Albert Geyer

(was damals »Onolzbach« geschrieben wird) an seinen Vertrauten Ludwig von Eyb nach Berlin: »Lieber Ludwig! bestell und gib fur, das man uns zu Berlin auf dem oberen boden, da wir am nechsten, als wir da waren, lagen, ein frauenzymmer zuricht, als das frauenzymmer hir zu Onoltzpach zugericht ist: nemlich das die stub und cammer, da wir inn waren, fur unser gemahel und der ganz boden an demselben end zu den andern gemachen, nemlich zu einer junkfraustuben und cammer und zu einer grossen stuben, darin man ißt, zugericht werd, das man das als mit einer thur besliess.«

Am 8. April 1471 schreibt Albrecht nach Berlin an den Mühlschreiber Siegmund Plohofer: »Lieber getreuer! laß uns machen ein padtstuben im garten bey dem sloß zwischen den wassern zugericht, als die hie zu Onoltzpach, alsdann unsers sones barbirer wol weiß, wie unser padtstuben hie in unserm sloß gemacht ist. laß uns auch machen ein zylstat wie hie, die I^{C} (100) und XX schryt hab, auch doselbst im garten; wo es aber der paumen halben in dem garten nit gesein mocht, das sie dann sei im werder, do das wasser umbgeet, doch das wir ebens fuß auß dem sloß in die zylstat und in das pad geen mogen. das verlassen wir uns zu dir.«

Am 26. August 1476 schreiben einige Edelleute aus dem Gefolge Herzog Wilhelms von Sachsen, des abwesenden Brautvaters, an diesen über die Hochzeitsfeierlichkeiten und erwähnen unter anderem, daß sie von der Stadt aus »in das sloß zum thor inkommen«, und über die Unterbringung der Gäste ist erwähnt, den »graffyn (Gräfinnen), grauwen und jungfrauwen ist allen das lager uf der burg bestalt«. Auch das Vergnügen kommt nicht zu kurz, denn »nach dem abindtessen hadt man getanzt ußwendig des sloßs, do er eyn nuwe huß hinden uf den grabin darzu hadt machin lassen«. Einen Tag später wird in einem weiteren Brief auch das Turnieren, das »stechin uf die ban vor das sloß« beschrieben. In einem Brief vom 14. September 1475 werden die Vorbereitungen zur Hochzeit des Markgrafen Johann erwähnt und darin geklagt, daß die »stuben« zur Unterbringung der fürstlichen Gäste im Schloß nicht ausreichen.

Schließlich bleibt noch zu erwähnen, daß Kurfürst Ernst von Sachsen am 14. Oktober 1483 seinen Untertanen Nickel Hirsch empfiehlt, einen seines Handwerks kundigen und in »unsern gebeuden aufrichtig erfundenen« Mann, der in die Dienste Johanns zu treten wünschte. Ob es hierzu kam und ob damals am Schloß gebaut wurde, weiß man jedoch nicht.

In seiner »Geschichte des Schlosses zu Berlin«, Band 1, 1936, meint Albert Geyer, daß über das Aussehen des Schlosses Kurfürst Friedrichs II. nichts bekannt sei und gesagt werden könne. Auch die Untersuchungen des Mauerwerks am Spreeflügel, in dem ja der älteste Bau steckte, ergaben für Geyer keine Anhaltspunkte für eine Rekonstruktion des Gebäudes. Er hat aber aufgrund der Mauerwerksuntersuchung einen Umrißplan gezeichnet (siehe Abbildung S. 18), der den von ihm ermittelten oder vermuteten Umfang des ersten Schlosses zeigt. Völlig unwahrscheinlich sind aber die von Geyer eingezeichneten Wassergräben zum Werder hin; mit Sicherheit hatte das zum Schloß gehörige Gelände schon von Anfang an den Umfang der späteren Zeit unter Kurfürst Joachim II. Die vorstehenden Ausführungen über das Domstift – die Erasmuskapelle – und das Schloß zur Zeit des Kurfürsten Albrecht haben gezeigt, daß das Schloß Friedrichs II. nicht ganz klein gewesen sein kann, daß, wenn nicht schon 1451, dann aber um 1470 umfangreiche Nebengebäude bestanden haben müssen und daß innerhalb des Schloßgeländes bereits ein Garten – der Vorläufer des späteren Lustgartens außerhalb der Schloßmauern auf dem Werder – vorhanden war.

Systematische bodenarchäologische Untersuchungen auf dem Gelände des inneren – ältesten – Schloßhofes haben niemals stattgefunden; auch vor der Aushebung der Baugrube für den »Palast der Republik« erfolgten hier keine Grabungen. Albert Geyer hat auch keine bauarchäologischen Untersuchungen der Schloßkeller vorgenommen, die nun durch den Neubau verschwunden sind. So läßt sich die Wahrscheinlichkeit, daß die Schloßkeller ursprünglich das oberirdische Sockelgeschoß des ersten Schloßbaues waren, nicht mehr mit Sicherheit erhärten.

Die Baugrube des »Palastes der Republik« umfaßte den gesamten östlichen Teil der Schloßstelle zwischen der Spree und dem Quergebäude (siehe Lageplan S. 134) und reichte in der Tiefe bis unter die Spreesohle. Alles was innerhalb dieses Raumes lag, ist verschwunden. Lediglich entlang der Spree konnte die Bodendenkmalpflege Berlin Nachforschungen nach der Cöllner Stadtmauer anstellen, wobei die Fundamente und der untere Teil des »Grünen Hutes« (siehe S. 17 und Lageplan S. 18) gefunden wurden. Für weitere Untersuchungen scheint keine Zeit gewesen zu sein, jedenfalls ist hierüber öffentlich nichts bekannt geworden, außer dem kleinen Bericht von Dr. Heinz Seyer, dem Bodendenkmalpfleger beim Märkischen Museum, in der Zeitschrift »Ausgrabungen und Funde«, Bd. 19, Heft 3, 1974, S. 164f. (»Zur mittelalterlichen Stadtbefestigung von Berlin-Cölln«).

Eine weitere Klärung von Fragen zur Geschichte Berlin/Cöllns im Mittelalter ist auf dem Gelände des »Palastes der Republik« nicht mehr möglich.

Abschließend noch ein Wort zum Charakter des Schlosses als »Zwingburg«. Von der Verwendung des Begriffes »Burg« her wäre der Charakter des Schlosses sicher kein burgartiger mehr gewesen, aber ein »festes«, also verteidigungsfähiges Schloß sollte es nach dem Willen seines Erbauers doch sein. Das eigentliche Schloß, ein dreigeschossiger, wahrscheinlich 88 Meter langer Bau mit einem Treppenturm auf der Hofseite und einen etwa 20 Meter breiten turmartigen Anbau an der Spreeseite, wurde nach Osten, an der Spree, nach Norden zum Werder und nach Westen zum cöllnischen Stadtgraben und Dominikaner-Kloster hin von einer hohen Mauer umgeben, die im Westen von einem Wartturm – dem späteren Münzturm – gesichert war. Zur Stadtseite lag sicher an der Stelle des von Joachim II. 1538 erbauten Schloßplatzflügels ein anderes Gebäude mit dem Schloßtor darin oder daneben und einem Saal im Obergeschoß. Davor erstreckte sich der schon bei der Hochzeit Markgraf Johanns – seit 1486 Kurfürst Johann Cicero – erwähnte Turnierplatz, die spätere Stechbahn. Das Schloß war zur Stadtseite hin unbefestigt. Sein Zwingburgcharakter bestand also mehr darin, daß es überhaupt vorhanden war, daß es als Zeichen der Niederlage der Städte im Kampf mit dem Territorialfürstentum angesehen wurde, eben ein »fraenum antiquae libertatis«, wie der 1517 gestorbene Chronist Albertus Krantzius es nannte – ein Zügel der alten Freiheit.

Hans-Werner Klünner

Von der kurfürstlichen Residenz zum Königsschloß

Die kurfürstliche Hauptresidenz

Mit der Unterwerfung Berlins und der Gründung des Schlosses dort war die Stadt eine der bevorzugten Residenzen der brandenburgischen Kurfürsten geworden, neben der altmärkischen Residenz Tangermünde und der neumärkischen Küstrin und den anderen festen Schlössern, die

Kurfürst Joachim II. von Brandenburg, Gemälde von Lucas Cranach d. J., um 1555

die Kurfürsten hatten, wie zum Beispiel Spandau oder Peitz. Die Kurfürsten zogen noch viel im Lande umher, vergnügten sich auch viel auf der Jagd, wozu sie sich immer wieder längere Zeit auf ihren Jagdschlössern aufhielten. Hauptresidenz der ganzen Kurmark wurde Berlin erst im Laufe der nächsten hundert Jahre. Kurfürst Joachim II. (1535–71) erst verlieh dem baulichen Ausdruck, indem er das Schloß »zu Cölln an der Spree« prächtig erneuerte und der Residenz eine Domkirche einrichtete.

Nicht daß damals das Reisen des Hofes aufgehört hätte – die einzelnen Landesteile, jeder noch mit eigener Ständeversammlung und landständischer Verwaltung, erforderten immer wieder die Anwesenheit des Landesherrn. Selbst die Könige sind noch viel gereist, noch Friedrich der Große, dessen Staat doch in ganz anderer Weise schon straff zentralisiert war. Und sogar Kaiser Wilhelm II. hat noch, in traditionell fürstlicher Weise, die verschiedenen preußischen Provinzen immer wieder bei Manövern und anderen festlichen Ereignissen besucht. Bereits seit Johann Cicero (1486–99) jedoch blieb der Regierungsapparat, die Bürokratie mit ihren Archiven, in Berlin zurück. Daraus sieht man schon, daß es die sich herausbildende Zentralverwaltung gewesen ist, die das feste Residieren an einem Ort für die Fürsten wünschenswert gemacht hat, während Adel und Städte der einzelnen Landesteile wenig davon erbaut waren, daß ihre Angelegenheiten in der fernen Zentrale verhandelt wurden.

Voraussetzung für einen zentralen Regierungssitz war aber auch ein allgemeiner Landfriede, das heißt, die Lebensmittel und Güter für den Unterhalt des Hofes mußten sicher über Land in die Residenz gebracht werden können, und schließlich mußte auch die Verkehrstechnik und -kapazität ausreichen, um die etwa 400 Menschen zu versorgen, aus denen der Hof bestand; dazu kam noch das Futter für ungefähr 200 Pferde. Auch wer aus fernen Landesteilen in die Residenz reisen mußte, um irgendeine Verwaltungsangelegenheit zu betreiben, mußte auf den Landstraßen sicher sein. Soweit vermochte es die fürstliche Gewalt erst in der Reformationszeit allmählich zu bringen. Noch der Vater Joachims II. hatte mit Raubrittern zu tun gehabt.

Joachims Onkel, der Kardinal Albrecht von Brandenburg, 1513–45 Erzbischof von Magdeburg und seit 1524 auch von Mainz und damit einer der größten Fürsten im Reich, baute sich zur Verwaltung des magdeburgischen und halberstädtischen Territoriums seine Residenz in Halle an der Saale prächtig aus: die Moritzburg, ein großes Schloß, das im Laufe der Jahrhunderte zu dem nüchternen Block heruntergekommen ist, den man dort heute noch finden kann, und eine stattliche Residenzkirche, den »Dom«, der genau genommen eine große Hofkapelle ist, daher turmlos, während die erzbischöfliche Kathedrale, der Magdeburger Dom, unter Kardinal Albrecht die beiden schönen Westtürme aufgesetzt bekam und damit vollendet wurde. Am Hofe dieses Kardinals Albrecht von Brandenburg, der ein hochgebildeter Fürst und übrigens der Mäzen Matthias Grünewalds war, ist Joachim erzogen worden. Nach seinem Vorbild richtete sich Joachim seine Hauptresidenz in Berlin ein. Er hat eine seiner Urkunden datieren lassen »Colonia cis Suevam, ubi continuam nostram residentiam agimus« – Kölln an der Spree, wo wir unsere ständige Residenz halten.

Joachim ließ sich 1536 das unmittelbar an das Schloß grenzende Dominikaner-Kloster einräumen, verlegte das Domstift aus der Schloßkapelle dorthin und bestimmte die bisherige Klosterkirche zur neuen Grablege seines Hauses: Er ließ die Gebeine seines Großvaters und seines Vaters hierher überführen, die nach altem Herkommen im Zisterzienser-Kloster Lehnin bestattet worden waren. Schon seit merowingischen und karolingischen Zeiten hatten die Fürsten Domstifte und Klöster als Familiengrablegen gegründet. Lehnin war eine solche Gründung der Markgrafen von Brandenburg. Neuartig war jetzt, daß Stift und Grabkirche als bloße Anhängsel des Residenzschlosses erscheinen und daß die Residenz in der wichtigsten Stadt des Landes fest wurde. Die Aufhebung oder Verlegung eines vorhandenen Klosters zu diesem Zweck schmeckt auch nach Reformationszeit. Schon der Kardinal Albrecht hatte seine Residenzkirche auf diese Weise beschafft, und Joachim II. hätte ohne Hilfe seines Onkels dessen Beispiel schwerlich schon in noch katholischer Zeit folgen können. Nebenbei bemerkt hätte das Kloster als städtische Stiftung normalerweise an die Stadt zurückfallen müssen; aber die hatte nicht mehr die Kraft, ihr Recht geltend zu machen. Übrigens heißt noch heute die auf das einstige Kloster zulaufende Straße in Berlin-Mitte nach den Dominikaner-Minderbrüdern Brüderstraße.

Vier Jahre nach seinem Regierungsantritt, 1539, nahm der Kurfürst formell das lutherische Bekenntnis an, trennte sich also von der Römischen Kirche. Am 1. November nahm er im Berliner Dom das Abendmahl in beiderlei Gestalt, also zum Brot auch den Wein, der in der katholischen Kirche dem Priester vorbehalten ist. Die Stände – Adel und Städte – hatten Joachim schon darum ersucht. Die katholische und die evangelische Kirche haben sich erst allmählich als feste Blöcke herausgebildet; damals hoffte man noch, die gesamte Kirche Stück für Stück reformieren zu können, und es war noch eine höchst aktuelle Frage, wieweit die Reform gehen sollte. Joachims Schritt war also nichts allzu Definitives (erst 1563 entschloß er sich endgültiger). Er mußte den Neuerungen gegenüber auch auf der Hut sein, daß sie nicht etwa seine landesherrliche Stellung beeinträchtigten. Und da diese Probleme im ganzen Reich auftraten, galt es auch außenpolitisch zu kalkulieren. Bei der Reformation ging es um das Bewußtsein einer neuen Mündigkeit, einer neuen Eigenverantwort-

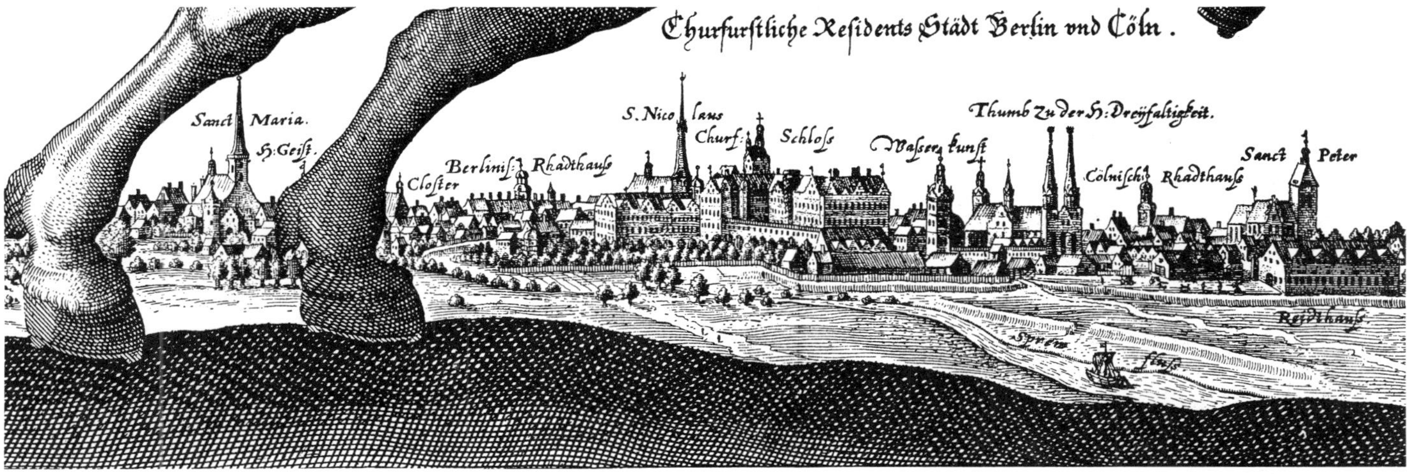

Älteste bekannte Ansicht von Berlin-Cölln mit kurfürstlichem Schloß, Hintergrund des Reiterbildes Kurfürst Georg Wilhelms von Brandenburg, Stich, vermutlich von Albrecht Christian Kalle, um 1635

lichkeit, aber es ging zugleich auch um klarere Eigentumsverhältnisse. Die Stadtobrigkeiten wurden nun Herr auch über ihre Kirchen, erhielten das Patronat über die Pfarreien, das sie bis dahin mit der kirchlichen Obrigkeit hatten teilen müssen, und erhielten die volle Verwaltung ihrer Stiftungen – alles dies, soweit der Landesherr sich nicht einschaltete. Die Adligen wurden nun ganz Herr ihrer Dörfer, bestimmten auch den Pfarrer – soweit die kurfürstliche Kirchenbehörde, die nun geschaffen wurde, sich nicht einschaltete. Dem Kurfürsten fielen die »Kirchengüter« heim, das heißt hauptsächlich diejenigen, die einst von den Markgrafen von Brandenburg, seinen Amtsvorgängern, gestiftet worden waren. Das war ein großer Brokken: Der Domänenbesitz verdoppelte sich annähernd. Auch das ging nicht mit einemmal. Die Stifte konnten nur allmählich aufgelöst werden; man mußte das Absterben der alten Mönche und Stiftsherren abwarten und deren Nachwahl anhalten.

Joachim II. hatte nicht die ganze Mark geerbt. Mit der Neumark – dem jenseits der Oder gelegenen Landesteil – hatte sein Vater seinen Bruder Hans ausgestattet, weil ihm die Einkünfte aus seinen Ländern hoch genug erschienen, um zwei standesgemäße Hofhaltungen zu tragen. Wenn Joachim II. den damals noch nicht voraussehbaren Heimfall der Kirchengüter (der alte Kurfürst war streng und eifrig katholisch gewesen) zurechnete, durfte er sich aber für reich halten.

Zu der nunmehrigen Hauptresidenz baute er also auch ein neues prächtiges Schloß. Den Plan dazu erbat er sich von seinem sächsisch-wittenbergischen Vetter, Kurfürst Johann Friedrich. Johann Friedrich ließ damals gerade den großen Elbflügel an seinem Residenzschloß in Torgau erbauen. Sein Architekt war Kunz (Konrad) Krebs aus Coburg. Der Johann-Friedrich-Bau des Schlosses Hartenfels in Torgau steht noch heute, und ist in seinen unteren Teilen wenig verändert. Die Dachaufbauten allerdings, große prächtige Quergiebel wie am Heidelberger Schloß, sind später zu einem Obergeschoß zusammengezogen, ihre Spitzen abgetragen worden. Krebs also entwarf 1537 einen entsprechenden neuen Flügel für das Berliner Schloß, und er mußte ihn natürlich ein klein wenig länger machen als den Bau in Torgau. Zur Ausführung sandte er seinen Schüler Caspar Theiß, der dann Joachims Architekt unter anderem auch für sein Lieblings-Jagdschloß Grunewald wurde.

Reliefbildnis des Baumeisters Konrad Krebs, Schlußstein im Großen Wendelstein von Schloß Hartenfels in Torgau

Ausmaße und Aussehen des Berliner Schlosses Joachims II. sind ziemlich genau bekannt, obwohl es um 1700 zur Königskrönung vollständig neu verkleidet und umgebaut worden ist. Es ist in einer Anzahl alter Stiche und Zeichnungen in Ansicht und Vogelschau und auf einem Gemälde dargestellt. Von den Einzelheiten an Bildhauerarbeit, die natürlich auf den alten Abbildungen nicht zu erkennen sind, waren am Schloß bis zuletzt noch Reste übrig oder wiederaufgedeckt worden; Stücke vom Bauhof, zu deren Einbau am Schloß es nicht mehr gekommen ist, sind danach sogar am Jagdschloß Grunewald verbaut worden und dort noch zu sehen. Davon weiter unten. Das Schloß Joachims hatte zwei Hauptflügel, einen an der Spree entlang und einen im rechten Winkel dazu am Schloßplatz, der damaligen Stechbahn (der Name hat sich noch lange gehalten). Der Schloßplatz- oder Stechbahnflügel war ein Neubau. Er enthielt in den beiden unteren Geschossen Hofstuben und Saal. Man kann annehmen, daß hier schon vorher der Saalbau des Schlosses gestanden hat, wie er in das Programm eines Fürstenschlosses gehörte. Der Neubau war ein Geschoß höher geführt; in seinem dritten Geschoß wurden Appartements ausgebaut und kleinere Appartements auch noch in den Quergiebeln, so daß er über dem Saalgeschoß noch zwei Wohngeschosse umfaßte. Trotz der Zimmerwände darüber war der Saal ohne innere Stützen: Die Saaldecke und die Innenwände, die über ihr standen, waren am Dachstuhl aufgehängt – damals eine neuartige, vielbewunderte Konstruktion.

Der Stechbahnflügel hatte an seiner Fassade zur Stadt hin nur in der Mitte einen ganz zierlichen Altan oder offenen Erker vor den beiden oberen Geschossen und an beiden Ecken ebenso zierliche geschlossene Runderker, die über der Traufe in luftigen Türmchen endeten. Die Front war sonst glatt. Die Fenster waren gleichmäßig verteilt. Sie waren noch von spätgotischer Form, mit steinernem Mittelpfosten und einem Sturz in Form eines sogenannten Vorhangbogens. Die Laibungen waren reich profiliert; die Außenseiten der Gewände standen glatt in der verputzten Wandfläche. Anstelle des bauplastischen Schmucks war eine üppige Bemalung gesetzt, die am Gebäudefuß eine Rustika imitierte und darüber eine geschoßweise aufsteigende architektonische Gliederung aus Säulen und Bögen über sockelartigen Ornamentbändern; dies ist durch alte Ansichten jedenfalls für den Stechbahnflügel belegt. Der Hauptschmuck des Schlosses aber bestand aus großen, Türme unterbrochen, die nach den alten Bildern von ebensolchen Giebeln gekrönt waren. Diese Giebel standen mit ihren geschweiften Umrissen wirkungsvoll gegen die Dachfläche oder den Himmel.

Der Stechbahnflügel stand hinter einer Zwingerfläche oder einem Zwingergraben. Ein Mauerzug, vielleicht ein

Das kurfürstliche Schloß, gesehen von Südost,
im Vordergrund die Lange Brücke, Gemälde aus der Zeit um 1690,
ehem. Schloß Tamsel bei Küstrin

überaus prächtig verzierten Quergiebeln, den sogenannten Zwerchhäusern, die, ein großes und ein kleines immer abwechselnd, über beiden Flügeln außen wie innen in gleichmäßiger Reihe standen; an der Stechbahn waren es fünf große und vier kleine. Auch der Spreeflügel trug solche Quergiebel. Dort wurde deren Reihe durch zwei

Rest der alten cöllnischen Stadtmauer, grenzte den Graben gegen die Stechbahn ab. Der Zwinger hatte ursprünglich wohl unter Wasser gestanden. Der Eingang ins Schloß hat vermutlich schon immer durch einen Vor- und Stallhof geführt, der an das Dominikaner-Kloster angrenzte und in der Ecke zwischen Stechbahn und Dom zugänglich war. Zwar hatte der Stechbahnflügel Joachims in der Mitte des Erdgeschosses eine doppelte Bogenöffnung, man möchte aber nicht glauben, daß diese zum Zugang in den inneren Hof bestimmt gewesen ist, zumal vor ihr, oder besser:

unter ihr, ja der Zwingergraben lag. Vielleicht muß man den Doppelbogen als Laube interpretieren? Diese Stelle des Joachim-Baues bei Stechbahn und Einfahrt in den Vorhof bleibt noch unklar.

Der andere Hauptflügel des Schlosses Joachims II., der Spreeflügel, stieß rechtwinklig an den Saalflügel. Für seinen Ausbau dürften die Mauern der alten Burg benutzt worden sein; wahrscheinlich aber sind die meisten seiner Balkendecken höher gesetzt worden. Denn der Flügel hatte, abgesehen vom Erdgeschoß, gleichmäßig durchlaufende Fußböden und Decken in denselben Höhen wie der Stechbahnflügel. Eine so großzügige Einteilung läßt sich in älteren Schloßbauten nicht leicht finden, auch in Torgau nicht. Wegen der Änderung der Stockwerksdekken sind im Spreeflügel auch nirgendwo mehr ältere Fenster beobachtet worden. Auch die Kapelle wurde neugewölbt. Bei dem Ausbau scheint der Flügel spreeab ein wenig verlängert worden zu sein. Denn dort hatte der ältere Bau offenbar mit einem kräftigen Turm auf der Ecke geendet, von dem der letzte Schloßbaumeister, Albert Geyer, im Keller eine Spur erkannt und bekanntgemacht hat. Dieser Turm also wurde abgebrochen, und Joachim ließ ihn am neuen Ende des Flügels nicht wieder aufbauen. Daraus mag man ersehen, daß das Schloß nun weniger eine feste Burg als eben eine prächtige Stadtresidenz sein konnte und sollte: Der Kurfürst saß inzwischen in der Stadt sicher. Vor den Flügel sprangen zur Spree hin zwei hohe Türme vor. Der eine stand über dem Chor der Schloßkapelle, der andere mehr spreeab; jener enthielt Kabinette der Kurfürstin, dieser des Kurfürsten und war wohl schon der Wohnturm Kurfürst Friedrichs II., des Schloßgründers, gewesen. Mit den beiden Türmen präsentierte sich der Spreeflügel der Stadt Berlin gegenüber immer noch burghaft genug.

Schloß Hartenfels in Torgau, Hoffront mit Großem Wendelstein

Im Hof stand vor dem Spreeflügel, in dem oben die kurfürstlichen Gemacher lagen, eng aneinandergedrückt ein ungleiches Turmpaar, beide achteckig, der eine schlank und hoch bis vor die Dächer aufsteigend und mit einer Zwiebelhaube bedeckt, der andere dick und kurz, mit einer Terrasse und Balustrade in Traufhöhe endend. In dem Schlanken befand sich eine Wendeltreppe, in dem Dicken aber ein Reitschnecken, also eine Wendelrampe, auf der man nach oben reiten oder sich im Pferdeschlitten ziehen lassen konnte – in der Funktion ein Vorgänger des heutigen Aufzuges und damals eine seltene Attraktion.

Vor der Hofseite des Stechbahnflügels stand in Höhe seines Erdgeschosses ein massiver rechteckiger Altan, zu dem wahrscheinlich beiderseits lange offene Treppen, an der Hauswand entlang gerade aufsteigend, hinaufführten. So findet es sich noch am Torgauer Schloß; die älteste Darstellung dieses Treppenaufganges am Berliner Schloß zeigt links von dem Altan schon die 1688 angefangenen doppelten Bogengänge vor dem Flügel an der Stelle, wo der linke Treppenlauf gestanden haben dürfte (siehe Abbildung S. 41); der linke Lauf ist vermutlich abgebrochen worden, um den Bogengängen Platz zu machen. Die rechte Treppe ist aber auf dem Bild noch zu sehen. Von dem Altan öffnete sich ein großes Bogentor in den Saal, die »große Hofstube«, die das ganze erste Obergeschoß des Flügels einnahm oder doch fast das ganze: Vermutlich war ungefähr ein Viertel der Länge des Traktes als »Frauenzimmer« abgeteilt wie ehemals in Torgau auch. Im Erdgeschoß befanden sich zwei kleinere Hofstuben. Der Saal im Obergeschoß mit der offenen geradeläufigen, allerdings gewöhnlich nur einarmigen Treppe und dem Außenpodest vor der Saaltür war ein verbreiteter Typus nicht nur im deutschen Schloßbau, sondern auch unter den deutschen Rathäusern. Auf diesem Podest nun stand eine Wendeltreppe, die zu den beiden Wohngeschossen im zweiten Stock und im Zwerchhausgeschoß des Flügels führte. So wie im Flügel die Wohnungen über dem Saalbau lagen, stand außen davor die Wendeltreppe zu den Wohnungen auf der Saaltreppe.

Die offene Wendeltreppe, die auf dem Podest vor der Saaltür stand, war ein Wunderwerk der Steinmetzkunst. Außen ruhten ihre Stufen auf Pfeilern und schräg ansteigenden Brüstungen, innen aber aufeinander selbst in der Weise, daß statt einer mittleren Spindel eine Öffnung gelassen war, gegen die die Stufen in einer Brüstung endigten. Beim Hinaufsteigen konnte man also durch das Treppenauge nach oben bis unter das Gewölbe blicken, das oben das Treppenhaus schloß, und man konnte über die Brüstung hinuntersehen auf das Podest vor der Saaltür; nach außen blickend konnte man seines immer neuen Höhenverhältnisses und seiner immer wechselnden Stellung gegen die Hauswand, die Galerie, den Hof und die umliegenden Gebäude gewahr werden – ein äußerstes an räumlicher Sensation, wie es seit der Spätgotik gewissermaßen als Luxus in Schloß- und Kirchenbauten in den nördlichen Ländern vielfach gesucht wurde, während die italienische Renaissance auf ganz andere Raumerlebnisse aus war. Eine Prunktreppe der Art findet man noch am Schloß in Torgau, dem unmittelbaren Vorbild; Vorstufen gibt es in Mittel- und Süddeutschland, auch in Frankreich, zum Beispiel die Treppe vor dem Flügel Franz I. in Schloß Blois.

Über dem Saal, da, wo diese Treppe hinführte, lagen Zimmer für den Hofstaat, also die kurfürstliche Verwandtschaft, und für die adligen Inhaber hoher Ämter, die sich ständig am Hofe aufhalten mußten. Diese Zimmer oder Appartements waren von einem offenen Gang aus zu betreten, der von der offenen Pracht-Wendelstiege vor den Zimmern entlang bis zum Spreeflügel und dort weiter bis zu den Treppentürmen hinführte. Der Gang ist nur an der Hälfte des Spreeflügels und anscheinend auch nur an der Hälfte des Stechbahnflügels ausgeführt worden, sollte aber nach der Absicht des Architekten ganz sicher am ganzen Stechbahnflügel ausgeführt werden, wie an dessen Torgauer Vorbild. Konsolen und Gangplatten lagen vorgearbeitet auf dem Bauhof des Schlosses und sind eine Generation später, als Graf Lynar Architekt des Kurfürsten Johann Georg war, an verschiedenen Stellen zu Balkonen oder Erkern montiert worden, nämlich oben am Kapellen-

Schloß Hartenfels in Torgau, Großer Wendelstein,
Blick von unten durch die Treppenspindel

turm des Schlosses und an den beiden Türmen des Jagdschlosses Grunewald zur Seeseite hin, die dadurch und seit der Aufstockung des Hauptbaues wie Flügel erscheinen. So kann man also bis heute am Jagdschloß Grunewald Bauteile finden, die einstmals für den Joachim-Bau des Berliner Schlosses gemacht worden sind. Es scheint sonderbar, daß ein so prachtliebender Fürst seinen Schloßbau nicht in der symmetrischen Form, die sein Architekt offenbar gedacht hatte, fertigstellte. Indessen bietet sich zwanglos eine Erklärung an, wenn man überlegt, wofür die Galerien gedacht waren.

Wo oben am Spreeflügel die Galerie fehlte, sind die Gemächer der Kurfürsten gewesen. Der Zugang zum Kurfürsten war so geregelt, daß man erst durch einen Wachsaal oben an der Treppe und dann durch ein oder zwei Vorzimmer mußte. Folglich war hier eine Galerie, die ermöglicht hätte, Wachen und Vorzimmer zu umgehen, nicht nur überflüssig, sondern unerwünscht. Wo sie ausgeführt war, erschloß sie Höflings- und Gästeappartements, die sich im Flügel aneinanderreihten. Allerdings gestattete sie auch, die Zimmer der Kurfürstin zu umgehen. Deren Person hätte demnach in staatspolitischem Betracht kein solches

Sicherheitsrisiko bedeutet wie diejenige des Fürsten. Daß die Galerie auch an der einen Hälfte des Stechbahnflügels zunächst weggelassen wurde, dürfte dadurch veranlaßt sein, daß Joachim II. selbst den Stechbahnflügel bezogen hat, den er zuerst hatte bauen lassen, um dort während des Umbaus des Spreeflügels wohnen zu können. So erklärt sich auch, daß die Steinmetzen Gangkonsolen vorgearbeitet hatten, die nicht im Hof versetzt worden sind: Diese sollten am Stechbahnflügel eingebaut werden, sobald der

Schloß Hartenfels in Torgau, Großer Wendelstein, Durchblick nach Nord

Kurfürst wieder in die an traditioneller Stelle erneuerten kurfürstlichen Gemächer im Spreeflügel würde gezogen sein. Vielleicht ist Joachim aber im Stechbahnflügel wohnen geblieben. Erst von seinem Nachfolger wissen wir, daß er wieder im Spreeflügel residiert hat.

Dies sind Vermutungen, um zu erklären, weswegen die Galerien unvollendet gelassen wurden und weswegen vorgearbeitete Stücke nicht eingebaut worden sind. Fest steht nur, daß es am Geld nicht gelegen haben kann. Joachim II. war, wie oben bemerkt, ein reicher Fürst (für die Verhältnisse der Mark Brandenburg). Er hat aber nicht nur seine guten Einkünfte für ein Leben in Pracht und Fülle ausgegeben, sondern auch noch viele Schulden gemacht, die dann immer wieder die Stände, also Adel und Städte, übernahmen, und das noch ganz gern. Ihnen war ein lebensfroher Fürst lieber als einer, der Kriege führt und das Land unberechenbaren Gefahren aussetzt. Nur die Landesverwaltung hätten sie gern genauer geführt gesehen und monierten öfter, daß Joachim zu viel »im Holze liege«, das heißt auf der Jagd sei. Er ließ dann wohl durch seinen Kanzler mit der rhetorischen Figur antworten, wenn er über der großen Mühe und Sorge der Regierung solche »Ergetzlichkeit« nicht haben sollte, »so wollt Ihr Kf. Gnaden auch viel lieber ein geringere Person oder in anderem Beruf sein«.

Beim Umbau des Berliner Schlosses zur Königsresidenz sind die beiden Flügel, die Joachim II. hatte bauen oder umbauen lassen, äußerlich und innerlich neu verkleidet worden, so daß außen fast keine Spur von ihrem reichen Detail blieb. Innen blieben einzig die Gewölbe der Schloßkapelle zu sehen – mit ihrem Netzwerk der Rippen und den mit zierlichem Renaissance-Laubwerk geschmückten Gurten auch eine Sehenswürdigkeit (Abb. 238–239). Infolge der barocken Aus- und Umbauten wurde diese Kapelle Joachims II. allerdings durch andere Kapellenräume ersetzt und dann unter Friedrich dem Großen zu Nebenräumen in drei Stockwerke unterteilt; der obere Teil mit den Gewölben war zuletzt in die Schloß-Führungen einbezogen. Ein anderer schöner Rest vom Schmuck des Joachim-Baues kam 1830 bei Arbeiten in dem oberen Erkerzimmer des Stechbahnflügels nach der langen Brücke zu heraus und wurde auf Wunsch König Friedrich Wilhelms III. bewahrt: Der Eingangsbogen zum Erker war mit Renaissance-Blattwerk, sogenannten Grotesken, verziert. In den Bogenzwickeln fanden sich die Porträtreliefs des Kurfürsten und seiner zweiten Gemahlin Hedwig von Polen (Abb. 156–157). In dem Zimmer von so bevorzugter Lage und mit so bevorzugtem Schmuck hat wohl die Kurfürstin selbst gewohnt.

Von den Fenstern des Joachim-Baues hatte Geyer ein bei Umbauarbeiten vermauertes an der einstigen Spreefront gefunden. Es glich denjenigen der Torgauer Elbfront recht genau. Dagegen sind am Jagdschloß Grunewald die Gewände der erhaltenen Fenster und Türen (am Treppenturm, am Vorhaus, an der inneren Wendeltreppe) merklich moderner, ohne Vorhangbogen-Sturz, sondern mit geradem Sturz, mit schräger statt profilierter Laibung. Hier hat sich also Caspar Theiß von seinem Meister Krebs gelöst, und wir können seine persönliche Art fassen. Die Gangkonsolen vom Berliner Schloß, die am Jagdschloß Grunewald gefunden worden sind, also die dortigen Erkerkonsolen, sind wieder den Torgauer Konsolen sehr ähnlich. Übrigens sind die Rümpfe der Konsolen am Ort schmaler gemacht worden; die Stücke aus Berlin hatten sich als zu breit erwiesen und wurden vermauert. Sie sind bei der jüngsten Restaurierung aus der Mauer genommen und im nördlichen Torhaus ausgestellt worden. Der Leser muß sich also die Berliner Konsolen aus den Kragkapitellchen und Deckplatten unter den Erkern und aus den Konsolenrümpfen im Torhaus zusammendenken. Ohne den Fund der zu breiten Konsolenrümpfe wäre man nicht darauf aufmerksam geworden, daß die Stücke nicht für das Schloß Grunewald gemacht waren.

Solche Teile, ihre Maße und ihre Profilierung sind sicherlich von dem leitenden Steinmetzmeister, also Caspar

Relief von Hans Schenk im Jagdschloß Grunewald mit Selbstporträt des Bildhauers, zwischen Baumeister Caspar Theiß und Bauschreiber Kunz Buntschuh, um 1540

Theiß, angegeben worden. Die an wenigen Stellen konzentriert auftretenden Schmuckreliefs mit Blattwerk und Figuren dagegen sind der Überlieferung nach von einer besonderen Bildhauerwerkstatt unter der Leitung des Bildhauers Hans Schenk, genannt Scheutzlich, gemacht worden. An den im Mauerwerk des Schlosses Grunewald gefundenen Gangkonsolkörpern sind die Gesichter und Figuren des Reliefs von erstaunlicher Qualität. Ähnlich verhält es sich mit dem Erkereingangsbogen mit den Porträts Joachims und Hedwigs. Ein weniger offizielles, sehr heiteres Relief Schenks findet man heute noch im Vorraum des Jagdschlosses Grunewald. Nach der neuesten Deutung von Helmut Börsch-Supan wird da der Baumeister Theiß von seinen Kollegen, dem Bildhauer und dem Bauschreiber Kunz Buntschuh (der die Baugelder verwaltete) aufgezogen – bisher hatte man geglaubt, in dem dritten, in der Unterschrift nicht genannten Mann den Kurfürsten selbst zu sehen, eine etwas zu romantische Vorstellung. Der Dargestellte trägt vielmehr Schenkenkleidung; der Bildhauer stellt sich im redenden Bild dar, und so gewinnt die Darstellung auch ihren Witz.

Vom Leben im Cöllner Schloß hat der Historiker Otto Hintze nach der Hofordnung Joachims II. und anderen zeitgenössischen niederdeutschen Hofordnungen, Berichten und Beschreibungen folgende Schilderung gegeben:

Die patrimoniale Auffassung des Fürstenstaats ... kennzeichnet den Geist der Epoche, die mit Johann Georg zu Ende ging, in ganz besonderer Weise. Der Fürst erscheint in erster Linie noch als der größte Grundbesitzer im Lande; das Leben an seinem Hofe bietet das Bild einer großen patriarchalischen, noch ganz auf Naturalwirtschaft begründeten Haushaltung. Im 16. Jahrhundert ist die Residenz des Kurfürsten im Schlosse zu Cölln an der Spree allmählich festgeworden; während Joachim I. noch einen Teil des Jahres in Tangermünde an der Elbe zuzubringen pflegte, bleibt der Hof nach dem erweiternden Umbau des Schlosses durch Joachim II. meist das ganze Jahr hindurch in Berlin, abgesehen von den Reisen des Kurfürsten und von dem häufigen Jagdaufenthalt in der Umgebung Berlins, in der Schorfheide oder in anderen Forsten, wo Jagdschlösser vorhanden waren. Im Schlosse zu Cölln an der Spree, das mit seiner Umgebung eine besondere »Freiheit« (Immunität) bildet, in welche die Gewalt der städtischen Obrigkeiten nicht hinüberreicht, lebt der Kurfürst mit seiner Familie und seinen Räten und Dienern noch wie in einem großen gemeinsamen Haushalt zusammen, wie es uns die Hofordnung von 1537 in anschaulicher Weise vor Augen führt. Das

Kurfürst Johann Georg von Brandenburg,
Gemälde von Andreas Riehl d. J. (?), um 1590

benachbarte Amt Mühlenhof mit den kurfürstlichen Mühlen (am heutigen Mühlendamm) bildete die ökonomische Grundlage für die Unterhaltung der etwa 400 Personen, die sich beständig am Hofe aufhielten und für die auch noch etwa 200 Pferde im kurfürstlichen Marstall gefüttert wurden. Auf dem Mühlenhof kam der Überschuß an Nahrungsmitteln zusammen, der auf den fürstlichen Domänenämtern der Umgegend zur Verfügung stand: Korn, Vieh, Geflügel, Fische, und was sonst noch zu des Lebens Notdurft und Nahrung gehört. Hier wurde unter der Aufsicht des Amtshauptmanns gemahlen, gebacken, gebrannt und geschlachtet; hier wurde das Futter für die Pferde ausgegeben und von hier aus der Hof mit Speise und Trank versorgt.

Im Vorzimmer des Kurfürsten versieht der adlige »Türknecht« den Dienst eines modernen Flügeladjutanten. Die engere Umgebung des Herrschers sind seine geschworenen Kämmerer; die weitere Umgebung ist die Gesamtheit der kurfürstlichen »Diener«, das heißt der Edelleute, die dem Kurfürsten am Hofe aufwarten und je nach ihrem Rang mit einem oder mehreren Rossen versehen sind, wonach sie als Einrosser, Zweirosser oder Dreirosser usw. bezeichnet werden. An der Spitze dieses riesigen Gefolges steht der Marschalk, der oberste Hofbeamte des Kurfürsten, der die Leitung des ganzen Hofhalts und neben der Aufsicht auch die Gerichtsbarkeit über das gesamte Hofgesinde der Schloßfreiheit ausübt. Neben ihm steht als sein Vertreter und Gehilfe der Haushofmeister, dem hauptsächlich die Überwachung des ökonomischen Betriebs obliegt; auch ein Schloßhauptmann war bestellt; doch hatte er hier nicht eine militärische Bedeutung wie in Küstrin. Unter diesen höheren Beamten hatte der Hausvogt für die Aufrechterhaltung der Ordnung, der Küchenmeister für die wirtschaftliche Versorgung des Hofhalts, Futtermarschalk und Stallmeister für den Marstall zu sorgen. Das Hofgesinde wird vom Kurfürsten nicht bloß gespeist, sondern auch gekleidet. Die gewöhnliche Hofkleidung gehörte für Herren und Knechte zu den regelmäßigen Bedingungen des Dienstvertrags; ein besonderer Hofschneider mit seinen Gesellen gehört mit zum kurfürstlichen Ingesinde.

Das Tagesleben beginnt und endet früh. Im Sommer um vier, im Winter um fünf werden die Tore geöffnet; dann beginnt der Dienst in Küche und Marstall. Die Räte kommen im Sommer um sechs, im Winter um sieben Uhr zusammen. Jeden Morgen in der Frühe geht der Hof zur Kirche, auch noch in der protestantischen Zeit. Um 7 oder 8 Uhr wird die Morgensuppe verabreicht; um 9 oder 10 Uhr findet die Mittagsmahlzeit, um 4 die Abendmahlzeit statt. Räte, Edelleute und auch die Einrosser speisen mit dem Kurfürsten zusammen im Rittersaal, jede Gruppe an einem besonderen Tisch. Eine Viertelstunde, nachdem zu Tisch geblasen worden ist, wird das Tor geschlossen und niemand mehr ein- und ausgelassen, damit nicht Speisen und Getränke heimlich »abgeschleppt« würden – ein Mißbrauch, der sehr im Schwange gewesen zu sein scheint. Marschalk und Hofmeister haben darauf zu sehen, daß alle sich bei Tisch fein züchtig und stille verhalten; pommersche Hofordnungen finden es nötig zu verbieten, daß niemand bei Tisch den anderen mit Knochen und Gräten oder auch mit Brot- und Fleischstücken werfen solle. Der Keller, aus dem Wein und Bier auf den Tisch kommt, wird nach der Mahlzeit geschlossen. Die Hofordnung des Markgrafen Hans von Küstrin bestimmt noch ausdrücklich, daß der Marschalk »keine unordentliche oder überflüssige Sauferei gestatten« solle; »es wäre dann Sache, daß Fremde vorhanden, daß man denselben zu Ehren solches tun müßte«. Ebenda wird auch ausdrücklich verboten, daß in dem Frauenzimmer, wohin sich die Junker nach der Mahlzeit begeben durften, keine Sauferei verstattet werden solle. Bei diesen geselligen Zusammenkünften hat die Hofmeisterin darauf zu sehen, daß die Jungfrauen alle in einer Reihe auf einer langen Bank nebeneinander sitzen bleiben; alles »Winkelsitzen« und heimliche Gespräch ist verboten; es gilt auch nicht für statthaft, daß die Jungfrauen viel hin und wieder gehen oder neben den Männern stehen. Um 8 Uhr wird den Besuchern abgeklopft und das Frauenzimmer verschlossen. Das Tagesleben am Hofe ist zu Ende; alles geht zur Ruhe; Feuer und

Licht im Schlosse wird gelöscht; die Tore werden im Sommer um 9 Uhr, im Winter etwas früher geschlossen.

Seit der Mitte des 16. Jahrhunderts lockert sich die patriarchalische Geschlossenheit dieses Hofhaushalts in einigen Stücken; namentlich die Räte beginnen sich mit ihrem Familienhaushalt abzusondern; statt der Verpflegung und Kleidung bei Hofe wird ein Kost- und Kleidergeld verabreicht; aber das ganze Amtswesen in Kammer, Kanzlei und Ratstube bleibt noch auf lange hinaus wie eine häusliche Angelegenheit des Fürsten dem Hofe und dem Schlosse einverleibt.

Der rational geordnete Hofhalt I: Die Bauten Kurfürst Johann Georgs

Was Kurfürst Joachim II. mehr als ein repräsentatives Bild von zentraler Residenz erbaut hatte, wurde allmählich wirklich eine – obwohl der Prozeß der Zentralisierung noch viele Generationen dauern sollte (er ist ja in vielfacher Weise noch heute im Gang, nur daß Brandenburg-Preußen dabei nicht mehr mitspielt). Der Nachfolger Joachims II., Johann Georg (niederdeutsch Hans Jürgen), 1571–98, tat reale und mehr ökonomische Schritte in dieser Richtung, und man sieht es auch an seiner Bautätigkeit am Schloß.

Kurfürst Johann Georg berief 1578 Graf Rochus zu Lynar zu seinem Baubeauftragten. Architekten im heutigen Sinne gab es noch nicht. Kunz Krebs war noch Steinmetzmeister gewesen wie die großen Architekten der Gotik; der Berufsstand des Handwerker-Baumeisters hat noch bis zur industriellen Revolution auch die meisten Großbauten in Händen gehabt; Wohnhäuser sind sogar noch bis zum Ersten Weltkrieg meistens von dem Maurermeister entworfen worden, der sie baute. Neben diese Handwerksmeister treten seit der Renaissance die Militär-Ingenieure, Leute, die sich auf Geometrie und Ballistik verstanden. Artillerie und Festungsbau spielten im damaligen Kriegswesen eine gewaltige Rolle. Dementsprechend war mathematisch-geometrische Bildung auch für höchste Offiziersränge erwünscht. Diese ingenieurmäßig gebildeten Militärs, oft Adlige, hatten die Kenntnisse, Festungsbauten zu entwerfen und zu disponieren, und konnten daher nebenbei auch andere Gebäude »angeben«, selbst Schloßbauten und Kirchen. Den verschiedenen Handwerkern blieb dann die Form des Details mehr oder weniger überlassen.

Der erste Ingenieur dieser Art, der am Berliner Schloßbau begegnet, ist eben Graf Lynar (1525–96), Abkomme des florentinischen Geschlechts Guerini und selbst noch im toskanischen Maradia geboren. Er hatte bereits eine politische und militärische Karriere hinter sich, unter anderem am Hofe des sächsischen Kurfürsten, als er 1578 in die Dienste Johann Georgs von Brandenburg trat, der ihn zu seinem »Geheimrat, General und obersten Artillerie-, Munitions-, Zeug- und Baumeister« ernannte. Lynars Hauptwerk – es steht noch – ist die Festung Spandau gewesen, an der freilich vor und nach ihm viel gebaut worden ist; die barocke Gesamtanlage aus dem Stern der vier Bastionen hat aber er in ihren wesentlichen Zügen vollendet.

Lynar also erweiterte am Schloß in Berlin (damals sagte man noch: am Schloß zu Cölln an der Spree) sogleich 1579

Graf Rochus zu Lynar, Gemälde von Andreas Riehl d. J., um 1585

die kurfürstliche Wohnung am Ende des Spreeflügels um zwei Zimmer, was einen vierstöckigen Anbau bedeutete. Diesen Anbau stellte er indessen quer zum Spreeflügel, so daß er mit dem einen Zimmer diesen fortsetzte, mit dem anderen die innere Ecke des späteren Inneren oder Kleinen Schloßhofes festlegte. Lynars Absicht war, wie man aus seinem Briefwechsel mit dem Kurfürsten weiß, das Hochschloß zu einem geschlossenen Vierkant auszubauen. An der Stelle, an der er den Spreeflügel einschwenken ließ, war der Schloßhof sicherlich schon früher durch eine Mauer begrenzt gewesen, an die sich Nebengebäude anlehnten. Davon weiter unten.

Dieser erste Anbau Lynars an das Hochschloß hieß »das dritte Haus«, woraus man ersieht, daß der bestehende Teil als erstes und zweites Haus bezeichnet wurde: Das Erste Haus kann nur der Spreeflügel gewesen sein, der zu Zeiten der Schloßgründung offenbar allein das Wohnschloß bildete; das Zweite Haus war offenbar der Schloßplatzflügel Joachims II., das als Vorgänger demnach nur Untergebäude, also Nebengebäude, gehabt hätte. Indessen ist das nicht so ganz sicher wie es klingt: Anstelle des Zweiten Hauses kann auch ein Pallas, ein reiner Saalbau, gestanden haben, dessen Erneuerung durch Joachim II. deswegen zu dem Namen Zweites Haus gekommen wäre, weil Joachim nun über dem Saal auch Wohnräume, »Gemächer«, ausbauen ließ.

Johann Georgs Drittes Haus war in den Einzelformen ganz schlicht. Zwar trug es die hohen Giebel und Zwerchhäuser der deutschen Renaissance, diese waren aber von strengster Dreiecksform, ganz ohne jeden zierlichen Schnörkel. Es gab in Höhe der Giebel und Zwerchhäuser auch einige Stockwerksgesimse von einfachem Profil, das Mauerwerk bis zur Traufe war aber völlig glatt und nur durch die Fenster gegliedert; diese hatten rechteckigen Umriß und eine einfache Profilierung ihrer Gewände. An der äußeren Ecke des von Lynar gedachten Vierkants saß ein Treppenturm mit einer bequemen, für den internen Gebrauch gedachten Wendeltreppe (die »runde Treppe«); über diesem Turm erhob sich eine schlichte aber weithin sichtbare Dachspitze.

Das neue Zimmer in der Ecke war – durch die Nebentreppe bedient – offenbar das kurfürstliche Paradeschlafzimmer und blieb das bis zum Schloßausbau des ersten Königs, über hundert Jahre lang. Da das Paradeschlafzimmer der innerste der offiziellen Empfangsräume eines Fürsten war, scheint es sehr sinnvoll, wenn es in der geraden Reihe der Staatszimmer angeordnet wurde. Vermutlich hat Lynar bei diesem Anbau die »Enfilade« eingeführt, die Lage der Staatszimmer in einer Reihe und die Lage der Türen in einer Reihe, so daß man bei geöffneten Türen durch sie alle hindurchsehen konnte. Wie das Staatsappartement des vorigen Kurfürsten, Joachims II., beschaffen war, ist nicht bekannt; nach seinem Jagdschloß Grunewald zu urteilen, wo sein Schlafzimmer in dem südlichen Turm außerhalb einer solchen Enfilade lag, hatte er wohl auch in Berlin noch keine so moderne Raumanordnung, die damals auch wohl kaum schon aus Frankreich nach Deutschland gedrungen sein konnte. Kurfürst Johann Georg hatte demnach, vom Wachzimmer an der Wendeltreppe an, drei Vorzimmer, dann das Schlafzimmer und endlich, in dem in den Lustgartenflügel einschwenkenden Zimmer, ein Kabinett, dessen privaterer Charakter eben dadurch zum Ausdruck kam, daß es nicht in der Reihe der Staatszimmer lag. Der außen so schlichte Anbau ermöglichte also im Innern ein formelleres und umständlicheres, aufwendigeres Zeremoniell, wie es an den Höfen Europas in der zweiten Jahrhunderthälfte üblich und daher auch in Brandenburg nötig wurde. Lynar, der längere Jahre in Frankreich tätig gewesen war, kannte sich damit gewiß genauestens aus und zeigte sich mit seinem ersten Berliner Bau sogleich als glänzender Architekt. Das Dritte Haus ist um 1700 so völlig in den Ausbau des Königsschlosses integriert worden, daß es von außen und innen nicht mehr

Kapellenhof mit Verbindungsgalerie vom Spreeflügel zum Herzogin-Haus, nach Robert Dohme

unterscheidbar war. Allein im Grundriß des Lustgartenflügels kann man am Wechsel der Mauerstärke auf der Hofseite und, in den unteren Geschossen, am Anfang des Korridors seine Endigung erkennen.

Mit einem zweiten Anbau an das Hochschloß, der vermutlich zu Kurfürst Johann Georgs Zeiten und vielleicht auch von Lynar ausgeführt worden ist, hatte es seine besondere Bewandtnis darin, daß er nicht für den regierenden Fürsten, sondern für dessen Schwester Elisabeth Magdalena gebaut worden ist. Diese hatte 1559 den Herzog Franz Otto von Braunschweig-Lüneburg geheiratet, war aber nach einer Ehe von nur zwei Monaten und vierundzwanzig Tagen verwitwet und kinderlos geblieben. Da sie in Braunschweig noch nicht festen Fuß gefaßt hatte, kehrte sie nach Berlin ins elterliche Haus zurück und hat dort sechsunddreißig Jahre als Witwe gelebt. Für sie wurde neben den Spreeflügel vor dessen Wasserseite ein Miniaturschloß gestellt, mit Ecktürmchen und mit Zwerchhäusern, große und kleine abwechselnd, ähnlich wie am Schloßbau ihres Vaters, auch ebenso hoch, nur ganz schmal. Das Schlößchen wurde mit einer dreigeschossigen Bogengalerie an den Spreeflügel angehängt, die den Spreeflügel genau beim Wachzimmer gegenüber der Wendeltreppen- und Rampenanlage traf. Diese Galerie streifte mit ihrer Rückwand den Turm Kurfürst Friedrichs II. und erreichte das Herzogin-Schlößchen an dessen einer Ecke; mit der anderen berührte es den Grünen Hut, der wiederum die Kapelle berührte. So entstand der »Kapellenhof«, den aber die Bogengalerie des Herzogin-Hauses beherrschte, so daß er eher als Schloßhof der Herzogin Elisabeth von Braunschweig erschien.

Elisabeth war ja als Herzogin-Witwe eine ehemals regierende Fürstin und daher im zeremoniellen Rang ihrem Bruder dem Kurfürsten und dessen Gemahlin gleich. Dieser ihr Rang erklärt die bauliche Gestalt ihres Hauses als besonderes Schlößchen mit eigenem Schloßhof. Das reizende Gebäude heißt in alten Akten Herzogin-Haus; einige Generationen nach seiner Erbauung gerieten deren Zusammenhang und der Name des Hauses aber in Vergessenheit, und erst Albert Geyer hat das Wichtigste davon wieder erforscht und kombiniert. Geyer glaubte allerdings, daß die Herzogin in einem der unteren Geschosse und im oberen Hauptgeschoß – das auf einer Höhe mit der kurfürstlichen Wohnung lag – die Kurfürstin gewohnt habe, womit er die großartige, naive Einfachheit und Direktheit damaligen Bauens verkennt. Selbstverständlich hieß das Haus nach demjenigen, der es innehatte. In den unteren Stockwerken wohnte ebenso selbstverständlich der Hofstaat der Herzogin. Ob die Herzogin Elisabeth Magdalena das Haus im Einvernehmen mit dem Kurfürsten aus eigenen Mitteln – sie hatte eine braunschweigische Apanage – hat bauen lassen, oder ob es auf kurfürstliche Rechnung erbaut ist oder aus Mitteln beider, ist gänzlich unbekannt. Ebenso unbekannt ist auch, wann das Haus erbaut ist. Vielleicht, als ihr Bruder Johann Georg zur Regierung kam; damals war sie schon zwölf Jahre Witwe. Wenn Lynar der Architekt sein soll, müßte sie mindestens neunzehn Jahre auf den Bau gewartet haben. Wenn Geyer aber meint, das Schlößchen sei erst nach dreißigjähriger Witwenschaft gegen 1590 erbaut, so ist das nicht sehr glaubwürdig.

Nach dem Tod der Herzogin Elisabeth Magdalena im Jahr 1595 stand das Herzogin-Haus dem Kurfürsten zur Verfügung. Wahrscheinlich sehr bald sind nun die beiden Staatszimmer mit den hübschen Erkern daran der kurfürstlichen Privatwohnung einverleibt worden, und eine solche Möglichkeit mag bei dem Bau auch wohl von vornherein bedacht worden sein. Dazu brauchte nur die verglaste Laube auf dem Grünen Hut mit dem anstoßenden

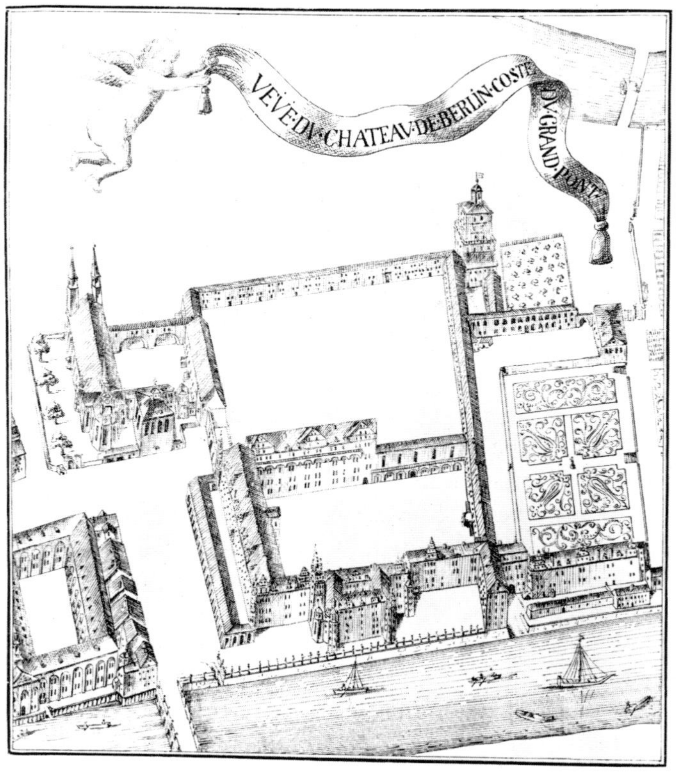

Das kurfürstliche Schloß, Ausschnitt aus dem Lageplan La Vignes von 1685. Erkennbar von den Bauten des Grafen Rochus zu Lynar aus der 2. Hälfte des 16. Jhs.: das Quergebäude mit den drei Giebeln im Hof, das Herzogin-Haus unmittelbar an der Spree und ganz rechts das Gebäude der Hofapotheke

Zimmer verbunden und vom Turm Kurfürst Friedrichs II. eine Tür in die Galerie gebrochen zu werden. Das Herzogin-Haus war, ungeachtet mancher Umbauten, bis zuletzt aus dem Schloßkomplex gut herauszukennen, weswegen seine Beschreibung im einzelnen bei den Erläuterungen zu den Tafeln gegeben ist.

Die Hofapotheke ist im Jahr 1585 erbaut worden. Über dieses Gebäude fließen die Quellen reichlich, wie die Historiker so schön sagen. Kurfürst Johann Georg hatte einen Apotheker und Chemiker, so würde er heute heißen, namens Aschenbrenner. Den schickte er im März dieses Jahres nach Dresden, wo er bei dem Alchimisten des sächsischen Kurfürsten Sebaldt Schwerzer seine Kenntnisse vervollständigte und zugleich die Pläne für das ziemlich große Laboratoriumsgebäude in Berlin aufstellte. Der sächsische

Maurermeister Peter Kummer, Spezialist im Kaminbau, kam im Mai mit nach Berlin oder Spandau zum Grafen Lynar, und die Baupläne wurden nun festgestellt. Lynar schrieb an den Kurfürsten, er möchte doch das Apothekengebäude in Verlängerung des Dritten Hauses bauen lassen, womit er meinte, daß das Gebäude als Lustgartenflügel zur Schließung des Hochschlosses in die von Lynar konzipierte Karreeform eingesetzt werden solle. Der Kurfürst bestand aber darauf, das Apothekengebäude in den Lustgarten hineinzustellen.

Das Apothekengebäude war ehemals fast genau 50 Meter lang, zweigeschossig mit Zwerchhäusern und im Erdgeschoß durchgehend gewölbt. Seine für eine damalige Apotheke erstaunliche Großzügigkeit wie seine abgesonderte Lage im Lustgarten erklären sich daraus, daß der Kurfürst in diesen Laboratorien Gold machen zu können hoffte. Gold machen war eine Hoffnung an allen damaligen Höfen, auch noch im folgenden Jahrhundert. Das Residenzschloß war in fast allen seinen Teilen in gewisser Weise öffentlich, nicht für die Bürger der Stadt, aber wohl für die verschiedenen Ränge des Adels, der Verwandtschaft des Kurfürsten, sagen wir also: hoföffentlich. Selbst in seiner Wohnung konnte der Fürst seine Staatszimmer bestimmten Angehörigen des Hofes nicht verschließen, mit Ausnahme der Kabinette – übrigens der Grund, weswegen mit der immer weiteren Ausbildung des Absolutismus die Privatzimmer und Kabinette fortwährend zunehmen. Ähnlich wie seine Kabinette war auch sein Lustgarten privater als das übrige Schloß und Schloßgelände des Fürsten, und so bestand Johann Georg darauf, die Laboratorien dorthinein zu bauen, um die Geheimnisse, die Arkana, die er erforschen ließ, mit niemandem teilen zu müssen. Der Überlieferung zufolge befand sich die Apotheke vor Errichtung des Neubaus in dem Zimmer über dem Chor der Erasmus-Kapelle. Dieses Zimmer war ein Kabinett, ein Privatraum der kurfürstlichen Wohnung, neben den Staatszimmern der Kurfürstin. Unter dem vorigen Kurfürsten Joachim II. muß dieses Zimmer von der Kurfürstin bewohnt worden sein, denn von dort aus war die Laube auf dem Grünen Hut zu betreten, die gewiß nicht zum Vergnügen des Apothekers erbaut worden ist.

Die Hofapotheke ist von allen älteren Teilen des Schlosses bis weit ins vorige Jahrhundert hinein am wenigsten verändert worden und noch auf alten Fotos in ihrem Originalzustand zu sehen (Abb. 16); erst 1885 wurde ihr äußerstes Drittel abgebrochen, um der Durchlegung der Kaiser-Wilhelm-Straße Platz zu machen (Abb. 17 und 26).

Auch das Querbebäude, Lynars letzter großer Bau am Schloß, ist wohlbelegt durch Urkunden; sogar die Entwurfszeichnungen sind erhalten, mit Erläuterungen und der Signatur Lynars selbst. Mit diesem Gebäude konnte Lynar etwa zwei Drittel des inneren Schloßhofes gegen den Vorhof zu, anschließend an den Schloßplatzflügel, in Höhe des Hochschlosses umbauen, womit er die beiden diagonal gegenüberliegenden Ecken und so die Größe des Hofes endgültig festgelegt hatte.

Johann Georg hatte, da Hans von Küstrin, der Bruder Joachims II., erbenlos geblieben war, wieder die ganze Mark beisammen. Der Hof und die Verwaltung – damals noch nicht getrennt, sondern Hofränge und Verwaltungsposten waren vermischt – wuchsen ohnehin und wuchsen durch die Landesvergrößerung noch mehr. Das Quergebäude (sein ursprünglicher Name ist unbekannt) sollte zu Wohnungen für Angehörige des Hofes, der Beamtenschaft, und Gäste dienen. In seiner Anlage kam die Rationalität, deren die Zeit fähig war, deutlicher als bei den anderen Bauten Johann Georgs zum Ausdruck, noch mehr aber in den Entwürfen Lynars, die nur verändert ausgeführt wurden. Lynar sah an beiden Enden des Baues Treppenhäuser vor und, von deren Podesten aus erschlossen, je zwei Wohnungen in jedem Geschoß, zusammen vier. Die Wohnungen entwarf er alle ganz gleich. Sie bestanden aus immer einem Vorzimmer und einem Schlafzimmer hintereinander, die entweder beide auf den inneren Schloßhof oder beide auf den Vorhof gingen. Für ganz vornehme Gäste konnten die zwei Wohnungen einer Seite zusammen-»geschaltet« werden.

In vier Geschossen waren das 16 Wohnungen, zuzüglich vier weiterer Wohnungen in den Zwerchhäusern 20. Zwar nicht aus Berlin, wohl aber aus anderen Schlössern der deutschen Renaissance ist bekannt, daß die Zwerchhäuser durchaus zu Appartements auch hochgestellter Personen verwendet wurden. Dies kann auch aus Lynars Grundrissen für das Quergebäude ersehen werden. Er baute nämlich eine ungeheure Neuerung ein, Innenklosetts mit Fallschächten bis zu einer Grube im Keller, und zwar zwanzig Schächte, also auch mit für die Appartements in den Zwerchhäusern. Die heute vorgeschriebene Entlüftung der Grube über Dach fehlte allerdings, so daß die Anlage wohl etwas gerochen haben dürfte. Im Mittelalter hatten ja die Klosetts außen an den Schlössern über den Burggräben gehangen und hatten keine Geruchsbelästigung der Wohnräume verursacht. Während der Renaissance- und Barockzeit benutzten die hochgestellten Personen Gefäße, die von Dienern hinausgetragen wurden. Lynars Vorsorge im Quergebäude läßt erkennen, daß es nicht für höchste Ränge gedacht war. Auch weniger Hochgestellte hatten aber doch mindestens einen Diener, der die Tür hütete. Für deren Aufenthalt waren in Lynars Plänen geräumige Treppenpodeste vorgesehen. Von da aus wurden Kachelöfen in den Antichambren geheizt, während in den Schlafzimmern Kamine waren: Offenbar war die Antichambre doch der Haupt-Aufenthaltsraum.

Das Quergebäude erhielt die gleichen strengen Dreiecksgiebel und Giebel- und Traufgesimse wie das Dritte Haus, ferner im inneren Schloßhof eine ausgekragte

Galerie vor dem obersten Geschoß, das mit den Staatswohnungen im Schloßplatz- und Spreeflügel auf gleicher Höhe lag. Die Galerie stach ebenfals durch große Schlichtheit von der Pracht des Joachim-Baues ab. Sie wurde bis zur Wendeltreppe des Stechbahnflügels durchgeführt. Das Quergebäude entging der Einbeziehung in den Ausbau des Königsschlosses, da es nach Eosanders Plänen ganz weggebrochen werden sollte. Lediglich das südliche Ende wurde für den von Eosander dort vorgesehenen Hofrisalit um etwa 12 Meter verkürzt. Im Jahr 1799 erst zog das Schloßbauamt die Zwerchhäuser zu einem Geschoß zusammen und beseitigte die Giebelspitzen, um die Unterhaltung der Dächer zu verbilligen. 1873 versah das Hofbauamt die Seite zum kleinen, inneren Schloßhof mit einer Stuckgliederung, weil die kahlen Wände als allzu unschön empfunden wurden. In dieser stuckierten Form erscheint es auf den jüngeren Fotografien (Abb. 52–53).

Die Bautätigkeit des Grafen Lynar wird von Geyer sehr ausführlich betrachtet; man erfährt charakteristische Details auch von der rationalen Bauführung, die er zum Vorteil der Wirtschaft des Kurfürsten zu leisten fähig war. So vermochte er die Anzahl der Mauersteine und Dachziegel für ein Gebäude anhand der Pläne zu berechnen, was die beauftragten Handwerker sich nicht getrauten. Das stärkste Detail aber ist, daß Lynar die Werksteinteile wie Fensterrahmen und -stöcke, Türrahmen, Treppenstufen gleich für alle Gebäude, die er mit den Jahren bauen sollte, zusammen bestellte und alle nach der gleichen Form und Größe. Die genormten Fenster und Türen waren dann auch so schlicht für die Zimmer der Hofchargen wie für die des Kurfürsten selbst. Ebenso führte Lynar eine Art Normtreppe ein, die ersten steinernen Treppenhäuser mit geraden Läufen, wie sie heute jedes Mietshaus hat – im Schloß sind die älteren Steintreppen sämtlich gewendelt gewesen.

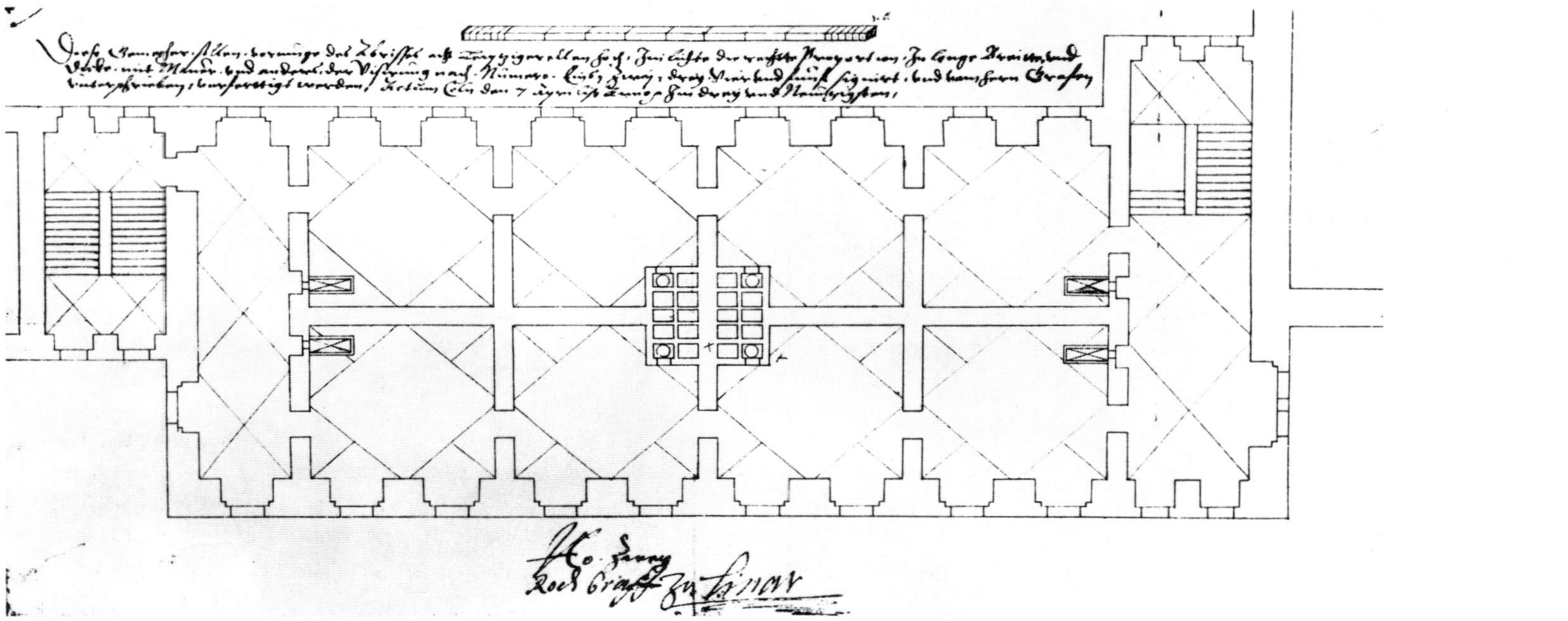

Originalgrundriß vom Erdgeschoß des Quergebäudes
mit eigenhändiger Unterschrift des Grafen Rochus zu Lynar, 1593

Wir haben gesehen, daß Kurfürst Johann Georg in seinem ersten Bau, dem Dritten Haus, bei aller äußeren Schlichtheit Vorsorge für ein prächtigeres Zeremoniell getroffen hatte. So wird es nicht überraschen, daß er auch öffentlichen Prunk entfaltete, wo er es angebracht fand, vielleicht weniger aus Neigung als aus Berechnung. Bei Taufen und Hochzeiten im Kurhaus wurden große Festlichkeiten veranstaltet. Die vielleicht älteste deutsche illustrierte Zeitschrift, die zu den halbjährlichen Messen in Frankfurt am Main erscheinende »Relationes historicae«, brachte in einer ihrer ersten Nummern 1593 einen Bericht über eine Taufe im brandenburgischen Kurhaus, illustriert mit zwei Stichen, die die ältesten bekannten Darstellungen des Schlosses überhaupt sind.

Auf dem ersten Stich »Auffzuge Undt ring rennen So gehalten Worden nach des Churfürsten Von Brandenburg Kindtauffen Zu Collen an der Spree Vom 11 bis 15 Novemb 92« (der Monat ist vom Stecher verschrieben; es muß heißen: Dezember) sieht man im Hintergrund die Schloßplatz- oder Stechbahnfassade des Schlosses in ihrer ganzen Pracht, wobei man sich sowohl die Sockelquaderung wie die Säulengliederung der drei Geschosse und die Rankenfriese in den Brüstungszonen gemalt oder in Sgraffito denken muß – plastisch ausgearbeitet waren die Erker, die Mittelbalkone, die Giebel und Vorhangbogen-Fensterrahmungen. Auf dem oberen Balkon Trompeter und Pauker, auf dem unteren der Kurfürst. Vor ihm auf der Brüstung ein Teppich. Teppiche hängen auch aus verschiedenen Fenstern der rechten Fassadenseite, sonderbarerweise nur nicht aus dem letzten im dritten Geschoß rechts vor dem Erker, dem Fenster des Zimmers der Kurfürstin, aus dem zwei deutlich erkennbare Damen sehen. Für sie schickte es sich wohl nicht, sich hinauszulehnen.

Linker Hand ist der Große Schloßhof – damals sagte man noch der große Schloß-»platz« – mit einem Stacket aus Spaltbohlen abgezäunt. Hinten im Schloß-»platz« steht ein Nebengebäude in einem ähnlichen Bretterzaun. Vom obersten Geschoß des Schlosses führt ein hölzerner geschlossener Gang über zwei gemauerte Pfeiler zur Domkirche, die außerhalb des Bildes steht, schräg nach vorn über die Ecke des (späteren) Schloßplatzes hinweg. Solche Brückengänge vom Schloß zur Kirche hat es damals in vielen Residenzen gegeben. Erhalten ist zum Beispiel noch derjenige zwischen dem Dresdner Schloß und der katholischen Hofkirche, eine mit Kupferblech beschlagene geschlossene Brücke in Formen des 18. Jahrhunderts. Oder der ziemlich lange Gang zwischen dem bischöflichen Schloß, jetzt Priester-Seminar, und dem Dom in Freising, der gemauert ist und über einen großen Viadukt und dann über den Seitenschiffgewölben der Taufkirche St. Johann hingeht. Hier liegen Schloß und Dom beide in der Bischofsburg hoch über der Stadt; es kann gar kein Gedanke daran sein, daß der Fürstbischof sich vor dem Volke hätte verbergen wollen oder müssen wie die Großherzöge von Toskana, die in Florenz einen geheimen hochgelegenen Gang, etwa 500 Meter lang, vom Palazzo Pitti über die Arnobrücke bis zum Rathaus, dem Palazzo Vecchio, hatten bauen lassen. Der Gang in Berlin war gewiß auch bequem – andererseits hatte das Wohnen und Wandeln des Fürsten in der Höhe auch zeremonielle Bedeutung. Einst, im hohen Mittelalter, hatte die Sicherheit geboten, hoch oben zu wohnen, nun die Tradition. So hat noch der erste König im dritten Geschoß des Schlosses in über 15 Meter Höhe gewohnt und über die Dächer Berlins weit ins Land hinaus geblickt wie zweieinhalb Jahrhunderte vor ihm schon der Gründer des Schlosses Friedrich II.

Unter den Pfeilern, die den Brückengang tragen, sieht man an die Bohlentür zum Vorhof des Schlosses die kurfürstliche Ausschreibung des Ringrennens angeschlagen. Weiter vorn stehen zwei Prunkzelte, in denen die Pferde für das Rennen aufgezäumt werden. Die Zelte sind durch Wappenschilde mit Adler und Zepter als kurfürstlich gekennzeichnet. Am rechten Bildrand wird der Rennplatz begrenzt durch einen Rundturm, Rest der cöllnischen Stadtbefestigung, und die Spree, die durch eine hölzerne Schälung gefaßt ist. Auf ihr zwei Schiffe, von denen aus trompetet und Salut geschossen wird. Davor die Lange Brücke, von wo ein Aufzug kommt. Zur Beschreibung der Festlichkeiten hier die Bilderläuterung von 1593:

Am 20. tag Weinmonats (sic!) ward zu Cölln an der Spree Marggraffe Sigismundt von Brandenburg, Herrn Johans Georgen Marggraffen und Churfürsten von Brandenburg, etc. und Elisabeth gebornen Fürstin von Anhalt seines Gemahls, Eheleiblicher Sohn geboren. Die Kindtauffe aber ward allererst den 10. tag Christmonats daselbst im Schloß gantz stattlich gehalten, in beysein der drey jungen Herrlein von Sachsen, Hertzog Ulrich von Mechelburg, deß Hertzogen von Holstein, Herr Laodißlaj Popul von Prag, Dietterichen von der Schulenburg, Graffe Brunonis von Mansfeldt, Bernhardt von Aren Landvogts, Item der Hertzogin von Sachsen, Hertzogin von Mechelburg, der Gräffin von der Schauenburg, und der Gräffin von Soldern. Nach verrichter Tauff wurden die folgende 4. Tage biß an den funfftzehenden tag gemeldtes Monats allerley Ritterspiel auff einer darzu gerüsten schönen Rennbahn an der Spree mit Thurnieren, Ringrennen, Schiffen unnd Musica, Feuerwerck unnd Schiessen gehalten.

Zu forderst ward ein Patent an das Schloßthor geschlagen, darinn zween Mandinatores oder Ritter am Churfürstlichen Brandenburgischen Hoff ernennet, welche allen Rittermässigen Personen mit Ringrennen unnd andern Ritterlichen Spielen im Namen der Chur Brandenburg, und nach inhalt gemeldtes Patents willfahren sollen unnd wolten. Die Rennbahn ward allernechst unter dem Schloß bey dem Wasser die Spree genannt, zugerüstet, und mit grünem Laub gezieret. Darauff waren fünff schöner Schwipbogen auffgerichtet, unnd mit schönen Gemälden und Historien versetzet, wie mit Num. 1. 2. 3. 4. und 5 verzeichnet. Auff jeder Seulen stunden zu oberst zwo Schlangen, ein paar Tauben, und ein Hertz in den Wolcken mit geschlossenen Händen, welche das Hertz hielten, bedeutet die Vorsichtigkeit und Liebe oder Trewe. Num. 6. Auff dem fünfften Bogen, so mitten auff der Rennbahn gegen dem grünen Judicierhauß uber gestanden, Num. 7. hieng der Ring, darnach man gerennet, und darüber ein Königliche Kron, Num. 8. zu oberst auff diesem Bogen stundt die Fortuna von Holtz gemacht, auff einer runden Kugel, die hielte in der Hand eine Fahnen, darinn geschrieben Victoria, Nu. 9. zu beyden seyten stunden zween Römer, und zu ihren Füssen ein gemalter Greiff, Num. 10. die gemeldte fünff Schwipbogen waren mit folgenden Versen beschrieben.

Zu ehren dem Churfürstlichen Stam,
So da glücklich sein kommen an,
Damit sie sich ergetzen mögen,
Durch Ritterspiel sich wol bewegen,
Zu Gottes Lobe, Preiß und Ehr,
Der jetzt gesegnet hat noch mehr
Das löblich Chur Hauß Brandenburg,
Gantz wol geziert gemehrt dadurch,
Mit einem jungen Herren zart,
Den 20. Octob. geboren ward.
Darumb Churfürstliche trewe
Erfrewet wird jetzt wider auffs newe.
Die Ritterlich Zusammenkunfft,
Verursacht hat die recht Vernunfft,
Diß Ritterspiel zu ordnen an,
Churfürst Johann Georg hat machen lahn,

Darumb auch hierzu diß Ritter gut
Gelassen sein auß freyem mut,
Zu kempffen, streiten gegn jederman,
So mögen kommen auff den plan,
Sein Glück zu suchen ob mög erlangen,
Die Kron der ehren für ihm thut hangen,
Und von den beyden Römern gut,
Behalten wird in gutem muth,
Fortuna wirds erlauben wol,
Victori wer sie haben sol,
Auch Judicierer geordnet eben,
Die achtung solln hierbey geben,
Darmit nur geschehe keim unrecht,
Der mags Ritterlich treiben recht.

Am 11. tag Christmonats fieng man an allgemach sich auff der Bahn zu uben unnd zuuersuchen. Es ward aber nichts sonderlichs fürgenommen. Den folgenden Tag, morgens umb 12. Uhren sind die zween Ritter oder Mandinatores, als nemlich Jost von Opper, deß Churfürsten von Brandenburg Cammer Juncker, und Caspar Schlesier Churfürlicher Brandenburgischer Stallmeister in schwartzem Sammet und mit gegossenen güldenen Rosen verbremet, deßgleichen drey Spießjungen auch in schwartzem Sammet, und mit gülden Ketten gezieret, und zween andere Ritter, jeder für sich selbst, so Patronierer genennet worden, auffgezogen. Vor ihnen her ritten zu forderst vier Trommeter mit schwartzen und weissen Fahnen, darauff bald neun Geleydsleute, je drey unnd drey in einem Glied gefolget, Item, sonst andere 9. Trommeter, zuletzt hat man zwölff schöne gesattelte und verdeckte Pferde an der Hand geleytet. Num. 11. 12. 13. 14. Als nun die Mandinatores mit solchem Geleyd auff den Rennplatz kommen, sind die neun Geleydsleut wider abgezogen, die zwölff verdeckte Pferde aber in zwo darzu auffgeschlagene Zelten geführet, und darinn, biß die andern müde worden, verwahret worden. Nu. 16 und 17.

Bald ist ein andere Partey, wie Türcken gekleydet, auffgeführet

Aufzüge und Ringrennen auf der Stechbahn vor dem Berliner Schloß anläßlich der Taufe Markgraf Sigismunds von Brandenburg 1592, Stich aus den »Historicae relationis continuatio 1593« des Jacob Francus

worden, welche gegen den zweyen Rittern gerennet, unnd haben sich gemeldte Ritter gegen den Vermumbten Herren so dapffer gehalten, daß sie den besten Gewinn daruon getragen.

Am 13. tag Christenmonats sind jetzt gedachte Ritter oder Mandinatores auff vorgemeldte zeit unnd weiß widerumb auffgezogen, unnd wurden ihnen durch die Geleydsleute ein Partey auff Türckische art gekleydet, zugeführet, gegen welchen sie sich Ritterlich gehalten. N. 18. und 19.

Nach ihnen ist ein ander Auffzug in schwartzem Sammet, mit gebrennet. Im wegfahren liessen sie auch etliche Frewdenschüß und Fewrwerck abgehen. N. 22.

Zum vierdten zog einer in gestalt eines Moscowitters auff die Bahn, der sich auch im Ringrennen wol gebraucht. N. 23.

Zum fünfften kam eine Partey in grün gekleidet sampt einem Postbotten auff die Bahn, welcher, so bald sein Herr getroffen, sein Horn gar lächerlich geblasen.

Der Sechste Auffzug war in grün Sammet, mit Silber verbremet, stattlich gekleidet.

Feuerwerk zu Ehren König Christians IV. von Dänemark im Jahr 1595 vor dem Westgiebel des Stechbahnflügels im Großen Schloßhof, Stich aus den »Historicae relationis continuatio 1596« des Jacob Francus

silbern strichen kommen, welche sich auff Ringrennen wol verstanden und geübet. N. 20.

Zum dritten kam auff der Spree herauff ein wolgerüstes Schiff, mit drey Maßbäumen, N. 21 alles rot und weiß gemalet, darinn ein liebliche und schöne Musica war von Herren und Edelleuten. So bald die an die Brücken kommen, liessen sie ein herrlich Fewrwerck, auch etliche grosse schläge, als duppel Falcknetlein abgehen, giengen darnach zu Land rot und weiß gekleidet, zogen mit grosser herrligkeit auff, renneten nach dem Ringlein, und so bald sie das getroffen, war dem Schiffmann ein zeichen gegeben, daß er ein groß Stück loß

Die im siebenden Auffzug waren in köstlich graw Gewandt gkleidet, und mit hübschen Büchsen, graw Kranichsfedern auff ihren Häupten und Pferden gezieret.

Zum achten zoge ein Partey auff, in aller gestallt wie die Fischer gekleidet, in graw Gewand, Fischersstieffeln, ledern Schößlein, grawen Fischershüten, darauff an stat der Feddern die Nadeln, damit man die Fischersgarn stricket, drey kleine Fischnetze, kurtze Stangen, welche sie geführet als ein Regimentstab. Vor ihnen her ritten drey Junckern oder Einspennigen in gleicher Kleydung, welche an stat der dreyen Rennspeeren mit einer Fischerkröcke und zween Ruderriemen vor ihnen geführet, darauff ein gantzer hauff Fischer gefolget, welche allerley Fischergerähte auff ihren Achselen getragen, und ein Fischerslied mit gleichen Stimmen gesungen, als sie auff den Thurnierplatz kommen.

Es zogen auch zween Ochsen auff einem Schlitten einen Fischer Nachen, darinn lebendige Fisch unnd ein Schiffknecht, welcher sich gestellet als wann er ruderte. Auff einem Ochsen saß ein Weib einer Bäwrin gleich, welche die Ochsen fort getrieben. Vornen auff dem Nachen saß ein Meerkatz an einer Ketten. Sind also in guter Ordnung, und mit grossem gelächter deß Volcks auff die Rennbahn kommen, unnd etlich gegen den Mandinatoren gerennet, unnd als sie den Ring getroffen, damit sie denn etliche Gewinn dauon gebracht, haben sie darauff noch einen Verß, von dem vorigen Fisscherslied gesungen. Nu. 24.

In dem neundten Auffzug waren Heyducken, ihre Spielleut waren rot und weiß gekleidet, hatten Heyduckische Knüttelpfeiffen und eine kleine Baucken, die man auff beyden seyten schläget. Darauff drey gefolget nach Heyduckischer art, in weiß gekleidet, so die Rennspieß geführet. Item, drey Herren in roten Sammet auff Heyduckische weiß gekleidet, welche sich auch ihm Ringrennen wol gehalten. Als nun in dessen der Abend mit eingefallen, hat man von dem Ringrennen abgelassen, unnd sind alle obgemeldte Parteyen, so noch vorhanden gewesen, in guter Ordnung also Vermumbt widerumb abgezogen, unnd hat jeder seinen Gewinn vor ihm getragen, zu letzt sind auch die Mandinatores in ihrer Ornung, wie sie auffgezogen, mit den stattlichsten Gewinnen gefolget. Num. 25. biß 30.

Am 14. tag Christmonats ward nichts sonderliches außgerichtet, denn daß man einem Junckern, zu Hoff auff dem Schloß Hochzeit und Beylager gehalten.«

Der zweite Stich, »Ware ab Conterfeyung des herlichen freuden feurs so auf dem Christlichen Kindtauffen Johnns Greorgen Margrauen Von Brandenburg Zu Collen an der Spree den 15 Decm Ano 1592 gehalten worden«, zeigt fast dieselbe Situation, nur sind Schloßdach und Lange Brücke außerhalb des Bildes. Dafür ist am unteren Rand ein Stückchen Palisadenzaun vom Bildausschnitt erfaßt – also war die kurfürstliche Stechbahn von der städtischen Straße schwer abgezäunt. Im Turnier und Ringrennen von 1592 überwiegen noch mittelalterliche Bräuche. Einige Jahre darauf berichtet die Frankfurter Messe-Illustrierte von einem Feuerwerk im großen Schloßhof, das Johann Georg anläßlich eines Besuchs des Königs von Dänemark ausrichten ließ; diesmal hatte das Arrangement schon die Form einer typisch barocken Allegorie. Der Stich »Freuden feur so ihre C.(hur) F.(ürstliche) G.(naden) zu Brandenburg ihr Königl. Wird. (= Würden) in Denmarck zu sondern ehren hat abgehn lassen zu cölln an der spre Anno 1595« zeigt den Großen Schloßhof, damals großen Schloß»platz«. Links der Giebel des Stechbahnflügels. Der Gang zur Kirche setzt, wie man nun sieht, am Erker an und führt zu dem großen Turm neben dem Chor der Kirche. Die Kirche ist ziemlich verkürzt und von ihren Klostergebäuden getrennt gegeben. Wir lassen wieder die originale Bildbeschreibung folgen (I.K.W. kürzt ab: Ihre Königliche Würden):

»Den andern folgenden Tag / ist ein herrlich Fewerwerck zwischen dem Schloß und Stall zu gericht worden / als in der Figure zu ersehn / welches anzeigte / zum ersten 3. Wasserpferd / Num. 1. und 2. und dahinder ein Schiff / Num. 3. auff welches schnautze vornan gestanden / Neptunus mit der Meergabel in der rechten Hand / Num. 4. und die Zeum der Pferd in der lincken Hand / Num. 5. in gemeltem Schifflein aber seind zwo Jungfrawen / in eines Menschen größ gesessen / so ein ander umbfangen / daruon die eine das Mercurische signum in der Hand / und die ander ein Columna in dem lincken Arm haltent / Num. 6. und 7. hinden auff gemeltem Schifflein aber / ein runde Kugel / Num. 8 als der Weltlauff / und darauff ein groß Bild / als die Fortuna gestellet / Num. 9. und an der lincken Hand dieser Fortuna war ein Schnur biß auff den Churfürstlichen Schloßbodem gezogen / darauff ein gekrönter Schwan: künstlich bereitet / Num. 10. welchen man gleichsam fligend hinauff I. K. W. zu besondern Ehren hat schweben lassen. Dieweil I. K. W. ein gekrönten Schwan in ihrem Wapen führen / mitlerzeit / dieses nachfolgendes Liedlein I. K. W. zu Ehren / auff allerley Instrumenten auff die Melodey / O holdselig Bild / mit nachfolgenden worten spielen und singen lassen.

Wolan in Gottes Namen
Ich bin ein weisser Schwan
Weißheit halt ich in Ehren
Drumb thut mich mein Gott gewehren
Das in der Fürsten Schild
Geschrieben wird mein Bild.

Wolan der sich befleist
Auff Weisheit allermeist
Die wird ihn nicht verlassn
Auff weg und auch auff strassn
Und wird ihm darzu gebn
Ein still genüglich lebn.

Dieselbig der liebe Gott
Bißher gegeben hat
Allen die weissen Schwan
Führen in ihrer Fahn
Gott wil dieselb vermehren
Bey allen die mich führen.

Auch ist einer angeborn
Zu meiden Rach und Zorn
Denn die gelinde sanfftmuth
Ist mein eignes Erbgut
Darumb ist mein Halß gekrönt
Weil ich werd bald versönt.

Die sanfftmut Lobsan
Stehet tapffr Helden wol an
Exempel seind vor augen
Man darff nicht umb schawen
Die wolle Gott verleihen
Allen die mich befrewen.

Wann ich liege im streit
Mein Flügel bald ausbreit
Schütz mich damit am Leib
Und den Feind von mir treib
Kan ihn auch weggestossen
Mit meinen starcken Füssen.

Gott geb den Fürsten mild
Die mich führen in irm schild
Rath sterck glück heil und segn
In allen thun und Ratschlägn
Daß sie ir Volck und Land
Schützen für Feindes band.

Weil ich mein wunsch vollendet
Für meinem letzten End
Wil ich mein Leib unnd Leben
Dem Todt jetzund ergeben
Denn lieblich pfleg ich singn
Wenn das End thut her dringn.

Hiebey lehrt zu der zeit
All hohe Obrigkeit
Zu bedencken alle stend
Wenn sich darnach das End
Damit bey Jung und Alt
Fried und recht wird erhalt.

Denn wenn in einem Land
Die bitt han uberhand
So regiert Gottes güt
Thut Herrn und Knecht behütn
Das geb Gott allen frommen
Die mich in schild genommen.

Hiermit fahr ich daruon
Weil stund und zeit kömpt Ran
We
We thue dich schicken
Im Fewr soltu ersticken
Gott gesegne alle fromn Herrn
Die mich halten in Ehren.

Unnd zum ende dieses Lieds / also gar biß auff gemelter lincken handt der Fortuna gefahren / das Fewerwerck angezündet / darauß viel tausent schlege : und außfarende fewren kommen / auch unden am Schiff grosse Kammerstücken / wie Cartaunen loßgangen / Num. 11. und 12. so ein lange zeit gewehret / und ein Fürstliche Frewde daran zu hören und zu sehen war. Nach diesem und anderem mehr / so ihr Königliche Wir. zu sonderlichen Fürstlichen Ehren und Frewden an und zugericht worden / rühmlich fürgangen / sind ihr K. W. den 13. Octob. wider von dannen verreiset: da dann ihr König. Wird. im einholen / also auch hie im Außzug alle Ehr und Reverentz erzeigt und angethan worden.«

Die Sage vom Schwan, der vor seinem Tod singt und dann verbrennen muß, ergibt einen rührenden Rahmen für das ermahnende Lied – solche Sagen waren damals wohlbekannt. Die Allegorien sind sonst leicht zu erklären. Der Wassergott Neptun bedeutet Flüsse und See, auf die der Handelsverkehr damals noch weit überwiegend angewiesen war. Fürstengewalt (das Mädchen mit der Säule) und Handelsblüte (das Mädchen mit Merkurs, des Handelsgottes Schlangenstab) küssen einander im Kahn – der Absolutismus stellte die Sicherheit der Handelsstraßen, des Münzwertes und des Rechts her. Dann bringt Fortuna das Glück, den Reichtum des Landes.

Der rational geordnete Hofhalt II: Die Nebengebäude Kurfürst Joachim Friedrichs

Das Schloß Kurfürst Joachims II. war, wie oben angedeutet, weniger symmetrisch als sein Architekt es geplant hatte. Auch im ganzen bildeten die beiden rechtwinklig zusammenstoßenden Flügel seines Hochschlosses keine symmetrisch-übersichtliche Form. Die An- und Ausbau-

Kurfürst Joachim Friedrich von Brandenburg, Stich von 1608

ten seines Sohnes Johann Georg hatten, trotz der Bemühungen Lynars, auch keine klarere Form ergeben. Noch weniger übersichtlich dürften die Nebengebäude disponiert gewesen sein. Auf den Stichen von den Festen Johann Georgs ist der Schloß-»platz«, der spätere Große Schloßhof, noch eine Sandfläche, auf der ein Nebengebäude in eigener Umzäunung steht. Aus der Überlieferung ist bekannt, daß Joachim II. noch einen Marstall am inneren Hof, anstelle des späteren Lustgartenflügels, hatte. Sonst weiß man von den Nebengebäuden wenig. Gleichwohl kann man sich doch eine ungefähre Vorstellung vom zur Festung Spandau haben. Der Turm sicherte demnach diese Brücke. Nicolas nimmt nun an, daß von der Spree bis zum Spreegraben quer über die Insel eine Mauer mit Graben gezogen gewesen ist, deren Eckturm am Spreegraben eben der Münzturm war. In der Tat mußte eine solche äußere Mauer des Schloßkomplexes vorhanden sein, zumal – wie man auf den Stichen aus Johann Georgs Zeit sieht – zwischen Schloß und ehemaligem Kloster keine ernsthaft kriegstüchtige Umwehrung der Stadt und des Schlosses bestand. Wenn das Schloß nicht vor den Verteidigungsring hinausragte, muß er am Außenrand des

Vorhof des Schlosses mit Quergebäude Kurfürst Johann Georgs (links), Alabastersaal des Großen Kurfürsten (davor) und den Nebengebäuden Kurfürst Joachim Friedrichs (rechts und hinten), Aquarell von Johann Stridbeck, 1690

Gesamtkomplex des Schlosses machen. Nach einem Aufsatz von Raoul Nicolas von 1937 scheint es nämlich plausibel, daß schon der Schloßgründer Kurfürst Friedrich II. das Schloß in der späteren Ausdehnung angelegt hatte.

Nicolas bezog sich auf Geyer, der im Unterbau des später sogenannten Münzturms bei der Hundebrücke, der späteren Schloßbrücke, einen Turm der ältesten Schloßanlage gesehen hatte. Sicherlich hat schon zum ältesten Schloß eine eigene Brücke über den Spreegraben gehört; das Schloß mußte eine von den Städten unabhängige Verbindung zur südlichen Mark – dem Lande Teltow – und

Schloßkomplexes gezogen gewesen sein. Damit wäre also das Schloßgrundstück im ganzen schon von seinem Gründer umrissen, seine Rechteckform von vornherein festgelegt gewesen. Nicolas denkt sich in dem weiten Rechteck von etwa 120 auf 200 Meter außer Schloß und Nebengebäuden auch den Garten einbegriffen, der schon in einem Brief des Kurfürsten Albrecht Achilles von 1471 erwähnt wird. Zu Johann Georgs Zeiten lag der Lustgarten jedenfalls schon an seinem späteren Ort außen vor der Schloßmauer, denn die Hofapotheke wurde ja in den Lustgarten gestellt.

Kurfürst Joachim Friedrich (1598–1608) nun ordnete die Nebengebäude oder Untergebäude des Schlosses neu, indem er den Großen Schloßhof ganz freiräumen und mit neuen Nebengebäuden von gleicher Breite und Höhe einfassen ließ. Nach den Erwägungen von Nicolas rückte er die Nebengebäude gewissermaßen nur an die bestehenden Mauern heran. Das ist ziemlich sicher für die Seite nach der Inselspitze oder dem Lustgarten zu und nicht unwahrscheinlich auch für die Seite zur späteren Schloßfreiheit, denn nach der örtlichen Situation kann die Schloßmauer hier von vornherein rechtwinklig zu derjenigen am Lustgarten gezogen gewesen sein. Die Nebengebäude zwischen der Ecke an der Hundebrücke und am ehemaligen Kloster konnten also wohl auch an die alte Außenmauer angelehnt werden. Kloster und Kirche hatten einst offen-

zum Zuschauen bei zeremoniellen Ereignissen im Schloßhof verwendbar. Aus Johann Georgs Zeit waren die Galerie am Quergebäude und der Balkon hoch oben über der Apsis der Erasmus-Kapelle sogar bis zuletzt erhalten. Joachim Friedrichs Terrassen-Liebhaberei ging aber viel weiter. Er ließ die Dächer aller der neuen Nebengebäude flach ausführen und mit Balustraden einfassen. So wurde auch das ältere Nebengebäude zwischen Innerem Schloßhof und Lustgarten abgeändert. Der Kurfürst konnte auf diesen Terrassendächern mehrere hundert Meter spazie-

Entwurf von Johann Sigismund Elsholtz für einen Wassergarten im südwestlichen Teil des Lustgartens mit den Balustraden Kurfürst Joachim Friedrichs über den Nebengebäuden und über dem unteren Teil des Münzturms, 1657

bar für die ganze Schloßanlage das Koordinatensystem abgeben. Der Klosterflügel nach dem Großen Schloßhof zu stand daher so, daß er als dessen südliche Einfassung verwendbar war. So war der Vorhof oder Große Schloßhof als Architekturplatz gefaßt, fast sollte ich sagen, geschaffen.

Joachim Friedrich hatte eine große Vorliebe für begehbare Terrassen, sogenannte Altane. Schon sein Großvater Joachim II. hatte einzelne Altane ausbauen lassen, oben auf dem Reitschnecken, vielleicht am Giebel des Stechbahnflügels zum Großen Schloßhof hin, wo die beiden Stiche von den Festen Johann Georgs einen Altan oder Balkon zeigen (siehe Abbildung S. 35 und 36). Zur Stechbahn hinaus war auf der mittleren Laube ein Balkon. Dazu hatte er bedeckte Lauben auf die Erker an der Stechbahn und eine verglaste Laube auf den Grünen Hut setzen lassen (Abb. 12–13). Auch die Galerie im Schloßhof war als Altan

rengehen. Sie fingen vor dem Dritten Haus gerade in Höhe des Fußbodens der kurfürstlichen Wohnung an. Von da ging es geradenwegs über dem Lustgarten entlang bis zur Ecke an der Hundebrücke, wo man einen kleinen Abstecher machen und in dieser Höhe auf einer Galerie um den Münzturm herumgehen konnte. Der untere Teil des Turms war soviel dicker als der obere, daß der Absatz die Breite für den Umgang hergab. Auf den Dächern der Untergebäude aber führte der Weg die ganze spätere Schloßfreiheit entlang und schließlich über die ehemaligen Klostergebäude in den Dom zum kurfürstlichen Kirchenstuhl. Selbstverständlich hatte dieser Gang auch und vor allem zeremonielle Bedeutung, nur darf man diese nicht vom Vergnügen des Fürsten trennen: Auch seine Lustbarkeiten, oder vielmehr: gerade diese, hoben ihn aus der Menge seiner Untertanen heraus. Dabei kam es nicht so sehr darauf an, daß diese ihn da oben in über fünfzehn Meter Höhe wandeln sahen – es genügte, wenn sie sich das vorstellten.

Im Unterschied zu den schmalen Gängen und kleinen Flächen, die vor Joachim Friedrich als Altane gebaut worden waren, waren die seinen sehr breit, über ganze Stallungen, Zeughäuser und dergleichen hin. Diese Gebäude ließ er nicht etwa wölben und seine Terrassen pflastern, sondern sie wurden mit gewöhnlichen Balken überspannt und die Flachdächer aus Spundbohlen gemacht, also in der Art wie alte Fußböden, nur von viel kräftigerem Holz. Diese Konstruktion hielt natürlich nicht dicht und verfiel auch noch schnell, weil die Bohlen natürlich an den Spundfugen bald faulten. So sind die Bauakten voller Klagen über Durchregnen und Baufälligkeit, doch hat erst der Große

Der Innere Schloßhof mit Altan und Galeriegang Kurfürst Joachim Friedrichs vor dem Lustgartenflügel (links),
Aquarell von Johann Stridbeck, 1690

Kurfürst, nachdem er diese Dächer zunächst noch hatte reparieren lassen, sie schließlich aufgegeben und 1677 flache Kupferdächer darauf setzen lassen. Diese sollten wohl den Balustraden den Effekt sichern, daß der Himmel durch sie hindurchschien; indessen war die Unterhaltung der Anschlüsse der Balustraden schließlich auch zu aufwendig, und die Darstellungen vom Ende der Regierung des Großen Kurfürsten zeigen die Dächer ohne Balustraden. Joachim Friedrichs schöne Terrassenanlage war also schon restlos verschwunden, als auch die von ihm erbauten Untergebäude ohne Ausnahme dem Ausbau des Königsschlosses weichen mußten.

Ein anderer Altanbau Joachim Friedrichs war massiv konstruiert und blieb etwas länger bestehen: Im Inneren Schloßhof ließ er vor die Mitte des Lustgartenflügels eine doppelarmige Freitreppe zum ersten Stock hinauf anlegen. Von dem Podest vor dem ersten Stock aus wurde ein auf Arkaden gestützter Galeriegang nach beiden Seiten halb um den Hof herumgeführt, an der einen Seite bis an die Wendelsteine, an der anderen bis an das Quergebäude heran. Auf dem Podest über der Freitreppe stehend, konnte sich der Fürst also vor einer Aufstellung von Höflingen oder Soldaten zeigen, die nach beiden Seiten halb um den Hof herumreichte, eine für das Zeremoniell sehr günstige Disposition. Der Große Kurfürst hat sich auf diesem Podest oder Altan huldigen lassen; die Stände standen dabei unten im Schloßhof. Diese Treppenanlage und die Bogengänge beiderseits wichen 1698 dem Neubau des Lustgartenflügels für das Königsschloß.

Der Lustgarten

Der Lustgarten wird schon 1471 in einem Dokument aus der Zeit des Kurfürsten Albrecht Achilles erwähnt. In der Tat gehörte ein solcher antikischer Garten auch zu einer städtischen Fürstenresidenz, und man möchte annehmen, daß seine Anfänge so alt waren wie das Schloß in Berlin-Cölln. Zu Kurfürst Johann Georgs Zeiten lag er schon an der Stelle, die heute noch so heißt. Die ersten Darstellun-

Huldigung vor dem Großen Kurfürsten im Inneren Schloßhof 1643, Titelkupfer (Ausschnitt) aus dem »Bonus Princeps« des Johann Bercovius,1643

Eingänge in den Lustgarten von der Hundebrücke her, der heutigen Schloßbrücke, ganz rechts der Münzturm, daneben Johann Arnold Nerings Laden- und Wohnhäuser von 1689, im Hintergrund das Apothekengebäude, Aquarell von Johann Stridbeck, 1690

gen davon haben wir aber erst aus der Zeit des Großen Kurfürsten Friedrich Wilhelm. Als dieser gegen Ende des Dreißigjährigen Krieges nach Berlin kam, um die Regierung zu übernehmen, hat er sicherlich den Garten am meisten verwahrlost vorgefunden. Er ließ ihn zunächst in Ordnung bringen. Bald aber, im Jahr 1646, wurde eine Umgestaltung in Angriff genommen. Für diese Neuanlage des Lustgartens hatte Kurfürst Friedrich Wilhelm in seinem Freund Johann Moritz (Maurits) von Nassau, den er zu seinem Statthalter in Kleve gemacht hat, einen höchst kundigen Berater. Johann Maurits war Militär- und Artillerie-Ingenieur gewesen und hat die große Disposition des Gartens wie der weiteren Schloßumgebung angegeben, von der heute noch die Straße Unter den Linden, wie vielfach auch immer erneuert, übrig ist; diese Straße verband einstmals in perspektivgerechter Weise das Schloß mit dem Tiergarten.

Die Anlage des Lustgartens bezog Johann Maurits in der Weise auf den Inneren Schloßhof, daß der Mittelweg des Gartens in der Achse dieses Hofes abgesteckt wurde. Da diese Achse nicht über die mittlere Längsachse der Spreeinsel verlief, sondern seitlich nach Osten versetzt, auch die Insel nach dem Spreegraben zu seitlich abfiel, wurde dort später ein tiefliegendes Nebenparterre angelegt. Das Hauptparterre aber bestand aus einer Terrasse in der Tiefe des Apothekengebäudes oben quer vor dem

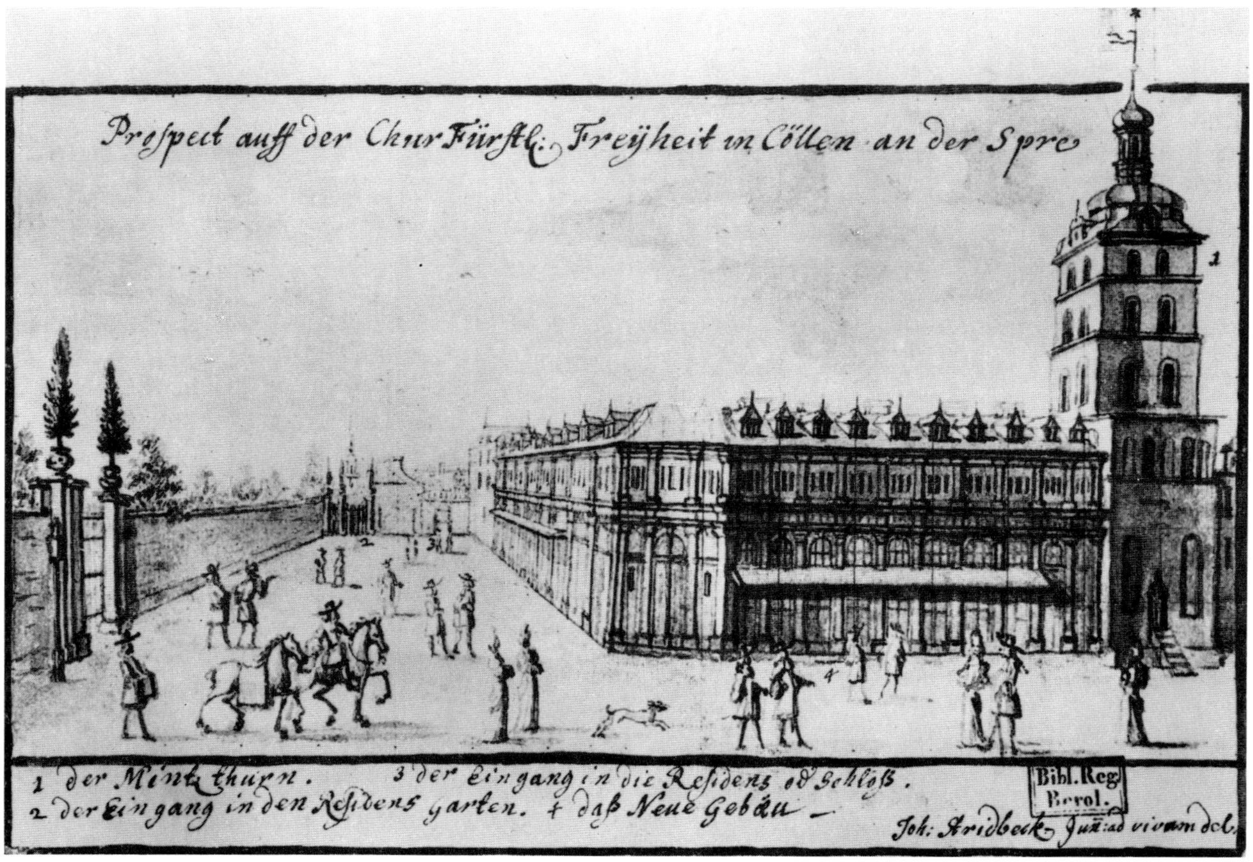

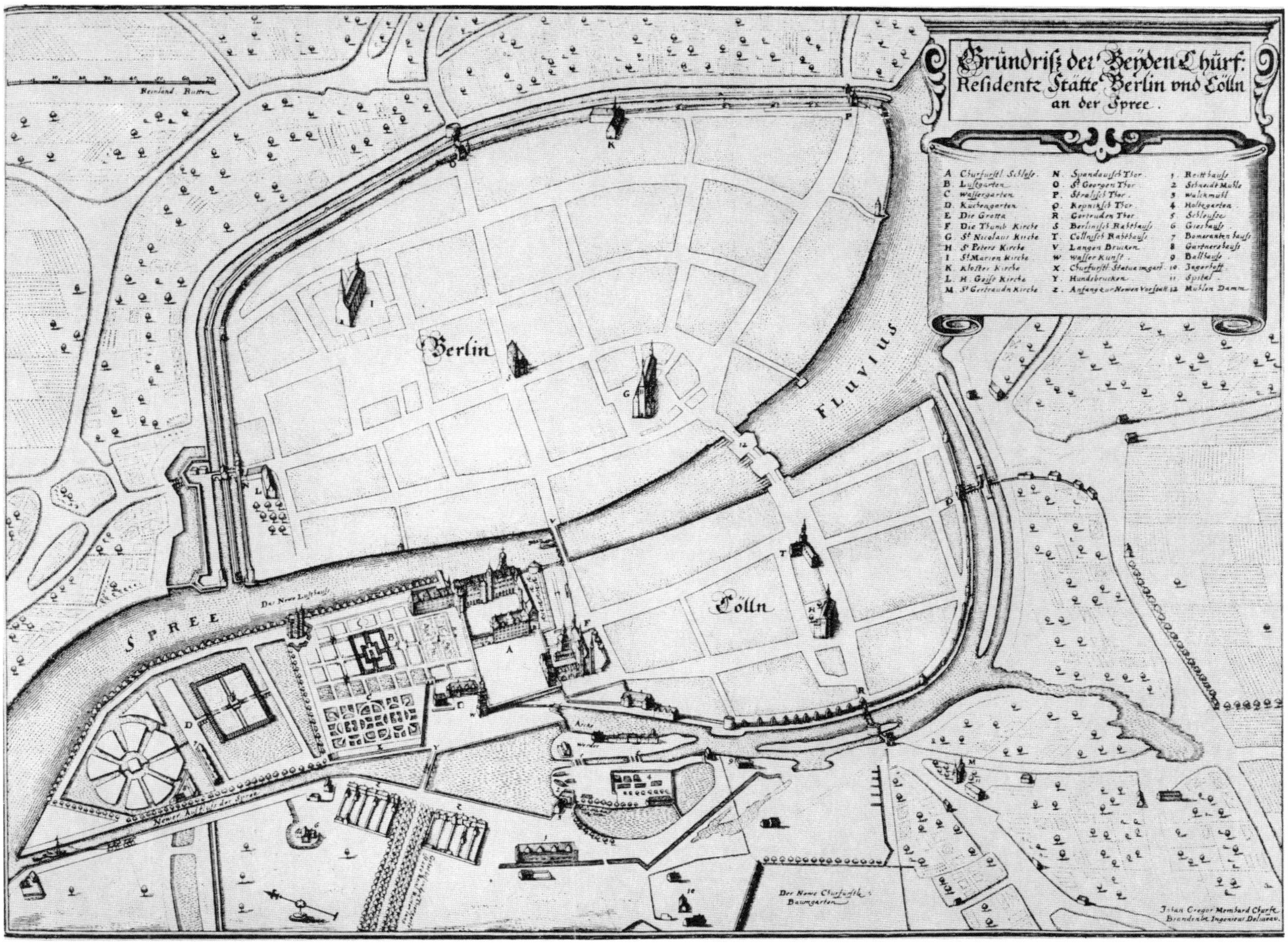

Plan von Berlin-Cölln von Johann Gregor Memhardt, 1652

Schloß, mit ersten Blumenbeeten. Auch diese Terrasse lag noch tief unter dem heutigen Platzpflaster. Weiter unten lag geradezu, nur wenig über dem Hochwasserstand der Spree, ein länglicher Gartenteil mit weiteren Blumenbeeten, der bis etwa an das heutige Alte Museum reichte und dort vor einem breiten Quergraben endete, der die Insel teilte. Unmittelbaren Anschluß hatte das Schloß noch nicht zum Garten, vielmehr verlief zwischen Schloß und Garten auf der oberen Terrasse noch ein Weg, und das Schloß hatte auch noch kein Gartenportal.

Der Memhardtsche Stadtplan von 1652 zeigt die Anlage recht gut, auch weitere, leicht abgewinkelt anschließende Gartenstücke mit regelmäßigen Wasserkanälen bis zur Inselspitze hin, die aber wohl nur schöne Pläne waren. Der Wasserstand im Lustgarten war unter Kontrolle, weil die Spree ja oberhalb durch den Mühlendamm, der Spreegraben durch die Schleuse reguliert waren. Auf Memhardts Plan (siehe Abbildung oben) erkennt man in der nordöstlichen Ecke des Hauptparterres das von ihm erbaute Lust- und Grottenhaus, außerhalb aber beim Münzturm ein Ball(spiel)haus und andere Nebengebäude, so die Münze, die mit einem Wasserrad betrieben wurde. Der damalige Ballsport der Vornehmen dürfte eine Vorform unseres Tennis gewesen sein. Aus einem Vermessungsplan eines kleinen Teils der Spreeinsel und schriftlichen Dokumenten können wir schließen, daß der Garten Johann Georgs und seiner Nachfolger bis auf den Großen Kurfürsten ziemlich genau an der Stelle des Hauptparterres des späteren Lustgartens gelegen hat, ausgenommen vielleicht die obere Terrasse, während der größere Teil des Nebenparterres vormals von zwei Teichen eingenommen wurde.

Der Lustgarten wurde auf das Stück innerhalb des Quergrabens endgültig eingeschränkt, als der Große Kurfürst sich 1658 entschloß, Berlin-Cölln zu befestigen (siehe Abbildung S. 48). In die Mittelachse des Hauptparterres kam, jenseits des Grabens, eine der Bastionen der Sternfestung zu liegen, und in diese ließ der Große Kurfürst später, 1685 (der Festungsbau zog sich lange hin), durch Johann Arnold Nering eine stattliche Orangerie als Blickfang einbauen. Mit der halbovalen Form, die er diesem Bau gab, meisterte der Architekt die Situation vollkommen. Die Fassaden der Orangerie, Bögen zwischen Pilastern und eine kräftige Attika, ähnelten denjenigen von Nerings Marstall neben dem Potsdamer Stadtschloß, der noch erhalten ist. Nerings schöner Orangeriebau hat nach Aufhebung des Lustgartens den verschiedensten Zwecken gedient, bis er 1865 der Nationalgalerie hat Platz machen müssen.

Seinen höchsten Glanz erreichte der Lustgarten durch

Der Lustgarten mit Johann Gregor Memhardts Lusthaus (rechts) und Johann Arnold Nerings Orangerie, Aquarell von Johann Stridbeck, 1690

den Bau des Königsschlosses, wie Schlüter es bis 1706 ausführte. Damals wurden Schloß und Garten zu einer räumlichen Einheit gefügt, das Schloß erhielt Gartensaal und Gartenportal. Eosanders Schloßerweiterung entsprach dem Nebenparterre und hätt sich mit dem Garten gewiß in schönen Einklang setzen lassen; indessen ließ der Nachfolger des ersten Königs, Friedrich Wilhelm I., alsbald einen Exerzierplatz aus dem Lustgarten machen. Die kostbare Ausstattung an Standbildern usw. und die seltenen Ziergewächse, Orangenbäumchen, Granatapfelbüsche, Lorbeerbäume, Palmen wurden nach Charlottenburg verbracht, dessen Garten der König bestehen ließ.

In einem fürstlichen Garten wurde auch die andere antikische Tradition der Klostergärten fortgeführt, Nutz- und Heilpflanzen zu ziehen und wissenschaftlich zu erkunden. Schon unter dem Großen Kurfürsten war ein Teil dieser Funktion aus dem Lustgarten ausgelagert und in Schöneberg untergebracht worden, in welchem Dorf der Kurfürst selbst Guts- und Dorfherr war. Er soll in seinem Garten dort selbst gepfropft haben. Dieser Garten in Schöneberg wurde später botanischer Garten und bei dessen Verlegung nach Dahlem gegen 1900 teils mit dem Kammergericht, Preußens höchstem Gericht, bebaut (heute alliierter Kontrollrat), teils öffentlicher Park – der heutige Kleistpark.

Fürst und Stände – die Bauten des Großen Kurfürsten am Schloß

Der Große Kurfürst Friedrich Wilhelm (1640–88) ist auch der nächste große Bauherr am Schloß gewesen. Er war in Holland im Hof- und Feldlager des Prinzen Frederick Hendrick von Oranien erzogen worden, des Statthalters und Generals der Niederlande. Als Friedrich Wilhelm zur Regierung kam, wütete noch der Dreißigjährige Krieg. Der Krieg hatte auch Brandenburg und Berlin schwer mitgenommen. Immerhin war Berlin nur völlig heruntergekommen, aber nicht abgebrannt – viele Häuser standen leer, ein Drittel der Einwohner war Krieg, Hunger und Seuchen zum Opfer gefallen. Das Schloß war verwahrlost, aber notfalls bewohnbar, das Land völlig verarmt und ausgeplündert. Erst 1643 kam der Kurfürst in die Mark, um sich in Berlin von den brandenburgischen Ständen huldigen zu lassen. Am Schloß waren zunächst vielerlei Reparaturen nötig, die oft mit Vereinfachung verbunden wurden; von den Ganggebäuden war schon die Rede. Die Brüstungen der Hofgalerie mit Kurfürsten-Bildnissen daran wurden durch Gitter ersetzt; die Plattform über dem Reitschnecken wurde überdacht.

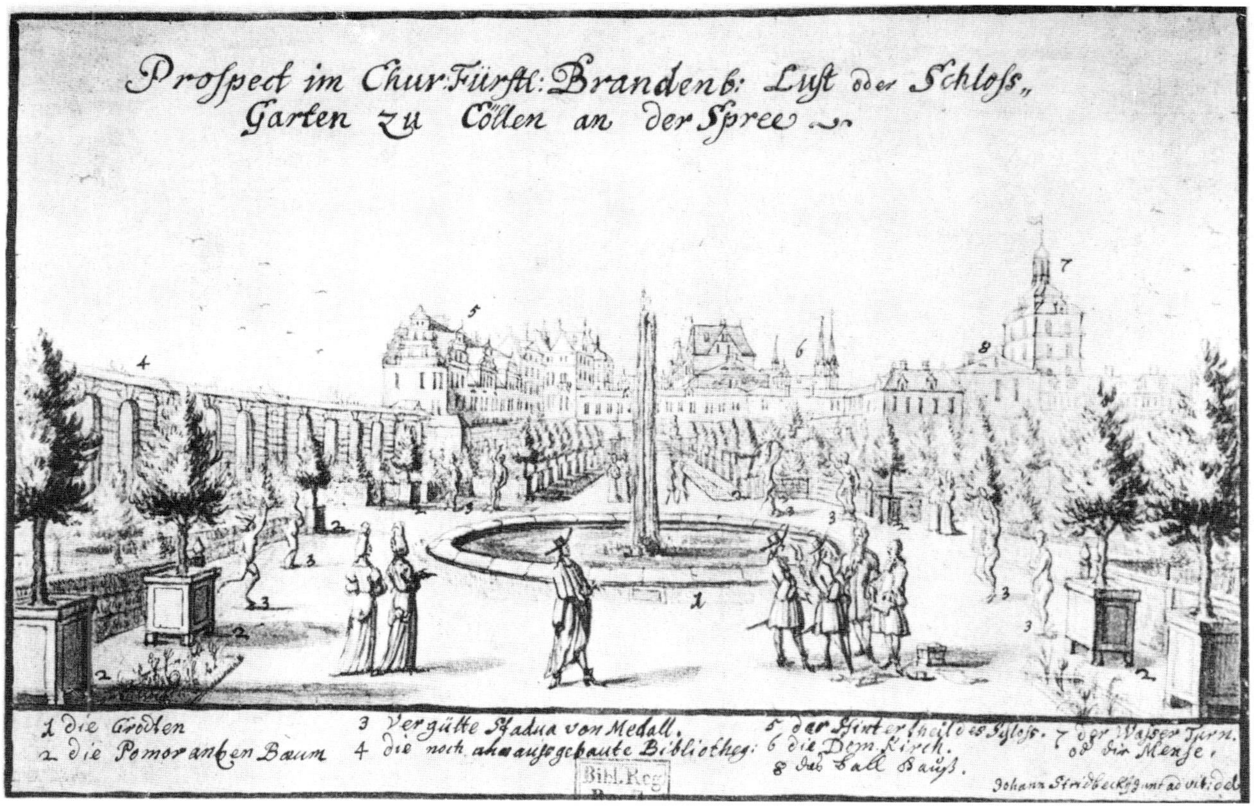

Blick aus dem Lustgarten zum Schloß,
links die angefangene sog. Bibliothek Johann Arnold Nerings,
Aquarell von Johann Stridbeck, 1690

Anläßlich seiner Vermählung mit Luise Henriette von Oranien baute der Kurfürst 1650 eine Kapelle an die Privatzimmer in den Kapellenhof hinein. Dieser sein erster Neubau war von außen nicht zu sehen. Ihr Innenraum ist in unseren Tafeln dokumentiert. Danach änderte er lange Jahre, ja Jahrzehnte am Schloß nichts wesentliches. Offenbar beschäftigte ihn die politische Auseinandersetzung mit den Ständen, deren Häupter und Vertreter im Residenzschloß gewisse Zutrittsrechte hatten, zu sehr; da baute er sich lieber Jagdschlösser, wo er in jedem Sinne allein Herr im Hause war. Die Stände oder Landschaft, das waren die Vertreter der Geistlichkeit, des Adels und der Städte des Landes, die das Recht und die Pflicht der Steuerbewilligung hatten. Seit der Reformation waren in den protestantischen Territorien die Kirchenorganisation mit ihren Bischöfen, Pröbsten, Pfarrern teils abgeschafft, teils unter die weltlichen Obrigkeiten gestellt worden, waren die großen Klöster auf dem Lande mit ihrem weiten Besitz an Land und Leuten fast alle aufgelöst und vom Landesherrn eingezogen worden, so daß der erste Stand, die Geistlichkeit, nichts mehr zu bedeuten hatte. Der Adel aber beherrschte und repräsentierte nach wie vor die Bauern, die die Steuern, die der Landesherr von diesem seinem zweiten Stand bewilligt bekam, gewöhnlich allein aufbringen mußten und immer tiefer gedrückt wurden. Die Städte oder der dritte Stand konnten durch ihren Handel und ihre Gewerbe einen weit größeren Steueranteil zahlen, als ihr Bevölkerungsanteil ausmachte. Zu den landschaftlichen Lasten gehörte ursprünglich auch die Heerfolge im Kriegsfall. Die Fürsten konnten nur eine kleine Leibwache und die Besatzungen der landesherrlichen Burgen dauernd unter Waffen halten. So hatten die Stände ihre Landesherren ursprünglich ziemlich in der Hand.

Die Aufrichtung der absoluten Fürstengewalt bedeutete die Entmachtung der Stände; das Mittel des Fürsten war ein stehendes Heer, das die Stände natürlich nicht bewilligen wollten. Der Große Kurfürst hat sein Leben lang als Condottiere ausländischer Mächte deren Kriege geführt und mit den aus deren Mitteln bezahlten Truppen sich im Innern gegen seine Stände durchgesetzt, so daß diese endlich auch das stehende Heer bezahlen mußten.

Kurfürst Friedrich Wilhelm von Brandenburg, der Große Kurfürst, Stich von Albrecht Christian Kalle, um 1650

Gegen Ende seiner fast ein halbes Jahrhundert währenden Regierung erst begann der Große Kurfürst einen wohlüberlegten Ausbau des Residenzschlosses in Berlin, der zwar nicht fertig geworden ist, dessen unvollendet gebliebenen Teil wir aber nach Anlage und Bestimmung kennen. Zunächst baute er sich 1679–80 neue Privatzimmer. Bis dahin hatte er vermutlich ein oder zwei private Räume im Turm Kurfürst Friedrichs II. gehabt, deren Nachteil war, daß sie nicht vom Staatsschlafzimmer abgingen, sondern schon von der ersten Antichambre. Außerdem waren sie für seine Bedürfnisse zu eng. Diese beiden Privatzimmer hatten über die Galerie des Herzogin-Hauses internen Zugang zu diesem, das schon seit vorigen Generationen der Wohnung der Kurfürstin zugeschlagen worden und, wie schon gesagt, mit den älteren Privatzimmern der Kurfürstin über dem Kapellenchor in Verbindung gesetzt worden war, welche wiederum an deren Staatsschlafzimmer endeten oder begannen.

So bildeten also die kurfürstlichen Privatzimmer einen Bogen, der die Staatssuiten von Fürst und Fürstin verband, die Ausgänge mit dem Wachensaal zwischen den Suiten aber gewissermaßen überbrückte oder umging. Bei seiner Neuanlage spannte der Große Kurfürst diesen Bogen nur sehr viel weiter, bis an sein in der Ecke von Spree- und Lustgartenflügel gelegenes Staatsschlafzimmer, das spätere Königszimmer. Die Anordnung der Zimmer im einzelnen und ihr Gebrauch können im Zusammenhang mit dem Tafelteil beschrieben werden, weil sie fast alle wohlerhalten das Zeitalter der Fotografie erreicht haben. Die Gruppe der neuen Wohnräume war übrigens als erste im Schloß in doppelter Reihe, im »Appartement double«, angelegt. Sie reichte in Verlängerung des Lustgartenflügels, ein wenig gegen diesen versetzt, bis an die Spree. Zur Wohnung der Kurfürstin hinüber schloß eine lange schmale Galerie den Bogen. Sie wurde von einem zweigeschossigen offenen Viadukt getragen. Dessen unteres Arkadengeschoß war massiv überwölbt, so daß der Kurfürst unter den oberen Arkaden auf gepflastertem Boden spazierengehen konnte, auch bei Regenwetter.

In den Privatzimmern der Kurfürstin wohnte man unbehelligt von Repräsentationspflichten bei reduziertem Zeremoniell. In den Privatzimmern des Kurfürsten dagegen spielte sich durchaus förmlich die Regierung ab, die von keinem Parlament, von keiner Ständeversammlung kontrollierte Kabinettspolitik. In seinen Privatgemächern oder Kabinetten konnte der Kurfürst sich, im Gegensatz zu den Staatszimmern, aussuchen, mit wem er sich beraten wollte, während in den Staatszimmern bestimmte Chargen des Hofes und Würdenträger des Landes Anspruch darauf hatten, empfangen zu werden, ihr Zutritt also nicht vermeidbar war, auch wenn er störte. So hängt der Ausbau einer kompletten Privatwohnung mit dem Ausbau des Absolutismus zusammen.

Die Wohnzimmer baute der Große Kurfürst 1679/80, die Arkaden erst 1685. In den Jahren dazwischen, 1681–85, ließ er einen neuen großen Saal erbauen, den Alabastersaal (siehe Abbildung S. 47). Der bisherige große Saal im Stechbahnflügel Joachims II. war nach über 100 Jahren völlig veraltet. Er war nicht höher als die anstoßenden Zimmer. In der barocken Architektur regierten die Proportionen; ein so langer und breiter Saal mußte höher sein. Den neuen Saal ließ der Große Kurfürst in Verlängerung des »Quergebäudes« zwischen den äußeren und inneren Schloßhof stellen, auf das Erdgeschoß eines dort befindlichen älteren Nebengebäudes, durch das der Torweg führte, der die Höfe verband (Abb. 52–53). Das Obergeschoß des Nebengebäudes wurde für den Saal um- und ausgebaut, die Wände höhergezogen. Außen war der Neubau ganz schlicht und fiel nur durch die hohen Fenster auf, wie man sie bis zuletzt unverändert vom Großen Schloßhof her sehen konnte (Abb. 62–63). Innen dagegen

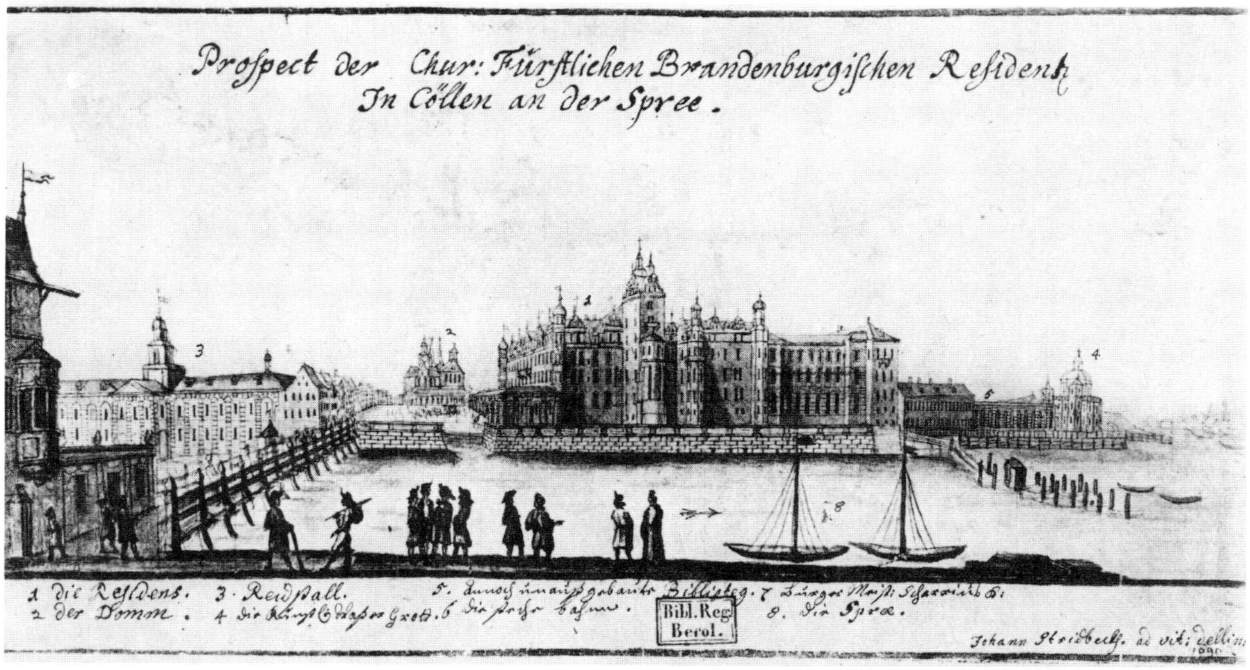

Blick auf das Schloß von der Burgstraße aus, links im Vordergrund die Lange Brücke, am Schloß, rechts neben dem Herzogin-Haus (Mitte), der dreigeschossige Galeriebau und der Wohnflügel des Großen Kurfürsten, anschließend, bis zum Lusthaus Memhards, das Offiziantenhaus und die angefangene sog. Bibliothek Nerings, Aquarell von Johann Stridbeck, 1690

war der Saal ein Architekturraum mit korinthischen Pilastern von Gipsstuck, die in alternierendem Rhythmus immer eine breitere Fensterachse und eine schmalere Achse mit Nischen zwischen sich faßten. An den Stirnseiten waren je zwei Türen, dazwischen eine breitere Mittelachse für Arrangements von Wappen und Trophäen, außen beiderseits Nischenachsen. Der Fußboden war mit schwarzen und weißen Marmorplatten gefliest. Die Decke enthielt über einer stuckierten Kehlung von der breiten Seite aus zu lesende Deckengemälde; das heißt, der Platz des Kurfürsten war normalerweise vor dem mittleren der fünf Fenster einer breiten Wand. In den Nischen der breiten Wände standen zwölf Marmorfiguren der hohenzollernschen Kurfürsten – der Große Kurfürst war erst der

Überbringung des Hosenbandordens an Kurfürst Friedrich III. im Alabastersaal des Schlosses, Stich aus Lorenz Begers »Thesaurus Brandenburgicus«, Bd. 3,1701

elfte, sein Sohn konnte das eigene Standbild nach seinem Regierungsantritt 1688 dazustellen lassen. In den zweimal zwei Nischen der Stirnwände standen vier Kaiser des Heiligen Römischen Reichs deutscher Nation. Diese Standbilder waren alle bei Bartholomäus Eggers in Amsterdam bestellt worden. Nach ihnen nannten die damaligen Hofgelehrten den Saal Alabastersaal. Zugänglich war der Saal einerseits vom Treppenhaus des Quergebäudes aus, an das er unmittelbar stieß, andererseits vom oberen Geschoß des Lustgartenflügels her, durch das die Hofgesellschaft kam. Von der Galerie Joachim Friedrichs, die vor der Seite zum Inneren Schloßhof entlanglief, scheint kein Zutritt gewesen zu sein; indessen kam es damals nicht darauf an, bei besonderen Gelegenheiten auch einmal eine Fensterbrüstung auszubrechen und für das Fenster vorübergehend eine Tür einzusetzen.

Die großen Säle der Residenzschlösser der Fürsten waren der Ort der Haupt- und Staatsaktionen. Hier wurden Hochzeiten und Taufen im Kurhause als die staatsrechtlich bedeutenden Aktionen, die sie waren, offiziell, das heißt in Gegenwart der Diplomatie, der Landstände und selbstverständlich der Hofgesellschaft, gefeiert. Hier hat sich Friedrich III. von den ersten beiden Ständen, Adel und Geistlichkeit, huldigen lassen (die Bürger mußten ihm im Vorhof Treue schwören). Einen solchen Saal hätte man Ständesaal nennen können; indessen haben die deutschen Reichsfürsten es vorgezogen, diese Säle nach ihrem fernen, schwachen und ungefährlichen Lehnsherrn zu benennen – sie heißen fast überall Kaisersaal.

Diesem Typus also gehörte der Alabastersaal an. Die etwas sonderbare Lage des Saals erklärt sich aus seiner Bestimmung, darin die Stände zu empfangen, ohne weiteres. Der Weg ins Schloß führte von der Stechbahn her durch das Tor an der Stelle des späteren Portals II in den Großen Schloßhof, der damals ganz eindeutig ein Vorhof war, dann unter dem Saal hindurch in den Inneren Schloßhof, hinter dem erst der Kurfürst residierte. Damit war den Ständen ganz klar der Rang angewiesen. Die Staats- und Privatzimmer des Kurfürsten lagen auch ein Geschoß höher. Der Große Kurfürst plante zwar ein neues Staatsappartement im zweiten Geschoß; dieses sollte aber im Lustgarten, hinter der zusätzlichen Barriere des Lustgartenflügels, stehen und wäre dadurch hinreichend distanziert gewesen. Es ist kein Zufall, daß der Alabastersaal mit seiner einen Stirnwand nur eben an den Lustgartenflügel stieß, keineswegs aber durch diesen hindurch bis zum Garten reichte.

Die politische Klugheit der Disposition des Alabastersaals bemerkt man auch im Vergleich mit dem Vorgänger des Saals. Der lange Saal Joachims II. hatte für jemand, der ins Schloß kam, nicht auf der Schwelle zum Inneren Hof gelegen, sondern hinter dem Inneren Hof, genau wie die kurfürstlichen Gemächer, ganz eindeutig im Hochschloß und noch dazu in repräsentativer Situation zur Stadt, wohin man von seinen Fenstern und seinem Altan aus sogar Kontakt aufnehmen konnte. Aus diesem Grunde konnte es nicht in Erwägung kommen, den neuen Saal an der Stelle des alten auszubauen.

Berlin-Cölln mit den Festungsanlagen des Großen Kurfürsten, Ausschnitt aus dem Perspektivplan von Johann Bernhard Schultz, 1688

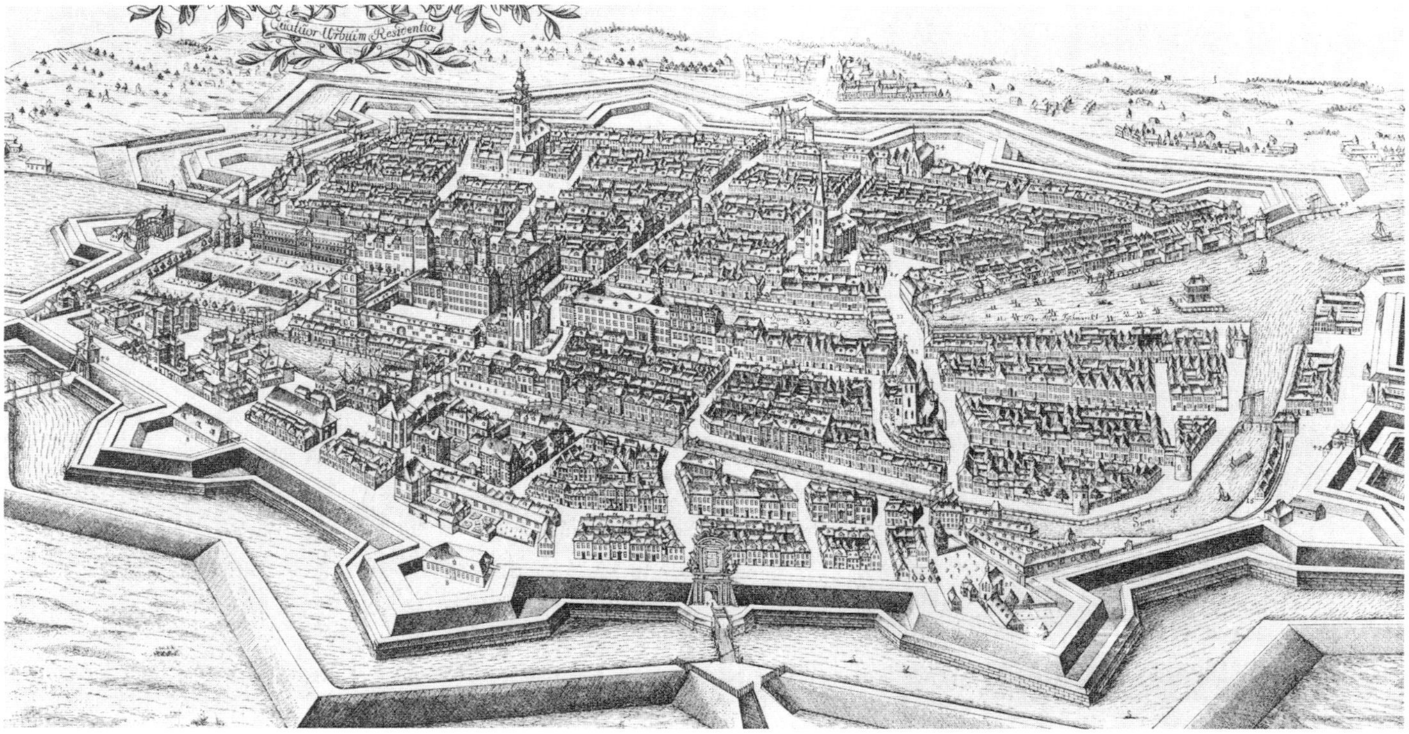

Friedrich I., König in Preußen, im Krönungsornat, Gemälde (Ausschnitt) von Friedrich Wilhelm Weidemann, nach 1701

Der Alabastersaal wurde schon unter König Friedrich I. gegen Ende von dessen Regierung um ein Fünftel seiner Länge verkürzt, weil er dem einen Hofrisalit Eosanders im Wege stand. Der nächste Regent, König Friedrich Wilhelm I., baute einen neuen großen Saal aus, den Weißen Saal, womit der Alabastersaal seine Funktion verlor. Der abermals nächste König, Friedrich der Große, ließ im Alabastersaal ein Schloßtheater einrichten, und schließlich wurde der Saal, wohl erst unter Wilhelm I., in der Höhe geteilt und zu Lagerböden für Möbel und Bilder gemacht. Albert Geyer hat ihn nach Aufmaß der Reste der Wandgliederung zeichnerisch rekonstruiert.

Das neue Staatsappartement sollte in Verlängerung der Hofapotheke zwischen Lustgarten und Spree erbaut werden; im Untergeschoß war eine Bildergalerie, im Dachgeschoß die neue Bibliothek vorgesehen. Daher heißt der Bau in den alten Darstellungen und in der Literatur Bibliothek. In der Vogelschau von Johann Bernhard Schultz findet man ihn schon eingezeichnet. Er wurde 1687 angefangen und 1688 bei Regierungswechsel sofort eingestellt. Zustande gekommen war die Vorderwand des Erdgeschosses, eine monumentale Arkadenreihe, die recht gut als Schauwand in den Lustgarten paßte und einfach stehenblieb. Nach und nach wurden die Bögen vom Dombau Friedrichs des Großen, von dem angefangenen Dombau Friedrich Wilhelms IV., von dem jetzigen Dom Kaiser Wilhelms II. verdrängt, bis der letzte Bogen, der an die Hofapotheke anschließende, mit einem Stück von dieser für die Durchlegung der Kaiser-Wilhelm-, heute Liebknechtstraße, 1885 abgerissen wurde (Abb. 16–17).

Im Laufe der Regierung des Großen Kurfürsten wurden außen an das Schloßgeviert mehr und mehr Nebengebäude angelehnt, andere kurfürstliche Gebäude in die Stadt verlagert, wie zum Beispiel der 1665–70 in der Breiten Straße erbaute Marstall (er ist trotz Umbauten und Kriegszerstörung äußerlich erhalten geblieben). Ich will nur auf einen Typus dieser kurfürstlichen Bauten etwas eingehen, auf die Kaufläden. In den letzten Jahren seiner Regierung, während der Große Kurfürst das Schloß ausbaute, ließ er (1679/80) auch den Graben zwischen Schloß und Stechbahn zuschütten. Der so gewonnene Platz wurde für eine Reihe Kaufläden ausgenutzt und ebenso rechtwinklig dazu eine solche Ladenreihe vor dem Domgrundstück aufgestellt. Die Läden waren nach einheitlichem Entwurf des kurfürstlichen Ingenieurs Johann Arnold Nering als Arkaden gestaltet (siehe Abbildung S. 439) und faßten den neuen Platz, den so geschaffenen Schloßplatz, ein und bildeten zugleich zwei Arme beiderseits des Schloßtores, das der Kurfürst durch Johann Gregor Memhardt schon 1659 in die Form eines Triumphbogens hatte fassen lassen. Mit ähnlichen Läden wurde später auch der Münzturm eingefaßt (siehe Abbildung S. 42), übrigens 1687 auch der ja schon seit der Unterwerfung Berlins 1442 in kurfürstlichem Besitz befindliche Mühlendamm. Alle diese Läden gehörten zum Schloßbezirk, waren wohl größtenteils an »Refugierte« – aus Frankreich vertriebene Protestanten – vergeben und trugen dem Kurfürsten direkte Einnahmen ein.

Das Königsschloß

Der Große Kurfürst hatte im Frieden von Oliva 1660 die polnische Lehnsoberhoheit in Ostpreußen abgeschüttelt, war souveräner Fürst in Preußen geworden – nicht »von« Preußen, weil dazu Westpreußen gerechnet hätte, das polnisch blieb. Bis dahin war nämlich Preußen im ganzen polnisches Lehen gewesen, seit der Deutsche Ritterorden 1410 sich der polnischen Krone hatte unterwerfen müssen. Souveräner Fürst aber war der Große Kurfürst nun in diesem Territorium, weil er niemand mehr über sich hatte. In der Mark Brandenburg und in Kleve und seinen übrigen Besitzungen war er ja doch Untertan des deutschen Königs und Römischen Kaisers in Wien. Der Große Kurfürst hätte also den Rang eines Königs beanspruchen können.

Das war indessen eine hochpolitische Frage, weil der größte Teil seiner Lande und seiner Macht eben im Heiligen Römischen Reich lag und seine Erhebung zum König in Preußen ja doch auf seine Stellung als Reichsfürst abfärben mußte. Er hat sich, wie alle deutschen Fürsten, nicht geniert, Politik auch gegen den Kaiser zu machen und sogar gegen ihn Krieg zu führen – die Königswürde aber konnte praktisch nur bedeuten, daß er sich vom Reich ganz lossagte.

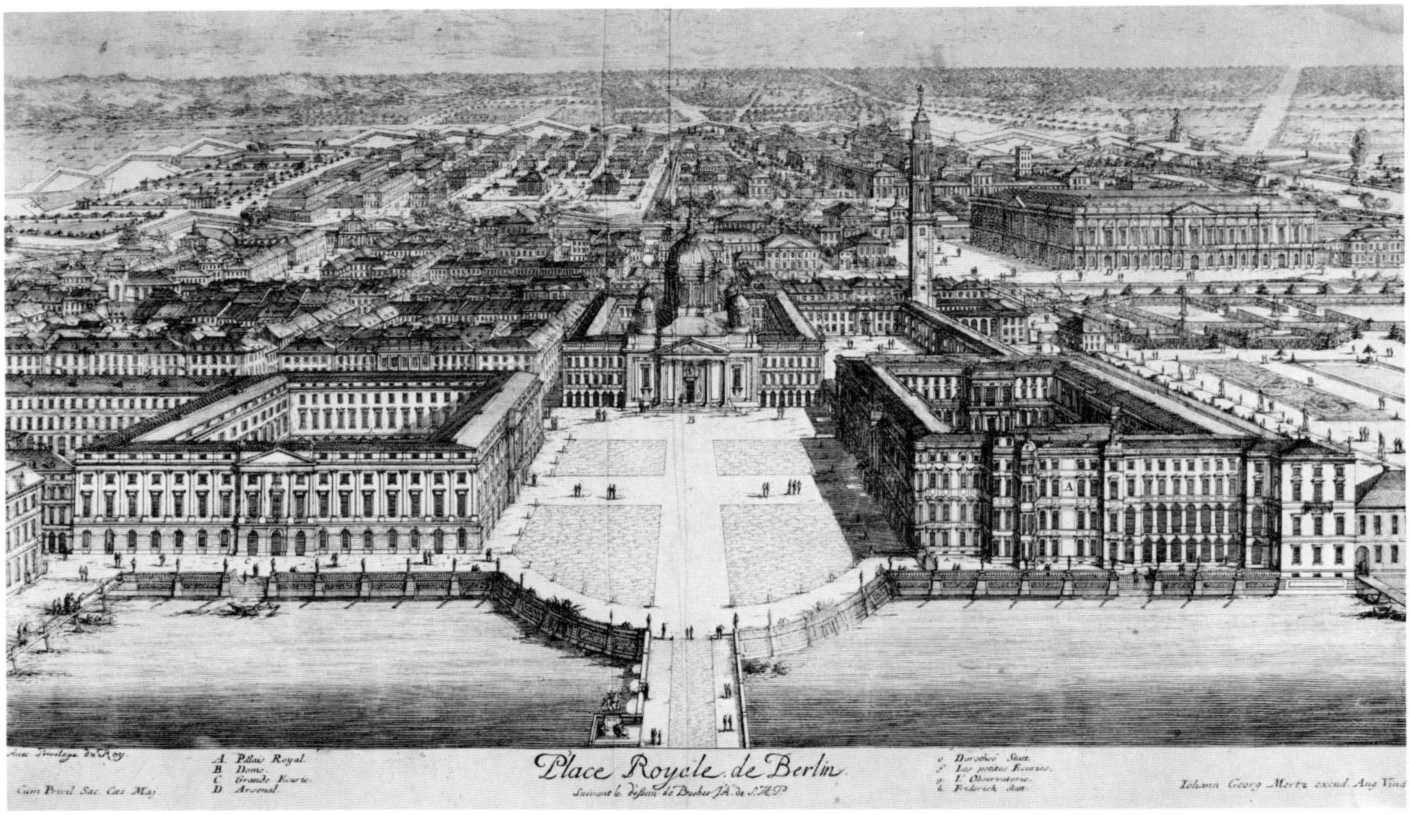

Idealansicht des Schloßplatzes mit Schloß, Dom und Marstall, Zeichnung und Stich von Jean Baptiste Broebes, um 1702

So hat der Große Kurfürst eine Rangerhöhung zum König anscheinend nicht angestrebt. Sein Sohn, Friedrich III., scheint gleichwohl den Krönungsplan schon als Kurprinz im Kopfe gehabt zu haben. Die Bauarbeiten am Schloß sind in diesem Punkte selbst historische Dokumente. Friedrich III. stoppte nämlich sofort bei seinem Regierungsantritt den im Gange befindlichen Bau des neuen Staatsappartements im Lustgarten. Anstelle davon begann er, im Schloßhof eine doppelte Galerie aufrichten zu lassen, aus Bögen vor dem ersten und zweiten Geschoß. Diese Galerie ließ er mit Kolossalsäulen bestücken (siehe Abbildung S. 41). Kolossalsäulen heißen in der Architektur Säulen, die zwei Stockwerke groß sind (bezogen auf das Gebäude, zu dem sie gehören). Wie Säulen überhaupt, sind Kolossalsäulen erst recht ein imperiales Motiv. Damals gab es in Europa ein prominentes Beispiel eines Schloßhofes, der mit solchen Säulen umstellt werden sollte. Das war der Louvre, das Residenzschloß des französischen Königs in Paris. Der große römische Bildhauer und Architekt Gianlorenzo Bernini hatte für Ludwig XIV. einen solchen Schloßbau entworfen. Man kannte den Plan aus Kupferstichen – er ist übrigens nicht ausgeführt worden. Wenn Kurfürst Friedrich III. von Brandenburg einen ähnlichen Ausbau des Hofes seines Residenzschlosses begann, formulierte er damit schon seine Aspiration auf königliche Würde.

Für den geplanten Schloßbau bedeuteten diese Galerien offenbar, daß der Innere Schloßhof mindestens drei Geschosse hoch rings umbaut, der schon hundert Jahre alte Vorschlag Lynars von 1585 nun also endlich verwirklicht werden sollte. Die Wendeltreppentürme sollten nach diesem Plan nur modern verkleidet werden. Ob die Zwerchhäuser auch nur modernisiert oder schon nach diesem Plan zu dem später ausgeführten Mezzaningeschoß zusammengezogen werden sollten, wissen wir nicht.

Dieser Ausbau des Schloßhofes stockte, nachdem 1690 sein erstes Viertel, vom Treppenturm am Schloßplatzflügel bis zu den Türmen am Spreeflügel, fertiggestellt war. Vielleicht regte sich am Hofe Widerspruch. Friedrich hatte die Räte seines Vaters beibehalten. Es gab bei Hofe eine Partei, die gegen den Krönungsplan war. Es ist eine modernisierte Fassung der Gesamtplanungen des Großen Kurfürsten überliefert, die zeigt, wie man bei Hofe gegen den Bau des Königsschlosses arbeitete und die Pläne des Großen Kurfürsten weiterverfolgte: Der Architekt und Kupferstecher Jean Baptiste Broebes hat Schultz' Vogelschau von Berlin aus dem Todesjahr des Großen Kurfürsten in der Weise wiederholt, daß die Gebäude alle modernere Fassaden erhalten haben. Wegen dieser Plandarstellung hat Friedrich seinen Bau natürlich nicht angehalten.

Ausbauplan für den Inneren Hof des Berliner Schlosses, vermutlich von Nicodemus Tessin d. J., Zeichnung und Stich von Jean Baptiste Broebes, um 1698

Vielleicht hatte man ihm hinterbracht, daß seine Galerie mit den Kolossalsäulen architektonisch fehlerhaft, provinziell war – das war sie wirklich –, vielleicht war aber auch nur das Geld ausgegangen. Es scheint jedenfalls, daß der Bau bis 1697 nur sehr stockend vorankam, vielleicht zeitweise ganz ruhte. Dann aber wurde er nach einem neuen Plan weitergeführt. Der zweite Plan war nun keineswegs mehr provinziell, sondern von einem Architekten allerersten Ranges ausgearbeitet, dessen Name literarisch leider nicht überliefert ist. Vermutlich war es der schwedische Hofarchitekt Nicodemus Tessin der Jüngere, dessen Hauptwerk, das Stockholmer Schloß, noch steht.

Von dem zweiten Ausbauplan für das Königsschloß in Berlin kennen wir nur den Hof. Nach diesem Plan sind die sämtlichen Wendeltreppen des Joachim-Baues abgebrochen worden, und zum Ersatz wurden die beiden neuen Treppenhäuser an den Schmalseiten des Hofes gebaut, die Bestandteil seiner endgültigen Form geblieben sind. Ebenso sind auch die Zwerchhäuser nach diesem Plan zu dem Mezzaningeschoß zusammengezogen, die Giebelspitzen abgebrochen, das Hauptgesims und die barocken Fensterrahmungen im Hof hergestellt worden. Schließlich wurde nach dem zweiten Plan noch eine einschneidende, aufwendige Korrektur der Galerien und der ihnen vorgesetzten Anordnung der kolossalen Halbsäulen aus der ersten Bauphase vorgenommen. Die Kolossalordnung trug nämlich in ihrer ersten Fassung kein akademisch korrektes Gebälk, als welches aus Architrav, Fries und Kranzgesims zu bestehen hat. Anstelle der beiden erstgenannten, unteren Glieder hatte der erste Architekt einen schlichten Korbbogen mauern lassen. Der zweite Architekt korrigierte das und mußte zu diesem Zweck die ganze obere Galerie neu bauen. Diese seine Korrektur blieb indessen nicht lange bestehen.

Da der zweite Plan anstelle des Wendelsteinpaares, das zum kurfürstlichen Appartement hinaufgeführt hatte, keinen Ersatz vorsah, muß sein Architekt eine völlig neue Disposition der Appartements im Schloß vorgeschlagen haben. Nach zeitgenössischen Parallelen läßt sich erschließen, daß König und Königin jeder ein eigenes Treppenhaus erhalten und daß der König am Schloßplatz, die Königin am Lustgarten residiert hätten.

Im Jahr 1697 dürfte das neue Treppenhaus am Schloßplatzflügel begonnen worden sein, 1698 ging der Bau im großen an: Der neue Lustgartenflügel wurde angefangen, zugleich, gegen den Herbst zu, wurden die Dächer der alten beiden Flügel des Hochschlosses abgenommen und flachere aufgesetzt und mit Kupfer gedeckt. Die flacheren Dächer waren nötig, damit die Balustraden zum vollen Effekt kamen, der Himmel durch die Baluster schien. Ende 1699 wird schon der Rohbau des Lustgartenflügels gestanden haben; das Treppenhaus am Schloßplatzflügel muß schon benutzbar gewesen sein, da nun das alte Wendelsteinpaar vor dem Spreeflügel fallen sollte. Der neue Saal für den angehenden König war im Schloßplatzflügel fast fertig.

Ende 1699 wechselte der Bauherr abermals den Architekten und veranlaßte eine einschneidende Änderung der Pläne. Der neue Architekt war der bisherige Hofbildhauer Andreas Schlüter. Schlüter, um 1660 in Danzig geboren, war als Bildhauer schon eine internationale Berühmtheit, schon am polnischen Hofe war er zuletzt der Starbildhauer gewesen, und der Zyklus seiner Kriegerhäupter für das Berliner Zeughaus sollte in Kupferstichen bekanntgemacht werden; als Architekt aber war er ein Neuling. Er hatte sich allerdings am Schloßbau schon praktisch als Bauleiter betätigt. Aus dem Zusammenhang ergibt sich, daß jener offenbar international versierte Architekt des zweiten Planes den Bau in Berlin nicht selbst geleitet hat, daß er sich nicht in Berlin aufgehalten haben kann. Nun, da der Innenausbau heranrückte, wurde ein Bauleiter benötigt, der zur Stelle war und der sich vor allem auf die Dekoration fürstlicher Innenräume verstand. Für eine solche Aufgabe war Schlüter glänzend vorbereitet, denn er hatte sich am Hofe

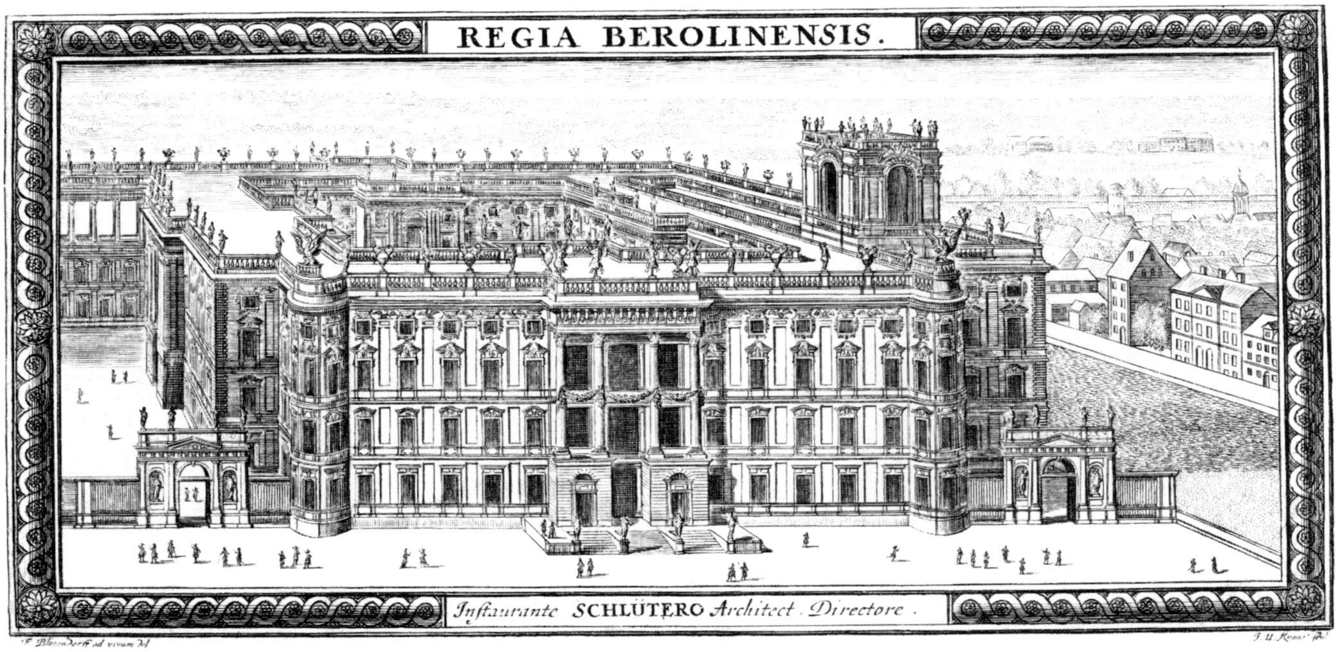

Schloßmodell Schlüters von 1699,
Stich nach einer Zeichnung von C. F. Blesendorff,
aus Lorenz Begers »Thesaurus Brandenburgicus«, Bd. 3, 1701

des Königs von Polen, des Türkensiegers Jan Sobieski, ausgebildet und unter anderem auch an Raumausstattungen für den König selbst mitgearbeitet, ehe er 1694 nach Berlin berufen worden war. In der Dekorationskunst der Zeit spielte figürlicher Stuck, eine Bildhauerarbeit (genauer würde das im Deutschen nicht geläufige Wort Modellierer treffen), eine große Rolle, daneben auch Holzschnitzerei, die Schlüter in seiner Lehrlingszeit in der Heimatstadt Danzig gelernt hatte. Durch die figürlichen Dekorationsprogramme konnte ein Bildhauer auch mit den antiken mythologischen Themen vertraut sein, die die Maler noch mehr als die Bildhauer zum Lobe der fürstlichen Herrschaft darstellen mußten.

Die dekorative Ausgestaltung der Staatszimmer des angehenden Königs hätte Schlüter aber auch leiten können, ohne Schloßarchitekt zu sein – man war damals erfinderisch in Rängen und Ämtern; er hätte ja zum Oberdekorationsmeister oder dergleichen ernannt werden können. Es gab offenbar mit den Ausbauplänen auch architektonische Probleme. Der Kurfürst ließ schon seine Diplomaten und sein Geld arbeiten, um die kaiserliche Duldung und diplomatische Anerkennung seiner Selbsterhebung zu einem König zu erreichen. Er mochte den Erfolg noch eher erwarten, als er dann wirklich eintrat – im Herbst des folgenden Jahres war es schon soweit, und die Krönungszeremonien-Vorbereitungen konnten in Gang gesetzt werden; schon am 18. Januar 1701 setzte sich Friedrich in Königsberg in Preußen, in der Hauptstadt des nicht zum Deutschen Reich gehörigen Landesteils, die neue Krone auf. Nach den verschiedenen Bauarbeiten und Zimmereinrichtungen, die er am und im Schloß hatte vornehmen lassen, konnte er sich ausrechnen, wie lange ein Ausbau der neuen Staatssuiten und Privatzimmer dauern würde. Mit dem Abbruch des Wendelsteinpaares wurde sogar die Benutzung der alten Staats- und Privatzimmer recht unbequem. Der Zugang führte nun entweder von der neuen Treppe im Schloßplatzflügel durch die Staatszimmer der Kurfürstin oder über die Runde Treppe, die zwar für eine Dienertreppe sehr großzügig, für das Zeremoniell aber doch viel zu eng war.

Kurz, die Planung des zweiten Architekten war für den nahen Termin der Krönung viel zu weitläufig, und eine Revision der Pläne schien nötig. Die Bedenken werden dem angehenden König nicht ganz plötzlich gekommen und bei Hofe auch kein Geheimnis geblieben sein. Schlüter jedenfalls hat seine Chance erkannt und einen geänderten Plan durch ein Modell dargestellt, dessen Ansicht in Kupferstichen auf uns gekommen ist. Er schlug vor, anstelle des Wendelsteinpaares, das abgebrochen werden sollte, ein drittes neues Treppenhaus zu setzen, was die Möglichkeit eröffnete, die alten Staats- und Privatzimmer weiterzubenutzen und, wie die Handwerker und Künstler es schaffen konnten, die Staatszimmer in den neuen Lustgartenflügel hinein zu verlängern. Das war genau das, was die Situation erforderte. Der König griff zu und ernannte seinen Bildhauer am 2. November 1699 zum Schloßbaudirektor. Schlüters Arbeit war es jetzt, so schnell wie möglich das Allerwichtigste und -nötigste herzustellen, was eine Königsresidenz erforderte: eine angemessene Stadtfassade und ein großes Treppenhaus.

Blick über den Schloßplatz zur Burgstraße und Langen Brücke, rechts die Eckhäuser der Breiten Straße, Stich von Johann Georg Rosenberg, 1786

Die Stadtfassade stand in einem Rohbauzustand ihres Umbaues ja schon aufrecht, doch war es immer noch eine ansehnliche Leistung, sie vollkommen neu auszugestalten, die Erker und die Portalarchitektur neu zu bauen. Die Fenstergewände aus Sandstein wurden ausgetauscht, die Spiegel zwischen den Fenstern und Rillen für alle neuen Gesimse ausgestemmt. Jeder Fenstergewändestein, jedes Gesimsstück, jede Konsole war Schlüters Entwurf, mußte also in dem einen Jahr angefertigt werden. Die Inschrift am Portal I, daß die Fassade beim Einzug des Königs fertig gewesen ist, muß nicht auch den Schmuck meinen, der auf der Balustrade aufgestellt wurde, immer abwechselnd eine große Prunkvase und eine antikische Figur, auf dem Portal nur Figuren. Die Fassade hat, kaum verändert, bis 1950 bestanden und ist daher bei unserer Tafel-Erläuterung näher beschrieben. Allein Vasen und Figuren sind schon um 1800 abgenommen worden; die verwendbaren Figuren sind über den Portalen zusammengerückt und schließlich die letzten glücklicherweise ins Museum verbracht worden. Die Fotos von etwa 1870 zeigen die Balustraden leer; um 1890 wurden auf den Portalen neue Figuren aufgestellt (Abb. 4–5).

Das Große Treppenhaus baute Schlüter mitsamt dem darüberliegenden Schweizer-Saal 1703 in den bestehenden Spreeflügel ein und an diesen an. Beim Einzug des neuen Königs im Mai 1701 stand eine erste Fassung des Hofes fertig – nicht ganz, versteht sich, es gab sicherlich noch viele Stellen und Ecken daran und darin, wo ein paar Latten, Leinwand und Gips oder Pappe, entsprechend bemalt, die dauerhafte Ausführung vertreten mußten, die nicht ganz fertig geworden war. Am Außenbau des Treppenhauses konnte Schlüter einige Teile verwenden, die für die übrigen Hoffassaden vorgearbeitet waren, nämlich am Gesims und an der Balustrade. Das meiste ist aber auch hier nach seinem Entwurf neu gemacht worden.

Ich habe mich schon zweimal falsch ausgedrückt: Treppenhaus hätte ich genau genommen nicht sagen dürfen. Dieser Aufgang enthielt ursprünglich keine Treppe, sondern eine doppelarmige Rampe, vermutlich von Schlüter so disponiert, weil ja von den zwei neuen Treppenhäusern im Hof das eine schon benutzbar, das andere im Rohbau eben fertiggeworden war. Der Bauherr wünschte trotzdem an der Stelle, wo er vordem Treppe und Rampe nebeneinander gehabt hatte, wieder beides zu haben, und so mußte Schlüter sein großes Rampenhaus alsbald in ein kombiniertes Rampen- und Treppenhaus umbauen. Das Nähere ist bei der Beschreibung der Tafeln ausgeführt. Die zweite Fassung der Schlüterschen »Wendeltreppe« ist nämlich fast unverändert gewesen, als sie 1945 ausbrannte, folglich gut dokumentiert. Auch die außermittige Stellung von Schlüters »Wendeltreppe« in der Hofwand ist im Tafelteil erklärt (Abb. 76–93).

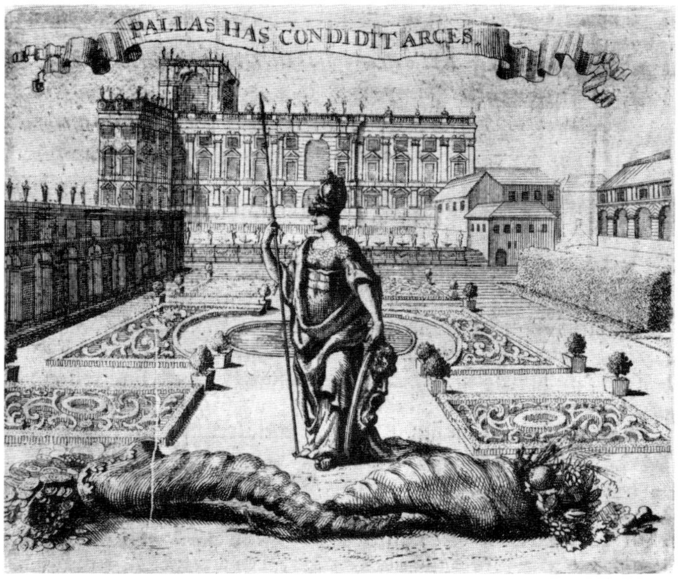

Entwurf Schlüters für Schloß und Lustgarten,
Stich aus Lorenz Begers »Thesaurus Brandenburgicus«, Bd. 3, 1701

König Friedrich I., der bisherige Kurfürst Friedrich III., wußte als Bauherr ganz genau, was er wollte, und stellte seinen Architekten zuweilen höchst schwierige Aufgaben, wie hier die des Treppenhausumbaus. Trotzdem ist er ein großer Mäzen, einer der großen Mäzene der deutschen Kunstgeschichte gewesen. Das kam daher, daß er sich in die Arbeiten seiner Künstler im einzelnen nicht einmischte, sondern ihnen darin freie Hand ließ. Einen Palast wie die großen Stadtpaläste Roms wollte er haben, ja drei Geschosse mit einem Mezzanin darauf; wie aber die Einzelformen sein sollten, die Fassadendetails, das überließ er seinen Architekten, und er ist damit viel besser gefahren als etwa sein Enkel Friedrich der Große, der am Anfang seiner Regierung in Knobelsdorff einen Architekten europäischen Ranges hatte, diesem aber fortwährend ins Handwerk pfuschte und sich später meist von subalternen Baubeamten bedienen ließ, mit dem entsprechenden Ergebnis. Der erste König traute Schlüter soweit, daß er ihn gewähren ließ, als Schlüter die Hofgalerien zum drittenmal in seiner Regierung umbaute: Schlüter nahm die kolossalen Halbsäulen von den Galerien ab und massierte ihre Form und Stücke als vollrunde freistehende Säulen vor den Treppenhausrisaliten. Die Arkaden machte er im Erdgeschoß zu Kolonnaden, im Obergeschoß modelte er sie nur ein wenig um, beides, ohne die Ganggewölbe anzurühren. Auch Schlüters Arkaden sind anhand der Tafeln im einzelnen erläutert (Abb. 46–57).

Während in den auf die Krönung folgenden Jahren im Hof noch vieles nachgeholt und weitergeführt wurde, wechselte die Hauptbautätigkeit auf die Lustgartenfront. Im Innern waren in der Zeit um die Krönung herum wohl einige der bestehenden Paradekammern modernisiert worden, so die zweite Paradevorkammer, vielleicht auch schon die Drap-d'or-Kammer, auch wohl das Rote Zimmer bei der Königin. Innen wurde mit Macht an den neuen Paradekammern gearbeitet, die von der Drap-d'or-Kammer bis zur Kapelle in der Ecke des damaligen Baues ein übergreifendes Konzept erkennen lassen, wie weiter unten anhand der Tafeln auseinandergesetzt wird (Abb. 94–147).

Die Lustgartenfassade war wie die Schloßplatzfassade ganz Schlüters Entwurf und in den Formen der Rücklagen denen der Schloßplatzfassade gleich. Die Architektur des schönen Gartenportals (Portal V) von ganz eigenartigen Formen ist im Tafelteil näher erläutert (Abb. 30–35). Das Schlütersche Stück der Lustgartenfassade war zu dem Gartenportal etwa symmetrisch; links davon wollte Schlüter durch Abbruch oder Erniedrigung der Apotheke den Kurfürstenflügel in die Lustgartenansicht einbeziehen. Da

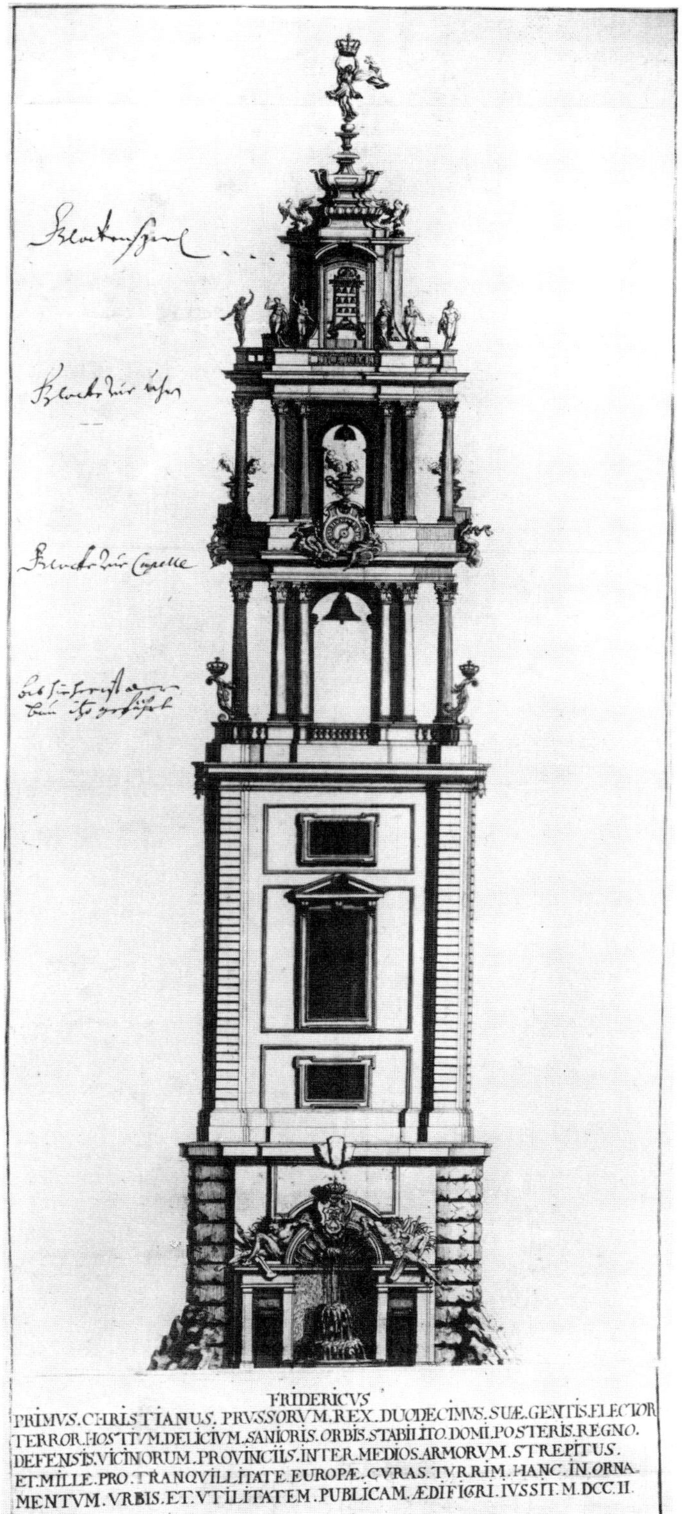

Erster Entwurf Schlüters für den Münzturm, Stich, 1702

er ein wenig vortrat, wollte Schlüter ihn als breiten Eckrisalit verwenden und ihn in denselben Formen wie die übrige Fassade verkleiden. Rechter Hand von Portal V sollten die bestehenden Stallgebäude am Großen Schloßhof in ihren zwei Geschossen Höhe ebenfalls in den Formen der übrigen Fassade verkleidet werden. Am Modell Schlüters erscheinen, von der anderen Seite her gesehen, über diesen Nebengebäuden korinthische Kolonnaden, die das Hauptgesims des Schlosses weitertragen. Der Plan war also dieser, den einstigen offenen Weg von den Paradezimmern über die Dächer der Nebengebäude wieder zu eröffnen und unter dem baldachinartigen Dach vor Regen besser geschützt zum Dom zu führen – in solcher Rahmung ein wahrhaft königlicher Weg. Indessen, der König wünschte den großartigen Ausbau des Münzturms auf der Ecke des Schloßgrundstücks, was die Gesamterscheinung der Lustgartenseite des Schlosses verändern mußte. Kurfürstenflügel und Stallgebäude am Vorhof blieben also erst einmal liegen. Die längste Zeit seiner nicht ganz siebenjährigen Bauleitung war Schlüter damit beschäftigt, den Turm auszubauen – die Aufgabe, an der er scheitern sollte.

In der Architekturgeschichte scheint sich noch niemand darum gekümmert zu haben, wie es gekommen ist, daß um 1700 ein großer Turm zum Programm einer Fürstenresidenz ausgerechnet nach römischem Vorbild gehört zu haben scheint. In Salzburg, dessen Zustand um 1700 heute noch ganz gut zu erkennen ist, hat man noch bei Dom und Residenz ein Muster davon – in Rom aber stand kein einzelner großer Turm mehr, der das Vorbild hätte abgeben können. Vielleicht war es die Erinnerung an das Septizonium des Septimius Severus, das bis ins 16. Jahrhundert hinein gestanden hat, die so lange nachwirkte, vielleicht der Turm im Architekturtraktat des Alberti, vielleicht aber auch ein Turm aus einer anderen Stadt: In Venedig gibt es noch heute an der Piazza di San Marco den Campanile und in manchen anderen Städten Italiens, auch in deutschen Städten, Stadttürme.

König Friedrich I. wünschte jedenfalls einen großen Turm in seiner Residenz zu haben, und es wurde 1701 beschlossen, den Münzturm, jenen Schloßturm des Schloßgründers Kurfürst Friedrich II. an der Ecke bei der Brücke über den Spreegraben zu erhöhen. Sein mächtiger Unterbau schien eine solide Grundlage abzugeben. Da das Schloß 100 Fuß hoch war, mußte der Turm 300 Fuß hoch werden. Der Turm stand schon beinahe in voller Höhe – es gibt Stadtansichten von Berlin-Cölln mit dem fertigen Turm –, als er anfing, sich schräg zu neigen. Schlüter war ein glänzender Statiker, besser Mechaniker; sein Umbau der Arkaden im Schloßhof bei bestehenden Ganggewölben, sein Umbau des großen Treppenhauses unter dem bestehenden Schweizer-Saal, sein erhaltener Einbau der Kanzel der Marien-Kirche in einen der großen Kirchenpfeiler bei daraufstehendem Gewölbe und Dachstuhl beweisen es. Er gab den Turm also nicht auf, sondern fing – zu seinem Unglück – an, der Senkung entgegenzuarbeiten. Der Untergrund gab nach, zusätzliche Fundamente vor der Seite, nach der der Turm sich neigte, hielten nicht, weil die Rammpfähle keinen richtig tragfähigen Grund erreichten. Die eisernen Verklammerungen des ummantelnden Mauerwerks mit dem alten Turm brachen, die Mauern rissen.

Schlüter wurde schließlich klar, daß nach der Hundebrücke (Schloßbrücke) zu tragfähiger Grund nicht zu erreichen war. Jetzt änderte er den Entwurf des Turms

Zweiter Entwurf Schlüters für den Münzturm, Stich von Jeremias Wolff, um 1705

und führte auf dem tragfähigen Grund zum Lustgarten hin und zur Schloßfreiheit hin riesige Mauermassen auf, an die er den Turm anketten wollte. Diese Blöcke sollten so hoch werden wie das Schloß; ihre ungeheuren Flächen sollten mit Gemälden oder Reliefs dekoriert werden. Der Block vor der Lustgartenfront des Schlosses entlang, als der Richtung entgegengesetzt, nach der der Turm am stärksten sank, war schon ziemlich hochgemauert, da rissen die Anker, mit denen er den Turm halten sollte. Schon 1705 verließ Paul Decker, Schlüters bester Zeichner im Baubüro, sein Atelier und Berlin, wohl weil er nicht die Nerven hatte, das kommende Ende mitanzusehen. Schlüter gab noch nicht auf. Erst Mitte 1706 faßten die anderen Architekten des Königs den Mut, ihrem Rivalen offen entgegenzutreten und dem König zu berichten. Als dieser eine Untersuchung anordnete, ließ Schlüter eigenmächtig mit dem Abbruch des Turms beginnen, ohne den Befehl des Königs abzuwarten. Aus den Akten zeigt sich, daß er verzweifelt und etwas durcheinander war; seinen Rivalen aber wollte er sich keinesfalls beugen.

Schlüters Turmbau und die dazugekommenen Stabilisierungsarbeiten und -bauwerke haben wahrscheinlich fast ebensoviel gekostet wie der ganze bisherige Schloßum- und -ausbau; der materielle Schaden war also sehr groß, und Schlüter hätte nach damaligen Gewohnheiten sehr wohl ins Gefängnis gesteckt werden können. Seine Kollegen hatten gut sich über seine verfehlten technischen Mittel überheben, nachdem sich gezeigt hatte, daß sie nicht genügt hatten. Es mag auch wohl sein, daß Schlüter, wäre er ein erfahrener Wasserbau-Ingenieur gewesen, die Ummantelung des Turmes nicht gewagt hätte: Mußte er nicht wissen, daß seine Raummpfähle keinen tragfähigen Grund erreichten? Indessen scheint es, als habe in Reichweite der Pfähle eine tragfähig scheinende Sandschicht gelegen, die aber so dünn war, daß sie unter dem Gewicht des vergrößerten Turms nicht hielt, sondern auswich, weil unter ihr eine nicht tragfähige Schicht lagerte. Diese Situation ist die trügerischste, auf die man bei der Gründung eines Baues stoßen kann, und das Unglück, was dann folgt, wenn man sie nicht rechtzeitig erkennt, heißt Grundbruch – Alptraum eines Statikers. Heute kann man durch Tiefbohrungen solchen Überraschungen entgehen.

In der Sohle des Spreearms, von dem der Kupfergraben übriggeblieben ist, haben eiszeitliche Strömungswirbel sogenannte Kolke, tiefe Löcher, ausgespült; die Kolke sind mit Faulschlamm gefüllt, der kein Bauwerk trägt. Nach dem Münzturm sind sie auch dem Neuen Museum Stülers zum Verhängnis geworden, dessen eine Ecke nie ganz standfest gewesen ist; deswegen ist seine Ruine noch nicht wieder aufgebaut. Der benachbarte Flügel des Pergamon-Museums konnte überhaupt nicht gegründet werden und steht auch nicht auf einem Fundament, sondern auf einer Wanne aus Beton, einer Art Schiff, schwimmt in statischem Betracht. Diese Wanne hat ungefähr ebensoviel gekostet wie der Flügel, den sie trägt.

Schlüter hat, wie mein alter Statik-Professor in der Vorlesung sagte, Grundbruch erlitten. Vielleicht war das unvorhersehbar. Man müßte die an sich gut bearbeiteten Akten nochmals studieren, wenn man Klarheit darüber gewinnen wollte, ob Schlüter eine Schuld an dem Unglück des Münzturms trifft oder nicht. Jedenfalls aber konnte man ihm verübeln, daß er den Turmbau nicht eher aufgegeben hat, und die Architekten des Königs, die in der Untersuchungskommission saßen, waren der Meinung, daß Schlüter unverantwortlich gehandelt habe. Der König dachte aber größer als Schlüters Kollegen, dachte größer von sich: Durch seine Gnade war Schlüter so hoch gestiegen. So ließ er ihn nicht ganz fallen. Zwar als Chef-Architekten konnte er ihn nicht halten; er beließ ihm aber die Stellung als Hofbildhauer, und sogar die als Baudirektor.

Noch in demselben Jahr 1706 gewann Johann Friedrich von Eosander die bisherige Stellung Schlüters als Leiter des Hofbauamtes und Schloßbaudirektor. Eosander

Johann Friedrich von Eosander, gen. Eosander von Göthe, zeitgenössischer Stich

war Schwede; Eosander ist die Übersetzung des Namens Göthe = Gotländer oder Gote ins Gelehrten-Griechisch: wörtlich heißt Eosander der Mann aus der Morgenröte, aus dem Osten. Lateinische und griechische Namen nahmen seit der Reformationszeit schon gern Gelehrte, Geistliche, Beamte, Apotheker an; Eosander selbst schrieb sich noch d'Eosander, genannt Göthe. Eosander war schon 1692 an den Hof Friedrichs III. gekommen, war also länger als Schlüter hier, und hatte sich auf Kosten seines Herrn in Italien und Frankreich gebildet. Für die Einrichtung des Schlosses hatte er schon einzelne Entwürfe gemacht, so für das Silberbuffet, das nach Vollendung des Rittersaals dort aufgestellt wurde (Abb. 110), und für die Brautkammer in den Privatzimmern des Königs. Sein größter Erfolg war bisher gewesen, daß er im Jahr 1702 Architekt der Königin geworden war und den Bau des Schlosses Lützenburg, heute Charlottenburg, übernommen hatte.

Als Schlüter stürzte, nahm Eosander seine Chance wahr: Er schlug vor, das Schloß nach Westen hin zu verdoppeln, also den Vorhof oder Großen Schloßhof ebensohoch wie das Hochschloß zu umbauen, in dieses einzubeziehen. Er versinnlichte seinen Vorschlag durch eine kleine Vogelperspektive, die im alten Planbestand des Hofbauamtes auf uns gekommen ist. Eosander sah in seiner Vogelperspektive vor, die Achse der Breiten Straße und bisherige Eingangsachse des Schlosses zur Haupt- und Symmetrieachse des Schlosses zu machen, zu der sich der Schloßkomplex als großes Querrechteck stellen sollte. Diese Hauptachse wollte er mit Portalrisaliten besetzen, die er jeweils als Vergrößerungen der Portalrisalite Schlüters auszubilden dachte. Am Schloßplatz sieht man in der Vogelperspektive gegenüber der Breiten Straße eine achtsäulige Entsprechung des viersäuligen Portalbaues von Portal I aufgestellt, Schlüters Portal linker Hand symmetrisch wiederholt. Analog wollte er auch am Lustgarten verfahren, und ebenso auch im Hof. Der Große Hof wäre bei gleichbleibender Tiefe beinahe dreimal so breit geworden wie der Innere Schloßhof. Eosander setzte also den Abbruch des Quergebäudes voraus. Er schlug noch andere Abbrüche und Umbauten vor. Die Symmetrie einer solchen Lustgartenfassade verlangte den Abbruch des Kurfürstenflügels mit den Privatzimmern des Königs und überhaupt aller äußeren Anbauten an den Spreeflügel. Im Hof hätten sich Umbauten ergeben. Eosander gedachte nämlich das Neue Schloß, wie sein Bauteil genannt wurde, im »Appartement double«, in doppelter Raumreihe durchzuführen, wie das ja dann auch geschehen ist. Seine Flügel wurden also tiefer als diejenigen des »alten« Schlosses. Um symmetrische Fassaden in dem neuen Hof zu gewinnen, hat er offenbar die Galerien im Inneren Schloßhof zubauen und über ihnen Korridore an den Paradekammern entlang anlegen wollen. Damit wäre er die italienischen Hofarkaden ganz losgeworden, und die kräftige deutsche Ausladung der Treppenrisalite im Hof wäre um immer eine Achse verringert worden, so daß etwa die Wendeltreppe kaum mehr vorgetreten wäre. Der Aufblick auf die Dächer des aufgeführten Schlosses (siehe Abbildung S. 442) zeigt die Differenz der Flügeltiefen.

Der König ernannte Eosander auf den Vorschlag hin zu seinem Schloßarchitekten, ließ ihn aber die Pläne ändern. Er wünschte seine Privatzimmer, also den Kurfürstenflügel, zu behalten, womit auch die anderen Anbauten an der Spreeseite gerettet waren. Und er wünschte auch keinen vierten Umbau der Galerien im Inneren Schloßhof zu erleben. Den Abbruch des Quergebäudes aber hat er genehmigt, so wie er die Erniedrigung der Hofapotheke schon Schlüter oder dessen Vorgänger zugestanden hatte. Eosander hat in seinem Ausführungsplan auf den Umbau des alten Hofes verzichten müssen, konnte nun also, wollte er beim Appartement double bleiben, die Höfe nicht ganz zusammenfassen. Er ließ nun an den Anschlußstellen des Neuen Schlosses Risalite in den Hof vortreten, die die verschieden tiefen Flügel trennten; den nördlichen hat er selbst, den südlichen Martin Heinrich Böhme nach Eosanders Plan ausgeführt. Zwischen den Risaliten erscheint in später Portal II. Die Stelle war so eng, daß Eosander die Portalarchitekturen im Hof einachsig nehmen mußte. Dies war nicht weiter schade, weil der Hof unter den neuen Bedingungen zu dem Stadtportal sowieso nicht symmetrisch zu machen war. Eosander konnte aber in der Längsachse des gesamten Komplexes Symmetrie gewinnen oder vielmehr behalten; denn sein erster Vorschlag war in Längs- wie Querrichtung symmetrisch gewesen.

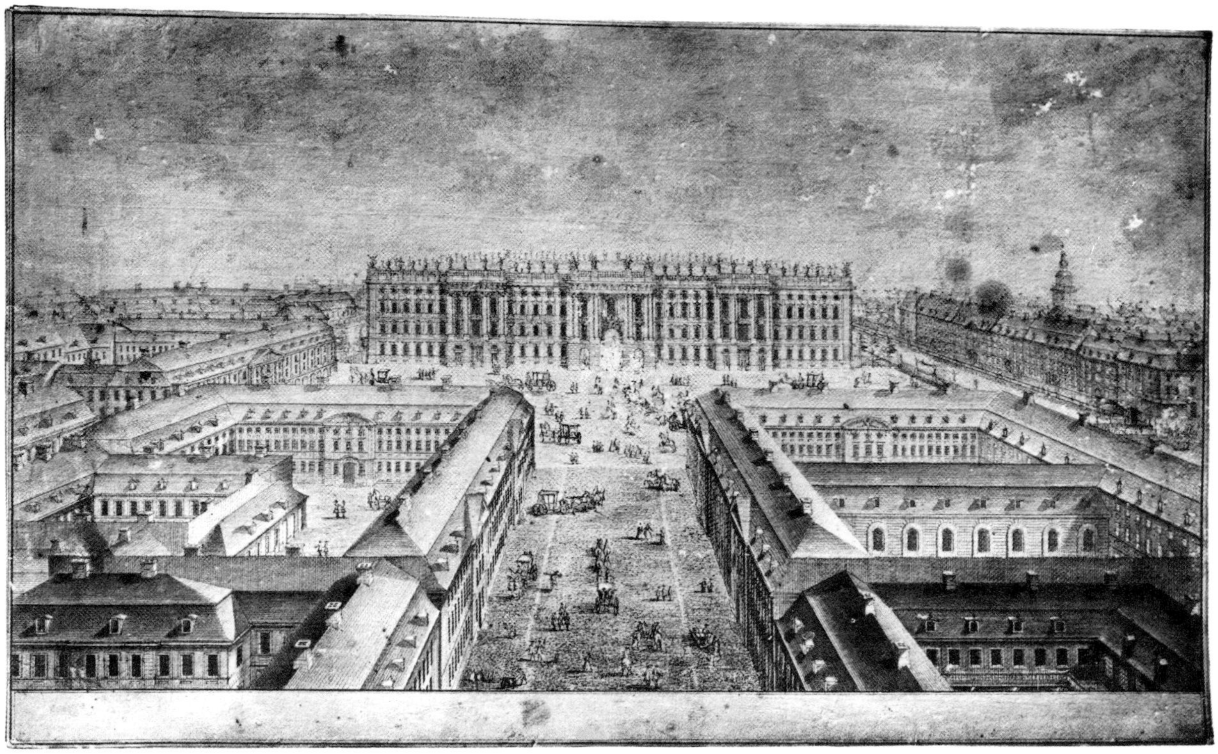

Perspektivzeichnung Eosanders zu seinem ersten Plan einer Schloßerweiterung, 1706/07

Böhmes Plan anstelle des Quergebäudes eine Kolonnade, mit einer Lücke in ihrer Mitte zur Durchfahrt. Die Kolonnade sollte an der Seite zum Inneren Schloßhof hin in flachem Bogen als eine große Nische geführt werden. Diese Bogenform der Kolonnade hätte die außermittige Stellung der Wendeltreppe im Inneren Hof weniger fühlbar gemacht. Der Plan zu der Kolonnade mag auf Eosander zurückgehen.

Der Große Schloßhof ist ganz nach Eosanders Plan ausgeführt worden (Abb. 62–72), allerdings blieb das Quergebäude, obwohl an den Anschlußstellen zu Eosanders Risaliten schon abgebrochen und nur provisorisch mit diesen verbunden, doch noch stehen. Bei den Ecken des Großen Schloßhofes lagen im Schloßplatz- wie im Lustgartenflügel jeweils Portale, zusammen also vier. Das Hauptportal von Eosanders Stadtfassade hätte also den Hof unweit von seiner Südostecke erschlossen, nicht anders als In der Längsachse baute er als Gegenstück zur Wendeltreppe ein gewaltiges Triumphtor, das obenauf einen Kuppelturm tragen sollte. Diesen hatte sein erster Vorschlag noch nicht enthalten; er war also auf Wunsch des Bauherrn dazugekommen und sollte als Ersatz für den Münzturm die Glocken der Schloßkapelle aufnehmen. Aus der Besorgnis, ihm könne ein ähnliches Unglück zustoßen wie Schlüter, hat Eosander dem Triumphtor ein ungeheures Fundament und unerhört stabile Gewölbe gegeben. Für das Fundament verwendete er Abbruchschutt des Münzturmes. Den Plan für den Turmaufsatz kennen wir nur aus späteren Darstellungen, aus der Zeit, als König Friedrich Wilhelm I. erwog, ob er ihn noch bauen solle. Es ist aber kein Anlaß, daran zu zweifeln, daß es sich um den Entwurf Eosanders handelt; von diesem Turmaufbau existierte auch ein Modell, das aber leider im letzten Krieg unfotografiert untergegangen ist.

Um den Kurfürstenflügel in die Symmetrie der Lustgartenfassade einzubeziehen, gab Eosander die Entsprechung der Stadt- und Lustgartenfassaden und -flügel auf

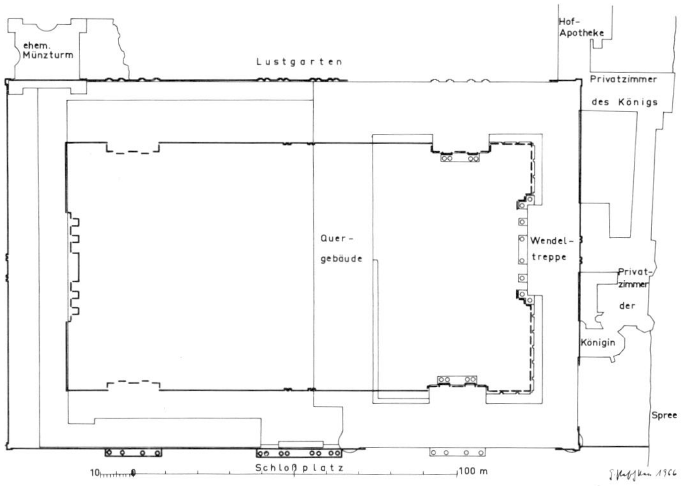

Grundriß Eosanders zu seinem ersten Plan einer Schloßerweiterung, 1706/07, Rekonstruktion von Goerd Peschken

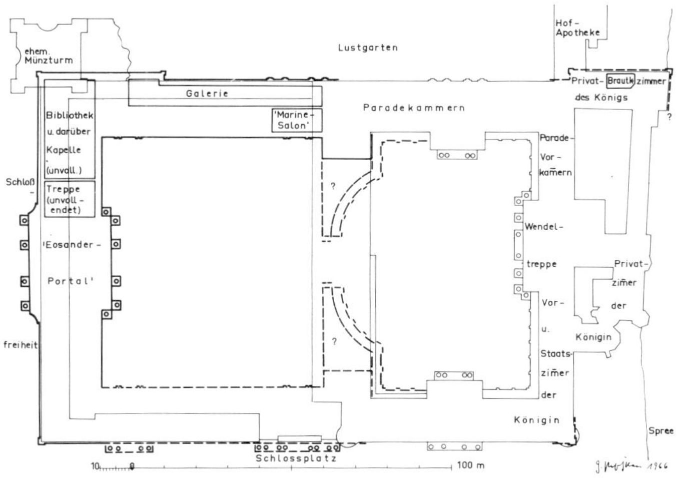

Grundriß Eosanders zu seinem zweiten Plan einer Schloßerweiterung, um 1707, Rekonstruktion, mit Martin Heinrich Böhmers Galerie zwischen den Höfen, von Goerd Peschken

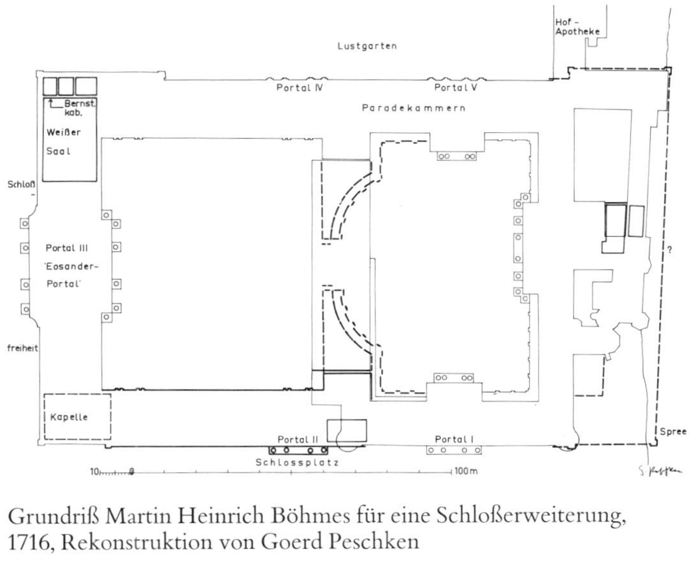

Grundriß Martin Heinrich Böhmes für eine Schloßerweiterung, 1716, Rekonstruktion von Goerd Peschken

und ordnete am Westende der Lustgartenfront einen breiten Eckrisalit an, der dem Kurfürstenflügel die Waage halten sollte (Abb. 34). Infolgedessen konnte er das projektierte dritte, westlichste Portal seiner Schloßplatzfront nicht bis zum Lustgarten hinaus durchführen. Seine Lustgartenfront hatte nur zwei Portale.

Eosanders erster Plan war gewiß auf der Höhe der Zeit, und auch von seinem zweiten Plan möchte ich das behaupten. Daß seiner Idee nach Schloßplatz- und Lustgartenfassaden und -flügel nicht übereinstimmend gebildet werden sollten, wirkt im Vergleich mit den Planungen seiner beiden großen Vorgänger zwar befremdlich, indessen war von diesen der eine (vielleicht Tessin) stärker italienisch eingestellt als Eosander, Schlüter ganz überwiegend italienisch orientiert. In Frankreich aber ist zum Beispiel beim Pariser Adelshotel des 17. und 18. Jahrhunderts eine Verschiebung der Garten- gegen die Stadtfassade geradezu die Regel. Auch daß Eosander am Lustgarten die Mittelachse aufgab, war mit den Regeln der französischen Architektur sehr wohl vereinbar. So disponierte und baute François Cuvillies einige zwanzig Jahre später das kurkölnische Schloß Brühl in der Weise um, daß in der Mitte der Gartenfassade keine Öffnung, sondern ein Wandpfeiler zu stehen kam. Ein Lustgarten war ja nicht für zeremonielle Aufzüge bestimmt, sondern eher ein Aufenthaltsraum, mußte daher nicht so straff zentralisiert sein wie eine Stadtfassade.

Eosanders Bau ist in seinen Einzelheiten im Tafelteil erläutert (Abb. 32–43). Er gelangte bis zu dem großen Triumphportal und -bogen in der Mitte der Westfassade, kam aber nicht mehr zum Bau des Turmes darauf. Im Innern hat Eosander die Große Galerie der Paradekammern fast vollendet und wohl auch die Raumreihe daneben. Von dieser hatte sich bis zuletzt der erste Raum, über Portal IV, erhalten. Am Anschluß seiner neuen Räume hat Eosander den letzten Raum Schlüters, die »alte« Kapelle oder den Kapitelsaal, verkürzt (siehe Abbildung S. 483). Trotzdem sind in der ausgeführten Galerie Ungereimtheiten stehengeblieben, Spuren von Umdispositionen, die er nicht mehr völlig einzuarbeiten vermocht hat. Die Räume sind im Tafelteil dokumentiert und beschrieben (Abb. 130–141).

Um eine Vorstellung von der damaligen Staats-Repräsentation zu geben, schalte ich hier die Beschreibung einer Feierlichkeit ein, über die wir besonders gut unterrichtet sind. Es handelt sich um die Vermählung der Prinzessin Louise Dorothea Sophie, der einzigen Tochter Kurfürst Friedrichs III. (König Friedrichs I.) mit dem Erbprinzen von Hessen Kassel, wie Karl Frhr. von Ledebur sie 1878 nach zeitgenössischen Berichten, unter anderem des Zeremonienmeisters Besser – dessen Beschreibung noch umständlicher ist –, in seinem Buch »König Friedrich I. von Preußen« referiert. Diese Feierlichkeiten fallen noch in das letzte Jahr der Kurfürstenzeit. Damals wurde noch, weil die neuen Paradekammern erst im Bau waren, als großer Saal der Alabastersaal des Großen Kurfürsten benutzt, als kleiner Saal der Oraniensaal, den sich Friedrich III. bei den Gemächern seiner Gemahlin im Schloßplatzflügel an der Ecke zur Langen Brücke hatte einrichten lassen. Ledebur schreibt:

Zwischen dem Erbprinzen Friedrich von Hessen-Kassel und der ihm verwandten einzigen Tochter des Kurfürsten Friedrich III., Louise Dorothea Sophie, soll schon von Kindheit an eine Neigung bestanden haben. Bereits vor einigen Jahren hatte der Erbprinz bei Gelegenheit eines Besuchs am Kurfürstlich Brandenburgischen Hofe den Versuch gemacht ein Verlöbniß mit der Prinzessin zu Stande zu bringen, aber obgleich er sehr freundliche und wohlwollende Aufnahme fand, so müssen doch damals ganz besondere Schwierigkeiten obgewaltet haben, die den Abschluß einer förmlichen Verlobung verhinderten. Viel trugen auch wohl die damaligen kriegerischen Zeiten dazu bei, denn nach abgeschlossenen Frieden zu Karlowitz, gab der Kurfürst seine Einwilligung zur Vermählung des Paars und ließ dieselbe dem Erbprinzen durch seinen Erbkämmerer Grafen Wartenberg mittheilen. Der Landgraf von Hessen-Kassel befand sich damals grade auf einer Reise in Italien, und hatte, ohne von dieser Einwilligung zu wissen, einen Gesandten in der Person des Raths und Oberamtmanns der Grafschaft Ziegenhagn, Obrist du Rosay nach Berlin geschickt, um die Vermählung zu betreiben. Ehe derselbe jedoch ankam, war der Erbprinz bereits am 20. Januar 1700 »auf der Post« in Berlin angelangt, wo er mit seinen ihn begleitenden Kavalieren in drei Kutschen durch den Oberkämmerer, jedoch in aller Stille, abgeholt ward; am 24. Januar 1700 hielt er förmlich um die Hand der Prinzessin an. Bei dieser officiellen Brautwerbung wandte sich der Erbprinz zuerst an den Kurfürsten, dann an die Kurfürstin und endlich an die Prinzessin. Als das Jawort ertheilt war, wechselten die Verlobten sehr kostbare Ringe unter einander und die Verlobung ward der ganzen Stadt durch dreimaliges Lösen der auf den Wällen stehenden Kanonen kund gethan; zugleich wurden Kuriere, der eine an die Landgräfin nach Kassel, der andere an den Landgrafen nach Rom mit der Nachricht von der geschehenen Verlobung entsendet. Das Verlobungsmahl, bei welchem das Brautpaar die erste Stelle an der Tafel einnahm, und der damals gebräuchliche Brauttanz fand im sogenannten Orangiensaale statt.

Am andern Morgen nahten sich sämmtliche Gesandte, höheren Beamten und Minister, so wie die Stadträthe, um unter Führung des Ceremonien-Meisters dem Brautpaare ihre Glückwünsche abzustatten, und bis zur Abreise des Erbprinzen folgten jetzt Feste auf Feste. Am 1. Februar reiste der Erbprinz, nachdem er viele Geschenke ausgetheilt, nach Kassel zurück und nun begannen die Vorbereitungen zu den großartigen Vermählungsfeierlichkeiten, die aus Baletten, Pastoralen, Opern, Feuerwerken bestehen sollten, zu welchen goldene und silberne Münzen geprägt wurden. Die Kosten, die dadurch verursacht wurden, müssen sehr bedeutend gewesen sein, denn außer den durch die eigentlichen Feste entstandenen, ist noch zu erwähnen, daß der ganze Hofstaat, die Leibgarde zu Pferde und zu Fuß, die Hundert Schweizer, die Grands Musquetaires, die Gensd'armes und auch die übrigen Regimenter, die dem Einzuge beiwohnen sollten, neu gekleidet wurden. Alle Kleidung, sowohl die der Kurfürstlichen Familie, als wie der meisten Hofleute verschrieb man aus Frankreich, nicht sowohl, wie Besser sagt, »aus einer Nothwendigkeit, und daß man dergleichen nicht in Berlin aufbringen möge, als vielmehr in der Absicht, dadurch auch Fremden an unserer Freude mit Theil zu geben.« Auch mehrere fremde Künstler wurden zu diesen Festen engagirt, unter ihnen der Sänger Ballarini, in Diensten des römischen Königs, der berühmte Hautboist le Riche, im Dienste des Königs von Polen, der Theorbenspieler und Lautenist de St. Luc, der auf seiner Reise von Frankreich nach Wien durch Berlin kam und nun für die Zeit der Festlichkeiten engagirt ward. Von bereits engagirten Musikern sind besonders die beiden Riecks, Volumier und Attilio Ariosti zu nennen. Die Ballets sollten durch adelige Personen ausgeführt und selbst die Markgrafen Albrecht und Christian Ludwig, und wie Besser angiebt, der Kurprinz in den Ballets, deren Direktion der Markgraf Albrecht speciell übernommen hatte, getanzt haben.

Als die Vorbereitungen zu den großen Festlichkeiten noch in vollem Gange waren, erschien der Erbprinz, von Liebessehnsucht getrieben, am 20. März abermals in Berlin. Er erhielt vom Kurfürsten die Einladung, bis zur Vermählung ganz in Berlin zu bleiben, dies konnte er jedoch, da er in Abwesenheit seines Vaters die Regierung des Landes führen mußte, nicht annehmen. Er schied daher Ende des Monats wieder von Berlin, ließ aber bei seinem Abschiede seiner Braut durch den Obersten von Tettau sehr kostbare Geschenke in einem Brustkreuz mit sieben großen Brillanten, einem mit Diamanten eingefaßten Bildniß und einem Armband von großem Werthe bestehend, überreichen. Der Briefwechsel ward nun auch von Seiten der Prinzessin sehr lebhaft geführt und nachdem der Landgraf aus Italien zurückgekehrt war, ward die Ankunft der fremden Gäste zur Vermählung auf den 28. Mai angesetzt.

Der Landgraf mit seiner Gemahlin, dem Erbprinzen und der Prinzessin Sophie traten ihre Reise zur Vermählung mit einem Gefolge von 300 Personen, unter denen sich die Minister, Hofbeamten- und Damen, 12 Pagen, 8 Trompeter, 20 Lakeien, 30 Leibgardisten befanden, und mit 350 Pferden an. An der Grenze in Osterwied wurden die fremden Herrschaften durch den Kurfürstlichen Schloßhauptmann von Printz, der in Begleitung der Kammerjunker Baron von Schöneich, von Münchow, von Grumkow sen., von Erlach und Graf Lynar dort hingeschickt war, empfangen und nun über Halberstadt, Magdeburg, Brandenburg nach Spandau geleitet. Ueberall war für eine glänzende Tafel und Bedienung gesorgt, in allen bedeutenden Garnisonen mußten die Herrschaften durch die Regimenter eingeholt werden und die Kanonen wurden bei ihrem Einzuge gelöst. In Spandau, wo sie am 27. Mai anlangten, wurden sie durch den Oberhofmarschall Baron von Lottum, der zugleich General-Lieutenant und Gouverneur von Spandau war, empfangen und am Nachmittage erschien auch der Kurfürst mit seinen Brüdern und den Vornehmsten Personen des Hofes, um sie zu bewillkommnen. Nach aufgehobener Tafel kehrte der Kurfürst begleitet von dem Erbprinzen von Kassel, der seine Braut wenigstens auf einige Stunden sehen wollte, nach Berlin zurück.

Am 28. Mai sollte der feierliche Einzug der Hessischen Herr-

schaften in Berlin stattfinden, weshalb die Leibgarde, die Hundert Schweizer und der ganze Hofstaat gegen 12 Uhr mit sämmtlichen Kutschen, Trompetern, Pagen und Handpferden zum Georgenthore (das spätere Königstor am Alexanderplatz, G. P.) *hinauszogen und sich in vorgeschriebener Ordnung rechts und links auf dem dortigen Felde aufstellten, wo die Regimenter des Kurprinzen, des Markgrafen Philipp, die Garde zu Fuß, die Gensd'armes, die Grands Mousquetaires, Lottum-Dragoner und 12 Feldgeschütze bereits in Linie standen.*

Gegen 3 Uhr Nachmittags, sobald das Feuer der Geschütze in Spandau verkündete, daß die fremden Gäste abgefahren, fuhr der Kurfürst nebst Gemahlin, der Prinzessin Braut, dem Kurprinzen und der ganzen Kurfürstlichen Familie den Hessischen Herrschaften entgegen. Man traf sich eine viertel Meile von der Stadt in der Nähe eines Waldes, worauf beide Herrschaften ausstiegen, um sich zu begrüßen. Der Erbprinz, sowie seine männliche Begleitung setzte sich

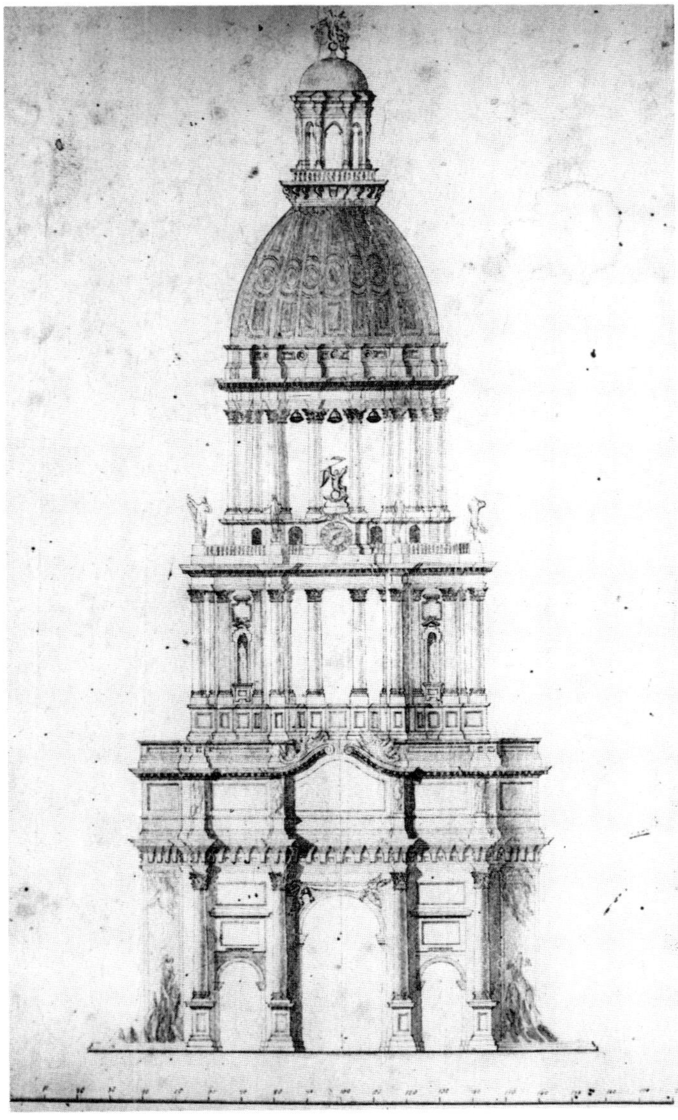

Kuppelturm über Portal III, vermutlich Replik der Entwurfszeichnung Eosanders, lavierte Federzeichnung, 1728

nun zu Pferde, der Landgraf und die Landgräfin in die Equipagen des Kurfürsten und dessen Gemahlin, die Hessischen wie die übrigen Equipagen fuhren, sich der kurfürstlichen anschließend, längs der Linie der aufgestellten Truppen bis zu dem Georgenthor. Hierbei gaben die 12 aufgestellten Geschütze Feuer, welches die 100 auf den Wällen placirten Geschütze dreimal erwiderten. Der Einzug in Berlin fand in folgender Ordnung statt.

1. Die Gensd'armes. 2. Die Grands Mousquetaires unter ihrem Obersten General-Major von Natzmer. 3. Die Kutsche der Hofleute und der Minister. 4. Die des Markgrafen Christian Ludwig. 5. Des Markgrafen Albrecht. 6. Des Markgrafen Philipp. 7. Der Kurfürstlichen Prinzessin. 8. Des Kurprinzen. 9. Der Kurfürstin. 10. Des Kurfürsten. 11. Des Landgrafen – sämmtlich glänzend ausgestattet, die Bedienten in reicher neuer Livree, die Bespannung mit den seltensten Pferden. Die Equipagen waren sämmtlich mit blauen Tuche ausgeschlagen, die des Kurfürsten und Landgrafen mit Karmoisin-Sammt, mit goldenen und silbernen breiten Tressen, die des Markgrafen Philipp mit Orange und silbernen Tressen, die der beiden andern Markgrafen mit Karmoisin und silbernen Tressen. 12. Die sämmtlichen Fürstlichen Handpferde auf das prächtigste aufgeputzt in derselben Ordnung wie die Kutschen, 24 Kurfürstliche Hengste aus eignem Gestüte mit Handdecken von blauem Sammt mit Gold bordirt, und von ebenso viel, auf Schulpferden sitzenden Reitknechten geführt, und die 20 Handpferde des Landgrafen. 13. Die sämmtlichen Pagen der Markgrafen mit ihren Hofmeistern. 14. Die 40 Kurfürstlichen Pagen in reich gestickter Livree, brokatnen Westen und mit weißen Federn auf den Hüten, mit ihren beiden Hofmeistern. 15. Die 12 Pagen des Landgrafen mit ihrem Hofmeister. 16 Die 24 Kurfürstlichen Trompeter mit 2 silbernen Heerpauken, die sich während des Zuges fortwährend hören ließen. 17. Die Trompeter und Pauker des Landgrafen, jedoch ohne sich hören zu lassen. 18. Der Kurfürstliche Oberhof-Marschall Baron von Lottum und der Hof-Marschall von Wensen. 19. Der Schloßhauptmann von Printz und der Ceremonien-Meister von Besser. 20. Die Kurfürstlichen Hof-Kavaliere, Kammerherren und andere Große des Hofes. 21. Der landgräfliche Geheime-Rath, General-Major und Oberhof-Marschall Baron von Kettler und die hessischen Hof-Kavaliere und Großen des Hofes; der Ober-Jägermeister von Spiegel, General-Lieutenant von Schwerin, der Geheime-Rath und Oberhofmeister von Malsburg, der Ober-Stallmeister von Spiegel, der Oberst und Rath du Rosay, der Oberst und Kammerherr von Tettau, der Obrist der Garde von Harthausen, der Kammerjunker und Oberst von Uffeln, der Stallmeister von Seibolsdorff, der Kammerjunker von Wartensleben, der Kammerjunker Baron von Schöneich, die Majors der Garde von Arnstädt und von Butler, die Hofjunker Baron von Wolff, von Meysenbug, Baron von Görtz, von Einsiedel, sämmtlich zu Pferde; dagegen fuhren der Kanzler von Göddens und der Geheime-Rath von Holcke in ihren Kutschen. 22. Der Kurfürstliche Ober-Kämmerer Graf von Wartenberg und der General-Feldmarschall Graf von Barfuß. 23. Die beiden jüngeren Markgrafen Albrecht und Christian Ludwig. 24. Der Erbprinz von Hessen-Kassel in einem feuerrothem Kleide mit Gold bordirt, ritt auf einem muthigen Neapolitaner zwischen dem Kurprinzen und dem Markgrafen Philipp. 25. Der Oberhofmeister Graf Dohna hinter dem Kurprinzen, etwas zur Seite. 26. Der Kapitain der 100 Schweizer Obrist du Rosey zu Pferde in einem scharlachnen mit Silber besetzten Rocke. 27. Der Kammerjunker und Lieutenant von Erlach zwischen den beiden Reihen der Schweizergarde, die mit fliegender Fahne vor dem Kurfürstlichen Staatswagen marschirte. 28. Vor den Pferden des Kurf. Staatswagens ritt der Stallmeister von Baur. 29. Die Kurfürstliche Staatskutsche von 8 schwarzbraunen Hengsten gezogen und von Landgräflichen und Kurfürstlichen Heiducken umgeben. In der Kutsche saß der Landgraf zur rechten Seite des Kurfürsten. 30. Die Landgräfliche Garde zu Pferde unter Kommando des Kornets Baron von Schenken, in Blau und Silber gekleidet mit dergleichen Bandolieren und Leibgehenken. 31. Ein Theil der Kurfürstl. Schweizergarde zu Fuß von dem Kapitain-Lieutenant von Mees geführt. 32. Die Brautkutsche mit 8 Pferden bespannt und von Heiducken und Lackaien umgeben. In derselben hatte die Prinzessin Braut den ersten Platz, die Landgräfin saß neben ihr, die Kurfürstin der Prinzessin und die Gemahlin des Markgrafen Philipp der Landgräfin gegenüber. Die Kutsche war mit Karmoisin-Sammt in- und auswendig ausgeschlagen, die Kutschkissen mit Gold reich bordirt, mit schweren goldenen Franzen an dem Kranz und Kutschkissen versehen, an der Kutsche waren außerdem die feinsten Schnitz- und Malwerke auf goldenem Grunde angebracht. Das Geschirr von Karmoisin-Sammt mit Goldborten, war reich mit vergoldeten Silberblech-Buckeln und Schnallen verziert, das Zaumzeug mit goldenen Quasten geschmückt und mit einem Drathgeflecht von Gold umgeben. 33. Drei Kompagnien Gardes du Corps mit Trompetern und Paukern vor sich, die auf Grauschimmeln mit rothen Zäumen reitend unter dem Befehl des Generals und Kammerherrn von Tettau, die zweite auf Braunen mit blauen Zäumen unter dem des Obersten und Kammerherrn von Grote, die dritte auf Rappen mit aurorafarbenen Zäumen unter dem des Oberst-Lieutenants und Kammerherrn von Sieburg. 34. Die Kutsche der Prinzessin Sophie, bei der auch die Oberhofmeisterin und Hofdamen saßen. 35. Die Kutschen der fremden und Kurfürstlichen Hofdamen. 36. Die Reisekutschen der fremden Herrschaften. 37. Sämmtliche bei dem Einzuge mitwirkenden Regimenter, nämlich: das Kurprinzliche Regiment zu Pferde, das in Abwesenheit des Obersten du Rosey, der die Schweizergarde anführte, durch den Obristen Fischer kommandirt ward; Regiment Markgraf Philipp zu Pferde, in Abwesenheit des Obrist Baron Iselstein durch den Obrist-Lieutenant von Bredow geführt; die Bataillons-Garde zu Fuß vom Obristen Sidow geführt; das Kurprinzliche Regiment zu Fuß mit der Kompagnie Grenadiere, geführt von dem Brigadier Fink; das Regiment Markgraf Philipp zu Fuß mit seiner Kompagnie Grenadiere, geführt vom Obristen von Below; das Dragoner-Regiment Lottum, geführt vom Obristen von Winzingerode.

Von der Stelle an, wo der Einzug begann bis zum Georgenthore, standen die Refugirten von beiden Seiten des Wegs unter dem Gewehr, ja sie hatten auch aus ihren Kindern eine ganze Kompagnie Knaben mit kleinen Gewehren bewaffnet, und mit Bändern ausgeputzt, gebildet und an einem bestimmten Platze aufgestellt. Vom Georgenthore bis zu der über die Spree gehenden mit der Statue des Großen Kurfürsten gezierten Brücke hatte sich die Berliner Bürgerschaft mit ihren Zünften aufgestellt. Auf der Spree bei der Brücke lag eine Kurfürstliche Galeere voller Wimpeln und Flaggen, aus den Schiffsgeschützen wurde ebenfalls gefeuert, als der Zug sich näherte. Jenseit der Brücke stand ein Bataillon der Garde unter Kommando des Obristen von Hacke, ferner die Kadets unter Major Busch, während die neuerrichtende Grenadier-Garde mit ihren 4 Kompagnien unter dem General-Major von Arnim und dem Obersten von Pannewitz auf dem Schloßplatze längst dem Schlosse aufgestellt war. Den fremden Gesandten, deren Zahl nach Ankunft des polnischen Gesandten Baron Reisewitz 9 betrug, war ein an der Brücke gelegenes Haus, von welchen sie den Einzug ansehen konnten, angewiesen worden. Der Einzug währte über 4 Stunden, und sowohl die Straße durch welche derselbe kam, als auch Thüren, Fenster, Giebel und Dächer waren mit Menschen angefüllt; Besser vergleicht den Anblick mit Tapisseries vivantes, »welche, wie man weiß in Frankreich mit lebendigen Personen pflegen vorgestellet zu werden«.

Das ganze Gefolge von leeren Kutschen und Handpferden mußte quer über den Schloßplatz abziehen, ebenso die nachkommenden Regimenter, während die Gensd'armes und Grands Mousquetaires sich am Eingange der Breiten Straße, die Garde du Corps im innern Schloßplatze aufstellten. Als der Kurfürst mit den fremden Herrschaften bei der großen Schloßtreppe angekommen war geleitete er die Gäste nach den im Schlosse für sie eingerichteten Gemächern, während die Truppen eine dreimalige Salve gaben.

An demselben Abend fand im Oranien-Saale Galla-Tafel statt. Der Fußboden des Saales war mit einem großen Teppich bedeckt, vor der Tafel selbst erhob sich ein Thronhimmel von Karmoisin-Sammet mit goldenen und silbernen Verzierungen. Am andern Ende der Tafel stand ein Schenktisch (das später im Rittersaal aufgestellte Prunkbuffet, G. P.), *auf welchem eine Menge erst unlängst aus Augsburg angekommener großer silberner Gefäße standen, deren Reichthum, Schönheit der Form und Gewicht Alles in Staunen versetzte. Als die Tafel bereitet war, begaben sich der Ober-Hofmarschall und der Hofmarschall mit ihren silbernen Marschallstäben zu den fremden Herrschaften, deren Wohnungen durch 24 Garde du Corps und eben so viel Schweizer-Garden bewacht waren, und leiteten sie zur Tafel. An derselben erhielt die Braut und der Bräutigam den Ehrenplatz, den sie auch noch drei Tage nach der Trauung behielten. Der Braut zur Rechten saß der Landgraf und der Kurfürst, dem Bräutigam zur Linken die Landgräfin und die Kurfürstin; der Kurprinz und Markgraf Philipp saßen an der Ecke zur Rechten, die Markgräfin mit der Kasselschen Prinzessin an der Ecke zur Linken, die Markgrafen Albrecht und Christian Ludwig auf der andern Seite der Tafel zu beiden Seiten der Vorschneider, die zwischen den beiden Markgrafen standen. Während der Tafel wurden 46 verschiedene Gerichte, außer den Früchten und dem Konfekt in 4 Gängen aufgetragen. Das Brautpaar, der Landgraf, der Kurfürst und deren Gemahlinnen hatten je einen Kammerherrn und Kammerjunker wie auch einen Pagen zur Aufwartung und wenn Gesundheiten von diesen Höchsten Herrschaften ausgebracht wurden, so fielen 6 Kanonenschüsse aus den vor dem Schlosse aufgestellten Geschützen, während bei Gesundheiten, die andere fürstliche Personen ausbrachten, nur 3 Kanonenschüsse abgefeuert wurden. In den Nebengemächern waren noch 3 Tafeln für die Minister und Hofbeamten und 3 für die Hofdamen angerichtet; sie waren alle so gestellt, daß die Musikstücke, die von der Kammermusik, den Hautbois und Trompetern aufgeführt wurden, von allen Tafeln aus gehört werden konnten. Am 29. und 30. Mai fanden in ähnlicher Art große Festmahle statt, nur daß am letztgenannten Tage, an welchem das Pfingstfest fiel, dieses Feiertages wegen der Tag stiller verlief, und insbesondere das Abfeuern der Kanonen unterblieb. Nach dem Gottesdienste unternahm an diesem Tage der Hof eine Lustfahrt, die einige Aehnlichkeit mit den jetzt gebräuchlichen und beliebten Korsos nach der von Besser gegebenen Beschreibung gehabt zu haben scheint. Die fürstlichen Personen fuhren dabei in einem mit 12 Pferden bespannten offenen Lustwagen mit einem Gefolge von ungefähr 80 Kutschen gegen Abend nach der Dorotheenstadt, wo sie auf der einen Seite der Linden bis zum Thiergarten hinauf, auf der andern wieder hinunterfuhren, »was zugleich den doppelten Zweck hatte, daß der Hof sich in seinem Putz öffentlich zeigen konnte, und daß das Volk«, das schon damals an Festtagen nach den Linden strömte, »sich an dem Anblick der prächtigen Anzüge und Equipagen erfreuen konnte.«*

Endlich erschien mit dem 31. Mai der Hochzeitstag, zu welchem alle diese großen Vorbereitungen gemacht und so große Summen ausgegeben worden waren. Des Morgens fand Gottesdienst statt und ward von allen Kanzeln für eine glückliche Trauung gebetet. Am Mittage speisten die fürstlichen Personen für sich, um Zeit zu gewinnen sich für das eigentliche Fest vorbereiten zu können. In dem großen Saale, wo außer der schönen Decke voll reicher Stukatur-Arbeiten und Fresko-Malerei, die Statuen der 12 Kurfürsten in weißem Marmor rings herum zu sehen waren, sollte die Trauung stattfinden und es war deshalb am obern Ende desselben über dem Kamin ein sehr breiter Thron mit Stufen unter einem ganz neuen mit vielen Zierrathen geschmückten Himmel von Karmoisin-Sammt, aufgerichtet. Einige Schritte vor dem Thron stand der Tisch für den Prediger und der Trauschemel, beide mit einer Persischen Decke von Goldbrokat, die Fußdecke des Saales aber mit einem türkischen Teppich bedeckt. Zur Rechten des Thrones an der Wand standen erhöhte mit Karmoisin-Tuch bedeckte Bänke für die Gesandten, die durch den Ceremonien-Meister dorthin geführt wurden. Zur Linken standen ähnliche Bänke für die Minister, zu beiden Seiten waren erhöhte Sitze für die Zuschauer angebracht und hinter dem Prediger mehrere Reihen Stühle für die Hofbeamten und

Fackeltanz anläßlich der Doppelvermählung in der preußischen Königsfamilie am 18. Februar 1878, aus »Über Land und Meer – Allgemeine Illustrierte Zeitschrift«, H. 26, 1877/78

Damen gestellt. Der Saal war durch unzählige Wachskerzen, die auf silbernen Girandolen standen, erleuchtet, und einige Theile desselben waren für den großen Schenktisch, die Kammermusik und die Trompeter und Pauker bestimmt. Die Garde du Corps und Schweizer standen nicht allein um den Thron herum, sondern hatten auch den Eingang und die neue Gallerie, durch welche man in den Saal gelangte, besetzt.

Ehe die Trauungsceremonie begann wurden die Vermählungspakten abgeschlossen, wozu von Seiten des Kurfürsten die beiden wirklichen Geheim-Räthe von Fuchs und von Schmettau, von Seiten des Landgrafen von Hessen-Kassel der Kanzler von Göddens und der Geheime-Rath von Holcke beordert waren. Hierauf gaben 3 Kurfürstliche Pauker durch 3 Paukenschläge das Zeichen, daß Alles bereit sei und nun begaben sich der Ober-Hofmarschall und der Hofmarschall mit ihren silbernen Stäben nach dem Gemach des Erbprinzen und geleiteten ihn zu dem der Prinzessin-Braut, wo sich bereits sämmtliche fürstliche Personen versammelt hatten und wo derselben durch die Kurfürstin und die Landgräfin die Brautkrone aufgesetzt ward.

Um 9 Uhr erschienen die beiden Marschälle wieder mit ihren silbernen Stäben, von denen der des Ober-Hofmarschalls mit dem Kuradler geschmückt war und geleiteten nun den Erbprinzen in Begleitung des Kurprinzen, des Markgrafen Philipp und einer großen Anzahl Hofleute und Pagen, die große Wachsfackeln trugen, nach dem großen Saale. Eine Viertelstunde darauf erschien unter demselben Pomp die Prinzessin-Braut, die von den beiden Vätern, dem Kurfürsten und dem Landgrafen, dem Erbprinzen zugeführt wurde. Endlich trat die Landgräfin ein, geführt von dem Markgrafen Albrecht, die Kurfürstin, geführt von dem Markgrafen Christian Ludwig, die Markgräfin und die Kasselsche Prinzessin in Begleitung zweier Kavaliere, denen sich alle Herren und Damen des Hofes anschlossen.

Das Brautkleid der Prinzessin bestand dem alten Herkommen gemäß aus einem weißen Silberstoff und behauptet Besser, »daß man schwerlich eine Farbe wählen konnte, die mit der Weiße der Haut der Prinzessin, besser harmonirt hätte und sich besser zu ihrer bekannten Unschuld und Frömmigkeit geschickt hätte«. Ihr Fürstenmantel bestand aus einem goldenen Netz von Point d'Espagne, die Länge desselben betrug 7 Ellen und die Schleppe ward von 6 ebenfalls weiß gekleideten Hofdamen getragen, den Fräuleins von Pöllnitz, v. Bernatre, der älteren von Busch, von Chevallerie, von Ingenheim und v. Bernatre der jüngeren; diese Damen wurden der außerordentlichen Schwere der Schleppe wegen noch von zwei Brautpagen, die in blauem Sammt mit Silber gestickt gekleidet waren, unterstützt. Das Unterkleid, sowie das Leibchen der Prinzessin waren vorn herunter ganz mit Diamanten besetzt; das Kostbarste aber war ihre Krone, die mit den schönsten Brillanten und Perlen besetzt war. Im Ganzen ward der Schmuck der Prinzessin auf 4 Millionen Thaler geschätzt.

Der Prinz trug ein Mantelkleid von Silberstoff mit silbernen Spitzen verbrämt, sein Degen war reich mit Edelsteinen besetzt und der Hut, ein Geschenk der Prinzessin-Braut, mit weißen und rosenfarbenen Federn besetzt, und mit einer großen Diamantagraffe geschmückt. Er hatte den Dänischen Elephanten-Orden, der wenige Stunden vorher durch einen Kourier eingetroffen und durch den dänischen Gesandten Herr von Alefeld im Namen seines Königs dem Erbprinzen überreicht war, angelegt. Auch die übrigen fürstlichen Personen waren prächtig gekleidet, besonders die Kurfürstin, von der jedoch Besser versichert, daß dies nicht nöthig gewesen ihre Schönheit zu erhöhen, und daß er mit dem Urtheile einer russischen Gesandtin über sie, »daß keinem, der die Ehre hat, diese Durchlauchtigste Fürstin zu sehen, Zeit und Raum gelassen wäre, auf etwas anders, als auf sie selbsten Achtung zu geben«, vollkommen übereinstimme.

Der ganze Hof begab sich nun zur Trauung und sämmtliche fürstliche Personen, das Brautpaar in der Mitte, nahmen unter dem Thronhimmel Platz. Der Hofprediger Ursinus begann nun die Predigt über den Text aus dem Buche Ruth Kap. 1. V. 16, den der Kurfürst selbst zur Trauung ausgesucht hatte, und erwähnte in seiner Rede, daß der Kurfürst eben so glücklich in der Wahl des Schwiegersohnes als in der des Predigttextes gewesen, da bei dieser Verbindung die Verwandtschaft der Häuser, die Gleichheit der Religion und der Staatsinteressen, so wie die gegenseitige herzliche Liebe zusammenträfen und hierzu passe das Wort aus dem Buche Ruth: »Wo du bleibst, da bleibe ich auch, dein Volk ist mein Volk, und dein Gott ist mein Gott«.

Nach Beendigung der Rede ward das Brautpaar durch die oben erwähnten fürstlichen Brautführer zum Brautschemel geleitet, wo es niederknieete, das Jawort aussprach, die Ringe wechselte und zum Schluß den Segen erhielt. Beim Wechseln der Ringe wurden die Kanonen auf dem Schloßplatze und den Wällen dreimal gelöst und die Trompeten und Pauken erschallten im Saale. Unter der freudigen Bewegung aller Anwesenden begab sich nun der Hof in derselben Ordnung nach den Gemächern der Prinzessin zurück, und nachdem so der große Saal geräumt war, wurde Vorbereitung zum Anrichten der Tafeln getroffen. Als diese vollendet waren, begab sich der Hof in der vorigen Ordnung dahin und nahm an denselben Platz.

Der erfahrene Küchenmeister hatte für die Tafel 500 der auserlesensten Gerichte und Entremets bereitet, auch die seltensten Konfitüren und Früchte wurden aufgetragen. Die Standespersonen und Hofbeamten speisten an 86 Tafeln.

Während der Tafel wurden viele Lob- und Hochzeitsgedichte in verschiedenen Sprachen und goldene und silberne Medaillen durch den Geheimen Kämmerer Stosch ausgetheilt. Die Medaillen waren von dem bekannten Medailleur Falz verfertigt und führten auf der Vorderseite die Inschrift: Fridericus Landgraviat. Hass. Haer. et Ludovica Dor. Soph. Princ. Brandenb. antiquam sangiunis conjunctionem felici Patrum exemplo, matrimonio firmant. Ann. MDCC. Auf der Rückseite standen die Worte des Virgil: Coeunt in foedera Patrum.

Nach aufgehobener Tafel verfügten sich die fürstlichen Personen nach den Gemächern der Landgräfin und kehrten, nachdem die Tafel fortgeräumt und der große Saal glänzend erleuchtet worden, dahin zurück, um dort den Brauttanz mit Fackeln aufzuführen. (Dieser sogenannte Fackeltanz findet noch jetzt bei Vermälungen am Berliner Hofe statt [siehe Abbildung S. 63]*. Bei diesem Fackeltanz tanzte zuerst die Braut mit dem Bräutigam, dann mit dem*

Landgrafen, mit dem Kurfürsten, dem Kurprinzen, den Markgrafen Philipp, Albrecht und Christian Ludwig, mit jedem 3 verschiedene Tänze unter dem Schalle der Trompeten und Pauken, unter Begleitung der 6 Hofdamen, die die Schleppe trugen, und 24 vornehmen Hofbeamten, von denen 12 mit weißen Wachsfackeln unter Anführung der Marschälle mit ihren Stäben paarweise voranschritten, 12 andere den Beschluß machten. In ähnlicher Art tanzten auch die übrigen fürstlichen Damen, bis gegen 3 Uhr Morgens das Fest beschlossen ward, was um so nöthiger war, da die Prinzessin-Braut durch die Aufregungen und Anstrengungen des Tages sehr ermüdet war; eine der Ursachen ihrer Ermüdung war aber auch die ungeheure Last ihres Anzuges, der nach Bessers Versicherung einen Centner (!) gewogen habe. Das Brautpaar zog sich nach dem Brautgemach zurück und es ward zur Nachttoilette geschritten. Ehe dies aber geschah, kam noch im Brautgemach eine alte Sitte zur Ausführung. Der Braut wurden nämlich die Augen verbunden und alle im Brautgemach versammelten Personen tanzten um sie herum, von denen sie drei ergreifen mußte; hierauf wurde die Krone überreicht. Es herrschte nun der Glaube, daß die Ergriffenen sich in demselben Jahre noch verheirathen würden. Jetzt begann die Ceremonie der Nachttoilette und das zu Bette legen. Hierbei überreichte die Kurfürstin der Braut, der Kurfürst dem Bräutigam das Hemde, die Braut aber eines ihrer Strumpfbänder dem Landgrafen, das andere dem Kurfürsten, die beide dieselben als Liebespfänder an ihrem Degengefäß befestigten. Das Brautbett war von außerordentlicher Schönheit und Kostbarkeit.

Am andern Morgen (1. Juni) machte der Kurfürst bei den Neuvermählten einen Besuch und erkundigte sich nach deren Befinden. Vorher hatte er ihnen ein reiches Ameublement für ein ganzes Zimmer, bestehend in silbernen Tischen, Spiegeln, Kronen, Wandleuchter, Gueridons etc. als Geschenk übersandt. Bald darauf kamen auch der Landgraf und die Landgräfin zur Begrüßung des jungen Ehepaars und die Erbprinzessin erhielt bei dieser Gelegenheit von ihrer Schwiegermutter einen ganzen Diamantschmuck von großem Werthe zum Geschenk. Nun folgten die Gesandten der fremden Mächte und unter ihnen besonders der Dänische, Herr von Alefeld und der Holländische, General-Lieutenant Baron von Obdam, um dem jungen Paare die Glückwünsche der Fürsten und ihre eigenen darzubringen; schließlich erschienen auch alle Kollegien. Am Mittage fand keine offene Tafel statt, um sich desto besser auf die am Abend stattfindende Festlichkeit vorbereiten zu können.

Es ward nämlich am Nachmittage auf dem ganz neu erbauten Theater auf dem Stallplatze eine große Oper in der damals allerdings noch unvollkommnen Form, aber doch mit großer Pracht ausgestattet, aufgeführt. Das Theater selbst, so wie die Maschinerie war von dem Hannöverschen Baumeister Tomaso Giusto verfertigt, die italienischen Worte vom Abbate Mauro gedichtet, die Musik dazu theils von dem Kapellmeister der Kurfürstin Attilio Ariosti, theils von dem Direktor der Kurfürstlichen Kammermusik Rieck jun. komponirt, die Tänze von dem Kurf. Tanzmeister Desnoyers arrangirt und allein 70 neue Kostüme waren besonders zu dieser Oper angefertigt. Besser giebt in seinen Schriften von dieser Aufführung folgende Beschreibung:

»Gegen 5 Uhr ward angefangen, und kan man wohl sagen, das beydes die Schönheit der Decorationen und Aufzüge; die Annehmlichkeit des Gesanges, der Symphonien und ihrer Veränderungen; als auch insonderheit die Geschicklichkeit und Menge der Täntzer und Täntzerinnen, einen allgemeinen Beyfall gefunden. Fürnehmlich als selbige in dem großen Ballet alle vierzig auf einmahl aufgetreten und in einer künstlichen Verwirrung sich stets unter einander verflochten, aber doch allezeit, ihren Personen und Täntzen nach, von jedwedem gesehen und unterschieden werden können«.

»Außer daß auch die Würde der Tantzenden, allen diesem noch einen besonderen Werth hinzugesetzet, indem ja selbst Se. Churf. Prinzl. Durchl. und die beyden Herren Marggrafen Albrecht und Christian Ludwig in den meisten Entreen sich finden lassen, und zum öfftern ganz allein getantzet, wodurch unstreitig die beyden Verehlichten um so viel höher geehret, und dieses Schauspiel an sich in aller Augen um so viel herrlicher geworden« etc.

Der vollständige Titel dieser Oper war: La Festa del Himeneo. Baletto rapresentato per le Nozze delle loro Altezze serenissime di Federico Carlo Landgravio ditesia Principe hereditario con Luigia Dorothea Soffia Principessa di Brandenburgo sul nuovo Teatro di Berlino per Ordine di S. A. E. posto in Musica da Attilio Ariosti. Maestro della Musica Di S. A. E. Madama l'Elletrice li 6 Jiugno 1700 in Colonia al Spree apresso Ulrico Liepert Stampatore electorale. Das Verzeichniß der mitwirkenden Personen ist folgendes:

Personnaggi del Prologo

Scena boscareccia con Machine die Venere.

Venere: Signora Soffia Gutiahr; Flora; Signora Paula Fridlin; Himeno: Signor Valentino Urbani, Virtuosi di S. A. E. Madama l'Elletrice. Fama: Signor Francesco Ballarini, Virtuoso di S. M. C.

Ballo di Piaceri

Il Serenissimo Margravio Christiano Ludovico

Il Barone di Cnyphausen; Mr. de Gromkau (Grumbkow); Mr. de Manteuffel; Mlle. de Schlaberendorff; Mlle. de Morné; Mlle. de Jocourt; Mlle. de Besser; Mr. de Foullert balla solo.

Ballo d'Amori e Grazie

Il Serenissimo Principe Ellettorale balla solo

Mr. de Hauwitz (Haugwitz?); Il Signor Conte de Haubert; Mr. de Bonneval; la Signora Contessa Donna di Dona; Mlle. de Alfeldt; Mlle. de Brant.

Ballano li Piaceri Amori e Grazie e Finisce il Prologo.

Personaggi che cantano nel Balletto

Himeno; Chori Ninfa; Fama; Iris Ninfa, Damon Pastore Tirsi Pastore (Listessi che cantano nel Prologo).

Cangiamenti di Scena I. Giardino con il Tempio del Himeneo e sua statua in Prospetto. II. Nubilosa con la Machina di Venere. III. Il Tempio d'Amore.

Personaggi che ballano

Pastorelle: Mlle. de Busch, Mlle. de Chevallerie, Contessa d'Amalia di Dona, Mlle. de Schlippenbach.

Giardinieri: Mr. de Grapendorf, de Sonsfeldt, de Schlippenbach, de Tettau.

Giardiniere: Mlle. de Lottum, de Pannewitz, de Oppen, de Monbail.

Pastorella: Mlle. de Bernatre balla sola.

Cacciatori: Serenissimo Margravio Christiano Ludovico, Mr. Barone de Cnyphausen, de Manteuffel, de Grumbkau.

Cacciatrici: Mlle. de Schlaberendorf, de Morné, de Besser, de Jocourt.

Sortita di Pastori con Coro e un Concerto d'Haubois e flauti: Mr. de Marrewitz (Marwitz), de Foullert, de Severin, de Alfeldt, Brant, Montbail.

Il Serenissimo Margravio Alberto balla solo

Pastorella e Pastori: Mr. de Marrewitz, Foullert, Severin, Alfeldt, Brant, Monbail. Mlle. de Busch, Mlle. de Chevallerie, la Contessa Amelia di Dona, Mlle. de Schlippenbach, de Pannewitz.

Mr. Denojers Maestro di Ballo balla sole in habito di Gardiniero.

Mr. de Grapendorf, de Sonsfeldt, de Schlippenbach, de Tettau. Mlle. de Monbail, de Oppen.

Ballo di Villane e Villani: Mr. de Fuchs, de Bredau, de Steinlands; Mlle. de Kreutz, de Jaucourt.

Il Serenissimo Margravio Alberto e Mlle. Bernatre.

Ballo di Giardinieri con le pale: Mrs. de Grapendorf, de Sonsfeldt, de Schlippenbach et de Tettau.

Sortita di otto Pastorelle con incensieri e torcie in mano per far il sacrificio: Mlle. de Busch, de Chevallerie, de Monbail, de Lottum, la Contessa Amelia di Dona, Mlle. de Schlippenbach, de Pannewitz, de Oppen.

Ballo di Cacciatori: Il Serenissimo Margravio Christiano Ludovico, Mr. Barone de Cnyphausen, Mr. de Gromkau, de Manteuffel.

Il Serenissimo Margravio Alberto balla solo

Ballo di Giardinieri: Mr. de Grapendorf, de Sonsfeldt, de Schlippenbach, de Tettau. Mr. de Marrewitz, balla solo, Mr. Woulmier (Volumier) Violonista di S. A. E. balla solo. Tutti si uniscono e con il gran ballo finisce la Festa del Himeneo.

La Sinfonia avanti e le Arie de Balli fu compositione del Sigr. Riecks, Direttore del Concerto di S. A. E., l'inventione de Balli fu di Mons. Denojers, Maestro di Ballo di S. A. E. l'Architettura e pittura fu del Sgr. Tomaso Giusti.

Nach dem Schlusse der Oper, die allgemeinen Beifall fand, zogen sich die Hohen Herrschaften in ihre Gemächer zurück, wo sie für sich, wie man es nannte, »auf der Serviette« speisten.

Der Erbprinz, der am 1. Juni einige Truppen und namentlich die Regimenter vom Kurprinz und Markgraf Philipp zu Fuß besichtigt hatte, bei welcher Gelegenheit zu gleicher Zeit nach einer ganz neuen Manier »auch ohne ein Wort zu sprechen und ohne Trommelschlag« exercirt wurde, besah am 2. Juli Morgens das Zeughaus und nahm Mittags an der großen Tafel Theil, wo er und seine Gemahlin wieder die erste Stelle einnahmen und von ihm für die Wachen die Parole ausgegeben ward. Abends fand im Oranien-Saale eine Maskerade statt, an der auch zwei Prinzen von Mecklenburg und Holstein und die Gesandten Theil nahmen, in Charakter-Masken oder National-Trachten: ohne Masken ward Niemand zugelassen. Die ganze Nacht wurde in Spielen und Tänzen hingebracht, wobei die Kurfürstlichen Kammerjunker, als Hausknechte gekleidet, in großen Silberkörben Früchte und Getränke herumreichten. Die Tafel, an der später Platz genommen wurde, hatte die Form eines Hufeisens, dessen Enden zugespitzt waren; der Fußboden war mit den schönsten Blumen bedeckt und gegenüber der Tafel eine Spiegelwand angebracht, so daß die an derselben Sitzenden bei dem hellen Kerzenscheine »sowohl die ganze Tafelgesellschaft als auch das Blumenfeld überblicken konnten.«

Am 3. Juni, den dritten Tag nach der Vermählung, ward dem Landgrafen und seiner Gemahlin der Ehrenplatz an der Tafel eingeräumt, während der Erbprinz und seine Gemahlin von nun an als Kinder des Hauses betrachtet wurden und ihren Platz hinter dem Kurfürsten und der Kurfürstin erhielten. Auch die Parole ward nun nicht mehr vom Erbprinzen, sondern von dessen Vater dem Landgrafen, als höchster Gast, ausgegeben. Nachmittatgs fuhr der Hof nach dem an der Stadtmauer liegenden Hetzgarten, wo ein Kampf wilder Thiere stattfand. Der Hetzgarten war erst einige Jahre vorher, im Jahre 1693 angelegt, wie dies aus einer darauf geprägten Medaille zu ersehen ist. Der Thierschauplatz selbst war nach dem Muster des Kolosseum zu Rom und zwar so angelegt, daß der innere Hof zum Theil von bedeckten Gallerien, zum Theil von einem offenen Amphitheater eingeschlossen war. Der untere Raum nach dem Hofe zu, war zu Käfigen für die Thiere eingerichtet. Hier wurde dem Hofe und dem Publikum, das von allen Plätzen gut sehen konnte, zuweilen das in der damaligen Zeit so beliebte Schauspiel einer Thierhetze und Kampfes gegeben. Küster erwähnt, daß dort auch Löwen, Tieger und andere wilde Thiere gehalten worden wären, gewöhnlich begnügte man sich mit solchen Thieren, die leichter zu haben waren. Dies war auch an diesem Tage der Fall, da die zum Kampf vorgeführten Thiere aus Bären, Büffeln, Auerochsen, Wölfen, Füchsen und wilden Schweinen bestanden, die erst kurz vorher in Preußen und Kassubien eingefangen, daher sehr wild waren, und die Erwartung der Zuschauer einen blutigen Kampf zu sehen nicht täuschten. Der Ober-Jägermeister von Pannewitz hatte das Arrangement dieses Schauspiels.

Nach Beendigung dieses Thierkampfes fuhr der Hof nach dem Schlosse, wo eine neue Ueberraschung vorbereitet war. Der Kurfürst pflegte von Zeit zu Zeit in der sogenannten Küchenstube zu speisen und sich dann nach seinem Geschmack, von einem der 12 Köche, die dort zu seinen Befehlen standen, irgend eine Lieblingsspeise bereiten zu lassen. Dorthin verfügten sich an diesem Abend die Fürstlichen Personen; sie glaubten eine Tafel angerichtet und bemerkten zu ihrer Verwunderung, daß dieselbe fehlte. Plötzlich öffnete sich die Decke und aus derselben ließ sich eine mit den köstlichsten Speisen bedeckte Tafel herab, die als sie geleert war, noch viermal durch andere Tafeln ersetzt ward, während die frühere Tafel der folgenden dadurch Platz schaffte, daß sie sich in die Erde senkte und verschwand.

Den Beschluß des Tages machte ein auf dem Stadtwalle veranstaltetes dreifaches Feuerwerk. Für den Hof hatte man dazu zwischen dem Leipziger und dem Neuen Thore das Kurfürstliche Feld-Haus und mehrere Zelte aufgeschlagen, von wo aus das Feuerwerk angesehen werden sollte. Die Losung zum Beginn des Feuerwerkes gaben auf ein Zeichen des General-Feldzeugmeisters Markgrafen Philipp 18 Kanonenschüsse und es begann unter dem Schalle von Trompeten und Pauken mit dem Aufsteigen einer unzähligen Men-

ge von Raketen und Leuchtkugeln. Hierauf wurden rechts und links 80 hohe Pyramiden angezündet, die in blauem Feuer brannten. Die Pyramide zur Rechten hatte an der Spitze die Landgräfliche Krone, in der Mitte das Hessische Wappen mit Lorbeerzweigen umgeben und zu beiden Seiten die Bildsäulen des Mars und Apollo; die Pyramide zur Linken war mit dem Kurhute und Kurwappen geziert und hatte zu beiden Seiten die Bildsäulen der Venus und Juno. Das Hauptschauspiel dieser Abtheilung gewährte aber ein Postament das in weißem Feuer brannte. Zu beiden Seiten standen Palmen, deren Gipfel sich zusammenneigten mit den in Feuer leuchtenden Worten; Conjungit cognatus Amor. Unter den Zweigen der rechts stehenden Palmen, glänzten unter der Landgräflichen Krone die Worte: Fridericus Landgravius Haessiae, unter denen der zur Linken stehenden: Loysa Dorothea Sophia Brandenburgica unter dem Kurhut. In der Mitte prangte in Feuerbuchstaben das Wort: Vivat. Die zweite Abtheilung, die nun begann, bestand in einem Wasserfeuerwerk und erregte womöglich noch größere Bewunderung. In einem Schiff, das wahrscheinlich auf dem Stadtgraben schwamm, saß Venus im Vordertheil, Mars am Steuerruder, am Mast hatte sich anstatt der Flaggen Kupido mit seinen Flügeln ausgebreitet. Am Schiff, auf dessen Segel die Worte: Coeptis Astra favent, ventis date vela secundis zu lesen waren, war das Hessische und Brandenburgische Wappen angebracht. Vor dem Schiffe flog ein Liebesengel mit brennender Fackel und um dasselbe herum schwammen Tritonen, die Feuer aufbliesen. Der Kurprinz ließ es sich nehmen, dies Feuerwerk durch eine Rakete vom Wall aus anzuzünden. Zugleich erhob sich eine unendliche Menge von Raketen, Schwärmern, Leuchtkugeln und erhellte die ganze Gegend so, daß die zahlreich versammelte Menge auf den Wällen deutlich zu erkennen war. Zum Schlusse dieses prächtigen Feuerwerkes wurden wieder 18 Kanonen gelöst und 1000 Raketen stiegen in die Höhe. Die specielle Leitung des Feuerwerkes hatte der Obrist Schlund, der sich bereits bei der englischen Armee, in der er früher diente, einen bedeutenden Namen als Feuerwerker erworben hatte…

Bisher hatten alle Festlichkeiten in Berlin stattgefunden, die nächste sollte nun zu Oranienburg sein…

…Nach dem Feste begaben sich sämmtliche Theilnehmer zur Ruhe und am andern Morgen (5. Juni) trat der Hof die Rückfahrt nach Berlin an, von wo aus nach eingenommenem Mittagsmahle derselbe die Lustschlösser zu Schönhausen und Rosenthal besuchten. Von ihnen sagt Besser, daß sie in einem theils natürlichen, theils durch Kunst »gezwungenen Wildniß« unweit Berlin gelegen waren, und sowohl durch Annehmlichkeit ihrer Gegend als auch durch Schönheit ihrer Möbel Gemüth und Auge der Hinkommenden erfreut hatten. Am Abend mußte der Saal über der Grotte des Schloßgartens in Berlin zum Tafelgemach dienen, und war dies für die Theilnehmer eine um so angenehmere Abwechslung, da man von dort aus die Aussicht hatte auf den Stadtwall, der mit Schiffen bedeckten Spree und die Blumenanlagen und Wasserkünste des Lustgartens, der damals noch – mehr denn heute – diesen Namen verdiente.

Da der 6. Juni ein Sonntag war, so wurden bis zum Abend keine Vergnügungen vorgenommen, sondern die Kirche besucht… Zu Mittag fand zwar die große Tafel im Oranien-Saale statt, jedoch mit sogenannter »stiller Musik«, indem der französische Virtuose de St. Luc während der Mahlzeit Vorträge auf der Theorbe, Laute und Guitarre zum allgemeinen Ergötzen ausführte. Am Abend sollte nun ein großes Fest in dem Lustschlosse Lützenburg, das der Kurfürstin gehörte, stattfinden, obgleich das Schloß noch nicht in allen seinen Theilen vollendet war; der Kurfürst hatte erst kurz vorher zur weiteren Einrichtung des Schlosses und des Parkes wieder 10,000 Thlr. angewiesen. Das Fest begann in dem dortigen neuen Opernhause unter Mitwirkung sämmtlicher italienischer Sänger und Sängerinnen, die im Kurfürstlichen Dienste standen oder zu dieser Aufführung engagirt waren. Der Text der Oper, welche nach Besser den bestraften Betrug des Schäfers ausdrücken sollte, war von Abbate Mauro, die Musik vom Kurfürstl. Kapellmeister Attilio Ariosti. Besser sagt über den Komponisten, »daß er sich bei dieser Oper, gleich wie er bey der vorigen, dem Feste des Himeneus, sich der französischen Manier in vielem bequemet; die Art und Eigenschaft des Italienischen Satzes hingegen mit großem Nachdruck vorstellte, und sonderlich in der letzten Scene bei der sogenannten Simphonie infernale, da der in Raserey und Verzweiflung gerathene Atis, auf lauter fremde und seinem Zustande gemäß, auf ganz verwirrte und ungewöhnliche Thone verfiel, die nach der Kunst der Chromatique, in lauter sich beständig resolvirenden Dissonantinen befunden, und nach der Gräßlichkeit oder auch der Wehmuth ihrer lugubren und kläglichen Verstimmungen, bei den Zuhörern bald Schrecken, bald Mitleiden zu erwecken vermochten.« Zwischen den einzelnen Abtheilungen der Oper ward zur Tafel geführt, die für sämmtliche Personen in einem und demselben großen Saale angerichtet worden war; die Tafeln hatten die Gestalt von halbmonden, die Fürstliche Tafel stand in der Mitte auf einer Estrade, zu der Stufen führten, die der übrigen Eingeladenen an der 80 Personen Platz nahmen, stand auf ebener Erde um die fürstliche Tafel herum und die Plätze waren so geordnet, daß sich sämmtliche Personen gegenseitig sehen konnten. Nach aufgehobener Tafel fand noch ein Ball statt, mit welchem die Festlichkeiten abschließen sollten, da auf Montag den 7. Juni die Abreise der fremden Herrschaften bestimmt war. Aber die Erbprinzessin wünschte dringend noch einige Tage länger in ihrer Heimath weilen zu dürfen und deßhalb wurde die Abreise um einige Tage verschoben, ohne daß jedoch weitere Festlichkeiten stattfanden. Am 8. Juni begab sich der ganze Hof unter dem dreimaligen Abfeuern der Geschütze von Berlin nach Potsdam, besah dort am Mittwoch die neuen Bauten und Abends ward eine »Wirthschaft« aufgeführt, bei welcher unter andern die Markgräfin Philipp und die Prinzessin Sophie von Hessen in der Tracht der hessischen Bauern erschienen, die ihnen außerordentlich gut stand. Nach dem Schlusse der »Wirthschaft« setzten sich sämmtliche Personen, die daran Theil genommen, in ihren Kostümen zur Tafel, die eine lange »Perspectiv-Tafel« war. Besser sagt von dieser Tafel, daß sie »im Herabsehen überaus weit entfernt schien, und eben dadurch einen sehr großen Nutzen gehabt hätte, wenn sie der, über ihren so nah bevorstehenden Abschied, nun immer mehr und mehr bekümmerten Erbprinzessin bedeuten mögen, daß auf gleiche Weise auch Berlin von Cassel so weit nicht wäre, als es ihr vorkäme, und sie ja einander viel eher und öffter wieder sehen könnten, denn sie vielleicht bey ihrem Kummer gedächte.«

Am Donnerstag den 10. Juni schieden die hessischen Herrschaften und der Kurfürst gab ihnen bis Linum das Geleit. Hier fand unter vielen Thränen der Abschied der Erbprinzessin, die sich kaum aus den Armen ihres Vaters loszureißen vermochte, statt und die Hessischen Herrschaften setzten nun unter dem Geleit des Kurfürstlichen Schloßhauptmannes von Prinz und mehrerer Hof-Kavaliere die Rückreise fort. Herr von Prinz hatte zugleich den Auftrag, in Kassel als Kurfürstl. Bevollmächtigter die Rechte der Erbprinzessin wahrzunehmen, die laut Ehevertrag zum Witthum verschriebene Herrschaften in ihrem und des Kurfürsten Namen in Besitz und die denselben zu leistenden Eventualhuldigung entgegenzunehmen. Zur Oberhofmeisterin der Erbprinzessin war Frau von Cannstein, zu Kammer-Fräuleins die Fräuleins von Ingenheim, Canstein und Brand ernannt worden. Mehrere Jahre vergingen, ehe die Erbprinzessin ihre Heimath wieder sehen konnte und als dies im Sommer 1704 geschah, war es das letztemal; sie starb im jugendlichen Alter bereits im folgenden Jahre.«

Im Jahr 1713 starb der König, am 25. Februar, und Friedrich Wilhelm I., der Soldatenkönig, gelangte zur Regierung. Der Nachfolger hat den Hofstaat seines Vaters so reduziert, daß man fast sagen könnte: abgeschafft. Auch unter dem künstlerischen Personal hielt er, wie Otto Hintze es formuliert hat, fürchterliche Musterung. Die meisten wurden entlassen. Noch ausstehende Gehälter wurden nicht ausgezahlt. Vermutlich war dies der Grund, weswegen Eosander, der ebenfalls entlassen wurde, Kunstgegenstände, die er eben in Händen hatte, und auch Zeichnungen des Hofbauamtes mitnahm, als er gehen mußte. Man sollte ihm das nicht vorwerfen.

Der Soldatenkönig hat aber seinen Vater noch mit allem Prunk bestatten lassen. Und er hat das Schloß fertiggebaut. Vom Äußeren strich er lediglich das dritte Stadtportal aus Eosanders Plan und ließ gegenüber der Breiten Straße ein Gegenstück zu Portal I errichten, nahm also die Lustgartenfassade insoweit zum Muster. Und er ließ nach längerer Erwägung den Turm nicht bauen, ließ das Quergebäude stehen, ließ die Hofapotheke unverändert. Sein Architekt, der Schlüterschüler Martin Heinrich Böhme, schlug ihm noch vor, die Schloßplatzfront bis an die Spree zu verlängern, damit die Asymmetrie in der Verteilung der Portale weniger auffällig wäre, indessen, als 1716 das große Karree geschlossen war, ließ der König den Bau einstellen. So blieb immerhin der eine Eckerker Schlüters bestehen.

Im Innern hat Friedrich Wilhelm I. die von Eosander schon im Rohbau ausgeführte Kapelle in der nördlichen Hälfte des Flügels an der Schloßfreiheit liegen lassen, während er die Große Galerie vollenden ließ, mit einigen Einsparungen. Er soll gewisse Deckenfelder, die mit vergoldeten Rauten hatten überzogen werden sollen, haben tünchen lassen. Zum Besuch des Königs von Polen und Kurfürsten von Sachsen im Jahr 1724 hat er dann anstelle der Kapelle den Weißen Saal ausbauen lassen. Die von Eosander noch im Rohbau fertiggestellte große Treppe dabei fand der König auch ohne detaillierte Dekoration schön genug, und so blieb sie denn so kahl, wie sie in unserem Tafelteil dokumentiert ist (Abb. 148–149).

König Friedrich Wilhelm I., Gemälde von Johann Harper, um 1722

Für sich selbst ließ Friedrich Wilhelm I. eine Wohnung zunächst im ersten Stock am Schloßplatz, Ecke Schloßfreiheit, einrichten, also in dem neusten Teil des Baues, den er selbst hatte ausführen lassen. Die Zimmer waren teilweise vom Dom beschattet, der ja noch stand. Der König ließ die Fenster seines wichtigsten Aufenthaltsraumes vergrößern, wie in unserem Tafelteil dokumentiert. Die Königin wohnte – das wurde durch die doppelte Raumreihe möglich – in den Zimmern zum Großen Schloßhof neben ihrem Gemahl. Der König verlegte seine Wohnung bald an die Lustgartenseite, nun ins Erdgeschoß. Dies war noch hoch genug über dem Boden, daß er seinen Soldaten dort beim Exerzieren zusehen konnte. In dieser Wohnung hat er wiederum Fenster vergrößern lassen, sowohl mehrere am Lustgarten wie einige an der Schloßfreiheit. Durch das Eosander-Portal (Portal III) ließ er aus Holz einen provisorischen Verbindungsgang aufschlagen, um bequem und schnell zu den Beamten seiner Zentralbehörden zu kommen, denen er zwischen den Portalen III und II die Räume angewiesen hatte (siehe Abbildung S. 459). Die Königin wohnte wieder in der Zimmerreihe an der Hofseite neben ihrem Gemahl. In den Kellern unter der Wohnung lagerte der ungeheure Goldschatz, den Friedrich Wilhelm I. zusammengespart hatte und mit dem sein Sohn, Friedrich der Große, seine schlesischen Kriege gegen Österreich zu finanzieren gedachte (es langte aber dann doch nicht).

Friedrich Wilhelm I. bewohnte also schon nicht mehr die Paradekammern und auch nicht mehr die anschließenden Privatzimmer, wie doch alle seine Vorgänger seit Gründung des Schlosses getan hatten, nur ab und zu ein Stückchen anbauend. Er verwendete die Paradekammern aber sehr wohl für zeremonielle Anlässe, und dasselbe tat er mit den Privatzimmern seines Vaters: Dort ließ er die Heiratsformalitäten seiner Töchter und auch deren Brautnacht stattfinden. Seitdem heirateten die Hohenzollern in den »Kurfürstenzimmern«, und so blieben diese fast unverändert, wie der Tafelteil sie zeigt (Abb. 170–191).

Nach dem Soldatenkönig sind über hundert Jahre lang keine wesentlichen Änderungen am Außenbau erfolgt. Für die Wirkung des Schlosses bedeutete es aber viel, daß Friedrich der Große 1747 den Dom, die einstige Dominikaner-Kirche, abbrechen und im Lustgarten am Platz des heutigen Domes einen neuen bauen ließ. Damit war der Schloßplatz auf die Länge des Schlosses vergrößert, verdoppelt, so wie das Schloß verdoppelt worden war. Diese Vorstellung hatte schon Eosander in seinem ersten Vorschlag zeichnerisch formuliert und auch Böhme in seiner Planung vorausgesetzt.

Im Innern des Schlosses wurde nun von Regent zu Regent immer wieder geändert und neu eingerichtet. Friedrich der Große legte seine Wohnung in den ersten Stock zwischen Wendeltreppe und Portal II. Von dieser Wohnung waren nur zwei einzelne Zimmer an verschiedenen Enden der Suite erhalten geblieben. Wir widmen dieser Wohnung aber doch in dem folgenden Kapitel eine zusammenhängende Darstellung, in die der Leser die im Tafelteil dokumentierten Reste gewissermaßen einsetzen kann.

Goerd Peschken

Die Wohnung Friedrichs des Großen

Unter den Wohnungen, die sich Friedrich der Große in seinen Schlössern, dem Neuen Flügel zu Charlottenburg, dem Stadtschloß Potsdam, Sanssouci, Schloß Berlin und Stadtschloß Breslau, einrichten ließ, kommt der im Berliner Schloß gelegenen künstlerisch keine herausragende Bedeutung zu. Zu Berlin mit seiner lebhaften Geschäftigkeit hatte Friedrich keine Beziehung, und die Nähe zu dieser Stadt war schließlich auch einer der Gründe für ihn, seine unmittelbar nach seinem Regierungsantritt im Neuen Flügel des Charlottenburger Schlosses mit großem Aufwand eingerichtete und als Residenz gedachte Wohnung zugunsten der in Potsdam (Stadtschloß, Sanssouci) ausgebauten Wohnungen aufzugeben. Es verwundert daher nicht, daß er sich erst verhältnismäßig spät, nämlich 1745, entschließen konnte, einige Wohnräume seiner im ersten Stock des Berliner Schlosses gelegenen und mit den meisten Zimmern zum Schloßplatz gerichteten Wohnung neu dekorieren zu lassen. Mit der Oberleitung der Arbeiten wurde der Bildhauer Johann August Nahl d. Ä. beauftragt, der 1741 einem Aufruf des Königs folgend von Straßburg, wo er am Palais Rohan gearbeitet hatte, nach Berlin, seiner Geburtsstadt, gekommen war und in der Folgezeit auf dem Gebiet der Innendekoration neben Knobelsdorff die wichtigste künstlerische Potenz am Hofe Friedrichs darstellte. Als Mitarbeiter wirkten der Dekorationsbildhauer Johann Michael Hoppenhaupt, im Gegensatz zu seinem jüngeren Bruder Friedrich Christian der Ältere genannt, der als Dekorateur und Ornamenterfinder kaum weniger bedeutend ist als Nahl und vor allem durch seine von J. W. Meil radierten und zwischen 1751–55 erschienenen Entwürfe zu den verschiedendsten Gegenständen der Innendekoration und des Kunstgewerbes bekannt geworden ist.

Im einzelnen wurden damals die sogenannte »Runde Kamer« (Raum 648) die als Schreibkabinett des Königs diente, die »Schlaf Kamer« (Raum 658), die »Conssert Kamer« (Raum 659) und die sogenannte »Confidenz Kamer« (Raum 662) aufs neue ausgestattet. Trotz der nur seltenen Aufenthalte des Königs – er weilte in der Regel nur in den Wochen um seinen Geburtstag, dem 14. Januar, hier, wenn wegen der zahlreich veranstalteten Hoffeste und Maskenbälle eine Anwesenheit des Königs unumgänglich war – wurde für die Ausstattungsarbeiten mit über 9000 Talern eine verhältnismäßig hohe Summe ausgegeben. Am teuersten war dabei die Ausstattung der »Runden Kamer«, die 2000 Taler kostete.

Durch bauliche Veränderungen im Laufe des 19. Jahrhunderts, auf die noch einzugehen sein wird, wurden alle diese Wohnräume mit Ausnahme der »Runden Kamer«, die man wohl aus Gründen der Pietät erhielt, grundlegend verändert. So muß sich unsere Kenntnis dieser friderizianischen Innendekorationen auf die weitgehend erhalten gebliebenen Rechnungsbelege und auf die Angaben der historiographisch-topographischen Literatur des späten 18. Jahrhunderts stützen, insbesondere die Angaben, die Friedrich Nicolai in seiner zwischen 1779 und 1786 in verschiedenen Auflagen erschienenen »Beschreibung der Königlichen Residenzstädte Berlin und Potsdam« macht. Nach alledem muß das dekorative Erscheinungsbild dieser vier Wohnräume an Reichtum und Eleganz der farblichen Nuancierung den friderizianischen Hauptwohnungen in Charlottenburg und Potsdam nur wenig nachgestanden haben.

Weitere Arbeiten an der Ausstattung der Königswohnung erfolgten in den Jahren 1747–48, als unter der Oberleitung des Bildhauers Friedrich Christian Hoppenhaupt d. J., der sich später vor allem bei der Ausstattung des Neuen Palais in Potsdam hervortat, das zur Schloßplatzseite gelegene Audienzzimmer (Raum 668) nebst Vorzimmer beziehungsweise Arbeitszimmer (Raum 669) eingerichtet wurden. Seine Mitarbeiter waren der Bildhauer Friedrich Christian Glume, der schon beim Ausbau von Schloß Rheinsberg zum Kronprinzensitz Friedrichs mitgewirkt hatte und später vor allem auf dem Gebiet der figuralen Skulptur tätig war, ferner der ebenfalls schon in Rheinsberg mitwirkende Bildhauer Johann Carl Scheffler, dessen Werk bislang noch nicht genau bestimmt werden konnte.

Eine einschneidende Veränderung der friderizianischen Wohnräume bis hin zum Sternsaal über Portal I erfolgte in den Jahren 1825–26, als Schinkel hier die Wohnung für den Kronprinzen Friedrich Wilhelm (IV.) einrichtete. In den Jahren 1888–89 wurde die ehemalige Wohnung Friedrichs des Großen zur Wohnung Kaiser Wilhelms II. und seiner Familie umgebaut, wobei die von Schinkel entworfenen Einrichtungen unverändert blieben. So boten vor der endgültigen Zerstörung dieser Räume im Zweiten Weltkrieg außer dem erwähnten runden Schreibzimmer nur noch das Audienzzimmer und das Vorzimmer einen im wesentlichen zutreffenden Eindruck von der ursprünglichen Ausstattung.

Ergänzt man sich das an Resten der friderizianischen Innenausstattung Erhaltene durch das quellenmäßig Belegte – am wichtigsten sind hier wieder die Angaben Friedrich Nicolais –, ergibt sich folgendes Bild von der Ausstattung und der Dekoration der Wohnräume Friedrichs des Großen: Die Suite begann mit dem im Grundriß ovalen Vorsaal (Abb. 228–231), dem 1791 von Carl Gotthard Langhans neugestalteten späteren Pfeilersaal (Raum 679). Er lag genau über Portal II und öffnete sich mit drei Fenstern zum Schloßplatz hin. Bei Anwesenheit des Königs hielt hier die Garde du corps die Wache. Es folgte östlich ein Vorzimmer (Raum 670) von zwei Fensterachsen, in dem die Adjudanten zusammenkamen und auch, wie Nicolai berichtet, die Marschalltafel gehalten wurde. Besucher, die zum König wollten, schritten zuerst durch dieses Zimmer, nach 1888 Vortragszimmer Kaiser Wilhelms II. (Abb. 254–255), während Friedrich seine Wohnung gewöhnlich über eine weiter östlich gelegene Vorkammer (Raum 664) mit einem Fenster zum Schloßhof hin betrat. Die ältere Dekoration beider Räume scheint von Friedrich nicht verändert worden zu sein. Von dem durch eine Pilasterordnung gegliederten Vorzimmer mit seinen vergoldeten Dekorationen berichtet Nicolai jedenfalls nur, daß es noch unter Friedrich Wilhelm I. eingerichtet worden sei.

Wandte man sich weiter nach Osten, gelangte man in das bereits erwähnte Arbeitszimmer Friedrichs des Großen (Raum 669), das nach 1888 auch von Kaiser Wilhelm II. als solches genutzt wurde (Abb. 252–253). Wie uns ein Blick auf das in den Grundzügen seiner dekorativen Ausstattung bis zur Zerstörung im Zweiten Weltkrieg erhaltene Zimmer zeigt, hatte man seinerzeit die von Augustin Terwesten 1704 gemalte Deckenmalerei mit der Darstellung der olympischen Götterversammlung belassen und sich nur auf eine Neugestaltung der Wände beschränkt. Zurückhaltung der dekorativen Formensprache war dabei oberstes Gebot. Türflügel und die korbbogig geschlossenen Tür- und Fenstergewände, in der Anfangszeit der friderizianischen Innendekoration noch Schauplatz reicher ornamentaler Verzierung, begnügen sich nun mit einer einfachen Felderteilung mittels vergoldeter Profile und Stäbe. Reichere dekorative Akzente setzen nur die vergoldeten Supraportenreliefs, die zwar erst im Jahr 1888 eingebaut wurden, aber als wörtliche Kopien der Supraporten des Gris-de-lin-Zimmers (Raum 365) der Zweiten Wohnung Friedrichs des Großen im Neuen Flügel des Charlottenburger Schlosses hier mit besprochen werden können, zumal die Originale in Charlottenburg in einem ähnlichen Verhältnis zu einer einfach aufgebauten Dekoration stehen wie die Kopien hier. Dargestellt sind Liebespaare in komödiantischer Verkleidung vor dekorativen Versatzarchitekturen inmitten rudimentärer Park- und Gartenlandschaften. In Ergänzung zur Holzvertäfelung der Sockelzone und der Fensternischen mit ihrem Weiß-Gold-Klang hat man sich ferner anstelle der aus der Zeit der Neuausstattung von 1888 stammenden gründerzeitlichen Wandbespannung eine solche aus Samt vorzustellen. Mit dem gleichen Material waren auch die hier aufgestellten Stühle bezogen.

Die Zurückhaltung im dekorativen Beiwerk und die Betonung mehr architektonischer Gliederungsprinzipien sind keineswegs nur Ausdruck einer der verhältnismäßig untergeordneten Bedeutung dieser Wohnung angemessenen Sparsamkeit. Vielmehr spricht sich hier eine gegenüber den Anfangsjahren der friderizianischen Innendekoration geänderte Stillage aus, die auch bei anderen Raumdekorationen dieser Jahre zum Ausdruck kommt, beispielsweise bei einigen um 1753/54 in Schloß Monbijou, dem Sommersitz der Königinmutter Sophie Dorothea, von Johann Michael Hoppenhaupt d. Ä. ausdekorierten Räumen.

An das Arbeitszimmer schloß nach Osten das Audienzzimmer Friedrichs an, daß auch von Kaiser Wilhelm II. als Empfangszimmer genutzt wurde (Abb. 248–249). Hier stand der mit blauem Samt bezogene königliche Thron, den der Sticker Heinitschek mit Ornamenten nach der Zeichnung Johann Wolfgang Meils bestickt hatte. Die Wandgestaltung entsprach ganz derjenigen des bereits beschriebenen Arbeitszimmers, sieht man einmal ab von

Friedrich der Große, Gemälde (Ausschnitt) von Anton Graff, um 1780

den Supraporten, die spielende Putten um eine Hermesbüste beziehungsweise um einen Schild mit dem Haupt der Gorgo zeigen (Abb. 250–251). Wände und Stühle waren hier in Entsprechung zum Thron mit blauem Samt bespannt. Den dekorativen Hauptakzent bildete die reich verzierte Decke, welche die Gebrüder Hoppenhaupt ausgeführt hatten. Sie beschränkten sich auf die Auszierung der Hohlkehle (Voute), indem sie mehrteilige, aber symmetrisch aufgebaute und aus vergatterten Rahmenformen mit seitlich ausschwingenden Blattranken bestehende Eckrocaillen durch einfach gerahmte vergatterte Felder voneinander sonderten.

Eigentümlicherweise haben die Gebrüder Hoppenhaupt in dieser Deckengestaltung keine eigenen Gedanken verwirklicht, sondern bewegen sich ganz in der Formensprache Johann August Nahls d. Ä. Dies ist um so erstaunlicher, als beide Künstler zu den bedeutendsten Dekorations- und Ornamenterfindern des Rokoko gehören und zu diesem Zeitpunkt durchaus in der Lage gewesen wären, Eigenes zu schaffen. Man muß daher wohl damit rechnen, daß der König für diese Decke einen Entwurf Nahls zur Ausführung bestimmt hatte, den dieser vielleicht schon 1745 entwarf, als er die weiter östlich gelegenen vier Zimmer ausdekorierte. Dies könnte wiederum darauf hindeuten, daß man damals schon daran dachte, auch die westlich gelegenen Räume der Friedrich-Wohnung neuzugestalten. Beim Ausbau der kaiserlichen Wohnung im Jahr 1888 hat man dann versucht, den friderizianischen Charakter dieses Raums durch Anbringung einer bräunlich-grünen Seidenbespannung und die Aufstellung eines im Rokoko-Stil gehaltenen, wenn auch in den Einzelformen überladen wirkenden Kaminaufsatzes im wesentlichen zu bewahren.

Im Anschluß an das Audienzzimmer gelangte der Besucher in einen ovalen Saal (Raum 666), der genau über Portal I. lag und sich mit drei Fenstern zum Schloßplatz öffnete. Hier pflegte, wie Nicolai mitteilt, der König seine große Tafel zu halten. Der Raum wurde durch vier ionische Säulen untergliedert, während an den Wänden vier Wandteppiche mit religiösen Darstellungen hingen, die nach dem Entwurf des berühmten französischen Malers und Ornamenterfinders Charles Le Brun gewebt worden waren. Friedrich Wilhelm I. hatte sie seinerzeit von Ludwig XV. als Geschenk zum Dank für die Aufnahme seines aus Polen geflüchteten Schwiegervaters Stanisław Leszcziński erhalten. 1825/26 gestaltete Friedrich Schinkel den Saal zu seinem berühmten Sternsaal um, benannt nach dem gemalten blauen Sternenhimmel der Decke (Abb. 247). Ab 1888 diente er dann als Vorsaal der kaiserlichen Wohnung (Abb. 246b). Östlich des Saals begannen jene vier Zimmer, die Nahl mit seinen Gehilfen im Laufe des Jahres 1745 dekoriert hatte. Als erstes folgte die sogenannte Konfidenzkammer (Raum 662) mit blauer Stoffbespannung und versilbertem Zierat. In Räumen dieser Art – eine zweite Kammer existierte im Stadtschloß Potsdam – stand in der Mitte eine runde Tafel, deren mittlerer Teil zum Wechsel der Speisen in den darunter befindlichen Raum mittels einer sinnreichen Mechanik abgesenkt werden konnte. Ohne vom Personal gestört zu werden, konnte man sich so vertraulichem Gespräch hingeben.

Mit dem anschließenden Konzertzimmer (Raum 659) folgte dann ein verhältnismäßig aufwendig ausgestatteter Raum. Die Wände waren hier vertäfelt, die vergoldeten Ornamente standen vor grünlichem Grund. Gelegentlich pflegte der König in diesem Zimmer zu speisen, zugleich war es aber auch eine Art Bildergalerie, wie die sechzehn von Nicolai erwähnten Gemälde, darunter solche von Rubens und Watteau, beweisen. In dieser Funktion entsprach es dem nur wenig später entstandenen Konzertzimmer der Zweiten Wohnung Friedrichs des Großen im Neuen Flügel des Schlosses Charlottenburg, wo außer dem berühmten »Ladenschild des Kunsthändlers Gersaint« von Antoine Watteau zahlreiche weitere Bilder, meist von der Hand Antoine Pesnes, hingen. Der König betrat seine Wohnung gewöhnlich über das Konzertzimmer, nachdem er über die runde, im ehemaligen Turm der alten Kapelle angelegte Treppe und den anschließenden langen Gang gegangen war und ein kleines Vorzimmer (Raum 664) durchquert hatte. 1825 gestaltete Schinkel nach einer Idee des Kronprinzen Friedrich Wilhelm diesen Raum zum »Großen Wohnzimmer« oder »Teesalon«

um, in dem die berühmten Teeabende stattfanden, zu denen bedeutende Männer ohne Rücksicht auf Rang und Stand geladen waren (Abb. 243).

Den Abschluß der zum Schloßplatz gerichteten Räume bildete das Eckzimmer (Raum 658), von dem aus man durch eine Glastür zu einem in der Schloßecke gelegenen runden Erker gelangen konnte, dessen Plafond mit Genien aus der Zeit Friedrichs I. bemalt war. Der vertäfelte und mit vergoldeten Dekorationen verzierte Raum war zu-

Huldigung vor Friedrich dem Großen auf dem Schloßplatz am 3. August 1740, zeitgenössischer Stich

nächst das Schlafzimmer des Königs, später diente es, wie Nicolai mitteilt, als Wohnzimmer, in dem seine Handbibliothek in Glasschränken untergebracht war und wo sein Schreibtisch stand. Als Wohnzimmer benutzte es nach dem Umbau durch Schinkel auch die Kronprinzessin und spätere Königin Elisabeth, die Gemahlin Friedrich Wilhelms IV. (Abb. 242).

Bedeutendster Raum der Friedrich-Wohnung und aus Gründen der Pietät bis zur Zerstörung im Zweiten Weltkrieg nahezu unverändert erhalten, war das kreisrunde und mit einem Fenster versehene Schreibzimmer des Königs, welches schon im Spreeflügel lag. Die holzvertäfelte Wand und die Decke aus Stuck zeigten eine reiche vergoldete Rokoko-Dekoration. Hauptgliederungselement waren einerseits die vier Spiegel mit ihren Supraporten-Blumenstücken von Augustin Dubuisson, andererseits breitere Wandabschnitte, die von kräftigen Palmenstämmen gerahmt wurden und in ihrem Bekrönungsbereich Sonnenköpfe einschlossen. Diese Wandabschnitte waren durch schmalere, mit Rocaillen dreifach geschmückte Pilasterfelder von den Spiegelfeldern getrennt und markierten die Hauptachsen des Raumes. In einem von ihnen war die zweiflügelige Tür eingelassen, ein anderes rahmte das Ganzfigurenporträt der Tänzerin Barbarina von Antoine Pesne, das heute im Neuen Flügel des Charlottenburger Schlosses hängt. Die an sich nur flach gewölbte Decke erhält durch radial auf einen mittleren Deckenring führende Gurtpaare den Charakter einer Kuppel, so daß ein in sich ruhendes, vereinheitlichtes Raumgebilde von großer Ausgewogenheit entsteht.

Die ehemals blaßgrüne Färbung der »Runden Kammer« wurde später, als Königin Elisabeth den Raum ebenfals als Schreibzimmer benutzte, dem gewandelten Geschmack entsprechend in ein kräftiges Blau umgestrichen, wie es zum Beispiel auch durch das Aquarell von Carl Graeb überliefert wird. In den zwanziger Jahren unseres Jahrhunderts hat man dann das ursprüngliche Grün wiederherzustellen versucht, wobei man sich an der Farbigkeit des nach Entwurf von Johann August Nahl d. Ä. dekorierten Landgrafenkabinetts von Schloß Wilhelmsthal bei Kassel orientierte (Abb. 240–241).

Eigentümlicherweise nennt Nicolai als Entwerfer dieser Dekoration nur Johann Michael Hoppenhaupt d. Ä., obwohl aus den erhaltenen Rechnungsbelegen klar hervorgeht, daß Johann August Nahl alle Arbeiten abgerechnet hat und demnach als Entwerfer in Frage käme. Das Rätsel klärt sich, wenn man den Raum einer stilistischen Analyse unterzieht. So läßt die strenge, etwas steif und schwer wirkende Gliederung der Wände unschwer die typische Gestaltungsweise Johann Michael Hoppenhaupt d. Ä. erkennen. Dafür sprechen die Neigung zu strengen Symmetriebildungen, und auch das Motiv der Sonnenköpfe in der Bekrönungszone der von Palmenstämmen gerahmten breiteren Wandabschnitte findet sich auf Entwürfen dieses Meisters wieder. Dagegen deutet die zwischen den Gurtpaaren der Decke locker aufzüngelnde Kartuschenornamentik voll sanguinischen Temperaments klar auf die Gestaltungsweise Johann August Nahls.

Wir haben also allen Grund, anzunehmen, daß Nahl als Leiter der Ausstattungsarbeiten alle anfallenden handwerklichen Leistungen abrechnete und vermutlich auch die meisten Entwürfe selbst lieferte, daneben aber auch gehalten war, Entwürfe seiner Mitarbeiter wie etwa Johann Michael Hoppenhaupts zur Ausführung kommen zu lassen. So ist die »Runde Kammer« ein anschauliches Beispiel für ein bei der Innenausstattung der friderizianischen Schlösser häufig geübtes Verfahren: Der Entwurf für eine Raumdekoration wurde nur in wenigen Fällen einem Künstler allein anvertraut, häufiger kam es vor, daß der König wie hier den Entwurf für die Wand- und Deckendekoration eines Raumes zwei verschiedenen Dekorateuren übertrug und dabei stilistische und auch kompositionelle Diskrepanzen in Kauf nahm.

In dem durch seinen Grundriß und die Kuppel, aber auch in der Ausgewogenheit der Proportionen – die Höhe entsprach mit 6,59 Meter beinahe dem Durchmesser von 6,73 Meter – ganz auf sich selbst bezogenen, von jedem ablesbaren Zusammenhang zu den anderen Zimmern der Friedrich-Suite isolierten Raumgebilde spricht sich ein charakteristischer Wesenszug Friedrichs des Großen aus: sein fast schon bürgerlich zu nennendes Bedürfnis nach Ruhe und privater Abgeschiedenheit, desgleichen ein geheimer Konservativismus in künstlerischen Fragen, der sich später noch voll entfalten sollte. Von kreisrundem Grundriß war – situationsbedingt – bereits Friedrichs Arbeitszimmer im Klingenbergturm des Schlosses Rheinsberg, seinem Kronprinzensitz, gewesen. Diese Raumform war ihm so wichtig, daß er für seine Bibliothek in Schloß Sanssouci ebenfalls eine solche vorschrieb und dazu als Maßgabe eigenhändig in den Grundriß die Bemerkung einfügte, sie solle »come à Rheinsberg«, wie in Rheinsberg, gestaltet werden.

Als Abschluß der von Friedrich bewohnten Räume – es gehörten noch einige Bedienstetenräume zu seiner Suite – folgte schließlich noch eine kleine Kammer (Raum 646), die mit einem Fenster zur Spreeseite gerichtet war und ihm erst in späteren Jahren als Schlafzimmer diente. Die ältere Ausstattung war zu diesem Zweck nicht verändert worden. So stammte die Stuckdecke noch aus der Zeit des Großen Kurfürsten; sie rahmte ein Deckenbild, das die blumenspendende Flora, umgeben von Genien, zeigte.

Thilo Eggeling

Die Königskammern Friedrich Wilhelms II. und die Wohnung Königin Friederikes

Die Thronbesteigung Friedrich Wilhelms II. (1744–97) am 17. August 1786 markierte auch für das Berliner Schloß den Beginn eines neuen Abschnitts. Hatte der alte König, der »Einsiedler von Sanssouci«, alljährlich nur zwischen Weihnachten und Karneval darin gewohnt und sonst in Potsdam residiert, so beabsichtigte der neue König, Berlin und sein Schloß wieder zum Zentrum der Residenz zu machen und dort seine wichtigste Wohnung zu nehmen.

Hans Mackowsky hat Friedrich Wilhelm II. »den ersten Romantiker auf Preußens Thron« genannt. Kräftig und groß gewachsen, war der neue König zuvorkommend im Umgang, gutmütig und freigebig, doch fehlte es ihm an schneller Entschlußfreudigkeit und ausdauernder Arbeitskraft. Seinen sinnlichen Neigungen entsprang nicht nur die mystizistische Religiosität, die ihn den Rosenkreuzern beitreten ließ und zum Gegner aufklärerischer Tendenzen machte, sondern auch die breiten kulturellen Interessen und Vorlieben. Hier machte Friedrich Wilhelm II. von Anfang an deutlich, daß er sich als deutscher Fürst fühlte und als Förderer nationaler Kultur und Kunst regieren wollte. Die Liebe zur Musik ließ ihn das größte Orchester Europas aufbauen und besonders die Wiener Tonschule protegieren. Er selbst spielte gern Cello und fand seine liebste Erholung beim Quartettspiel. Als Freund von Festlichkeiten förderte er Oper und Theater, das unter dem Namen »Königliches Nationaltheater« nun vornehmlich Stücke deutscher Dichter aufführte.

Unter den bildenden Künsten galt seine Vorliebe der klassizistischen Architektur und englisch bestimmten Gartenkunst, wobei er sich wohl an England selbst und den englisch orientierten deutschen Fürstenhöfen wie Dessau orientierte. In allen architektonischen Unternehmungen war seit seinem Regierungsantritt eine deutliche Abkehr vom französisch bestimmten, pathetisch lauten Stil der »Fanfaronaden« Friedrichs des Großen (Neues Palais, Potsdam; Türme am Gendarmenmarkt) zu erkennen und die Hinwendung zu einer vornehmen Architektur im »simplen Geschmack« (Erdmannsdorff), der aus einer im Sinne Winckelmanns historisch begründeten Anwendung klassisch empfundener Prinzipien der antiken, nun auch »etruskisch-griechischen« Baukunst entstand. Die Neuorganisation des Bauwesens durch Schaffung des Oberhofbauamtes, die gezielte Bauförderung und die öffentlichen Bauunternehmungen des Königs prägten das Bild der Städte Berlin und Potsdam nachhaltig. Für den eigenen Bedarf ließ er, von kleinen Parkschlößchen abgesehen, nur das Marmorpalais in Potsdam als Sommerresidenz neu bauen. Im übrigen beschränkte er sich auf die Einrichtung neuer Wohnsuiten in den vorhandenen Schlössern. Bescheiden nach außen, liebte er im Innern seiner Wohnungen eine angemessene, gediegene, im Stil nobel zurückhaltende, im Material jedoch kostbare Prachtentfaltung, wobei, den unterschiedlichen Raumfunktionen entsprechend, verschiedene historische Dekorationsstile (»heturisch«, griechisch, römisch-pompeianisch, gotisch, chinesisch, exotisch usw.) verwendet werden konnten.

Bald nach seiner Thronbesteigung ließ Friedrich Wilhelm II. zunächst für sich selbst und anschließend für seine Gemahlin Friederike Luise von Hessen-Darmstadt neue Appartements im Berliner Schloß einrichten. Zur eigenen Wohnung bestimmte er im ersten Stock des Lustgartenflügels die Räume vom Saal über Portal V bis hin zur Ecke an der Schloßfreiheit, in denen zuvor die Schwestern Friedrichs II., Prinzessin Amalie und Prinzessin Luise Ulrike, sowie Friedrichs Mutter, Königin Sophie Dorothea, gewohnt hatten. In den zum Schloßhof gelegenen Räumen der Königinmutter hatte Friedrich Wilhelm als Prinz von Preußen bereits selbst eine Zeitlang gelebt. Für die Königin Friederike Luise wurden im Schloßplatzflügel auf der gleichen Etage die Räume vom Saal über Portal II bis hin zum Treppenhaus im Winkel zum anschließenden Flügel an der Schloßfreiheit eingerichtet. Hier hatten

1

Friedrich Wilhelm II., Gemälde von Anton Graff, 1788

Friedrich Wilhelm als Prinz von Preußen und seine Gemahlin Friederike Luise vor der Thronbesteigung gemeinsam gewohnt.

Die Königskammern

Zum Bau der Königskammern, seine eigene Wohnung, berief der König zwei Architekten: Friedrich Wilhelm Freiherr von Erdmannsdorff (1736–1800) und Karl von Gontard (1731–91). Gontard hatte seit 1764 die Leitung aller königlichen Bauten in Potsdam inne gehabt und war seit 1779 in gleicher Funktion in Berlin tätig. Friedrich Wilhelm II. schätzte ihn, dessen letzte Bauten deutlich klassizistisch geprägt waren, unter den Berliner Architekten am meisten und zeigte Vertrauen in seine künstlerischen Fähigkeiten: Den beim alten König in den letzten Jahren in Ungnade gefallenen Ingenieurhauptmann hatte er mit den Trauerdekorationen zu Ehren Friedrichs des Großen in Potsdam beauftragt und noch 1786 zum Major befördert. Im folgenden Jahr erhielt Gontard neben dem Auftrag zur Einrichtung von neun Zimmern der Königskammern im Berliner Stadtschloß auch den zum Bau des Marmorpalais im Neuen Garten am Heiligen See bei Potsdam, des Königs Sommersitz in der Nebenresidenz.

Erdmannsdorff, seit 1757 am Hof des Fürsten Leopold Friedrich Franz von Anhalt-Dessau, hatte sich aus dilettierenden Anfängen während seiner Reisen in Italien, England und Schottland zum Hofarchitekten des ihm befreundeten Fürsten gebildet. Er war der erste konsequente Vertreter eines am englischen Palladianismus orientierten und auf ständigem Vitruv- und Antikenstudium beruhenden Frühklassizismus in Deutschland. Mit dem Schloß in Wörlitz (1769–73) hatte er einen der Gründungsbauten dieses Stils in Deutschland geschaffen, dessen qualitätvolle, zuweilen etwas kleinteilige Inneneinrichtung eingehende Auseinandersetzung mit Dekorationen Robert Adams und Charles Louis Clérisseaus sowie detaillierte Kenntnis römisch-antiker und raffaelesker Dekorationssysteme bezeugt. Der König, der als Kronprinz mehrfach Gast des der Aufklärung verpflichteten anhaltischen Landesherrn in Dessau war, hatte bei diesen Gelegenheiten auch Erdmannsdorff und dessen Werke kennen und schätzen gelernt. Auch seine Verbindung mit der aus Dessau stammenden Hornistentochter Wilhelmine Enke, später Frau Ritz und schließlich Gräfin Lichtenau, hatte ihm frühzeitig den Dessauer Kulturkreis nahe gebracht. Seine Vorliebe für englische Gärten mit neugotischen Staffagen, das Verständnis für eine an England orientierte klassizistische Baukunst und sein Wunsch nach qualitätvollem, von deutschen Meistern gearbeitetem Kunsthandwerk, auch die planvolle Förderung nationaler Kunst waren sicher nachhaltig durch das Dessauer Beispiel geprägt worden.

So war die Ernennung Erdmannsdorffs zum Ehrenmitglied der Königlichen Akademie der Künste am 1. Dezember 1786 und der daran anschließende Auftrag, das Wohn- und Sterbezimmer Friedrichs II. im Schloß Sanssouci neu einzurichten, nur folgerichtig. Am 2. Februar 1787 traf der Architekt in Berlin ein und begann die Arbeit. Den Auftrag, auch sieben Zimmer der zukünftigen Wohnung des Königs im Berliner Schloß einzurichten, erhielt er kurz darauf, so daß er sich in Berlin niederließ und, abgesehen von einigen Urlaubsreisen nach Dessau, bis April 1789 blieb.

Die Arbeiten für die Königskammern waren, soweit die augenblicklich zugänglichen, spärlichen Quellen vermuten lassen, von der übrigen Bauorganisation unabhängig und jedenfalls nicht dem erst später (1788) eingerichteten Oberhofbauamt unterstellt. Sie begannen im Frühjahr 1787 und waren im großen und ganzen bereits im November 1788 abgeschlossen.

Erdmannsdorff und Gontard planten und leiteten die Ausführung ihrer Anteile parallel zueinander, ohne daß eine über die Organisation der handwerklichen Arbeit hinausgehende Abstimmung stattfand. Ein verbindliches, für die gesamte Wohnung einheitliches Ausstattungsprogramm gab es offenbar nicht. Vielmehr schien ein Reiz der Wohnung im ständigen Wechsel zwischen Zimmergruppen zu bestehen, jenen von Gontard und denen, die von Erdmannsdorff ausgestattet waren (Abb. 194–203). Gontard schuf die Audienzsuite mit dem Thronzimmer, Erdmannsdorff die Repräsentationsräume der Wohnung mit Säulensaal, Parolesaal, Speisezimmer, Französischen Kammern, Bibliothek und Eckkabinett (Abb. 210–227), Gontard wieder die jeweils dazwischen liegenden Folgen von Vorzimmer, Konzert-, Schlaf-und Schreibzimmer zum Schloßhof und vom Neuwieder Zimmer mit den lackierten Kabinetten zum Lustgarten (Abb. 204–209). So standen beide in einer direkten, offenbar anregenden Konkurrenz, die jedem hohe, eigenständige Leistungen abforderte, aus denen insgesamt die wohl qualitätvollste frühklassizistische Ausstattungsfolge in Deutschland entstehen konnte.

Entwurf Erdmannsdorffs zur inneren Längswand
des Großen Säulensaals der Königskammern,
Feder, laviert und aquarelliert, 33,4 x 85,5 cm, 1787/88

Der um fünf Jahre jüngere Erdmannsdorff war dabei die treibende Kraft. Er, der entschiedene Vertreter der neuen, englisch und antik-römisch bestimmten klassizistischen Kunst, setzte nicht nur stilistische Maßstäbe, sondern gab mit seiner gewissenhaften, gründlichen und sauberen Arbeitsweise sowohl im Entwurf wie in der Überwachung der Ausführung ein Beispiel hoher Qualität in einer Stadt, in der ihm bei genauerer Betrachtung ihres Bauwesens alles so vorkam, »als wenn's nur immer der Bouillon der Sache wäre, die es hätte werden sollen«. Sicher in Übereinstimmung mit den Absichten des Königs und des für die Akademie der Künste zuständigen Ministers von Heinitz machte er es sich dabei zur erklärten Aufgabe, »zur Verbesserung eines und des anderen Künstlers und Handwerksmannes beizutragen« und einen Standard zu erreichen, der für die Qualität des Berliner Kunsthandwerks folgenreich werden sollte.

Für Gontard stellte sich die Aufgabe anders. Er, der in der Tradition des späten friderizianischen Rokoko stand, das Neue Palais in Potsdam ausgestattet hatte und dessen Neigung zu klassizistischen Formen in seiner Ausbildung an der privaten Bauakademie des Jacques François Blondel wurzelte, erhielt hier noch einmal einen großen Ausstattungsauftrag, nun aber von einem Bauherrn, dessen architektonischer Geschmack ganz am englischen Klassizismus orientiert war. Er verfügte über die Routine des versierten Hofarchitekten, mußte aber in seinen Entwürfen versuchen, den eigenen Dekorationsstil dem neuen Stil weitgehend anzupassen, eine Leistung, die ihm im Wettstreit mit Erdmannsdorff vorzüglich gelang, indem er Elemente des spätfriderizianischen Rokoko mit Motiven des reifen Louis-seize und des Adam-Stils eigenwillig und sicher verband. Auch Gontard achtete dabei auf qualitätvollste Ausführung durch die beteiligten Künstler und Handwerker.

Über die Organisation dieser Arbeiten sind wir nur spärlich unterrichtet. Gewisse Aufschlüsse geben die in der Plankammer des Schlosses Charlottenburg befindlichen Abschriften der detaillierten Schlußabrechnungen Erdmannsdorffs und Gontards aus dem Jahr 1789, die bereits Friedrich Rumpf und August Rode bekannt waren, aber im einzelnen bisher nicht ausgewertet wurden. Zusätzliche, zufällige Nachrichten finden sich in Erdmannsdorffs Briefen an seine Frau und den Fürsten Franz in Dessau sowie in Johann Gottfried Schadows »Kunst-Werke und Kunstansichten«, so daß Erdmannsdorffs Arbeiten insgesamt etwas besser dokumentiert sind als die Gontards.

Erdmannsdorff mußte sich als Auswärtiger in Berlin erst einrichten. Er nahm bescheidene Wohnung mit Blick auf Hintergebäude und Höfe und litt unter der Trennung von der Familie, zu der er öfter für kurze Zeit zurückkehrte und die 1788 für eine Weile nach Berlin kam. Auch die Arbeitsbedingungen mußte er sich Stück für Stück schaffen. Dabei unterstützte ihn der Minister Friedrich Anton von Heinitz (1725–1802), dem die Akademie der Künste unterstand. Heinitz betrieb beharrlich die Reorganisation der fast zur Bedeutungslosigkeit herabgesunkenen Akademie und machte sie nach und nach zum Zentrum des Berliner Kunstlebens, wobei alle Kunstzweige unter ihren Einfluß gerieten. Seine Politik der Förderung nationaler Kunst auf allen Gebieten fand die volle Unterstützung des Königs. Erdmannsdorffs Aufnahme in die Akademie als Ehrenmitglied und Assessor war in diesem Rahmen konsequent, hatte er doch immer Wert darauf gelegt, seine dessauischen Schloßbauten von einheimischen Künstlern einrichten zu lassen und damit das lokale Kunsthandwerk gefördert.

Aufgrund dieser Stellung war er bei seiner Planung weitgehend unabhängig, so daß er nach Dessau schreiben konnte: »Mich zwingt durchaus nichts, so ganz gegen meine Neigung hier zu stecken, als bloß mein eigener Wille. Denn ich könnte allerdings nur die Sache allein gehen lassen, wie sie wollte, und es mir weit leichter machen, allein Gott weiß, wie sie alsdann aussehen würde, wann sie fertig wäre, und wann sie endlich einmal fertig werden würde! Aber ich denke, alles was man unternimmt mit gehöriger Sorgfalt und als ein ehrlicher Mann verrichtet, ist ein Verdienst.« Dennoch hat Erdmannsdorff sicher nicht so einsam in Berlin gelebt, wie es nach den Briefen an seine Frau den Anschein hat. Zwar fand er die gesellschaftlichen Ereignisse des Hofes uninteressant und schal, so daß er seine Verpflichtungen auf das Notwendigste beschränkte. Mit Eifer hielt er jedoch die für seine Arbeit nützlichen Kontakte aufrecht, speiste zuweilen an des Königs Tafel, hielt ständig Verbindung zu von Heinitz und der Akademie und fand an der Zusammenarbeit mit den Künstlern und Handwerkern großen Gefallen.

Entwurf Erdmannsdorffs zur inneren Längswand des Großen Säulensaals der Königskammern, Feder, laviert, 50,1 x 98,7 cm, 1787/88

Die Planungen wurden sicher mit dem König und Minister von Heinitz ausführlich besprochen, Funktion und Bedeutung der einzelnen Räume festgelegt und zum Ausgangspunkt für die Ausstattungsvorschläge gemacht. Doch scheint die anfängliche Einrichtung seiner Arbeit recht mühsam gewesen zu sein. In einem undatiert überlieferten Brief an seine Frau, wohl während der ersten Planungsphase 1787 geschrieben, berichtet er darüber: »Kannst Du glauben, daß ich nunmehr erst zwei Leute erhalten habe, die mir im Zeichnen und anderen Voranstalten zu Gebote stehen sollen, und noch habe ich sie erst aus Potsdam müssen herholen lassen, wo mir der Obrist Stein solche empfohlen hatte. Hätte ich diese nicht noch aufgetrieben, so glaube ich, hätte ich alles müssen mit eigener Hand zeichnen. Dies nun, hoffe ich, wird mir viel Luft machen und mir meine Arbeit erleichtern.« Die beiden Zeichner waren ein gewisser Boeck und Friedrich Gottlieb Schadow (1761–1831), der zuvor laut Nicolai »im Dienst des Baukomtoirs in Potsdam« gestanden hatte, später Hofbaurat, Schloßbaudirektor in Berlin und 1819 ordentliches Mitglied der Akademie der Künste wurde. Beide, Boeck und Schadow, werden in der Kostenaufstellung Erdmannsdorffs als »Conducteure« genannt. Sie erhielten für 899 Tage an Diäten je 925 Taler und hatten insgesamt Zeichenmaterial für 70 Taler verbraucht. Später beschäftigte Erdmannsdorff weitere Mitarbeiter in seinem Entwurfsbüro, darunter den jungen Friedrich Gilly (1772–1800), dessen Vater David Gilly im Januar 1788 als Oberbaurat nach Berlin berufen worden war.

Mit der bei ihm üblichen Akribie entwarf Erdmannsdorff jede Einzelheit der Ausstattung, auch für Malerei, Stuckreliefs, Einlegearbeiten, Decken und Fußböden, Öfen und Kamine, und ließ sie sauber aufzeichnen. Einige dieser Zeichnungen aus der Plankammer des Hofmarschallamtes sind erhalten und befinden sich in der Plankammer der Verwaltung der Schlösser und Gärten in Charlottenburg, eine weitere in der Plankammer in Sanssouci. Das Blatt in Potsdam, wohl das schönste der Serie, ist ein kolorierter Längsschnitt des Parolesaals, akurat mit feiner Feder gezeichnet, entschieden laviert und aquarelliert. Leider kann die Zeichnung hier nicht vorgestellt werden, doch geben fünf Blätter mit Entwurfs- und Ausführungszeichnungen für den großen Säulensaal eine gute Anschauung von der Qualität dieser Arbeiten.

Grundriß und Entwurf zum Fußboden des Großen Säulensaals der Königskammern, von Friedrich Gottlieb Schadow für Erdmannsdorff, Feder, laviert und aquarelliert, 38 x 58,3 cm, 1787/88

Der Entwurf der inneren Längswand des Säulensaals (siehe Abbildung S. 76) ist sorgfältig mit dünner Feder ausgezogen und mit Tusche und Aquarell laviert und koloriert, wodurch Farbigkeit, Körperhaftigkeit und Relief der Architektur anschaulich werden. Der feine Strich macht die exakte Darstellung auch des kleinsten ornamentalen Details aller Profile und Einzelformen möglich, ohne daß die gesamte Darstellung an Übersichtlichkeit einbüßt. Klar und scharf stehen die komposite Säulenordnung und die Ädikulen vor der Wand, wobei die Schatten die Tiefenverhältnisse erläutern, während die Stufung des Wandreliefs tonig gebunden bleibt. Die Farbigkeit wird vor hellgrauer Wand vom zarten Gelb der Säulenschäfte, dem Rosa der Ädikulasäulen und dem Weiß der Sockel und Gebälke bestimmt. Die Figuren in den Nischen sind gegenüber der ausgeführten Aufstellung vertauscht, ein sicheres Indiz, daß die Zeichnung den Entwurf überliefert und in ihrer Genauigkeit und Anschaulichkeit zugleich Vorlageblatt für den Bauherrn wie Ausführungsentwurf für die Handwerker (Gebrauchsspuren!) war, der dann von weiteren Detailzeichnungen begleitet wurde. Das Blatt ist nicht signiert, doch scheint im Vergleich mit publizierten Zeichnungen des Dessauer Hofarchitekten die Zuschreibung an Erdmannsdorff außer Zweifel zu stehen.

Ein zweiter Entwurf derselben Längswand (siehe

Abbildung S. 77) in kaum größerem Maßstab stammt von derselben Hand. Mit gleicher Sorgfalt ist er in Feder gezeichnet und laviert, jedoch nicht aquarelliert. Die Zeichnung überliefert eine Vorstufe zum endgültigen Entwurf: Ornamentdetails im Architrav, Fries und Gesims des Türrahmens, im Fries der Ädikulen und in den Spiegeln der korinthischen Pilaster seitlich der Tür sind von ihm unterschieden, die Felder der Türflügel anders gruppiert und noch kaum ornamentiert. In diesem Entwurfsstadium waren statt der Antikenkopien Cavaceppis Musenstatuen für die Nischen vorgesehen; sie sind von einem Bildhauer (der junge Johann Gottfried Schadow?) separat gezeichnet und der Architekturzeichnung aufgeklebt. Dagegen ist der architektonische Aufbau bereits vollständig entwickelt.

Ein weiteres Blatt zeigt den Grundriß des Saals mit dem genau eingetragenen Fußbodenmuster (siehe Abbildung S. 78). Mit der Feder exakt gezeichnet, mit Tusche und Aquarell laviert und koloriert, ist es ein die farbige Zeichnung der Längswand ergänzendes, den endgültigen Entwurf darstellendes Vorlageblatt im halben Maßstab, das die von Rot, Grauviolett, Weiß und Braun bestimmte farbige Wirkung des antiken Mustersystems verdeutlichen sollte. Eine nachträgliche Bleistiftbeischrift begründet die Tradition einer Zuschreibung des Blattes an »F. G. Schadow«, sicher ist es unter genauer Anleitung Erdmannsdorffs entstanden.

Das große Blatt mit den Halbentwürfen zur Decke und zum Fußboden des Säulensaals (siehe Abbildung S. 79) ist eine interessante Bauzeichnung im gleichen Maßstab wie die Längswandentwürfe, ein mit der Tuschfeder gezeichnetes Arbeitsblatt, das mehrfach benutzt wurde. Die obere Hälfte zeigt den Deckenentwurf mit den Abakusplatten der Säulenkapitelle und den Architravsoffitten, den Gebälkvorsprüngen und dem aus Sechsecken gebildeten Kassettenmuster. Verschiedene Stadien der Zeichnung sind sichtbar: die Vorzeichnung und Konstruktion der Kassetten in Bleistift, die Federzeichnung und schließlich, an sieben Kassetten grau laviert durchgeführt, die genaue Darstellung des ornamentalen Details. Darin erscheinen in den Mittelfeldern Zweifigurengruppen antiker Priesterinnen und Jungfrauen, die jedoch nicht zur Ausführung kamen. Mit breitem Bleistift sind in die übrigen Kassetten freihändig die Masken eingezeichnet, die Rosenberg dann an der Decke gemalt hat.

Die untere Hälfte des Blattes zeigt das System der Parkettierung des Fußbodenmusters nur soweit ausgezeichnet, wie es zur Veranschaulichung nötig war, wobei die Rhomben zwischen den Säulen noch nicht dem endgültigen Entwurf entsprechen. Mit Tinte sind Ziffern in die verschiedenen Felder geschrieben, und eine seitliche Legende erläutert entsprechend, mit welchen Holzarten sie eingelegt werden sollten. Offensichtlich haben der Architekt und der Tischler gemeinsam an diesem Blatt festgelegt, wie die farbige Wirkung des Fußbodens durch verschiedene Hölzer erzielt werden konnte: »1) Dunkel Mahagony, 2) Nußbaum, 3) Gebeitzt Ahorn, 4) Amaranthen, 5) Palisander, 6) Gebeitzt Birnbaum, 7) Zeder; die kleinen Frisen in Rosenholz« lautet die Legende. Außerdem sind an den Säulenstellungen Maße in Bleistift

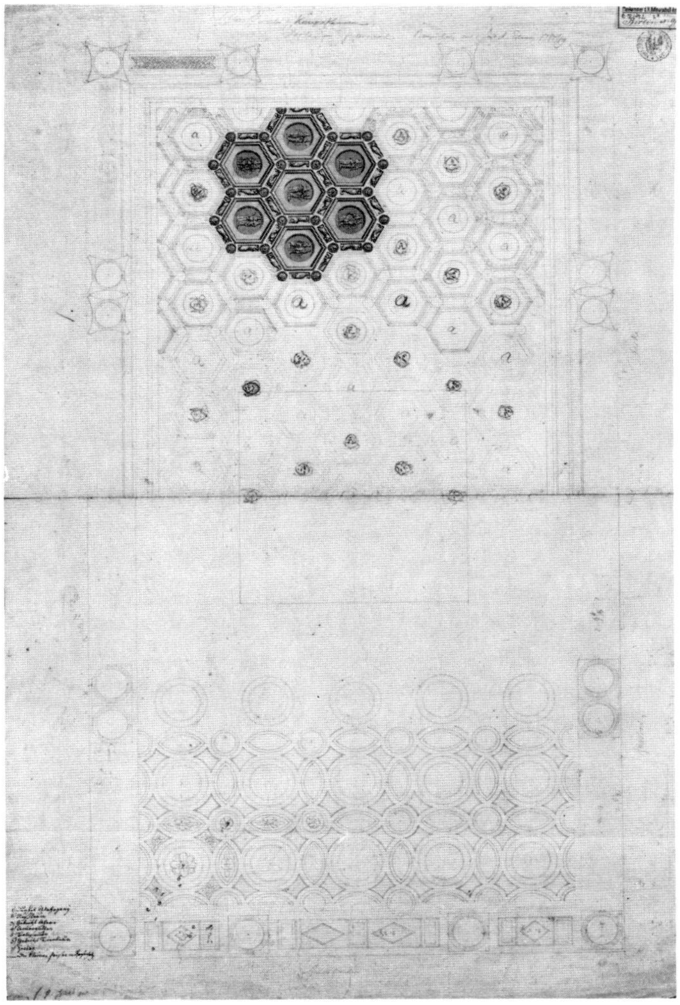

Entwurf zum Fußboden und zur Decke des Großen Säulensaals der Königskammern, von Friedrich Gottlieb Schadow für Erdmannsdorff, Bleistift und Feder, laviert, 94,8 x 60,8cm, 1787/88

eingetragen. Eine spätere Beischrift nennt Friedrich Gottlieb Schadow wohl mit Recht als Autor, von ihm stammt sicher die Anlage und Auszeichnung des Blattes. Die detailliert lavierte Durchführung einiger Kassetten mit den später verworfenen Figurengruppen kann Erdmannsdorff selbst gezeichnet haben; die freihändige Eintragung der Masken entstand wohl auf der Baustelle selbst, als gemeinsam mit dem Maler festgestellt wurde, daß die Figurengruppen zu kleinteilig wirkten. So dokumentiert dieses Blatt verschiedene Arbeitsphasen bei Entwurf und Ausführung der Einrichtung des Säulensaals.

Ihm schließt sich unmittelbar eine weitere Bauzeichnung für den Fußboden an (siehe Abbildung unten), eine maßstabsgleiche, mit der Feder gezeichnete Variante des vorigen Blattes, nun aber nur zur Verwendung für den Tischler und mit der endgültigen Form der Rhomben zwischen den Säulen. Die Bleistiftziffern und Beischriften in den Feldern des Parkettmusters nehmen auf die Legende des vorigen Blattes Bezug, so daß nach diesem Blatt der Fußboden gearbeitet werden konnte.

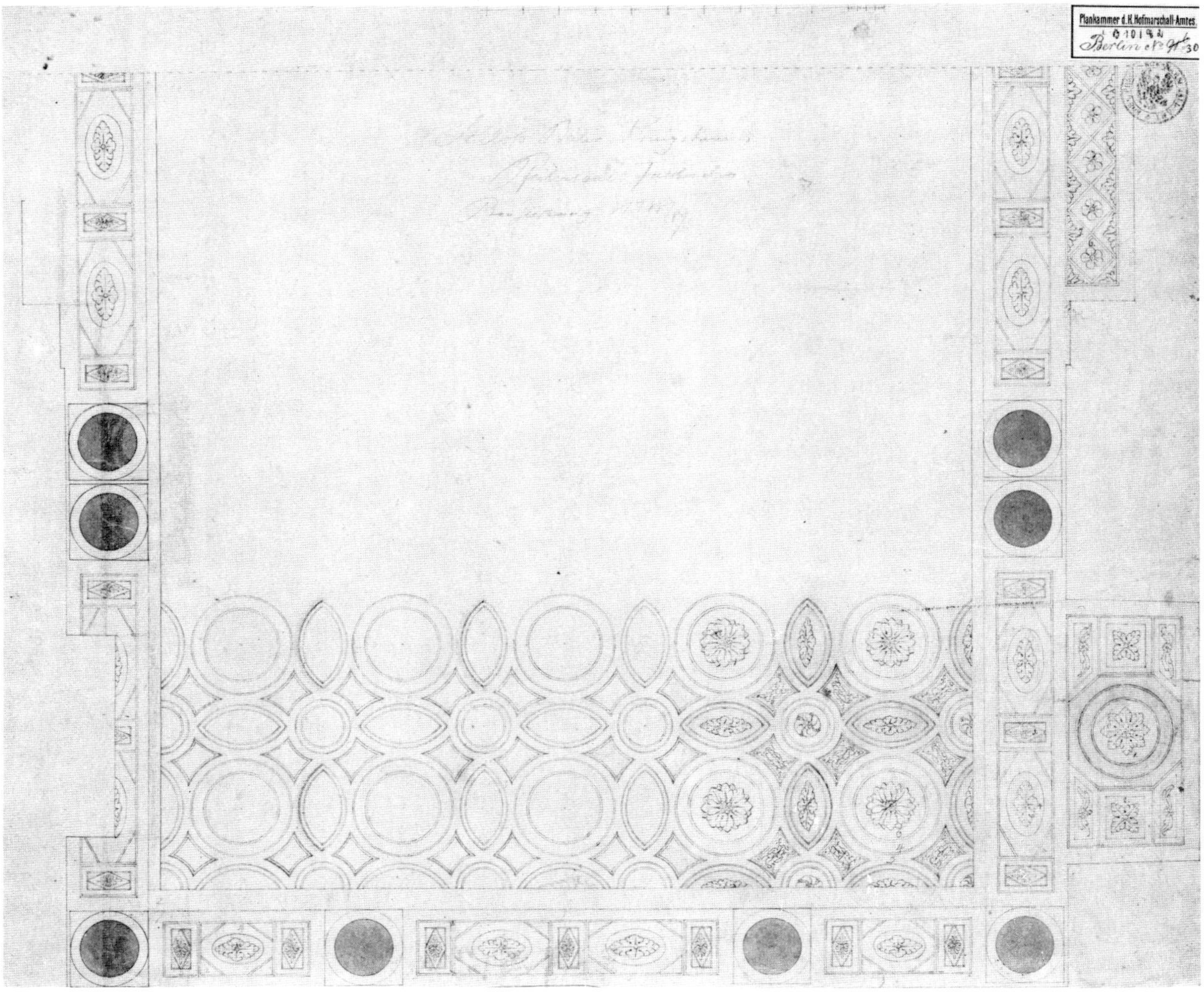

Entwurf zum Fußboden des Großen Säulensaals der Königskammern, von Friedrich Gottlieb Schadow für Erdmannsdorff, Bleistift und Feder, laviert, 46,8 x 57 cm, 1787/88

Auch für das Bibliothekszimmer ist der alternative Entwurf Erdmannsdorffs für den Fußboden erhalten (siehe Abbildung S. 86). Das Blatt ist mit Feder gezeichnet und mit Tusche sowie Aquarell laviert und koloriert; Schwarz, Grau und zwei Brauntöne bestimmen seine Farbigkeit. Die Zeichnung überliefert den Grundriß der Bücherschränke und Wandverkleidung. Den Fußboden ziert ein im Kreis verlegtes, kompliziertes Muster. Auch diese Zeichnung ist, wenn nicht von Erdmannsdorff, so doch von einem seiner Zeichner und war als Vorlageblatt gedacht, das zugleich für die Ausführung dienen konnte.

Ein weiteres, mit den Königskammern des Berliner Schlosses in Verbindung gebrachtes Blatt, das nicht aus dem Atelier Erdmannsdorffs stammt, ist in Charlottenburg erhalten: der mit Feder und Aquarell bunt gezeichnete Entwurf zu einer nicht ausgeführten Wanddekoration (siehe Abbildung S. 81). Sieben von schmalen Lisenen gegliederte Wandfelder auf marmorierten Sockeln sind so rhythmisiert, daß vier schmale, hellblau grundierte Wandstreifen mit Darstellungen der vier Elemente in arabesken Kompositionen drei breite, gelb grundierte Felder flankieren, von denen das mittlere die Tür und die seitlichen Blendarkaden mit gemalten Ausblicken in südliche Landschaften aufnehmen. Geplant war eine boisierte, lackierte und lebhaft bemalte Wandvertäfelung, wie sie Gontard in den lackierten Kabinetten ausführen ließ. Der Stil der Dekoration hat alle Charakteristika der übrigen von Gontard eingerichteten Zimmer der Königskammern, so daß eine Zuschreibung dieses Entwurfs an sein Atelier sicher scheint. Die aus dem beigegebenen Maßstab errechenbare Länge der Wand war in keinem Raum der Königskammern gegeben. Allein Schreib- und Schlafzimmer des Königs, nur durch eine dünne, nichttragende Wand voneinander geschieden, hatten gemeinsam diese Länge, so daß der Entwurf möglicherweise eine verworfene Planung Gontards für diesen Raum vor seiner Unterteilung überliefert. Leider sind für die Königskammern andere Zeichnungen Gontards nicht erhalten, die seine Entwurfsarbeit dokumentieren könnten.

Entwurf Gontards (Atelier?) zu einer nichtausgeführten Wanddekoration für die Königskammern, Bleistift und Feder, aquarelliert, 35,8 x 52,8 cm, 1787/88

Dagegen gibt die erhaltene Gruppe der Zeichnungen Erdmannsdorffs punktuell ein ausgezeichnetes und detailliertes Zeugnis von dessen Entwurfs- und Arbeitsmethoden, die Johann Gottfried Schadow aus der Erinnerung folgendermaßen beschrieb und charakterisierte: »Erdmannsdorff, welcher nur die innere Bedeckung der Wände, der Fußböden und Decken zu erfinden, und die Ausführung zu besorgen hatte, betrieb dies bis in die Einzelheiten mit einer Genauigkeit, die seine ganze Zeit hinnahm, und beschäftigte außerdem noch eine Anzahl junger Architecten, um jedes Capitäl, Consol oder Rosette für die Stuccateurs, die decorierten Rahmen und Leisten für die Holz-Bildhauer, und die Thüren und figurirten Fußböden für die Tischler in der ganzen Größe zeichnen zu lassen. Den Erfolg von diesem Verfahren kann man noch heute nach einem halben Jahrhundert wahrnehmen. ... Wegen seines sanften und adeligen Wesens suchten alle Arbeiter seinen Beifall sich zu erwerben, und wie damals auch tüchtiges in Handarbeiten ausgeführt wurde, ist noch zu sehen in den sogenannten neuen Kammern, dem gelben Pfeilersaal u.s.f.« Tatsächlich leitete und überwachte Erdmannsdorff die Ausführung der so entstandenen Entwürfe unermüdlich, wobei er mit großer Geduld die einzelnen Handwerker und Künstler anleitete und ständig zu qualitätvoller Arbeit anhielt, eine Tätigkeit, die ihm »wahres Vergnügen« bereitete.

In der Wahl der Künstler hatte Erdmannsdorff gewisse Freiheiten, traf aber auch sie wohl in Absprache mit

Heinitz. So konnte er die aus Wörlitz bewährte Zusammenarbeit mit dem Berliner Maler Johann Fischer hier fortführen oder die Künstler, mit denen er in Potsdam das Wohnzimmer Friedrichs des Großen neu ausgestattet hatte, auch in Berlin einsetzen, den Stukkateur Sartori und den Bildhauer H. F. Kambly. Der Hoftischler des Königs, Johann Georg Fiedler, stand ihm zur Verfügung, während er den Bühnen- und Dekorationsmaler J. C. W. Rosenberg für die Architekturmalerei des Speisesaals auswählte. Dem 1786 zum Rektor der Akademie ernannten Johann Christoph Frisch gab er Gelegenheit, seine enkaustische Maltechnik an hervorragender Stelle in mythologischen Historien zu verwenden.

Minister von Heinitz vermittelte Erdmannsdorff auch Johann Gottfried Schadow (1764–1850) für die Reliefs im Parole- und im Säulensaal, Arbeiten, die die Karriere des jungen Talents wesentlich fördern sollten. Heinitz war durch die Nachricht von Schadows Gewinn einer Medaille im Concorso Balestra der römischen Accademia di San Luca 1786 auf den damals in Rom weilenden Bildhauer aufmerksam geworden und hatte ihn zur Rückkehr nach Berlin bewegen können. Um Rivalitäten mit dem Hofbildhauer Antoine Tassaert zu vermeiden, stellte er ihn Ende 1787 als Modelleur bei der Porzellanmanufaktur an. Gleichzeitig muß er Schadow an Erdmannsdorff vermittelt haben, der damals mit den Entwürfen zum Parole- und Säulensaal beschäftigt war und für die dort vorgesehenen Reliefs einen »Figuristen« suchte. Später erinnerte sich Schadow: »Der Baumeister nahm meine Arbeit gar gerne«. Als mit dem Tod Tassaerts am 21. Januar 1788 die Stelle des Hofbildhauers frei war, betrieb von Heinitz gegen manchen Widerstand die Berufung seines Schützlings in dieses Amt. Er machte ihn sofort zum ordentlichen Mitglied der Akademie und stellte bereits zwölf Tage nach Tassaerts Tod neue Entwürfe Schadows den Mitgliedern vor: eine erste Zeichnung für das Grabmal des im Sommer 1787 verstorbenen natürlichen Sohnes des Königs, des Grafen von der Mark, und »ein paar für Se. Majestät bossierte Insignienträger«. Die Entwürfe waren gezielt gewählt, denn das Grabmal war der wichtigste königliche Auftrag, den die Hofbildhauerwerkstatt zu der Zeit zu erfüllen hatte, und die Signiferi für die Reliefstreifen des Parolesaals bewiesen nicht nur seine bildhauerischen Qualitäten, sondern auch die Tatsache, daß er bereits für den König arbeitete. Die Reliefs und vor allem der Grabmalsentwurf fanden die volle Anerkennung der Akademiemitglieder.

Da jedoch dem Mitbewerber um das Hofbildhaueramt, Alexander Trippel (1744–93), Gelegenheit gegeben wurde, ein Probestück einzusenden, verzögerte sich die Entscheidung. Schadow nutzte die Zeit, den Entwurf für das Grabmal des Grafen von der Mark auszuarbeiten, ein Modell für das Denkmal des Generals von Zieten zu fertigen und schließlich die Reliefs für die Königskammern zügig voranzutreiben. In der am 25. September 1788 eröffneten Akademieausstellung präsentierte er neben in Rom entstandenen Arbeiten und Modellen für die Porzellanmanufaktur einige Reliefs der inzwischen vor der Vollendung stehenden Königskammern: eine der Supraporten des Säulensaals. »Alexander und Deinokrates« (Nr. 359), Abgüsse der Supraporten des Parolesaals mit Viktoriendarstellungen (Nr. 360, Abb. 211 a und b) und vier der Signiferi des Parolesaals in Abgüssen (Nr. 361), darunter die von Abbildung 212 a und b sowie 213 b. Das Probestück Trippels, von der Akademie als enttäuschend begutachtet, stand in der Ausstellung (Nr. 362) nahe bei Schadows Arbeiten. Auf diese Weise war der König leicht davon zu überzeugen, daß Schadow der rechte Mann sei. Vier Tage nach Eröffnung der Ausstellung wurde er zum Hofbildhauer ernannt.

So hatte Erdmannsdorff mit dem Auftrag für »Figuren-Arbeit« zu der von Heinitz betriebenen Berufung Schadows indirekt beigetragen, indem er ihm Gelegenheit gab, sich mit diesen Arbeiten zu profilieren und in Berlin bekannt zu machen. Schadow hat ihm das nicht vergessen und seiner später wärmstens gedacht: »Eine Huldigung dem Andenken dieses trefflichen Architekten ist es, wenn ich hier (nach Aufzählung der Reliefs der Königskammern) bemerke, daß die ... Gegenstände nicht vom Bildner, sondern von Herrn von Erdmannsdorff selbst vorgeschrieben wurden, was an eine Zeit erinnert, wo Raphael von dem Cardinal Bembo sich Aufgaben stellen ließ.« Diese bedeutenden Frühwerke Schadows sind also der anregenden und fruchtbaren Zusammenarbeit mit Erdmannsdorff zu verdanken, und das gilt auch für Arbeiten der übrigen in den Königskammern unter diesem Architekten schaffenden Künstler und Handwerker.

Welche Künstler und Handwerker die Arbeiten in den Königskammern ausführten, überliefert die abschließende Kostenaufstellung aus dem Jahr 1789, zu der es eine analoge Rechnung auch für die unter Gontard entstandenen Räume gibt. Diese Belege, von denen sich Abschriften in der Plankammer in Charlottenburg befinden, liegen allen Namensnennungen in den Beschreibungen der Zimmer zugrunde. Dabei zeigt sich, daß einige Meister sowohl für Erdmannsdorff wie für Gontard, andere dagegen nur für einen der beiden Architekten tätig waren.

Für Stukkaturen stand Erdmannsdorff Constantin Philipp Georg Sartori (1747–1812?) zur Seite, der in Potsdam die beste und meistbeschäftigte Stukkateurwerkstatt betrieb. Seine wichtigste Aufgabe war die Stuckierung und Marmorierung des großen Säulensaals (Abb. 214–217), einschließlich des prächtigen Marmorstuckofens. Außerdem schuf er die Deckengesimse im Speisesaal und in den beiden Französischen Kammern sowie die Decke im Eckkabinett und das Postament für die Statue der »Kalliope«

im Bibliothekszimmer (Abb. 220–221). Neben Sartori wurde die Firma der Stukkateure und Bildhauer Föhr und Anton (?) Gügel herangezogen. Im Parolesaal führten sie die zweite, vollständige Stuckmarmorierung der Königskammern aus (Abb. 210) und fertigten den Plafond in der ersten Französischen Kammer (Abb. 225). Beide Werkstätten schufen gleichzeitig auch Stuckdecken für Räume von Gontard: Föhr und Gügel in den Rot- und Gründamastenen Kammern der Audienzsuite (Abb. 195 und 197) und im Schlafzimmer des Königs, Sartori im Weißen Zimmer (Abb. 206) sowie im Rotlackierten Kabinett und im Gründamastenen Zimmer des Lustgartenrisalits.

Für die Decken- und Wandmalereien konnte Erdmannsdorff auf einen Mann zurückgreifen, den er aus langjähriger Zusammenarbeit bestens kannte: Johann Fischer, »Perspectivmaler« und Mitglied der Akademie, der in Wörlitz seit 1770 nach Erdmannsdorffs Entwürfen dekorative Malereien bei der Einrichtung des Schlosses und der Parkgebäude ausgeführt hatte. In den Königskammern arbeitete er nur für Erdmannsdorff die Decken- und Wandmalereien der beiden Französischen Kammern (Abb. 224–227), die Decken und Friese des Bibliothekszimmers und des Eckkabinetts sowie die Farbgründe der Stuckdecke im Parolesaal. An der umfassendsten malerischen Ausstattung in den Erdmannsdorff-Zimmern wurde er jedoch nicht beteiligt: Die »römisch-pompeianische« Wand- und Deckenmalerei des Speisesaals (Abb. 220–221) übertrug der Architekt dem Bühnen- und Dekorationsmaler Johann Carl Wilhelm Rosenberg (1737 – etwa 1800). Das zentrale Deckenbild – Putten als Bacchus und Ceres – und die vier enkaustischen, die Musik in mythologischen Szenen allegorisierenden Gemälde an den Wandpfeilern der fingierten Architektur hatte Johann Christoph Frisch (1738–1815) geschaffen und mit ihnen sowohl maltechnisch wie stilistisch versucht, sich antiker Historienmalerei weitgehend anzupassen (Abb. 223a und b). Rosenberg, der in Erdmannsdorffs Säulensaal die Kassetten der Stuckdecke bemalte, übernahm auch sämtliche dekorativen Malereien in den von Gontard entworfenen Zimmern: Er kolorierte die Decken in den Damastkammern der Audienzsuite, im Weißen Zimmer, im Schlaf- und im Schreibzimmer sowie im Gründamastenen Zimmer des Risalits. Seine wichtigste Aufgabe für Gontard war die reiche Bemalung der Vertäfelung und Schnitzereien im Rotlackierten Kabinett, gemeinsam mit dem Lackierer Gerrin.

Für Vergoldungen und Lackierarbeiten zog Erdmannsdorff den Maler und Glaser Chevalier heran, der im Speisesaal, in den Französischen Kammern, im Bibliothekszimmer und im Säulensaal arbeitete. Gontard beschäftigte mehrere Vergolder: Thomas und Michel an den Decken der Gründamastenen Kammer und des Weißen Zimmers, Borchardt an der im Gründamastenen Zimmer des Risalits.

Bildhauer, auch Zieratbildhauer genannt, die figürliche und ornamentale Holzschnitzereien für Wandtäfelungen, Fensterlaibungen, Türen und ähnliches schufen, beschäftigte Erdmannsdorff mehrere: Ein Bildhauer und Ziseleur Bartels arbeitete im Speisesaal, in den Französischen Kammern, im Bibliothekszimmer und im Großen Saal. Heinrich Friedrich Kambly (1750–1801) aus Potsdam lieferte zwei Spiegelrahmen in der Grünen französischen Kammer und fertigte für das Eckkabinett Metallvergoldungen und Marmorarbeiten. Der Bildhauer Loubier schuf das große Fenster im Säulensaal und versetzte Tassaerts Kamin in der Grünen französischen Kammer, wo sein Kollege Nerger weitere Bildhauer- und Vergolderarbeiten schuf, während Dours die gleichen Arbeiten in der Blauen französischen Kammer ausführte. Die Bildhauer Eben, Franz Ephraim, der Vater (1727–98), und sein Sohn Johann Ephraim (1748–1805), schufen die prächtigen Türen im Großen Säulensaal nach Erdmannsdorffs Zeichnungen.

Gontard dagegen zog nur für die Holzschnitzereien im Rotlackierten Kabinett den Bildhauer Andreas Labady (1731 – etwa 1800) heran, die übrigen Boiserien ließ er von Kunsttischlern ausführen. Die Fertigung der Kamine für seine Zimmer übertrug er den Steinmetzen Calame, Cantian (1756–1819) und J. C. F. Moser, dem späteren Architekten. Calame und Cantian versetzten auch die auf Erdmannsdorffs Betreiben aus Rom importierten Kamine und fügten zum Teil neue Platten hinzu.

Die Kunsttischler waren für Gontard und Erdmannsdorff getrennt tätig. Gontard ließ von ihnen die Lamberien und Boiserien seiner Kammern herstellen und beschäftigte dabei die Tischlereien Eisen, Czekay & Hahn, Ladewig & Siebe, Haase, Lindewolt & Hempel sowie Doesing, während Erdmannsdorff nur mit zwei Meistern arbeitete, dem Hoftischler Friedrich Wilhelms II., Johann Georg Fiedler, und mit Meister Fellman. Fiedler schuf die Schränke und Wandverkleidungen des Bibliothekszimmers sowie die prächtigen Fußböden aller Erdmannsdorff-Zimmer mit Ausnahme des Eckkabinetts, in dem alle Tischlerarbeiten von Fellman stammten.

Der Bronzegießer Irmisch arbeitete für Erdmannsdorff die Fassungen der Spiegelwand im Speisesaal, für Gontard die Bronzebeschläge der Kamine im Schreibzimmer und im Rotlackierten Kabinett. Für einen weiteren Kamin fertigte der Gießer Müller die dekorativen Beschläge.

In der Kostenaufstellung Erdmannsdorffs sind neben den »Bildhauern« und »Steinmetzen« noch die »Figuristen« Johann Gottfried Schadow mit den Reliefs im Großen Säulensaal und dem Parolesaal, Johann Christian Unger (1746–1827) mit den Reliefs im Eckkabinett und Giovanni Battista Selvino (1744–89) mit vier Masken an der großen Tür des Säulensaals aufgeführt.

Aus dieser Übersicht wird deutlich, daß Erdmannsdorff und Gontard bei der Organisation der Ausführung einiger Arbeiten sich miteinander absprechen mußten, da sie teilweise dieselben Handwerker und Künstler beschäftigten, vor allem bei Stukkaturen, dekorativen Malereien, Steinmetz- und Bronzearbeiten. Dagegen hatte jeder von ihnen eigene Tischler, Bildhauer, Lackierer und Vergolder zur Verfügung. Erdmannsdorff standen dabei mit dem Hoftischler Fiedler, den Bildhauern Kambly und Eben die dem Hofe nahestehenden, besseren Kräfte zur Verfügung. Außerdem zog er für Sonderaufgaben den Historienmaler Frisch und die Bildhauer Schadow und Unger heran.

Auch der Umfang einzelner Aufträge Erdmannsdorffs war außerordentlich, gemessen an der gleichmäßigen Kostenverteilung in Gontards Rechnung. So hatten von den Stukkateuren Sartori im Säulensaal und Föhr und Gügel im Parolesaal ihre größten Aufträge, der Maler Rosenberg im Speisesaal seine umfangreichste Aufgabe, doppelt so groß wie der größte ihm von Gontard erteilte Auftrag im Rotlackierten Kabinett. Der Tischler Fiedler bewältigte seine aufwendigsten Arbeiten im Bibliothekszimmer, im Säulensaal sowie im Speisesaal, und Fellman schuf im Eckkabinett die kostspieligste Tischlerarbeit der Königskammern überhaupt. Die Verspiegelung der Fensterwand im Speisesaal mit vergoldeter Bronzefassung war ebenfalls teuer.

Auch wenn man berücksichtigt, daß in Gontards Kostenrechnung mit dem Thronzimmer und dem Konzertzimmer die beiden schönsten und reichsten der von ihm ausgestatteten Räume fehlen, fällt doch auf, daß Erdmannsdorff die größeren, künstlerisch anspruchsvolleren, handwerklich schwierigeren und im Material kostspieligeren Aufgaben gestellt hat, sicher in Übereinkunft mit dem König. Ein Vergleich der Gesamtausgaben beider Architekten bestätigt diese Feststellung. Gontard errechnete für sämtliche Arbeiten rund 19200 Reichstaler, Erdmannsdorff dagegen rund 84000, davon 6500 für das Wohnzimmer in Sanssouci.

Merkwürdig bleibt, weshalb Gontard die Kosten für das Konzertzimmer, das Thronzimmer und das Grünlackierte Kabinett in der Rechnung nicht aufführte. Möglicherweise wurden sie nicht aus den Mitteln des allgemeinen Bauetats bezahlt, in dem 1789 nach Richard Borrmann für das Innere und Äußere des Schlosses 100000 Reichstaler und 1790 nochmals fast 60000 Reichstaler ausgewiesen waren, sondern aus anderen Schatullen des Königs. Allein für den Kronleuchter im Thronzimmer soll Friedrich Wilhelm II. laut Borrmann 85000 Reichstaler ausgegeben haben. Nur ein erneutes Quellenstudium könnte hier Klarheit schaffen.

Die Wohnung des Königs lag im ersten Stock des Lustgartenflügels und erstreckte sich in einer langen Raumfolge vom Garde-du-Corps-Saal über Portal V bis zum Kabinett in der Nordwestecke des Risalits zur Schloßfreiheit. Zugänglich war sie über die Treppe im nördlichen Risalit des Zweiten (Inneren) Schloßhofs, von der aus ein Korridor nach links direkt zum Parolesaal führte, während der Eingang zum Garde-du-Corps-Saal der Treppenmündung gegenüber lag. Dieser Wachsaal, dessen Fenster wie die der folgenden Räume zum Lustgarten hinaus gingen, war Auftakt der Audienzsuite, die durch eine rote und eine grüne Damastkammer (Abb. 194–198) zum Thronsaal führte, an dessen Westwand der Thronbaldachin stand (Abb. 199–203). Im anschließenden Risalit über Portal IV lagen zwei weitere repräsentative Räume: zum Ersten (Großen) Schloßhof der Parolesaal (Abb. 210) für die militärische Repräsentation, zum Lustgarten als Festsaal der Große Säulensaal (Abb. 214–215). Westlich schloß an ihn der Speisesaal (Abb. 220–221) an, auf den als repräsentative Empfangszimmer die beiden Französischen Kammern folgten (Abb. 224–227). Das angrenzende Bibliothekszimmer lag den intimen Wohnräumen vor, die aus dem Gründamastenen Zimmer, den lackierten Kabinetten und dem Eckkabinett bestanden. Zum Schloßhof hin folgte auf den Parolesaal das Weiße Zimmer als Vorzimmer vor dem Konzertzimmer, an das Schlaf- und Schreibzimmer des Königs anschlossen (Abb. 204, 208 und 209).

Die Lage der Zimmer und ihre Verbindungen untereinander machen anschaulich, wie der König seine Wohnung benutzte. Im privaten Bereich lag das Schlafzimmer zwischen dem Schreib- und dem Konzertzimmer, sicher ein Hinweis auf die persönlichen geistigen Interessen des Monarchen. Als Nebenräume folgten dem Schreibzimmer ein Ankleidezimmer und die Garderobe. Aus dem Schreibzimmer betrat der König die Blaue französische Kammer, das hinterste der repräsentativen Empfangszimmer, von dem aus über das Bibliothekszimmer die privaten Wohnräume bis hin zur mahagonivertäfelten Kunstkammer im Eckkabinett zu erreichen waren. Durch das zweite Empfangszimmer, die Grüne französische Kammer, betrat er den Speisesaal, den nach Säulen- und Parolesaal repräsentativsten Raum der Wohnung. Die Tafelgäste gelangten über zwei Wege hierher: die Militärs vom Parolesaal aus durch das Weiße Vorzimmer, Gesandte und andere Zivilpersonen über die Audienzsuite und durch den Festsaal hindurch. Nach dem Essen konnte sich die Gesellschaft in die Französischen Kammern zurückziehen. Hatte der König militärische Repräsentation zu erfüllen, erreichte er den Parolesaal vom privaten Bereich her aus dem Konzertzimmer kommend über das Weiße Vorzimmer. Bei großen Festen betrat er den Säulensaal durch die große Tür vom Parolesaal aus auf demselben Weg. Gab er Audienz, betrat er das Thronzimmer über den Säulensaal, Gesandte und Mitglieder der zivilen Stände wurden ihm vom Garde-du-Corps-Saal durch die Audienzsuite hierher entgegengeführt. Diesen

Weg brauchten die Militärs nicht zu gehen, sie erreichten den Parolesaal direkt über den Bunten Gang (Abb. 192). Von den Staats- und Repräsentationsräumen her konnte der König die Gäste stufenweise in den Speisesaal und die Französischen Kammern tiefer in die Wohnung hineinziehen, ohne seine Privaträume dazu preisgeben zu müssen. Eine ähnliche Mittelstellung hatte das Konzertzimmer. Am Schlafzimmer gelegen, gehörte es zum Privatbereich der Wohnung, war über den Parolesaal und das Weiße Vorzimmer aber auch für Musiker und zuhörende Gäste

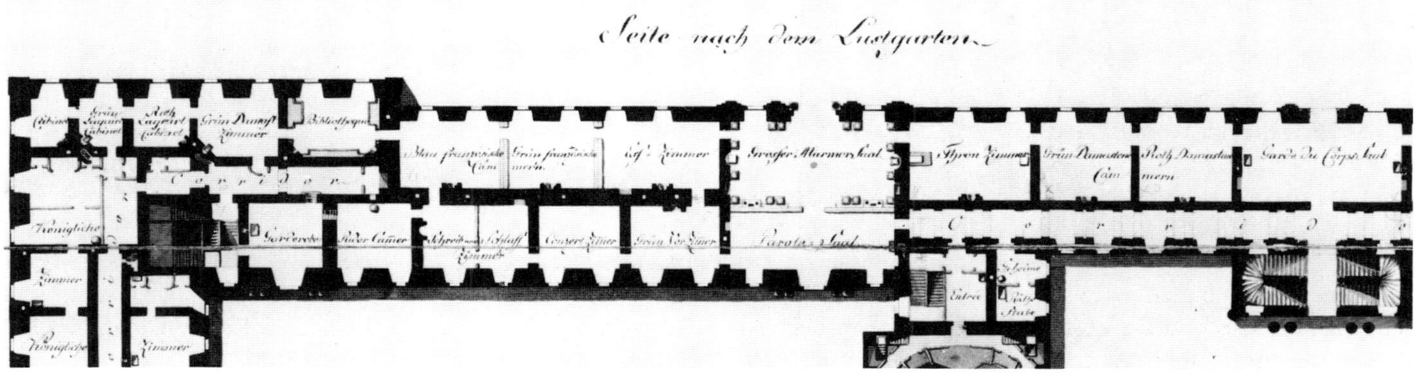

Grundriß der Königskammern im 1. Obergeschoß des Lustgartenflügels, 1803

zugänglich. Hier musizierte der König selbst, während große Konzerte im Säulensaal stattfanden.

Eingehende Beschreibungen der einzelnen Zimmer mit ihren die jeweilige Funktion des Raumes charakterisierenden künstlerischen Dekorationen sind als Erläuterung des Abbildungsteils dieses Buches gegeben. Hier werden im folgenden nur jene Zimmer der Königskammern eingehender beschrieben, die im Abbildungsteil nicht dokumentiert sind, da sie bereits vor Zerstörung und Abriß des Schlosses nicht mehr in ihrer ursprünglichen Funktion und Gestalt erhalten waren.

Den Garde-du-Corps-Saal über Portal V betrat man von der Treppe und dem Korridor her eintretend in der Mitte der Längswand gegenüber dem großen, auf den Lustgarten gehenden Balkonfenster, das von zwei weiteren Fenstern flankiert war. Die Einrichtung ist weder in Beschreibungen noch Abbildungen überliefert, da er anscheinend schmucklos und gegen Ende des 19. Jahrhunderts »durchweg modernisiert« war (Abb. 193). Die Kostenaufstellung der unter Karl von Gontard entstandenen Arbeiten nennt Zahlungen an den Steinmetzen Moser »für die Anfertigung und Aufsetzung der beiden massiven Pfeiler an der Großen Glas Thüre, im Hauptportal des Garde du Corps Saals« und an den Steinmetzen Cantian für einen »Camin von weißen Italienischen Marmor, der im Garde du Corps Saal employieret werden sollte«. Die Tischlermeister Ladewig und Siebe wurden für die »Thüren, Lambry und zwei Dutzend Stuhlgestelle« bezahlt. Die vierundzwanzig Stühle machten den Wachsaal gleichzeitig zum Wartezimmer der Audienzsuite, in die man durch die Tür der linken Schmalwand eintrat.

Die Zimmer der Königskammern, die nach der Blauen französischen Kammer anschlossen und bis zum Eckzimmer im Risalit an der Schloßfreiheit sich fortsetzten, wurden im Laufe des 19. Jahrhunderts verändert. Das Bibliothekszimmer löste man 1868–69 auf und richtete dort nach dem Entwurf des Schloßbaumeisters Ludwig Ferdinand Hesse (1795–1876) ein »neues Schlafzimmer« mit hellblauer Damastbespannung ein. Die westlich anschließenden Kammern wurden erst 1894–96 anläßlich der Umbauten im Zuge der Neugestaltung des Weißen Saals aufgegeben und neu eingerichtet. Leider hat man sie zuvor nicht mehr fotografiert. Albert Geyer nahm noch einige Decken und Fußböden zeichnerisch auf, doch blieb auch ihm keine Zeit zur vollständigen Dokumentation dieser Räume, über deren Aussehen nur die Beschreibungen bei Rumpf und in Richard Borrmanns Inventarband Auskunft geben.

Das Bibliothekszimmer war von Erdmannsdorff entworfen und bewahrte die Handbibliothek Friedrich Wilhelms II. Es lag westlich der Französischen Kammern als erster Raum im Risalit des Lustgartenflügels und ging mit zwei Fenstern zum Lustgarten hinaus. Eine alternative Entwurfszeichnung Erdmannsdorffs für den Fußboden (siehe Abbildung S. 86) überliefert nicht nur das prächtige Parkettmuster mit seiner konzentrisch gelegten, perspektivisch illusionierten Quaderung aus dunklen, mittleren und hellen Hölzern, sondern im Grundriß auch die Aufstellung der vier Bücherschränke und die Wandverkleidung aus Mahagoniholz. Eine Zeichnung von Hesse, »vor dem Umbau 1868« aufgenommen (siehe Abbildung S. 87), dokumentiert in Grundriß und zwei Schnitten darüber hinaus auch den Aufriß der Bibliothekseinrichtung.

Aus dieser Überlieferung läßt sich eine Anschauung von der Einrichtung der Bibliothek gewinnen: Die vom Tischler Fiedler geschaffenen Schränke standen an den Schmalwänden und der inneren Längswand und waren durch Holzvertäfelung miteinander verbunden, welche die nahe der Innenwand stehenden Zimmertüren faßte und in den abgeschrägten Ecken vom Boden aufstehende Halbrundnischen bildete. Die etwa fünf Meter hohen Mahagonischränke mit zweiflügeligen Glastüren waren architektonisch gegliedert. Über einem vorstehenden Sockelteil stand eine Doppelpilasterordnung mit »griechischen« Lanzettblatt-Kapitellen (nach dem semi-korinthischen Kapitell am Turm der Winde in Athen, das J. Stuart im ersten Band der »Antiquities of Athens« 1762 veröffentlicht hatte) und einem auf Architrav und Gesims verkürzten Gebälk in der Proportion einer kompositen Ordnung.

Grundriß und Entwurf Erdmannsdorffs (Atelier) zum Fußboden des Bibliothekszimmers der Königskammern,
Feder, laviert und aquarelliert, 32,7 x 38 cm, 1787/88

Die Schrankwand vor der Langseite war rhythmisiert; ein schmales, von einfachen Pilastern gerahmtes Intervall bildete zwischen den breiten Glastürintervallen die Mitte und barg eine Figurennische. Von den Schränken her kröpfte das Gebälk auf die Wände zurück, getragen von seitlich der Zimmertüren und Ecknischen am Boden aufstehenden Pilastern, die zugleich die vorspringenden Schränke hinterlegten.

Die Deckenmalerei Johann Fischers war nach Rumpf »im hetrurischen Geschmack« gehalten und zeigte in den Bildfeldern »verschiedene Feste, Triumphe und Heerzüge«. Der ebenfalls von Fischer gemalte Fries über den Bücherschränken und unter dem stuckierten Deckengesims fingierte bronzene Reliefs, die »die Verehrung Homers«, »Alexander, welcher die Werke des Homers in den von dem Darius erbeuteten kostbaren Kasten legen läßt« und »Apoll mit verschiedenen Musen« darstellten. In der Mittelnische der Schrankwand befand sich die antike Statue des »Vergil, auf einem Postament von Marmor«. In der westlichen Ecknische saß auf einem dreiseitigen

»Postament von Stucc Marmor« von der Hand Constantin Sartoris eine antike, aus der Sammlung Polignac stammende »Kalliope« mit modern ergänztem Kopf. In der anderen Ecknische stand ein eiserner Ofen, dessen oberer Teil ein Abguß der sogenannten »Vestalin« der Dresdner Antikensammlung bildete, so daß insgesamt drei antike tuen und Büsten und mit der antikisch-»etruskischen« Wand- und Deckenmalerei einen noblen, einheitlich klassizistischen Raumeindruck, der im Vergleich zum 1771 entworfenen, unruhig kleinteiligen Bibliothekszimmer in Wörlitz Erdmannsdorffs souverän entwickelten Dekorationsstil anschaulich machte. Nach der Auflösung des

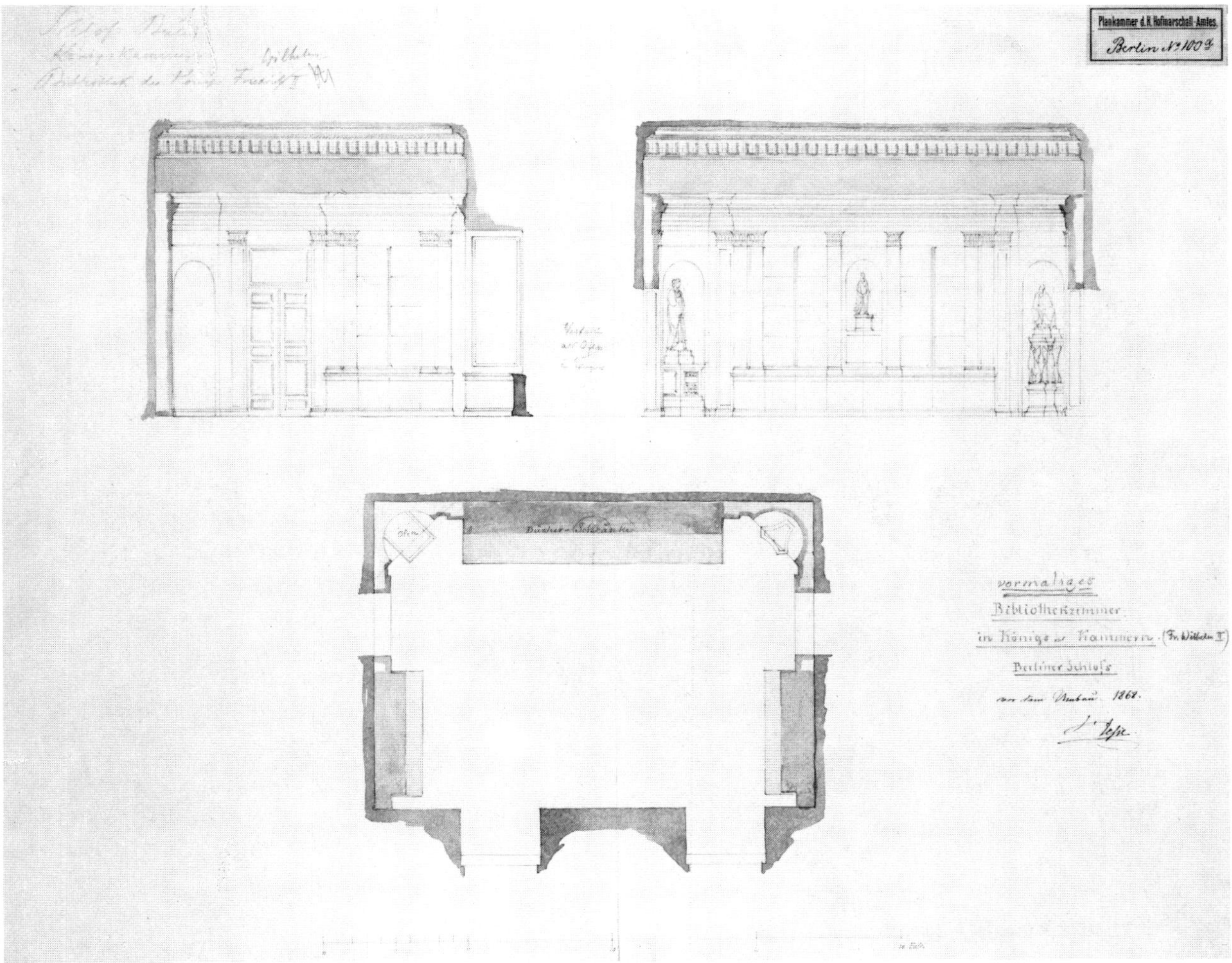

Grundriß und Schnitte des Bibliothekszimmers der Königskammern, Bauaufnahme von Ludwig Ferdinand Hesse, 1868

Statuen die Nischen der Wandverkleidung füllten. Auf den Schränken befanden sich neun antike Büsten. Hinter den Glastüren sah man die reichverzierten Rücken der in braunes und rotes Ziegenleder gebundenen Bücher, die der König hauptsächlich vom Vater geerbt hatte.

Insgesamt beherrschten die hohen, architektonisch mit »griechischer« Pilasterordnung gegliederten Bücherschränke den Raum. Ihr herumgezogenes Gebälk verband die verschiedenen Elemente der Wandverkleidung, so daß Rundnischen, Türfelder und die Schränke in rhythmischer Folge aufeinander bezogen erschienen. Diese großzügige Holzarchitektur ergab im Verband mit den antiken Sta-

Bibliothekszimmers wurden die Bücherschränke ohne ihre Sockel und mit teilweise verstümmelten Kapitellen und Abschlußgesimsen in der Schloßbibliothek abgestellt und weiter benutzt (Abb. 286). Auf diese Weise hatten sie natürlich viel von ihrer ursprünglichen, architektonischen Qualität verloren.

An das Bibliothekszimmer schloß westlich ein zweifenstriges »Grün Damast Zimmer« an. Seine Dekoration war von Karl von Gontard entworfen. Constantin Sartori hatte die kassettierte Decke geschaffen: Gestreckte Sechsecke um ein rechteckiges Mittelfeld waren mit gemmenartigen Zentralmotiven, viel Akanthus, Schalen und Füllhörnern in den Ecken geschmückt. Rosenberg besorgte die farbige Tönung und ein gewisser Borchardt die Vergoldung. Die Wände bespannte grüner Damast, von geschnitzten Leisten gefaßt. Weißlackierte Täfelung mit vergoldeten Leisten und Ornamenten bedeckte die Fensterwand, an deren Pfeiler der Spiegel über einem Konsoltisch eingelassen war. Der als Vase gebildete Ofen befand sich in einer Nische der westlichen Zimmerecke. Ursprünglich stand in dieser Kammer der berühmte Kunstschrank von David Roentgen, heute im Kunstgewerbemuseum in Köpenick, das »Neuwieder Cabinet« genannt, nach dem der Raum auch als Neuwieder Zimmer bezeichnet wurde. Siebzehn Fürsten- und Feldherrnporträts hingen an den Wänden.

Es folgte das Rotlackierte Kabinett, mit nur einem Fenster zum Lustgarten; Karl von Gontard hatte es entworfen. Das Kabinett war vollständig boisiert, eine Arbeit des Tischlers Haase und des Bildhauers Andreas Labady. Ein »Laquir« Gerrin fertigte die rötliche »couleur de chair«-Lackierung, die reiche Malerei stammte wieder von Rosenberg. Die nach 1894 in den Raum 18 des Hohenzollern-Museums im Schloß Monbijou übertragene Vertäfelung bestand aus einem Wandsockel mit querrechteckigen, von vergoldeten Leisten gefaßten Feldern und aus gerahmten hohen Wandtafeln mit querrechteckigen Bildfeldern darüber zwischen lisenenartigen, vertikalen Streifenbändern. Reiche, lebhafte Arabesken, teils in gefaßter Reliefschnitzerei, teils aufgemalt, bildeten das heitere Ornament des Kabinetts. Auf den felderteilenden Streifen wuchsen vom Sockel her aus Akanthusarabesken langstielige Kelche, darauf trugen Rücken an Rücken stehende Tritonen im Nacken gemmenartige, hochovale Reliefbilder mit Götterfiguren auf dunklem Grund (darunter Diana und Venus). Vom Gesims her hingen an verknoteten Schleifen, auf denen Papageien und Sirenen hockten, mit langen Bändern Blütenkränze und Blumenkörbe herab, an die sich flatternde Genien klammerten und den Eindruck von Kanephoren erweckten.

Die hohen Wandtafeln waren leicht rhythmisiert; die mittlere, breite, trug ein leistengerahmtes, im Bogen abschließendes Feld, in dem unten ein von lagernden Faunen flankiertes, flaches und eingeschwungenes Sockelmotiv mit Rundmedaillon darüber stand. Seitlich dieses Sockels wuchsen hohe blütengeschmückte Halme empor, während im Bogenfeld eine nach oben spiralig einrollende Akanthusarabeske mit halbfiguriger Darstellung der Pomona und mit herabhängenden Blumengirlanden eingefügt war. In den schmaleren seitlichen Feldern flankierten Sirenen einen Sockelquader, zu dessen Seiten ebenfalls hohe Blütengräser aufwuchsen. Eine an Rocaille erinnernde Halbkreisbogenform mit nach unten gezogenen, gelängten Muschelzacken bildete hier, einen Treillagebogen anspielend, den oberen Abschluß, von dem nach unten einrollende Arabeskenspiralen zur Seite hin ausgingen und Blütengirlanden herabhingen. In Grisaille gemalte Relieffriese mit tanzenden Bacchantinnen füllten die querrechteckigen Bildfelder darüber; die Lamberie war mit spiraligen Arabesken und zopfigen Gehängen bemalt.

Einen ungefähren Eindruck von der Wirkung dieser Dekoration gibt auch die Zeichnung mit Gontards Entwurf für eine nicht ausgeführte Wandvertäfelung (siehe Abbildung S. 81), die in einem analogen System gegliedert und dekoriert werden sollte. Die Stuckdecke von Sartori enthielt ein ovales Mittelfeld mit Blitzbündeln, umgeben von einem Rahmen, in dessen Fries hochovale Rosettenfelder eingelegt waren. Von den Ecken her wuchsen aus Blütenranken Hermenkanephoren und faßten Zwikkeltrapeze mit Arabeskenfüllungen und gemmenartigen Reliefs in der Mitte, die »Kriegers Abschied«, »Kentauren« und ähnliches zeigten. Der Parkettboden bestand aus geometrischen Mustern in eingelegter Arbeit. Der Kamin aus grünem Marmor mit Bronzebeschlägen stand in einer Zimmerecke, auch er wurde später im Schloß Monbijou bewahrt. Zwei vergoldete Tische mit Marmorplatten und zugehörigen Stühlen, dazu eine »Neuwieder Flöten- und Klavieruhr« (Rumpf) bildeten das Mobiliar dieses Kabinetts, das mit seiner hellen, bunten Farbigkeit und seiner reichen Ornamentik noch deutlich Rokoko-Charakter zeigte, wenn auch gezähmt durch die Rechtwinkligkeit der Felderteilung, die Dünngliedrigkeit der vegetabilen Ornamente und die am Adam-Stil orientierte Feinlinigkeit des Deckenstucks. Neben dem Thronzimmer und dem Konzertzimmer gehörte das Rotlackierte Kabinett mit seiner heiter-intimen Ausstattung zu den besten Leistungen des reifen Gontard in den Königskammern.

Das anschließende Grünlackierte Kabinett hatte ebenfalls ein Fenster zum Lustgarten und war nach einem Entwurf Karl von Gontards entstanden. Seine Wandvertäfelung war grün lackiert und mit Arabeskenfriesen bemalt. Die ursprünglich von Kaiser gemalte Decke wurde bereits gegen Ende des 19. Jahrhunderts modern erneuert. Der Parkettboden zeigte ein reiches eingelegtes Muster. Der weiße Ofen auf grünem Postament stand in einer Zimmerecke. Ein Tisch mit Alabasterplatte, ein runder Mahagonitisch mit zwei Servanten und ein Kanapee mit Stühlen aus Nußbaum, bezogen mit goldenem Glacé, bildeten die Möblierung des Kabinetts, dessen Wände 25 kleinformatige Gemälde schmückten.

Aus diesem kleinen, wohnlich eingerichteten Kabinett betrat man schließlich das Eckkabinett mit je einem Fenster zum Lustgarten und zur Schloßfreiheit. Die Einrichtung hatte Friedrich Wilhelm von Erdmannsdorff entworfen und ausführen lassen, sie war nach Borrmann »für Zeit und Stil besonders bezeichnend«. Die Wände bedeckte eine dunkle Vertäfelung aus geflecktem, poliertem Mahagoni. Über einem durchgehenden Wandsockel mit laufendem Hund als Abschlußgesims stand die glatte Wandfläche auf. Der Türrahmen mit dorisierendem Gebälk und hochrechteckige, mit feinen Profilen gerahmte Felder waren in sie eingelassen, darüber quadratische Felder, in die vier achteckige Reliefs aus weißem Marmor von Johann Christian Unger mit Darstellungen von Omphale, Melpomene, Ajax und Viktoria eingesetzt waren, umgeben von geschnitzten Palmetten- und Rosettenornamenten in Elfenbeinton. Die Rahmen hatten im breit gerahmte, geschnitzte Arabesken. Insgesamt bestand ein dem Parolesaal ähnliches Verhältnis von glatter Wandfläche zu den eingelassenen, gerahmten Feldern.

Der mit farbigen Hölzern eingelegte Fußboden zeigte ein mittleres Rundfeld, umgeben von Ovalfeldern mit rahmenden Festons, die von den Langseiten her aus Stielen

Wandvertäfelung aus dem Rotlackierten Kabinett der Königskammern des Berliner Stadtschlosses im Schloß Monbijou, Raum 18 des Hohenzollern-Museums

Holz einen etwas helleren Farbton und faßten bei den hochrechteckigen Feldern polierte Mahagonitafeln von der gleichen dunklen Farbe wie die Wandflächen. Querrechteckige elfenbeinfarbene Rähmchen, seitlich von kargen Voluten und Palmetten gefaßt, präsentierten unter den hohen Tafeln nochmals dunkles Mahagoni. Der Fries unter der Decke zeigte eine geschnitzte Weinlaubranke. Die Füllungen des dreigeteilten Türflügels schmückten

wuchsen. Die Bildfelder und Zwickel füllten Darstellungen von Kannen, Füllhörnern, Rudern, Leiern, in den Fensternischen Altäre mit Schild, Helm und Eule. Die umfangreiche, höchst kunstvolle Tischlerarbeit stammte von Fellman, die Malerei der Decke von Johann Fischer: Das von einem Palmettenfries gerahmte, rechteckige Mittelfeld zeigte von den Rändern her allegorisierende, doppelfigurige Darstellungen der den Himmelsrichtungen zugeordneten Tageszeiten. Ein aus Rom importierter weißer Marmorkamin von Carlo Albaccini stand in der inneren Zimmerecke. Vor den gerahmten Wandfeldern hatten unterhalb der Reliefs von Unger antike Marmorbüsten, antike Standbilder, marmorne Nachbildungen antiker Figuren von Edme Bouchardon sowie an der Fensterwand die beiden Marmorstatuen »Hippomenes« und »Atalante« von Antoine Tassaert (vgl. Abb. 235) ihren Platz und machten so das Eckzimmer zum Kunstkabinett, in dem der Kontrast der dunklen Holzvertäfelung mit den weißen, marmornen Bildwerken den Raumeindruck beherrschte. Möbel aus Mahagoni vervollständigten die Einrichtung des Kabinetts, das einen zugleich noblen und intimen Charakter gehabt haben muß. Um so bedauerlicher war sein Umbau 1894 ohne fotografische Dokumentation. Die Wandvertäfelung wurde damals beim Ausbau der Wilhelmschen Wohnung des ersten Stocks im Badezimmer wiederverwendet.

Zum ersten Schloßhof hin schlossen an das Konzertzimmer weitere Räume der Königskammern an. Auch sie gingen bei den Umbauten 1894 verloren, ohne bildlich dokumentiert zu sein, so daß nur aus den Beschreibungen der Räume bei Rumpf und Borrmann eine Vorstellung von ihnen gewonnen werden kann.

Auf das Konzertzimmer folgte das einfenstrige Schlafzimmer des Königs, das Karl von Gontard entwarf und einrichten ließ. Die weiß lackierte und vergoldete Lamberie sowie die Boiserie an Tür und Fensterlaibung hatten die Tischler Czekay und Hahn geliefert. Die Wände waren mit blaßgelbem Damast bespannt, den Mahagonileisten und vergoldete Stäbe rahmten. Die Stuckdecke von Föhr und Gügel zeigte einfache Felder mit Ornamenten, farbig hinterlegt und bemalt von Rosenberg. Das Fenster rahmten zwei Spiegel über Konsoltischen mit buntmarmornen Platten. Das kunstvolle, weiß lackierte und reich vergoldete Bett mit einem spätbarocken Himmel kam nach 1894 in das Schlafzimmer der Wilhelmschen Wohnung (Abb. 272). Ein bronzebeschlagenes Schreibbüro und die übrigen Möbel waren aus Mahagoni. Sie bildeten zu der hellen Wanddekoration einen deutlichen Kontrast, der abgeschwächt mit den Mahagonileisten der Damasttapeten auf die Wände übertragen war und so einheitlich den Raumcharakter bestimmte.

Anschließend folgte das Schreibzimmer des Königs mit einem Fenster zum Schloßhof hinaus, ebenfalls durch Karl von Gontard eingerichtet. Die weiß lackierte Lamberie und Boiserie waren Arbeiten der Tischler Czekay und Hahn. Rot- und weißbrandiger Damast bespannte die Wände, eingefaßt von schwarz lackierten, geschnitzten Laubwerkleisten. Die Decke war von Rosenberg »nach eigener Erfindung« (Rumpf) gemalt. Den an der Westwand stehenden Kamin aus weißem Marmor mit grünmarmornen Einlagen in den Pilasterspiegeln und dem Fries sowie mit Bronzebeschlägen und einem Relief, das Amor und Psyche zeigte, hatte Erdmannsdorff 1791 aus Rom geschickt. Ein Schreibtisch mit Aufsatz, ein Sekretär mit Bronzebeschlag und ein Schreibbüro aus Mahagoni mit Bronzebesatz sowie eine kleine Eckkomode und ein Hängespind aus Zedernholz bildeten das Mobiliar.

Nach zeitgenössischen Plänen folgte auf das Schreibzimmer das zweifenstrige »Ankleidezimmer« und die einfenstrige »Garderobe«, während Rumpf nur die »Ankleidungskammer« des Königs anschließen läßt, die bescheiden »eine papierne Tapete in Arabeske, mit grau und rothen Feldern« als Dekoration zeigte.

Betrachtet man die Königskammern des Berliner Schlosses im Überblick, so fällt auf, daß bei aller sinnvollen Funktionsgerechtigkeit der Raumfolgen ein einheitliches Ausstattungsprogramm nicht erkennbar ist. Das Nebeneinander der Räume Gontards und Erdmannsdorffs ist dafür sicher einer der Gründe. Gontard blieb in seinen Zimmern bei dem traditionellen Dekorationssystem mit Holzvertäfelung und Bespannung der Wände über gefelderten Lamberien sowie mit Wandspiegeln über den Kaminen und über Konsoltischen an den Fensterpfeilern. Regelmäßig vermittelten Vouten zwischen Gesims und Decke. Seine zopfige Louis-seize-Ornamentik verwendete er im Sinne von Dekorationssystemen des Spätrokoko: Sie lebte aus dem Kontrast der vergoldeten Leisten und des ornamentalen Schnitzwerks oder Stucks mit den lackierten oder bespannten Gründen.

Dieses Dekorationssystem hat Gontard in allen Kammern durchgehalten und nur den Reichtum der Ornamentik je nach Bedeutung der Zimmer gesteigert. Erdmannsdorff dagegen entwarf für jeden Raum eine von Grund auf eigenständige Dekoration: im Festsaal ein antikrömisches, rein architektonisches System mit kompositer Säulenordnung vor marmorierter Wand mit Nischen und Ädikulen und unter einer schwer kassettierten Decke, im Parolesaal ein architektonisches System mit einem allein aus Schichtung und Felderung des farbigen Stuckmarmors gewonnenen Wandaufbau, der von weißen Stuckreliefs gegliedert wurde. Im Speisesaal entwickelte er aus römischen, pompeianischen und raffaelesken Motiven ein System antikischer Wandmalerei, im Bibliothekszimmer waren Schränke und hölzerne Wandverkleidung im griechisch-»hetrurischen« Stil einheitlich architektonisch gegliedert und rhythmisiert, und im Eckkabinett muß das Gliederungssystem der Mahagonivertäfelung unter Einbeziehung weißer Reliefs und Statuen eine dem Parolesaal analoge, streng klassizistische Erscheinung gehabt haben. In den Französischen Kammern behielt Erdmannsdorff bewußt das herkömmliche, »französische« Dekorationssystem aus Lamberie, Wandbespannung, Tür-, Fenster- und Spiegelbahnen mit ornamentalen Bekrönungen bei. Doch im Unterschied zu Gontards stetiger Verwendung dieses Systems wurden seine Elemente zur klaren rechtwinkligen Gliederung des Aufbaus genutzt (ohne Deckenvoute!) und die Ornamentik rigoros antiken Vorbildern entnommen, so daß eine Erinnerung an die Raumkunst des späten Rokoko nicht aufkommen konnte. Gerade hier zeigt sich deutlich der »Generationsunterschied« zwischen Erdmannsdorff und Gontard: War das System diesem selbstverständliche Grundlage all seiner Raumausstattungen, über der er die Ornamentik variierte, so ist es jenem nur einer unter mehreren möglichen Dekorationsstilen gewesen, die gleichwertig nebeneinander stehen konnten, solange ihr Aufbau antikisch proportioniert und ihr Ornament antikisch legitimiert waren.

So entstand der Eindruck der Uneinheitlichkeit der gesamten Ausstattung der Königskammern – den man positiv als Mannigfaltigkeit bezeichnen kann – nicht nur aus dem ständigen Wechsel von Gontard- und Erdmannsdorff-Zimmern, sondern auch aus Erdmannsdorffs bewußter Anwendung verschiedener, den jeweiligen Raumfunktionen angemessener Dekorationsstile, die in ihren Elementen historisch in der klassisch-antiken Architektur begründet waren. Erkennt man dieses Grundprinzip seiner Bau- und Dekorationskunst, so nimmt es nicht wunder, daß er für viele Einzelheiten antike Vorbilder kopierte. Die »Pitture d'Ercolaneo«, R. Woods »Ruins of Palmyra«, J. Stuarts »Antiquities of Athens«, die zeitgenössischen Publikationen der Domus Aurea in Rom und der Loggien Raffaels im Vatikan, Piranesis Kupferstiche, die eigenen Antikenstudien, die in Rom unter Clérisseaus Anleitung entstanden waren, all das bildete mit vielem anderen für architektonische wie dekorative Details den unerschöpflichen Vorbilderschatz, den die neuen, exakt wissenschaftlichen antiquarisch-archäologischen Bemühungen des 18. Jahrhunderts zur Verfügung gestellt hatten.

Aber nicht nur in dieser souveränen Auswahl der antiken Einzelmotive und in der Art ihrer dekorativen Verwendung zeigte sich der bewußte Antikenbezug seines neuklassizistischen Stils, den er selbst »simplen Geschmack« nannte. Auch die grundsätzliche Auffassung Erdmannsdorffs von architektonischer Gestaltung war bewußt an der römischen Antike orientiert. Die eigenen Antikenaufnahmen und das ständige, auf englisch-palladianischer Anregung beruhende Studium des Vitruvschen Architekturtraktats hatten ihn die Bedeutung des Konstruktiven für die Form erkennen lassen. Unabhängig vom jeweils eingesetzten Dekorationsstil war das in allen seinen Zimmern der Königskammern verwirklicht. Das architektonische Gefüge aus tragenden und lastenden Teilen, das Verhältnis dieses Gerüsts zu Wandflächen und Öffnungen, von Stützen und Intervallen, von Bildfeldern zu Architekturgliedern war klar und bestimmt veranschaulicht, wobei neben der Rechtwinkligkeit aller Fügungen und flächigen Felderungen vor allem sichere Proportionierung und Symmetrie im Sinne Vitruvs die Mittel waren: »Nächst einer wohl angegebenen Einteilung und guten Verhältnissen aber besteht die ganze Schönheit und der gute Geschmack in der Baukunst in nichts Anderem, als in einer eleganten Profilierung oder einem wohl gewählten Umriß des ganzen Gebäudes, wie auch eines jeden Teiles ins Besondere«, hatte er es selbst definiert.

Sicher teilte Erdmannsdorff die Auffassung seines römischen Lehrers Clérisseau, daß »der Geschmack in der Baukunst unwandelbar sei, und die Alten die Vollkommenheit erreicht hätten«, somit »diese nur aus ihren Werken geschöpft werden« könne. Es war die römisch-kaiserzeitliche Architektur und Baudekoration, die er für seinen »simplen Geschmack« zur Richtschnur gemacht hatte. Im Säulensaal, im Parole- und im Speisesaal, im Bibliothekszimmer und wohl auch im Eckkabinett zeigte er souverän die Beherrschung dieses frühklassizistischen Stils in mehreren Stufungen, inzwischen frei von kleinlich-kleinteiliger Antikennachahmung und Anlehnung an Adamsche Muster, wie sie in den knapp zwanzig Jahre zuvor entstandenen Ausstattungen des Wörlitzer Schlosses zu spüren sind.

Auch inhaltlich war in den Königskammern ein einheitliches ikonographisches Programm nicht zur Darstellung gekommen. Vielmehr wurde für jedes Zimmer eine eigene, Funktion und Bedeutung des Raumes thematisierende Ikonographie entworfen, die nur selten auf die eines benachbarten Zimmers bezogen war. Gontard setzte eine völlig dem Ornament verbundene, emblematische Ikonographie ein, darin ganz der Tradition des 18. Jahrhunderts verhaftet: In der Audienzsuite steigerte er diese Ornamentik durch die Vorzimmer hindurch bis hin zum Thronzimmer, in dessen Dekoration der Adler des königlichen Wappens und das Emblem des zur Sonne fliegenden Adlers den ikonographischen Ausgangspunkt der gesamten ornamentalen Figuration an Wänden und Decke bildeten (Abb. 199–201). Eine das Ornament hervorbringende, ihm verbundene Emblematik beherrschte auch das Konzertzimmer, in dem stillebenhafte Instrumentenarrangements als Gehänge und Gebinde völlig mit den geschnitzten Arabesken der Vertäfelungen, Spiegelbekrönungen und Deckenfelder verwoben waren, um so die Funktion des Raumes zu veranschaulichen (Abb. 207–208). Leider sind die ikonographischen Dekorationsmotive der übrigen Gontard-Kammern nicht überliefert, doch zeigt der erhaltene Entwurf zu einer nicht ausgeführten Vertäfelung, daß die dort vorgesehene Darstellung der Elemente auf ähnliche Weise der Ornamentik verbunden werden sollte (siehe Abbildung S. 81). Die Beschreibung des Rotlackierten Kabinetts und seine nach Schloß Monbijou übertragene Vertäfelung lassen die gleiche Verbindung ornamentaler und ikonographischer Motive erkennen (siehe Abbildung S. 89).

Dagegen schied Erdmannsdorff deutlich zwischen architektonischen und ornamentalen Motiven einerseits und den Bildwerken mit thematischer Aussage andererseits, selbst wenn sie eine der Architektur zugeordnete, dienende Funktion hatten, wie die Reliefstreifen und Supraporten des Parolesaals oder die Grotesken im Speisesaal und an den Fensterlaibungen der Französischen Kammern. Mit dieser Unterscheidung war es Erdmannsdorff möglich, anspruchsvolle, allegorische Themen differenziert und deutlich anzuschlagen und in den einzelnen Räumen durchzuführen. Im Festsaal, dem Säulensaal, vergegenwärtigten die von den Pantheon-Ädikulen gefaßten Kopien der berühmten mediceischen Venus- und Apollon-Statuen jene Götter, unter deren Schutz die Feste stehen sollten (Abb. 214–218). Daneben verkörperte die Marc-Aurel-Statue den weisen Herrscher. Zugleich allegorisierten Schadows Reliefsupraporten in Alexandertaten die königliche Förderung der Künste Musik, Malerei, Dichtung und Baukunst. Im Parolesaal bezeichneten mit den Signiferi und Viktorien Elemente der römischen Triumph-Allegorese die militärische Funktion des Raumes und seines Bewohners (Abb. 211a–213b). Im Speisesaal bestimmte das Dekorationssystem der Wandmalerei die komplizierte Stufung der Bildwelt: Die Hauptbilder mit ihren Nebenszenen allegorisierten in mythologischen Historien Erfindung, Wettstreit und Macht der Musik, der dem König liebsten Kunst, während in den pompeianischen Wandfeldern und Grotesken Tanz und Liebe figural angespielt wurden (Abb. 220, 221 und 223a und b).

Von den Französischen Kammern war die »Grüne« in ihrer differenziert über Decke, Supraporten und die Grotesken der Fensterlaibungen verteilten und gestuften Thematik der Venus, die »Blaue« dem Amor gewidmet (Abb. 224–227). Der Göttin waren Fortuna, die Jahreszeiten, die Geschichte Amors und Psyches zugeordnet, dem Gott Szenen aus der Jupiter- und Venus-Mythologie sowie Opfer an Diana beigegeben. Im Bibliothekszimmer ordnete sich das Bildprogramm um die Muse der epischen Dichtkunst, Kalliope: Ihre Statue stand in einer Ecknische. Vergil und Homer, die Hauptvertreter dieses Zweiges der Poesie, waren neben weiteren Dichtern sowie Apoll samt den anderen Musen auf den Wandfriesen dargestellt, an der Decke ihre Hauptgegenstände mit Festen, Triumphen und Heerzügen. Im Eckkabinett zeigte das Deckengemälde allegorisierend die Tageszeiten und ihre Tätigkeiten, während die Aufstellung der Statuen und Reliefs kein geschlossenes Programm ergab – möglicherweise eine ungewöhnliche Zusammenstellung von mythologischen Figuren unter dem Einfluß der tragischen Muse Melpomene.

Alle diese Bildprogramme waren für sich entworfen, wobei dieselbe Szene in jeweils anderem Zusammenhang mehrfach dargestellt werden konnte (z.B. »Alexander läßt Homers Werke in den Prunkkasten aus der Dariusbeute legen« im Säulensaal und im Bibliothekszimmer, »Viktoria« im Parolesaal und im Eckkabinett oder, öfter, »Apoll und die Musen«, »Venus und Amor«), was bei einer traditionellen, die ganze Suite einheitlich thematisierenden Ikonographie nicht möglich war. Nur in den Französischen Kammern nahmen sie entsprechend zur Gleichheit der Ausstattung aufeinander Bezug. Die von Erdmannsdorff selbst entworfene Ikonographie mit ihrem allegorisierenden Charakter war in allen Kammern aus der antiken Mythologie und Historie entwickelt, analog zu den der antiken Baukunst entlehnten architektonischen Dekorationsstilen. Sie war klar gestuft und anschaulich präsentiert, und dennoch blieb sie der formalen, architektonischen Struktur der Dekoration untergeordnet: Häufig waren die Bildszenen in Grotesken und Arabesken eingewoben, deren ornamentale Struktur an Decken und Wänden deutlicher hervortrat als die einzelnen Darstellungen selbst.

Auch die teils fingierten, teils plastischen Reliefs waren eindeutig dem architektonischen Aufbau als Friese, Supraporten, Schmuckfelder eingefügt. Sie wirkten primär in dieser Funktion, und erst beim zweiten Blick erfaßte man ihren Bildinhalt. Selbst Schadow bemerkte die sekundäre Bedeutung seiner Reliefs im Säulensaal: »Der Blick des Beschauers verweilt dabei nicht« (angesichts der dort aufgestellten Statuen und des Primats der architektonischen Gestalt). Reliefs, Statuen und Bilder waren damit der Architektur dienend, ihr Sinn gebend eingefügt, besonders deutlich und überzeugend bei den Statuenädikulen im Festsaal, den Reliefsstreifen im Parolesaal, den Figurennischen des Bibliothekszimmers oder den bildtragenden Wandpfeilern des Speisesaals. In dieser Weise war insgesamt die Ikonographie der einzelnen Räume dem jeweiligen Dekorationsstil untergeordnet und eingepaßt: Nicht sie, sondern der architektonische Stil prägte wesentlich die Erscheinung der Erdmannsdorffschen Königskammern.

So entfaltete Erdmannsdorff hier in königlichem Auftrag und mit hohem, an der Antike gemessenem Anspruch die Mannigfaltigkeit seines Dekorationsstils in der reifsten Form; in seinen Räumen war der neue, klassizistische Stil »zu charakteristischem, in seiner Art mustergültigem Ausdruck gelangt« (Borrmann). Die selbst geäußerte Hoffnung, »es soll ein elegantes Stück werden«, hatte Erdmannsdorff in hervorragender Weise erfüllt: strenge, römisch-kaiserzeitliche Festarchitektur und Marmorpracht in den Repräsentationsräumen, heitere pompeianisch-römische Wandmalerei im halboffiziellen Speisesaal sowie erlesene Holzverkleidung und Bespannung in den Wohnräumen, vorgetragen mit einer verhaltenen Noblesse, die in gleichzeitigen Ausstattungen ihresgleichen suchte. Auch Gontard hatte, wie Thron- und Konzertzimmer zeigten, seinen Anteil unter Beibehaltung des traditionellen Dekorationssystems aus Holzvertäfelung, Schnitzerei und Bespannung vorzüglich gearbeitet und dabei einen eigenständigen, am Louis-seize orientierten Spätstil entwickelt, der, in seiner Art nicht minder qualitätvoll, neben Erdmannsdorffs Frühklassizismus durchaus bestehen konnte.

Friedrich Wilhelm II. fand höchstes Gefallen an seiner neuen, offiziellen Wohnung und war voll des Lobes über Erdmannsdorffs Anteil. Schon während der Bauzeit erschien er öfter auf der Baustelle und zeigte am Fortgang lebhaftes Interesse. Am 15. März 1788 zum Beispiel berichtete Erdmannsdorff nach Dessau: »Der König ließ mich neulich ruffen, und war wohl eine Stunde in den neuen Zimmern, schien ganz wohl damit zufrieden zu seyn, besonders auch mit den Caminen, die mir Reiffenstein geschickt hat, wovon zwey wirklich schön gearbeitet sind.« Es waren die Kamine, die im Speisesaal, Konzertzimmer, in der Blauen französischen Kammer und im Eckkabinett aufgestellt wurden. Reiffenstein hatte sie in Rom bei Carlo Albaccini gekauft. Bereits vor der endgültigen Fertigstellung der Ausstattung im April 1789 zog Friedrich Wilhelm II. in die Königskammern ein, so daß die beiden noch nicht fertiggestellten Reliefsupraporten Schadows im Säulensaal zwischenzeitlich durch in Trompe-l'œil-Grisaille gemalte Kopien von Jacob Asmus Carstens (1754–98) ersetzt werden mußten. Gontard und Erdmannsdorff rechneten im April 1789 mit getrennten Kostenübersichten der von ihnen geleiteten Arbeiten ab. Als Anerkennung erhielt Erdmannsdorff vom König »eine schöne goldene mit Brillanten besetzte Dose« (Rode) zum Geschenk. Ende Mai 1789 konnte er endgültig nach Dessau zurückkehren. Er besaß das Vertrauen des Königs auch weiterhin, denn Friedrich Wilhelm betraute ihn während der anschließenden Italienreise von August 1789 bis November 1790 mit umfänglichen Käufen antiker Plastik und marmorner Kamine für das Marmorpalais in Potsdam, von denen einer schließlich im Schreibzimmer und ein anderer im Thronzimmer der Königskammern Aufstellung fanden.

Entwurf von Langhans für die westliche Schmalwand des Pfeilersaals der Wohnung Königin Friederikes,
Feder, laviert und aquarelliert, 39 x 58,6 cm, 1789–91

Die Wirkung der von Erdmannsdorff in den Königskammern entfalteten Ausstattungskunst war in Berlin beträchtlich und kann hier nur angedeutet werden. Sie bestand nicht nur in der bereits erwähnten, durch seine genaue und intensive, auch erzieherisch intendierte Arbeitsweise bewirkten Anhebung der Qualität im Berliner Kunsthandwerk, sondern auch in der direkten Einwirkung auf eine jüngere Architektengeneration wie Friedrich Gottlieb Schadow und Friedrich Gilly, auf den die exakte Arbeits- und Zeichenmethode sowie der ständige Bezug auf römisch-antike Architektur in Erdmannsdorffs Entwurfsbüro großen Eindruck gemacht haben muß. Friedrich Gilly war es wohl auch, der den jungen Karl Friedrich Schinkel auf Erdmannsdorffs Dekorationskunst aufmerksam gemacht haben wird: Die buntmarmorierte Ausstattung des Antikensaales in Tegel (1821–24) oder des Mittelsalons im Casino in Glienicke (1824–25) sind Ergebnisse einer intensiven Auseinandersetzung mit dem

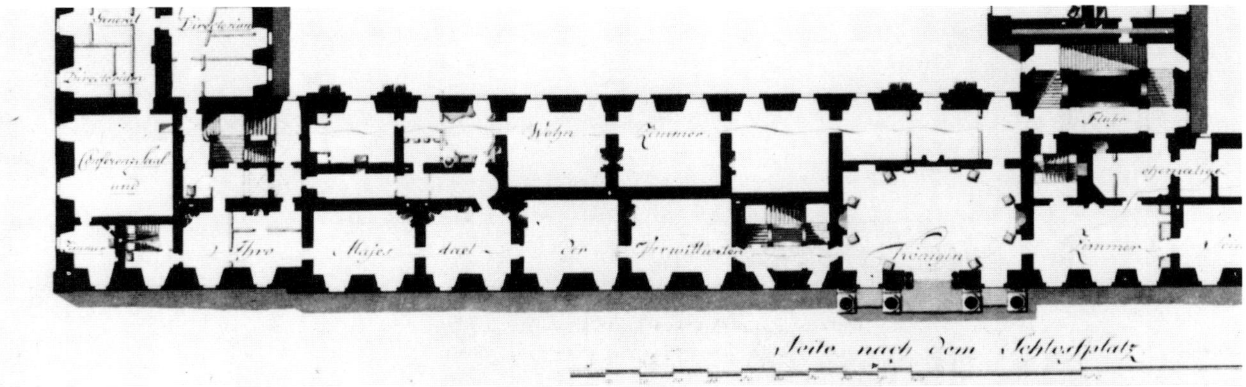

Grundriß der Wohnung Königin Friederikes im 1. Obergeschoß des Schloßplatzflügels, 1803

Parolesaal der Königskammern, so wie das System pompeianischer Wandmalerei im Speisesaal Erdmannsdorffs von Schinkel im Speisesaal des Palais des Prinzen Karl (1827–28) und im Musikzimmer des Palais Redern (1830) aufgenommen und weiterentwickelt wurde. Auch der Säulensaal hat reiche Nachfolge gefunden, von Alessandro Morettis Tanzsaal im Schloß Monbijou (1790) bis hin zu Schinkels Tanzsaal im Potsdamer Zivilcasino (1818–24). Jedenfalls scheint der Einfluß der Erdmannsdorffschen Einrichtungen in den Königskammern auf die Berliner Architektur allgemein und auf Schinkel im besonderen bedeutender gewesen zu sein als bisher angenommen, was im einzelnen zu untersuchen hier jedoch nicht der Ort ist.

Nach dem Tod Friedrich Wilhelms II. blieben die Königskammern unbewohnt, da Friedrich Wilhelm III. es vorzog, nicht im Schloß zu residieren. Sie dienten während des 19. Jahrhunderts als »das vornehmste Absteigequartier für fremde Fürstlichkeiten im Berliner Schlosse« (Borrmann). 1869 wurde die Bibliothek Friedrich Wilhelms II. in die Schloßbibliothek einverleibt, ihr Zimmer zu einem Schlafzimmer eingerichtet. Bei den umfänglichen Umbauten anläßlich der Neugestaltung des Weißen Saals hat man im Lustgartenrisalit auch die übrigen Zimmer der Königskammern aufgegeben und zerstört. Die verbleibenden Räume der Suite wurden gleichzeitig renoviert, erhielten neue, teilweise andersfarbige Damastbespannungen und neue Türdurchbrüche (besonders störend vom Konzertzimmer zur Grünen französischen Kammer). Nach 1918 zog das Kunstgewerbemuseum in die nordwestlichen Flügel des Schlosses ein und eröffnete 1921 unter dem Namen »Schloßmuseum« neu. Mit seinen wertvollsten Stücken belegte es »unter möglichster Schonung der geschichtlichen Erinnerungen des Schlosses« auch die verbliebenen Räume der Königskammern, in denen klassizistisches Kunstgewerbe, Berliner Porzellan und Eisenkunstguß ausgestellt war. Mit den sukzessiven Kriegszerstörungen und dem schließlichen Abriß des Schlosses gingen dann auch sie unter.

Die Wohnung Königin Friederikes

Mit dem Umzug Friedrich Wilhelms II. Anfang des Jahres 1789 in die soeben fertiggestellten Königskammern wurde die von ihm bis dahin gemeinsam mit seiner Gemahlin Friederike Luise von Hessen-Darmstadt bewohnte Kronprinzenwohnung im Schloßplatzflügel des Schlosses frei. Diese Wohnung, die an den Saal über Portal II anschloß und Zimmer sowohl zum Schloßplatz wie zum ersten Schloßhof hatte, war von Böhme nach Eosanders Entwurf ursprünglich als Wohnung Friedrich Wilhelms I. eingerichtet worden. Als Kronprinz hatte Friedrich Wilhelm II. die Zimmer zum Platz bewohnt, während Friederike die zum Hof benutzte. Friederikes Wohnung war offiziell über Eosanders große Treppe (Abb. 258–259) hinter Portal II zugänglich und entwickelte sich von Osten nach Westen durch drei Vorkammern zum Tafelzimmer, Audienzzimmer, einem Vorzimmer zum inneren Korridor bis hin zum Schlafzimmer. Die Kronprinzenwohnung betrat man offiziell über die Fürstentreppe (Abb. 264–265) links von Portal II. Sie begann mit dem Audienzzimmer, auf das nach Westen hin Konzert-, Schreib-, Schlaf- und Ankleidezimmer sowie eine Vorkammer zur Treppe im Winkel zum Schloßfreiheitsflügel folgten. Die Verbindung beider Wohnungen über den gemeinsamen inneren Korridor ging vom Schreibzimmer des Kronprinzen zur Vorkammer des Schlafzimmers der Prinzessin.

Nach seinem Auszug aus der Kronprinzenwohnung

ließ Friedrich Wilhelm II. beide Suiten zusammenlegen und zur repräsentativen Wohnung der Königin neu einrichten, wozu er den Auftrag Anfang Mai 1789 erteilte. Die Bauaufgabe fiel Carl Gotthard Langhans (1732–1808) zu, der seit Juli 1788 Direktor des neugeschaffenen Oberhofbauamtes war. Im Dienst des Fürsten Hatzfeld hatte er sich in Breslau zum Architekten gebildet, Italien sowie Holland, England und Frankreich bereist und mit wachem Blick die aktuellen klassizistischen Strömungen der europäischen, vor allem der italienischen und englischen Architektur beobachtet und aufgenommen. Mit dem Bau des Palais Hatzfeld in Breslau begründete er seinen Ruf eines Architekten, der mit den klassisch empfundenen Elementen der historischen Architektur souverän einen eigenen, klassizistischen Baustil zu entwickeln in der Lage war. Seit 1775 Kriegs- und Oberbaurat in Schlesien, war er Friedrich Wilhelm auf Reisen in dieser Provinz bekannt geworden. Durch seine architektonische Dekoration für die Huldigung der schlesischen Stände 1786 hatte er sich dem König erneut in Erinnerung gebracht. Als Theaterfachmann zog man ihn zu Plänen für den Umbau des Berliner Opernhauses heran und berief ihn schließlich zum Direktor des Oberhofbauamtes nach Berlin. Frei von den Traditionen der friderizianischen Baukunst, fand er schnell Kontakt zum Kreis der die neuen Kunstbestrebungen fördernden Kräfte um den Minister von Heinitz und die Kunstakademie, darunter auch zum Freiherrn von Erdmannsdorff.

Entwurf von Langhans für die Fensterwand des Marmorsaals der Wohnung Königin Friederikes,
Bleistift, aquarelliert, 25 x 38 cm, 1789–91

Nachdem Erdmannsdorff und Gontard im April 1789 die Königskammern vollendet hatten und aus dem Schloßbau ausgeschieden waren, übernahm Langhans noch im Mai die seinem Amt zustehende Leitung aller Schloßbauten, wobei er den alternden und kränkelnden Gontard auch aus der Bauleitung und Planung zur Einrichtung des Marmorpalais bei Potsdam zu verdrängen wußte. Im Berliner Schloß war die Ausstattung der Königin-Wohnung seine erste Aufgabe, die er bereits am 9. Mai in Angriff genommen hatte und ihn bis zum Jahr 1791 in Anspruch nahm. Auch für diese Arbeit sind die heute zugänglichen Quellen spärlich, die detaillierte Auswertung der Akten steht noch aus. Sicher ging ein Teil des 1789 für das Schloß ausgewiesenen Bauetats von 100000 Reichstalern in diese Ausstattung, 1790 wurden weitere 19524 Reichstaler dafür ausgegeben. Langhans konnte für Planung und Ausführung dieser Kammern längst nicht die gleiche Sorgfalt wie Erdmannsdorff aufwenden, denn als Leiter der zentralen Baubehörde des Hofes war er »zu überhäuft mit großen Bauten, und konnte diesen Decorierungen im Innern wenig Zeit widmen« (Schadow): Gleichzeitig baute er sein Hauptwerk, das Brandenburger Tor (1789–91), überwachte mit Hilfe seiner Behörde die große Zahl der königlichen Immediatbauten und besorgte die Innenausstattung des Marmorpalais, das 1791 fertiggestellt wurde.

Bei der Planung der neuen Königin-Wohnung wurde der alte Zugang über Eosanders große Treppe beibehalten, zugleich aber der Garde-du-Corps-Saal der Wohnung Friedrichs des Großen über Portal II aus dieser Funktion gelöst und als Festsaal der neuen Wohnung zugeordnet. Aus der diesem Saal vorgelagerten Galerie betrat man die Audienzsuite der Königin mit zwei Vorkammern und dem reich ausgestatteten Audienzzimmer. Anschließend folgte ein ovales, chinesisch bemaltes Konzertkabinett, von dem aus man über ein Vorkabinett das Blaue Schlafzimmer am Ende der Raumfolge erreichte oder über den Korridor den Kleinen Marmorsaal der zum Schloßplatz gelegenen Suite. An diesen schlossen östlich zwei Gesellschaftszimmer an, während westlich ein zweites, Gelbes Schlafzimmer, ein weiteres Zimmer und eine Kammer folgten.

Nur wenige Räume mußten architektonisch neu gestaltet werden. Bei der überwiegenden Zahl der Zimmer begnügte sich Langhans mit erneuerter Oberflächendekoration durch Bespannung und Malerei an Wänden und Decken, häufig unter Beibehaltung der älteren Stuckgesimse, Buntmarmorierungen und Türrahmen. Die Rote Marmorkammer stellte einen solchen, auf älteren Dekorationselementen einer kostbaren Marmorverkleidung aufbauenden Ausstattungskompromiß dar, der recht geglückt war. Nur drei Räume wurden völlig neu entworfen. Vom Aussehen des in Holz eingebauten ovalen Konzertkabinetts ist nichts weiter als der Grundriß in alten Plänen überliefert. Bedeutend war die völlige Neueinrichtung des Pfeilersaals über Portal II und des Kleinen Marmorsaals. Zu beiden Räumen sind in der Plankammer des Schlosses Charlottenburg Entwurfszeichnungen aus dem Baubüro von Langhans erhalten.

Eines der Blätter zeigt für den Pfeilersaal den »Aufriß der kurzen Seite des Königlichen Saales« im Entwurf, und zwar für die westliche Schmalwand (siehe Abbildung S.

Entwurf von Langhans für die Westwand des Marmorsaals der Wohnung Königin Friederikes,
Bleistift, aquarelliert, 25 x 31,5 cm, 1789–91

93). Mit Feder ist sie exakt gezeichnet, mit Tusche und Aquarell laviert und leicht koloriert: Blaugraue Säulenschäfte und hellrosa Wandmarmorierung bestimmen neben dem Weiß des Gebälks, der Kaminfassung, der Türrahmen und Supraportensockel die zarte Farbigkeit des Blattes, das in seiner feinen Durchführung sicher als Vorlageblatt gedient hat und möglicherweise von Langhans eigenhändig gezeichnet worden ist. Leichte Unterschiede zur endgültigen Ausführung – kanonische, ionische Kapitelle, Gesimskonsolen, Schmuck des Vasensockels in der Kaminnische und der Supraportensockel, Kopfwendung der Pilasterhermen – erweisen die Zeichnung untrüglich als Entwurf, der leicht verändert ausgeführt wurde.

Auch zum Marmorsaal sind Entwurfszeichnungen für die Fensterwand und die Westwand erhalten, die leicht verändert ausgeführt wurden (siehe Abbildung S. 95f.). Sie sind mit Bleistift gezeichnet und aquarelliert. Die zarte Farbigkeit ist bestimmt vom gestuften Grau-Rosa der Wände, dem bläulich geäderten Sockel, dem kräftigen Blau der Reliefgründe und der zartbunten Deckenmalerei. Die Änderungen bei der Ausführung betrafen die Höhe der Wandnischen, die Zufügung der gesimstragenden Konsolen und die Öffnungsbreite der Tür, auch das architektonische System der Deckenmalerei. Eines der Blätter gibt Aufschluß über die ursprüngliche Gestalt des Kamins, der mit dem gleichen, von Konsolen getragenen Gesims wie die Fußplatten der Nischen bekrönt war. Die Angaben zu den Reliefs und Statuen sind nur summarisch, zeigen aber, daß ihre Aufstellung auf Säulenstümpfen von Anfang an geplant war.

Marmorsaal der Wohnung Königin Friederikes, eingerichtet als Schreibzimmer des Prinzen Wilhelm, 1834–37, kolorierte Lithographie von Friedrich Wilhelm Klose

Die Möblierung des Marmorsaals überliefert Rumpf nicht, auch nennt er die Tassaertschen Figuren in den Nischen nur pauschal, so daß nicht klar ist, welche Figuren hier ursprünglich aufgestellt waren. Glücklicherweise sind jedoch zwei der späteren Ausstattungen des Zimmers bildlich überliefert: Eine kolorierte Lithographie von Klose (siehe Abbildung oben) zeigt seine Einrichtung als Schreibzimmer des Prinzen Wilhelm von Preußen 1834–37. Mit Schinkel-Möbeln eingerichtet, ist hier die ursprüngliche Gliederung der Wände überliefert, die weitgehend den Entwurfszeichnungen entsprach, später jedoch teilweise verändert wurde. Anstelle des Kamins stand nun ein Kachelofen, in den übrigen Nischen befanden sich Tassaerts »Bacchus«, »Die Liebe von der Hoffnung genährt« und »Die Liebe von der Freundschaft besiegt«, die wohl zur ursprünglichen Ausstattung gehörten. Eine Fotografie überliefert die 1888 geschaffene Einrichtung des Saals als Schreibzimmer der Kaiserin Auguste Viktoria (Abb. 235): Statt des Kachelofens war ein neuer Kamin gebaut und die symmetrische Felderteilung der Schmalwände zugunsten großer Flächen für eine Seidenbespannung aufgegeben worden. Die seitlichen Felder der inneren Längswand waren nun ebenfalls bespannt und mit gerahmten Friesfeldern unter dem Gesims versehen. Das Gesims hatte man teilweise vergoldet und den Kalotten der Nischen eine in Gold aufgemalte Gliederung gegeben. Nur noch Tassaerts »Die Liebe von der Hoffnung genährt« war im Raum geblieben und stand in der Mittelnische der Längswand, die anderen Nischen bargen Schmuckvasen, Leuchter, Uhren. Bei Einrichtung der »Historischen Wohnräume« (1925–26) nahm man die Seidenbespannungen wieder ab und erneuerte den Stuckmarmor auf den Schmalwänden und den seitlichen Feldern der inneren Längswand großflächig, ohne die ursprüngliche Binnengliederung wiederherzustellen, wodurch der Raumeindruck, verglichen mit der Lithographie von Klose und den Langhansschen Entwurfszeichnungen, empfindlich gestört war (Abb. 234).

Geben diese Entwurfszeichnungen einen punktuellen Einblick in die Planungen zu den Zimmern der Königin-Wohnung, so sind Nachrichten über die ausführenden Künstler und Handwerker längst nicht so gut überliefert wie zu den Königskammern. Rumpf nennt nur die Namen der beteiligten Maler und Figuristen. Die Stukkateure, Zieratbildhauer, Tischler usw. überliefert er nicht, lediglich vom eingelegten Fußboden im Gesellschaftszimmer (Abb. 233a und b) weiß er den Autor, den Hoftischler Johann Georg Fiedler. Eine wesentliche Rolle hatte Langhans den gemalten Dekorationen zugeteilt. Die Hauptlast der Ausführung fiel in den Jahren 1789–90 dem Maler Johann Christian Kimpfel (1750–1805) zu, der in der Blauen Vorkammer Spiegelbekrönungen malte, im Audienzzimmer Supraporten und das Deckengemälde (»Triumph des Genius Preußens«), im Konzertkabinett Chinamalereien, im Marmorsaal die Kuppeldekoration, in der Roten Marmorkammer eine Kassettendecke und im Pfeilersaal das Deckenbild (»Versammlung der Götter«). Neben ihm schuf Johann Fischer den Plafond in der Blauen Vorkammer, wo Edward Francis Cunningham (1742–93) die Supraporten lieferte. Christian Bernhard Rode malte die Decke im Gesellschaftszimmer, die als eines seiner besten Werke galt.

Die bedeutendste, leider früh verlorene und nur in Umrißzeichnungen von M. Lohde (1864) dokumentierte malerische Ausstattung der Königin-Wohnung schuf Jacob Asmus Carstens (1754–98) im Grünen Zimmer hinter dem Gelben Schlafzimmer. In Reliefgrisaille hatte Carstens in den Vouten der Decke friesartige Bildstreifen gemalt, die um eine Kassettierung und ein großes Mittelfeld mit Rosette angeordnet waren. Die breiten Felder über den Schmalwänden zeigten »Orpheus vor Pluto und Proserpina« und einen »Parnass«, die kurzen, je zwei über den Längswänden, »Tanz der Lebensalter nach der Musik der Zeit«, »Apoll und die Tageszeiten«, »Polyphem und Galathea«, »Tanz nach der Flöte des Pan«. Die Relieffriese fingierenden Kompositionen reihten gedrungene, stark bewegte Einzelfiguren und Figurengruppen aneinander, die, nach antiken Vorlagen und zunächst einzeln entworfen, ihre isolierte Eigenständigkeit bewahrten. Der Zyklus war für Carstens der erste größere offizielle Auftrag in Berlin. Sicher hatte wieder Minister von Heinitz den seit Herbst 1788 in Berlin weilenden Maler an Langhans vermittelt, der in diesem mit grünbandigem Atlas tapezierten Raum analog zu Schadows Reliefs im Kleinen Marmorsaal weitere mythologische Friese in antikischem Stil anbringen ließ.

Über die gesamte malerische Ausstattung der Königin-Wohnung berichtete Daniel Chodowiecki am 4. September 1789 in einem Brief an Anton Graff auf süffisante Weise: »Hier wird noch immer auf dem Schloße gemahlt, in den Zimmern der Königinn, da mahlen Herr Rode und Herr Karstens Platfonds in Öhl und Herr Guimpfel in Waßerfarben fein Bund.«

Für die Reliefs im Marmorsaal bediente sich Langhans des zur Arbeit für das Oberhofbauamt verpflichteten Hofbildhauers Johann Gottfried Schadow, der die Zeichnungen zu liefern hatte und sie von Gehilfen seiner Werkstatt ausführen ließ (Abb. 236a–237b). Außerdem wurden im Marmorsaal Tassaerts Statuetten für die Ausstattung benutzt. Die Atlasbespannung einiger Kammern stammte aus Berliner Fabriken.

Überblickt man die Königin-Wohnung insgesamt, so ist zu erkennen, daß Langhans mit großem Geschick und verhältnismäßig wenig Aufwand recht abwechslungsreiche Zimmerfolgen geschaffen hat, die zugleich den repräsentativen Anforderungen entsprachen. Unter möglichster Verwendung vorhandener Teile schuf er Dekorationen, die zum großen Teil aus der Farbigkeit der leistenbeschlagenen Wandbespannungen und den thematisch anspruchsvollen Malereien an Supraporten und Decken lebten. Die architektonisch neu entworfenen Säle variierten sein Lieblingsmotiv, die ovale Raumform: groß und mit Säulenordnung instrumentiert im Pfeilersaal, klein im chinsesischen Konzertkabinett und, latent angespielt, im Marmorsaal. In den Wandmarmorierungen des Pfeilersaals und der Marmorkammern zeigte sich Langhans' klassizistisches Stilprinzip am deutlichsten: Unprofilierte Wandschichten mit eingeschnittenen Nischen und

Öffnungen bildeten ein Relief aus stereometrisch körperhaften, gestaffelten Wandpartien, die als Träger eines sparsam eingesetzten figürlichen oder architektonischen Schmucks fungierten, zu dem auch die Elemente der Säulenordnungen zählten. Baukörper und architektonisches Ornament waren bei Langhans immer klar voneinander geschieden und bewußt in kontrastierende Beziehung gesetzt. Trotz der späteren Veränderungen war dieses Prinzip in den erhaltenen Zimmern der Königin-Wohnung bis zuletzt anschaulich sichtbar.

Nach dem Tod Friedrich Wilhelms II. nannte man die Wohnung »Königin-Mutter-Kammern«, als die sie auch nach Friederikes Tod (1805) bekannt blieben. 1834–37 wohnten hier Prinz Wilhelm von Preußen und seine Gemahlin Augusta. 1888 wurden die Kammern durchgreifend zur Wohnung der Kaiserin Auguste Viktoria umgestaltet. Die Suite zum Schloßhof gab man dabei völlig auf. Die beiden Vorkammern wurden zusammengelegt und als Speisezimmer eingerichtet, während das Audienzzimmer der Königin die Bibliothek der Kaiserin aufnahm. Auch die Ausstattung der Räume hinter dem Marmorsaal ging damals verloren. Die verbleibenden Kammern wurden unter Verwendung der alten architektonischen Substanz einschneidend erneuert. Dabei brach man neue Türen ein, versetzte die Kamine, erneuerte Lamberien und Bespannungen und stellte neue Spiegel auf. In dieser wilhelminischen Einrichtung kopierte man in historischer Absicht Motive aus anderen Zimmereinrichtungen des Schlosses, die aus der gleichen Zeit wie die Langhanssche Einrichtung stammten, Motive (Rodes Deckensystem, Gontards – nicht Erdmannsdorffs! – Spiegelbekrönungen), die dem neobarocken Stilempfinden am nächsten kamen.

Weitere Umgestaltungen erfuhren die Räume unter Auguste Viktoria mehrfach. So gab es 1907 neue Türdurchbrüche und Kaminverschiebungen und häufigen Wechsel der mobilen Dekoration, etwa der Bilder und Statuen. Nach 1918 wurden von der Schlösserverwaltung die teilweise restaurierten Räume im Zuge der 1926 eröffneten »Historischen Wohnräume« des Schlosses gezeigt.

Fritz-Eugen Keller

Vom Königsschloß zum Schloß des Kaisers

In der Zeit der bürgerlichen Revolutionen

Friedrich Wilhelm II. hatte sich 1792 an die Spitze der Heere der Fürsten Europas gestellt, um die Französische Revolution zu ersticken. Man lese Goethes Beschreibung des erfolglosen Feldzugs »Kampagne in Frankreich«. Die Revolution sollte die Schicksale der beiden folgenden Könige von Preußen bestimmen.

Friedrich Wilhelm III. (1797–1840) war ein bescheidener, äußerst zurückhaltender Mann. Der Hof war mittlerweile so verbürgerlicht, daß man König und Königin Unter den Linden zwischen der Berlinern spazierengehen sehen konnte. Friedrich Wilhelm blieb bei seinem Regierungsantritt im Kronprinzenpalais gegenüber dem Zeughaus wohnen (die Fassaden des Gebäudes sind, in ihrer später aufgestockten und reicher stuckierten Form, nach dem Brand des letzten Krieges rekonstruiert worden). Die Gemahlin Friedrich Wilhelms III. aber, die Königin Luise, lebensvoller und beweglicher von Natur, blieb nicht im Kronprinzenpalais, sondern bezog einen Teil der Wohnung ihres Schwiegervaters im Schloß, und zwar deren schönste Zimmer. Friedrich Wilhelm II. hatte in seiner formellen Empfangssuite, den von Erdmannsdorff eingerichteten Französischen Kammern (Abb. 224–227), neben dem Speisesaal ein Paradeschlafzimmer (Raum 554) gehabt; die zweite, ganz ähnlich ausgestattete Französische Kammer (Raum 553) war demnach sein Grand Cabinet gewesen. Wieviel Bedeutung diese Folge der Räume im täglichen Leben des Hofes noch gehabt haben mag, jedenfalls war das Appartement noch ganz traditionell ausgelegt. Die Königin Luise nun wich in charakteristischer Weise von der traditionellen Einteilung ab, indem sie das bisherige Grand Cabinet zum Schlafzimmer wählte. Offenbar »wohnte« man nun nicht mehr hinter dem Schlafzimmer, sondern davor – die Richtung auf die heutige bürgerliche Wohnweise wird eingeschlagen. Ähnlich begegnet es eine halbe Generation später in dem um 1812 oder 1815 eingerichteten Neuen Kammern (Abb. 268–270).

Keine zehn Jahre nachdem die Königin die Disposition ihrer Suite so bestimmt hatte, bezog Napoleon als Sieger über Preußen die Königskammern. Während der Zeit, die er 1806 und 1807 in Berlin residierte, hatte er sein Schlafzimmer in demselben Raum (553) wie vorher die Königin. Als König und Königin 1809 wieder nach Berlin zurückkehrten, ließ sich die Königin nun aber im Palais ihres Gemahls Unter den Linden ein Schlafzimmer einrichten (übrigens Schinkels erster Hofauftrag). Der König ließ das Palais alsbald um den Kopfbau des Prinzessinnenpalais erweitern, der über die Brücke mit dem Palais verbunden ist. Diese Erweiterung hat die Königin, die noch im Sommer 1810 starb, schon nicht mehr erlebt.

Das Schloß wurde während der folgenden dreißig Jahre Regierung Friedrich Wilhelms III. nur eben instandgehalten und hier und da vereinfachend erneuert. Im Paradegeschoß an der Lustgartenseite zum Beispiel wurden

Einzug Napoleon Bonapartes durch das Brandenburger Tor am 27. Oktober 1806, zeitgenössische Radierung

Friedrich Wilhelm III., Kopie von Ernst Paul Gebauer nach einem Gemälde von François Gérard, 1814

die französischen, bis auf den Boden gehenden Fenster abgeschafft und Brüstungen vorgemauert. Schinkel hat sich vergebens dafür eingesetzt, den Figurenschmuck auf den Balustraden zu erneuern. Er führte in ästhetischen Fragen die oberste Bauaufsicht in Preußen und wurde daher damit befaßt, daß der König die Erneuerung der Balustradenfiguren zu teuer und überflüssig fand. Schinkels schönes Gutachten (vom 13. Mai 1817) lautet:

»Gutachten über die Erhaltung der Statuen auf dem Königlichen Schloß zu Berlin.

Die starken Gründe, die für Erhaltung der Statuen auf dem Schlosse sprechen, sind folgende:

1. Das Schloß wird allgemein angesehen als ein Denkmal der Gründer des Königlichen Hauses, welches in seiner Würde und Pracht diesem Charakter vollkommen entspricht und mit den ersten Gebäuden Europas in jeder Hinsicht gleichgestellt werden kann. Als ein solches Denkmal wird es unantastbar, und es wird Pflicht eines Königstaates, es wenigstens in seinem dermaligen Zustande der Nachwelt zu überliefern – wenigstens! – denn eine höhere und schönere Pflicht ist es, dasselbe ganz zu vollenden und nach den vorhandenen Verhältnissen mit dem noch fehlenden Schmuck zu zieren und so auf die Nachwelt zu bringen.

Seine Majestät haben aus einem gleichen Grunde früher einmal zu befehlen geruht, die großen Prachttreppen am neuen Schloß zu Potsdam herzustellen, weil dies Gebäude auch als ein Monument Friedrichs des Großen auf den Siebenjährigen Krieg angesehen wird.

2. In architektonischer Hinsicht muß unsere Zeit demütig das Talent unseres großen Künstlers und Landsmannes Schlüter anerkennen und gutheißen, was ein solcher Meister geordnet. Mit einem tiefen Sinn hat er die gedachten Statuen als eine edle Krönung des Palastes, als einen schönen Schmuck und als Verhältnispunkte für die Höhe und Ausdehnung des großen Gebäudes angebracht, und es wäre höchst wünschenswert, auch auf dem fortgesetzten von ihm nicht ausgeführten Teile des Schlosses gegen die Schloßfreiheit zu diesen Schmuck künftig einmal auszuführen, indem dieser Teil im Vergleich zu dem Schlüterschen, vorzüglich durch diesen Mangel, immer etwas Nüchternes und Kahles hatte.

3. Von eigentlich klassischen Gebäuden, die in ihrer ganzen Idee etwas wirklich Eigentümliches und zugleich Großartiges haben, besitzt Berlin nur zwei: das Königliche Schloß und das Zeughaus. Den Kunstwert beider verdanken wir dem Schlüter, sie stehen zugleich als Monumente der Kunst da und werden immer wichtiger, je weniger die Zeit imstande sein wird, sich auf so große und vollkommene neue Werke einzulassen. Und zugleich wird von dieser Seite die Pficht um so dringender, die geerbten Schätze in ihrer ganzen Herrlichkeit zu erhalten, und in den ungünstigsten Zeiten sind die hierauf zu verwendenden Mittel nie als eine überflüssige Verschwendung anzusehen, weil der zwar indirekte Nutzen, der daraus erwächst, zu allgemein und groß ist.

4. Welch einen widrigen Eindruck würde es im Lande und im

Friedrich Wilhelm IV. in seinem Arbeitskabinett im Obergeschoß der Erasmus-Kapelle, Gemälde von Franz Krüger, 1846

Huldigung vor König Friedrich Wilhelm IV. im Lustgarten am 15. Oktober 1840, Gemälde von Franz Krüger, 1844

Auslande machen, wenn nach so glänzenden Ereignissen in der Geschichte das Königliche Schloß in Berlin eines Hauptschmuckes beraubt würde aus einem ökonomischen Grunde. Mit demselben Recht würde man in einem ähnlichen Falle der Baufälligkeit auch dem Zeughause seine herrliche Trophäenkrönung rauben können und so fort, bis die Stadt ganz kahl geworden wäre. Das Nützliche und Notdürftige, so gut es an sich ist, wird widrig, wenn es ohne Anstand und Würde auftritt, und zu diesen hilft ihm bloß die Schönheit, welche eben deshalb so wesentlich wird und immer gleichzeitig mit jenem Berücksichtigung verdient.

5. Alle Monumente des Altertums und späterer Zeit bedurften der Reparaturen, und am glücklichsten ging es mit denen, die gleich bei ihrer Gründung ein Vermächtnis für diesen Zweck erhielten, aus dessen jährlichem Betrage die Erhaltung zuförderst, bei vielen die Vollendung des noch Unfertigen besorgt werden konnte. So gering diese Vermächtnisse oft waren, so entstand doch mit der Zeit etwas Großes. Auch in dem vorliegenden Falle scheine es zweckmäßig, durch eine mäßige Summe jährlicher Verwendung dem Königlichen Schlosse leicht die letzte Vollendung zu geben.

Zunächst die 12160 Taler für achtzehn Statuen betreffend, so kann nach meinem Dafürhalten durch die dazu fähigen Künstler in Berlin jährlich nicht mehr beschafft werden als vier Statuen. Diese würden also jährlich noch nicht einmal die Summe von 3000 Talern erfordern, die unter so manchen, anderen Luxusausgaben keinen Gegenstand der Hindernisse abgeben können.

Die noch der Ausbesserung fähigen vier Statuen auf dem ganzen Schlosse zu verteilen, würde nicht anzuraten sein, indem dies ein höchst dürftiges Ansehen geben würde. Es ist am zweckmäßigsten, diese vier Statuen als Krönung eines der Portale, von denen jedes vier bedarf, gleich in diesem Jahre zusammenzustellen als ein erster Anfang zu der fortgesetzten Ausfüllung der jetzt leer gewordenen Plätze.«

König Friedrich Wilhelm IV. (1840–58) bzw. 1861) ist wieder einer der großen Bauherren der preußischen Geschichte gewesen und hat auch am Schloß Bedeutendes gebaut. Schon in seiner Kronprinzenzeit hatte er sich durch Schinkel eine Wohnung im Mittelgeschoß an der Ecke zur Langen Brücke hin einrichten lassen, von der ein guter Teil bis ins Zeitalter der Fotografie erhalten blieb und die daher im ganzen bei den Erläuterungen der Abbildungen besprochen wird. Als König vollendete er den Außenbau des Schlosses. Anstelle des einst von Eosander geplanten Turmes setzte er den Kuppelbau einer Kapelle auf das Portal III (Abb. 67), deren mächtigem Umriß noch ein Plan Schinkels zugrunde liegt, während eine gewisse Stelzung des Ganzen und das sämtliche Detail teils auf August Stüler, teils auf den König selbst zurückgehen. Ebenso hat der König auch wohl die bepflanzten Terrassen, mit denen er 1842 den Schloßsockel am Lustgarten dem Blick romantisch »entrückte«, im wesentlichen selbst konzipiert, so auch das romantische Gärtchen in der Ecke zwischen Spreefront und der Erasmus-Kapelle (Abb. 6).

Im Innern hing mit dem Kapellenbau eine Neugestaltung des Weißen Saals und der oberen Endigung der Weißen-Saal-Treppe zusammen, die den Saal mit der Kapelle verbinden mußte. Für diese Bauten bediente sich der König ebenfalls Stülers. Leider hat er auch in den Paradekammern Restaurierungen anstellen lassen, die den originalen Raumeindruck beeinträchtigten. Alle diese Bau- und Ausbauarbeiten sind ebenfalls im Zusammenhang mit den Abbildungen erläutert.

Friedrich Wilhelm IV. hatte schon als Kronprinz eine noch viel bedeutendere Neuerung veranlaßt. Er hatte den geplanten Museumsbau, der zunächst in den Marstall- und Akademieblock hatte eingebaut werden sollen – die heutige Staats- und Universitätsbibliothek Unter den Linden und Dorotheenstraße –, 1823 an den Lustgarten verlegt und so aus diesem einen Architekturplatz im Sinne seiner Zeit gemacht. Diesen von ihm mit Schinkels Assistenz geschaffenen Raum konnte er als seinen eigenen ansehen. Er hat sich dort, auf einer vor Portal IV aufgebauten Tribüne, huldigen lassen. Diese »Erbhuldigung, die nach alter Weise in Königsberg und Berlin veranstaltet wurde und bei der Friedrich Wilhelm gegen alles Herkommen persönlich zu den Versammelten zündende Worte über das Verhältnis von König und Volk sprach, gab weiten Kreisen bereits einen starken Eindruck von dem berückenden Zauber seiner Persönlichkeit und von dem Geist, in dem er sein Herrscheramt auffaßte. Es war ein großer, herzbewegender Moment, als er in Berlin (15. Oktober 1840) vor dem Schlosse von der goldenen Treppe des festlichen Throngerüstes herab die auf dem Schloßplatz Versammelten mit begeisterten Worten anredete und das Gelöbnis der Treue von ihnen heischte, das dann tausendstimmig ertönte und mit bewegtem Dank von ihm entgegengenommen wurde. So hatte noch nie in Preußen ein König zu seinem Volke gesprochen, und im Moment war alles durch den hohen Schwung dieser Feierstunde überwältigt« (Otto Hintze).

Erster Truppeneinsatz gegen unbewaffnete Bürger auf dem Schloßplatz am 18. März 1848,
»Neuruppiner Bilderbogen« von 1848

Die Harmonie zwischen König und Volk war indessen trügerisch, und das Schloß wurde während seiner Regierung noch Schauplatz ganz anderer, auch für die deutsche Geschichte bedeutender Ereignisse. Bei der Erbhuldigung in Königsberg schon war Friedrich Wilhelm gebeten worden, gemäß dem Versprechen seines Vaters von 1815 eine Vertretung des ganzen Landes, also ein preußisches Parlament einzuberufen. Das hätte soviel bedeutet, wie den Absolutismus, die Alleinherrschaft des Königs durch seine Beamten, aufgeben und den Bürgerstand an der Regierung beteiligen, wie das die Bürgerlichen Westeuropas längst erkämpft hatten. Der König widerstrebte, berief aber doch Ausschüsse der Provinziallandtage (die er in seiner Kronprinzenzeit, 1823, eingerichtet hatte, als er seinen Vater einmal eine Zeit hatte vertreten müssen) nach Berlin zusammen. Schließlich, 1847, wurde unter dem fortwährend sich steigernden demokratischen Druck doch ein vereinigter Landtag, aus den sämtlichen Provinziallandtagen gebildet, einberufen. Am 11. April 1847 eröffnete der König ihn feierlich im Weißen Saal. In seiner Rede sagte er unter anderem: »Es drängt mich zu der feierlichen Erklärung: daß es keiner Macht der Erde je gelingen soll, Mich zu bewegen, das natürliche, gerade bei uns durch seine innere Wahrheit so mächtig machende Verhältnis zwischen Fürst und Volk in ein konventionelles (auf Übereinkunft beruhendes), konstitutionelles zu wandeln, und daß Ich es nun und nimmermehr zugeben werde, daß sich zwischen unsern Herrn Gott im Himmel und dieses Land ein beschriebenes Blatt gleichsam als eine zweite Vorsehung eindränge, um uns mit seinen Paragraphen zu regieren und durch sie die alte heilige Treue zu ersetzen« (nach Otto Hintze). Siehe dazu Abbildung S. 489.

Die königliche Regierung hat diesem Landtag fast alle seine Wünsche abgeschlagen. Die politische Unruhe hielt an und wurde durch die Pariser Februarrevolution 1848 mächtig ermutigt. Seit Anfang März versammelten sich wie in vielen deutschen Städten in Berlin die Bürger, um Forderungen nach den bürgerlichen Freiheitsrechten zu erheben. Solche Versammlungen gerieten bald mit dem Militär aneinander. Von den Bürgern gebildete Schutzkommissionen konnten die Wutausbrüche der Unterklasse gegen die Truppen oft nicht mehr zurückhalten; es kam zu blutigen Zusammenstößen, die beide Seiten aufs äußerste reizten. Die Bürger bauten schon am 15. März erste Barrikaden. An diesem Tag kam auch die Nachricht von der zunächst geglückten Revolution in Wien und dem Nachgeben der kaiserlichen Regierung.

Am 18. März 1848 wurde eine Deputation aus Köln am Rhein im Schloß vorgelassen, die nicht nur die Gewährung der bürgerlichen Freiheiten vom König verlangte, sondern ihn auch aufforderte, sich an die Spitze der Bewegung zu stellen, die ja ebenso auch ein geeintes Deutschland erstrebte. Man hoffte, Preußen für die nationale Einheit zu gewinnen; der König hätte das Oberhaupt eines freilich konstitutionellen deutschen Nationalstaates werden können. Für denselben Tag war auch eine große Demonstration der Berliner auf dem Schloßplatz verabredet. Nachmittags um zwei Uhr ließ der König proklamieren, daß er Deutschland als einen Bundesstaat mit einer Volksvertretung herstellen wolle. Das gab einen unerhörten Jubel. Der König zeigte sich auf dem Balkon vor dem Sternsaal und wiederholte seine Zusagen mündlich. Ob nun rechte oder linke Provokateure das auslösten – plötzlich rief jemand »Militär fort!«, und die Menge stimmte ein und begann zu drängen. Der König lehnte ab. Plötzlich rückten die Gardetruppen, die vor dem Schloß standen, und andere aus dem Schloß heraus vor und hieben mit blanker Waffe auf die Leute ein, Schüsse lösten sich, und mit dem Ruf »Verrat! Rache! Zu den Waffen!« stoben die Volkshaufen nach allen Richtungen auseinander. In vielen Straßen wurden Barrikaden aufgehäuft. Es war vier Uhr nachmittags, als der Straßenkampf zwischen dem in alle Richtungen vorrückenden Militär und dem Volk begann. Die Leute rissen das Pflaster auf, so daß die Kavalleriepferde stolperten und nur noch Fußtruppen eingesetzt werden konnten. In den engen Straßen, in denen die Bürger aus oberen Etagen schossen und von den Dächern Ziegel warfen, war der Kampf auch für das überlegen bewaffnete Militär schwer.

Trauerzug mit den Märzgefallenen vor dem Schloß am 22. März 1848, »Neuruppiner Bilderbogen« von 1848

Die beiderseitige Erbitterung war groß. Bis Mitternacht hatten die Truppen (14000 Mann) die Häuserblocks gegenüber dem Schloß, Breite Straße und Brüderstraße, und die Friedrichstadt zwischen den »Linden« und der Leipziger Straße unter Kontrolle, sonst aber standen die Bürger kampfbereit hinter ihren Barrikaden. Der Angriff der Truppen hatte 180 Bürgern das Leben gekostet; die Zahl der gefallenen Soldaten war groß genug, um geheimgehalten zu werden.

Der König hatte den Angriff nicht befohlen und war entsetzt darüber, das Blut seiner Untertanen zu vergießen. Er erließ am Morgen die Proklamation »An meine lieben Berliner« und bot den Rückzug der Truppen von allen den Stellen an, wo die Bürger die Barrikaden räumen würden. Als ihm der Bürgermeister Naunyn die ersten drei Räumungen meldete, ließ er die Truppen sich überhaupt auf Schloß und Zeughaus zurückziehen. Das war nun schwer durchzuführen; das Volk drängte nach und beschimpfte die Soldaten. Der diensttuende Oberbefehlshaber General von Prittwitz war über die Mäßigung des Königs, die ihm fast wie Verrat erschien, so verärgert, daß er die Truppen ganz aus Berlin abmarschieren und den König und das Schloß ungedeckt ließ. Man kann sich denken, was für eine Verwirrung im Kabinett des Königs und unter den Ministern und Generälen, die in diesen Tagen fortwährend im Sternsaal aufwarteten, geherrscht haben muß, wenn eine solche Situation eintreten konnte.

Der von so vielen Historikern als unfähig und schwach beurteilte König Friedrich Wilhelm IV. ist damit fertiggeworden, daß er nun in den Händen der Bürger war. Allerdings mußte er allerhand einstecken. Noch am Vormittag des 19. März ging der Leichenzug mit den gefallenen Revolutionären von den Kampfstätten in der Altstadt zur Aufbahrung am Deutschen Dom auf dem Gendarmenmarkt durch den Inneren Schloßhof, der ja seit Generationen schon öffentlicher Durchgang war. König und Königin mußten auf die Galerie vor ihren Zimmern treten und auf den Ruf »Hut ab!« den toten Aufständischen Ehre bezeigen. Dies war die tiefste Demütigung des Königs, der Monarchie und der Armee. Im übrigen stand der König nun unter dem Schutz einer Bürgerwehr, die zwar später weidlich verspottet wurde, aber damals doch in kurzer Zeit die Ordnung hergestellt hat. Dazu muß man wissen, daß die bürgerliche Stadtregierung, der Magistrat und die Stadtverordneten, mehr oder weniger auf der Seite der Revolution standen und es also auf dieser Seite nicht an Verwaltungsfachleuten und erfahrenen Politikern mangelte.

Am 20. März erließ der König eine Amnestie für politische Verbrecher. Am 21. »unternahm er, mit schwarz-rot-goldener (also deutscher, nicht preußischer) Schärpe geschmückt und von der Menge stürmisch begrüßt, einen Umritt durch die Stadt und hielt dabei schwungvolle

Bürgerwehrwache vor den Zimmern Friedrich Wilhelms IV. im Schloß, Gemälde von Eduard Grawert, 1848

Ansprachen an die neugebildete Bürgerwehr, an die Professoren der Universität, an die Stadtverordneten. Er verkündete, daß er die Leitung der deutschen Bewegung zur Einheit und Freiheit des Vaterlandes in die Hand nehmen wolle, ohne sich die Herrschaft über Deutschland anzumaßen. In einem Manifest vom selben Datum erklärte er im Sinne einer alten liberalen Forderung: ›Preußen geht fortan in Deutschland auf‹« (Otto Hintze). Das war zu schön, um wahr zu sein; es hätte ja ergeben, daß die Einheit Deutschlands mitsamt Österreichs durch die Revolution von 1848 hergestellt worden wäre, die Einheit, die dann erst durch Hitler in einer Weise hergestellt und zerstört worden ist, daß wir sie heute nicht einmal mehr wünschen können. Aber Friedrich Wilhelm IV. konnte sich natürlich nicht wirklich entschließen, sich an die Spitze der Revolution zu setzen, und hätte er sich entschließen können, wäre ihm wohl sein Preußen, in dem die Junker noch so mächtig waren, darüber zerbrochen. So erscheint dieser nationale Umzug nachträglich fast als ein geschickter Schachzug in dem Spiel, in dem der König die Revolution ausmanövriert hat. Am 22. März konnte er jedenfalls dem Trauerzug vom Gendarmenmarkt zum Friedrichshain, der diesmal um das Schloß herum über den Schloßplatz geleitet wurde, zusehen, ohne das Gesicht abermals zu verlieren. Die toten Revolutionäre wurden im Friedrichshain begraben, dem Stolz der Stadt, ihrem ersten großen, damals in Anlegung begriffenen Stadtpark, die gefallenen Soldaten auf dem Invalidenfriedhof.

Während des März noch spalteten sich der besitzende Bürgerstand und die schon zu sozialistischen Ideen neigende Unterklasse von einander ab. Als das neue Ministerium und der Vereinigte Landtag die Wahlen für die Konstituierende Versammlung (Preußische Nationalversammlung) durchgeführt hatten und diese zusammentrat, um die neue Verfassung auszuarbeiten, zeigte sich die größte Uneinigkeit in der Versammlung und ebenso zwischen der Körperschaft und dem »niederen« Volk Berlins. Am 16. Oktober schritt die Bürgerwehr gegen aufrührerische Kanalarbeiter ein, und es gab auf beiden Seiten Tote. Am 31. Oktober sperrte ein Volksauflauf das im Schauspielhaus auf dem Gendarmenmarkt tagende Parlament ein, um bestimmte Beschlüsse zu erzwingen. Nachdem an diesem selben Tag die Truppen der österreichischen Reaktion Wien erstürmt hatten, besetzte der preußische General Wrangel am 10. November ohne Kampf Berlin (der König war längst nach Potsdam gegangen) und schloß die preußische Nationalversammlung, die keinen Rückhalt mehr im Volk hatte. Der König oktroyierte am 5. Dezember eine Verfassung in seinem Sinne. Die Verfolgung der Demokraten setzte ein. Am 26. Februar 1849 eröffnete Friedrich Wilhelm im Weißen Saal das nach der neuen Verfassung gewählte Parlament.

Indessen hatte die deutsche Nationalversammlung in Frankfurt am Main beschlossen, die deutsche Kaiserwürde auf den König von Preußen zu übertragen. Am 3. April 1849 empfing Friedrich Wilhelm IV. in Berlin im Rittersaal des Schlosses die Deputation der »Paulskirche« (Tagungsort der Nationalversammlung in Frankfurt), die gekommen war, um ihm offiziell die deutsche Kaiserkrone anzutragen. Seit Ausbruch der Revolution war ein gutes Jahr verflossen und in Berlin wie in Wien die Reaktion schon siegreich. Friedrich Wilhelm hatte zwar Preußen und auch das übrige Deutschland, wie sich sehr bald zeigen sollte, militärisch in der Hand. Die Kaiserkrone annehmen hätte aber auf lange Sicht Krieg mit Österreich bedeutet, das seit alters Anspruch auf die erste Stelle in Deutschland hatte, und diesen Krieg konnte er nur mit Hilfe der demokratischen Bewegung wagen, von der er nach diesem Jahr ein für allemal genug hatte. Er wollte keine Kaiserkrone vom Volke übertragen haben, hätte sie allenfalls von den dem deutschen Volke von Gott gesetzten Fürsten angenommen, und auch das nicht gern, weil er an der Vorstellung vom traditionellen Kaisertum des Hauses Österreich hing. Er hat also die Kaiserkrone ausgeschlagen und in dem Zusammenhang (wohl nicht geradezu im Angesicht der Deputation) von einer Krone »aus Dreck und Letten gebacken« gesprochen. Wegen des schnellen Bedeutungswandels umgangssprachlicher Ausdrücke muß hier wohl erklärt werden, daß damals Dreck soviel hieß wie heute Scheiße; Letten bedeutet Lehmklumpen.

Bald marschierten nun preußische Truppen, befehligt vom Prinzen (späteren König und Kaiser) Wilhelm, durch die preußischen Provinzen und ganz Deutschland und stellten die Gewalt der Fürsten überall wieder her, so in Dresden, zuletzt in der Pfalz und in Baden, wo es zu entsetzlichem, bis heute nicht vergessenem Blutvergießen kam. Noch mehr Blut hat dann die Errichtung des preußisch-kleindeutschen Kaiserstaates von oben statt von unten gekostet (Bismarcks Kriege gegen Österreich 1866 und Frankreich 1870/71), und Bestand gehabt hat er doch nicht.

Nach dem vollständigen Sieg der Reaktion ließ Friedrich Wilhelm IV. aus der von ihm erlassenen Verfassung viele unbequeme Bürgerrechte wieder heraus-»reformieren«, fand aber doch gut, diese Verfassung feierlich zu beschwören. Dies geschah wieder im Rittersaal des Berliner Schlosses, am 6. Februar 1850. Im übrigen zog es der König von nun an vor, in Potsdam zu wohnen. Sogar bei den Landtagseröffnungen 1851–53 ließ er sich vom Ministerpräsidenten vertreten.

König Wilhelm I., seit 1871 deutscher Kaiser,
Gemälde von Franz Krüger, um 1850

Wilhelm I., seit 1858 Regent für seinen schon seit dem Jahr davor psychisch erkrankten Bruder, seit 1862 König, seit 1871 deutscher Kaiser, ist in seinem prinzlichen Palais Unter den Linden Ecke Opernplatz wohnen geblieben, dessen Inneres im letzten Krieg ausgebrannt, dessen Äußeres wiederaufgebaut worden ist. Wilhelm I. hat das Schloß für Staatsakte und Hoffeste und zur standesgemäßen Unterbringung von Gästen und Verwandten benutzt, es auch sehr gepflegt, ohne aber viel zu ändern. Wir können eine sehr schöne Innenausstattung seiner Zeit, die Hohenzollern-Wohnung, dokumentieren (Abb. 268–270). Der Weiße Saal sah so wichtige Ereignise wie die Eröffnung der Reichstage des Norddeutschen Bundes seit 1867 und diejenigen der Reichstage des Deutschen Reichs seit 1871, wobei die Thronreden vom Ministerpräsidenten Otto von Bismarck gehalten wurden.

Eidesleistung Friedrich Wilhelms IV. auf die preußische Verfassung am 6. Februar 1850 im Rittersaal,
Lithographie nach einer Zeichnung von Paul Bürde

Der alte Kaiser – er war ja schon über die Sechzig, als er Regent, über die Siebzig, als er Kaiser wurde – hat für das Schloß vielleicht auch deswegen keine größeren Ausbaupläne gehegt, weil er dies Geschäft der Umwandlung in eine Kaiserresidenz seinem Sohn Friedrich Wilhelm (Kaiser Friedrich III.) überlassen wollte, der als kunstverständig angesehen wurde. Wilhelm I. hat lediglich im Schlüter-Hof an den Schmalseiten die Arkadengänge vervollständigen sowie das Quergebäude an der Seite, die es dem Hof zukehrte, stuckieren lassen. Die neuen Arkaden – leider wurden sie beiderseits der Risalite noch um je eine Achse aufgestockt – dürften zur Erleichterung der Bedienung in den Paradekammern gedacht gewesen sein, die Stuckierung zur Verschönerung der Vorfahrt bei den großen Hoffesten.

Wilhelm I., von den Badenern 1849 Kartätschenprinz genannt, weil er Artillerie gegen das Volk eingesetzt hatte, war keineswegs ein grober Haudegen. Er hatte kein besonderes Interesse für Kunst und Wissenschaft, aber höfische Lebensart, war ein Kavalier alter Schule von vollendetem Takt. Es ist merkwürdig, daß gerade seinem Hofe, zumal im Vergleich mit dem seines Enkels Wilhelm II., wahre Eleganz nachgesagt wird. Vor einigen Bildern Menzels kann man das gut nachfühlen. Im »Ballsouper« gibt Menzel die Hofatmosphäre; er vermeidet zwar absichtlich jede Porträtähnlichkeit bei den dargestellten Personen und vermeidet offenbar auch die Ähnlichkeit seines Raumes mit bestimmten Zimmern – der Hintergrund des Bildes ist eine freie Komposition –, doch ist zweifellos gewissermaßen der Inbegriff der Paradekammern als festlicher Rahmen gemeint.

Marie von Bunsen, deren Vater preußischer Botschafter beim Vatikan und in London gewesen war und seit dessen Freundschaft mit Friedrich Wilhelm IV. die Familie mit dem Königshaus gewissermaßen privat verkehrte, hat in ihren Erinnerungen zwei festliche Ereignisse in den Paradekammern beschrieben. Das erste war das »Mediceerfest« (ein Kostümfest) anläßlich der silbernen Hochzeit des Kronprinzenpaares im Winter 1882/83. Es handelte sich um Kronprinz Friedrich Wilhelm, den unglücklichen Hunderttage-Kaiser Friedrich III. von 1888. Das zweite festliche Ereignis, das Marie von Bunsen beschreibt, ist ihre erste Cour, das heißt Vorstellung bei Hofe im Winter 1883/84. Damit wurde ein junges Mädchen in die Gesellschaft aufgenommen, konnte zu den Hofbällen eingeladen werden, war heiratsfähig. Die Cour fand in Verbindung mit einem solchen Hofball statt:

»Im folgenden Winter erlebten wir dann die Cour und die Hofbälle. Für die Eltern war es eine mühsame Anstrengung, ich bin ihnen für das Opfer dankbar, so ein Fest am Berliner Hof hatte Glanz, historische Überlieferung und eine gewisse phantastische Schönheit.

Schon Unter den Linden langsames Vorrücken der Wagenreihe, bei jedem Stillstand wohlwollende oder schnoddrige Bemerkungen der dichtgedrängten Menge, aufgeregte berittene Schutzleute. Diplomaten und Würdenträger hatten Vorfahrtskarten, kamen außer der Reihe weiter, solche Protektion ärgerte uns andere, deren Kutscher nur die üblichen Karten vorn im Hut eingesteckt trugen. Endlich, endlich durchfuhr man das gewaltige Portal und befand sich im Hof; das Licht ließ das Tiefgrau der alten Mauern, die Schneemassen, die aufgereihten Wachen undeutlich erkennen. Kaum gelangte man von der Stelle, schließlich hielt man vor der strahlend erleuchteten Tür, der Wagenschlag wurde aufgerissen, und unser eigener Diener nahm die Mäntel in Empfang. Garderobenräume wurden erst unter dem neuen Regiment eingeführt. Langsam schritten wir die Treppen hinauf, wärmten uns an den flackernden Kaminen. Es begann die unübersehbare, prachtvolle Flucht der Säle. Seit Jahrhunderten haben sie sich nicht allzusehr verändert, damastbespannte Wände mit Ahnenbildern, schwere, goldene, geschnitzte Sessel aus der Zeit des ersten Königs. An allen Türpfosten zwei wachestehende Gardedukorps. Ausgesuchte reiche Bauernsöhne; wie angegossen umspannte die weiße und rote Uniform die herrlich gewachsenen Gestalten. Dicht an ihnen vorbei rauschten die Damen, Diamanten auf den bloßen Schultern, zogen die Exzellenzen mit ihren Sternen und Ordensbändern, sie standen regungslos monumental im silbernen Adlerhelm, den Säbel gezogen. Jugendlich schlank die Pagen in ihren rotbestickten Röcken, ihrem Spitzengefältel, die hübschesten Selek-

Nördliche Fassade des Schlüter-Hofes vor Ergänzung der zweigeschossigen Galerie links neben dem Portalrisalit, Aquarell von Ludwig Ferdinand Hesse, 1874

Kaiserliches Festbankett im Weißen Saal am 17. Juni 1871 anläßlich des Triumphfestes, aus »Illustrirte Zeitung«, 8. Juli 1871

taner von Adel aus dem Lichterfelder Kadettenhaus wurden ausgesucht. Überall die goldbestickten Uniformen der Offiziere, der hohen Beamten, der Herren vom Hof. Von der Kleidsamkeit, der Schönheit jenes tausendfachen Kerzenlichtes macht die heutige Menschheit sich keinen Begriff, und in diesem strahlenden Geflimmer funkelten all die Diamanten, leuchtete der Farbenschmelz der seidenen und samtenen Kleider. Allerdings war der Umriß der Damen an den Courtagen nicht eigentlich gut, als großer Bausch wurde die zehn Fuß lange, aus zwei bis drei Stoffbahnen bestehende Schleppe über den Arm getragen. Mit preußischer Korrektheit verteilte man die Gäste, je nach der Kategorie, in verschiedene Säle: die Exzellenzendamen, die übrigen verheirateten Frauen, vorgestellte junge Mädchen und die noch vorzustellenden. Wir letzteren betrugen, da im vergangenen Jahr die Cour ausfiel, zwischen zwanzig und dreißig, das galt für viel, eine Generation später waren an hundert jährlich zur Stelle. Bei uns Unvorgestellten ging es ganz gemütlich zu. Man kannte sich oder lernte sich kennen, alle hatten etwas Courfieber, in einer Ecke, hinter den Säulen, probierte man noch einmal die große Verbeugung, man frug ängstlich, ob der Ausschnitt wirklich nicht zu tief sei? Der uns zuerteilte Kammerherr, Graf Oeynhausen, war freundlich und nett. Als wir uns in Bewegung setzten, ging als erste Prinzessin Ratibor mit einer Cousine, eigentlich hatten die beiden Fräulein Maybach, Töchter des Eisenbahnministers, den Vorrang, taktvoll hielten sie sich jedoch zurück. Nun kam das Gefürchtete, die lange, berüchtigte Bildergalerie, die Lästerallee, in der schon seit Stunden sämtliche Offiziere eingekeilt standen. Nur eine schmale Gasse blieb frei, durch diese mußten wir durch, und bei sichtlich Verängsteten oder irgendwie Auffallenden ergingen sich oft die Leutnants in halblauten Glossen. Das klingt sehr ungezogen, ist aber menschlich. Alle, auch die Gediegensten, die unbeweglich festgenagelt dastehen müssen, werden sich durch schnöde Bemerkungen über die Vorbeikommenden zerstreuen. Ein Bekannter hatte Berta und mir den Rat gegeben, »möglichst harmlos und befriedigt auszusehen«. So geschah es auch, unsere Tänzer grüßten freundlich, nur unsere Namen hörten wir murmeln, während wir die endlose Gasse hinunterzogen.

In einem der folgenden Säle warteten, ordenstrotzend, die Generäle, und da stand Moltke. Ich kam ganz dicht an ihm vorbei und sah ihn in freudiger Erregung an; Kindern wird eingeschärft: »es schickt sich nicht, Menschen anzustarren«, das, so fürchte ich, habe ich getan. Vermutlich sagte er sich – die da muß ich aus Schlesien kennen – er machte mir eine tiefe Verbeugung. Beglückt versank ich in eine Reverenz, wie sie eigentlich nur gekrönten Häuptern zukommt.

Dann, in der Königinnenkammer, ließ eine jede die Courschlep-

pe fallen, der Kammerherr, Graf Kanitz, hatte das Amt, sie schön auszubreiten, feierlich bewegte man sich vor. Im Thronsaal leise Musik, Lichtgeflirr, Goldglanz, ein geradezu unwahrscheinliches Diamantgefunkel; unter dem Thronhimmel stand groß, stattlich und gütig der Kaiser, neben ihm, halb sitzend, halb liegend, die gebrechlich gewordene Kaiserin Augusta. Zu beiden Seiten waren sämtliche Prinzen und Prinzessinnen aufgereiht und begrüßten durch ein Lächeln alle ihre vorbeiziehenden Bekannten, man erwiderte nur durch einen respektvoll freundlichen Gesichtsausdruck, denn nur vor dem Kaiserpaar sollte man sich verneigen. Unglaublich das Ausstrahlen, der Glorienschein aller Krondiamanten! Jetzt entfernte sich die Schleppe meiner Vorgängerin, mein Name wurde genannt, jetzt machte ich die langsame tiefe Verneigung! –

Es folgte das Konzert im Weißen Saal, wieder saß man in Kategorien, wir Neulinge unter der Musikgalerie. Zweifellos waren die künstlerischen Darbietungen vorzüglich, alle waren jedoch zerstreut, es gab zu viel zu sehen. Auch nachher, als sich die Massen auflösten. So erinnere ich mich der berühmt schönen Gräfin Görz und ihres blassen, unvergleichlich klassischen Profils; sie war in Weiß, mit Perlen und Diamanten. Eine schlankgeschmeidige, seltsam aussehende Russin, Frau des niederländischen Gesandten, trug, aalglatt angeschmiegt, Goldbrokat, und aus Goldbrokat war auch die sie umschlängelnde Schleppe, so stand sie, ein Bild der Schlange, über das bronzen-marmorne Treppengeländer gelehnt, von Offizieren umgeben. Malerisch prächtig der Hintergrund all dieser Gestalten, der farbigsatte schwere Schlüterbarock. Die Ahnen der meisten Gäste hatten unter sechs preußischen Königen hier Feste gefeiert, wo man hinhörte, historische Namen, einige Johanniterritter wirkten, als seien sie den alten Bilderrahmen entstiegen.

Gesellschaftlicher Luxus ist meistens ästhetisch, selbstverständlich macht er den stärksten Eindruck, ist er mit vornehmer Überlieferung gepaart.

Auch die Hofbälle hatten einen besonderen Reiz. Alle die Hunderte warteten im Weißen Saal, dann hörte man das Aufschlagen des Oberhofmarschallstabes, es erschienen der »Große Vorantritt«, die Würdenträger des Hofes, die Kammerherren, schließlich die von allen Fürstlichkeiten gefolgten Majestäten. Grüßend schritten sie durch die tief sich neigende Schar. Besonders malerisch wirkten in den alten Gemächern die Gruppen beim Souper, ich saß in einer der tiefen Fensternischen, Zopfbildnisse ringsumher. Aber die Krone des Festes ist allen Tanzenden der berühmte Souperwalzer gewesen. Trafen wir uns in späteren Jahren, und sprachen wir über die vergangenen Feste, hieß es stets: »Und der Souperwalzer!!« Denn jetzt waren alle störenden, raumeinnehmenden Nichttanzenden mit ihrem Souper beschäftigt, leer war der gewaltige Saal, als wir Paare dort erschienen. Der elegante Vortänzer, Reischach, von den Gardedukoprs, winkte nach der Musikgalerie hinauf, der Walzer setzte ein, beseligt folgten wir auf dem spiegelglatten Parkett in die Unendlichkeit hinein. Schöner ist es nicht im Himmel!

Abschluß der großen Feste war der Fastnachtsball, leider hörte er Schlag Mitternacht auf, der berühmte, mit Pfannkuchen gereichte

Kaiser Wilhelm II. und seine Söhne auf dem Weg über die Schloßbrücke zur kaiserlichen Geburtstagsparade am 27. Januar 1914, Fotografie

Punsch, zu dem ältester Rheinwein verwendet wurde, entschädigte die Jugend nicht für die kurz bemessene Frist. Wir und unser Tanzen schien uns allen Schwerpunkt und Veranlassung des Festes.

Immerhin spielten am damaligen Hof nicht die jungen Mädchen, sondern die Frauen in den Dreißigern und Vierzigern die erste Rolle. Gerade die bemerkenswertesten unter diesen hatten einen recht schillernden Ruf, das wußte die Kaiserin Augusta; sie sagte sich, elegante, gewandte Frauen von Welt gehören nun mal zu einem Hof, sie gefallen dem Kaiser, solange nach außen kein Anstoß gegeben wird, geht mich ihr Lebenswandel nichts an. Den nachfolgenden Hof ging dieser an; die jungen Mädchen rückten in den Vordergrund, die Frauen waren sozusagen einwandfrei, oft wirkten sie jedoch bedenklich bieder und brav. Der Hof unter Wilhelm II. zeigte größeren Luxus, eine anspruchsvollere, etwa bei der historisch kostümierten Wache eine etwas theatralische Aufmachung, aber er war weniger elegant und weit weniger »Große Welt«.

Ich habe noch den abgerundeten Stil der altwilhelminischen Feste erlebt, durfte auch an den Umgangsformen dieser Majestäten mir einen Maßstab bilden. Wegen der Kränklichkeit der Kaiserin Augusta waren die »Sprechcouren«, in denen sie im Königinnensaal, Cercle machend, von einer zur anderen ging, durch die Defiliercouren ersetzt worden, doch erzählte man mir von der gewandten, vorbildlichen Art, mit der sie, bis zuletzt, an jede einzelne passende Worte gerichtet hatte. Meinen Vater berief sie in jedem Jahr einmal zu sich, immer staunte er über die durchdachte Führung einer solchen Audienz. Nichts war vergessen worden; worüber sie sich auszusprechen wünschte, hatte sie zwanglos vorgebracht.

Mir war es immer ein Vergnügen, bei diesen Festen dem alten Kaiser Wilhelm zuzusehen. Eine vollendete Natürlichkeit, dabei eine anscheinend instinktmäßige Beherrschung der kleinen Abschattungen der Begrüßung und des Gesprächs. Anders trat er auf die Bundesfürsten, die Generäle, die Minister zu, anders war er mit den Fürstinnen, mit den Diplomatinnen, mit den jungen Mädchen. Immer höflich; Reischach erzählte mir: »Auch den jüngsten Leutnant nannte er nie nur beim Vaternamen, sagte ›Herr von Reischach‹«. Nie gestattete er als Greis seiner Umgebung die geringste Hilfeleistung, die man im allgemeinen von Herren nicht erwartet. Wie gern wir alle sie ihm auch erwiesen hätten! »Er hat noch immer die gewinnend liebenswürdige Leutnantsnatur«, meinte von ihm mein Vater. Jungen Leuten, wie dem Reuß, dem Solms und anderen,

Abriß der Bürgerhäuser an der Schloßfreiheit, im Vordergrund der Kupfergraben, hinten rechts der Schloßplatz, Fotografie von etwa 1890

die man für nicht ganz erfolglose Damenfreunde hielt, sagte er, wie einer dieser Herren mir erzählte: »Macht nur gehörig den hübschen Frauen den Hof. Aber gehörig!« Reizend sind seine kleinen Aufmerksamkeiten gewesen...

Ich freue mich, daß ich diese Erscheinung in ihrer Harmonie, in ihrer Schlichtheit, in ihrer Würde, in ihrem Nimbus noch so deutlich vor Augen habe.«

Das kaiserliche Schloß

Wilhelm I. war 1871 nur sehr widerwillig Bismarcks Drängen gefolgt, den deutschen Kaisertitel anzunehmen. Er fühlte sehr genau, daß seine Stellung allein auf der Macht Preußens beruhte und fürchtete, daß der preußische Königstitel durch den nun erblich damit verknüpften Titel des Deutschen Kaisers verdunkelt werden könne, wie das in den nächsten Generationen denn auch eingetreten ist.

Auch die Anpassung des Schlosses an den neuen Rang war erst das Anliegen der Nachfolger. Kaiser Friedrich III. hat in seiner langen Kronprinzenzeit Pläne ausarbeiten lassen, die tief in den Bestand des Schlosses eingegriffen hätten. Der noch existierende Dom ist allein aus diesen Plänen hervorgegangen; wegen seiner architektonischen Schwäche muß man sagen: glücklicherweise allein. Da Kaiser Friedrich todkrank zur Regierung kam und noch im demselben Jahr 1888 starb, blieben die Pläne für das Schloß auf dem Papier – der Sohn und Nachfolger, Wilhelm II., war dagegen und hatte seine eigenen Ideen.

Kaiser Wilhelm II. (1888–1918), der letzte regierende Hohenzoller, hat viel am und im Schloß bauen, umbauen, neu einrichten lassen, wobei er befahl, daß alles im alten Stile, im Sinne Schlüters gehalten werde. Außen wurde das Schloß nun an der Schloßfreiheit »freigelegt«. 1894 wurden die Häuser dort, deren Hinterhöfe von der Schloßbrücke aus zu sehen gewesen waren, sämtlich abgebrochen und vor Portal III das Denkmal Kaiser Wilhelms I. aufgestellt. Damit stand das Schloß, wie der Städtebau des vorigen Jahrhunderts es liebte, als einzelnes Monument auf dem Präsentierteller; das gleiche ist damals vielen großen Kathedralen und Kirchen des Mittelalters in ganz Europa angetan worden. Dementsprechend hat Wilhelm II. Terrassen ähnlich denjenigen Friedrich Wilhelms IV., nur schmaler, um das ganze Schloß herumziehen lassen, an der

Einweihung des Nationaldenkmals für Kaiser Wilhelm I. an der Schloßfreiheit am 22. März 1897, Fotografie

Schloßfreiheit, an der Schloßplatzfront und auch an der Spree entlang.

Im Großen Schloßhof ließ er damit beginnen, dem Schloßfreiheitsflügel eine Raumzone vorzubauen, die die Paradekammern und Festräume im oberen Geschoß an der Kapelle vorbei zu einem großen Rechteck verbunden hätte, so daß die Gesellschaften des Kaiserreichs um das ganze große Karree hätten zirkulieren können, ein großzügiger Ausbau, der den Hof freilich etwas beeinträchtigte. Er ist nicht ganz zur Hälfte fertiggeworden. Dann stürzte die Monarchie. Das Innere des Flügels an der Schloßfreiheit wurde ganz ausgekernt, der Weiße Saal ganz neu ausgebaut und um eine seitliche Galerie erweitert (Abb. 140–141). In den beiden Geschossen darunter ließ der Kaiser Gästewohnungen einrichten. Komfortable Gästewohnungen sind überhaupt ein wichtiges Ziel seiner Bautätigkeit am Schloß gewesen: Er wünschte offenbar, alle Bundesfürsten seines Kaiserreiches in angemessener Weise im Schloß logieren zu können. Das Schloßviertel zwischen Portal III und IV – die Wilhelmsche Wohnung und die Königskammern, darunter die Mecklenburgischen Kammern und die Petits Appartements – ist vollkommen mit moderner Installation und Heizung ausgestattet worden. Auch in anderen Teilen des Schlosses wurden nach und nach moderne Gästewohnungen eingerichtet, begegnen immer wieder moderne Kamine aus diesen Jahren.

Wilhelm II. selbst hat auch wieder im Schloß gewohnt. Er bezog gleich 1888 den ersten Stock am Schloßplatz zwischen Portal I und der Ecke nach der Schloßfreiheit, benutzte die bei Portal I anschließenden Zimmer zur Spree hin als Adjutantenzimmer und ähnliches und das Gärtchen im Winkel des Schlosses zwischen Schloßplatz und Spree als sommerlichen Aufenthalt bei Vortrag und Beratung (Abb. 6). In seinen und seiner Gemahlin Zimmern blieb der alte Ausbau auf seinen Wunsch teilweise erhalten, so mehrere Barockdecken, eine Rokoko-Einrichtung, vor allem ein frühklassizistischer Saal und mehrere dazugehörige Zimmer von Langhans – die erst eine halbe Generation später wieder große Mode wurden. Auch einige Räume Schinkels wurden geschont. Der größte Teil dieser Einrichtungen ist fotografisch gut dokumentiert, und wir haben dem im Tafelteil viel Platz eingeräumt. Daher findet der Leser die kaiserliche Wohnung bei der Erläuterung der Tafeln auch im Zusammenhang dargestellt. Wegen der vergleichsweise glänzenden Dokumentation aller Bau- und Umbauarbeiten unter Wilhelm II. durch Fotos geben wir unsere Erläuterungen, die nur eine Auswahl aus der Fülle der Unterlagen sein können, überhaupt zum Tafelteil und können uns hier desto kürzer fassen. Es sei nur eine Schlußbemerkung erlaubt.

Bei aller Anlehnung an den alten Stil oder – mit einer Formulierung von damals – den Sinn des Schlüterschen Vorbildes hatten diese Bauarbeiten unter Wilhelm II. doch nicht mehr das Einmalige des alten Königsbaues. In den Villen und Stadtwohnungen der großen Berliner Bankiers und Industriellen gab es ähnliche Zimmer, in den Verwaltungszentralen der Großbanken, den großen Hotels ähnliche Treppenhäuser und Säle. Das Großbürgertum konnte genausogut im Sinn des Schlüterschen Vorbildes bauen, und der Gedanke, im Sinne eines großen Künstlers zu bauen, war überhaupt genuin bürgerlich. An den architektonisch und künstlerisch-dekorativ durchaus tüchtigen Aus- und Umbauten und Neueinrichtungen im Schloß wird noch im Foto überall fühlbar, daß die Zeit, da der Fürst den Staat personifizierte, daß die Vorstellung vom erblichen Souverän vorüber war. Das »persönliche Regiment« Wilhelms II. war einfach peinlich, und das war nicht einmal so sehr seine Schuld. In gewisser Weise war er der unglückliche Exponent des Versagens des bürgerlichen Deutschland.

Eine kleine Begebenheit ganz am Rande, die nicht in den Zeitungen gestanden hat und von der der Kaiser vielleicht nicht einmal erfahren hat, mag die damalige Atmosphäre von einer ganz anderen Seite zeigen. So wie es noch heute im Charlottenburger Schloß zum Unterhalt der Einrichtung eine eigene Haustischlerei gibt, gab es eine solche im großen Schloß in Berlin erst recht. Die Tischler hatten in einem Raum groß repariert. Bei Abnahme der Tischlerarbeit fand man an die rohe, noch nicht wieder bespannte Putzwand geschrieben:

Hängt der Lappen raus,
ist der Kerl im Haus.

(Bei Anwesenheit des Kaisers im Schloß wurde geflaggt). Die Tischler waren in der Gewerkschaft, hielten beim Verhör zusammen, der Täter wurde nicht ermittelt. Sie wurden geschlossen entlassen (Erzählung des Sohnes eines der Entlassenen).

Goerd Peschken

Das Schloß von der Novemberrevolution bis zur Zerstörung

Besatzung – Krongutsverwaltung – Staatliche Schlösser und Gärten

Die sich überstürzenden Ereignisse der Novemberrevolution von 1918 waren schon für den Zeitgenossen so verwirrend und wenig überschaubar, daß es einiger Zeit bedurfte, um hier Dichtung und Wahrheit, Gerücht und Tatsache voneinander zu scheiden. Drei Darstellungen der Geschehnisse um das Schloß des am 10. November 1918 nach Holland geflüchteten Kaisers informieren – mit dieser oder jener Einschränkung – am zuverlässigsten über die Ereignisse.

Ende 1921 veröffentlichte der sozialdemokratische Redakteur Kurt Heinig seine Zusammenfassung von der Schloßbesetzung und der beginnenden Vermögensauseinandersetzung zwischen dem preußischen Staat und seinem »vormaligen« König in dem Buch »Hohenzollern. Wilhelm II. und sein Haus. Der Kampf um den Kronbesitz«. Heinig war der von den Preußischen Volksbeauftragten eingesetzte Bevollmächtigte für die mittels zweier Verordnungen vom 13. und 30. November 1918 durchgeführte vorläufige Beschlagnahme des ehemaligen Kronbesitzes und hatte so den besten Einblick in die Vorgänge. Seine Schilderung ist zugleich auch eine Zurechtrückung einiger Tatsachen, die an anderen Stellen falsch wiedergegeben sind. Mancher würde sie eine »Ehrenrettung« der Volksmarinedivision nennen, die das Schloß vom 13. November bis 31. Dezember 1918 besetzt hatte und die für viele Schäden und Untaten verantwortlich gemacht wurde, als deren Täter oder Verursacher sich später andere Personen herausstellten.

Eine sehr interessante, aber nach Lage der Dinge subjektive Darstellung der Besatzungszeit der Volksmarinedivision im Schloß gibt der »Königliche Hausbibliothekar« Dr. Bogdan Krieger in seiner 1922 erschienenen Broschüre »Das Berliner Schloß in den Revolutionstagen 1918«. Krieger, der ja im Schloß beschäftigt war, sieht natürlich den Zusammenbruch der Monarchie mit anderen Augen als der Sozialdemokrat Heinig: In seinen Augen ist die Volksmarinedivision mehr eine Räuberbande als eine Wachtruppe. Die Ereignise vom 9. November 1918 bis zum Auszug der Volksmarinedivision aus dem Schloß, nur nicht aus so konservativer Einstellung wie bei Bogdan Krieger, beschreibt auch der Schriftsteller und Journalist Rudolf Rotheit in seinem posthum 1923 veröffentlichten Buch »Das Berliner Schloß im Zeichen der Novemberrevolution«. Die drei genannten Bücher ergänzen sich in vielen Punkten, wobei aber besonders Bogdan Krieger viele der Gerüchte und Mutmaßungen über Diebstähle und Plünderungen im Schloß wiedergibt, die in der Öffentlichkeit kursierten und eigentlich schon von Kurt Heinig richtiggestellt waren.

Am 9. November 1918, nachmittags um 14 Uhr, hatte Philipp Scheidemann am Reichstag die – zu diesem Zeitpunkt noch nicht erfolgte – Abdankung des Kaisers bekanntgegeben und die Republik ausgerufen. Die Nachricht verbreitete sich mit Windeseile, so daß die Schloßbesatzung, die am Tag zuvor noch verstärkt worden war, das Schloß verließ und dieses nur noch dem Schutz der im Hause wohnenden wenigen Hofbeamten, an ihrer Spitze dem Oberkastellan Digmann, überlassen war. Während die Soldaten abrückten, drängten bereits Menschen durch das Portal und verlangten Einlaß in die Räume. Einer der Leute, ein Mann, dessen Name übereinstimmend mit Schlesinger angegeben wird, veranlaßte den Oberkastellan, zum Schutz des Schlosses vor Übergriffen eine rote Fahne zu hissen. Da man eine solche nicht hatte, wurde zunächst ein roter Stuhlüberzug an einem Schirm befestigt und am Balkon des Säulensaals über Portal IV gezeigt, bis man eine rote Bettdecke auftrieb und sie über die Balkonbrüstung hängte. Schlesinger, ein Kaufmann, wandte sich beruhigend an die Menge im Lustgarten und erklärte, das

Schloß sei nun Nationaleigentum und müsse geschützt werden.

Etwa um 15.30 Uhr traf Karl Liebknecht im Auto vor dem Schloß ein. Er habe, so wird berichtet, vom Wagendach aus, auf das Portal IV deutend, den Menschen zugerufen: »Durch dieses Tor wird die neue sozialistische Freiheit der Arbeiter und Soldaten einziehen; an der Stelle, wo die Kaiserstandarte wehte, wollen wir die rote Fahne der freien Republik Deutschland hissen.« Anschließend betrat Liebknecht das Schloß und ließ sich vom Oberkastellan zum Säulensaal führen; eine große Volksmenge folgte ihm. Vom selben Balkon aus, von dem der Kaiser am 1. August 1914 seine Rede an das Volk gehalten hatte, verkündete nun Karl Liebknecht eine freie sozialistische Republik mit den Worten: »Der Tag der Freiheit ist angebrochen. Nie wieder wird ein Hohenzoller diesen Platz betreten... Heute steht eine unübersehbare Menge begeisterter Proletarier an demselben Ort, um der neuen Freiheit zu huldigen. Parteigenossen, ich verkünde die freie sozialistische Republik Deutschland, die alle Stämme umfassen soll, in der es keine Knechte mehr geben wird, in der jeder ehrliche Arbeiter den ehrlichen Lohn seiner Arbeit finden wird...« Anschließend wurde an dem Mast, an dem sonst die Kaiserstandarte geweht hatte, ein Stück rotes Tuch als Fahne aufgezogen.

In der Dunkelheit, die inzwischen eingetreten war, gelang es zahlreichen Leuten, in die Schloßhöfe einzudringen. Man wollte den Kastellan zwingen, die Räume aufzuschließen, weil man darin noch kaisertreue Offiziere vermutete. Da Digmann sich weigerte, setzte man ihn in seiner Wohnung fest und öffnete die Räume gewaltsam. Schon an diesem Tag und in der folgenden Nacht zum 10. November kam es zu den meisten Diebstählen, auch zur Plünderung der Livreekammer, die man später den Matrosen zur Last legte. Die Livreekammer befand sich in den ehemaligen Räumen der Kunstkammer im dritten Stockwerk auf der Lustgartenseite. Ihre Plünderung ist symptomatisch für die damalige materielle Not, denn als man später eine Aufstellung des vermißten Inventars machte, standen Gebrauchsgegenstände wie Textilien an erster Stelle. Allein die Verluste der Livreekammer bezifferten sich auf 241000 Mark. Die Liste, soweit von Kurt Heinig in seinem Buch veröffentlicht, zeigt deutlich, was die Menschen damals, nach vier Jahren Krieg und Entbehrungen, suchten.

Mehrere Tage lang blieb das Schloß der Willkür verschiedener »revolutionärer« Interessentengruppen preisgegeben, deren Treiben auch die aufopferndste Arbeit der Kastellane nicht gewachsen war. Dann wurde zu seinem Schutz mit Einverständnis der Volksbeauftragten eine Abteilung der am 11. November als Teil der Republikanischen Schutzwehr gegründeten Volksmarinedivision in das Schloß verlegt, einschließlich des Hauptqurtiers ihres

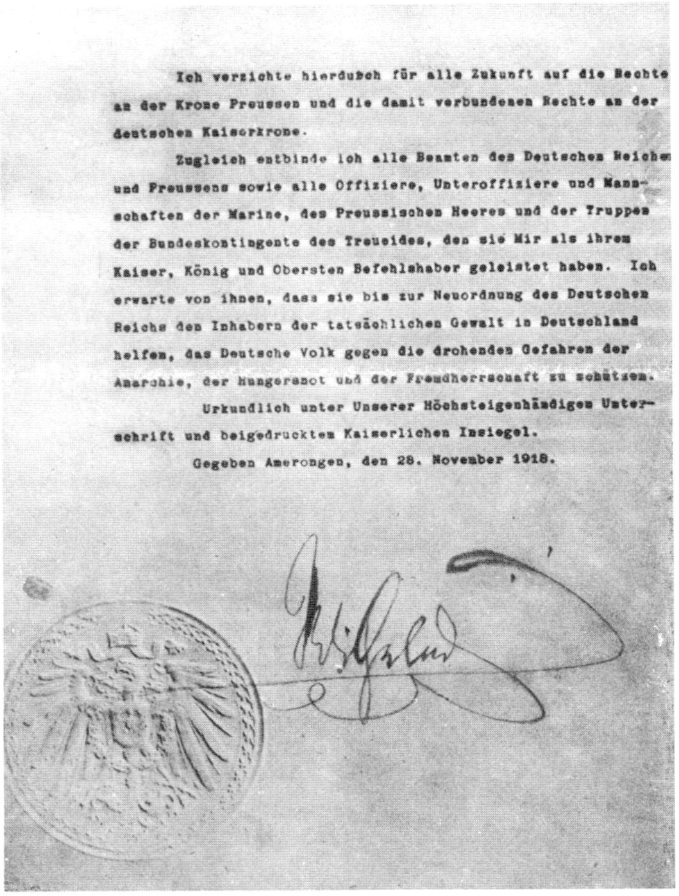

Ich verzichte hierdurch für alle Zukunft auf die Rechte an der Krone Preussen und die damit verbundenen Rechte an der deutschen Kaiserkrone.

Zugleich entbinde ich alle Beamten des Deutschen Reiches und Preussens sowie alle Offiziere, Unteroffiziere und Mannschaften der Marine, des Preussischen Heeres und der Truppen der Bundeskontingente des Treueides, den sie Mir als ihrem Kaiser, König und Obersten Befehlshaber geleistet haben. Ich erwarte von ihnen, dass sie bis zur Neuordnung des Deutschen Reichs den Inhabern der tatsächlichen Gewalt in Deutschland helfen, das Deutsche Volk gegen die drohenden Gefahren der Anarchie, der Hungersnot und der Fremdherrschaft zu schützen.

Urkundlich unter Unserer Höchsteigenhändigen Unterschrift und beigedrucktem Kaiserlichen Insiegel.

Gegeben Amerongen, den 28. November 1918.

Abdankungsurkunde Kaiser Wilhelms II.

Kommandanten, Hermann Graf Wolff-Metternich. Am Tage, an dem die Matrosen das Schloß besetzten, am 13. November, erließen die Preußischen Volksbeauftragten die erste »Bekanntmachung betreffend die Beschlagnahme des preußischen Kronfideikommißvermögens«. Darin heißt es: »Sämtliche zum preußischen Kronfideikommißvermögen gehörige Gegenstände werden hierdurch mit Beschlag belegt. Die Verwaltung wird dem preußischen Finanzministerum übertragen.« Sehr schnell stellte sich heraus, daß der Umfang der Beschlagnahme nicht ausreichte, weil strittig war, was zum Kronfideikommißvermögen und was zum unbeschlagnahmten Privateigentum des Königshauses gehörte. So wurde in einer zweiten Verordnung der preußischen Regierung vom 30. November 1918 die Beschlagnahme auch auf das Privateigentum ausgedehnt, gleichzeitig aber auch eine Bestimmung über die Zahlung von angemessenen Unterhaltsbeträgen an das vormalige Königshaus aus der Vermögensmasse getroffen.

Die beschlagnahmte Vermögensmasse umfaßte neben den verschiedenen Kapitalienfonds, aus denen der Unterhalt und der Aufwand des Königshauses bestritten wurden, die Domänen und Forsten, die Königlichen Theater in Berlin, Kassel und Wiesbaden, eine große Anzahl bebauter und unbebauter Grundstücke in Potsdam und Berlin, Beamtenwohnhäuser, das Hausarchiv, die Hausbibliothek sowie die 80 Schlösser, Burgen und Villen in allen Teilen Preußens, davon allein 28 in Berlin und Potsdam. Die vorläufige Beschlagnahme des königlichen Privateigentums mußte notgedrungen schon deshalb erfolgen, um unkontrollierte Vermögensabflüsse zu verhindern, bis geklärt war, welche Vermögensteile eigentlich dem Königshaus gehörten und welche vom Staat dem Königshaus nur zum Nießbrauch überlassen waren. Bestimmte Regelungen mußten sehr rasch getroffen werden, da die Abreise Wilhelms II. nach Holland so hastig und unvorbereitet geschehen war, daß nicht einmal genügend Bargeld mitgenommen werden konnte. Bald geriet der abgedankte Kaiser trotz der gastlichen Aufnahme im Schloß des Grafen Bentinck in Amerongen in Geldnot, zumal auch einiges Gefolge zu unterhalten war. Das seit dem 9. November »ehemalige« Königliche Hausministerium überwies seinem mittellosen Herrn zwar sehr schnell 650 000 Mark, diese Summe aber reichte nicht lange hin, zumal der Kurswert des holländischen Guldens, infolge der sich bereits abzeichnenden Geldentwertung in Deutschland, ein weit höherer war als der der Mark. Am 28. November folgte die schwer herzkranke Kaiserin Auguste Viktoria, die sich bis dahin noch im Neuen Palais in Potsdam aufgehalten hatte, ihrem Gatten ins holländische Exil.

Ein längerer Aufenthalt des Kaiserpaares in Amerongen war nicht möglich. Man bemühte sich deshalb, einen geeigneten Wohnsitz irgendwo in den Niederlanden zu finden. Die Wahl fiel schließlich auf das zum Verkauf stehende Schloß Doorn bei Utrecht, wo – nach notwendigen Um- und Erweiterungsbauten – das Kaiserpaar am 15. Mai 1920 einzog. Schon ein knappes Jahr später, am 11. April 1921, starb die Kaiserin, am 19. April wurde sie im Antiken Tempel im Park von Sanssouci beigesetzt. Wilhelm II. hat die Niederlande nicht mehr verlassen; er starb in Doorn am 4. Juni 1941. Haus Doorn und seine Nebengebäude

Angehörige der Volksmarinedivision im Großen Hof des Schlosses, Fotopostkarte

wurden damals vollständig mit Möbeln aus den Königlichen Schlössern in Berlin und Potsdam eingerichtet. Noch ehe über das Schicksal des beschlagnahmten Kronbesitzes entschieden war, gingen in den Jahren 1919 und 1920 insgesamt 53 Möbelwagen mit Einrichtungsgegenständen und Kunstwerken nach Holland, darunter Gemälde von Watteau, Pesne, Lancret und Pater, französische Gobelins, Schnupftabakdosen Friedrichs des Großen und vieles andere. Der Exil-Hofmarschall des Kaisers, Herr von Gontard, sorgte bis ins kleinste für den kaiserlichen Haushalt, vom Fieberthermometer bis zum Tafelgerät mit tausend silbernen Tellern und den dazugehörenden Bestecken – nichts war vergessen. Diese für das ehemalige Königshaus sehr vorteilhafte Regelung war einer der Beweggründe, weshalb Kurt Heinig, der Bevollmächtigte für die Liquidation der Hohenzollernschen Verwaltung, sein Amt niederlegte. Er wollte die über seinen Kopf hinweg verfügte Auslieferung so wertvoller Vermögensteile vor Abschluß eines Vertrags oder Erlaß eines Gesetzes durch das Parlament nicht anerkennen.

Schon 1919 hatte das ehemalige Königshaus – beziehungsweise seine Bevollmächtigten – erkannt, daß die verfassunggebende Preußische Landesversammlung nicht zu einer Enteignung des Fürstenbesitzes schreiten würde. Man begann nun mit Verhandlungen über die Aufhebung der Beschlagnahme, in deren Verlauf bis 1925 drei Vergleichsvorschläge vorgelegt wurden, von denen keiner die Billigung des Landtags fand. Der dritte Vorschlag wurde am 12. Oktober 1925 vom Finanzministerium und dem Vertreter des Königshauses unterzeichnet, aber vom Landtag nicht ratifiziert, weil erst der Ausgang des Volksentscheids über das »Gesetz zur Enteignung der Fürstenvermögen« abgewartet werden mußte. Die Abstimmung am 20. Juni 1926 brachte zwar nicht den erwarteten Erfolg – statt der etwa 20 Millionen für die Annahme des Gesetzes notwendigen Stimmen wurden nur etwa 14,5 Millionen abgegeben –, hatte aber doch in Preußen das greifbare Nebenergebnis, daß sich das ehemalige Königshaus bei den bald wieder aufgenommenen Verhandlungen zu weitergehenden Zugeständnissen bereit fand, so daß am 6. Oktober 1926 der Abänderungsvertrag zwischen der preußischen Staatsregierung und dem Generalbevollmächtigten des Hauses Hohenzollern abgeschlossen werden konnte. Dieser Regelung stimmte der Preußische Landtag in dritter Lesung am 15. Oktober 1926 zu. Kurz darauf, am 29. Oktober, trat das »Gesetz über die Vermögensauseinandersetzung zwischen dem Preußischen Staate und den Mitgliedern des vormals regierenden Preußischen Königshauses« in Kraft. Durch dieses Gesetz wurde die seit 1920 bestehende »Preußische Krongutsverwaltung« zum 31. März 1927 aufgelöst und ab 1. April 1927 die »Verwaltung der Staatlichen Schlösser und Gärten« gebildet, die dem Kultusministerium unterstand. Zu ihrem

Geschäftsbereich gehörten in Berlin das Stadtschloß, die Schlösser Monbijou und Charlottenburg, das Jagdschloß Grunewald, die Pfaueninsel, die Parkreviere von Monbijou und Charlottenburg sowie die Schloßbibliothek; in Potsdam das Stadtschloß und das Marmorpalais, der Park von Sanssouci mit Schlössern und Bauten, Schloß und Park Babelsberg, das Neue Palais und Charlottenhof, sodann die Schlösser in und bei Kassel, Homburg v. d. Höhe, Wiesbaden, Brühl, Königsberg und die Burg Stolzenfels. Es waren also die »Museumsschlösser«, die wegen ihrer geschichtlichen Bedeutung und wegen ihres Kunstwertes der Allgemeinheit zugänglich gemacht werden sollten.

Hierzu sei bemerkt, daß die Idee allgemein zugänglicher Museumsschlösser, die in den ersten Jahren der Republik sehr herausgestellt wurde, so neu eigentlich nicht war: Schon vor 1914 konnten die meisten Schlösser während der Zeit, in der sie nicht bewohnt wurden, auch in den Innenräumen vom Publikum besichtigt werden. Neu hingegen waren die sorgfältige denkmalpflegerische und kunsthistorische Betreuung, die historisch getreue Wiederherstellung vieler Räume, das Zurückführen der Ausstattung möglichst bis in die Entstehungszeit von Raum oder Gebäude und – worauf man besonders Wert legte – die Entfernung unpassender und »unkünstlerischer« Zutaten aus der Zeit der letzten Bewohner.

Nach dem Ausscheiden Kurt Heinigs im August 1920 wurde die Krongutsverwaltung von Ministerialdirektor Dr. Bachem geleitet, danach, bis zu ihrer Auflösung, von Ministerialdirektor Dr. Hermann Erythropel. Dessen Nachfolger als Direktor der Staatlichen Schlösser und Gärten seit dem 1. April 1927 war Dr. Paul G. Hübner, von Anfang an die maßgebende Persönlichkeit in der Krongutsverwaltung. 1929 wurde Hübner Leiter der Abteilung für Kunstangelegenheiten im Preußischen Ministerium für Wissenschaft, Kunst und Volksbildung, während Ministerialrat Dr. Ernst Gall von diesem Ministerium in die Leitung der Verwaltung der Schlösser und Gärten überwechselte, die er bis 1945 innehatte.

Der Einsatz der Volksmarinedivision zum Schutz des Schlosses im November 1918 erwies sich in den auf ihren Einzug folgenden Wochen als Fehlschlag. Immer wieder wurden Klagen über Diebstähle und Einbrüche laut, Klagen sogar über einen Einbruch in den Weinkeller und in die Silberkammer. Später haben sich die meisten und gröbsten dieser Anschuldigungen als unwahr erwiesen, wie Heinig in seinem schon zitierten Buch nachgewiesen hat. Zunächst aber plante man – ausgelöst durch eine von Hübner verfaßte und vom Finanzministerium den Volksbeauftragten übergebene Denkschrift – die Matrosen zur Räumung des Schlosses zu bewegen. Graf Wolff-Metternich, zusammen mit Kurt Heinig immer bemüht, den Übergriffen und der Unordnung Herr zu werden, mußte Anfang

Kaiser Wilhelm II. im Exil, Fotografie von 1934

Dezember sein Amt niederlegen und wurde ersetzt durch den Obermaat Radtke, dem noch vier weitere Matrosen als »Leitungsgruppe« beigegeben waren. Als eigentlicher Wortführer dieser Fünfergruppe spielte sich mehr und mehr Heinrich Dorrenbach in den Vordergrund, der eine radikalere politische Richtung vertrat. Aufgrund der Denkschrift des Finanzministeriums, die auf die Regierung einen verheerenden Eindruck gemacht hatte, wurde beschlossen, die Matrosen mit militärischen Mitteln aus dem Schloß zu entfernen.

Am 18. Dezember 1918 hatte Heinig als Bevollmächtigter des Finanzministeriums mit der Leitung der Matrosendivision die Räumung des Schlosses bis zum 21. Dezember vereinbart. Da die Matrosen sie aber von der Zahlung rückständigen Soldes abhängig machten und die Zahlung nicht erfolgte, blieb alles beim alten. Heinig schildert in seinem Buch, wie es zur Verhärtung der Fronten kam, die auf Seiten der Matrosen mit deren Sympathien für den Spartakusbund zusammenhing, so daß schließlich am Morgen des 24. Dezember, nach vorbereitendem Artilleriefeuer, etwa 1200 Mann der Gardekavallerieschützendivision und der Potsdamer Gardejäger das Schloß stürmten. Der Artilleriebeschuß forderte unter der Schloßbesatzung zwei Tote und verursachte schwere Schäden am Lustgartenportal IV und an der Südecke der Schloßfreiheit. Der an Zahl nur geringen Schloßbesatzung gelang es, die in den Hof eingedrungenen Sturmtrupps zu überreden, die Waffen niederzulegen; außerdem verhinderte die sich inzwischen ansammelnde Volksmenge weitere ernstliche Kampfhandlungen. Die Räumung wurde schließlich auf dem Verhandlungsweg erreicht; nur die Kasse der Matrosen blieb noch eine Weile in ihren Schloßbüros, und die

Wachen wurden vorerst weiterhin von den Matrosen gestellt.

Nach dem Abzug der Matrosen waren die Schloßbeamten wieder Herren im Hause, allerdings mußten sie noch so manche unliebsame militärische Einquartierung über sich ergehen lassen. Der letzte, der sich hier mit seinem Stab einrichtete, war der berühmt-berüchtigte Kapitän Ehrhardt, mit dem das Finanzministerium noch Schwierigkeiten hatte, weil er auf dem Schloß widerrechtlich die Marine-Kriegsflagge hissen ließ. Laut Verordnung des Finanzministeriums vom 8. Februar 1919 war die Verwaltung des beschlagnahmten Kronbesitzes weiter durch die Hofbeamten durchzuführen. Damit war auch der Verbleib der bisherigen Schloßangestellten und der Schloßbaukommission auf ihren Posten gesichert. Unter Leitung des Direktors der Schloßbaukommission, Oberhofbaurat Albert Geyer, wurden im Laufe des Jahres 1919 die Schäden der Beschießung vom Weihnachtsabend 1918 repariert. Im August 1919 betraute man Geyer amtlich als besten Kenner des Bauwerks mit der Abfassung der Geschichte des Berliner Stadtschlosses (der erste – und bisher einzige – Band des Werkes erschien 1936). Auch nach der Auflösung der Schloßbaukommission am 1. April 1921 blieb Geyer für das Schloß tätig, indem er an der Herrichtung der ehemaligen Wohnräume des Kaisers, der »Historischen Wohnräume«, für die Öffentlichkeit mitwirkte. Albert Geyer, am 17. Mai 1846 in Charlottenburg geboren, seit 1885 in der Schloßbaukommission und seit 1909 deren Direktor, starb am 14. September 1938 in Berlin.

Albert Geyer (1846–1938), der letzte Direktor der Schloßbaukommission

Die neue Nutzung

Seit etwa 1920 bemühte sich die Krongutsverwaltung um eine sinnvolle Nutzung der vielen nach dem Zusammenbruch der Monarchie ungenutzten Räume im Schloß. Zwar waren die Hofstaatsdamen und das unmittelbare Gefolge des Königs schnell ausgezogen, die Kastellane und Aufseher aber hatten ihre Wohnungen behalten. Hinzu kamen Neuvermietungen an verschiedene Beamte aus dem Bereich des Kultusministeriums. So wohnten im ersten Stock der ehemaligen Schloßapotheke am Lustgarten der Generaldirektor der Staatlichen Museen, Prof. Dr. Otto von Falke, und sein Schwiegersohn Dr. Theodor Demmler, der Direktor der Skulpturensammlung. Noch im Jahr 1924 zählte man – einschließlich des Schloßpersonals – 27 private Mieter, die hier, meistens im dritten Stockwerk, ihre Wohnungen besaßen. Betrachtet man die Fronten des Schlosses, gewinnt man leicht den Eindruck, das dritte Stockwerk müsse ungewöhnlich niedrig gewesen sein. Doch der Schein trügt: Das Erdgeschoß hatte eine Höhe von 6,90 Meter, der erste Stock maß 6,59 Meter, der zweite war 6,27 Meter hoch, der dritte 3,76 Meter. Die Angaben über die Anzahl der Räume schwanken je nach Zählweise zwischen 700 und 1300. Eine genaue Zahl wird deshalb nicht festzulegen sein, weil durch bedarfsbedingte Umbauten laufend Veränderungen erfolgten. Die letzten von der Schlösserverwaltung hergestellten Lagepläne weisen 1210 Räume auf.

Das Schloßportal IV nach Artilleriebeschuß am 24. Dezember 1918, Fotopostkarte

Zu den privaten Mietern kam eine Reihe öffentlicher Einrichtungen, Behörden und Vereine, so – nach dem Stand von 1924 – die Krongutsverwaltung, welche die Räume des ehemaligen Hofmarschall-Amtes im Erdgeschoß rechts von Portal I am Schloßplatz innehatte, das Schloßmuseum, das Fürsorgeamt für Beamte aus dem Grenzgebiet, die Gewerkschaft Deutscher Verwaltungsbeamter, die Kaiser-Wilhelm-Gesellschaft, die ihre Präsidenten-, Verwaltungs- und Sitzungszimmer im Erdgeschoß an der Schloßfreiheit und Schloßplatzseite hatte

Büro der Notgemeinschaft der deutschen Wissenschaft im ehem. Spielzimmer der Söhne Kaiser Wilhelms II. im Südtrakt des Schlosses, Raum 890, Fotografie von 1930

Institutsschilder am Eingang zum Quergebäude vom Schlüter-Hof aus, Fotografie von 1930

(Abb. 288–289), die Notgemeinschaft der deutschen Wissenschaft, die im zweiten Stock an der Schloßplatzseite die ehemaligen Wohnräume der kaiserlichen Prinzen benutzte, die Österreichische Freundeshilfe, das Psychologische Institut der Universität Berlin in Räumen im zweiten Stock an der Schloßfreiheit, ferner die Schloßbauämter I und II im Erdgeschoß des Apothekenflügels am Lustgarten sowie die Zentrale für Kinderspeisung im Erdgeschoß des Eishofflügels an der Spree und – ihr benachbart – die Zentrale für Vermittlung von Heimarbeit an Mittelständische. Schließlich hatten im Flügel an der Schloßfreiheit die Landesanstalt für Gewässerkunde und die Geschäftsstelle des Deutschen Vereins für Kunstwissenschaft ihren Sitz. In den Gemächern der früheren Hofdamen der Kaiserin und der Prinzessin Viktoria Luise, im Erdgeschoß zwischen Portal I und Portal II am Schloßplatz, war das Phonogramm-Archiv untergebracht, das damals unter der Leitung von Prof. Erich von Hornbostel stand.

Die Belegung vieler Räume war einem ständigen Wechsel unterworfen. Auch war man bestrebt, freiwerdende Privaträume nicht mehr an Private, sondern lieber an Organisationen zu vermieten. So war 1932 der Anteil der Dienstwohnungen und Privatmieter auf fünfzehn zurückgegangen, die Zahl öffentlicher Einrichtungen und Institutionen aber auf 25 gestiegen. Der Anteil der Dienst- und Privatwohnungen blieb in der Folge konstant; 1940 umfaßte er vierzehn Wohnungen, der Anteil der Institutionen und Organisationen aber ging auf fünfzehn zurück, was den verbliebenen Mietparteien in der Mehrung ihrer Räume zugute kam.

Mit den vielen Organisationen und Vereinen, die sich neben dem Schloßmuseum und den Historischen Wohnräumen im Stadtschloß befanden, war das Gebäude ein kulturelles Zentrum geworden, dessen Bedeutung heute

Verkaufsausstellung der Deutschen Kunstgemeinschaft im Erdgeschoß des Quergebäudes zwischen den beiden Schloßhöfen, Raum 468, Fotografie von 1930

Speisesaal des Studentenwerks, ehem. Schloßküche, im Erdgeschoß des Spreeflügels, Raum 316, Fotografie von 1930

Helene-Lange-Tagesheim für Studentinnen im ersten Obergeschoß des Eishofflügels, Raum 613, Fotografie von 1930

kaum mehr zu ermessen ist. Zu den schon erwähnten Organisationen waren bis 1932 weitere hinzugekommen: der Deutsche Akademische Austauschdienst, die Deutsche Akademie, der Atlas der Deutschen Volkskunde sowie die Deutsche Kunstgemeinschaft e. V., die im Quergebäude ihre regelmäßigen Kunst- und Verkaufsausstellungen veranstaltete. Die Studentenhilfe verabreichte in den Räumen der ehemaligen Schloßküche an der Spree an Studenten ein einfaches, aber preiswertes Mittagsmahl, und das Helene-Lange-Tagesheim für Studentinnen im Eishofflügel bot vielen jungen Frauen Mahlzeit und Unterkunft. Das Japan-Institut und die Mexiko-Bücherei besaßen hier Räume, ebenso die Kaiser-Wilhelm-Institute für ausländisches öffentliches Recht und Völkerrecht sowie für ausländisches und internationales Privatrecht.

Fast vergessen ist heute das Museum für Leibesübungen, das 1925–31 im Dachgeschoß des Eishofflügels untergebracht war. Es wurde auf Initiative des Preußischen Ministeriums für Volkswohlfahrt am 20. Juli 1925 von Erich Mindt und A. Mallwitz zusammen mit anderen Persönlichkeiten des öffentlichen Lebens gegründet. Das Material der anläßlich der Berliner Turn- und Sportwoche von Erich Mindt aus eigenen Mitteln veranstalteten Ausstellung »Aus der Geschichte der Leibesübungen« bildete den Grundstock dieser Sammlung, die bald unter Platzmangel litt und sehr ungünstig lag, war sie doch nur über die abgelegene und schwer zu findende Eishof- oder Kronschatztreppe zu erreichen, so daß sich so leicht niemand hierher verirrte. 1931 zog das Museum in die Wilhelmstraße 91, wo sich schon seit 1928 die Geschäftsstelle, die Bücherei und das Archiv befanden. An seinen größeren Räumen konnte es sich nur zwei Jahre erfreuen, denn es wurde nach Beginn der Nazi-Herrschaft geschlossen. Als dann 1935 der gesamte Häuserblock in der Wilhelmstraße dem Neubau des Reichsluftfahrtministeriums weichen mußte, verschwanden die Schätze des Museums ohne eine Spur zu hinterlassen. Sie sind bis heute nicht wieder aufgetaucht.

Das Schloßmuseum

Die spektakulärste und folgenreichste Maßnahme der Krongutsverwaltung war die auf Initiative von Dr. Hübner zurückgehende Übersiedlung des Kunstgewerbemuseums ins Schloß. Der Umzug vom Museum in der Prinz-Albrecht-Straße 7 – als »Martin-Gropius-Bau« mit der Schinkel- und der Preußen-Ausstellung 1981 wieder ins Bewußtsein der Öffentlichkeit zurückgekehrt – ins Schloß begann im Sommer 1920, die Eröffnung erfolgte am 1. September 1921. Das nun »Schloßmuseum« genannte Kunstgewerbemuseum verfügte zum Zeitpunkt der

Ein Raum des Museums für Leibeserziehung im Dachgeschoß des Eishofflügels, Raum 1005, Fotografie von 1930

Saal 63 des Kunstgewerbemuseums mit Berliner Porzellan in der ehem. Gründamastenen Kammer der Wohnung Friedrich Wilhelms II., Fotografie von 1926

Eröffnung über 70 Ausstellungsräume, von ihnen lagen zwölf im Erdgeschoß in der Nordwestecke am Lustgarten und der Schloßfreiheit; 21 Räume befanden sich im ersten Stock darüber und erstreckten sich vom Eosander-Portal (Portal III) bis zum Lustgartenportal V; 37 Räume erstreckten sich fast über das gesamte zweite Stockwerk, beginnend mit dem Weißen Saal an der Schloßfreiheit als Raum 1, entlang des Lustgartens und des Schlüter-Hofes bis zum Schloßplatz mit dem Majolikasaal – dem früheren Joachim- oder Apollo-Saal – über Portal II (Abb. 266–267).

Die Verlegung des Kunstgewerbemuseums ins Schloß, vor allem aber die Art der Aufstellung der Sammlungen, fand nicht nur Zustimmung, sondern auch herbe Kritik aus der Fachwelt. Bezeichnend ist die Schilderung von Prof. Dr. Hermann Schmitz, der damals Kustos am Kunstgewerbemuseum war und vielen Maßnahmen des Kultusministeriums ablehnend gegenüberstand: »Mit gebundenen Händen mußte ich auch innerhalb meines engsten Dienstbereichs der Umgestaltung des Kaiserschlosses durch Einrichtung zum Kunstgewerbemuseum zusehen, indem der Generaldirektor von Falke mich von dieser mit dem Oberfinanzrat Hübner insgeheim verabredeten Aufstellung des Kunstgewerbemuseums im Schloß von vorneherein ausschloß. Als Wiener, als Spezialist des alten Kunstgewerbes, der der Architektur als solcher, insbesondere der märkischen Architektur, fremd gegenüberstand, unternahm es der Herr von Falke, im amtlichen Auftrage die Raumschöpfungen eines der größten Genies deutscher Baukunst, Andreas Schlüters und seiner Schule, die Raumgestaltungen Gontards und Erdmannsdorffs, aller dieser Meister, die ihm nicht einmal dem Namen nach bekannt waren, von heute auf morgen mit Vitrinen und stilfremdem Kunstgewerbe vollzupfropfen, ohne auch nur einen Rat seines ältesten Mitarbeiters entgegenzunehmen. Nur durch das pflichtmäßige Eingreifen der Baubeamten der Schloßverwaltung wurde das Einschlagen von Haken in die Schlüterschen Stukkaturen verhindert. Der nach Eröffnung des Schloßmuseums durch den Staatssekretär Becker einsetzenden vernichtenden Kritik der öffentlichen Meinung gegenüber, war ich nicht einmal in der Lage, mich als unbeteiligt an dieser Verarztung unseres wichtigsten nationalen Baudenkmals zu erklären...« (Aus: Revolution der Gesinnung! Preußische Kulturpolitik und Volksgemeinschaft seit dem 9. November 1918, Neubabelsberg 1931).

Auf den Druck aus Fachkreisen hin wurde die beanstandete Aufstellung der Sammlungen später geändert, unsere Bilder aus dem Jahr 1926 geben aber noch eine ungefähre Vorstellung von den damals kritisierten Zuständen. Die Befürworter des Schloßmuseums argumentierten unter anderem, der Raumnot des Kunstgewerbemuseums müsse abgeholfen werden. Dem stand entgegen, daß das Museum in seinem alten, eigens dafür errichteten Haus 84 Ausstellungsräume besaß, die voll genutzt werden konnten, während 1921 im Schloß nur 70 Räume zur Verfügung standen, in denen sich bei Anlegung allergroßzügigster Maßstäbe höchstens einige Vitrinen aufstellen ließen und die Wände als Nutzfläche völlig ausfielen. Letztlich stellte sich heraus, daß das Museum an echter Nutzfläche nichts gewonnen hatte. Das geht auch daraus

Öfen und Ofenkacheln des Kunstgewerbemuseums im Schweizer-Saal, Fotografie von 1926

hervor, daß die Gewebesammlung des Museums noch jahrelang im alten Bau in der Prinz-Albrecht-Straße blieb und dort aus Mangel an Aufsehern nur beschränkt zugänglich war; später wurde sie behelfsmäßig in Nebenräumen und freigewordenen Privatwohnungen des Schlosses untergebracht. Anfang der dreißiger Jahre konnte das Schloßmuseum seine Fläche um elf Räume erweitern; auch wurde ihm die große Schloßkapelle über Portal III zugeschlagen, die seit Oktober 1932 wieder öffentlich zugänglich war, als Ausstellungsraum aber selbstverständlich nicht in Betracht kam.

Auch in den folgenden Jahren, so vor den Olympischen Spielen 1936, gab es Pläne, dem Schloßmuseum weitere Räume zu überlassen, so daß man wenigstens im zweiten Stock einen vollständigen Rundgang hätte durchführen können. Das Beharrungsvermögen der übrigen Mieter scheint jedoch stärker gewesen zu sein als die Bedürfnisse des Museums, denn bis zum Kriegsausbruch 1939 änderte sich nichts, obwohl der Leiter der Schloßbauverwaltung, Oberbaurat Erich Schonert, in öffentlichen Vorträgen immer wieder betonte, die Aufstellung von Vitrinen in vielen Räumen des Schlosses sei nicht glücklich und es müsse Abhilfe geschaffen werden.

Den Kriegsausbruch am 1. September 1939 mit seinen einschneidenden Maßnahmen für die Museen dokumentiert eine Mitteilung in der Zeitschrift »Berliner Museen. Berichte aus den Preußischen Kunstsammlungen«, 61. Jg., Heft 1–2, 1940: »Bei Ausbruch des Krieges wurden die Schauräume der Museen geschlossen, um den ergangenen Verfügungen gemäß die ausgestellten Werke durch Abtransport in geeignete Räume oder durch entsprechende Sicherung an Ort und Stelle gegen etwaige Luftangriffe zu schützen. Nur die Zentralbibliothek und das Zeughaus konnten ihren Betrieb ungestört weiterführen. Die Überwachung und Konservierung der geborgenen und gesicherten Gegenstände ist seitdem eine laufende Aufgabe der verbliebenen Beamten. Nach Abschluß der erforderlichen Bergungsarbeiten konnte die Staatl. Kunstbibliothek wieder geöffnet werden. Ebenso wurden einige Säle der Abteilung für Vor- und Frühgeschichte, des Museums für deutsche Volkskunde und die Festräume des Schloßmuseums (Paradekammern, Kurfürstliche Wohnung und Königskammern) wieder zur Besichtigung freigegeben.«

Vitrinen des Kunstgewerbemuseums mit dem Lüneburger Ratssilber im Rittersaal, Fotografie von 1926

Die Kriegslage gestattete damals sogar noch die Durchführung einer Ausstellung von »Lederarbeiten aus fünf

Jahrhunderten« in den Räumen des ersten Stockwerks; die letzte Veranstaltung im Schloßmuseum scheint die am 14. September 1940 eröffnete Ausstellung »Kostüme und modische Kleinkunst im 18. Jahrhundert« gewesen zu sein. Hier konnte die in den voraufgegangenen zwanzig Jahren so stiefmütterlich behandelte Stoffsammlung noch einmal Teile ihrer Schätze zeigen, bevor die Bestände 1945 größtenteils verloren gingen. Als ein letzter Abglanz vergangener Zeiten erschien auch die gleichzeitig mit der Kostümausstellung gezeigte Neuerwerbung des dreißigteiligen silbervergoldeten Toilette-Services der Königin Caroline Mathilde von Dänemark aus dem Jahr 1766. Die Zunahme der Luftangriffe auf Berlin seit dem Frühherbst 1940 beendete dann die kurze Periode der Ausstellungstätigkeit im Krieg. Als am 10. April 1941 britische Brandbomben zum erstenmal im historischen Stadtzentrum niedergingen, als die Universität und die Hedwigskirche getroffen wurden und das Opernhaus Unter den Linden ausbrannte, hatte die Kriegsfurie Berlin endgültig erreicht.

Die Historischen Wohnräume

Neben dem zur Gruppe der Staatlichen Museen gehörenden Schloßmuseum, das auch die Repräsentations- und Festräume des Königsschlosses umfaßte, vermittelten die Historischen Wohnräume als zweiter wichtiger Raumkomplex einen unmittelbaren Einblick in die brandenburgisch-preußische Geschichte. Diese Raumfolge, die sich in ihrer Gesamtausdehnung vom Haupttreppenhaus im Schlüter-Hof bis zur Schloßplatz- und von dort bis zur Schloßfreiheitecke hinzog, war von höchster geschichtlicher und kunstgeschichtlicher Bedeutung. Die Räume dienten fast fortgesetzt den meisten preußischen Königen als Wohnung: Friedrich Wilhelm I., Friedrich dem Großen, Friedrich Wilhelm II., später seiner Gemahlin, der Königin Friederike allein, Friedrich Wilhelm IV. und zuletzt Kaiser Wilhelm II. Jeder von ihnen hat nach Lust und Begabung, den Forderungen und dem Können seiner Zeit entsprechend an ihnen gebaut und verändert, so daß eine vielgestaltige Raumfolge entstand.

Die bedeutendsten Architekten Berlins waren hier tätig, zunächst Caspar Theiss, der Baumeister des Kurfür-

Arbeitskabinett Friedrich Wilhelms IV. im Obergeschoß der Erasmus-Kapelle, eingerichtet von Karl Friedrich Schinkel, Aquarell von Johann Heinrich Hintze, 1839

sten Joachim II., dann Andreas Schlüter und Eosander von Göthe, die Architekten König Friedrichs I., danach Martin Heinrich Böhme, der Hofbaumeister Friedrich Wilhelms I., und Johann August Nahl, der beste Rokoko-Künstler Friedrichs des Großen, nach ihm als Nahls Schüler die Gebrüder Hoppenhaupt sowie Carl Gotthard Langhans, der Architekt Friedrich Wilhelms II. und Erbauer des Brandenburger Tores, Karl Friedrich Schinkel als Architekt des Kronprinzen Friedrich Wilhelm, des nachmaligen Königs Friedrich Wilhelm IV., und August Stüler. Genannt seien auch Adolf Heyden, Ernst von Ihne und Albert Geyer, die im Auftrag Kaiser Wilhelms II. arbeiteten.

Diese Räume im ersten Stock, an der sonnenbeschienenen Südseite des Schlosses gelegen, standen nach dem Abtransport des größten Teils der Einrichtung nach Schloß Doorn fast leer. Überdies waren Schäden als Folgen der unglimpflichen Behandlung während der Revolution zu beseitigen, so daß sich die Krongutsverwaltung entschloß, die Räume wiederherzustellen, und zwar nach kunsthistorischen Gesichtspunkten und nicht nach ihrem Zustand unter dem letzten Kaiser. Zu Ostern 1926, am 4. April, wurden die Historischen Wohnräume für die Besichtigung freigegeben. Das Publikum hatte erstmals Gelegenheit zu sehen, wo das Kaiserpaar gewohnt hatte (Abb. 248–263), fand seine Neugier indessen nur teilweise befriedigt, denn wie das Kaiserpaar wohnte, war wegen des fast völligen Fehlens der Einrichtung nicht mehr nacherlebbar. Öffentlich zugänglich waren auch nur die Haupträume der Wohnung; Nebengemächer, wie Schlaf-, Bade- und Ankleidezimmer, wurden nicht gezeigt.

In den überdimensionierten, 6,59 Meter hohen Räumen hätte die Herstellung eines auf den Menschen bezogenen Maßstabs nur angenehm gewirkt. Einer der ersten Besucher der Räume wies auf den Mangel an privater Atmosphäre hin, indem er, bezugnehmend auf den Kontrast zwischen Menzels Krönungsbild und den Jagdtrophäen im Speisesaal (Abb. 260a und b), schrieb: »Die über den Türen auf Veranlassung des Kaisers angebrachten Geweihe, Jagdtrophäen aus Rominten, fügen sich dem Ganzen nur schwer ein, haben aber den Reiz einer persönlichen Reminiszenz in dieser Welt frostiger Repräsentanz, die heute den Gedanken, daß es sich um Wohnräume handelt, die bis in die neueste Zeit benutzt worden sind, nicht recht aufkommen läßt, wenn sie ja auch, für den Gebrauch eingerichtet, einen anderen Eindruck gemacht haben werden, als jetzt in ihrem fast leeren Zustande. Diese Empfindung drängt sich unwillkürlich auf, selbst wenn man der edlen Formenwelt eines Schlüter, Schinkel, Langhans den ihr in hohem Maße zukommenden Respekt niemals versagen wird.«

Die Wiederherstellung der Historischen Wohnräume ist noch von dem greisen Albert Geyer zusammen mit Baurat Schonert unter Beratung der Kunsthistoriker Dr. Hübner und Dr. Arnold Hilebrandt (der wenig später als Nachfolger Paul Seidels Direktor des Hohenzollern-Museums wurde) vorgenommen worden.

Die Schloßbibliothek

Dem großen Publikum nur wenig bekannt war die Schloßbibliothek, die ihre Räume im ersten Stockwerk des Galerieflügels und des »Hauses der Herzogin« an der Spreeseite hatte. Sie war als »Königliche Hausbibliothek« durch Allerhöchste Kabinettsorder vom 2. September 1862 gegründet worden. Die Idee zu der Gründung geht zurück auf den Bibliothekar König Friedrich Wilhelms IV., Paul Duvinage, der dem Hausministerium eine Vereinigung aller in den Königlichen Schlössern verstreuten Büchersammlungen unter dem Namen einer »Königlichen Hausbibliothek« vorschlug. Diese umfassende Konzeption wurde damals nicht verwirklicht – man kann sagen zum Glück, denn die Herausnahme der Bibliotheken Friedrichs des Großen aus den von ihm bewohnten Schlössern hätte diesen einen wichtigen Teil ihrer historischen Eigenart genommen. Erst die Auslagerungen und Zerstörungen im Zweiten Weltkrieg nahmen den friderizianischen Büchersammlungen ihre angestammten Plätze.

Den Grundstock der Hausbibliothek bildete die 19000 Bände umfassende Sammlung Friedrich Wilhelms IV. Sie wurde 1862/63 ergänzt durch die Musikaliensammlung Friedrichs des Großen und Friedrich Wilhelms II. aus Sanssouci und dem Neuen Palais und 1889 durch Musikalien aus anderen Berliner und Potsdamer Schlössern. Die nach dem Tod der Königin Elisabeth 1873 der Hausbibliothek einverleibte Aquarellsammlung des Königs umfaßte 3600 Blatt Originalaquarelle; hinzu kamen außer einigen Ölbildern und Bleistiftzeichnungen eine aus 5500 Blatt bestehende Sammlung von Reproduktionen, Stichen, Lithographien und Gravüren, die im Laufe der folgenden Jahrzehnte entstand. Die Aquarellsammlung enthielt unter anderem Arbeiten von Eduard Hildebrandt, der im Auftrag des Königs und auf Anregung Alexander von Humboldts 1843 in Brasilien und in den Vereinigten Staaten weilte: 53 Aquarelle zeugten von dieser Reise. Carl Graeb war mit 99 Blatt vertreten, Motiven aus Charlottenburg, Stolzenfels, Potsdam und Umgebung sowie Innenansichten des Berliner Schlosses. Von Eduard Gaertner gab es 18 Bilder von Berlin, von Johann Heinrich Hintze 74, von Friedrich Wilhelm Klose 85 Werke; von Theodor Hosemann stammten 26 Blatt mit Schilderungen des Berliner Volkslebens. Als wertvollster Teil der Sammlung galten damals die Blätter des Wiener Architektur- und Landschaftsmalers Rudolf von Alt mit Wiedergaben der Bauten Wiens und der architektonischen Wandlungen der Stadt in jenen Jahren.

Die Hausbibliothek (Abb. 281–287) befand sich zunächst in den ehemaligen Räumen der Kunstkammer im dritten Stockwerk des Lustgartenflügels; erst 1876 wurde sie an die Spreeseite verlegt. Im Laufe ihres Bestehens erhielt sie ansehnlichen Zuwachs durch die Übernahme der Büchersammlungen Friedrich Wilhelms II., der Königin Luise und Friedrich Wilhelms III., durch Abgaben aus den Privatbibliotheken der regierenden Monarchen und andere Zugänge. Der Bestand wuchs in den ersten Jahren so weit an, daß man etwa 30000 Bände an andere Bibliotheken abgeben konnte, etwa an die Straßburger und die Hallenser Universität sowie an die Kadettenanstalt in Lichterfelde. 1895 wurden auch die Bibliotheken Friedrichs des Großen der Verwaltung des Hausbibliothekars unterstellt, ebenso die Privatbibliotheken Kaiser Wilhelms II. und seiner Gemahlin. Dem Kaiserpaar stand im Berliner Schloß eine gemeinsame Bibliothek zur Verfügung (Abb. 262); seinen persönlichen Bücherbesitz hatte der Kaiser in dem nach seiner Einrichtung so genannten Türkische Zimmer, dem früheren Wohnzimmer der Königin Elisabeth, aufstellen lassen (Abb. 242). Im Jahr 1906 machte weiterer Platzmangel die Verlegung der Bibliotheken Friedrich Wilhelms IV., Friedrich Wilhelms II. und der Berliner Bibliothek Friedrichs des Großen in den eigens dafür hergerichteten Schinkel-Pavillon im Schloßpark Charlottenburg notwendig. In dem für solche Zwekke denkbar ungeeigneten Gebäude litten die Bücher unter Feuchtigkeit und Kälte, so daß ihre Rückverlegung ins Schloß im Jahr 1923 die Rettung vor gänzlichem Verlust bedeutete.

Die Privatbibliotheken Kaiser Wilhelms I., der Kaiserin Augusta und Kaiser Friedrichs III. gelangten nach deren Ableben nicht in die Hausbibliothek, ihre Bestände wurden unter den Kindern aufgeteilt. Doch auch ohne derart außergewöhnliche Zugänge verzeichnete die Bibliothek vor 1914 einen jährlichen Neueingang von 2000 Bänden. Bei Kriegsausbruch war der Bestand einschließlich der Privatbibliotheken des Kaisers und der Kaiserin, der Landkarten, Kunstblätter und Musikalien auf 100000 Einzelstücke angewachsen. Während des Ersten Weltkriegs wurde in der Hausbibliothek eine Sammlung von Flugblättern, Plakaten und Zeitungen angelegt, die zum Bedauern des Bibliothekars von den Mannschaften der Volksmarinedivision in der Zeit ihrer Schloßbesetzung stark geplündert wurde.

Der erste »Königliche Hausbibliothekar« war der erwähnte Dr. Paul Duvinage, ihm folgte Dr. Walter Robert-tornow. Beide hatten noch ihre Wohnung im Schloß, und zwar im »Haus der Herzogin« in denselben Räumen, die 1923, nach zwischenzeitlicher Nutzung als Gastwohnung, wieder der Bibliothek zugeschlagen wurden. Nachfolger Robert-tornows wurde 1895 Dr. Bogdan Krieger. Er, der schon seit 1888 als »Hilfsarbeiter« in der Bibliothek tätig war und sich durch eine Anzahl gediegener Veröffentlichungen auch außerhalb seines Berufsfeldes einen Namen machte, trat mit Erreichung der Altersgrenze 1929 in den Ruhestand. Ihm folgte im Amt der Kunsthistoriker Dr. Hans Huth, der 1936 aufgrund der nationalsozialistischen Rassengesetze ausscheiden mußte. Huths Nachfolger als Verwalter der Bibliothek bis zur Zerstörung des Schlosses 1945 war Dr. Heinz Ladendorf.

Die Räumlichkeiten der Schloßbibliothek entsprechen im Lageplan des ersten Stockwerks den Raumnummern 625–30. Es handelt sich um die Räume, welche die Bibliothek seit 1876 innehatte; die Räume 636, 637 und 653 entsprechen der ehemaligen Bibliothekarswohnung bis 1895, sie wurden der Bibliothek 1923 überlassen; hinzu kamen noch der runde Raum 652 im »Grünen Hut« und einige Nebenräume. Der Zugang zur Bibliothek erfolgte durch das Haupttreppenhaus im Schlüter-Hof über die Galerie im Kapellenhof, von der man durch einige verwinkelte Flure den Vorraum erreichte (Raum 628). Für die wissenschaftliche Benutzung war sie wochentags von 9 bis 14 Uhr geöffnet.

In den letzten Jahren des Zweiten Weltkriegs lagerten die Bücher in Kisten verpackt in den Schloßkellern. Da sie dort stark unter Feuchtigkeit litten, verbrachte man sie – schon gegen Kriegsende – zum Trocknen in das Neue Palais in Sanssouci. Hier wurden sie nach der Eroberung Potsdams durch die Sowjetarmee wieder in Kisten verpackt, die zuvor mit dort vorgefundenem Wandbezugsstoff ausgelegt wurden, und in die Sowjetunion abtransportiert, wie anderes Kunstgut auch. Während aber die Museumsschätze später wieder zurückkehrten, blieben die Bücher der Schloßbibliothek bis heute verschollen. Nur ein Teil der Aquarellsammlung befindet sich in den Sammlungen der Potsdamer Staatlichen Schlösser und Gärten.

Das letzte Friedensjahrzehnt

Nach der Machtübernahme Hitlers am 30. Januar 1933 bemächtigte sich nationalsozialistischer Ungeist auch sehr schnell des eigentlich parteipolitisch neutralen Gebietes der Kunst in allen ihren Teilbereichen. So entstand in Durchführung des »Reichskulturkammergesetzes« vom 1. November 1933 die »Reichskammer der bildenden Künste«, die ihre Büroräume im Quergebäude des Stadtschlosses erhielt. Unter ihrem ersten Präsidenten, dem Münchener Architekten Prof. Eugen Hönig, begann sie hier ihr unheilvolles Wirken, das allen dem Regime mißliebigen Architekten, Bildhauern, Malern und Kunsthandwerkern die Ausübung ihres Berufes untersagte und viele von ihnen zur Emigration trieb. In den ehemaligen Büros der aufgelösten Deutschen Kunstgemeinschaft saßen jetzt die Refe-

Nachbildung der »Naturalienkammer« aus dem Berliner Stadtschloß auf der Ausstellung »Altes Berlin« in den Messehallen am Funkturm 1930

renten der Reichskammer, und in den Ausstellungsräumen der Kunstgemeinschaft führte sie ihre Ausstellungen »arteigener« Kunst durch.

Anfang 1936 bezog die Reichskammer der bildenden Künste ein eigenes Bürogebäude im Bezirk Tiergarten, Blumeshof 6; bald darauf wurde der vergleichsweise »milde« Präsident Hönig abgelöst durch Prof. Adolf Ziegler aus München, 1937 einer der maßgebenden Initiatoren der Aktion »Entartete Kunst«. In die freigewordenen Räume im Schloß (etwa die Räume 464–479 des Grundrisses) kam nach entsprechender Herrichtung Ende 1936 das Museum der Staatstheater, eine im Frühjahr 1929 gegründete, heute fast völlig in Vergessenheit geratene Sammlung, welche die Erinnerungen und Überreste einer großen theatergeschichtlichen Vergangenheit der Mit- und Nachwelt erhalten sollte. Sie befand sich zuerst im Obergeschoß des Hauses Oberwallstraße 22, dem Sitz der Generalintendanz der Preußischen Staatstheater, das bis 1918 das kronprinzliche Marstallgebäude war. Unter der Leitung Georg Droeschers war hier eine sehenswerte Sammlung zusammengekommen, als deren wichtigster Teil der Briefwechsel Ifflands mit Goethe, Schiller und anderen Zeitgenossen galt.

In seinen größeren Räumen im Schloß konnte das Museum seine Schätze erst richtig ausbreiten und versuchen, neue Freunde und mehr Popularität zu gewinnen. Aber kein Lustrum sollte verstreichen, als es wie die anderen Sammlungen im Schloß 1940/41 seine Pforten schließen mußte. Wie die Schätze der Schloßbibliothek sind auch die Bestände des Theatermuseums verschollen; kleine Reste sollen sich heute im Archiv der Deutschen Staatsoper befinden.

Eine andere Einrichtung der Preußischen Staatstheater war schon 1935 im Schloß untergebracht worden: In dem niedrigeren, äußerlich dreigeschossigen Teil des Quergebäudes befand sich, wie erwähnt, der von Johann Arnold Nering 1681–85 erbaute »Alabastersaal« des Großen Kurfürsten (vgl. S. 46f. und S. 483). Nachdem er unter den letzten drei Königen und Kaisern nach Einbau einer Zwischendecke als Möbel- und Bilderspeicher genutzt wurde, hatte ihn Schloßbaudirektor Geyer sozusagen wiederentdeckt und mehrfach auf seinen künstlerischen Rang hingewiesen. In den Jahren 1934–35 ist unter Leitung der Schloßbauverwaltung der trotz seiner Verkürzung vom

Jahr 1706 noch immer 25 Meter lange (und 16 Meter breite) Saal durch Entfernung der Zwischendecke und Rekonstruktion der alten Wandgliederung wiederhergestellt und als Probebühne hauptsächlich für die Staatsoper eingerichtet worden. Die Zimmer der anschließenden ehemaligen Wohnung der früheren Oberhofmeisterin der Kaiserin, Gräfin Brockdorff, im zweiten Stock des Quergebäudes wurden mit einbezogen und als kleinere Proben- und Garderoberäume genutzt.

Neben diesen vergleichsweise bescheidenen Arbeiten im Innern konzentrierte die Schloßbauverwaltung ihre Kräfte auf die Wiederherstellung der durch vielfache Alterungserscheinungen beeinträchtigten Fassaden des gewaltigen Bauwerks. Seit Beginn der dreißiger Jahre wurden – beginnend mit Portal I am Schloßplatz – abschnittweise die Fassaden neu verputzt, die Sandsteinteile ausgebessert, die Dächer instandgesetzt, die etwa drei Meter hohe Dachbalustrade teilweise erneuert und die riesigen Sandsteinfiguren auf den Attiken über den Portalen repariert und neu verankert. Da auch die Betreuung der 1926 in Staatsbesitz übergegangenen anderen Schlösser in den Zuständigkeitsbereich der Schloßbauverwaltung fiel – sie hatte ihre Diensträume übrigens im Erdgeschoß des Apothekenflügels –, mußte man die zur Verfügung stehenden Geldmittel, die in der Zeit der Wirtschaftskrise nicht gerade reichlich flossen, auf viele Objekte verteilen.

Die beginnende wirtschaftliche Erholung seit 1933 wurde von 1936 an auf dem Bausektor wieder eingeschränkt durch Hitlers »Vierjahresplan« und die damit verbundenen Verpflichtungen zur Baustoffeinsparung, besonders bei Eisen und Stahl. Den Beschränkungen fiel auch die geplante Wiederherstellung der Räume der ehemaligen »Königlichen Kunstkammer« im Schloß zum Opfer. Die Neuentdeckung dieser zum Teil von Andreas Schlüter dekorierten Zimmer ist einem Zufall zu verdanken. Der Kunsthistoriker Otto Reichl, damals wissenschaftlicher Hilfsarbeiter an der Staatlichen Kunstbibliothek, veröffentlichte im »Jahrbuch der Preußischen Kunstsammlungen«, Bd. 51, Berlin 1930, S. 223 ff., eine bebilderte Abhandlung »Zur Geschichte der ehemaligen Berliner Kunstkammer« mit Forschungsergebnissen im Zusammenhang mit der Wiederentdeckung, eine Arbeit, auf die im wesentlichen noch heute zurückgegriffen werden kann.

Die Kunstkammer des Berliner Stadtschlosses, Stich von C. F. Blesendorf aus Lorenz Begers »Thesaurus Brandenburgicus«, Bd. 1, 1696

Über den Anlaß der Entdeckung berichtet der 1972 verstorbene Reichl in einem 1971 niedergeschriebenen (und von ihm selbst dem Verfasser übergebenen) Manuskript. Danach war Reichl 1927 für die Kunstbibliothek mit der Überprüfung der Herkunft aller im Besitz der Staatlichen Museen befindlichen wertvollen alten Bucheinbände beauftragt, um ein Verzeichnis derselben anzulegen. Dabei kamen auf viele Stellen verstreute Erwerbsunterlagen und Aktenstücke zutage, Papiere, die auf Anordnung des damaligen Generaldirektors der Museen, Prof. Dr. Wilhelm Waetzold, zu einem »Archiv der Preußischen Museen« bei der Generaldirektion zusammengefaßt wurden. In diesem Zusammenhang wollte man Anfang des Jahres 1928 auch die Räume der ehemaligen Kunstkammer besichtigen. Nach Reichls Schilderung war die befragte Schloßbauverwaltung über die Lage der Räume nicht informiert, weil die neueren Pläne diese nicht mehr verzeichneten. Es bleibt unverständlich, warum man nicht Albert Geyer oder Hermann Schmitz befragte, die beide die Kunstkammerräume kannten, jedenfalls begann mit Hilfe des Oberkastellans Vonhoff eine Suchaktion vom Keller bis zum Dachgeschoß, bis man endlich im dritten Stockwerk an der Lustgartenseite in den ehemaligen Livreekammern Hinweise auf deren einstige Bestimmung entdeckte. Auf Veranlassung des Generaldirektors – Reichl erwähnt merkwürdigerweise nichts von einer Beteiligung der eigentlich zuständigen Schlösserverwaltung – wurden die seit der Plünderung vom November 1918 leeren Livreeschränke auseinandergenommen und abtransportiert. Nun erst kamen die Deckenmalereien und Wanddekorationen vollständig ans Licht. Sie zeigten sich trotz vieler Beeinträchtigungen durch die spätere Nutzung der Räume noch ganz leidlich erhalten, und auf diesem Befund baute Otto Reichl dann seine erwähnte Jahrbuch-Veröffentlichung auf.

Da die neuentdeckten Zimmer wegen mangelnder Tragfähigkeit der Deckenbalken und unzureichender Zugänge dem allgemeinen Publikum nicht gezeigt werden konnten, benutzte man die Gelegenheit der Ausstellung »Altes Berlin« während der Sommerschau in den Messehallen am Funkturm vom 23. Mai bis 3. August 1930, um dort eine Rekonstruktion von zwei Räumen der Kunst- und Naturalienkammer – beide Komplexe bildeten einst eine Einheit – zu zeigen. Auch hierüber berichtete Otto Reichl (»Berliner Museen«, 52. Jg., Heft 1, 1931, S. 13f.). Es war nicht zuletzt das Aufsehen, das diese Wiederentdeckung durch die Ausstellung auch außerhalb der Fachkreise fand, das dann die Bestrebungen zur Wiederherstellung und Öffnung der Originalräume förderte. Allerdings waren dazu umfangreiche Bauarbeiten nötig, denn statt der nur beschränkt tragfähigen alten Deckenbalken aus der Schlüterzeit um 1700 mußte man Stahlträger einziehen, eine komplizierte Aufgabe, weil die wertvollen Stuckdecken der darunterliegenden Paradekammern nicht beschädigt werden durften. Erforderlich waren auch neue Zugänge zu den Kunstkammerräumen, die den damaligen Sicherheitsbestimmungen besser zu entsprechen hatten als die eigentlich immer nur provisorisch gewesenen alten. Wichtigere andere Bauvorhaben, die Beschränkungen des »Vierjahresplans« und schließlich der am 1. September 1939 beginnende Krieg machten jedoch das noch 1938 durch Erich Schonert in einem Vortrag vor dem Architekten- und Ingenieur-Verein mitgeteilte Vorhaben zunichte.

Olympisches Feuer und Fahnenschmuck vor der Lustgartenfront 1936

Die Geschichte der ehemaligen »Königlichen Kunst- und Naturalienkammer im Schlosse zu Berlin« ist 1981 im Rahmen der Berliner Ausstellung »Preußen – Versuch einer Bilanz« und im dazugehörigen Katalog mit dem historisch nicht ganz korrekten Titel »Die Brandenburgisch-Preußische Kunstkammer« gewürdigt worden. Eine Kunstkammer wurde schon von Kurfürst Joachim II. gegründet, ihre Bestände aber gingen in den Wirren des Dreißigjährigen Krieges verloren. Der Große Kurfürst legte in seiner achtundvierzigjährigen Regierungszeit eine neue Kunst- und Naturaliensammlung an, die unter seinem Sohn Kurfürst Friedrich III. noch weiter ausgebaut wurde und sich damals – mit an Sicherheit grenzender Wahrscheinlichkeit – im Raum 796 des zweiten Stockes befand, der unter Schlüter ausgebauten Drap-d'or-Kammer. Nach dem Erweiterungs- und Neubau des Lustgartenflügels wurde sie in dessen drittes Obergeschoß – rechts und links von dem zweigeschossigen, bis zum Dach durchgehenden Rittersaal – verlegt und nach Andreas Schlüters Entwürfen dem Charakter der in den einzelnen Zimmern untergebrachten Sammlungen entsprechend dekoriert. Ihre Bestände hat man auch unter den späteren Königen immer wieder erweitert, bis sie 1807 unter der napoleonischen Besetzung Berlins zum größten Teil nach Paris verbracht wurden. Die wertvollsten und wichtigsten Gegenstände aus der Kunstkammer gelangten seit 1830 nach und nach an die einzelnen Abteilungen der Königlichen Museen und bildeten teilweise deren Grundstock. Die 1855 endgültig geleerten Räume dienten seither anderen Zwekken, unter anderem der Hausbibliothek, seit 1874 dann der Livreekammer.

Als nach dem Ersten Weltkrieg der Lustgarten zwischen Schloß und Altem Museum mehr und mehr zur Stätte politischer Kundgebungen und seit 1936 nach vollständiger Umgestaltung auch Schauplatz nationalsozialistischer Mai-Feiern und Aufmärsche wurde, bildete die Gartenfront des Schlosses eine beeindruckende Kulisse

Nachtkonzert im Schlüter-Hof
anläßlich der »Berliner Kunstwochen 1936«

dazu. Seit 1934 fanden im Lustgarten auch wieder Weihnachtsmärkte statt. Während der Olympischen Spiele im August 1936 erstreckte sich vor der Schloßterrasse eine Wand von Fahnen der teilnehmenden Nationen; davor stand der Altar mit dem Olympischen Feuer, das hier am Eröffnungstag angezündet wurde. Während der gleichzeitig veranstalteten »Berliner Kunstwochen 1936« bildete der Schlüter-Hof des Schlosses den Rahmen für Abendkonzerte des Berliner Philharmonischen Orchesters, während im Weißen Saal Kammerkonzerte stattfanden. Die Berliner Kunstwochen trugen diesen verpflichtenden Namen seit 1930. Sie entstanden 1926 auf Anregung des Oberbürgermeisters Gustav Böß als gemeinsame Veranstaltung der damals drei Berliner Opern und der Konzertveranstalter, um zu Beginn der Reisezeit durch festliche musikalische Darbietungen die Kunstpflege und den Fremdenverkehr der Reichshauptstadt zu fördern. Im Vordergrund standen die Beethoven-Konzerte der Berliner Philharmoniker und ihre Serenaden-Konzerte im Schlüter-Hof, die dort wohl 1929 erstmalig aufgeführt wurden.

Zerstörung und Abriß

Der Ausbruch des Zweiten Weltkriegs führte anfangs, wie erwähnt, nur zur Schließung der Historischen Wohnräume, die übrigen Sammlungen schlossen ihre Pforten endgültig erst im Herbst und Winter 1940/41. Die an Stärke zunehmenden englischen Luftangriffe in den Jahren 1940–43 überstand das Schloß unversehrt, bis es bei einem Tagesangriff im Mai 1944 von einer Sprengbombe getroffen wurde. Sie riß an der Lustgartenseite (Abb. 28–29) ein breites Loch von der Bildergalerie im zweiten Stock bis hinunter auf das Erdgeschoß. Der Treffer hatte übrigens zur Folge, daß man in aller Eile noch fotografische Aufnahmen von vielen wertvollen Schloßräumen machte, um deren Aussehen vor der nun immer wahrscheinlicher

Die Lustgartenfront vor der Sprengung, Aufnahme von 1947

Der Apothekenflügel vor der Sprengung, Aufnahme von 1947

werdenden Vernichtung der Nachwelt zu überliefern.

Niemand ahnte, daß dieser Augenblick gekommen war, als am Vormittag des 3. Februar 1945 um 10.39 Uhr die Sirenen Fliegeralarm gaben. Bald darauf luden 937 viermotorige Bomber, begleitet von 600 Jagdflugzeugen, ihre todbringende Last über dem räumlich kleinen Gebiet zwischen den Anhalter- und Potsdamer Bahnanlagen im Westen, der Prinzenstraße im Osten, der Straße Unter den Linden im Norden und der Gneisenaustraße im Süden ab, wobei das Zeitungs- und das Regierungsviertel die bevorzugten Ziele waren. In der Luisenstadt verwandelte sich die Gegend um die Ritterstraße und die Alte Jakobstraße in eine Feuerhölle. Die Verluste an Menschenleben an diesem Schicksalstag für Berlin sind nicht genau bekannt, sie liegen aber unter den von amerikanischer Seite geschätzten 20–25000 Toten. Angesichts des tausendfachen Leids, das über die Bevölkerung kam, erscheint es verständlich, daß die erst am 9. und 10. Februar 1945 veröffentlichte Pressemeldung über die Zerstörung des Stadtschlosses kaum besondere Beachtung fand. Das Schloß, schon am Rande der eigentlichen Vernichtungszone liegend, war von mehreren Spreng- und einer Unzahl von Brandbomben getroffen worden und brannte mit Ausnahme der Nordwestecke mit dem Weißen Saal und einiger kleiner Raumfluchten, von denen die Zwischendecken erhalten blieben, restlos aus.

Im »größten Trümmerfeld der Weltgeschichte«, wie ein amerikanischer Beobachter 1945 das zerstörte Zentrum Berlins bezeichnete, bildete die noch immer imposante Schloßruine auch weiterhin das Herz der Stadt. Die Not der ersten Nachkriegsmonate ließ keine Sicherungsarbeiten an der Ruine zu, auch keine Schutzmaßnahmen an den erhaltenen Teilen. Es ist interessant zu verfolgen, wie der erste Nachkriegs-Stadtrat für Bauwesen, Hans Scharoun, im Magistrat gegen die Vertreter der KPD um Mittel für die Notreparatur der unzerstörten Teile und für die Bergung von Kunstwerken aus der Ruine kämpfte (siehe hierzu: »Berlin, Quellen und Dokumente 1945–1951«, 1. Halbbd., Berlin 1964, S. 482f., Schriftenreihe zur Berliner Zeitgeschichte, Bd. 4). Erst in der Magistratssitzung vom 1. Oktober 1945 erhielt Scharoun die Zusage öffentlicher Gelder für die Sicherung des Weißen Saals, in dem er gerettete Kunstwerke unterbringen wollte.

Im Mai 1946 rügten die Stadträte der KPD/SED im Magistrat Hans Scharoun, weil er gegen ihre ausdrückliche Meinung begonnen hatte, den Weißen Saal zu Ausstellungszwecken auszubauen – nach ihrer Ansicht sei jede Investition in die Ruine zwecklos. Schließlich aber ließen sich der Weiße Saal und die darunterliegenden Räume soweit herstellen, daß man in ihnen am 22. August 1946 die von Scharoun und seinen Mitarbeitern organisierte Ausstellung »Berlin plant« eröffnen konnte. Sie fand ein breites Echo, und auch die neuen – alten – Schloßräume selbst stießen bei den Berlinern auf überwältigende Zustimmung. Sie bildeten anschließend den Rahmen für die am 21. Oktober 1946 eröffnete erste große Kunstausstellung der Nachkriegszeit in Berlin, die – unter dem Titel »Moderne Französische Malerei« – ebenfalls begeistert aufgenommen wurde. Ihr folgte dann am 21. Dezember 1946 die Ausstellung »Wiedersehen mit Museumsgut«. Von Ludwig Justi aus den Restbeständen der Kunstsammlungen auf der Museumsinsel zusammengestellt, ließ sie Freude und Trauer zugleich aufkommen: Freude über das Gerettete und Trauer über das, was verloren schien, denn in der Öffentlichkeit war damals unbekannt, daß sich große Teile

Der Spreeflügel vor der Sprengung, Aufnahme von 1947

Plakattafel der Ausstellung »Berlin plant« am Eosander-Portal 1946

der Sammlungen im Gewahrsam der Besatzungsmächte befanden. Im Katastrophenwinter 1946/47 mußte die Ausstellung wegen Kohlenmangels geschlossen bleiben, sie wurde später aber entsprechend verlängert. Eine letzte öffentliche Rolle spielte der Weiße Saal dann mit der am 18. März 1948 eröffneten Gedenkausstellung für die Revolution des Jahres 1848. Die anschließenden politischen Ereignisse der Währungsreform, der Blockade der Westsektoren und der Spaltung Berlins ließen das Schicksal des Stadtschlosses wieder in den Hintergrund treten.

Von der Öffentlichkeit zunächst unbemerkt, reifte seit Herbst 1949 in dem vom Reichspräsidentensohn Friedrich Ebert geführten Ost-Berliner Magistrat wie auch in der DDR-Regierung die Entscheidung über die Zukunft des Schlosses heran. War man im Magistrat der Auffassung, daß wenigstens die Hälfte des Schlosses zugunsten eines Aufmarschplatzes verschwinden müsse und nur streitig, welche Hälfte erhaltenswerter sei, die von Schlüter oder jene von Eosander, fiel im Frühjahr 1950 im DDR-Ministerium für Aufbau, nach einer Moskaureise des zuständigen Ministers Lothar Bolz, die Entscheidung für den totalen Abriß. Sie wurde am 22. Juli 1950 auf dem 3. Parteitag der SED durch Walter Ulbricht mit den Worten bekanntgegeben: »Das Zentrum unserer Hauptstadt, der Lustgarten und das Gebiet der jetzigen Schloßruine, müssen zu dem großen Demonstrationsplatz werden, auf dem der Kampfwille und Aufbauwille unseres Volkes Ausdruck finden können.«

Alle nun folgenden Rettungsversuche namhafter Kunstwissenschaftler des In- und Auslandes blieben fruchtlos, wenngleich sich daran immer wieder Hoffnungen auf die Erhaltung des Bauwerks knüpften. Mit der Oberleitung des Abbruches wurde der Kunsthistoriker Dr. Gerhard Strauß betraut, der auch Vorschläge zu machen hatte, welche wertvollen Bauteile vor der Sprengung für eine spätere Wiederverwendung sicherzustellen seien. Am 6. September 1950 fiel der erste Sprengschuß, der den Apothekenflügel (Abb. 16–17 und 26–27) in Trümmer legte. Zehn Tage später, am 16. September, folgte die Sprengung der Ecke Schloßplatz/Schloßfreiheit (Abb. 40–43), und dann ging es »planmäßig« weiter: Der Schlüter-Hof (Abb. 46–47) wurde am 4. November gesprengt, und den – beinahe muß man sagen »repräsentativen« Abschluß – bildete am 30. Dezember 1950 um 15 Uhr die Sprengung des Eosander-Portals mit der Schloßkapelle. Am 31. März 1951 war auch die Abräumung der Trümmer beendet, mit dem Bau der Tribüne an der Ostseite des so entstandenen riesigen Aufmarschplatzes hatte man bereits begonnen. Der neue Platz erhielt unter Einbeziehung des Lustgartens, der Schloßfreiheit und des Schloßplatzes am 1. Mai 1951 den Namen »Marx-Engels-Platz«; eine Million Werktätiger demonstrierte an jenem Tag vor Walter Ulbricht den von ihm befohlenen »Kampf- und Aufbauwillen«.

Die Beseitigung des Berliner Stadtschlosses hat dem Vernehmen nach 10 Millionen Mark gekostet. Der Wiederaufbau hätte dem Gutachten eines Ingenieurbüros zufolge 32 Millionen Mark erfordert, so daß die Abbruchkosten allein schon für die wichtigsten Wiederherstellungsarbeiten ausgereicht hätten. Solche Gesichtspunkte freilich spielten damals kaum eine Rolle, da die Entscheidung für den Abriß eine politische war. Die Vorgänge, die zur Beseitigung des Schlosses führten und der Abbruch selbst sind dokumentiert in Helmut Räthers Buch »Vom Hohenzollernschloß zum Roten Platz«, Berlin 1952, und – am umfassendsten und mit zahlreichen Bildern von der Sprengung – in »Das Berliner Schloß und sein Untergang«, 2. Aufl., Berlin 1951, von Karl Rodemann.

Interessant ergänzt werden diese Publikationen durch einen hier nur um unwesentliche Anfangs- und Schlußzeilen gekürzten Artikel aus der (Ost)-»Berliner Zeitung« vom 27. Februar 1951 unter der Überschrift »Es war gar nicht alles Silber. Erhaltung des kulturellen Erbes beim Abbruch der Schloßruine«. Es heißt dort:

»... Gleichzeitig mit dem Beschluß des Ministerrats der DDR und des demokratischen Magistrats zum Abbruch der Schloßruine wurde das Aufbauministerium beauftragt, vor dem allgemeinen

Die Schloßplatzfront vor der Sprengung, Aufnahme von 1947

Eosander-Portal und Schloßkapelle am 29. Dezember 1950,
einen Tag vor der letzten Sprengung am Schloß

Der Marx-Engels-Platz auf dem Schloßareal, Blick nach West etwa von der Höhe des Spreeflügels aus zum Schinkelplatz mit der damals noch stehenden Bau-Akademie Schinkels und zur Schloßbrücke mit den anschließenden »Linden«, Aufnahme von 1960

Abbruch alle noch erhaltenen wertvollen Details auszubauen. So wurde unter der Leitung von Dr. Strauß ein wissenschaftliches Aktiv gebildet, das alle Arbeiten zur Erhaltung des kulturellen Erbes übernahm. Das aus 29 Mitarbeitern bestehende Aktiv setzt sich aus Architekten, Kunsthistorikern und einem Fototrupp zusammen. Prof. Dr. Clasen, Direktor des Kunsthistorischen Instituts Greifswald, übernahm die kunsthistorische Gruppe, Prof. Dr. Weidhaas, Inhaber des Lehrstuhles für Denkmalpflege an der Bauhochschule Weimar, leitete die bauwissenschaftliche Gruppe.

Die Arbeiten an Ort und Stelle werden in einigen Tagen beendet sein, und das Aktiv wird dann in der Deutschen Bauakademie die gewonnenen wissenschaftlichen Erkenntnisse auswerten. Während jetzt schon stellenweise mit der Planierung des Platzes begonnen wird, sind an verschiedenen Stellen noch Grabungen im Gange. Doch der Hauptteil der Arbeiten auf dem Ruinengelände ist abgeschlossen. Darüber berichtet Dr. Strauß vor dem Arbeitskreis des Kulturbundes für die Geschichte Berlins.

Im Mittelpunkt aller Bergungsarbeiten stand der Ausbau der noch rettbaren Teile des Schlüterhofes. Das Portal IV wurde voll-

Blick vom Schinkelplatz zum Dom (links) und zum »Palast der Republik« auf dem Schloßareal, Aufnahme von 1979

Der Marx-Engels-Platz auf dem Schloßareal, Blick nach Nordwest etwa von der Höhe des Spreeflügels zum Lustgarten mit Schinkels Altem Museum, ganz links die Schloßbrücke und das ehem. Zeughaus, heute Museum für deutsche Geschichte, Aufnahme von 1960

ständig ausgebaut und läßt sich im Original rekonstruieren. Ebenso wurde das Portal V geborgen. Aber hier ging es nicht ohne Schäden ab, denn Schlüters Mauern wiesen an sich schon bauliche Schwächen auf, und die unvorstellbare Hitze des Schloßbrandes nahm dem Mörtel fast jede Bindefähigkeit, ja, sie verwandelte sogar die Steine zum Teil in blätterteigartige Gebilde, die man Schicht für Schicht abheben konnte. Trotzdem wurde mit Hilfe von 47 Steinmetzen der weitaus größte Teil des zu bergenden Gutes ausgebaut und auf einen Lagerplatz in Heinersdorf geschafft, wo die besonders empfindlichen Stücke unter Dach eingelagert sind. Das geborgene Gut ermöglicht eine vollständige Rekonstruktion des Schüterhofes. 410 Maßskizzen gestatten auch die Rekonstruktion des gesamten Schloßbildes. Daneben wurden etwa 3000 Dokumentationsfotos hergestellt.

Um bei der Bergung der Stukkaturen absolut sicher zu gehen, wurden vor dem Ausbau Gipsabgüsse genommen, doch da seinerzeit aus Sparsamkeitsgründen Mörtel- statt Gipsstuck verwendet wurde, zerfielen auch hier manche Stücke schon beim Abguß infolge der Hitzeeinwirkung, so daß im ganzen nicht der erwartete Erfolg erzielt wurde. Doch konnten die figürlichen Teile des Elisabeth-Saales und der Gigantentreppe ausgebaut werden. Ein Teil der geborgenen Güter wurde nach Sanssouci gebracht oder an die Berliner Museen gegeben.

Mit Unterstützung von Prof. Klar, dem Direktor des Schloßmuseums, wurden aus den verschütteten Kellern 9 Zentner Silber der Silbersammlung und andere kostbare Gegenstände ausgegraben. Einige wertvolle Silbergegenstände aus dem 18. Jahrhundert können wiederhergestellt werden. Aber auch hier hat die Hitze verheerend gewirkt, Elfenbeinfiguren sehen fast unbeschädigt aus, berührt man sie, so zerfallen sie zu Pulver. Vom Pommerschen Kunstschrank, einem mit viel Silber verzierten Prunkstück, blieb nur der Eisenkern einer kleinen Plastik, denn es war gar nicht alles Silber, was an dem Schrank so schön aussah. Vieles bestand nur aus einem mit Silber überzogenen Eisenkern. Auch diese Funde erhielten die Staatlichen Museen.

Daneben beschäftigten sich die Wissenschaftler mit der Geschichte des Schlosses. Die bauliche Entwicklung von 1438–1590 wurde geklärt. Ebeno konnte genau bestimmt werden, wo der Schlüterbau aufhörte und Eosander anfing. Das Fundament eines runden Eckturms bestimmt diesen Punkt. Kleinere Grabungen werden augenblicklich noch durchgeführt, am Fundament des Münzturms und an der Schloßplatzseite. Hier wurde eine Mauer entdeckt, die

Fassade des Staatsrats-Gebäudes mit dem eingebauten Schloßportal IV

zunächst noch Rätsel aufgibt. Sie kann vielleicht sogar der Teil einer alten Stadtmauer sein. Aber endgültig läßt sich das jetzt nicht feststellen, da gründliche Grabungen weit über den Schloßkomplex hinausgehen müßten. Hier sind aber Kabelschächte und Kanalisation vorerst ein unüberwindliches Hindernis, so daß jetzt nur zur Vermessung und als Hinweis für eventuelle spätere Forschungen gegraben wird...« (Joachim Schulz).

derstraße hinweg bis zum Schleusengraben entstand 1962–64 das Staatsratsgebäude der DDR, in das als Eingangsrisalit das ehemalige Portal IV des Stadtschlosses eingebaut wurde. 1961 erfolgte der Abbruch der Ruine der einst von Schinkel errichteten Bauakademie; auf ihrem Platz und dem der zerstörten Gebäude der Darmstädter Bank entstand 1964–67 der 44 Meter hohe, 145 Meter

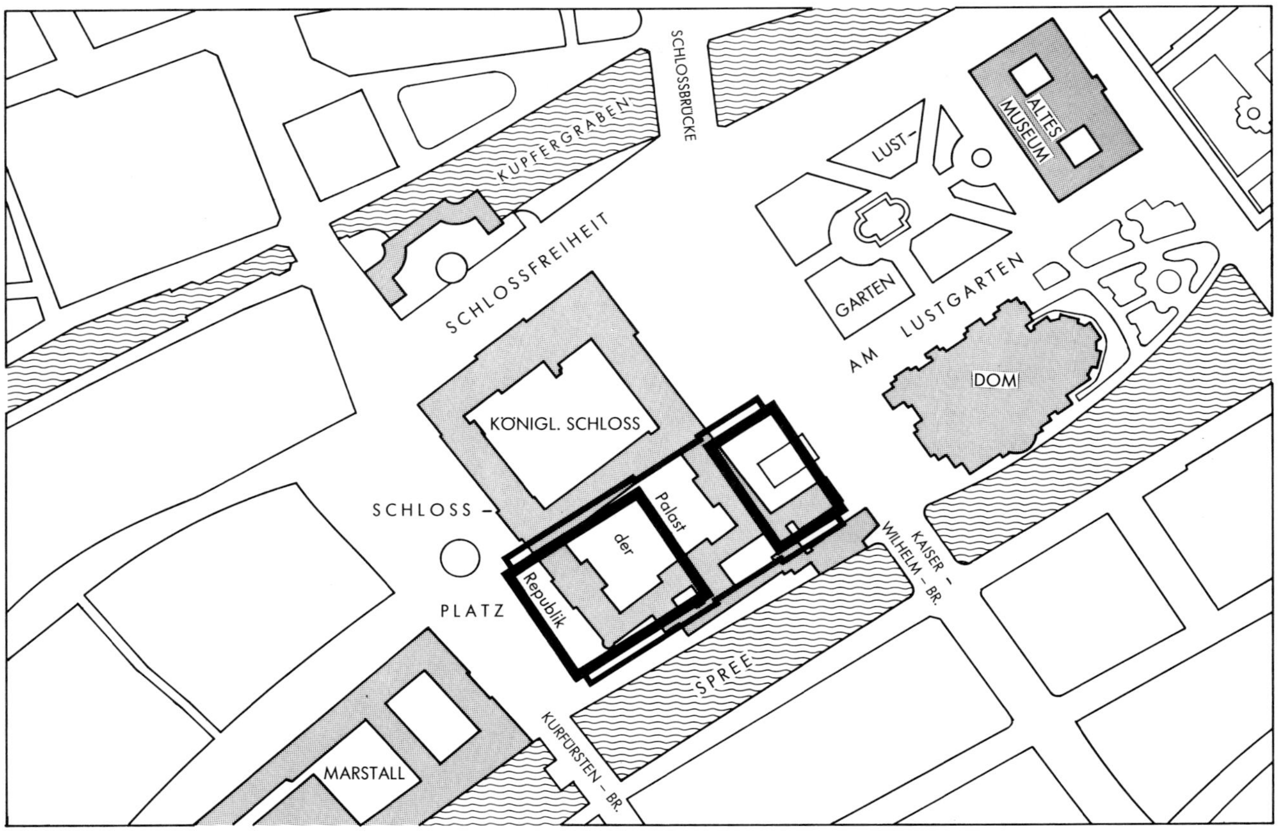

Lageplan von Schloß (gerastert) und »Palast der Republik«

lange Baublock des Außenministeriums der DDR, der den monumentalen Westabschluß des Marx-Engels-Platzes bilden sollte. Das Alte Museum von Schinkel, durch Kriegseinwirkung stark in Mitleidenschaft gezogen, wurde wieder aufgebaut und 1966 neu eröffnet. Im März und im Mai 1973 beschlossen das Politbüro der SED und die Berliner Stadtverordnetenversammlung den Bau des »Palastes der Republik« an der Ostseite des Marx-Engels-Platzes. Nach dem Abbruch der Ehrentribüne, dem Ausschachten der Baugrube und dem Einbringen der Fundamente erfolgte bereits am 2. November 1973 die Grundsteinlegung durch Erich Honecker. Das Richtfest wurde am 18. November 1974 gefeiert. Am 23. April 1976 – »nach einer Bauzeit von weniger als 1000 Tagen«, wie man stolz verkündete – wurde der »Palast der Republik« feierlich eröffnet.

Zweiundzwanzig Jahre lang, von 1951 bis 1973, konnte der Blick der Spaziergänger von der Ehrentribüne an der Spree aus ungehindert über die riesige Freifläche von 240 x 400 Metern schweifen, die im Süden, Westen und Norden begrenzt wurde von für sich genommen durchaus stattlichen Gebäuden, die in dieser Entfernung aber sämtlich zu klein wirkten, als daß sie noch als Platzbegrenzung gelten konnten. Unsere Panoramaaufnahme aus dem Frühjahr 1960 bestätigt diesen Zustand (siehe Abbildung S. 132f. oben). Inzwischen sind auch hier durch den Abbruch damals noch stehender Bauten, durch Beseitigung von Ruinen und Errichtung wichtiger Neubauten durchgreifende Veränderungen geschehen. An der Südseite des Platzes hat man das ausgebrannte ehemalige Marstallgebäude in mehreren Bauabschnitten bis 1968 wiederhergestellt; daneben, durch die Breite Straße getrennt, über die Brü-

Das Gebäude bedeckt mit seiner Grundfläche von 15300 Quadratmetern etwa den Raum des Schlüter-Hofes

Die kaiserliche Jacht »Alexandria« vor der Anlegestelle an der Spreefront des Schlosses, 1905

Spreefront des »Palastes der Republik« mit Uferpromenade, im Hintergrund der Dom, Aufnahme von 1979

und der Ostteile des Schlosses und reicht mit den Grundmauern direkt an die Spree. Die mit der Nordwestecke des Marstalles gleichfluchtende Westfront des »Palastes« liegt etwa auf der Linie der Ostfront des ehemaligen Quergebäudes zwischen den Höfen des Schlosses; die dem »Palast« vorgelagerten Rampen sowie die Ehrentribüne stehen auf der Stelle dieses Quergebäudes. Die erheblich verbreiterte Breite Straße bildet heute die Zufahrt zum Marx-Engels-Platz, dessen Hauptfläche sich jetzt zwischen dem »Palast der Republik« und der hohen Wand des Außenministeriums erstreckt, während der ehemalige Lustgarten vor dem Alten Museum und dem Dom nur noch ein baumumsäumter Nebenplatz ist.

Der »Palast der Republik« bildet ein Rechteck von 85 Metern Tiefe, 180 Metern Breite und 32 Metern Höhe. Seine beiden Haupträume, der Plenarsaal der Volkskammer und der Große Saal, werden nach außen hin betont durch ihren marmorverkleideten Aufbau über der breiten Glasfassade. Das Gebäude, elf Meter tief in den Boden des Berliner Urstromtals gegründet, liegt mit der Sohle noch unter den ehemaligen Fundamenten des Schlosses und unter der Spreesohle. Der Aushub der ausgedehnten und tiefen Baugrube für den Palast hätte die einmalige Gelegenheit geboten, bei der Freilegung der Schloßfundamente und der darunterliegenden Stadtmauerfundamente die frühe Baugeschichte des Schlosses – beziehungsweise der Burg Friedrich Eisenzahns zu klären.

Wer heute vom Rathaus her kommt und vom Spreeufer hinüber zur alten Schloßstelle blickt, sieht jetzt die Spreeseite des »Palastes« mit Treppenläufen, die vom Umgang des ersten Stockwerks hinunterführen zur Uferpromenade, fast genau dort, wo einst die Treppen zur Schiffsanlegestelle hinabführten, die Kaiser Wilhelm II. 1892 für seine Dampfjacht »Alexandria« bauen ließ.

Kein Besucher des »Palastes« wird sich heute mehr der alten Anlagen erinnern, doch er begegnet der in der DDR offiziell ungeliebten Vergangenheit sehr bald in dem neben dem »Palast« aufragenden wilhelminischen Dom, der seit 1975 wiederhergestellt wird und seiner Vollendung entgegengeht. Schloß und Dom symbolisierten die für das Preußen des 19. Jahrhunderts typische Allianz zwischen »Thron und Altar«. Als diesem Bündnis 1918 der Boden entzogen wurde, ahnte wohl niemand, daß das Symbol des Thrones schon so bald verschwinden, das Symbol des Altars aber sich behaupten würde.

Keine acht Jahre waren seit der ersten Auflage dieses Buches vergangen, als das SED-Regime der DDR am Ende war, als es dem Druck des Volkes weichen und die 28 Jahre lang geschlossenen Grenzen zum Westen öffnen mußte – der 9. November 1989 sah *ein* glückliches Volk!

Noch bevor die 1990 erstmals demokratisch gewählte Volkskammer der DDR in ihrem Tagungsort im »Palast der Republik«, also auf dem geschichtsträchtigen Boden des ehemaligen Schlosses, die historischen Beschlüsse zur Vereinigung mit der Bundesrepublik Deutschland faßte, meldete sich, im August jenes Jahres, in der »Märkischen Volksstimme« der Direktor des damaligen Büros für Städtebau im Bauministerium zu Wort. Er schlug vor, die Grundmauern des Schlosses auf dem Marx-Engels-Platz auszugraben und mit einer Glaskuppel zu überwölben. Weiterhin sollte der Barockteil des Schlosses in der Nähe des Reichstagsgebäudes wieder aufgebaut werden – »der Gipfel der Geschmacklosigkeit«, ließe sich Wilhelm II. hierzu zitieren. Den Vorschlag, die Grundmauern freizulegen, wiederholte bald darauf ein Mitarbeiter des (West-) Berliner Landesamts für Bodendenkmalpflege. Die »Berliner Zeitung« vom 16. August 1990 zitierte einen Architekten, wiederum vom Büro für Städtebau, mit der Idee, auf den noch vorhandenen Schloßfundamenten eine Stahl- und Glaskonstruktion mit den Umrissen des Schlosses zu errichten, an der man erhaltene Fragmente des abgebrochenen Baues an entsprechender Stelle anbringen könne, etwa das Portal vom Staatsratsgebäude. Auch Kurt Liebknecht, erster Präsident der DDR-Bauakademie und 1950 ein besonders entschiedener Befürworter des Abrisses, trat nun für den Aufbau zumindest von Teilen des Schlosses ein.

Zu dieser unheiligen Allianz gesellten sich bald Stimmen aus dem Westteil der Stadt, die mehr oder weniger kategorisch und temperamentvoll den Wiederaufbau forderten. Selbst Mitglieder des Senats von Berlin schlossen sich dem Verlangen an. Voraussetzung für die Wiedererrichtung wäre die Beseitigung des asbestverseuchten »Palastes der Republik«. Noch ist offen, ob sich die für die Sanierung veranschlagten Kosten von etwa 200 Millionen Mark werden aufbringen lassen.

Im Mai 1991 konnten eine Fernsehdiskussion und ein Podiumsgespräch, von Pressekommentaren und Leserzuschriften begleitet, nur wenig zu einer sachlichen Urteilsbildung beitragen. Daran änderten auch nichts engagierte Verlautbarungen einiger Prominenter, die sich für den »Wiederaufbau« des Schlosses einsetzten, wiewohl eher von einem Neuaufbau zu sprechen wäre. Die in einer Zuschrift geäußerte Behauptung, es existierten genügend Bauzeichnungen, ist so illusorisch wie der Vorschlag, das im Sommer 1991 in Berlin ausgestellte Mobiliar aus »Huis Doorn« in die Inneneinrichtung des Schlosses zu integrieren. Ungewöhnlich, wenn nicht abwegig erscheint auch die Idee, durch überdimensionale Fotowände auf dem Marx-Engels-Platz die Situation des Schlosses wiederzugeben.

Unabhängig von solchen Vorstellungen wird in der gegenwärtigen Diskussion eine oft überraschende Unkenntnis der Baugeschichte des Schlosses deutlich. Sie allein schon könnte die Neuauflage dieses Bandes rechtfertigen.

Hans-Werner Klünner

Abbildungen

Königl. Museum.
Schlossbrücke.
Dom.
Lustgarten.
Marienkirche.

1 Schloß und Lustgarten von West,
im Vordergrund der Kupfergraben mit der Schloßbrücke (links), ganz rechts das Nationaldenkmal für Kaiser Wilhelm I., Zustand nach 1905

2–3 Das Schloß von Nordwest,
gesehen vom Schinkelplatz,
im Vordergrund der Kupfergraben

4–5 Das Schloß von Südost,
gesehen von der Burgstraße,
im Vordergrund die Lange Brücke (Kurfürstenbrücke) mit Schlüters Reiterstandbild des Großen Kurfürsten,
Zustand von etwa 1870

BUSSE & Co.
Schloss-Platz 16.
Fabrik
Corsets Jupons
Crinolins

6 Südostecke des Schlosses mit Schloßgärtchen,
gesehen von der Burgstraße aus, Zustand nach 1901

7 Blick von der Langen Brücke (Kurfürstenbrücke) nach Nord zur Kaiser-Wilhelm-Brücke,
links die Anbauten am Spreeflügel, dahinter der Dom, rechts die Häuser der Burgstraße, Zustand nach 1901

8 Blick aus dem Erker an der Südostecke des Schlosses in das Schloßgärtchen,
im Hintergrund die Spree und die Häuser der Burgstraße, Zustand nach 1901

9 Blick aus dem Schloßgärtchen zum Erker Friedrich Wilhelms IV. (links),
Zustand nach 1901

10–11 Die Anbauten am Spreeflügel,
mit dem Kapellenturm (links), dem Herzogin-Haus (Mitte) und dem Galeriebau und Wohnflügel des Großen Kurfürsten, Aufnahmen von 1889 und 1888

12 Balkonkonsolen und Fenster am Kapellenturm (links), rechts daneben der Grüne Hut
mit späterem Aufsatz über den ursprünglich verglasten Bögen (unten) der Turmlaube Joachims II.

13 Später verbaute Bogenöffnung der Turmlaube Joachims II. am Grünen Hut,
gesehen vom Kapellenhof,
im Vordergrund das Oberlicht einer Nebentreppe im 1. Stock

14a und 15a Die Spreefront mit Apothekenflügel,
gesehen von Nordost, im Vordergrund die
Kaiser-Wilhelm-Brücke,
Zustand nach 1893

14b und 15b Die Spreefront gesehen von Nordost,
vor dem Apothekenflügel das Hofoffiziantenhaus,
im Vordergrund rechts ein Stück der Kavaliersbrücke,
Vorgänger der Kaiser-Wilhelm-Brücke,
Aufnahme von 1882

16 Der Apothekenflügel vor dem Umbau,
Ansicht von West, Zustand vor 1886

17 Der Apothekenflügel nach dem Umbau,
Ansicht von West, links die Kaiser-Wilhelm-Brücke, dahinter ein Eckhaus der Burgstraße, Zustand um 1900

18–19 Die Südseite des Schlosses am Schloßplatz,
gesehen von etwa Südost, links auf dem Schloßplatz der Neptun-Brunnen von Reinhold Begas

20 Portal I in der Schloßplatzfront Schlüters

21 Portal I in der Schloßplatzfront Schlüters (Teilansicht)

22–23 Portal II (links) und I (rechts) in der Schloßplatzfront,
gesehen von Südwest, im Vordergrund der Neptun-Brunnen von Reinhold Begas, heute in den Grünanlagen vor dem Fernsehturm in Berlin-Mitte

24–25 Das Schloß gesehen von der Einmündung der Brüderstraße in den Schloßplatz,
links die Kuppel über dem Eosander-Portal, rechts im Hintergrund der Turm der Marien-Kirche

26 Hofapotheke und Anschlußbau an die Lustgartenfront des Schlosses,
gesehen von Nordwest, ganz links Häuser der Burgstraße, Zustand um 1900

27 Schmuckerker von Friedrich Oskar Hossfeld in der neuen Giebelfront der Hofapotheke von 1886

28–29 Die Lustgartenfront gesehen von Nord,
mit Portal IV (Mitte) und V (links)

30 Portal V in der Lustgartenfront Schlüters

31 a und b Figuren der Fortitudo und der Justitia über den unteren Fenstern von Portal V

Lustgarten

32 Portal IV in der Lustgartenfront Eosanders

33 Portal IV in der Lustgartenfront Eosanders,
Teilansicht mit Atlanten

34 Ansatz des Eckbaues an der Lustgartenfront Eosanders

35 Blick entlang der Lustgartenterrasse zur Nordwestecke des Schlosses an der Schloßfreiheit

36–37 Die Fassade an der Schloßfreiheit mit Eosander-Portal (Portal III) von West,
gesehen vom Schinkelplatz, im Vordergrund der Kupfergraben, Zustand nach 1900

38 Eosander-Portal (Portal III)

39 Kartusche am Eosander-Portal (Portal III)

40–41 Blick aus der Brüderstraße auf die Südwestecke des Schlosses,
Zustand nach 1901

42–43 Das Schloß von Südwest
mit Fassade an der Schloßfreiheit (links) und Schloßplatzfront (rechts)

44–45 Halle von Portal I,
Blick nach Nordost, Zustand nach 1889

46–47 Der Innere Schloßhof (Schlüter-Hof) nach Nordost,
links Lynars Quergebäude

49 Hauptgesims am Risalit des Treppenhauses im Lustgartenflügel des Inneren Schloßhofes (Schlüter-Hof),
Zustand 1943

50–51 Risalit des Großen Treppenhauses Schlüters im Spreeflügel des Inneren Schloßhofes (Schlüter-Hof),
Ansicht von West

48 Risalit des Treppenhauses (Portal V) im Lustgartenflügel des Inneren Schloßhofes (Schlüter-Hof),
Ansicht von Süd

52–53 Der Innere Schloßhof (Schlüter-Hof) nach Süd,
rechts Lynars Quergebäude in der Stuckierung aus der Zeit um 1875, davor Memhardts Saalbau

54 Figuren über den Säulen des Großen Treppenhauses Schlüters im Inneren Schloßhof (Schlüter-Hof),
Ansicht von Nord

55 Kapitelle der unteren Kolossalordnung im Inneren Schloßhof (Schlüter-Hof)

56 Figurenschmuck am Risalit des Treppenhauses (Portal I) im Schloßplatzflügel des Inneren Schloßhofes (Schlüter-Hof),
Ansicht von Nordost

57 Figurenschmuck am Risalit des Treppenhauses (Portal V) im Lustgartenflügel des Inneren Schloßhofes (Schlüter-Hof),
Ansicht von Südost

**58 Blick aus der Halle von Portal V
in den Inneren Schloßhof (Schlüter-Hof)**

59 Stuckdecke über der Durchfahrt von Portal V

60 Halle von Portal II,
Blick vom Mittelschiff zum westlichen Seitenschiff mit Ausgang zum Großen Schloßhof

61 Halle von Portal II,
Blick vom westlichen Seitenschiff zum Mittelschiff mit Ausgang zum Schloßplatz

62–63 Der Große Schloßhof nach Nordost,
in der Mitte des Hofes die Reitergruppe des Hl. Georg von August Kiss, im Vordergrund Gewehrständer der kaiserlichen Leibgarde, rechts Lynars Quergebäude

64–65 Der Große Schloßhof nach West,
Zustand um 1900

66 Eosander-Portal (Portal III),
Hofseite, Ansicht von Ost

67 Kuppel über dem Eosander-Portal (Portal III),
Ansicht von Südost

68–69 Der Große Schloßhof nach Süd,
in der Mitte des Hofes die Reitergruppe des Hl. Georg von August Kiss

70 Südwestecke des Großen Schloßhofes mit Portalrisalit der Hohenzollern-Treppe im Schloßplatzflügel

71 Nordwestecke des Großen Schloßhofes mit Portalrisalit der Höllentreppe im Lustgartenflügel

72 Portalbekrönung (Portal IV) im Großen Schloßhof

73 Reitergruppe des Hl. Georg von August Kiss
im Großen Schloßhof,
aufgestellt 1865

74 Durchfahrthalle von Portal IV,
Blick von Nordwest zum Großen Schloßhof und in das östliche Seitenschiff, im Hintergrund links das Durchgangsportal in Memhardts Saalbau zwischen den beiden Schloßhöfen

75 Mittelschiff der Durchfahrthalle von Portal IV,
axialer Blick von Nord zum Großen Schloßhof

76–77 Wendeltreppe (Großes Treppenhaus), Mittelraum mit erstem Treppenlauf (rechts) und erstem Rampenlauf (links), Blick nach Ost

78–79 Wendeltreppe (Großes Treppenhaus),
Blick aus dem Mittelraum zur Decke

80 Wendeltreppe (Großes Treppenhaus), Stuckdecke über dem nördlichen Fensterjoch des Erdgeschosses vor dem ersten Rampenlauf

81 Wendeltreppe (Großes Treppenhaus), Stuckdecke über dem ersten Treppenpodest

82 Wendeltreppe (Großes Treppenhaus), erster Treppenlauf,
Blick zum ersten Podest

83 Wendeltreppe (Großes Treppenhaus), erster Treppenlauf,
Blick zum Fenster am Inneren Schloßhof

85 **Wendeltreppe (Großes Treppenhaus), Holztür auf dem ersten Treppenpodest**

84 **Wendeltreppe (Großes Treppenhaus), erster Treppenlauf,**
Blick von Südwest in den Mittelraum

86–87 **Wendeltreppe (Großes Treppenhaus), erstes Treppenpodest,**
Blick von Südost durch den Mittelraum

88–89 Wendeltreppe (Großes Treppenhaus), erster Rampenlauf,
Blick von Nordwest durch den Mittelraum

90 Wendeltreppe (Großes Treppenhaus), erstes Treppenpodest im Obergeschoß,
Blick zur Geschoß-Podesthalle längs der Fensterwand am Inneren Schloßhof

91 Wendeltreppe (Großes Treppenhaus),
Blick durch die Geschoß-Podesthalle längs der Fensterwand am Inneren Schloßhof

92 Der Blitze schleudernde Zeus,
Skulptur über der Empore im Mittelraum der Wendeltreppe
(Großes Treppenhaus)

93 Decke über dem ersten Treppenlauf im Obergeschoß der Wendeltreppe (Großes Treppenhaus)

94 Schweizer-Saal,
Blick nach Nord, Paradekammern

95 Voute der Decke des Schweizer-Saals,
Paradekammern

96 Erste Paradevorkammer,
Blick nach Nord, Paradekammern

97 Zweite Paradevorkammer,
Blick nach Süd, Paradekammern

98-99 Decke der Zweiten Paradevorkammer,
Paradekammern

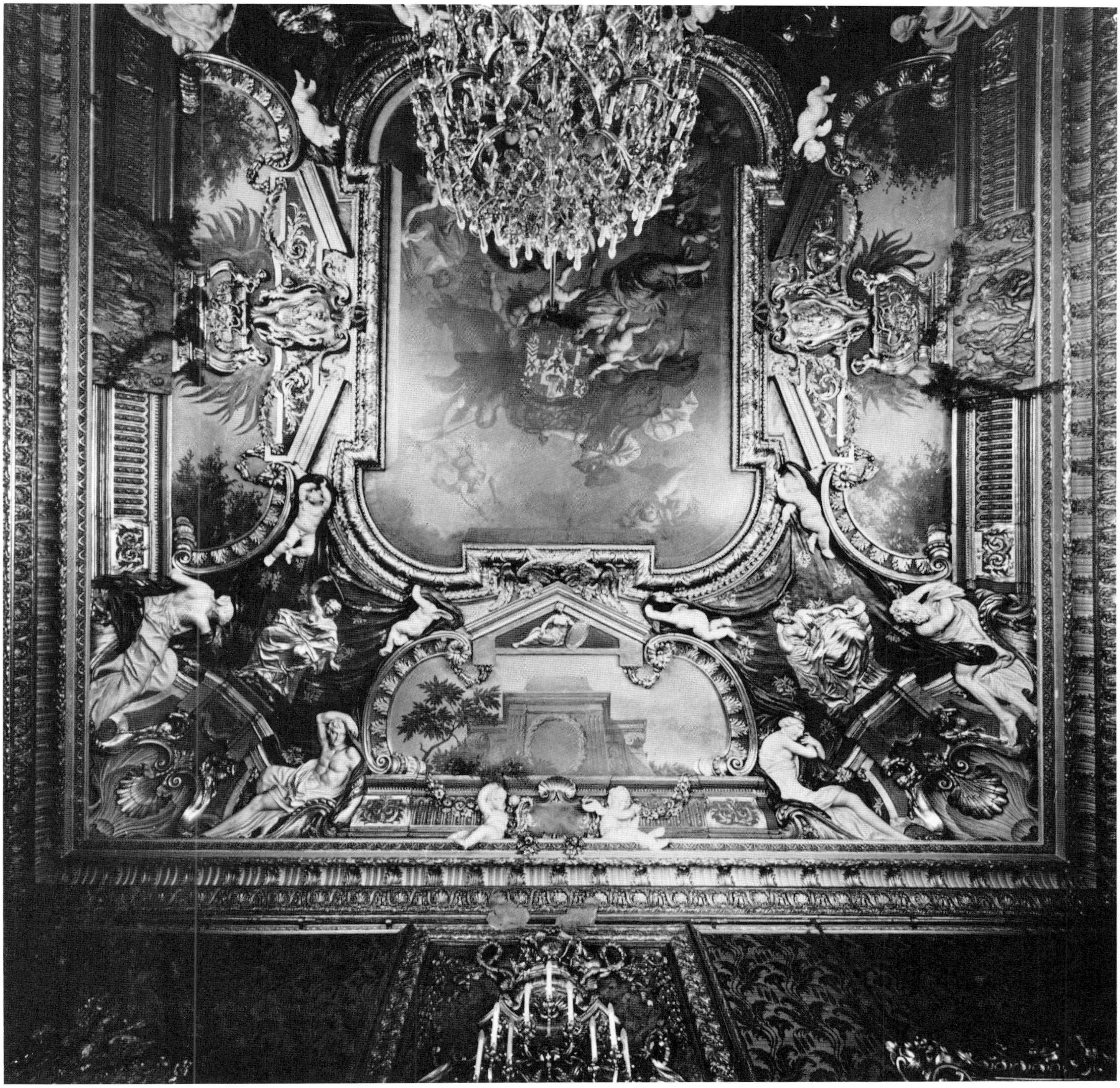

100 Königszimmer,
Blick nach Südwest, Paradekammern

101 Rote Kammer (Drap-d'or-Kammer),
Blick nach Nord, Paradekammern

102 Rote Kammer (Drap-d'or-Kammer),
Blick nach Südwest, Paradekammern

103 Rote Kammer (Drap-d'or-Kammer),
Blick nach Nordost, Paradekammern

104 Kamin der Roten Kammer (Drap-d'or-Kammer),
Paradekammern

105 Allegorie des Friedens,
Holzschnitzerei in einer Fensterlaibung der Roten Kammer
(Drap-d'or-Kammer), Paradekammern

106 Brandenburgische Kammer (Rote-Adler-Kammer),
Kaminwand, Blick nach West, Paradekammern

107 Brandenburgische Kammer (Rote-Adler-Kammer),
Blick nach Nordwest, Paradekammern

108 Fensterlaibung an der Nordwand der Brandenburgischen Kammer (Rote-Adler-Kammer),
Paradekammern

109 Eckvoute der Brandenburgischen Kammer (Rote-Adler-Kammer),
Paradekammern

110 Rittersaal, Prunkbuffet-Wand,
Blick nach Ost, Paradekammern

111 Rittersaal, Thronwand,
Blick nach West, Paradekammern

112 Rittersaal, Kaminwand,
Blick nach Südwest, Paradekammern

113 Trompeterchor des Rittersaals,
Paradekammern

114 Der Erdteil Amerika,
Bekrönung der linken Tür in der Ostwand des Rittersaals, Paradekammern

115 Der Erdteil Asien,
Bekrönung der rechten Tür in der Ostwand des Rittersaals, Paradekammern

116–117 Decke des Rittersaals,
Paradekammern

118 Schwarze-Adler-Kammer,
Blick nach Nordwest, Paradekammern,
Zustand zur Zeit König Friedrich Wilhelms IV.

119 Schwarze-Adler-Kammer,
Blick nach Nordwest, Paradekammern, Zustand nach 1926

120–121 Decke der Schwarzen-Adler-Kammer,
Paradekammern

122 Voute über der Ostwand der Schwarzen-Adler-Kammer (Ausschnitt),
Paradekammern

123 Eckvoute der Schwarzen-Adler-Kammer,
Paradekammern

124 Rote-Samt-Kammer,
Blick nach Süd, Paradekammern

125 Decke der Roten-Samt-Kammer,
Paradekammern

126a Eckvoute der Roten-Samt-Kammer,
Paradekammern

126b Voute über der Südwand der Roten-Samt-Kammer (Ausschnitt), Paradekammern

127a Galerie im Treppenraum vor dem sog. Klingelbeutel, Paradekammern

127b Fensterlaibung an der Nordwand des Kapitelsaals (Alte Kapelle), Paradekammern

128 Kapitelsaal (Alte Kapelle),
Blick nach Süd, Paradekammern

129 Kapitelsaal (Alte Kapelle),
Thronwand, Blick nach West, Paradekammern

130 Bildergalerie,
Blick nach West, Paradekammern,
Ausstattung als Gobelingalerie zur Zeit Kaiser Wilhelms II.

131 Bildergalerie,
Blick nach Ost, Paradekammern,
Ausstattung als Gobelingalerie zur Zeit Kaiser Wilhelms II.

132 Relief im Bogenfeld über der östlichen Stirnseite der Bildergalerie,
Paradekammern

133 Bildergalerie, westlicher Teil der Südwand,
Blick nach Südost, Paradekammern,
Ausstattung als Gobelingalerie zur Zeit Kaiser Wilhelms II.

134 Verleihung des Schwarzen Adlerordens,
Relief von Johann Gottfried Schadow in der Voute des östlichen Anraums der Bildergalerie, Paradekammern

135 Ehem. Königin-Zimmer, Blick von Nordwest in die Bildergalerie durch deren westlichen Anraum,
Paradekammern, Zustand zur Zeit Kaiser Wilhelms I.

136 Grüner Salon,
Blick nach Ost, Paradekammern,
Ausstattung zur Zeit Kaiser Wilhelms II.

137 Königin-Zimmer Kaiser Wilhelms II.,
Blick nach West, Paradekammern

138–139 Weißer Saal,
Blick nach Süd, Paradekammern,
Zustand zur Zeit König Friedrich Wilhelms IV.

140 Weißer Saal,
Blick nach Süd, Paradekammern,
Zustand zur Zeit Kaiser Wilhelms II.

141 Weißer Saal,
Blick nach Nord, Paradekammern,
Zustand zur Zeit Kaiser Wilhelms II.

142 Weiße-Saal-Treppe,
Blick von Südwest durch den oberen Teil des Treppenraumes
vor der Schloßkapelle

143 Weiße-Saal-Treppe,
Blick von Nordost durch den unteren Teil des Treppenraumes vor der Schloßkapelle

144 Schloßkapelle, Bogennische mit der Eingangstür,
Blick nach Nord, Paradekammern

145 Schloßkapelle,
Blick von Südwest auf die Eingangstür und den Altar,
Paradekammern

146 Gußeisernes Galeriegeländer unter der Kuppel der Schloßkapelle (Teilansicht),
Paradekammern

147 Schloßkapelle, Fensterkranz und Kuppelansatz über der Galerie,
Paradekammern

148 Weiße-Saal-Treppe,
Blick von West durch den Treppenraum im Erdgeschoß

149 Weiße-Saal-Treppe, Antritt im Erdgeschoß,
Blick nach Nord

150 Kartusche im Korridor vor den Polnischen Kammern

151 Schlafzimmer der Polnischen Kammern,
Blick nach Südwest

152 Rotes Zimmer,
Blick nach Nord, Elisabeth-Kammern

153 Voute über der Nordwand des Roten Zimmers (Ausschnitt),
Elisabeth-Kammern

154 Samtzimmer,
Blick nach Nordwest, Elisabeth-Kammern

155 Eckzimmer der Elisabeth-Kammern,
Blick von Südwest in den Erker

156 Bogen vor dem Erker des Eckzimmers der Elisabeth-Kammern,
linke Hälfte

157 Bogen vor dem Erker des Eckzimmers der Elisabeth-Kammern,
rechte Hälfte

158 Blaubart-Zimmer,
Blick nach West, Elisabeth-Kammern,
Zustand zur Zeit der Nutzung als Ausstellungsraum
des Schloßmuseums, seit 1921

159 Elisabeth-Saal,
Blick nach Ost, Elisabeth-Kammern

160–161 Elisabeth-Saal,
Blick nach Nord, Elisabeth-Kammern

162a Stuckrelief aus der Voute des Elisabeth-Saals,
Elisabeth-Kammern

162b Atlanten,
Skulpturen von Andreas Schlüter über der nördlichen Tür in der Ostwand des Elisabeth-Saals, Elisabeth-Kammern

163 Kabinett (Geburtszimmer Friedrichs des Großen) der Prinzeß-Marie-Kammern,
Blick nach West

164 Östliches Zimmer der Prinzeß-Marie-Kammern,
Blick nach Ost

165 Voute über der Ostwand des östlichen Zimmers der Prinzeß-Marie-Kammern (Ausschnitt)

166 Voute über der Ostwand des Mittelzimmers der Prinzeß-Marie-Kammern (Ausschnitt)

167 Mittelzimmer der Prinzeß-Marie-Kammern,
Blick nach West

168 Westliches Zimmer (Prinzeß-Marie-Saal) der Prinzeß-Marie-Kammern,
Blick nach Ost

169 Westliches Zimmer (Prinzeß-Marie-Saal) der Prinzeß-Marie-Kammern,
Blick nach Nordwest,
Zustand zur Zeit der Nutzung als Ausstellungsraum des Schloßmuseums, seit 1921

170 Kleine Galerie,
Blick nach West,
Kurfürstenzimmer (Wohnung König Friedrichs I.)

171 Kugelkammer,
Blick nach Nord,
Kurfürstenzimmer (Wohnung König Friedrichs I.)

172 Fußboden der Kugelkammer,
Kurfürstenzimmer (Wohnung König Friedrichs I.)

173a und b Decke der Kugelkammer (Ausschnitt),
Kurfürstenzimmer (Wohnung König Friedrichs I.)

174 Kamin der Kugelkammer,
Kurfürstenzimmer (Wohnung König Friedrichs I.)

175 Fensterlaibung an der Nordwand der Betkammer,
Kurfürstenzimmer (Wohnung König Friedrichs I.)

176 Betkammer, Kaminecke,
Blick nach Südwest,
Kurfürstenzimmer (Wohnung König Friedrichs I.)

177 Decke der Betkammer,
Kurfürstenzimmer (Wohnung König Friedrichs I.)

178 Brautkammer, Kaminecke,
Blick nach Südost,
Kurfürstenzimmer (Wohnung König Friedrichs I.)

179 Brautkammer,
Blick nach West,
Kurfürstenzimmer (Wohnung König Friedrichs I.)

180 Decke der Brautkammer,
Kurfürstenzimmer (Wohnung König Friedrichs I.)

181 Decke des Kabinetts neben der Brautkammer,
Kurfürstenzimmer (Wohnung König Friedrichs I.)

182 Wandbespannung der Brautkammer,
Kurfürstenzimmer (Wohnung König Friedrichs I.)

183a Decke des Kronkabinetts,
Kurfürstenzimmer (Wohnung König Friedrichs I.)

183b Fußboden des Kronkabinetts,
Kurfürstenzimmer (Wohnung König Friedrichs I.)

184 Chinesisches Kabinett,
Blick nach Südwest,
Kurfürstenzimmer (Wohnung König Friedrichs I.)

185 Chinesisches Kabinett,
Blick nach Nord,
Kurfürstenzimmer (Wohnung König Friedrichs I.)

186 Braunschweigische Galerie,
Blick nach Süd

187 Porzellan-Schauschrank vor der Südwand der Braunschweigischen Galerie

188a–189b Decke der Braunschweigischen Galerie

190 Braunschweigische Galerie, nördlicher Teil der Westwand,
Blick nach Nordwest,
Zustand zur Zeit der Nutzung als Ausstellungsraum des Schloßmuseums, seit 1921

191 Ehem. Kapelle der Kurfürstin,
Blick nach Nordwest

192 Bunter Gang,
westlicher Teil, Blick nach Ost, Königskammern

193 Garde-du-Corps-Saal,
Blick nach Ost, Königskammern

194 Rotdamastene Kammer, Kaminwand,
Königskammern Friedrich Wilhelms II.,
Entwurf von Karl von Gontard, 1787–89

195 Decke der Rotdamastenen Kammer,
Königskammern Friedrich Wilhelms II.,
Entwurf von Karl von Gontard, 1787–89

196 Gründamastene Kammer, Kaminwand,
Königskammern Friedrich Wilhelms II.,
Entwurf von Karl von Gontard, 1787–89

197 Decke der Gründamastenen Kammer,
Königskammern Friedrich Wilhelms II.,
Entwurf von Karl von Gontard, 1787–89

198 Gründamastene Kammer, Fensterecke,
Königskammern Friedrich Wilhelms II.,
Entwurf von Karl von Gontard, 1787–89

199 Thronzimmer, Fensterecke,
Königskammern Friedrich Wilhelms II.,
Entwurf von Karl von Gontard, 1787–89

200 Thronzimmer,
Blick zur Thronwand,
Königskammern Friedrich Wilhelms II.,
Entwurf von Karl von Gontard, 1787–89

201 Thronzimmer,
Blick nach Ost, Königskammern Friedrich Wilhelms II., Entwurf von Karl von Gontard, 1787–89

202 Flötenuhr,
Wiener Arbeit, um 1790,
Königskammern Friedrich Wilhelms II., Thronzimmer

203 Kamin im Thronzimmer,
von Giovanni Angeloni, vor 1790,
Königskammern Friedrich Wilhelms II.

204 Weißes Zimmer,
Königskammern Friedrich Wilhelms II.,
Entwurf von Karl von Gontard, 1787–89

205 Schreibtisch Friedrich Wilhelms II.,
von David Roentgen, um 1782/83,
Königskammern Friedrich Wilhelms II., Weißes Zimmer

206 Decke des Weißen Zimmers,
Königskammern Friedrich Wilhelms II.,
Entwurf von Karl von Gontard, 1787–89

207 Decke des Konzertzimmers,
Königskammern Friedrich Wilhelms II.,
Entwurf von Karl von Gontard, 1787–89

208 Konzertzimmer,
Blick nach West, Königskammern Friedrich Wilhelms II.,
Entwurf von Karl von Gontard, 1787–89

209 Konzertzimmer,
Blick nach Ost, Königskammern Friedrich Wilhelms II., Entwurf von Karl von Gontard, 1787–89, Zustand zur Zeit Kaiser Wilhelms II., vor 1894

210 Parolesaal,
Königskammern Friedrich Wilhelms II.,
Entwurf von Friedrich Wilhelm von Erdmannsdorff, 1787–89

211 a und b Viktorien,
Reliefs von Johann Gottfried Schadow im Parolesaal
der Königskammern Friedrich Wilhelms II., 1787–89

212 a–213 b Signiferi,
Reliefs von Johann Gottfried Schadow im Parolesaal
der Königskammern Friedrich Wilhelms II., 1787–89

214 Großer Säulensaal, östliche Schmalwand,
Königskammern Friedrich Wilhelms II.,
Entwurf von Friedrich Wilhelm von Erdmannsdorff, 1787–89

215 Großer Säulensaal,
Blick nach West, Königskammern Friedrich Wilhelms II.,
Entwurf von Friedrich Wilhelm von Erdmannsdorff, 1787–89

216 »Alexander und Homer«,
Relief von Johann Gottfried Schadow im Großen Säulensaal der Königskammern Friedrich Wilhelms II., 1787–89

217 Großer Säulensaal, Südwestecke,
Königskammern Friedrich Wilhelms II.,
Entwurf von Friedrich Wilhelm von Erdmannsdorff, 1787–89

218 Nordosttür des Großen Säulensaals,
Königskammern Friedrich Wilhelms II.,
Entwurf von Friedrich Wilhelm von Erdmannsdorff, 1787–89,
Relief »Alexander und Philemon«
von Johann Gottfried Schadow, 1787–89

219 Südtür des Großen Säulensaals,
Königskammern Friedrich Wilhelms II.,
Entwurf von Friedrich Wilhelm von Erdmannsdorff, 1787–89

220 Speisesaal,
Blick nach West, Königskammern Friedrich Wilhelms II.,
Entwurf von Friedrich Wilhelm von Erdmannsdorff, 1787–89

221 Speisesaal, östliche Schmalwand,
Königskammern Friedrich Wilhelms II.,
Entwurf von Friedrich Wilhelm von Erdmannsdorff, 1787–89

222 Kamin im Speisesaal,
von Carlo Albaccini, vor 1788,
Königskammern Friedrich Wilhelms II.

223a und b »Muse und Sirene« und »Apoll und Merkur«,
Wandgemälde von Johann Christoph Frisch im Speisesaal der Königskammern Friedrich Wilhelms II., 1787–89

224 Grüne französische Kammer, Kaminwand,
Königskammern Friedrich Wilhelms II.,
Entwurf von Friedrich Wilhelm von Erdmannsdorff, 1787–89

225 Grüne französische Kammer,
Blick nach West, Königskammern Friedrich Wilhelms II.,
Entwurf von Friedrich Wilhelm von Erdmannsdorff, 1787–89

226 Blaue französische Kammer, Kaminwand,
Königskammern Friedrich Wilhelms II.,
Entwurf von Friedrich Wilhelm von Erdmannsdorff, 1787–89

227 Blaue französische Kammer,
Blick nach West, Königskammern Friedrich Wilhelms II.,
Entwurf von Friedrich Wilhelm von Erdmannsdorff, 1787–89

228 Pfeilersaal,
Wohnung Königin Friederikes,
Entwurf von Carl Gotthard Langhans, 1789–91

229 Pfeilersaal,
Wohnung Königin Friederikes,
Entwurf von Carl Gotthard Langhans, 1789–91,
Möblierung Kaiser Wilhelms II., 1888–89

230 Pfeilersaal, östlicher Kamin,
Wohnung Königin Friederikes,
Entwurf von Carl Gotthard Langhans, 1789–91

231 »Astronomie«,
Relief im Pfeilersaal der Wohnung Königin Friederikes,
Entwurf von Carl Gotthard Langhans, 1789–91

232 Rote Marmorkammer,
Wohnung Königin Friederikes,
Entwurf von Carl Gotthard Langhans, 1789–91

233a und b Gesellschaftszimmer der Wohnung Königin Friederikes,
Entwurf von Carl Gotthard Langhans, 1789–91

234 Marmorsaal,
Wohnung Königin Friederikes,
Entwurf von Carl Gotthard Langhans, 1789–91

235 Marmorsaal,
Wohnung Königin Friederikes,
Entwurf von Carl Gotthard Langhans, 1789–91,
Einrichtung als Schreibzimmer Kaiserin Auguste Viktorias,
1888–89

236a–237b »Die Hochzeit von Amor und Psyche« und »Triumph des Bacchus und der Ariadne«,
Reliefs im Marmorsaal der Wohnung Königin Friederikes, nach Entwurf von Johann Gottfried Schadow, 1789–91

238 Ehem. Erasmus-Kapelle,
Blick von West in den Chor,
Wohnung König Friedrich Wilhelms IV.

239 Ehem. Erasmus-Kapelle, Gemeinderaum,
Blick nach Süd, Wohnung König Friedrich Wilhelms IV.

240 Schreibzimmer Königin Elisabeths (ehem. Schreibzimmer Friedrichs des Großen),
Blick nach West, Wohnung König Friedrich Wilhelms IV., eingerichtet als Gästeschlafzimmer zur Zeit Kaiser Wilhelms II.

241 Schreibzimmer Königin Elisabeths (ehem. Schreibzimmer Friedrichs des Großen),
Blick nach Südwest, Wohnung König Friedrich Wilhelms IV., Zustand nach der Wiederherstellung 1926

242 Wohnzimmer Königin Elisabeths,
Blick nach Süd, Wohnung König Friedrich Wilhelms IV.

243 Teesalon Königin Elisabeths,
Blick nach Nordwest, Wohnung König Friedrich Wilhelms IV.

244 Kamin des Teesalons Königin Elisabeths,
Wohnung König Friedrich Wilhelms IV.

245a »Pegasus wird von Musen gepflegt«,
Wandgemälde von Heinrich Anton Dähling im Teesalon Königin Elisabeths,
Wohnung König Friedrich Wilhelms IV.

245b »Achilleus erschlägt Penthesilea«,
Wandgemälde von Carl Wilhelm Kolbe im Teesalon Königin Elisabeths,
Wohnung König Friedrich Wilhelms IV.

246a Speisezimmer,
Blick nach Ost, Wohnung König Friedrich Wilhelms IV.

246b Sternsaal,
Blick nach Ost, Wohnung König Friedrich Wilhelms IV., Zustand zur Zeit Kaiser Wilhelms II.

247 Sternsaal,
Blick nach Nordwest,
Wohnung König Friedrich Wilhelms IV.,
Zustand nach 1926

248 Empfangszimmer Kaiser Wilhelms II. (ehem. Audienzzimmer Friedrichs des Großen),
Blick nach Ost, kaiserliche Wohnung

249 Empfangszimmer Kaiser Wilhelms II. (ehem. Audienzzimmer Friedrichs des Großen),
Blick nach Nordwest, kaiserliche Wohnung

250 Supraporte über der Tür der Ostwand des Empfangszimmers Kaiser Wilhelms II.,
kaiserliche Wohnung

251 Supraporte über der Tür der Westwand des Empfangszimmers Kaiser Wilhelms II.,
kaiserliche Wohnung

252 Arbeitszimmer Kaiser Wilhelms II. (ehem. Arbeitszimmer Friedrichs des Großen),
Blick nach Nordwest, kaiserliche Wohnung,
Zustand nach 1926

253 Arbeitszimmer Kaiser Wilhelms II.
(ehem. Arbeitszimmer Friedrichs des Großen),
Blick nach Südwest, kaiserliche Wohnung

254 Vortragszimmer Kaiser Wilhelms II.,
Blick nach Nordwest, kaiserliche Wohnung

255 Vortragszimmer Kaiser Wilhelms II.,
westlicher Teil der Nordwand,
Blick nach Nord, kaiserliche Wohnung

256 Kleines Ankleidezimmer Kaiser Wilhelms II., Kaminecke,
Blick nach Südwest, kaiserliche Wohnung

257 Vorzimmer der kaiserlichen Wohnung,
Blick nach West

258 Marmortreppe,
Blick von Nordwest vom unteren Podest durch den Treppenraum, kaiserliche Wohnung

259 Marmortreppe,
Blick von Nordost vom mittleren Podest durch den Treppenraum, kaiserliche Wohnung

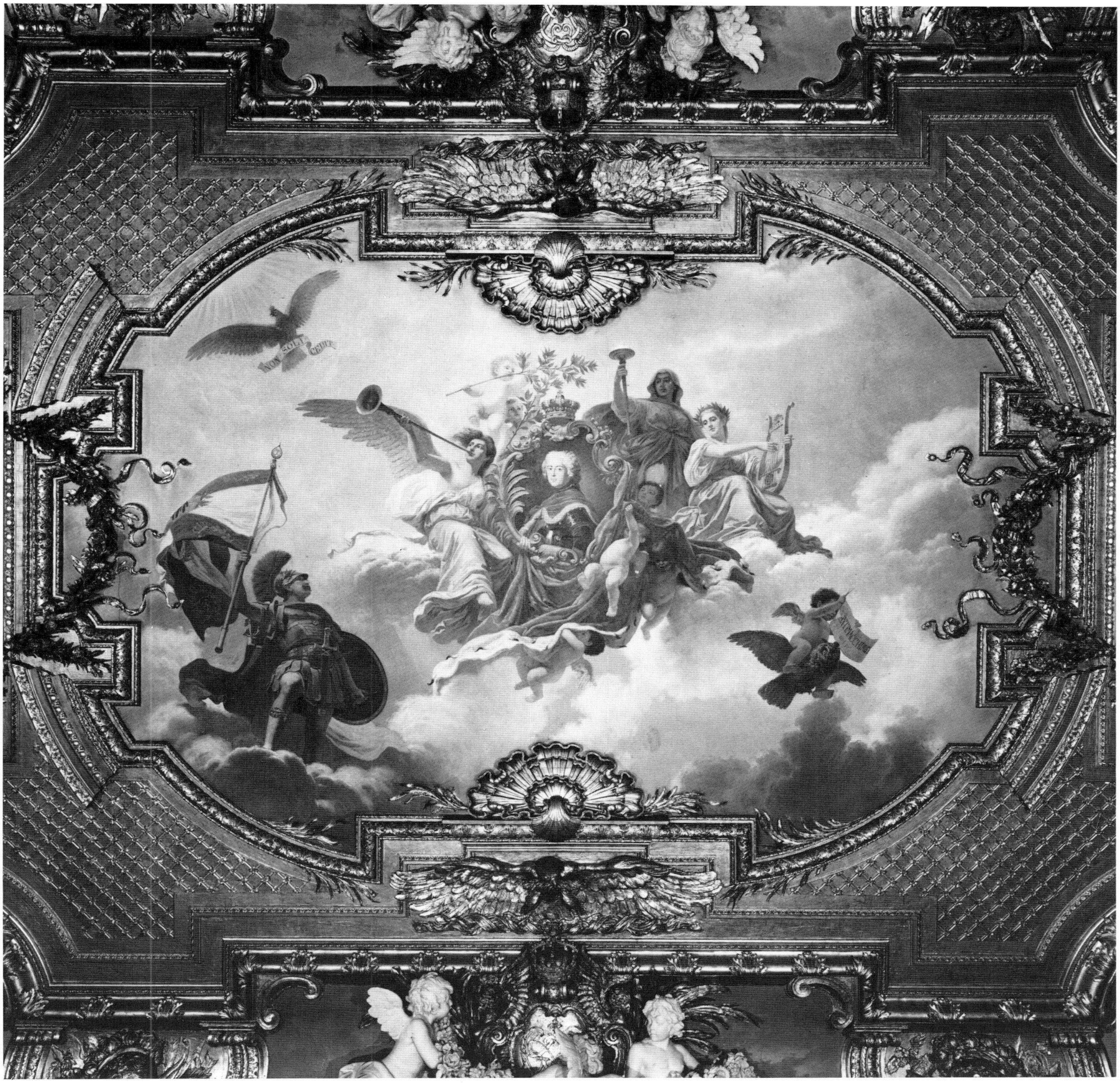

260a Speisesaal,
Blick nach Südost, kaiserliche Wohnung,
Zustand nach 1926

260b Speisesaal mit Eßtisch und Kronprinzensilber,
Blick nach Südwest, kaiserliche Wohnung,
Zustand nach 1926

261 Decke des Speisesaals,
kaiserliche Wohnung

262 Bibliothek des Kaiserpaares,
Blick nach Südwest, kaiserliche Wohnung

263 a Decke der Bibliothek des Kaiserpaares,
kaiserliche Wohnung

263 b Decke des Großen Ankleidezimmers Kaiser Wilhelms II.,
kaiserliche Wohnung

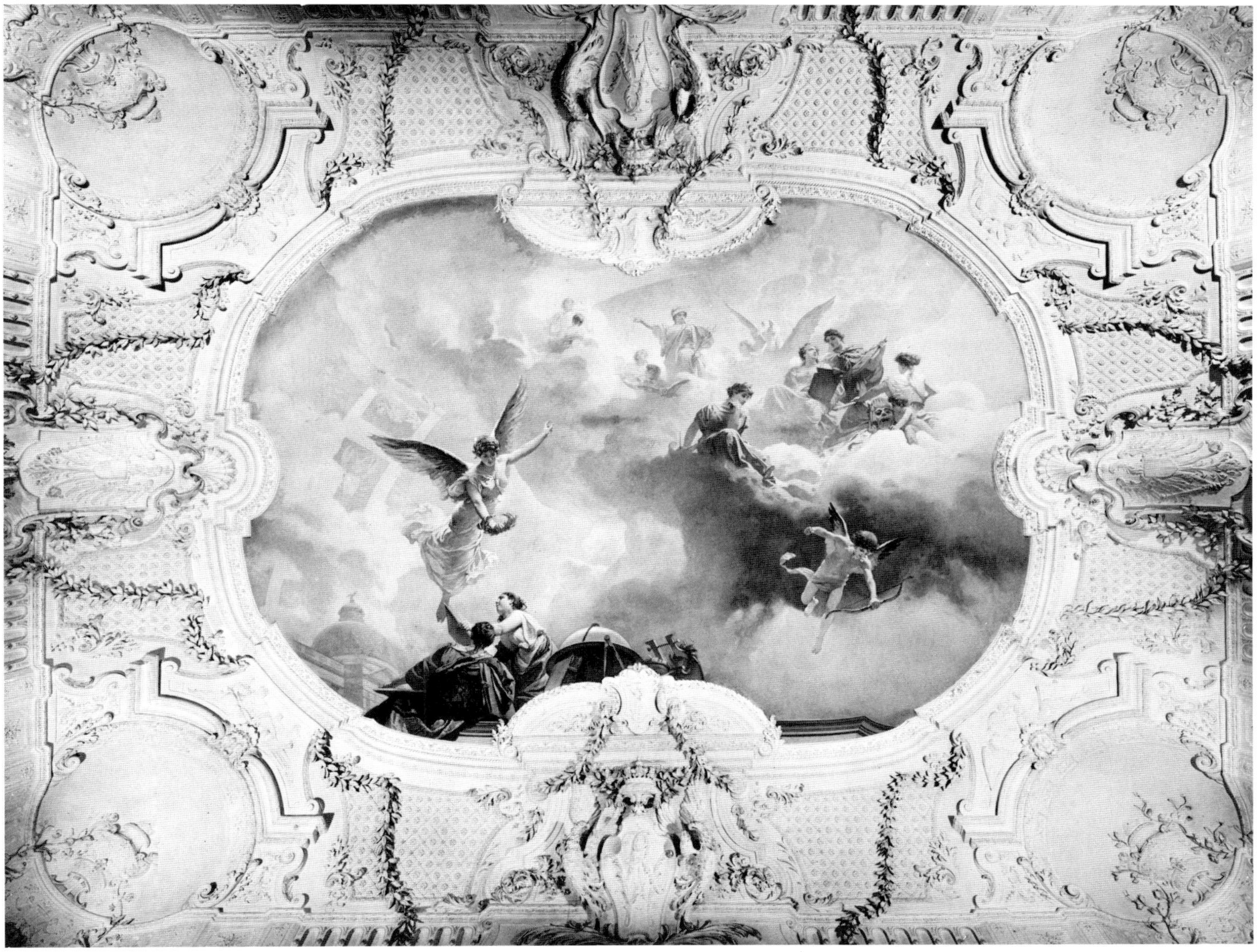

264–265 Fürstentreppe,
Erdgeschoß, Blick von Nordost durch den Treppenraum,
kaiserliche Wohnung

266–267 Joachim-Saal, Kaminwand,
Blick nach Nord,
kaiserliche Wohnung

REGIUM EST OMNIBUS

268 Salon der Hohenzollern-Wohnung,
Blick nach Südost

269 Kabinett der Hohenzollern-Wohnung,
Blick nach Süd

270 Wohnzimmer der Hohenzollern-Wohnung,
Blick nach Süd

271 Prinz-Wilhelm-Zimmer,
ehem. Wilhelmskammern,
Zustand vor dem Umbau zur Zeit Kaiser Wilhelms II.

272 Schlafzimmer der Wilhelmschen Wohnung,
Blick nach West

273 Salon der Wilhelmschen Wohnung, Kaminwand,
Blick nach Nord

274 Schlafzimmer der Wilhelmschen Wohnung,
Blick nach Südost

275 Badezimmer der Wilhelmschen Wohnung,
Blick nach Ost

276 Gästeschlafzimmer (ehem. Bibliothek König Friedrich Wilhelms II.) der Wilhelmschen Wohnung,
Blick nach Südwest, (ehem. Königskammern)

277 Schlafzimmer der Mecklenburgischen Kammern,
Blick nach West

278 Salon der Mecklenburgischen Kammern,
Blick nach Nordost,
Zustand zur Zeit der Nutzung als Ausstellungsraum
des Schloßmuseums, seit 1921

279 Schreibzimmer der Mecklenburgischen Kammern,
Blick nach Ost,
Zustand zur Zeit der Nutzung als Ausstellungsraum
des Schloßmuseums, seit 1921

280 Salon der Petits Appartements,
Blick nach Südwest,
Zustand zur Zeit der Nutzung als Ausstellungsraum
des Schloßmuseums, seit 1921

281 Hausbibliothek, Bibliotheksraum zwischen dem Turm Kurfürst Friedrichs II. und der Galerie des Großen Kurfürsten,
Blick nach Nord, eingerichtet zur Zeit Kaiser Wilhelms I.

282 Hausbibliothek, Bibliotheksraum im Turm Kurfürst Friedrichs II.,
Blick nach Südwest, eingerichtet zur Zeit Kaiser Wilhelms I.

283 Hausbibliothek, Bibliotheksraum in der Galerie des Großen Kurfürsten,
Blick nach Nord, eingerichtet zur Zeit Kaiser Wilhelms I.

284 Hausbibliothek, nördlicher Bibliotheksraum im Herzogin-Haus,
Blick nach Südwest, eingerichtet nach 1920

285 Hausbibliothek, mittlerer Bibliotheksraum im Herzogin-Haus,
Blick nach Südwest, eingerichtet nach 1920

286 Hausbibliothek, südlicher Bibliotheksraum im Herzogin-Haus,
Blick nach Nordwest, eingerichtet nach 1920

287 Hausbibliothek, Bibliotheksraum im Grünen Hut
(ehem. Schlafzimmer König Friedrich Wilhelms IV.),
Blick nach West, eingerichtet nach 1920

288 Arbeitszimmer des Präsidenten der Kaiser-Wilhelm-Gesellschaft (ehem. Archivraum),
Blick nach West

289 Sitzungssaal des Staatsrates,
Blick nach Ost, Zustand zur Zeit der Nutzung als Vortragssaal der Kaiser-Wilhelm-Gesellschaft, um 1930

Bildkommentare

Das Äußere des Schlosses

1 *Blick auf Schloß und Lustgarten von West.* Nach einer Postkartenmontage aus der Zeit nach 1905. – Die Panorama-Ansicht, aufgenommen vom Dach der Darmstädter Bank am damaligen Schinkelplatz, zeigt das Schloß in jenem architektonischen Zusammenhang, in dem es sich bis zu seiner Zerstörung dem von den »Linden« kommenden Besucher darbot. Freilich sah er das Ganze aus der Fußgängerperspektive und erlebte die Stadträume nacheinander, die er hier auf einen Blick übersieht.

Der Wasserlauf im Vordergrund ist der Spreegraben oder Kupfergraben, ein Arm der Spree, die von rechts nach links im Bild fließt. Der Hauptarm der Spree strömt hinter Museum, Dom und Schloß, aber vor der Altstadt entlang, die den Hintergrund hinter diesem allen macht, und unter der Kaiser-Wilhelm-Brücke hindurch, die vom Lustgarten aus in die Altstadt gerade auf den Marien-Kirchturm gerichtet ist (Abb. 14a und 15a). Die Monumentalbauten auf der Karte stehen also auf einer Insel der Spree (siehe Abbildung S. 432). Das linke, westliche Ende dieser Insel heißt seit langem Museumsinsel und ist auch heute noch in seinem alten Baubestand im großen und ganzen erhalten.

Der Gründungsbau der Museumsinsel ist das Alte Museum, auf der Postkarte noch »Königliches Museum«, das Schinkel 1823 im Auftrag mehr des Kronprinzen Friedrich Wilhelm (IV.) als des damals regierenden Königs Friedrich Wilhelm III. entworfen hat und das 1830 eröffnet worden ist. Dieser Museumsbau erst hat den Lustgarten zu einem Platz gemacht, um den Schloß, Dom und eben das Museum ringsherum standen und in den die Straße Unter den Linden über die Schloßbrücke einmündet, die Straße Unter den Linden, die vom Brandenburger Tor und vom Großen Stern im Tiergarten und vom Ernst-Reuter-Platz (dem »Knie«) und von der Bismarckstraße und vom Kaiserdamm und vom Theodor-Heuß-(Reichskanzler-)Platz her kommt. Vor Erbauung des Museums endete der Lustgarten linker Hand an einem Wassergraben, der die langgestreckte Insel querteilte und in dessen Bett buchstäblich das Museum hineingestellt worden ist. Der Lustgarten verlief an dieser Seite also ehemals räumlich in die Weite, war als Fläche allein dem Schloß zugeordnet, und die »Linden« mündeten keineswegs in den Lustgarten, sondern führten ganz eindeutig zum Schloß. Mit dem Bau des Museums wurde der Lustgarten die Mitte Preußens; bis dahin war das Schloß die Mitte Preußens gewesen. Friedrich Wilhelm IV. hat sich denn auch bei seinem Regierungsantritt 1840 im Lustgarten, auf einer ans Schloß angelehnten Tribüne, huldigen lassen (siehe Abbildung S. 102).

Das Alte Museum ist äußerlich ganz erhalten, im Innern noch der mittlere große Kuppelsaal, dessen viereckige Verkleidung über das Dach ragt. Die Ausstellungssäle, schon zuvor teilweise völlig umgebaut, sind im letzten Krieg alle verbrannt und modern wiederaufgebaut worden. Hinter dem Alten Museum sieht man links den Kastenbau des »Neuen Museums«, das Friedrich Wilhelm IV. 1843–55 durch August Stüler und das Tempeldach der Nationalgalerie, die König und Kaiser Wilhelm I. 1866–76 durch Johann Heinrich Strack hat erbauen lassen. Das Neue Museum ist noch kriegszerstört. Wegen des sumpfigen Grundes, auf dem seine Fundamente zum Teil nicht ganz fest stehen, ist es eine komplizierte Aufgabe für den Wiederaufbau. Die Nationalgalerie ist im Krieg weniger getroffen worden und war eines der ersten wiedereröffneten Museen.

Die Museen sind, was wenig bekannt ist, gewissermaßen ein Ableger des Schlosses. Die Sammlungen wurzeln in den Kunstsammlungen vor allem des Großen Kurfürsten, die natürlich auch ältere Stücke enthielten und später noch weiter vermehrt wurden. Noch heute sind wesentliche Stücke aus der »Kunstkammer« des Schlosses (siehe Abbildung S. 126) in den Museen nachweisbar. Mit

Das historische Stadtzentrum Berlins, deutlich erkennbar die Spree-Insel mit dem Schloß (Mitte), dem Alt-Cöllner Stadtgebiet (rechts) und dem Lustgarten mit anschließendem Museumskomplex (links), oberhalb (nördlich) von Schloß und Lustgarten das Stadtgebiet von Alt-Berlin einschließlich Marien-Pfarre, begrenzt von S-Bahn-Trasse und Spree, Luftaufnahme von 1920

dem Bau des Alten Museums übergab der König also sozusagen die bis dato fürstliche Kunstpflege der bürgerlichen Öffentlichkeit, setzte sie zumindest deren Urteil aus und ließ erkennen, daß er sie um ihretwillen betreibe – ähnlich wie die Huldigung im Lustgarten auch die Staatsidee als öffentliche, die sie nun geworden war, darstellte, trotz der formell immer noch fortbestehenden absolutistischen Staatsverfassung.

Einen Lustgarten gab es vermutlich schon genausolange wie das Schloß, seit Mitte des 15. Jahrhunderts. Auf der Postkarte sieht er wie ein Vorgarten von Museum und Dom aus und ist in dieser Form auch tatsächlich erst beim Bau des Museums angelegt und mit einigen Änderungen nach der jeweiligen Mode im wesentlichen erhalten geblieben, bis er 1934 mit dem heutigen Pflaster belegt wurde, um den Aufmärschen des Dritten Reichs zu dienen. Vor dem Bau des Museums war er ein Rasen, von doppelter Pappelreihe umsäumt. So hatten die Gillys ihn für Friedrich Wilhelm III. 1798 angelegt. Davor war der Lustgarten ein Exerzierplatz, vom Soldatenkönig Friedrich Wilhelm I. gleich bei Regierungsantritt 1713 geebnet, davor der barocke Lustgarten mit einer Terrasse am Schloß und ersten Beeten und einem tiefergelegenen Teil nach da zu, wo auf der Postkarte die Grünanlagen sind. Die ältesten Darstellungen des Lustgartens haben wir aus der Zeit des Großen Kurfürsten (siehe Abbildung S. 43); weiter zurück reichen nur die literarischen Quellen, nach denen der Lustgarten jedenfalls schon zur Zeit Kurfürst Johann Georgs außerhalb der Schloßmauern und -höfe gelegen hat, an einer Stelle, von der aus sich der spätere Garten entwickelt hat.

Die Schloßbrücke, 1819–24 wie das Museum nach Plänen Schinkels gebaut, hat auf der Abbildung in der Mitte noch die Klappen, die aufgezogen wurden, wenn Schiffe durchpassieren mußten. Auch die Binnenschiffe wurden vormals gesegelt (und wenn kein Wind ging, getreidelt, das heißt vom Ufer aus gezogen) und hatten zum Segeln Masten nötig; daher die Klappen in den Brücken. Um die

Jahrhundertwende, zur Zeit der Aufnahme, gab es aber schon längst Schleppdampfer, und gesegelt wurde in der Binnenschiffahrt nicht mehr. Die damals neugebauten Brücken haben keine Klappen mehr. Die Klappen in der Schloßbrücke sind zu Anfang unseres Jahrhunderts durch einen massiven Bogen ersetzt worden; das mittlere Joch ist aber etwas enger als die seitlichen, der Bogen anders geführt, Spuren des Umbaues.

Die Brücke ist in der vollen Breite der »Linden« über den Kupfergraben geschlagen und trägt damit sehr dazu bei, den Lustgarten als Platz am Ende der Staatsstraße erscheinen zu lassen. Schinkel hat passend zu der damals enormen Breite der Brücke die schweren gußeisernen Geländer und die mächtigen Figurensockel entworfen. Da die »Linden« die Via triumphalis Preußens geworden waren, hat er auf den Sockeln Gruppen von immer einem Soldaten, den ein Genius begleitet, in die Schlacht führt, im Tode stützt usw., vorgesehen. Die Aufstellung der Figuren hat Schinkel aber nicht mehr erlebt. Erst der höchst kunstverständige Friedrich Wilhelm IV. hat sie 1843 auszuführen befohlen, und die Aufstellung hat sich von 1853 bis 1857 hingezogen. Seit dem Zweiten Weltkrieg geborgen, befanden sich die Gruppen in West-Berlin, wo sie auch restauriert worden sind. Jüngst sind sie nach Berlin-Ost zurückgegeben worden. Wenn dieses Buch erscheint, werden sie vielleicht wieder auf der Schloßbrücke stehen.

Die Schloßbrücke als Verkehrsanlage ist, ganz wie der Lustgarten, wieder genausoalt, wie das Schloß war. Als nämlich Kurfürst Friedrich II. Berlin und Cölln 1442 unterwarf und das Schloß in den Mauerring der beiden Städte gewissermaßen einsprengte, gehörte sinngemäß zu dieser die Stadt beherrschenden Schloßanlage ein von den Bürgern nicht kontrollierter Zugang ins Umland, der von jeher an etwa dieser Stelle gelegen haben muß. Die Brücke hieß ehemals Hundebrücke, nach der kurfürstlichen Meute. Dieser Name geht mindestens auf die Zeit Kurfürst Joachims II. zurück, der den ehemals cöllnischen Bruchwald spreeab an sich gezogen hatte und fortan zu Hof- und Zeremonialjagden nutzte – den Tiergarten, der an der heutigen Schadowstraße begann. Man findet übrigens in der Literatur, der Kurfürst habe den Tiergarten gekauft; indessen ist nichts davon bekannt, daß er ihn wirklich bezahlt hätte.

Der Dom als nächster großer Staatsbau ist in der abgebildeten Form erst 1894–1905 nach Plänen von Julius Raschdorff erbaut worden, ein aufwendiges und effektvolles Schaustück von durchaus malerischer Wirkung mit

Das historische Stadtzentrum Berlins mit der zum Schloß (oben) hinführenden Straße Unter den Linden, Luftaufnahme von 1928

Blick über die Schloßbrücke zur Lustgartenfront des Schlosses, rechts die Häuser an der Schloßfreiheit, ganz links der Apothekenflügel mit dem Verbindungsbau, Zustand von 1881

seinen tief schattenden Nischen, der fast zerklüfteten Ausbildung der Säulen, Gesimse, Fenster, mit den grünen gefalteten Kupferdächern der Kuppeln, mit den schwarzen Eisenkreuzen auf vergoldeten Knöpfen. Raschdorff hat den Dom nur leider mit allzuviel Rücksicht auf seine Umgebung komponiert, und das ist heute seine Schwäche. Die Kuppeltürme auf den Ecken hat er gegen den Lustgarten größer und breiter genommen, damit sie Front machten, die rückwärtigen dagegen enger und zarter gesetzt, um auf den kleinen Maßstab der Spree und der dahinterliegenden Altstadt einzugehen. Heute, da die Altstadt zerstört und abgeräumt ist und der Dom mehr alleinstehend gesehen wird, ist die Ungleichheit der Ecktürme verwirrend, zumal bei der kürzlich geschehenen Reparatur die Formen vereinfacht worden sind und der Bau vom Malerischen verloren hat – desto mehr wünschte man architektonisch-körperhafte Logik.

An beiden Seiten hatte Raschdorffs Dom Anbauten, die das Bild noch malerischer und weniger klar machten: rechts einen Eingang mit Giebel zur Tauf- und Traukirche, links die Gruftkirche, in der ehemals einige Prunksarkophage der Hohenzollern aufgestellt waren, während die meisten Särge im Gewölbe unter dem Dom standen. Von den Prunksärgen sind die berühmtesten der allerälteste, ein Bronzedenkmal des Kurfürsten Johann Cicero, das 1530 von Peter Vischer in Nürnberg verfertigt worden ist, und die Zink- oder Bleigußsarkophage des ersten Königspaares, Friedrichs I. und Sophie Charlotte, von Schlüter 1705 und 1713. Die Gruftkirche ist beim Wiederaufbau abgerissen, die Särge sind in den Gewölben unter dem Dom selbst untergebracht worden.

Der Dom als Institution ist ein Jahrhundert jünger als das Schloß; er ist in der Reformationszeit von Kurfürst Joachim II. 1536 als Hofkirche und neue Grablege seines Hauses begründet worden. Der Kurfürst nahm dazu die Dominikaner-Kirche in Besitz, die an der rechten Ecke und der auf unserer Tafel verdeckten Flanke des Schlosses bis 1747 gestanden hat. Damals erst verlegte Friedrich der Große den Dom in den Lustgarten und ließ die Dominikaner-Kirche abbrechen. Der friderizianische Dombau, von Johann Boumann entworfen, war keine gerade glückliche Schöpfung. Friedrich der Große redete seinen Architekten zuviel in die Einzelheiten ihrer Entwürfe hinein. Schinkel mußte den Dom 1817–22 modernisieren, verlorene Mühe. Friedrich Wilhelm IV. ließ nach vielem Schwanken wegen des Entwurfs eine Basilika altchristlichen Stils mit einem Camposanto, einem Friedhof, daneben 1845 beginnen, deren Apsiden in die Spree hinausgebaut wurden. Dieser Bau blieb mit der Revolution 1848 liegen (die Berliner damals: Der Ort, wo das teuerste Gras wächst). Unter Wilhelm I. wurden wieder viele Möglichkeiten hin und her erwogen, ein Wettbewerb veranstaltet, bis endlich auf Betreiben des Kronprinzen, späteren Kaisers Friedrich, Professor Raschdorff beauftragt wurde. Seit die Hohenzollern, Regenten rein lutherischer Lande, 1614 zum reformierten Bekenntnis übergetreten sind, ist die Domgemeinde reformiert. Sie existiert noch im Stillen.

Jetzt das Schloß. Der große übersichtliche Block (116 x 192 m) entläßt im Hintergrund links aus seinem strengen Rechteck einen Flügel, der zugleich der älteste auf der Tafel sichtbare Teil ist, nämlich die vergleichsweise niedrige, mit Quergiebeln geschmückte Hofapotheke (Abb. 16–17), die Graf Lynar 1585 für Kurfürst Johann Georg in den Lustgarten bauen mußte. Auch das Verbindungsstück von der Apotheke bis an den balustradenumzogenen Hauptbau hat Lynar später noch angefangen (Abb. 26); es mag unter dem Großen Kurfürsten aufgestockt und mit dem Walmdach gedeckt worden sein. Das eigentliche Schloß aber ist fast ganz unter dem ersten König, Friedrich I., zur Darstellung seiner neuen Würde erbaut worden. Bei dessen Tod 1713 fehlte noch die – etwas anders geplante – große Kuppel auf dem triumphbogenförmigen Portal vorn im Bild, und rechts von dem Portalbau arbeitete man noch an den Fundamenten und Kellermauern. Dieser Teil ist unter dem zweiten König, Friedrich Wilhelm I., weitergeführt worden, der auch die kleine Kuppel auf die rechte Ecke hat setzen lassen, um das Geläut der Schloßkapelle hineinzuhängen. Die linke kleine Kuppel ist erst unter Kaiser Wilhelm II. beim Umbau der betreffenden Schloßpartie aufgesetzt worden. Die Mittelkuppel hat König Friedrich Wilhelm IV. 1843–52 durch August Stüler bauen lassen. Von diesem kunstsinnigen König, der selbst ein begabter Architekt war, rührten auch die sogenannten Terrassen am Lustgarten her, die, mit Balustraden abgeschrankt, eine Art Vorgarten vor der Lustgartenfront bildeten, mit der Säule auf der Ecke an der Schloßfreiheit.

Das letzte Prunk- und Staatsgebäude auf der Postkarte ist das gegenüber dem überkuppelten Schloßportal 1897 aufgestellte Nationaldenkmal Kaiser Wilhelms I., des Großen. Wilhelm I. hatte Otto von Bismarck zum Premierminister ernannt, der durch eine Reihe glänzend inszenierter Kriege (1864 gegen Dänemark, 1866 gegen Österreich, 1870/71 gegen Frankreich) das Hohenzollern-Kaiserreich gründete und dessen erster Reichskanzler wurde. König Wilhelm hatte seinen Minister bei den gewagten Operationen unbeirrt gestützt; das war schon persönliche Größe. Indessen pflegte man im vorigen Jahrhundert doch nicht mehr die Geschicke von Staaten ohne

Blick vom Lustgarten über die Schloßbrücke in die Straße Unter den Linden, rechts das Zeughaus (heute Museum für deutsche Geschichte), links die im Krieg zerstörte Kommandantur, Fotografie von 1935

weiteres mit der Person der Regenten zu identifizieren. Auch wußte jedermann, daß die Reichsgründung Bismarcks Leistung war. Daher war das Denkmal des ersten Kaisers wohl nicht so ganz überzeugend. Die Architektur hatte Gustav Halmhuber entworfen, die Bildhauerarbeiten Reinhold Begas. Begas hatte eine ganze Menge allegorischer Bronzefiguren und -tiere aufgeboten, darunter riesige Löwen, von denen drei heute im Tierpark Friedrichsfelde aufgestellt sind (die Berliner damals: Wilhelm in der Löwengrube).

Soviel von den Staatsbauten. Wir möchten aber das bürgerliche Berlin nicht übergehen, das den Hintergrund für die Hohenzollernsche Herrlichkeit abgibt. Am jenseitigen Spreeufer, auf dem Boden des mittelalterlichen Berlin, sieht man links von der Domkirche die Börse der Berliner Kaufmannschaft, säulengeschmückt, zu etwa einem Viertel ihrer Länge. Friedrich Hitzig hat sie 1859–63 in Formen und Maßen erbaut, die deutlich mit den Staatsbauten auf der Insel konkurrierten. Im letzten Krieg zerstört, ist sie unter dem Sozialismus selbstverständlich als funktionslos nicht wieder aufgebaut worden. Rechts vom Dom führt die 1886–89 erbaute Kaiser-Wilhelm-Brücke zur Kaiser-Wilhelm-, heute Liebknechtstraße. Deren Eingang flankieren symmetrisch überkuppelte Geschäfts- und Wohnhäuser, die eine Aktiengesellschaft 1884–87 durch die Architekten Cremer & Wolffenstein hatte erbauen lassen. Dazwischen der Turm der Marien-Kirche, der Pfarrkirche der ersten mittelalterlichen Stadterweiterung Berlins, der ehemals sogenannten Neustadt. Sie ist – ohne den Turm – in der zweiten Hälfte des 13. Jahrhunderts begonnen worden und mag am Anfang des 14. fertiggeworden sein; der jetzt bestehende Turmbau ist etwas jünger, seine hölzerne, kupferbeschlagene Spitze erst 1790 von Carl Gotthard Langhans, dem Architekten des Brandenburger Tores, aufgesetzt.

Blick von der Siegessäule über das Brandenburger Tor zum Schloß, im Vordergrund der Tiergarten mit der westlichen Verlängerung der »Linden«, der Ost-West-Achse (heute Straße des 17. Juni), hinten links die Kuppeln des Doms, in der Mitte der Turm des »Roten Rathauses«, Fotografie von 1940

Folgt der Rathausturm. Ich sagte schon, daß während der letzten beiden Jahrhunderte der Hauptzugang zum Schloß über die »Linden« verlief. Vom Brandenburger Tor und den Linden her gesehen stand dieser Rathausturm gut sichtbar etwas weiter links als auf der Postkarte über dem Schloß. Das »Rote Rathaus« ist 1861–69 nach einem Wettbewerb nach Plänen und unter Leitung des Architekten Herrman Friedrich Waesemann gebaut worden. Der Name Rotes Rathaus ist doppeldeutig: Der Bau ist aus roten Verblendziegeln gebaut; Bauherr waren die damals mehrheitlich radikalliberale Stadtverordnetenversammlung, in der mancher saß, der 1848 in der Revolution mitgekämpft hatte, wie zum Beispiel der berühmte Arzt und Bismarck-Gegner Rudolf Virchow, und der durchaus ebenso gesonnene Magistrat. Der Rathausturm war eine politische Demonstration und wurde vom Königshaus auch als solche empfunden. Was war dagegen zu machen? Das Rathaus lichen Grundstück zuletzt, nach oftmaligen Brandzerstörungen, 1846–50 nach Plänen des Schinkelschülers Johann Heinrich Strack neugebaut worden war; im letzten Krieg ausgebrannt und eingestürzt, ist sie in den Jahren nach 1960 abgeräumt worden.

Das Eckhaus zwischen den altcöllnischen Häusern und dem Bildrand gehört nicht zur mittelalterlichen Stadt,

Die Wasserseite der Häuser an der Schloßfreiheit, Ansicht von West, im Vordergrund der Kupfergraben, vorn rechts das Restaurant Helms, darüber der Schloßplatz, Fotografie von 1892

stand und steht auf dem durch Zukäufe arrondierten Grundstück des mittelalterlichen Rathauses der Stadt Berlin, und sein Turm steht in der Mitte der Rathausfassade – daß die Stadt dort baute, war nicht gut zu verhindern. Kaiser Friedrich, damals Kronrpinz, ließ durch Raschdorff einen riesigen Schloßturm entwerfen, der etwa beim Ansatz des Apothekenflügels zu stehen gekommen wäre und den Rathausturm überragt und in der Ansicht von den »Linden« her überhaupt verdeckt hätte.

Rechts neben dem Schloß sieht man Häuser der Stadt Cölln, die sich auf dem oberen Ende der Spreeinsel befand und zum Teil noch befindet. Die schmalen Parzellen sind noch die bei der Gründung der Stadt im Mittelalter geschnittenen. Ganz rechts steht der Turm der Petrikirche, der Pfarrkirche der Stadt Cölln, die auf ihrem mittelalter-

sondern zum Schloßbezirk. Es steht auf einem Stück der Schloßimmunität oder Schloßfreiheit, wovon mehr bei Beschreibung der nächsten Tafel. Das Gebäude selbst, 1866–67 von Herrmann Ende und Wilhelm Böckmann gebaut, war damals ein prominentes Geschäftsgebäude. Wegen der Fassadenflächen aus rotem Ziegel zwischen Sandstein- und Zementputzgliederung hieß es bei den Berlinern das Rote Schloß, ähnlich dem Namen Rotes Rathaus eine Anspielung auf die Stellung der Stadt zum angehenden Bismarck-Staat.

2 und 3 *Das Schloß von Nordwest.* – Die Abbildung gibt das Schloß etwas näher und aus der angemesseneren Perspektive eines Fußgängers. Im Schatten liegend der Nord-(genauer Nordnordwest-)flügel mit der »Lustgartenfront«. Die besonnte Westfassade mit dem überkuppelten Portalbau lag an der »Schloßfreiheit«. Die Schloßfreiheit war ehemals eine Straße dicht an dieser Fassade entlang und eine Häuserreihe ihr gegenüber, mit den Hinterhöfen zum

Straßenfront der Häuser an der Schloßfreiheit, gesehen vom Schloßplatz, Fotografie von etwa 1890

Spreegraben hin. Die Reihe reichte bis an die Schloßbrük-ke. Dies war Schloßgelände seit der Unterwerfung Berlins. Der Große Kurfürst hatte hier französische Flüchtlinge angesiedelt. Diese waren, wie selbstverständlich auch die Hofbediensteten, von der städtischen Besteuerung, Gerichtsbarkeit und Zunftaufsicht völlig frei – daher der Name – und unterstanden dem Kurfürsten beziehungsweise seiner Verwaltung unmittelbar. 1890 wurden die Häuser an der Schloßfreiheit abgebrochen (siehe Abbildung S. 110), um die Hauptfassade des Schlosses »freizulegen« und Platz für das dort geplante Nationaldenkmal zu gewinnen (siehe Abbildung S. 111).

Der Soldatenkönig Friedrich Wilhelm I., der das Schloßgeviert hat fertigbauen lassen, hat in seiner praktisch-militärischen Weise die Portale des Schlosses numeriert. Die Zählung fing an der Süd-(genauer Südsüdost-)seite an, wo sich zwei Portale befanden; das Portal mit der großen Kuppel darüber, nach seinem Architekten auch Eosander-Portal genannt, war danach Portal III, und an der Lustgartenfront lagen Portal IV und V, auf der Tafel durch die darüber stehenden Figuren gut kenntlich. Die kleineren Zugänge im Apothekenflügel und in den Anbauten am Spreeflügel wurden nicht gerechnet. Die Zählung läßt schon erkennen, daß Schloßfreiheit und Lustgartenfront erst nachträglich zu den Hauptseiten des Schlosses geworden waren.

4–9 *Das Schloß von Südost.* – Die Aufnahme von etwa 1870 (Abb. 4 und 5) zeigt die alte, nach Süden blickende Hauptseite des Schlosses, mit der es den Altstädten von Berlin und Cölln zugewendet war, die zur Zeit des Ausbaues zum Königsschloß immer noch weit bedeutender, volk- und kapitalreicher waren als die neuen Vorstädte Friedrichs-Werder, Dorotheenstadt und Friedrichstadt, die der Große Kurfürst und der erste König im Westen gegründet hatten.

Im Vordergrund die Spree und die Lange Brücke, links das erste Bürgerhaus und -grundstück von Alt-Cölln, das später dem neuen Marstall weichen mußte. Der Fotograf steht auf Alt-Berliner Boden, in der Burgstraße, die auf

Blick in die Schloßfreiheit von Süd, rechts die Westfassade des Schlosses mit dem Eosander-Portal (Portal III), vorn links die Werderschen Mühlen, dahinter Wohnhäuser, Fotografie von 1875

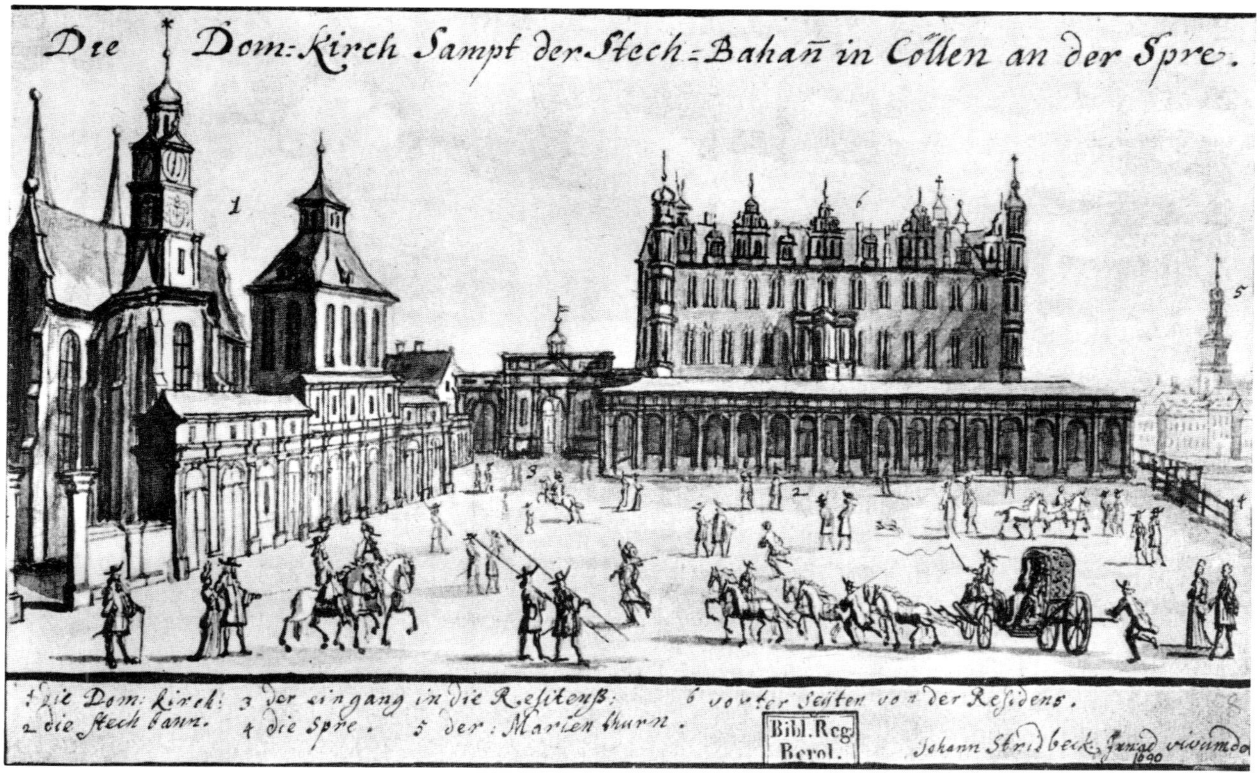

Die Stechbahnfront des Joachim-Baues mit Verkaufsarkaden, in der Mitte das Eingangsportal in den vorderen Schloßhof, links der Dom, ganz rechts die Spree und dahinter der Turm der Marien-Kirche, Aquarell von Johann Stridbeck, 1690

östlicher Seite, also gegenüber dem Ostflügel des Schlosses, die Spree begleitet, die hier von links ins Bild fließt. Über das Schloß ragen die große Kuppel von Portal III und die kleine Kuppel auf der Südwestecke. Vor der Südfront mit den Portalen I und II (von der Brücke aus zu zählen) liegt der Schloßplatz.

Den Schloßplatz gab es in dieser Größe erst, seitdem Friedrich der Große den Dom in den Lustgarten verlegt hatte; bis in die Mitte des 18. Jahrhunderts hat der Dom die auf der Tafel hintere Hälfte des Platzes eingenommen, etwa von Portal II an. Der ältere, halb so lange Schloßplatz war vom Großen Kurfürsten angelegt worden, mit Kaufläden in einer einheitlichen Bogenarchitektur, ein Geschoß hoch an den beiden Seiten des Platzes vor Schloß und Dom. Der erste König ließ die Buden wegnehmen, als er das Schloß in der Form ausbaute, wie es auf unserer Tafel zu sehen ist. Sein Bau reichte aber nur soweit wie der Platz, nämlich bis vor Portal II, und war zu Portal I symmetrisch. Portal I beherrschte damals den Platz, war aber nicht der Hauptzugang ins Schloß: Als solcher diente ein Triumphbogen, der anstelle von Portal II stand. Dort, in der damaligen Platzecke, ist seit Gründung des Schlosses bis in die Zeit des ersten Königs das Haupttor gewesen.

Ehe der Große Kurfürst den Platz hatte anlegen lassen, zog sich vor Tor und Schloß ein Zwingergraben hin. Auf dem Memhardtschen Stadtplan ist er noch eingetragen, schon vernachlässigt, wie man an den Bäumen sieht, die darin wachsen (siehe Abbildung S. 43). Vor dem Graben lag ein Streifen, der von hölzernen Barrieren in der Länge eingefaßt war. Das war die Stechbahn – woher der ältere Name des Platzes –, auf der die Ritterspiele des Hofes veranstaltet wurden (siehe Abbildung S. 35). Ungefähr ein Drittel der Fläche schließlich gehörte der Stadt Cölln: die Straße vor den Häusern und in Verlängerung der Brücke. Der einstige Name dieser Straße ist unbekannt.

Die linke Hälfte der auf unserer Abbildung sichtbaren Schloßplatzfront ist vom zweiten König, dem Soldatenkönig Friedrich Wilhelm I., erbaut worden, der damit das große Schloßkarree vollendet hat. Seit 1716 hat sie in dieser Form bestanden und nachträglich nur geringe Veränderungen erfahren. Bis gegen 1750 allerdings verstellte diesen Teil der Fassade der Dom, die einstige Dominikaner-Kirche, deren Klostergebäude schon lange als Nebengebäude des Schlosses gedient hatten, ehe sie dem Neubau Friedrich Wilhelms I. weichen mußten.

Der Leser bemerkt schon, daß ich bei der Beschreibung davon ausgegangen bin, daß das Königsschloß, wie es auf der Tafel erscheint, an der Stelle des kurfürstlichen Schlosses gestanden hat. Tatsächlich waren die Mauern und Geschoßdecken, ja selbst die Fensteröffnungen von der Ecke bis an das Portal II im wesentlichen noch diejenigen des Baues Kurfürst Joachims II. aus den Jahren seit 1537. An der Spreefront kam das alte Gemäuer sogar zum Vorschein. König Friedrich I. hatte den Stechbahnflügel Kurfürst Joachims II. durch Andreas Schlüter in modernen Formen verkleiden lassen. Die Fassade reichte links ebensoweit wie rechts von Portal I und endete links in einem ebensolchen Eckturm oder Erker wie rechts. Schlüter hatte sie zum Einzug des neuen Königs 1701 fertiggestellt.

Reiterstandbild des Großen Kurfürsten auf der Kurfürsten-Brücke (ehem. Lange Brücke), im Hintergrund die Häuser der Burgstraße, Fotografie von etwa 1890

Dies neue Gesicht (so die genaue Übersetzung von Fassade), das das nunmehrige Königsschloß der Residenzstadt zuwandte, übertraf damals in seinem Riesenmaßstab, in der Kraft seiner Formen und in der Pracht seiner Ausführung alles bis dahin in Deutschland Dagewesene.

Auch die Lange Brücke im Vordergrund war ein Bau des ersten Königs Friedrich I., noch aus seiner Zeit als Kurfürst Friedrich III. Entworfen hatte sie der höchst fähige Ingenieur und Architekt Johann Arnold Nering. Der Bildhauerschmuck war von Andreas Schlüter. Die Brücke wurde 1692–96 gebaut. Das mittlere der fünf Joche war spreeaufwärts vorgezogen als Sockel für das berühmte Reiterstandbild des Großen Kurfürsten, das 1703 aufgestellt werden konnte, während die Sklavenfiguren am Sockel erst 1709 fertiggeworden sind. Das Denkmal ist ein Hauptwerk Andreas Schlüters. Er hat den Großen Kurfürsten, den Gründer der preußischen Souveränität, auf das Königsschloß des Sohnes und Erben blicken lassen, der ihm dies großartigste Denkmal des deutschen Barock gesetzt hat. – Auf unserer Aufnahme fehlt schon die steinerne Brüstung, wie sie etwa ein Gemälde aus der Zeit um 1785 zeigt. Als die Brüstungen und Brückengesimse 1815–17 erneuert werden mußten, fand man die Steinbrüstung unelegant und hinderlich, und das gußeiserne Gitter wurde

Die Lange Brücke in der ursprünglichen (Nering-Schlüterschen) Fassung, gesehen vom Schloßplatz, Gemälde von Johann Friedrich Fechhelm, um 1785

statt ihrer aufgestellt; entworfen ist es von Schinkel. 1894–96 ist die Brücke neugebaut und verbreitert worden, in drei statt fünf Bögen; dabei erhielt sie eine Steinbalustrade von der Form, wie sie das Dach des Schlosses umzieht. Das Denkmal des Großen Kurfürsten wurde im Zweiten Weltkrieg ausgelagert und steht heute vor dem Charlottenburger Schloß.

Die Lange Brücke war Bestandteil des Schloßplatzes des ersten Königs. Die heutige Rathausstraße, vom Alexanderplatz kommend, war die bevorzugte Richtung der zeremoniellen Einzüge des Königs und der Staatsgäste in Stadt und Schloß. Vor allem nach der Königskrönung 1701 in Königsberg wurde da entlang festlicher Einzug gehalten; die Straße hieß seitdem Königstraße (vordem Georgenstraße). Abgesehen aber auch vom Zeremoniell der Einzüge war es eine der gewissermaßen heiligen Pflichten eines Fürsten, Brücken zu bauen und so Handel und Verkehr zu fördern.

Die Lange Brücke als Verkehrsverbindung war viel älter, älter auch als das Schloß. Die Stadt Berlin ist zusammen mit ihrem Gegenüber Cölln im ersten Drittel des 13. Jahrhunderts gegründet; die Städte waren durch den Mühlendamm verbunden. Schon in der zweiten Hälfte desselben Jahrhunderts vergrößerte sich Berlin um die »Neustadt«, die Marien-Pfarre, auf etwa das Doppelte. Zur Verbindung der Neustadt mit Cölln wurde in der Mitte des vergrößerten Berlin und am Rande Cöllns die hölzerne Neue oder Lange Brücke ungefähr um 1300 gebaut; auf ihr haben die Städte zeitweise ein gemeinsames Rathaus gehabt, vielleicht gerade an der Stelle, wo auf unserer Tafel das Denkmal des Großen Kurfürsten steht.

Nachdem wir ein erstesmal gewissermaßen um das Schloß herumgegangen sind, mag eine Luftaufnahme aus den zwanziger Jahren den ersten Überblick vervollständigen (siehe Abbildung S. 442). Das Flugzeug schwebt über dem alten Berlin, nicht weit von der Stelle, wo sich heute die Kuppel des Fernsehturms befindet. Am unteren Bildrand die Spree, links die Lange Brücke mit dem Kurfürsten-Denkmal. Vorn links anstelle der ehemals hier stehen-

Das Schloß von Ost mit Schloßplatz (links) und Lustgarten (rechts), Luftaufnahme von etwa 1925

den Bürgerhäuser von Alt-Cölln der neue, 1897–1900 von Ernst von Ihne im Auftrag Kaiser Wilhelms II. erbaute Marstall, der dort heute noch steht und die Ostberliner Stadtbücherei beherbergt. Zwischen dem Marstall und dem folgenden Häuserblock mündet die Breite Straße (so auch heute noch benannt, allerdings erheblich verändert und verbreitert) in den Schloßplatz. Vor der westlichen Bebauung des Platzes mit dem »Rotes Schloß« genannten Warenhaus auf der Ecke geht links, parallel zur Breiten Straße, die Brüderstraße ab. Das »Rote Schloß« steht über dem Spreegraben, der nur rechts vom Schloß zu sehen ist, wo die Schloßbrücke von Unter den Linden her einmündet. Jenseits des Spreegrabens der Anfang der Dreiecksform des Schinkelplatzes. In dessen Mitte stehen noch die beiden großen Platanen, unter und vor ihnen die Denkmäler Peter Christian Wilhelm Beuths und Albrecht Thaers, der Reformer des Gewerbes und der Landwirtschaft; dazwischen zurückgesetzt und schwer zu finden dasjenige Schinkels. Weiter links, überschnitten von der Schloßkuppel, der Würfel von Schinkels Bauakademie. Sie war im letzten Krieg nur wenig beschädigt, wurde aber zusammen mit den ausgebrannten Bankgebäuden am Schinkelplatz abgerissen, um dem Neubau des DDR-Außenministeriums Platz zu machen.

Am oberen Bildrand links der Hausvogteiplatz, rechts der Opernplatz, mit der Kuppel der Hedwigskirche beginnend. Die Verkehrstraße, die vom Schloßplatz am »Roten Schloß«, der Bauakademie und dem Werderschen Markt – das Plätzchen zwischen Bauakademie und den Türmen von Schinkels Werderscher Kirche – schräg in eine Parallele zu Unter den Linden überleitet, ist vom Werderschen Markt bis zur Französischen Straße einer der ältesten Verkehrsdurchbrüche Berlins.

Das Schloß hat besonders durch seine Kuppel so etwas wie eine Bewegungsrichtung nach Westen. Die Bauteile an der Spree, unregelmäßig und kleinmaßstäblich, erscheinen wie die Keimzelle dieses Bauorganismus. Dieser Eindruck täuscht. Der älteste Teil des Schlosses, der Spreeflügel, läuft gerade und großzügig vom Schloßplatz zum Lustgarten hinüber. Die Gebäudereihe, die vor zwei Dritteln seiner Länge zwischen ihm und der Spree steht, bestand aus jüngeren Anbauten (Abb. 10–11). Zum Spreeflügel selbst gehörten links der Kapellenturm, den man von der Langen Brücke aus gut sah, rechts ein breiterer Turmbau, der völlig verborgen in den Hinterhöfen steckte, dessen ungefüges Dach und oberstes Geschoß mit zwei kleinen Fenstern man in der Luftaufnahme aber finden kann. Dieser Turmstumpf dürfte der Wohnturm der ersten Kurfürsten gewesen sein.

Zwischen den beiden Türmen, dem Kapellenturm und diesem Wohnturm, steht vorn an der Spree ein zierliches Palästchen in Formen der deutschen Renaissance, mit zwei Quergiebeln zwischen Ecktürmen. Dies war das Herzogin-Haus, eine Witwenresidenz vom Ende des 16. Jahrhunderts. Das Höfchen dahinter hieß der Kapellenhof. Vom Herzogin-Haus führt vorn an der Spree entlang ein Galeriebau auf Arkaden, die Kurfürstengalerie, zum senkrecht dazu stehenden Kurfürstenflügel – Bauten des Großen Kurfürsten vom Ende des 17. Jahrhunderts. Der Kurfürstenflügel setzt den Lustgartenflügel des Schlosses bis an die Spree fort. Der Hof zwischen Galerie und Spreeflügel hieß der Eishof. Rechts neben dem Kurfürstenflügel tritt, in Verlängerung des alten Spreeflügels, der Apothekenflügel aus dem Schloßgeviert (Abb. 14-15).

Das Schloß selbst umfaßte zwei große Höfe, den Kleinen oder Inneren, auch Schlüter-Hof genannten (Abb. 46–53), und den Großen Schloßhof (Abb. 62–73). Um den Großen Schloßhof herum hatten ursprünglich Nebengebäude gestanden; er war ein Vorhof und ist das immer geblieben. Der offizielle Eingang in die fürstlichen Staatszimmer befand sich seit jeher und bis zuletzt an der Stelle, wo im Spreeflügel nicht ganz in dessen Mitte der breite Vorsprung gegen den Inneren Hof zu sehen ist: Dies war die »Wendeltreppe«. An den Schmalseiten des Inneren Hofs traten kräftigere Vorsprünge gegen den Hof vor, Treppenhäuser, die den Portalen I und V zugeordnet waren. Der Flügel, der die beiden Schloßhöfe teilte, hieß das Quergebäude. Er war nicht einheitlich; der hohe größere Teil war der ältere, vom Ende des 16. Jahrhunderts, der niedrigere kleinere hundert Jahre jünger. Beide Teile waren von außen her ein wenig eingekürzt durch Vorsprünge des Königsbaues, die die schmaleren Flügel um den Inneren Hof von den breiteren des äußeren Hofes sonderten. Der niedrigere Teil des Quergebäudes gibt ein Stückchen Hofpflaster des Großen Schloßhofes frei, und im großen Torbogen unter der Schloßkuppel sieht man das eiserne Gittertor und durch dieses hindurch ein Stückchen Asphalt der Schloßfreiheit.

Ein anderes Luftbild mag dazu dienen, im Überblick die Folge der verschiedenen Pläne zu erläutern, nach denen der Um- und Ausbau zum Königsschloß ausgeführt

Schloß, Lustgarten und Dom von Südwest, im Vordergrund der Schloßplatz mit Einmündung der Breiten Straße, Luftaufnahme von 1916

worden ist. Keiner von diesen Plänen ist vollendet worden, aber von allen sind Teile stehengeblieben. Die ersten Pläne waren auf den Inneren Hof konzentriert. Vom allerersten Umbauplan ist 1688–90 eine zweigeschossige Galerie ausgeführt worden, die ein Viertel dieses Hofes umzog. Sie ist sofort anschließend zweimal durchgreifend umgebaut worden, aber doch als Anlage und zu Teilen ihrer baulichen Substanz in die weiteren Bauten übernommen worden.

Nach dem zweiten Plan, der bis 1699 gegolten hat, ist der Lustgartenflügel dieses Inneren Hofes in der Höhe von Stechbahn- und Spreeflügel fast ganz neugebaut worden und sind die beiden kräftig vorspringenden Treppenhäuser vor die Schmalseiten des Hofes gestellt worden, eines am Schloßplatzflügel (Abb. 52–53), eines am Lustgartenflügel (Abb. 48). Nach einem dritten Plan ist von 1700–06 gebaut worden; diesmal kennen wir den Architekten, Andreas Schlüter. Er hat vor allem die »Wendeltreppe«, die sein Vorgänger hatte ersatzlos abbrechen lassen, in neuer Form wieder in Funktion gesetzt – der flache, breite rechteckige Vorsprung des Spreeflügels gegen den Hof (Abb. 50–51) –, und er hat die Außenfassaden des Kernbaues zur Stechbahn und zum Lustgarten hin in eigenen Formen verkleidet. Schlüters weitere Arbeit am Außenbau galt großenteils dem Aus- und Aufbau des Münzturmes, der vor der Ecke des Schlosses zu den »Linden« hin gestanden hat (siehe Abbildung S. 55f.). Infolge des unsicheren Grundes dort mußte er aber 1706 abgetragen werden, wodurch Schlüter die Bauleitung am Schloß verlor.

Schlüters Nachfolge gewann Johann Friedrich Eosander von Göthe mit dem Vorschlag, das Schloß nach Westen zu um den Vorhof herum in voller Höhe auszubauen, es praktisch zu verdoppeln. Eosander plante den Abbruch der sämtlichen Anbauten rings um das Schloß herum und auch den des Quergebäudes, so daß das Schloß ein riesiges Rechteck mit einem sehr großen Hof geworden wäre. Der alte Hauptzugang bei Portal II sollte durch ein achtsäuliges Portal ausgezeichnet werden, dem am Lustgarten ein ähnlich großes anstelle von Portal IV entsprochen hätte (vgl. S. 58f.); die Schlüterschen Portale wären als Nebenportale symmetrisch zu Portal II/IV westlich davon wiederholt worden.

König Friedrich I. konnte sich so spät in seiner Regierungszeit wohl noch entschließen, das Schloß doppelt so groß zu machen, er mochte aber nicht auf die Anbauten am Spreeflügel verzichten, wo er im Kurfürstenflügel in Verlängerung des Lustgartenflügels seine Privatzimmer hatte. So komponierte Eosander die ausgeführte Fassade am Lustgarten mit Rücksicht auf den Flügel mit den königlichen Privatzimmern, die durch Abbruch oder Erniedrigung der Hofapotheke in die Fassade einbezogen werden sollten. Dazu ist es aber niemals gekommen. Das Gegenstück, die Schulter des Lustgartenflügels zu den »Linden« hin, verhinderte Eosander aber daran, sein neues Paar Nebenportale im Westen ganz durchzuführen: Dem Eingang in der Ecke des äußeren Schloßhofes zu den »Linden« hin entsprach außen kein Zugang. Eosander baute dafür das große Westportal III an die Schloßfreiheit (Abb. 38).

Auch seinen Plan für die Zusammenfassung der Höfe mußte Eosander modifizieren. Die größere Tiefe seiner Flügel hätte erfordert, die Galerien im Inneren Hof zu vermauern, wenn die Hofwände regelmäßig durchlaufen sollten. Der König genehmigte zwar den Abbruch des Quergebäudes, nicht aber einen dritten Umbau seiner Hofgalerien. So mußte Eosander durch zwei kurze Flügel bei den Enden des Quergebäudes die verschieden tiefen Schloßflügel voneinander trennen, zwischen den Höfen doch eine Zäsur bestehen lassen oder einführen. Übrigens kam es auch zum Abbruch des Quergebäudes wieder nicht.

Mit allen diesen Umdispositionen hatte Eosander seine große Stadtfassade mühsam gerettet. Der Bau wurde, beginnend mit Portal IV, am Lustgarten und an der Schloßfreiheit herumgeführt. 1713 starb Friedrich I., und Eosander wurde entlassen. Er war mit dem Rohbau nicht viel über Portal III hinausgekommen und hat gerade seine Stadtfassade (siehe Abbildung S. 58) nicht mehr ausführen können. Der sparsame zweite König, Friedrich Wilhelm I., strich entsprechend der Lustgartenseite das Nebenportal beim Westende des Schloßplatzflügels (im Schloßhof befindet sich dort ein Eingang) und ließ Portal II bescheidener ausführen.

Der Architekt Friedrich Wilhelms I., Martin Heinrich Böhme, wollte die nun auffällig außermittige Stellung der beiden Portale I und II in der Gesamtfront dadurch mildern, daß er die Front bis an die Spree verlängerte (siehe Grundriß S. 59). Der König aber ließ die Bauarbeiten einstellen, als 1716 mit dem Portal II das große Karree geschlossen war. Was das Schloß an Symmetrie der einzelnen Fronten verloren hatte, hat es durch des Soldatenkönigs Eingriff an Übersichtlichkeit im ganzen gewonnen. Portal I und V, Portal II und IV lagen einander genau gegenüber; Portal III lag auf der mittleren Längsachse des Schlosses, die ebenfalls bis zum Spreeflügel durchlief (allerdings nicht ganz gerade).

Abbildung 6 zeigt die Südostecke des Schlosses kurz nach 1900. An Portal II und links davon wird gebaut; Statuen sind auf der Balustrade aufgestellt worden, um die Portale hervorzuheben; Terrassenmauern nach dem Muster derjenigen vor der Lustgartenfront teilen seit 1901 vor der Platzfront eine allerdings nur schmale Grünmanschette ab; an der Spree entlang sind neue Ufermauern (1892–93) und ebenfalls Terrassen gebaut. Da die Mauer, die vorher das Schloßgärtchen an der Ecke zwischen der Spree und den Anbauten an den Spreeflügel des Schlosses abteilte, stehengeblieben ist, bildet die Grünmanschette hier eine Art neuen Zwinger, der die sorgfältigste Bewachung des Gärtchens ermöglicht. Eine weitere Grünanlage leitet von der Grünmanschette zur Langen Brücke über. Übrigens wurde zugleich der Schloßplatz durch zwei lange Verkehrsinseln mit Blumen darauf und durch einen großen Brunnen (Abb. 22-23) zu einem Schmuckplatz umgestaltet und ebenfalls von der Stadt die in der Tafel vorn links sichtbare Wettersäule von Bruno Schmitz aufgestellt. Alles dies hing damit zusammen, daß Kaiser Wilhelm II. sich nach seiner Thronbesteigung 1888 alsbald die Zimmer Friedrichs des Großen im ersten Stock zwischen Portal II und I und um die Ecke des Spreeflügels herum bis zu den Anbauten hin einrichten ließ, während die Kaiserin die an Portal II anschließenden Räume bis etwa zur Ecke der »Freiheit« erhielt. In dem kleinen, nun neu ausgestalteten Gärtchen vor dem Spreeflügel soll der Kaiser gern spazierengegangen sein und sich gelegentlich sogar Vortrag haben halten lassen.

Dieselben Zimmer, die Kaiser Wilhelm II. bewohnte, hatte vor ihm König Friedrich Wilhelm IV. bewohnt. Das Gärtchen im Winkel zwischen Spreeflügel und dessen Anbauten ist eine typische Idee dieses Ästheten und Liebhaber-Architekten. Von seiner Fassung des Gartens blieb nur die Mauer und ein Teil der Bäume. Vor der letzten unverbauten Achse des Spreeflügels sieht man aber noch einen eckigen Erker in Formen der Neurenaissance, den er sich hatte anbauen lassen, um zurückgezogen vom öffentlichen Betrieb des Platzes die trauliche Idylle auch von oben genießen zu können (Abb. 9).

Auf Abbildung 6 sieht man die barocke Fassung der Schloßplatzfront in die Spreefront übergehen. Der Spreeflügel verschwand dann hinter Anbauten, lief aber – wie auf den Luftaufnahmen gut erkennbar – hinter diesen gerade durch bis an den Lustgarten. Die Anbauten beginnen mit dem Kapellenturm (Abb. 7), einem rechteckigen Gemäuer, an dessen Spreeseite der Leser eine halbrunde Apsis erkennt (Abb. 10). Der Turm erhob sich über dem Chor der alten Schloßkapelle Kurfürst Friedrichs II. (vgl. S. 18), die seine drei unteren Geschosse einnahm; über der Chornische war er ein Geschoß, sonst drei Geschosse höher. Das Schiff oder der Gemeinderaum der Kapelle lag quer vor dem Chor im Spreeflügel und war nur wenig breiter als der Chor; die Fenster im Spreeflügel neben dem Chor gingen schon auf Nachbarräume. Von dem Kapellenturm hatte Schlüter schon die Prunkgiebel des Joachim-Baues herunterbrechen lassen, weil er ihn in Form eines römischen Palast-Belvederes auf- und ausbauen wollte. In das Belvederegeschoß mit Bögen nach allen vier Richtungen sollten die Glocken der Kapelle gehängt werden. Schlüters Nachfolger Eosander projektierte zunächst den Abbruch aller Anbauten an der Spree, was der König aber nicht erlaubte. Wie er die Anbauten dann modernisieren wollte, ist nicht bekannt. Böhme wollte die Anbauten baulich zusammenfassen und die fehlende Ecke an der Schloßbrücke schließen, also das Gärtchen umbauen (siehe Grundriß S. 59), was wiederum der Soldatenkönig sich schließlich sparte. So wurden die Anbauten weder abgerissen noch barock modernisiert noch vereinheitlicht, sondern blieben einfach stehen solange das Schloß stand (Abb. 10–11).

Auf den Kapellenturm folgte als nächster Anbau das Herzogin-Haus mit zwei Giebeln zur Spree und einem Giebel nach Süden und mit Türmen auf den Ecken. Man sieht drei Türme und denkt sich den vierten unwillkürlich dazu. Für Herzogin Elisabeth Magdalena von Braunschweig, einer Schwester des Kurfürsten Johann Georg, ist dieses besondere Palästchen gewissermaßen als Witwensitz errichtet worden. Es war zwar viel kleiner, aber doch wenigstens ebensohoch wie ihres Bruders und ihrer Schwägerin Schloß, dem es auch an Zierlichkeit nichts nachgab (vgl. S. 30f.). Das Schlößchen hat übrigens nur zwei Türme gehabt, die beiden zur Spree hin. An der vierten Ecke stand gar keiner, sondern dort befand sich der Verbindungsgang des Herzogin-Hauses zum Spreeflügel, dessen Wendeltreppe die Herzogin mitbenutzte. Und der dritte Turm, der an den Kapellenturm stieß, war zwar mit Geschick in dies Schlößchen einbezogen, aber viel älter. Er war vielleicht älter als das ganze Schloß und hatte auch einen besonderen Namen: Grüner Hut, wegen des Kupferdaches, das er trug (Abb. 12). Dieser Turm, in den unteren Teilen aus Ziegelmauerwerk wie die mittelalterlichen Kirchen der märkischen Städte, ist anscheinend ein letzter Rest der cöllnischen Stadtmauer gewesen, vermutlich ihr Eckturm (vgl. S. 17).

Auf Abbildung 7 geht der Blick spreeab am Schloß entlang. Auf das Herzogin-Haus folgen die Galerie und die Privatwohnung des Großen Kurfürsten (Abb. 11). Zwischen dem Herzogin-Haus und dem Spreeflügel lag ein kleiner Hof, der Kapellenhof. Der Verbindungsgang vom Herzogin-Haus zum Spreeflügel teilte einen zweiten Hof ab, der hinter der Galerie des Großen Kurfürsten lag, den Eishof. Hier befand sich nämlich die Eisgrube zur kühlen Lagerung der Küchenvorräte. Bis die moderne Technik die maschinelle Kühlung brachte, wurden aus dem Eis vielleicht einfach der Spree Blöcke ausgesägt und in eine gemauerte Grube mit meterdicker Erddecke darüber gepackt. Das Eis mußte bis zum nächsten Winter halten. Obenauf packte man die Wild- und Fleischvorräte. Die Grube wurde mit einer dicken, dichten Holztür verwahrt, die höchstens einmal am Tag, in aller Frühe, geöffnet wurde, um den Tagesbedarf zu entnehmen, sowohl an Fleisch wie auch an Eis; denn in der Küche mußte der kleinere Vorrat, wie er von Tag zu Tag aufbewahrt wurde, auch mit Eisstücken gekühlt werden.

Die Privatwohnung des Großen Kurfürsten, mit deren Vorsprung das Schloß auf Abbildung 7 endet, stand in Verlängerung des Lustgartenflügels und sollte nach den barocken Ausbauplänen die Ecke der Lustgartenfront bilden (Abb. 11 und 14–15). In der Uferterrasse Wilhelms II. sieht man eine Anlegestelle für die kaiserliche Dampfjacht (siehe Abbildung S. 135). Folgen der Dom, dann die Kaiser-Wilhelm-Brücke sowie am rechten Alt-Berliner Ufer die Burgstraße.

Abbildung 8 gibt einen Blick aus dem Erker an der Ecke Schloßplatzfront-Spreeflügel. So sah der Kaiser das Gärtchen von seiner Wohnung aus. Man sieht am Spreeflügel entlang vorbei am Erker Friedrich Wilhelms IV. gegen den Kapellenturm. Der Strebepfeiler auf der Ecke des Turms reicht soweit nach oben wie der gewölbte Kapellenraum. Die beiden Rundbogenfenster des Kapellenchors und dasjenige der Chornische rechts gingen ursprünglich von unten an durch; als die Kapelle unter Friedrich dem Großen in drei Wohngeschosse unterteilt wurde, wurden auch die hohen Fenster dreigeteilt. In den Obergeschossen des Kapellenturms erkennt man hier recht gut die Vorhangbogenfenster des Joachim-Baues mit ihrer Profilierung (Abb. 12). Hinter und über der Chornische der Kapelle gucken Eckturm und Giebel des Herzogin-Hauses vor. Auf der Spree liegt an der Kaimauer der Burgstraße ein Schleppdampfer.

Der große Brunnen im Gärtchen Wilhelms II. mußte im Winter mit einem Bretterverschlag vor Eis geschützt werden, den man auf Abbildung 7 über die Gartenmauer ragen sieht. Auf diese und ähnliche Weise schützte übrigens auch die Stadt damals ihre Marmordenkmäler in Straßen, Parks und auf Plätzen vor der Zerstörung durch Nässe und Frost.

10–13 *Die Anbauten am Spreeflügel.* – Auf den beiden Tafeln 10 und 11, die 1889 und 1888, kurz vor den Umbauten Kaiser Wilhelms II., aufgenommen sind, sieht man das Herzogin-Haus noch direkt aus dem Wasser hochsteigen, während an beiden Seiten eine bastionsartige, offensichtlich barocke Uferschälung anschließt. Man erkennt die Einzelheiten der Giebelchen des Herzogin-Hauses. Sie sind durch Quergesimse in winzige Stockwerke geteilt, von zierlichen Schnecken gerahmt und von gegeneinander versetzten Hermenpfeilern (sich nach unten verjüngenden Pfeilern) untergliedert. Das oberste Giebelgeschoß sozusagen bildet ein einzelner Hermenpfeiler mit dem Gesims obenauf, gestützt von zwei Schnecken. Das dritte Giebelgeschoß von oben enthält Rundblenden. Darunter folgt ein Attikastreifen bis zum Geschoßgesims. Darunter wiederum folgt, bis zum Hauptgesims des ganzen Baues, das noch im Dachwerk sitzende Gaupen- oder Zwerchhausgeschoß. Die Fensterpaare unter den Giebeln sind mit den Giebelspitzen zusammenkomponiert; anstelle des mittleren Fensters, das schief eingesetzt ist, reichte die Dachfläche ehemals zwischen den Giebeln hinunter, so daß diese als »Zwerchhäuser« erschienen; ja, zwischen

Der Eishof von Süd mit Blick auf die Hofseite des Kurfürstenflügels (Mitte) und des Neringschen Galeriebaues, der Kurfürsten-Galerie (rechts), Fotografie von etwa 1925

den beiden großen Giebeln hat, alten Darstellungen zufolge, noch ein winziger Giebel gestanden, so daß der Wechsel von großen und kleinen Giebeln vom einstigen Joachim-Bau hier wiederholt war (vgl. S. 31).

Das Gesims dieses Zwerchhausgeschosses schließt nur an den Grünen Hut richtig an. Die Turmdächer der beiden vorderen Ecktürmchen müssen verändert sein; in der Tat hatte hier der Große Kurfürst offenbar neue Dächer aufsetzen lassen, die übrigens – wiederum später abgenommene – Laternen trugen, die das Schlößchen überaus hübsch erscheinen ließen. Die Kurve des Daches auf dem Grünen Hut (Abb. 12) entspricht jener auf dem Vorhaus des Jagdschlosses Grunewald aus den Zeiten Joachims II., dürfte also die ursprüngliche sein. Auf Abbildung 10 ist am besten eine Putzquaderung zu erkennen, die das ganze Schlößchen bis ins Zwerchhausgeschoß hinauf überzieht. Zu diesem Putz gehören auch die barocken Fensterrahmungen und der barocke Balkon unter dem Südgiebel. Alles dies sind Veränderungen, die der Große Kurfürst hat vornehmen lassen. Von den ursprünglich gekuppelten Fenstern des Herzogin-Hauses sind an der Spreeseite drei übereinander erhalten, in barocken Rahmungen. Über dem Untersten zeichnet sich im Putz noch der Flachbogensturz der Erbauungszeit ab, zu dem am Apothekenflügel Gegenstücke erhalten geblieben waren. Trotz dieser Veränderungen an Dächern und Fenstern trat das Schlößchen noch immer als selbständige Einheit vor den Spreeflügel.

Auf Abbildung 11 übersieht man die Disposition der Anbauten des Großen Kurfürsten. Als Gegenstück zu den Privatzimmern seiner Gemahlin im Herzogin-Haus und über dem Kapellenchor tritt rechts drei Fenster breit der von ihm neugebaute Flügel mit seinen Privatzimmern vor. Die Verbindungsgalerie ist ein selbständiges symmetrisches Gebäude aus sieben Fenstern Rücklage, von zweimal einem Fenster Vorsprung eingefaßt. Die Bögen in den unteren Geschossen waren ursprünglich offen. Über dem ersten Bogengeschoß waren Gewölbe, darauf ein Pflaster als Fußboden des zweiten Bogengeschosses. Dort haben der Große Kurfürst und sein Nachfolger sich manchmal Bewegung gemacht. In der Balkendecke darüber war eine geheime Klapptreppe, wegen des eingebauten Mechanismus Gewichttreppe genannt, die ungefähr wie heutige Bodentreppen funktioniert haben muß. Der Galeriebau war mit seinen Bogenrahmungen und den abwechselnd runden und dreieckigen Fenstergiebeln architektonisch viel feierlicher ausgestaltet als die Wohnung von Fürst und Fürstin selbst. Rechts auf der Abbildung erscheint noch ein Stückchen vom alten Dom in der von Schinkel umgebauten Fassung.

System der Renaissance-Laube auf dem Grünen Hut, nach Robert Dohme

Abbildung 12 zeigt den Winkel zwischen Grünem Hut und Kapellenturm, aufgenommen aus dem Eckturm des Herzogin-Hauses in Höhe des Zwerchhaus- oder Gaupengeschosses, das Gefolge- und Dienerschaftsräume enthielt. Das Geschoß mit der Fürstenwohnung liegt darunter. Im Kapellenturm ein Vorhangbogenfenster vom Joachim-Bau, unten wegen des Daches des von Lynar 1590 auf die Chornische gesetzten Erkers verkürzt, sowie ein Balkon, den Lynar unter Kurfürst Johann Georg 1572 aus nicht mehr zum Einbau gekommenen Teilen des Joachim-Baues hat montieren lassen. Es handelt sich um Werkstükke für die Hofgalerie. Die Tafel bietet fast eine Art Mustersammlung von kostbarem Steinmetzdetail des Joachim-Baues, zumal auch noch ein Stück Bogenarchitektur vom Aufsatz des Grünen Hutes erfaßt wird, der einzige Rest der vielen zierlichen Turmlauben des Joachim-Baues. Das Halbgeschoß darüber ist wohl zusammen mit dem Herzogin-Haus gebaut worden; das Fenster darin wiederum ist zur Zeit des Großen Kurfürsten oder ersten Königs verändert worden, wie die Profile erkennen lassen. Eine Baunachricht aus der Zeit Friedrich Wilhelms IV., die Geyer anführt, kann nur eine Erneuerung meinen; der Aufbau ist schon auf Bildern der Zeit um 1700 wiedergegeben.

Über dem Balkon am Kapellenturm sieht man noch das untere Ende eines Vorhangbogenfensters, etwa soviel, wie durch das Chordach von dem Fenster unter dem Balkon abgeschnitten ist. Die profilierten Gewände und Pfosten der Fenster gehen über der Sohlbank in einfache Rechtecke über (vgl. Abb. 8). Diese Gewohnheit der Steinmetzen kommt daher, daß man im 15. und 16. Jahrhundert im untersten Teil solcher Fenster hölzerne Klappläden hatte, oben feste Verglasung mit Butzenscheiben in Blei. Die Scheiben waren lichtdurchlässig, aber nicht durchsichtig. Wer also aus dem Fenster gucken wollte, mußte es sowieso öffnen, da störten die Läden nicht. Auf diese Klappläden bezieht sich der rechteckige Teil der Pfosten. Geyer hat im Kapellenhof ein samt Glas und Rahmen vermauert gewesenes Fenster des Joachim-Baues gefunden; darin saßen unten anstelle der Klappläden aber schon Fensterflügel.

Abbildung 13 zeigt den Aufsatz auf dem Grünen Hut vom Kapellenhof aus und aus der Höhe der fürstlichen Wohnung aufgenommen. Der Kapellenhof ist mit der Zeit immer mehr zugebaut worden. Vorn sind Dächer und das Oberlicht eines Korridores im ersten Stock, rechts ein Schornstein, der außen am Kapellenturm saß, links die Ecke eines Klosetts, das zur Kapelle der Kurfürstin Luise Henriette gehörte, um die der Große Kurfürst zu Anfang seiner Regierung deren Privatzimmer erweitert hatte.

Der Aufsatz auf dem Grünen Hut hatte wohl acht solcher Bogen, von denen einer oder zwei von Anfang an durch den Anschluß an den Kapellenturm verstellt waren, die übrigen aber freie Aussicht hatten: Der Aufbau auf der Kapellenapsis fehlte noch; das Herzogin-Haus war noch nicht gebaut; der Turm mit dem kurfürstlichen Kabinett trat nicht ganz soweit vor den Spreeflügel wie der Grüne Hut, verstellte also nicht den Blick. Trotzdem ist der Ausdruck Laube für diesen Bogenaufbau etwas irreführend; denn man erkennt statt eines Schlußsteins in den Bogen den Ansatz eines Mittelpfostens und auf Abbildung 12 eben noch die Stelle, an der die Gewändeprofile ins Rechteck übergingen: Die Laube war verglast. Deswegen werden die Bogen auch von den Kandelabersäulen eingerahmt und nicht, wie an den offenen Bauteilen des einstigen Joachim-Baues, von den Säulen getragen. Über den Kapitellen der Säulen ist das Gesims halbrund herausgekröpft. Schäfte und Kapitelle der Kandelabersäulen, das Rankenwerk in Bogenlauf und Bogenzwickeln zeigen die feine Steinmetzarbeit der Zeit Joachims II. Sie war ehemals noch bunt bemalt in Blau und Rot und stellenweise vergoldet.

14–15 *Die Spreefront mit Apothekenflügel.* Ansicht von Nordost. – Abbildung 14a/15a aus der Zeit nach 1900 ist aus einem der überkuppelten Geschäftshäuser aufgenommen, die den Eingang in die (mittelalterliche) Neustadt flankierten (Abb. 17) und zur Verwertung des Baues der Kaiser-Wilhelm-Brücke spekulativ errichtet worden waren. Der Kurfürstenflügel mit den Privatzimmern dieses Fürsten ist übereck zu sehen. Sein Anschluß an die Lustgartenfront wird von dem Gebäude der Hofapotheke (Abb. 16–17 und 26–27) verstellt. Die Balustrade der Lustgartenfront endet darüber in einer Weise, daß man errät, die Architekten des ersten Königs wollten sie über den Kurfürstenflügel hin weiterführen. Schlüter wie Eosander wollten die Hofapotheke mindestens niedriger machen, ihr Dächer und Giebel abnehmen, wenn nicht sie ganz wegbrechen. Der Große Kurfürst dagegen hatte in Verlängerung der Hofapotheke sein neues Staatsappartement im Lustgarten bauen wollen und schon damit angefangen (vgl. S. 49). Der Flügel mit seinen Privatzimmern wäre also nicht vom Garten aus zu sehen gewesen. Das erklärt die auffällige Schlichtheit. Allein die Galerie daneben war mit einer vollständigen, wenn auch zurückhaltenden Architektur versehen, offenbar weil sie so etwas wie die Mitte der Spreefront abgeben sollte. Die Hofapotheke ist um ein gutes Drittel ihrer Länge gekürzt worden, als 1884–89 die Kaiser-Wilhelm-Straße und -Brücke hier durchgeführt wurde.

Das Foto von Abbildung 14b/15b ist von beinahe demselben Standpunkt aufgenommen wie das vorige, nur aus etwas niedrigerer Sicht. Vor der Apotheke steht noch ein ganz stattliches Haus, in den späten Jahren Friedrichs des Großen zur Unterbringung von Hofchargen – Kavalieren – und deren Dienerschaft in der hier zu sehenden Form erneuert; ein solches Gebäude zeigt schon die Aquarellserie von Stridbeck von 1690/91 (siehe Abbildung S. 42). Der einstige Betrieb auf der Spree war, wie man sieht, höchst malerisch. Rechts in der Ecke schneidet das Foto die Kavalierbrücke an, ein 1831 von einer Privatgesellschaft erbauter Fußgängerübergang.

Auf Abbildung 14a/15a überblickt man die Spreeuferterrassen, die Kaiser Wilhelm II. 1892–93 nach Plänen von Albert Geyer ausführen ließ. Hinter der Hofapotheke gehen die Terrassen in ein flaches Dach über. Die Glasdächer und Lüftungsaufsätze verraten, daß es sich um eine Maschinenzentrale handelt. Hier befand sich für die elektrische Beleuchtung des Schlosses eines der ersten Elektrizitätswerke Berlins. Sein Schornstein, links von der Hofapotheke, ist als barockes Türmchen getarnt.

16–17 *Der Apothekenflügel.* Ansicht von West. – Abbildung 16 zeigt ganz links noch einen letzten großen Bogen von dem sogenannten Bibliotheksbau (vgl. S. 49), den der Große Kurfürst 1687 hatte anfangen, den sein Nachfolger aber sehr bald hatte einstellen lassen. In Wahrheit wollte der Große Kurfürst hier ein neues Staatsappartement bauen, das im ersten Stock über den Bögen geplant war; die Bibliothek sollte in einem Halbgeschoß darüber aufgestellt werden, in den Bögen des Erdgeschosses aber die Bildergalerie hängen. Dieser Neubau wurde unmittelbar an die Hofapotheke angesetzt. Daher muß der fotografierte Bogen wohl der zweite der Bogenreihe gewesen, der erste durch den kleinen dreigeschossigen Zwischenbau verdrängt worden sein. Beide Bauteile enthielten Wohnungen für Hofbediente.

Die Hofapotheke, 1585 erbaut, war im Erdgeschoß, wo sich Officin und Labors befanden, schwer überwölbt. Daher die großen Segmentbogenfenster, deren Rahmungen wohl im 18. Jahrhundert verändert worden waren. Im ersten Stock originale gekuppelte Fenster immer mit einer Kreisblende darüber. Zwischen den dreifenstrigen »Zwerchhäusern« Schleppgauben und, die beiden oberen Dachböden belüftend, winzige Gauben des 18. Jahrhunderts. Die Gliederung der Giebel der Zwerchhäuser im ersten, zweifenstrigen Geschoß mit Attika-Brüstung und hohem Fries, seitlich von Konsol-Schnecken gestützt; im zweiten Geschoß, das nur noch zwei Okulusfenster hat, keine Brüstung, aber wieder hoher Fries, zuseiten C-Schnecken. Obenauf flacher Dreieckgiebel mit Postament über der Spitze. Die Proportionen sind schwer und derb und von schöner Ruhe. Die Gliederung der Giebel ist sehr klar; alles wirkt sehr ernsthaft.

Die gegen die Stockwerke versetzten Fenster der Achse rechts neben dem linken Giebel zeigen ein Treppenhaus an, ein entsprechendes folgt neben dem dritten Zwerchhaus rechts, überbaut von dem Verbindungsbau zum eigentlichen Schloß, der 1598 errichtet wurde (Abb. 26), als die Kurfürstin Katharina hier eine eigene Hofapotheke einrichtete, und später noch aufgestockt worden ist. Durch die Tür ganz rechts unten gelangte man später zur

Eishoftreppe und in das Museum für Leibeserziehung (siehe Abbildung S. 119).

Nachdem die Hofapotheke 1885 in das Torhaus von Schloß Monbijou umgezogen war, wurde etwa die Hälfte des Apothekenflügels – der linke Teil vom ersten bis zum zweiten Giebel – abgebrochen, um der Durchlegung der Straße vom Lustgarten über die Spree hinweg Platz zu machen.

Der verbliebene Rest des Apothekenflügels (Abb. 17) erhielt nach seiner Verkürzung 1886 einen neuen, risalitartig vorgezogenen, erkergeschmückten Renaissancegiebel (Abb. 26) nach dem Entwurf des damaligen Schloßbauinspektors Friedrich Oskar Hossfeld – eine reine Komposition des 19. Jahrhunderts. Der Vergleich beider Bilder zeigt, daß man damals auch kleine Veränderungen an den Bögen über den gekuppelten Fenstern und Ergänzungen an den Giebeln vorgenommen hatte.

Links im Bild sieht man die 1886–89 erbaute Kaiser-Wilhelm-Brücke und die zur gleichen Zeit neu angelegte Kaiser-Wilhelm-Straße (jetzt Karl-Liebknecht-Straße und -Brücke) und im Hintergrund die Marien-Kirche. Auf dem Rasenplatz vor dem Apothenkenflügel steht das am 16. Februar 1905 enthüllte Denkmal für den großen Hugenotten Admiral Gaspard de Coligny, der zu den Vorfahren des Kaiserhauses zählte. Wilhelm II. hatte das Standbild, eine Arbeit des Bildhauers Emil Friedrich Graf Schlitz-Görtz, aus seiner Privatschatulle finanziert, ebenso die fünf Oranier-Standbilder, welche die Balustrade der anschließenden Terrasse zwischen den Portalen V und IV schmückten und am 28. Mai 1907 in Gegenwart des Kaiserpaares enthüllt worden waren (Abb. 34–35).

18–25 *Südseite des Schlosses am Schloßplatz.* – Abbildung 18 gibt die Schloßplatzfassade in ihrer ganzen Breite von 166 Metern, aufgenommen nach der Jahrhundertwende: Die Schilderhäuschen zeigen, daß das Schloß noch die wohlbewachte Wohnung des Kaisers ist. Der Kaiser ist jedoch nicht anwesend, sonst wäre über Portal II (links) die Fahne aufgezogen. Zur Architektur im großen ist anläßlich Abbildung 4–9 schon das Nötigste erläutert. Rechts der Eckturm Schlüters; das Gegenstück stand anstelle der beiden letzten Fenster rechts von Portal II.

Die linke Ecke der Gesamtfassade ist als glatter Pfeiler gebildet. Vier Fenster nach rechts folgt ein zweiter solcher Pfeiler. Vor ihm hätte nach Eosanders Plan die erste der vier Säulen des Nebenportals gestanden (siehe Abbildungen S. 58), das zu Portal I das Gleichgewicht halten sollte; Portal II in der Mitte der Front sollte achtsäulig werden. Eosander hätte auch den Schlüterschen Eckturm durch einen glatten Pfeiler ersetzt.

Nachdem Friedrich Wilhelm I. das Nebenportal gestrichen und das Mittelportal als Gegenstück zu Portal I auszuführen befohlen hatte, plante Böhme anstelle von Schlüters Eckturm ebenso einen glatten Pfeiler und eine Verlängerung der Fassade nach rechts um vier Fenster bis zu einem abermaligen glatten Eckpfeiler an der Spree.

Einem Barockarchitekten kam es darauf an, daß der Betrachter seiner Fassaden sie als regelmäßig empfinden sollte, nicht, daß alle gleich scheinenden Glieder auch wirklich gleich waren – wie ein heutiger Architekt es anstrebt. So sind aus uns vielfach unbekannten Rücksichten auf die Situation und ältere verwendete Bauteile in der Schloßplatzfassade die Achsen oft etwas verschieden. Links von Portal I sitzen die beiden ersten Fenster etwas enger aneinander, der Putzspiegel zwischen ihnen ist schmaler als nebenan. Rechts von Portal II sind zwei solche schmaleren Putzspiegel auszumachen, hier erklärlich, weil ja da zuerst der Eckturm Schlüters gesessen hat und selbstverständlich Achsdifferenzen mit dem Portal auftreten mußten, weil dessen Mittelachse festlag durch die Breite Straße gegenüber. So ging ein leichter Atem durch diese Fassade, der, ohne daß man normalerweise seiner bewußt geworden wäre, doch zu ihrem Leben beitrug.

Die Abbildung zeigt den Schloßplatz als Schmuckplatz: In seiner Mitte die Blumenbeete, vermutlich mit Aufstellung des Schloßbrunnens links im Jahr 1891 zusammen angelegt. Vor dem Schloß entlang die erst 1901 ausgeführten Terrassen, Balustraden, die ganz schmale Vorgartenstreifen abgrenzen. Rechts die schon an anderer Stelle erwähnte Wettersäule, die die Stadt 1889 dazugegeben hat. Sie war aus Sandstein mit aufgeheftetem Bronzeornament; Bruno Schmitz hatte sie entworfen, der Bildhauer Nicolas Geiger die krönende Puttengruppe modelliert. Hinter den Schaufenstern waren Thermometer, Barometer und Hygrometer angebracht. Ähnlich wie die Wohnzimmer damaliger Zeit mußten auch die Straßen voll und kostbar möbliert sein.

Die Aufnahmen von Portal I und den anschließenden Fenstern (Abb. 20–21) stammen ebenfalls aus der Zeit nach der Jahrhundertwende. Dies ist wohl der Ort, zu Schlüters Fassaden etwas zu sagen. Die Rücklagen dachte er um das ganze Schloß herumzuziehen; sie sind am Lustgarten wesentlich gleich gewesen. Fensterteilung und Fassadenhöhe hatte schon sein unbekannter Vorgänger mit Rücksicht auf den Joachim-Bau bestimmt. Die Fassade, auf der Tafel unten etwas im neuen Straßen- und Vorgartenniveau steckend, dürfte ursprünglich bis zur Oberkante der Balustrade genau 100 Fuß gemessen haben, etwa 31 1/3 Meter. Zum Vergleich: Die Traufhöhe der fünfgeschossigen Gründerzeit-Bauten Berlins liegt bei etwa 20–22 Metern, also zwei Dritteln der Höhe des Schlosses.

Schlüter hat für diese Fassaden gewissermaßen die Haut entworfen, die allerdings in der deutschen Barockarchitektur von ganz einzigartiger Qualität war. Dabei sind die Fenstergeschosse in einer Weise, die damals von der Theorie gewünscht wurde, nach den Ordnungen der Ba-

Der Schloßplatz um etwa 1893, gesehen von der Burgstraße her, im Vordergrund die Kurfürsten-Brücke (ehem. Lange Brücke)

rockarchitektur unterschieden. Man spricht von den Säulenordnungen dorisch, ionisch und korinthisch, von denen immer eine vornehmer als die andere geachtet wurde. Dem Dorischen, das männliche Kraft, aber auch Urgewalt der Natur bedeutete, entsprach die Rustika-Quaderung, sozusagen die bäurische Ordnung, mit einer zeitgenössischen Redewendung. Dieser gehören die Erdgeschoß-Fenster an, ihre gequaderten Flanken und ihr bossenrauher Schlußstein signalisierten es.

Wie Fensterrahmungen als ionisch und korinthisch zu unterscheiden seien, dafür gab es kein eindeutiges Vokabular, Schlüter hat den Fenstern des Mittelgeschosses geschweifte Giebel oder Verdachungen gegeben, die an Eleganz schon nicht mehr zu übertreffen waren; indessen, ihre Kartuschen spielten noch etwas auf das der unteren Sphäre angehörige Muschel- und Grottenwerk an. Die beiderseits hängenden Lorbeerschnüre bedeuteten aber doch, daß dies Geschoß schon denen zukam, denen Gottes Gnade bestimmt hatte, von den Bauern und der Unterschicht gewissermaßen auf den Schultern getragen zu werden. Die Fenster des Hauptgeschosses stellten das Maximum an Pracht dar. Hier wandelte der König selbst. Die Rahmungen waren durch Konsolen bereichert, der Giebel »gesprengt«. Im Giebelfeld ein geistvolles Arrangement aus den Initialen F(riedrich) 3., Zepter und Kurkrone. Man ersieht daraus, daß die Fassade vor der Königskrönung im Bau gewesen ist und man sich sehr wohl hütete, den Rang schon im Wappen zu führen, ehe er wirklich gewonnen war.

Die Fenster des Halbgeschosses darüber – solche Mezzanine waren für Nebenräume, Gefolge und Dienerschaft bestimmt – waren vom aufgespaltenen Architrav des Hauptgesimses gerahmt. Widderköpfe hielten Lorbeerschnüre in den Mäulern. Die obere Schicht – »Faszie« – des Architravs rollte sich, die Verdachung zu tragen. Zwischen den Einrollungen – »Schnecken« – hingen abermals Lorbeerschnüre. Zwischen den Fenstern hockten im Fries preußische Adler mit ausgebreiteten Flügeln. Durch eine Kröpfung im Architrav, auf dem sie standen, war eine Beziehung zu den zwischen den Fenstern eingetieften Putzspiegeln hergestellt, die im Gegenrhythmus gegen die plastisch vorgetriebenen Fensterrahmungen als eine Art negativer Pilaster erschienen, deren Kapitell gewissermaßen die Adler bildeten. Tatsächlich hatte Schlüter die Adler wie die Kapitelle der Portalsäulen vergolden lassen. Das oberste Glied des »Gebälks« oder Hauptgesimses, die

Corona oder das Traufgesims, war völlig klassisch-antik aus Zahnschnitt, Konsolen, Hängeplatte und Dachrinne komponiert. Die Balustrade obenauf war ebenfalls ohne Besonderheit, von der gewöhnlichen Form barocker Prachtarchitektur.

Den großen Portalrisalit hatte Schlüter im Erdgeschoß aus rustizierten Sockeln komponiert, mit dazu passenden Gewänden der Seitentüren und deren auffälligen, gefängnishaften Oberlichtern. Diesmal spielte er nicht auf den Bauernstand an, sondern auf die Militärgewalt, durch die der Fürst herrschte und die hier als Wache präsent sein sollte und auch gewesen ist, solange das Schloß Residenz war, bis 1918. Darüber stellte er die gewaltigsten korinthischen Säulen des deutschen Barock und legte darüber nur ein gerades Gebälk, ohne Giebel, eine Komposition von ungeheurem Ernst. Das Gebälk war von barocker Eigenmächtigkeit, indem entweder der Architrav oder der Fries verdoppelt war. Die Konsolen des Traufgesimses übergriffen in barocker Weise den (einen) Fries, der mit Rosetten besetzt war.

In der hinteren Schicht der Portalarchitektur erkennt man in beiden Obergeschossen die großen Fenster der Säle, die hier über dem Portal lagen. Die Mittelachsen aller drei Geschosse wurden gerahmt von geschoßhohen Säulen, unten dorischen, in der Mitte ionischen und oben korinthischen. Die ionischen Kapitelle sind auf der Tafel von den Markisen der kaiserlichen Wohnung verdeckt. Das Übereinanderstehen der drei Säulenordnungen entsprach demjenigen der Fenster, war nur vermöge des ausgebildeten Vokabulars deutlicher. Dieses Arrangement hatte schon Schlüters Vorgänger vorgesehn, Schlüter nur schärfer detailliert – im Plan des Vorgängers waren die kleinen Säulen an ihren Rückseiten mit der Mauer verschmolzen gedacht; Schlüter hatte sie ganz freigestellt.

Die Inschrift über den Fenstern besagte, daß König Friedrich I. diese Fassade bei seiner Rückkehr von der Krönung (er zog am 6. Mai 1701 in Berlin ein) vollendet vorgefunden habe. Die Figuren auf der Balustrade waren neu. Schlüter hatte aber hier tatsächlich Figuren aufgestellt, über den Rücklagen Figuren und Vasen im Wechsel (siehe Abbildung S. 53). Sie sind nach hundert Jahren schon zum Teil verwittert gewesen, wurden umarrangiert, schließlich ganz abgenommen. Einige der Figuren Schlüters sind im Bode-Museum als Torsen erhalten.

Vermerkt sei schließlich noch, daß der Boden, auf dem das Portal auf der Tafel steht, ein oder zwei Stufen tiefergelegt worden war, während dafür eine große Freitreppen- und Rampenanlage, die ehedem einen breiten Sockel des Portals gebildet hat, schon im 18. Jahrhundert weggerissen worden ist.

Abbildung 21 läßt das vom Bildhauer gemachte Emblem vor dem Fenster des oberen Saals besser erkennen. Es handelt sich um einen Reiterschild, darüber ein Prunkhelm, darunter die Löwenhaut des Herkules. Hinter dem Schild sind Pfeile gekreuzt. Das Relief, mit dem der Schild verziert ist, zeigt einen Helden zu Pferd, auf unterliegende Feinde einsprengend. Ein solches ernsthaftes Thema stand der Außenseite eines Fürstenschlosses wohl an. Der Fürst sollte mit seiner Militärgewalt die Bösen niederringen, Frieden und Sicherheit für Handel und Wandel schaffen.

Mit Portal II hat der Soldatenkönig im Jahr 1716 das große Karree des Schlosses abgeschlossen (Abb. 22-23), wie die Inschrift festhielt. Das Portal war in der Mittelachse stärker gespreizt als sein Schlütersches Vorbild Portal I. Man zählt im Hauptgesims acht statt sechs Rosettenfelder über der Mittelachse. Verwunderlich, daß noch 1716 in den Fenstergiebeln des Hauptgeschosses das kurfürstliche Emblem »F 3« angebracht worden ist.

Die Aufnahme für Abbildung 22–23 dürfte aus den zwanziger Jahren stammen, denn die Schilderhäuschen der Wachen fehlen. Man sieht die Front hier einmal ohne Markisen vor den Saalfenstern, kann also die ionischen Säulen im zweiten Geschoß erkennen. Die starke Spreizung der Mittelachse von Portal II hat besonders dem ionisch flankierten Fenster nicht gut getan; indessen ist der Architekt des Soldatenkönigs, Böhme, hier durch entsprechende Verbreiterung der Durchfahrt in dem gegenüberliegenden Portal IV von Eosander (Abb. 32) gebunden gewesen.

Der Schloßbrunnen im Vordergrund, auch Neptun-Brunnen genannt, ist 1888 von der Stadt Berlin als Huldigungsgeschenk für Kaiser Wilhelm II. in Auftrag gegeben und 1891 enthüllt worden. Komponiert und modelliert ist er von Reinhold Begas. Neptun thront auf einem Felsen, umgeben von Tritonen, die Muscheln tragen, und allerhand Putten und Seeungeheuern. Ringsherum am Rand sitzen die Allegorien der Flüsse Rhein, Elbe, Oder und Weichsel, schöne Frauen mit Fischnetzen, Krügen und anderem Gerät. Der Brunnen ist heute einige hundert Meter weiter als Schmuckstück in die Anlage vor dem Fernsehturm versetzt.

Abbildung 24–25 gibt das Schloß aus der Einmündung der Brüderstraße in den Schloßplatz. Die Brüderstraße heißt nach den Dominikaner-Minderbrüdern, Bettelmönchen, denen ursprünglich die Kirche gehörte, die noch nach dem Bau des Königsschlosses eine Generation lang vor der linken Hälfte der Front, von Portal II an bis etwa zur Ecke, gestanden hat. Allerdings diente sie damals längst schon als Schloßkirche, als »Dom«. Man sieht die Fahnenstange über Portal II leer: Der Kaiser ist nicht in Berlin. Die Schloßfreiheit liegt im Schatten. Die beiden Kuppeln im Hintergrund der Schloßfreiheit gehören zum Kaiser-Friedrich-Museum, heute Bode-Museum, das 1903 vollendet war. Die große Kuppel bezeichnet die Spitze der Museumsinsel, in deren Mitte Lustgarten, Dom und ehemals das Schloß, auf deren südlicher Hälfte die Reste der mittelalterlichen Stadt Cölln stehen beziehungsweise standen. Die Brüderstraße ist heute durch das Staatsratsgebäude vom Platz abgeriegelt.

Der Soldatenkönig Friedrich Wilhelm I., der das Schloß fertiggebaut hat, eben die Ecke zwischen Portal II und III, gegen die man hier sieht, liebte viel Licht in seinen persönlichen Zimmern. Er hat in den beiden Wohnungen, die er als König im Schloß sich hat einrichten lassen, die Fenster breiter machen lassen. Die erste seiner Wohnungen lag in dem von ihm selbst gebauten Teil an der Schloßplatzfront neben der damals noch stehenden Kirche. Seine Fenster sind das fünfte und sechste von der Ecke aus im zweiten Geschoß des Schloßplatzflügels gewesen.

26–27 *Hofapotheke und Anschlußbau an die Lustgartenfront des Schlosses.* – Zwischen dem letzten Quergiebel der Apotheke und der Lustgartenfront war noch ein Verbindungsbau, der verwirrenderweise höher als der Apothekenflügel gezogen worden war, zuletzt unter dem Großen Kurfürsten.

Die Architektur der Lustgartenfront war an den Rücklagen die gleiche wie am Schloßplatz; die Beschreibung der Abbildung 20 gilt auch hier. Es gibt kleine Unterschiede: So sind die Balusterchen in der Dachbrüstung hier leichter genommen. Eosander hat die ganze Balustrade etwas anders disponiert als Schlüter sie vorgesehen oder vielleicht schon ausgeführt hatte; seine Form der Baluster hat dann Böhme beibehalten. Eosanders Balustrade stieß rechts von Portal II an der Schloßplatzfront gegen die Schlütersche (Abb. 22–23).

Schlüters Fassade sollte linker Hand, nach Abbruch der oberen Geschosse des Apothekenflügels, noch eine oder zwei Achsen so fortgehen, dann etwas vorspringen und in der Flucht des Kurfürstenflügels sich bis zur Spree fortsetzen.

Beim Umbau des Apothekenflügels (vgl. Abb. 14–17) im Jahr 1886 wurde dem neuen Giebel von Friedrich Oskar Hossfeld ein Schmuckerker in Neurenaissance vorgesetzt (Abb. 27), mit Butzenscheiben und Jahreszahl und einem neuen kurfürstlichen Wappen: Das Schloß veränderte sich sogar außen noch, seine lebendige Baugeschichte war noch im Gang. Die meisten Veränderungen geschahen allerdings damals schon hinter wohlbewahrten Fassaden; da liefen sehr bedeutende Umbauten.

28–35 *Die Lustgartenfront des Schlosses.* – Auf Abbildung 28–29 übersieht man fast die ganze Lustgartenfront (vgl. Abb. 26). Links Portal V, vor dem ehemals der Lustgarten mit seinem Hauptteil lag. Auf Portal V zielte auch die Mittelachse von Unter den Linden schräg von rechts her. Schlüters Bau reichte rechts von Portal V sieben Fenster weit. Das letzte Fenster mitsamt der Ecke hat Eosander abgebrochen, um sein Portal IV anzufügen. Dies stand in der Achse von Portal II am Schloßplatz und der Breiten Straße (Abb. 22–23). Eosander hatte ursprünglich Portal IV als Mittelportal fünfachsig zu bauen vorgehabt und rechts davon ein Gegenstück zu Portal V anbringen wollen, wobei er vom Abbruch der Anbauten an der Spree ausging (siehe Grundriß S. 59). Der König aber hat auf den Kurfürstenflügel, in dem seine kostbar ausgestattete Privatwohnung lag, nicht verzichten wollen. Daraufhin hat Eosander diese Front konzipiert, mit nur zwei Portalen, und dem Vorsprung rechts (Abb. 34), der mit dem Vorsprung des Kurfürstenflügels korrespondierte, nur daß der Kurfürstenflügel niemals freigelegt worden ist. Eosanders Front wäre 192 Meter lang geworden.

Da der Apothekenflügel stehenblieb, geriet Portal V in die Ecke, und Portal IV stand räumlich in der Mitte der Front. Schinkels Altes Museum stand ihm gegenüber; rechts im Bild ist der mittlere Weg der Gartenanlagen vor dem Museum vom Foto erfaßt.

Eosander hat Schlüters Architektur für seine Fortsetzung der Rücklage und für die Wiederholung des Portals notgedrungen übernommen. Am Eckvorsprung nutzte er die Möglichkeit, mit den Formen zu wechseln. – Der Soldatenkönig zog nach einiger Zeit an die Lustgartenseite des Schlosses, wo man im Erdgeschoß beiderseits des Eckvorsprungs die für ihn verbreiterten Fenster erkennt, links das zweite und dritte, rechts das dritte bis fünfte. Er hatte sogleich nach seinem Regierungsantritt mit der Einebnung des Lustgartens begonnen, um einen Exerzierplatz daraus zu machen. So exerzierten seine Truppen unter seinen Augen. Im Keller unter seinen Zimmern ließ er den ungeheuren Goldschatz einlagern, den er allmählich sammelte.

Abbildung 30 zeigt Schlüters Portal (Portal V) in der Lustgartenfront. Links davon kann man etwas von der Ausbildung des Sockels sehen, der auf Abbildung 20 verdeckt war, während er hier fast in ursprünglicher Höhe zum Vorschein kommt. Vom Portal V führten ehemals Stufen hinab zur oberen Terrasse des Gartens, die als breiterer Sockel des Schlosses wirkte. Die Brüstungen der Fenster des zweiten Obergeschosses, des Festgeschosses, lassen erkennen, daß hier einmal die Fenster bis auf den Fußboden gereicht haben. Eosander hat hier Schlüters Brüstungen entfernt (vgl. Abb 20); der sparsame Friedrich Wilhelm III. hat die Fenstertüren dann wohl wieder zu Fenstern machen, die Brüstungen vermauern lassen. Am Portal hat Eosander die Balustrade Schlüters, die in der Mitte eine Scheinnische bildete, durch die schwere Attikamauer ersetzt. Eosanders Haupteingriff aber sind die Balkonträger. Schlüter hatte den Balkon über gestürzten Giganten und Wolken »schweben« lassen wollen. Die von Eosander angeordneten Hermen motivieren die Zweizahl der Portale: Die Hermen stellen hier Frühling, Sommer, am Portal IV Herbst und Winter (Abb. 33) dar. Sie sind wahrscheinlich von Balthasar Permoser gearbeitet, dem späteren Hauptmeister der Dresdner Zwingerplastik. Die Figuren des Frühlings und Sommers befinden sich heute im Depot des Bode-Museums.

Portal V war, verglichen mit dem Stadtportal I, von großer Eleganz, wenn es auch durch Eosanders schwere Attika obenauf eine Spur zu ernst wirkte. Die zarte Abstufung seiner Pilasterarchitektur war bedingt dadurch, daß die »Linden«, deren Zielpunkt das Portal sein mußte, sehr schräg anschnitten, unter nur 30^0, so daß jede stärker vortretende Architektur häßlich verschoben erschienen wäre.

Die Figuren in den Bogenscheiben der Erdgeschoßfenster von Portal V, die, neben dem Wappen über dem Saalfenster im dritten Geschoß, noch von Schlüters Schmuck des Portals übrig waren, sind, ohne ihre architektonische Rahmung, im Bode-Museum erhalten. Über dem linken Fenster lehnte Fortitudo (Abb. 31a), die Gewalt des Regenten, auf einem Löwen; ein Putto spielt mit der Keule des Herkules. Rechts über dem Fenster sah man Justitia (Abb. 31b), die Gerechtigkeit des Fürsten, mit der Waage und dem Gesetzbuch, anmutige Frauengestalten, dem heiteren Garten zugewendet, aber doch auch von großem Ernst. Die Linksliberalen des vorigen Jahrhunderts haben die Fortitudo als Maitresse Friedrichs I., den Löwen als den König selbst gedeutet – eine amüsante Idee, die selbst in älteren Stadtführern wiederholt wird, aber nicht stimmt – so etwas hätte kein Hofkünstler darzustellen wagen können.

Abbildung 32 zeigt das von Eosander nach Schlüter kopierte Portal IV. Die Spreizung der Mittelachse, mehr noch der weite Abstand zu den Fenstern daneben ändern die Wirkung sehr. Auch im Detail, zum Beispiel an der spannungslosen Weise, wie die Gewände der Seitenfenster im Portal zu den Pilastern des ersten und zweiten Stocks stehen, wird eine gewisse Verständnislosigkeit Eosanders für Schlüters Architektur bemerklich – genau genommen war es Abneigung; er verfolgte ganz andere Ziele mit seiner Kompositionsweise. Die Erdgeschoß-Seitenfenster hat er den Erdgeschoßfenstern der Rücklagen ähnlich gezeichnet, während diejenigen Schlüters am Portal V wie eingeklemmt zwischen den Pilastern stehen. Schlüter komponierte auf Gegensätze und auf direkte Wirkung hin, Eosander auf gleichmäßigen Fluß der Formen und auf ruhige Distanz.

Die beiden Bronzegruppen der Rossebändiger vor dem Portal hat Zar Nikolaus I. Friedrich Wilhelm IV. 1842 geschenkt. Sie waren modelliert von Peter Jacob Clodt von Jürgensburg. (Die Berliner des Vormärz: der behinderte Fortschritt und der beförderte Rückschritt.) Die beiden Gruppen sind im Zweiten Weltkrieg verlagert worden und stehen heute im Kleistpark.

Von dem Balkon im ersten Stock rief Karl Liebknecht am 9. November 1918 die Räterepublik aus. Vier Jahre vorher, am 1. August 1914, hatte Kaiser Wilhelm II. vom selben Balkon anläßlich der Mobilmachung erklärt, daß er in seinem Volk keine Parteien mehr kenne, sondern nur noch Deutsche. Die Überlieferung von der Verkündung der Räterepublik war Anlaß, das Portal IV bei der Sprengung des Schlosses 1950 vorsichtiger zu behandeln, um es danach zu restaurieren und am Staatsratsgebäude wiederaufzustellen (siehe Abbildung S. 133), etwa 200 Meter von seinem ursprünglichen Standort entfernt.

Abbildung 33 zeigt Details von Portal IV: die Hermen Herbst und Winter von Permoser, die dorischen und ionischen Kapitelle, die das mittlere Fenster des ersten Stocks krönende Kartusche und drei Gitter. Zuoberst das Balkongitter von Eosander, darunter ein klassizistisches Gitter, von Erdmannsdorff für Friedrich Wilhelm II. entworfen – dahinter liegt der Säulensaal der Königskammern –, und im Erdgeschoß der obere Teil eines der Gitter, womit Kaiser Wilhelm II. alle Schloßportale sichern und abschließen ließ, sehr zum Ärger der Berliner, die seit den Tagen des Soldatenkönigs hatten durch die Schloßhöfe frei hindurchgehen können.

Sechs Fenster weiter rechts vom Portal IV beginnt der Eckbau Eosanders (Abb. 34–35). Den Anschluß an Schlüters reicheres Gesims hat er durch eine plastische Komposition aus trompeteblasenden Ruhmesgenien – »Famen« – und Muschelwerk verdeckt (Abb. 34). Seine Fassade steht zurückhaltender, abweisend, hat nicht das den Blick Einsaugende, unmittelbar Ansprechende von Schlüters Fassade. Ohne Zweifel wollte Eosander das auch nicht erreichen, ganz im Gegenteil. Auch sein Dekor, seine Fensterrahmungen sind geschlossener, ruhiger, ohne Schwung – eine ganz eigene Richtung von eigener, beachtlicher Qualität. In den Rahmen, die wie Schlußsteine über den Fenstern des ersten Stocks hängen, und in Friesen und Giebelfeldern derjenigen des zweiten Stocks waren emblematische Waffen – »Armaturen« – ausgebreitet.

Ein Blick an der Lustgartenfront entlang nach der Schloßfreiheit zu zeigt, wie weit Eosanders Eckbau vorsprang. Die Säule ganz hinten auf der Ecke der Terrassen Friedrich Wilhelms IV. trug einen vergoldeten Adler, modelliert von dem französischen Bildhauer Pradin.

36–43 *Die Fassade an der Schloßfreiheit.* – Im großen ist die Architektur schon im Zusammenhang mit Abbildung 1 erläutert, hier sei auf den Unterschied zu den Einzelheiten von Eosanders Eckfront am Lustgarten (Abb. 34) aufmerksam gemacht. Hier, wo er keine Rücksicht mehr auf den Schlüter-Bau nehmen mußte, hat er ganz seine Vorstellungen verwirklichen können. Er ließ die eingetieften Putzspiegel zwischen den Fenstern weg, verzichtete auf figürlichen Schmuck und erreichte größte Ruhe bei sehr vornehmer Wirkung. In diese Front hinein stellte er das riesige Triumphportal (Abb. 38) nach dem Vorbild des Titus-

Bogen in Rom, nur doppelt so groß. Der Vergleich mit Schlüters nicht minder kräftigem Portal I lehrt, daß Eosander auch hier, bei aller Deutlichkeit, wieder möglichste Ruhe gesucht hat. Er erreichte sie vor allem dadurch, daß seine großen Säulen unten standen und die hohe lastende Attika ihre Kraft kompensierte.

Eosander bevorzugte Kompositkapitelle, eine römisch-antike Aufeinanderstapelung der korinthischen und ionischen Pracht. Das Konsolengesims übergreift in barocker Weise den Fries. Vom Bildhauerschmuck gehören noch seinem Bau an die Famen mit dem Schriftband über dem Mittelbogen. Die Inschrift rühmt, daß König Friedrich I. mitten im Krieg ein solches Werk habe unternehmen können – gemeint war der Spanische Erbfolgekrieg. Ferner gehören zu Eosanders Bauausstattung noch die Wappen-Kompositionen in den seitlichen Kehlen, die vom Portal zu den Rücklagen überleiteten. Die Inschrifttafeln und Reliefs über den Seitentoren gehörten zum Ausbau Kaiser Wilhelms II. Die Bronzereliefs von Otto Lessing zeigen Kurfürst Friedrich II. als Gründer der Burg und König Friedrich I. als Erbauer des Schlosses; sie sind von 1897. Wilhelminisch sind auch die Armaturen-Reliefs in der Attika und das große Wappen – sämtlich im Maßstab zu groß geraten. Die mittleren großen Schnörkel hatte Friedrich Wilhelm IV. abnehmen, das Gesims geradelegen lassen, als er die Kuppel aufsetzen ließ (siehe Abbildung S.110); unter Wilhelm II. wurden sie wiederhergestellt.

Die Wappengruppen, die Eosander in die Kehlen am Ansatz des Portals einkomponiert hat, um zu den abbrechenden Gesimsen der Rücklagen zu vermitteln, waren mit Palmen geschmückt, wurden von Putten und Genien getragen und von Famen bekrönt (Abb. 39). Die Innenflächen der Schilde mit den Initialen F(ridericus) R(ex) waren ehemals vergoldet.

Abbildung 40–41 zeigt die Ecke Schloßplatz-Schloßfreiheit etwa um die Jahrhundertwende, aus der Brüderstraße gesehen. Rechts ein Bürgerhaus aus den späten Jahren Friedrichs des Großen, links die Ecke des »Roten Schlosses« (vgl. Abb. 1), das nach dem Abbruch der Häuser an der Schloßfreiheit das erste Haus an dieser Seite war. Am Schloß wechselte die Fassadenform an dieser Ecke unvermittelt wieder in das Schlütersche System über. Was Eosander hier vorhatte und wie der Soldatenkönig die Pläne änderte, ist im Text zu Abbildung 4–5 erläutert. Aus etwas späterer Zeit stammt die Aufnahme zur Abbildung 42–43, man sieht es an den Straßenbahn-Oberleitungen. Sie gibt noch einmal die Ecke Schloßfreiheit-Schloßplatz, wie man ihr begegnete, wenn man etwa vom U-Bahnhof Hausvogteiplatz über den Werderschen Markt kam. Die Breitwinkelaufnahme hat links noch ein Stückchen Lustgarten erfaßt, über das hinweg man gegen Front und Kuppelverkleidung des Alten Museums sieht; rechts ein paar Häuser der Burgstraße, die jenseits der Spree stehen.

Die beiden Haupthöfe

44–59 *Der Innere Schloßhof.* – Die gedachte Führung durch das Schloß soll sich jetzt den Höfen zuwenden. Von der Schloßplatzfront käme man durch Portal I in den Inneren Schloßhof. Abbildung 44–45 gibt die Portalhalle (Raum 432) – man könnte sie auch Vestibül nennen – in der Ausstattung, die Kaiser Wilhelm II. 1888/89 hat herstellen lassen. Dies war der offizielle Ein- und Aufgang zu seiner Wohnung, die mit dem Sternsaal, unmittelbar über dem Vestibül, anfing. Mit den verglasten Eisentüren, den Lampen, dem bronzenen Grenadier in der Nische ist nicht alles aufgezählt, was der neuen Einrichtung angehörte. Auch die Treppen sind neu gebaut. Sie hatten vorher gerade Läufe, von dem Podest oben in der inneren Ecke immer einen in Richtung auf die Außenwand, anstelle der verzogenen neuen, und noch einen zweiten rechtwinklig dazu zur Durchfahrt hin. An Vestibül und Treppen war schon vorher öfter geändert worden. Original war noch die Wandteilung mit Pilastern, Nische, Säulen bis an den Zahnschnitt des Gebälks heran, mit den schönen grünbunten Stuckmarmorfeldern.

Die Wand mit der Glas-Eisen-Tür darin war schon die Hauswand zum Hof hin; ihr war das Treppenhaus in ganzer Breite des Vestibüls in den Hof hinein angebaut. Man sieht die Treppe in der Ecke ins Treppenhaus hinaufsteigen. Der Durchgang zwischen den Säulen führte unter dem Treppenhaus hindurch in den Hof. In den Plänen des Vorgängers von Schlüter war der Elisabeth-Saal, im dritten Geschoß über dem Vestibül gelegen, zum Festsaal des Königs bestimmt, das Vestibül demnach zur Vorhalle seines Treppenaufgangs.

Der Schloßhof hinter Portal I, seit der Verdoppelung des Schlosses durch König Friedrich I. der Kleine oder Innere Schloßhof, heißt in der Kunstliteratur der ersten Hälfte unseres Jahrhunderts auch wohl Schlüter-Hof – nicht ganz mit Recht, wie sich herausgestellt hat. In der Geschichtsschreibung des 18. Jahrhunderts begegnet der Ausdruck Platz. Tatsächlich handelte es sich um einen Architekturplatz von etwa 45 x 72 Metern von Rücklage zu Rücklage, in den die Galerien und Treppenhäuser vortraten (Abb. 46–47).

Der Besucher, der durch das Vestibül in Portal I gekommen war, wäre aus einem gleichen Torbau in den Hof getreten, wie er ihn gegenüber im Hintergrund des Hofes sah. Das Foto ist allerdings aus der Hofecke aufgenommen. Der Flügel im Hintergrund ist der Lustgartenflügel, dessen mittlerer Vorsprung das zu Portal V gehörige Treppenhaus (Abb. 48). Weil die Treppe oben zum Rittersaal im dritten Geschoß führte, hieß sie auch Rittersaal-Treppe, ihr Gegenstück bei Portal I entsprechend Elisabeth-Saal-Treppe.

Rechter Hand der Spreeflügel des Schlosses mit der »Wendeltreppe«. Diese hatte ihren Namen von einem früheren Treppenbau an dieser Stelle. Hier war von jeher der Aufgang zu den kurfürstlichen Gemächern gewesen, schon im Bau Kurfürst Friedrichs II. (siehe Abb. S. 41), dessen Fundamente und Gemäuer im Spreeflügel steckten.

Der Zugang von der Stadt her ist in kurfürstlicher Zeit nicht durch Portal I gegangen. Portal I war eine Neuanlage des ersten Königs. Vielmehr ging er durch Portal II (genauer: durch dessen baulichen Vorgänger) in den einstigen Vorhof oder Stallhof, dann Großen Schloßhof, und von dort durch einen ziemlich unscheinbaren Torweg durch das Quergebäude (vgl. Abb. 52–53), das die Höfe trennte, in den Inneren Schloßhof. Der Torweg, links hinten in der Ecke, ist durch einen vorgestellten Säulengiebel gekennzeichnet.

Die Pläne zum Ausbau eines Königsschlosses haben sich zuerst auf den Kleinen Schloßhof konzentriert. Der Hof war bis dahin ja auch der Prachthof des kurfürstlichen Schlosses gewesen. Der künftige König, Kurfürst Friedrich III., ließ bei Regierungsantritt 1688 sofort mit dem Ausbau des Hofes beginnen. Von diesem ersten Bau und dem zugrunde liegenden Plan wissen wir nicht viel mehr, als daß der Hof von doppelten Bogengängen umzogen sein sollte und daß diese Bogengänge mit zwei Stock hohen Halbsäulen besetzt worden sind von eben der Form, wie sie als Halb- und Vollsäulen an den späteren Treppenhäusern standen. Der Bau stockte bald für einige Jahre. Um die Mitte der neunziger Jahre des 17. Jahrhunderts wurde dann nach einem zweiten Plan weitergebaut, der die Treppenhäuser an den Schmalseiten des Hofes und die Verkleidung der Rückwände umfaßte, wie sie auf der Abbildung zu sehen sind. 1698 wurden endlich die Dächer des alten Schloßbaues abgenommen, die Zwerchhäuser zu dem Mezzaningeschoß zusammengezogen, die oberen Teile der Prachtgiebel des Renaissancebaues weggebrochen und ein flaches, von unten her unsichtbares Kupferdach aufgesetzt, so daß durch die Dachbalustrade überall der Himmel sah. 1699, als die neue Elisabeth-Saal-Treppe benutzbar war, wurde der alte Wendeltreppenaufgang zu den Staatszimmern disponibel. Im Jahr 1703 baute Schlüter nach abermals verändertem Plan das große Treppenhaus in den Spreeflügel ein und an ihn an, in einem einzigen Jahr. Zugleich baute er die Hofarkaden um, nahm die Kolossalsäulen davon ab und montierte aus den Stücken seine freistehenden Säulen vor allen drei Portalen und stellte seine Figuren darauf. Dies zog sich über mehrere Jahre hin; der Wendeltreppenbau wurde vorgezogen, die Treppenhäuser bei Portal I und V erst später außen ganz fertiggemacht.

Schlüter hatte vor, diesen Hauptzugang zu den königlichen Gemächern mit einem Staats-Zugang zu einer Schiffslände an der Spree zu kombinieren, so daß der König, wenn er etwa auf seinem Prunkschiff nach Charlottenburg fuhr, in architektonisch-zeremoniellem Rahmen sich hätte einschiffen oder bei der Rückkehr wieder ins Schloß hätte eintreten können. Der Zugang sollte von der Mitte der Rückwand des Treppenhauses geradewegs zum Wasser führen, und ist als Korridor schon im Rohen gebaut gewesen, wie man im Erdgeschoßgrundriß gut erkennen kann. Er verlief Wand an Wand parallel neben dem Galeriebau, der das Herzogin-Haus erschloß; nur der eine Eckturm des Herzogin-Hauses verstellte noch den Ausgang zur Hälfte. Schlüter hat die Galerien (und die bewohnten Räume des Herzogin-Hauses) schonen wollen oder müssen (siehe Abbildung S. 30). Diese dreistöckige Galerie nimmt gerade die Stelle ein, an der er seinen Korridor gewiß lieber hätte anlegen mögen, weil dann der Wendeltreppenrisalit hätte in der Mitte der Hoffassade stehen können.

Von Schlüter sind in diesem Hof also nur das Große Treppenhaus – die Wendeltreppe, in der älteren Kunstliteratur ganz richtig das Schlütersche Portal genannt – und die definitive Form der Arkaden gewesen. Die Arkaden reichten nur um die eine Hälfte des Hofes; der Teil im Bilde links und sein Gegenüber hinter dem Platz des Fotografen sind erst 1874/75 ergänzt worden (siehe Abbildung S. 107). Leider hat man unter Wilhelm II., um die Bedienung in den Sälen zu verbessern, die verglasten Bögen beiderseits des Rittersaal-Treppenhauses im dritten Geschoß und auch gegenüber am Elisabeth-Saal-Treppenhaus angesetzt (vgl. Abb. 52–53).

Der Vorsprung der Rittersaal-Treppe (Abb. 48–49) war mitsamt den Rücklagenverkleidungen ein Entwurf von Schlüters unbekanntem Vorgänger. Schlüter hat an wenigen Stellen charakteristische Änderungen vorgenommen. Bei den Mezzaninfenstern der Rücklagen, die erst beim Umbau der Dächer an die Reihe kamen, als die Treppenhäuser schon standen, erkennt man seine Hand an den flüssig gezeichneten Verdachungen, während die Hauptgeschoßfenster darunter schon um 1696 modernisiert worden sind und dem barocken Normaltyp angehören. Am Treppenhaus selbst sind, wie gesagt, die großen Säulen mit den Figuren darauf von Schlüter davorgestellt. Er hat die kleinen Stockwerksäulen durch einen Schlitz von den Wänden abgelöst; die Tür- und Fensterrahmungen an den Seiten neben den Kolossalsäulen sind in den Einzelheiten sein Entwurf.

Schlüters Umbau der Galerien muß den Zeitgenossen die Sprache verschlagen haben. Die ehemals gemauerten Pfeiler der Galerie trugen unten Rundbögen, oben Segmentbögen, und waren durch die kolossalen Halbsäulen davor ziemlich stabil, was auch nötig war, damit sie dem Seitenschub der beiden gewölbten Gangdecken widerstehen konnten. Schlüter hängte die Gewölbe mit liegenden Eisenankern an den Bau dahinter, um ihren Schub abzufangen. Dann stützte er mit großen hölzernen Gerüsten – »Keilböcken« – die Bögen, nahm die Stützen ganz heraus, fing unten die Bögen mit Eisenträgern ab und setzte seine neuen Stützen ein, die ganz dünn waren, weil sie nur die senkrechte Last der Gewölbe, nicht aber ihren Seitenschub aushalten mußten. Für die neuen Stützen mußte er allerdings teueren Sandstein verwenden, weil er so nur wenige Fugen bekam. Mörtelfugen verursachen Setzungen im Mauerwerk, und Setzungen konnte er bei so riskanten Arbeiten nicht brauchen.

Wie bei Beschreibung von Portal I gesagt (Abb. 20–21), hatte Schlüters Vorgänger schon die drei Säulenordnungen übereinandergestellt. Die mittlere, ionische, erschien hier zwar innen in den Treppenhäusern, konnte aber außen im Hof nicht gezeigt werden. Denn nach der perspektivischen Kompositionsweise der Barockarchitekten mußten kleine Säulen allemal unter größeren stehen, um Tiefe zu suggerieren – wie hier die dorischen Stockwerksäulen im Torweg zu den Kolossalsäulen daneben stehen oder die korinthischen Stockwerksäulen zu den Kolossalpilastern oben. Wenn der König auf dem Balkon erschien oder unten im Torweg, war er genau im Mittelpunkt der Perspektivlinien. Die ionischen Stockwerksäulen im mittleren Fenster des Treppenhauses oder im oberen Geschoß von Schlüters Galerien hätten diese Perspektive verkehrt.

Der Vorgänger Schlüters ordnete also im Treppenhaus anstelle der ionischen Säulen den Fensterrahmen an, Schlüter aber erfand eine neue Art Galeriestützen aus langgezogenen Schneckenkonsolen, mit denen er die Plastizität seiner dorischen gekuppelten Säulen unten sachte in Flächigkeit übergehen ließ. Er vermied damit den unerwünschten Effekt und erzielte sogar einen ganz unerhört neuen: Er bezog das untere Galeriegeschoß mit seinen glatten, vollrunden stockwerkhohen Säulen auf die glatten, vollrunden Kolossalsäulen des Mittelbaues, das obere Galeriegeschoß mit seinen pilasterähnlichen Stützen und deren kanneluränhlich profilierten Schnecken, Vorder- beziehungsweise Unterseiten auf die Kolossalpilaster vor dem Oberteil des Mittelbaues und steigerte dessen Vortreten so ins Gewaltige, zu pathetisch-monumentaler Wirkung.

Das Hauptgesims im Inneren Hof, wie es Abbildung 49 zeigt, soll einen Eindruck von der Pracht des Details geben, mit der der Schloßbau geführt wurde – dies ist alles vorschlütersches Detail, mit Ausnahme der Mezzaninfensterrahmung, die man rechts in Verkürzung in der Hauswand sieht. Der Blick geht auf die Ostseite des Rittersaal-Treppenhauses. Das Foto ist im letzten Krieg aufgenommen; der Luftdruck von Sprengbomben hat die Fensterscheiben herausgeschlagen. Im Fries wechseln lorbeerumwundene Kronen mit Arrangements von Schwert und Zepter, gekreuzt, vor Palmzweigen. Diese bedeuten den siegreichen Frieden, Schwert und Zepter die Gewalt und die Herrschaft des Fürsten, der Lorbeer seinen Ruhm. Als Schlüter die Bauleitung übernahm, war das Gesims noch nicht versetzt: Schlüter ließ die Friesteile mit Kurkronen, die für diesen Risalit bestimmt waren, später auf seinem Wendeltreppenrisalit versetzen. Hier wurden zum Einzug des neuen Königs Platten mit Königskronen eingefügt, auch über der Mitte des Risalits ein vergoldetes Königswappen angebracht.

Schlüters Großes Treppenhaus (Abb. 50–51) war aus denselben Säulen, Pilastern und Gesimsen wie die Treppenhäuser seines Vorgängers komponiert, mit Verwendung der eigenen Arkaden im zweiten Geschoß. Ohne die geschlossene Gesamtwirkung des Hofes zu sprengen, ist ein völlig anderer Eindruck erreicht. Die Logik war kälter, der Ausdruck rückhaltloser. Der interessierte Beobachter kann Unterschiede in der Eckbildung, im Fries über den Pilastern, an den Mezzaninfenstern konstatieren. Die Standbilder auf den vorgesetzten Kolossalsäulen waren an allen drei Treppenhäusern noch fast alle original. Sie sind vor der Sprengung des Schlosses 1950 ausgebaut worden.

Abbildung 52–53 gibt den Inneren Schloßhof im Rückblick vom Lustgartenflügel auf den Schloßplatzflügel und auf Portal I, von Nord also. Rechts erkennt man die Durchfahrt vom Großen Schloßhof her. Das Quergebäude rechts war aus zwei Bauteilen zusammengestückt. Das Kanzlei- und Wohngebäude hinten war von Lynar für den Kurfürsten Johann Georg gebaut (vgl. S. 32f.), der Saalbau rechts von Memhardt für den Großen Kurfürsten (vgl. S. 46f.). Dieses Quergebäude ist vom Ausbau des Königsschlosses nur an den Enden eben angeschnitten worden. 1873 wurde es wie eine Miethausfassade stuckiert, weil man die kahlen Wände nicht mehr schön genug fand. Original daran war außer den Mauern und Fensteröffnungen unter dem neuen Stuck noch die Galerie, die das dritte Geschoß von außen zugänglich machte.

Die Durchfahrt im Quergebäude lag weit aus der Hofmitte. Man sieht das Fahrpflaster schräg zur Mitte führen und sich dann teilen in eine Richtung zum Portal I hin – wo Kaiser Wilhelm II. einsteigen konnte, wenn er ausfuhr – oder zur Wendeltreppe hin, wo die Gäste der großen Hofbälle vorfuhren. Die abfahrenden Kutschen konnten durch Portal V das Schloß verlassen (Abb. 58), die ankommenden durch Portal IV hereinfahren (Abb. 74–75).

Abbildung 54 zeigt zwei von Schlüters Figuren auf den Kolossalsäulen, die beiden linken vor der Wendeltreppe. Wie die Säulen, auf denen sie standen, weit über ein Stockwerk hoch waren, so waren die Figuren weit überlebensgroß. Die linke Figur ist vielleicht eine Allegorie auf das Königtum, die rechte vielleicht der Sonnengott Apoll – angemessene Gesellschaft für einen König. Abbildung 55 gibt zwei Kapitelle der unteren Kolossalordnung, die von der ersten Umbauphase des Inneren Hofes 1688–89 stammten, aber nicht mehr am ursprünglichen Platz standen. Die kostbar ausgeführten Kapitelle wichen vom gewöhnlichen korinthischen Kapitell in einer kleinen Einzelheit ab: Die Ranken unter der Blüte in der Mitte waren ineinandergeschlungen. In Rom gibt es die Ruinen eines antiken Tempels, der Kapitelle mit ebensolchen verschlungenen Ranken hat. Damals hielt man diesen Tempel für den des Juppiter Tonans, des Donnergottes und Götterkönigs. Der Auftrag Kurfürst Friedrichs III. muß also schon am Anfang seiner Regierung gelautet haben, sein Schloß zu einem Königsschloß umzubauen. In Wahrheit handelt es sich bei dem römischen Vorbild, wie die Archäologen mittlerweile herausbekommen haben, um den Tempel der Castor und Pollux. Durch die Verschlingung der Ranken hat der antike Architekt auf schöne Weise die Unzertrennlichkeit dieser göttlichen Zwillingsbrüder ausgedrückt.

Die vier Figuren am Portal I (Abb. 56) waren sämtlich noch Originale aus Schlüters Zeit. Was sie bedeuteten, ist noch unerforscht; die linke mittlere, mit der Palme war aber wohl der Friede, die rechte äußere mit dem Spiegel vielleicht die Weisheit. Die Rundbilder unter den Mezzaninfenstern stellten Könige Roms aus dessen sagenhafter Frühzeit dar. Da wir an den Außenfronten schon Gitter verschiedener Stile und Zeiten bemerkt haben: Diese hier waren die Muster Schlüters. An der Gegenseite, Portal V, scheint die zweite Figur von links ganz erneuert (Abb. 57), mit ihrem archäologisch-akademischen Gewand doch keine Göttin, sondern nur eine feiste Matrone; ebenso ist der Kopf der rechten mit dem Ägineten-Ausdruck eine spätklassizistische Reparatur.

Abbildung 58 zeigt den Blick aus der Halle von Portal V. Bei dem gedachten Gang durch das Schloß blickt der Besucher hier aus dem Vestibül (Raum 277) von Portal V unter der Rittersaal-Treppe hindurch zurück in den Schloßhof und auf das Treppenhaus von Portal I. Rechts und links waren Pförtnerzimmer abgeteilt; durch deren Glasoberlicht ist ein Stückchen der originalen Wandgliederung des einstigen Gartenvestibüls zu erkennen. Die Treppe kam hier in einem Querkorridor herab, so daß der Saal unberührt blieb.

Abbildung 59 sieht man unter das Mittelgewölbe des beiderseits durch wilhelminische Glastüren abgeteilten Korridors, wo er den Durchgang vom Hof zum Lustgarten kreuzte. Die letzten Läufe der Treppe vom Rittersaal kamen in diesem Korridor herab, ihn in ganzer Breite einnehmend und für den Durchgang sperrend. Die Stuckierung war hier nicht so einheitlich, wie sie schien: Das Muschel- und Leistenwerk war von Schlüter, die Armaturen in den Bogenscheiben und in den Kassetten des Durchgangs hatte erst der Soldatenkönig anbringen lassen, im Zusammenhang mit der Umwandlung des Lustgartens in einen Exerzierplatz.

60–75 *Der Große Schloßhof.* – Die Abbildungen 60 und 61 zeigen die Halle (Raum 481) von Portal II, einmal ihr Mittelschiff zum Großen Schloßhof hin – die Haupttür ist verdeckt, man sieht die Seitentür –, einmal das Seitenschiff zum Schloßplatzausgang hin. Während die Vestibüle und Säle der Portale I und V erst nachträglich zu Durchfahrten gemacht worden waren, war diese Halle, wie man sieht, von vornherein als Unterfahrt und Durchfahrt angelegt worden. In der Halle ging eine Tür vorn links auf die Fürstentreppe ab (Abb. 264–265), eine der kleineren, aber immer noch offiziellen Treppen zu den Appartements in den Obergeschossen, und rechts hinten am Hofausgang kam man in die Marmortreppe, eines der großen Treppenhäuser des Schlosses. Die Halle ist von Martin Heinrich Böhme entworfen und 1716 fertiggeworden.

Der Große Schloßhof ist Abbildung 62–63 vom Schloßplatzflügel her gesehen, allerdings nicht aus der Ecke von Portal II, sondern von derjenigen bei der Freiheit aus. Vorn die Gewehrständer der kaiserlichen Leibgarde. Im Keller des Schloßplatzflügels war hier die Hauptwache. Gegenüber der Lustgartenflügel. Rechts das Quergebäude, von dem schon die Rede war. Auf dieser Seite ist es 1873 nicht stuckiert worden. Da der ursprüngliche Putz großenteils abgewittert war, wirkte der Lynarsche Teil wie ein roher Bruchsteinbau. Das Gesims über seinem vierten Geschoß zeigte an, wo einst die Zwerchhäuser anfingen, die später, um 1800, zu dem obersten Geschoß zusammengezogen worden waren und denen man ihre Giebelspitzen genommen hatte. Links anschließend der Saalbau des Großen Kurfürsten mit nachträglich ausgebautem Dachgeschoß.

Eosander hatte in seinem ersten Konzept vor, das Quergebäude ganz abzureißen und einen einzigen, sehr großen Hof anzulegen. Dazu hätte er allerdings den Inneren Schloßhof noch einmal umbauen müssen, der unter Friedrich I. schon dreimal umgebaut worden war. Weil Eosander nämlich das doppelte Appartement einführen wollte, also zwei Raumreihen nebeneinander, wurde sein Bau breiter, trat stärker in den Hof vor als die Flügel am Inneren Hof. Diese hätte er also nach dem Hof zu ebenfalls verbreitern müssen. Der König genehmigte den Umbau des Inneren Hofes nicht. Eosander plante nun, die Höfe durch eine wahrscheinlich zweigeschossige Kolonnade zu trennen. Überliefert ist nur ein späterer Grundriß davon (siehe Abbildung S. 59). Die Kolonnade mußte die zweigeschossige Hofgalerie im Inneren Schloßhof zu Ende führen.

Um die verschiedenen Hoffluchten der alten und seiner neuen Flügel zu vermitteln oder zu trennen, ließ Eosander an den Nahtstellen beiderseits Vorsprünge in den Hof vortreten, von denen man auf der Tafel den einen rechts hinten sieht; er trägt einen Segmentgiebel. Übrigens waren in diesen Giebeln – das Gegenstück hat dann Böhme ebenso ausgeführt – schon vortretende Steinbossen eingemauert, aus denen die Giebelreliefs ausgemeißelt werden sollten – den Entwurf der Reliefs kennen wir jedoch nicht. Um diese beiden Vorsprünge zu bauen, mußten die Enden einmal des Saals des Großen Kurfürsten, einmal des Kanzleiflügels Kurfürst Johann Georgs eingekürzt werden.

In diesem Großen Schloßhof Eosanders lagen Portal II und IV nun unweit der östlichen Ecken. Eosander stellte im Hof symmetrisch jeweils in die andere Ecke ebenfalls Eingänge, die aber nicht nach außen durchgingen. Derjenige im Lustgartenflügel hieß Höllentreppe (Abb. 71), derjenige im Schloßplatzflügel Hohenzollern-Treppe (Abb. 70), nach der bei dieser Treppe gelegenen Hohenzollern-Wohnung. Einer der entfernteren Verwandten des Königshauses, der hier wohnte, führte den Titel eines Fürsten von Hohenzollern. Eosanders Portalarchitekturen sind einachsig; er steigerte dadurch die Wirkung des großen Triumphbogens vom Portal III.

In seine Rücklagen übernahm Eosander Balustrade, Hauptgesims und Mezzaninfenster aus dem Inneren Hof, ließ aber die vertieften Putzspiegel weg. Im Hauptgeschoß übernahm er ferner den Wechsel von dreieckigen und segmentförmigen Fenstergiebeln, nicht aber die schlichtere sonstige Detaillierung der Rahmungen. Während Schlüter also nur ein Fassadensystem entworfen hatte – das der Schloßplatz- und der Lustgartenfronten –, war dieses nach dem Eckbau am Lustgarten und der Schloßfreiheit das dritte Fassadensystem Eosanders am Schloß. Die Hoffront des Lustgartenflügels war übrigens gegen Eosanders Bauausführung später, bei Erweiterung des Weißen Saals, um zwei Fenster verkürzt worden, die des Schloßplatzflügels blieb dagegen in der ursprünglichen Länge, wie sie Eosander geplant und Böhme ausgeführt hatte, bis zur Zerstörung des Schlosses erhalten (Abb. 68–69).

Portal III hatte im Hof nicht die seitlichen Kehlen zum Anschluß an die Rücklagen (Abb. 64–65), sondern eine Eckbildung analog zu Schlüters Wendeltreppe, zu der es als Gegenstück konzipiert war. Freilich blieb das Quergebäude stehen, und der Bezug von Portal III auf die Wendeltreppe ist niemals sichtbar geworden.

Kaiser Wilhelm II. hat den Weißen Saal, den großen Festsaal des Schlosses, der rechts im Schloßfreiheitsflügel lag, 1891–95 durch Ernst von Ihne erweitern lassen. Ihne rückte dazu die Hoffront um acht Meter heraus, wie man es rechts von Portal III bemerkt. Beim Portal selbst und bei der linken Hälfte des Flügels ist diesem Ausbau das Ende der Monarchie zuvorgekommen.

Architekturschriftsteller des vorigen Jahrhunderts haben Eosander verübelt, daß er zu seiten von Portal III schlichter gerahmte, gewissermaßen überzählige Fenster angebracht habe. In Wahrheit ließen gerade diese Fenster das Portal desto großartiger hervortreten, wie man an Böhmes Flügel links ja kontrollieren kann, während Ihnes kleinlich geschnittene Nebenraum-Fensterchen in seiner Hälfte den Fassadenteil rechts langweilig machen.

Portal III wirkte mit seiner Hofseite, ohne die neubarocken Reliefs der Außenseite, ernst und großzügig (Abb. 66). Die originalen Famen über dem Mitteltor mit ihrem Schriftband kamen erst hier voll zu ihrer Wirkung. Die Statuen auf den Säulen mögen anläßlich des Kapellenbaues Friedrich Wilhelms IV. aufgestellt worden sein; unter Friedrich I. war der Bau nicht mehr soweit gekommen. Das Portal ist für die festlichen Einzüge ins Schloß, an die Eosander gedacht hatte, wohl nie benutzt worden. 1728 ließ der Soldatenkönig in halber Höhe einen Holzgang hindurchbauen, um bequemer von seiner Wohnung am Lustgarten zu den Regierungsbehörden im anderen Teil des Schloßfreiheitsflügels und im Schloßplatzflügel zu kommen. Diesen Gang ließ Friedrich Wilhelm IV. erst wegnehmen, als er seine Kapelle baute. Zur Zeit Kaiser Wilhelms I. wurde für die ganz neuartige elektrische Beleuchtung des Weißen Saals zeitweise eine Lokomobile hier untergestellt, die die Dynamomaschine treiben mußte. Zur Zeit der Aufnahme der Tafel steht offensichtlich eine Baubude für den Erweiterungsbau des Weißen Saals, dessen provisorische Endigung man rechts sieht, unter dem großen Bogen.

Die Kuppel Friedrich Wilhelms IV. über Portal III (Abb. 67), 1844–52 durch August Stüler und Schloßbaumeister Albert Schadow erbaut, hat immer als glänzende Krönung des Schlosses gegolten, vor dem Bau des Doms Wilhelms II. sogar als die Krönung Berlins. Eosander hatte hier einen Turmbau aus zwei offenen Säulengeschossen mit einer Dachkuppel darauf vorgesehen, die der Soldatenkönig trotz seiner Turmleidenschaft (er war immerhin der Bauherr des Potsdamer Garnisonkirchturms, des Turms der Potsdamer Heiliggeistkirche, des Berliner Sophienkirchturms) einsparte. Den ungeheuer kräftigen Unterbau Eosanders, mit Gewölben von anderthalb Meter Dicke, benutzte König Friedrich Wilhelm I., um einen Wasserhochbehälter aufzustellen, der das ganze Schloß mit Wasser versorgte – zur damaligen Zeit etwas ganz Ungewöhnliches.

Friedrich Wilhelm IV. hatte schon als Kronprinz durch Schinkel Pläne für eine Kapelle mit einer Kuppel darüber auf Portal III ausarbeiten lassen. Stüler mußte sich an deren Massenerscheinung halten, sie nur ein wenig höher hinausführen. Im Revolutionsjahr 1848 war die Hauptkuppel schon unter Dach. Der König ließ demonstrativ weiterbauen. Eben damals ist die allein 12,50 Meter hohe Laterne obenauf gesetzt worden, die aus Eisenträgern mit Zinkgußverkleidung bestand. Auf ihrer Balustrade standen Cherubim und trugen die durchbrochene Laternenkuppel, die einer Krone zum Verwechseln ähnlich sah. Rings um den Kuppelfuß standen überlebensgroße Propheten. Im Vordergrund eine der kupfergedeckten Halbkuppeln über den Ecknischen des Kapellenraums.

Abbildung 70 gibt die original erhaltene Ecke von

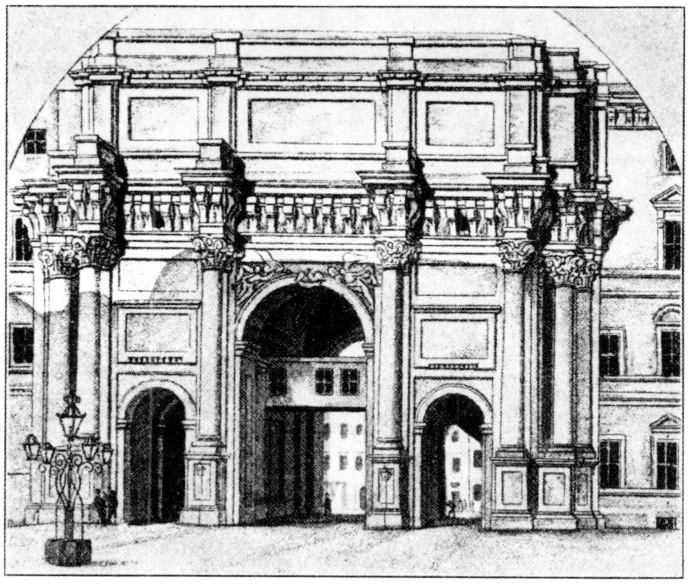

Hölzerner Quergang König Friedrich Wilhelms I. durch den Mittelbogen des Eosander-Portals (Portal III), angelegt 1728, nach Bogdan Krieger

Schloßfreiheits- und Schloßplatzflügel im Großen Schloßhof. Eosanders Fensterrahmen waren im Hof derber und, wenigstens im Erdgeschoß, barocker komponiert, als man nach seinen Außenfronten erwartet hätte. Vermutlich hat er sich auch einmal auf das vorhandene Baubüro verlassen, das er von Schlüter übernommen hatte. Seine einachsigen Portalfassaden waren sehr geschmackvoll und geschickt komponiert, wie sie von Geschoß zu Geschoß aus vollrunden zu halbrunden Säulen, dann zu flachen Pilastern übergingen und zu seiten der Öffnungen sich allmählich die Wand vorschob. Besonders bei den Durchfahrten, wo unten die Öffnung in ganzer Breite klaffte, kam das voll zur Wirkung.

Die Hohenzollern-Treppe lag hinter den Fenstern rechts vom Eingang. Wie die kleineren Staatstreppen alle brauchte sie zwei Windungen von Geschoß zu Geschoß (und dadurch nur die halbe Grundfläche). Man sieht das von außen daran, daß sie in jedem Geschoß von zwei Fenstern übereinander belichtet ist, wobei jedes zweite Fenster die Brüstungs- und Deckenzone durchbricht. Zuunterst ein Kellereingang. Unter Kaiser Wilhelm II. wurde in die Treppe ein Aufzug eingebaut, dessen Maschinenhaus über die Dachbalustrade ragt. Weil am anschließenden Schloßfreiheitsflügel in der Ecke die Fenster auf andere Weise ebenfalls massiert sind, fällt die starke Befensterung der Treppe kaum auf – Wirkungssicherheit der Barockarchitektur.

Abbildung 71 zeigt das bei dem Umbau Kaiser Wilhelms II. versetzte Portal der Höllentreppe in der Ecke des Lustgartenflügels zum Schloßfreiheitsflügel, links daneben breiter genommene Fenster des Umbaues. Alle vier Portale schmücken aufwendige Krönungen. Im Giebel emblematische Waffen. Um das von Adlern gehaltene Wappen hängt der Schwarze Adlerorden. Die Krone ruht darüber auf einem Kissen. Über Portal IV (Abb. 72) hält die eine Fama eine Friedenspalme, die andere weist auf die Krone. Das Relief der Pilaster ist gegenüber den benachbarten Fensterrahmungen etwas zart geraten, oder diese dagegen etwas zu kräftig. So etwas wäre dem Bildhauer Schlüter schwerlich unterlaufen.

Mitten im Großen Schloßhof stand die Bronzegruppe des Hl. Georg, modelliert von August Kiss und der Stadt Berlin geschenkt, die die Gruppe an König Wilhelm I. weiterschenkte. 1865 wurde sie hier aufgestellt. Heute steht sie im Friedrichshain.

Unsere gedachte Führung um das Schloß herum und durch die Höfe endet mit dem Rückblick aus der Halle von Portal IV (Raum 251) der Lustgartenportale in den Großen Schloßhof: Einmal fällt der Blick schräg gegen das Quergebäude, gerade auf die Durchfahrt in den Inneren Hof (Abb. 74), einmal mehr gerade (Abb. 75), zurück gegen Portal II, die Einfahrt vom Schloßplatz in den Großen Hof. Eosander in seiner mehr additiven Architekturvorstellung ließ sich nicht davon stören, daß einander so ähnliche dorische Säulen nebeneinander so verschieden hoch zu stehen kamen wie die hier in der Halle neben denen in den Türrahmungen. Auch der Zusammenstoß des Deckengewölbes mit dem horizontalen Türsturz machte ihm nichts aus. Der Raumeindruck wird dadurch etwas hart. Bei einer bloßen Durchfahrt, an die keine Staatstreppen anschlossen, mochte das aber hingehen.

Goerd Peschken

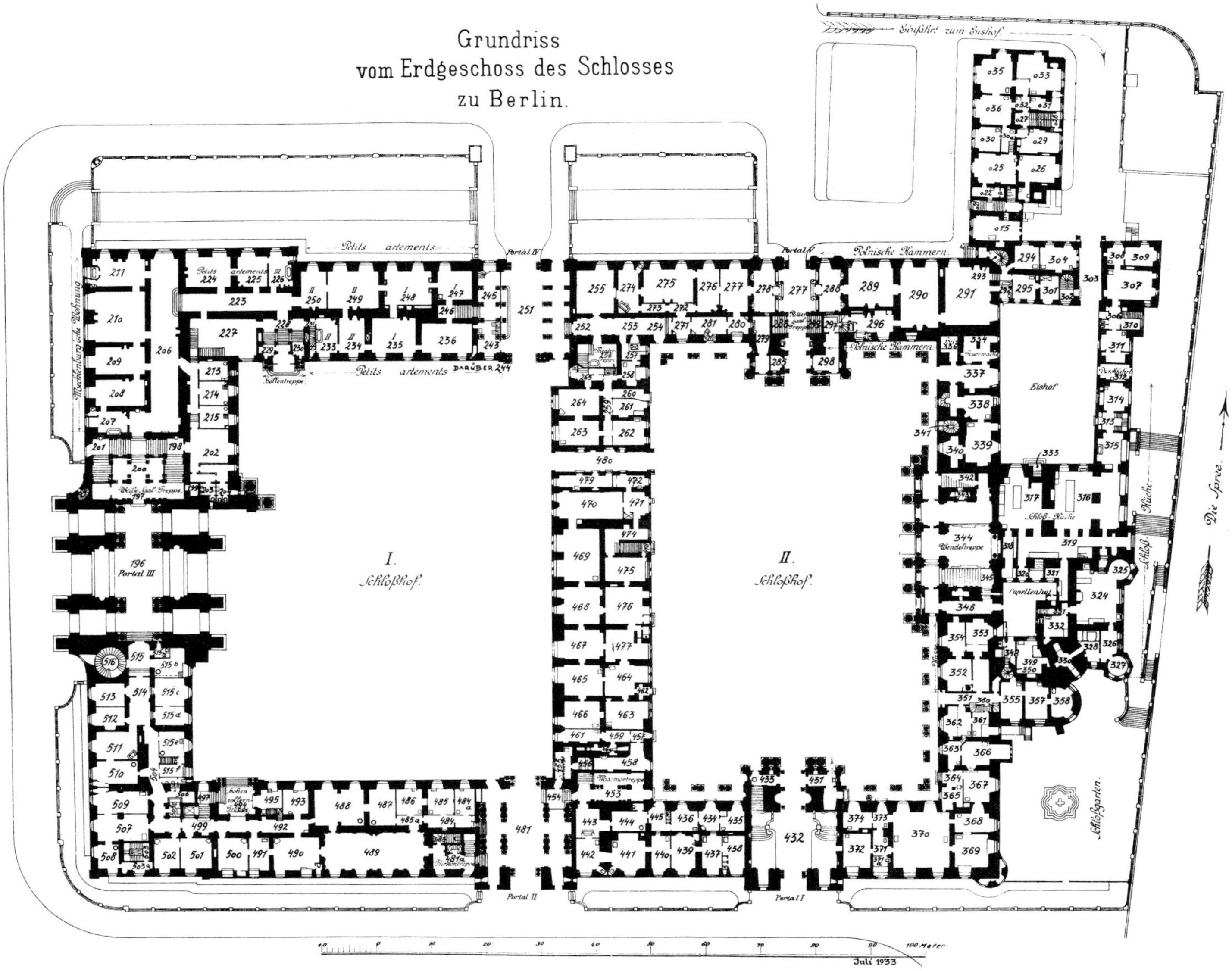

Schloß, Grundriß des Erdgeschosses

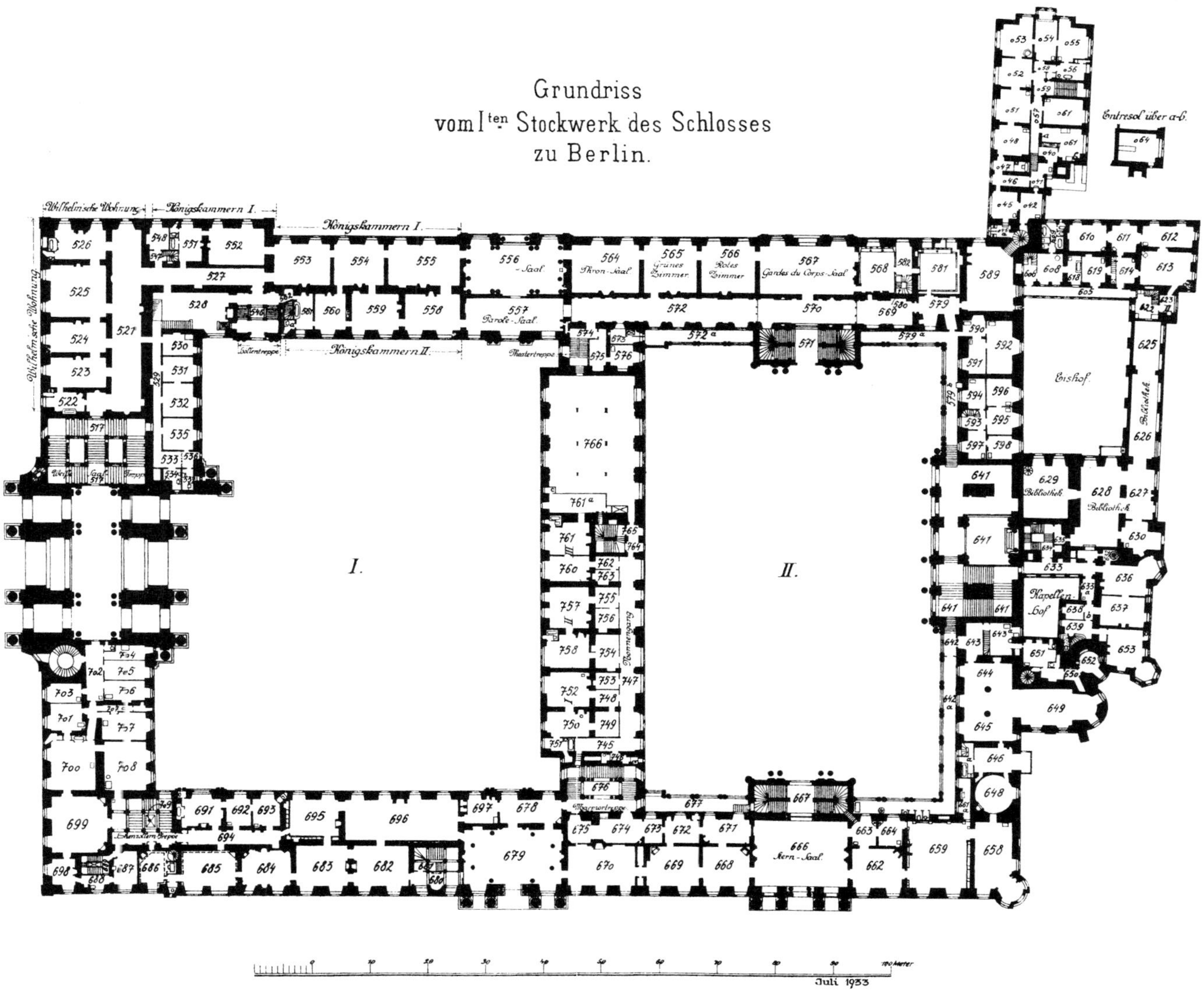

Schloß, Grundriß des 1. Obergeschosses

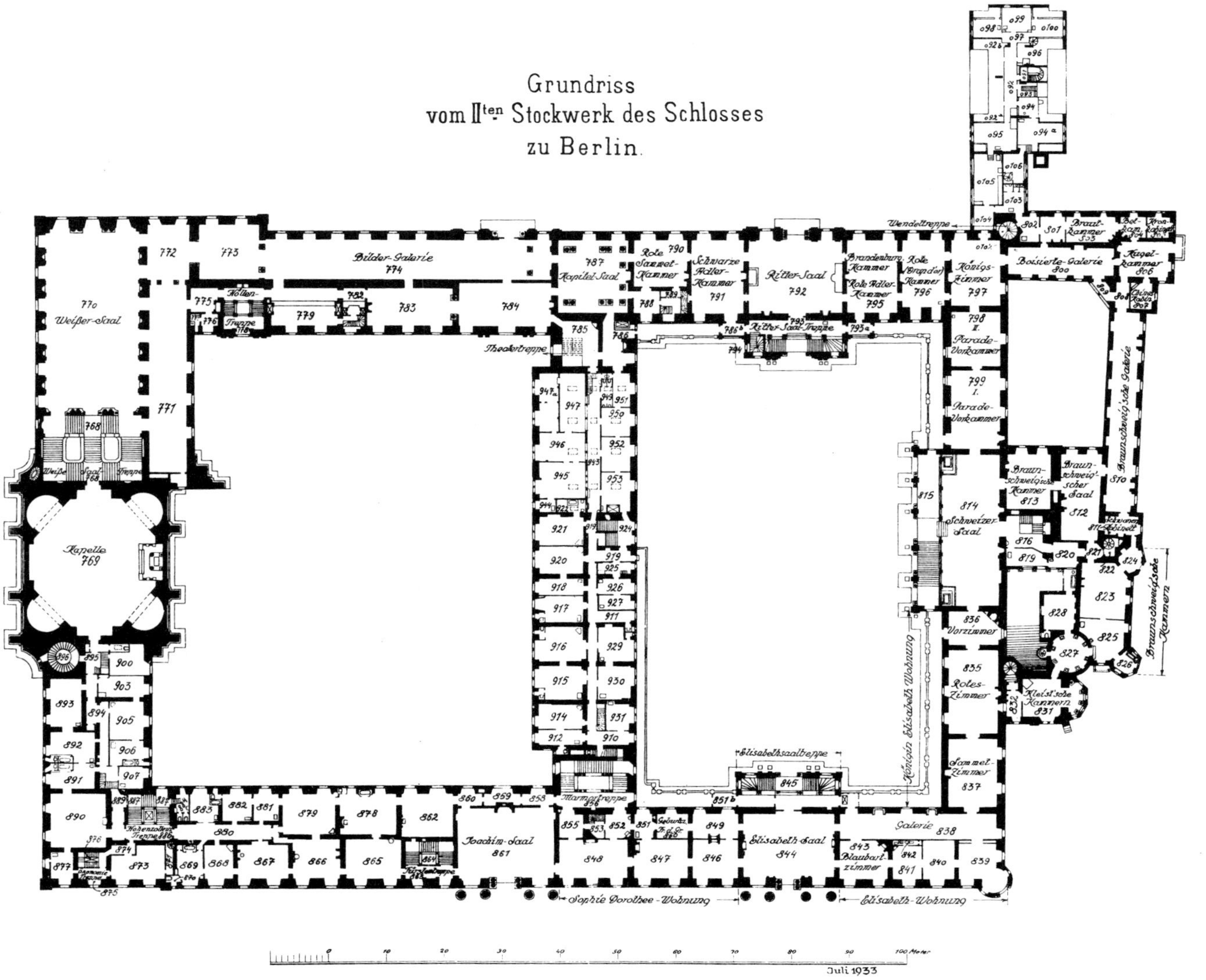

Schloß, Grundriß des 2. Obergeschosses

Die Räume

Paradekammern

76–93 *Das Große Treppenhaus (»Wendeltreppe«).* Raum 344, 641 und 815, L. etwa 12 m, Br. etwa 14 m, H. etwa 27 m; Treppenschacht L. 8 m, Br. 8 m. – Die »Wendeltreppe« bildete den Aufgang zu den Paradekammern im dritten Geschoß, den Staatszimmern des Königs. Die Paradekammern sind 1699, anderthalb Jahre vor dem Erwerb der Königskrone, endgültig geplant und während der ganzen Regierungszeit des ersten Königs ausgebaut worden; der Nachfolger erst hat den Weißen Saal, Friedrich Wilhelm IV. mehr als hundert Jahre später die Kapelle dazugefügt. Damit nahmen die Paradekammern im Staatsgeschoß die Hälfte des großen Rechtecks des Schlosses ein, von der Mitte des Spreeflügels bis zur Mitte des Flügels an der Schloßfreiheit am Kupfergraben. Sie sind die große Staatssuite geblieben, solange das Königreich Preußen bestand, über zweihunder Jahre lang, und ungezählte Staatsaktionen und Festlichkeiten fanden darin statt. Nicht alle Könige haben im Schloß gewohnt, aber alle haben Staatszeremonien und Feste darin begangen. Wegen ihrer Erbauung für und mit Erwerb der Königswürde – man kann sagen, daß sie der Hauptzweck des Ausbaues des Königsschlosses waren – sind die Paradekammern immer mit Pietät gepflegt worden. Freilich gab es zahllose Änderungen und Erneuerungen im einzelnen. Schon nach der Besetzung durch Österreicher und Russen im Dritten Schlesischen Krieg waren Wiederherstellungen nötig; danach ist wohl unter jeder Regierung in den Paradekammern erneuert worden. Trotzdem blieben sie im wesentlichen erhalten und waren, solange sie bestanden, die bedeutendste Suite des deutschen Barock.

Die Suite umfaßte zuletzt, ohne die Treppenhäuser, vierzehn Räume, nämlich die Erste und Zweite Paradevorkammer (im Spreeflügel), das Königszimmer (in der Ecke von Spree- und Lustgartenflügel), die Drap-d'or-Kammer, die Brandenburgische oder Rote-Adler-Kammer, den Rittersaal, die Schwarze-Adler-Kammer, die Rote-Samt-Kammer, den Kapitelsaal oder die alte Kapelle, die Bildergalerie mit den nicht gezählten Vorkompartimenten an ihren beiden Enden, Königin-Zimmer, Grüner Salon (im Lustgartenflügel), den Weißen Saal (in der Ecke von Lustgartenflügel und Schloßfreiheit und längs dieser) und schließlich die Kapelle (eine Treppe höher über der Mitte der Schloßfreiheit).

Von diesen vierzehn Räumen hatte der erste König zehn neu erbauen und zwölf einrichten lassen. Die Einrichtung war in den zehn ersten Räumen von Andreas Schlüter entworfen, der dem Ganzen so sehr das Gepräge gegeben hatte, daß auch der elfte Barockraum, die Bildergalerie, lange als sein Werk galt. Dabei war von Schlüter in seinen Maßen disponiert nur ein einziger Raum, der Schweizer-Saal; bei den anderen hat er lediglich den Innenausbau geleitet. Die Erste Paradevorkammer mag schon dem Schloß Kurfürst Friedrichs II. angehört haben, die Zweite demjenigen Joachims II. Königszimmer und Drap-d'or-Kammer lagen in einem Teil, den Kurfürst Johann Georg durch den Grafen Lynar hatte anbauen lassen. Die übrigen fünf Paradekammern, die im Neubau des ersten Königs lagen und die Schlüter eingerichtet hatte, waren von Schlüters unbekanntem Vorgänger als Schloßarchitekt bemessen. Ganz von Schlüter konzipiert, sowohl in den Maßen wie in der Ausgestaltung, war immerhin der Auftakt der Paradekammern, die Wendeltreppe mit dem Schweizer-Saal darüber.

Der Name Wendeltreppe muß wohl von ihrem ersten Vorgänger überkommen sein, der vermutlich zu den Zimmern Kurfürst Friedrichs II., des Bezwingers von Berlin und Gründers des Schlosses, geführt hat. Hundert Jahre nach der Gründung ließ Joachim II. das Schloß schon mit mehreren großen Wendeltreppen ausbauen, so daß der bloße Name allein nicht mehr geeignet war, eine bestimm-

Schnitt durch das große Treppenhaus Schlüters, erste Fassung (1703/04), moderne Kopie eines Stichs von Jacob Wilhelm Heckhenauer nach Zeichnung von Schlüter

te Treppe zu bezeichnen: Vor dem neuen Saalflügel an der Stechbahn, dem späteren Schloßplatz, wurde im Hof eine zweite große steinerne Wendeltreppe erbaut (siehe Abbildung S. 41), und neben die »Wendeltreppe« zu den kurfürstlichen Gemächern ließ Joachim einen Rampenaufgang stellen, eine Reitschnecke, auf der er bis oben reiten konnte – damals das, was heute ein Aufzug an Komfort bietet. Übrigens war Joachims Treppe nicht mehr diejenige Friedrichs II., sondern ein Neubau an alter Stelle.

Das ungleiche Paar von schlankem Treppen- und dikkem Rampenturm, das seitdem die kurfürstlichen Gemächer erschloß, war zu Kurfürst Friedrichs III. Zeiten unmodern geworden. Der unbekannte Vorgänger Schlüters als Schloßarchitekt hatte in seiner Planung den Abbruch der Wendeltreppe schon vorausgesetzt, und nach dessen Plan ist das Turmpaar später abgebrochen worden. In dem Plan waren die Staatszimmer so disponiert, daß ein Aufgang an dieser Stelle ganz wegfallen konnte. Ende 1699 aber wurden bei Gelegenheit der Ernennung Schlüters zum Schloßarchitekten die Pläne neu gefaßt, und Schlüter baute an etwa der Stelle der einstigen Wendeltreppe einen neuen Aufgang zu den Staatszimmern, die nun wieder von ungefähr derselben Stelle erschlossen wurden wie eh und je und demnach auch nicht ganz neu disponiert zu werden brauchten. Die alten Aufgänge hatten allerdings vor dem Flügel gestanden; Albert Geyer hat Ende des vorigen Jahrhunderts das Fundament im Hof ausgegraben und vermessen.

Der neue Aufgang konnte wegen der architektonischen Auffassungen der Zeit nicht so weit in den Hof vortreten. Er sollte als Prunkeingang gut gesehen werden, und zwar zusammen mit den Flügelwänden beiderseits. Vom Hauptzugang her, schräg gegenüber aus dem ersten Hof, war die Distanz knapp; im Schrägblick von den anderen Zugängen von Stechbahn und Lustgarten her wäre es sehr unschön gewesen, das neue Treppenhaus soweit vortreten zu lassen, wie das bei den neuen Treppenhäusern an den schmalen Seiten des Hofes möglich gewesen war. So legte Schlüter den Aufgang in den Flügel hinein und ließ ihn nur in die Zone der Hofgalerien vorragen (Abb. 50–51). In den unteren Geschossen war es tatsächlich nur die Dicke der Säulen, um die die neue »Wendeltreppe« in den Hof vortrat. Oben im Paradegeschoß erst, wo die Galerien nicht hinaufreichten, kam der Treppenbau als Kasten heraus.

Im Paradegeschoß ergab sich für die Disposition eine besondere Schwierigkeit. Die Treppe mußte nicht nur die Staatszimmer des Königs, die Paradekammern, sondern auch diejenigen der Königin erschließen. Wenn man oben ankam, lagen diese rechts, jene links. Es war hier aber nicht nur mit einem Treppenpodest getan; es mußte auch die Leibwache, die beiden regierenden Häuptern gemeinsam war, ihren Platz erhalten. Schon vor Gründung des Königreichs wurde dazu eine Schweizer-Garde angestellt, die eines Wachsaals bedurfte. Zur kurfürstlichen Zeit standen Treppe und Rampe vor dem Flügel, und ein Wachzimmer befand sich oben am Austritt beider zwischen den Staatszimmern von Fürst und Fürstin. Diese Disposition hat Schlüter wiederholt, wenn auch vergrößert, indem er über dem Aufgang den Schweizer-Saal in ganzer Tiefe des Flügels ausbaute. Die letzten Läufe des Aufgangs stiegen in dem zum Hof hin vortretenden Kasten vor dem Schweizer-Saal entlang zu dessen Tür hin auf, während die meisten Steigungen des Aufgangs sich unter dem Saalfußboden befanden.

Die Anlage war also kompliziert genug. Im alten Bau mußten ja die Decken herausgenommen und die Hofwand und zwei Querwände herausgebrochen werden. Vermutlich befanden sich ehemals über die Länge des Schweizer-Saals und des Vorzimmers der Königin drei etwa gleichgroße Zimmer, von denen Schlüter die Hälfte des Vorzimmers der Fürstin, das einstige Wachzimmer und das erste Vorzimmer des Fürsten für den Schweizer-Saal in Anspruch genommen hat, die Räume in den Stockwerken darunter für den Aufgang. Mit diesen Komplikationen aber nicht genug.

Schlüter hat mit berechtigtem Stolz seine Komposition aus Aufgang und Saal darüber in einem Paar großformatiger Stiche (ein Längs- und ein Querschnitt) publiziert. Es ist sonderbar, daß niemand sie bisher mehr als oberflächlich besehen hat, denn in ihnen ist eine ganz andere Anlage des Aufgangs unter dem Schweizer-Saal dargestellt, wie jemand, der architektonische Zeichnungen lesen kann, sofort sehen muß. Nach den Stichen würde die ganze Anlage eine Rampenanlage sein, von der der erste Lauf vom Hof her auf die Mitte der Rückwand zu ansteigen und sich dann an der Rückwand teilen sollte. An den Wänden beiderseits herum sollten die Läufe paarweise weiter ansteigen, um sich über dem Eingang wieder zu treffen. Dies würde sich im Obergeschoß wiederholt haben; der obere Treffpunkt wäre vor der Tür des Schweizer-Saals gewesen. Diese sehr klare, vornehme und weiträumige Anlage war kein bloßer Plan, er wurde auch ausgeführt. Als der neugekrönte König im Mai 1701 in Berlin einzog, war sie aber noch nicht angefangen; Schlüters Publikation datiert erst von 1703. Damals wird er diese Rampe der ersten Fassung erbaut haben. Der König konnte hinaufreiten oder sich in der Sänfte hinauftragen lassen; das Begehen der Rampe allerdings war etwas ungewohnt und lästig. Die Anlage verdiente den Namen »Wendeltreppe« also gar nicht. Sie ist übrigens auch von einem zeitgenössischen Beobachter im Grundriß gezeichnet und dann nach ihrer endgültigen Disposition korrigiert worden, wobei Spuren der ersten Zeichnung stehenblieben. Beim Abbruch des Schlosses 1950 sind im Bau selbst die Spuren der von Schlüter veröffentlichten Fassung des Aufgangs beobachtet worden.

Der König muß mit dem neuen prächtigen Rampenhaus nicht zufrieden gewesen sein. Er wollte offenbar wieder beides, Rampe und Treppe, obwohl ja doch zwei große neue Treppenhäuser an den schmalen Seiten des Schloßhofes eben fertiggeworden waren und zur Verfügung standen (Abb. 48 und 52–53); sie führten aber eben nicht zum Schweizer-Saal als dem regelrechten Zugang zur königlichen Wohnung. Schlüter hat also den Aufgang umbauen müssen. Da seine Rampen in jedem Geschoß in einem gemeinsamen Lauf begannen und sich dann erst teilten, mußte der erste Lauf durch zwei parallele Läufe ersetzt werden, von denen der eine als Treppe, der andere als Rampe ausgeführt werden konnte. Die paarweise vorhandenen Läufe konnten auf Treppe und Rampe aufgeteilt werden. Schlüter hat das Kunststück fertiggebracht, den Umbau unter dem bestehenden Schweizer-Saal zu bewerkstelligen. Dabei mußte er aus ästhetischen Gründen auch die ganze innere Dekoration der Aufgangsanlage umgestalten, um den Eingriff möglichst unkenntlich und das Werk wie aus einem Guß erscheinen zu lassen. Tatsächlich findet man in der Literatur keine Kritik an der »Wendeltreppe«, so überzeugend ist ihm das gelungen. Großen Ruhm allerdings konnte die umgebaute Anlage ihrem Architekten nun nicht mehr gewinnen. Was sie als Raumgebilde an Einheitlichkeit von Anblick und Bewegung darin verloren hatte, mußte eine überaus laute Dekoration übertönen und ersetzen.

Wer das Treppenhaus betrat, hielt sogleich inne, weil er sich nach rechts oder links wenden mußte, wo Treppe und Rampe begannen. Für dieses Innehalten hatte Schlüter in die nun leere Mitte des Treppenhauses an die Rückwand eine zweistöckige Prunkarchitektur gestellt, die den Blick nach oben zog (Abb. 76–77). Man übersah zugleich die rechts und links ansteigenden Läufe von Treppe und Rampe und begriff, daß man sich nun dahin zu wenden hatte. Der untere Bogen in der Rückwand sollte zu einer nicht ausgeführten Schiffslände führen, so daß der König von seinem Prunkschiff, mit dem er zum Beispiel gern nach Charlottenburg fuhr, einen architektonisch gefaßten Zugang ins Schloß gehabt hätte. Vom Balkon vor dem oberen Bogen haben vielleicht Trompeter Staatsgäste begrüßt.

Säulen und Gesimse sind unten dorisch, oben ionisch, wie schon die Römer die Säulenordnungen übereinander angebracht hatten. Anstelle von zwei Triglyphen im dorischen Gebälk setzte Schlüter große Schneckenkonsolen, die den Balkon trugen. Der obere Bogen hat die gedrückte Form eines Korbbogens; man meint, er sei rund und stelle sich nur so flach dar, weil man ihn von unten sieht: So verstärkt ein Barockarchitekt die Perspektivwirkung. Über dem Bogen reitet der Donnerer Zeus auf seinem Adler und schwingt den Blitz in der Rechten – eine Allegorie auf den brandenburgisch-preußischen Adler und die Macht des Königs (Abb. 92). Die dorischen Gesimse, die mit den Treppenläufen nach oben ansteigen, kommen beim zweiten Podest so viel höher an, daß ihr Vorsprung gegen die gleichen Gesimse in der Prunkarchitektur der Rückwand häßlich auffallen müßte. Gestürzte Giganten – der Donnergott hat sie niedergeschmettert – sind in den Versprüngen eingeklemmt und tun Schlüter den Gefallen, die Architektur aufzufangen. Fußboden, Türen, die Portierloge unter dem Podest rechts, Leuchter und Treppengeländer waren wilhelminische Erneuerungen.

Der Besucher mußte sich nun zur Seite wenden, nach rechts zum Treppenantritt und sogleich wieder nach links, um hinaufzusteigen. Von da an ging es immer rechtsherum. Die erste doppelte Brechung des Weges war die eine Hauptschwäche, die der Umbau verursacht hatte. Die andere bestand darin, daß man nicht darauf vorbereitet war, daß die letzte Wendung, zur Tür des Schweizer-Saals, in der Mitte der Anlage war, und daß sich die bisher getrennten Läufe von Rampe und Treppe dort treffen würden. Im Aufsteigen hatte man auf dem ersten Lauf den zweigeschossigen Schacht des Mittelraumes neben sich (Abb. 84), den reich stuckierten Plafond unter dem oberen Lauf über sich (Abb. 82). Man stieg gegen geschnitzte eichene Türen an, deren mittlere und obere Füllungen mit Reliefs geschmückt waren. In der Mitte sah man Fortitudo, die Stärke, im einen Arm ein Stück Säule, im anderen einen Löwen, über zwei Gefesselten thronen; über das Gesims, das die Rahmung der Szene krönt, hängt die Löwenhaut

Schnitt durch das große Treppenhaus Schlüters,
erste Fassung (1700/01), Stich von Jacob Wilhelm Heckhenauer
nach Zeichnung von Schlüter, 1703

des Herakles. Sie schiebt sich vor den reichen Rankenfries, der das Ganze umzieht und vor den auch unten der Sockel der Szene spannungsvoll gestellt ist. Im oberen querrechteckigen Feld saß, im Maßstab größer, ein Rundrelief mit dem Profil eines jungen Kriegers. Die rechte Tür (Abb. 85) scheint original, die linke scheint eine Kopie zu sein. Eine der beiden Doppeltüren an Rampe und Treppe ist ins Märkische Museum gelangt. – Die Darstellung steht also hier im Untergeschoß unter dem Thema Krieg und Gewalt, wie es zu der dorischen Ordnung paßt. Die dorische Säulenordnung wurde in der Antike mit der Kraft des erwachsenen Mannes, ja des Herakles verglichen.

Die nächste Wendung führte den Aufsteigenden in die relative Enge zwischen dem seitlichen Pfeiler und der Wand (die Läufe maßen drei bis dreieinhalb Meter in der Breite, und über ihnen war es so hoch – mehr als sechs Meter –, daß ein Reiter mit Helmbusch nicht fürchten mußte anzustoßen). Der dritte Lauf stieg zwischen Wänden auf ein Fenster der Fassade zu, der vierte neben den Hoffenstern zum Antritt im zweiten Geschoß (Abb. 91). Über der Tür waren Wendeltreppe und -rampe durch eine Galerie verbunden. Auf dem ersten Lauf des zweiten Geschosses fand man sich unter der geraden Decke des Treppenhauses (Abb. 90) und hatte zur Seite den recht interessanten Überblick über die verschiedenen, sich wie Brükken spannenden Läufe und Galerien. Die Abbildungen 86–89 vermitteln einen ähnlichen Überblick vom ersten Podest der Wendeltreppe beziehungsweise Wendelrampe aus. In der Nische der Wendelrampe (Abb. 86–87) steht eine der Marmorfiguren, die der Große Kurfürst für den Alabastersaal hatte anfertigen lassen (siehe Abbildung S. 47) und die von 1728 bis 1892 im Weißen Saal und auf der Weißen-Saal-Treppe aufgestellt waren.

Die Decke des Treppenhauses war klar geteilt in das große Gemälde über dem offenen Mittelraum (Abb. 78–79) und in stuckierte Streifen über den Läufen (Abb. 93). An der Fensterseite stürzte sich aus dem Himmel Athena mit Schild und Spieß auf aufrührerische Lapithen, Gegner der klaren Weltordnung des Zeus und seiner Göttergesellschaft beziehungsweise des Königs von Preußen: Man mußte schon niederer und geistloser Natur sein, um einem solchen König zu widerstreben. Die plastischen Figurengruppen von Zeus und Athena gingen in echt barokker Manier in die gemalte Decke über, deren allegorischer Sinn im einzelnen noch auf seine Deutung wartet. Der Maler war Nicolaus Belau, ein Schüler des Hofmalers Augustin Terwesten. Schließlich hieß es sich von diesem dramatischen Raum abermals in die hintere Ecke wenden, hinter dem großen Pfeiler zur Fensterwand aufsteigen und dann an dieser entlang bis vor die Tür des Schweizer-Saals.

94 und 95 *Paradekammern, Schweizer-Saal.* 2. Obergeschoß, Raum 814, L. etwa 27 m, Br. etwa 9,50 m, H. etwa 9,80 m. – Der Schweizer-Saal war von den letzten Läufen der Treppe und der Rampe durch eine Art Sprossenwand geschieden und empfing sein Licht von den äußeren Fenstern her über die Läufe hinweg. Durch die äußeren Fenster konnte man die kleinen korinthischen Säulen sehen, die im oberen Kolossalgeschoß der Hoffassade des Treppenhauses die großen Pilaster begleiteten oder die Fenster rahmten – so nah sah man denn nun doch, wie groß diese »kleinen« Säulen waren (über fünf Meter, mit Postament mehr als sechs Meter). An der Treppenhausseite der Sprossenwand entsprachen den Säulen Pilaster, und ebensolche Pilaster standen wiederum an der Innenseite der Sprossenwand und bildeten die Hauptgliederung des Schweizer-Saals, indem sie an dessen Wänden herumgeführt waren. Auch wo außen zwischen den Säulen die Riesenpilaster standen, waren in der Sprossenwand Fenster, also sowohl hinter jedem äußeren Fenster wie hinter jedem äußeren Riesenpilaster (die an den Ecken natürlich ausgenommen), zusammen neun innere Fenster.

In der wie außen in der Hoffassade gespreizten Mittelachse der Sprossenwand saß eine schwere eichene Flügeltür, auch über dieser aber ein Fenster, ein Halbkreis-Oberlicht. In der Architekturgliederung der Sprossenwand war der Fries so hoch, daß er zu Oberfenstern geöffnet sein konnte, die das Licht von den äußeren Halbstockfenstern hereinfallen ließen. An den anderen drei Wänden des Saals entsprachen den Oberfenstern Friesfelder mit grau in grau gemalten Kriegswaffen – in diesem Saal lag ja eine Truppe. Der Schweizer-Saal war 9:3 Achsen groß. Schlüter hatte die dünne hölzerne Sprossenwand mittig in die dicken Mauern des alten Schloßflügels gestellt, so daß der Saal etwa um die halbe Mauerstärke breiter war als die anschließenden Zimmer. Da die Tür von dort her gesehen in der Mitte der Wand saß, wurde die äußere Achse im Schweizer-Saal merklich breiter als diejenige neben der Tür zur Rückwand hin. In der Höhe faßte der Saal auch das Halbgeschoß in sich, das sich über den Flügel hinzog.

Die Gliederung des Saals mit korinthischen Pilastern, die das prächtigste Mittel der antikischen Architektur sind, mußte gewiß jemand, der die sehr laut gegliederte (weil umgebaute) Wendeltreppe heraufgekommen war, als steif empfinden und als sehr zurückhaltend. Immerhin ging ein Atem durch diese Architektur: An den Längswänden waren die ersten und dritten Felder, von den Ecken her gezählt, zurück-»gekröpft« – man sieht es am besten am Hauptgesims. Das ergab eine Zusammenfassung der drei Achsen am Eingang und gegenüber dem Eingang, die damit »en risalit« vortraten. Die beiden großen Kachelofen-Kamine, welche die gespreizte Mittelachse flankieren und in der architektonischen Wirkung sehr mitsprechen, folgen der Disposition Schlüters. Die Öfen waren aus kostbaren alten Kacheln im vorigen Jahrhundert neu aufgesetzt, die prachtvollen Kaminrahmungen aber mochten schon original barock sein, wenn sie auch im Detail schwerlich nach Schlüters Zeichnung gemacht waren.

Im 18. Jahrhundert wurde bald die Kombination des höfischen französischen Kamins mit dem guten alten mittel- und süddeutschen Kachelofen unmodern, zugunsten des Kamins allein, und dieses Beispiel blieb nur aus Pietät bewahrt. Man sah sicherlich nicht ungern, wenn die Paradekammern etwas altertümlich wirkten; so wurde doch auch das preußische Königtum als althergebracht empfunden, mit dessen Stiftung diese Räume so fest verknüpft waren. Die große Bogentür hätte, wären Schlüters Pläne durchgeführt worden, zu einem Korridor zu den Privatzimmern von König und Königin Zugang gegeben; so waren es nur eine Differenztreppe und Nebenräume.

Durch die Zurückkröpfung wurden ferner die zweiten Achsen der Längswand hervorgehoben; zusätzlich spannten sich hier zur Auszeichnung zwischen den Kapitellen Lorbeergebinde mit flatternden Bändern. In diesen vorspringenden Achsen saß in der Rückwand je eine Tür. Die linke führte in die spätere Braunschweigische Kammer, deren erster Raum ein Kabinett des Schloßgründers, Kurfürst Friedrich II., gewesen sein mag, jedenfalls zur Bauzeit des Saals hier schon anschloß. Die Tür symmetrisch dazu rechts war blind; dahinter lag der Kapellenhof.

Die Zurückkröpfung bewirkte schließlich, daß der jeweils letzte Pilaster der Längswände allein stand und mehr in Verbindung zur Architektur der Schmalwände trat. Deren dreiachsige Architektur, in der die Türen zu den Staatszimmern saßen, trat also mit ihren Enden gewissermaßen vor. Über den Türen spannte sich wieder das Lorbeergebinde mit flatternden Bändern. Mit dem Podest zwischen den Flügeltüren und der Sprossenwand hatte es seine besondere Bewandtnis. An diesen Ecken war Schlüter der Raum über den darunter aufsteigenden Treppenläufen knapp geworden, und er hatte die Deckenhöhe durch einen Trick vergrößert: Er ließ die Treppenhausdecke hier unter den Podesten über die Fußbodenhöhe des Schweizer-Saals hochsteigen. Die Podeste waren daher an der Fensterseite nicht zu entfernen gewesen, als man in späterer Zeit die Einrichtung des Saals für die Schweizer-Wache, die schon vom Soldatenkönig sofort abgeschafft worden war, entfernte. Man muß sich in der inneren Ecke ein gleiches Podest mit einer Skulptur darauf und einer Bank für die Wache davor denken. So ist es in Schlüters Publikation vorgesehen, und so war es wohl auch ausgeführt. Dann wird die Tür in der Schmalwand viel kräftiger betont als im fotografierten Zustand des Saals. Dann wird auch der Pilaster, der von der Schmalwand an die Längswände vortritt, verständlicher: Die Schmalwand-Fassade griff in den Saal aus; die Podeste, die die Tür so wirkungsvoll rahmten, wurden durch die vortretenden Eckpilaster ein wenig umfaßt.

Die Saaldecke war als Wolkenhimmel gemalt, die Voute oder Deckenkehlung, also jener Teil der Decke, der gerundet von der Wand in die Decke überleitete, als steinerne Decke eines Umganges dargestellt, dessen Brüstung auf dem Hauptgesims der Wandgliederung stand. Über die gemalte Brüstung, auf der hier und da Vasen stehen, die offenbar über die Brüstung gelegte Teppiche beschweren sollen, lehnen Zuschauer aus aller Herren Länder, sich unterhaltend und erwartend, daß der König kommt (Abb. 95). Dann nämlich werden die 40 Trabanten und die 40 Schweizer antreten, ihre Fahnen fliegen und ihr Spiel klingen lassen, mit Trommeln und Trompeten. Diese Zone der Voute war in allen anderen Paradekammern durch Stuckarbeiten gegliedert, in Formen, die nicht wie diese hier eine reale Situation vorstellen. Man möchte daher annehmen, daß die ganze Decke vom Maler selber komponiert worden ist. Gleichwohl paßte sie sehr gut zu der zwar vornehmen, aber doch sehr zurückhaltenden Stimmung dieses Raumes.

Ursprünglich war der Saal wohl noch einfacher als ihn die Abbildung zeigt. Die gemalten Nischenbögen in jeder zweiten Achse der Wand mit ihren eingerollten Enden und den gemalten Büsten darin sind vielleicht eine Zutat aus der Zeit Friedrich Wilhelms IV. Denkt man sich diese Scheinnischen weg, dann bestehen die Wände zwischen den Pilastern nur aus dem Untergesims, das die Kämpfer der Bögen in der Mittelachse der breiten Seiten fortführt, und den dunkeln Stuckmarmorfeldern in ihren schönen Rahmen unter dem Gesims. In den Türachsen ist das Gesims weggelassen; die Füllung wird von der Tür gleichsam an den oberen Rand des Wandfeldes gedrückt – eine schöne perspektivische Wirkung.

In Schlüters Stichpublikation von Wendeltreppe und Saal umzieht die Bank für die Schweizer den ganzen Saal, der damit bei aller Würde etwas Wohnliches bekam. Ähnlich wie in den Komödien des 17. und 18. Jahrhunderts die Diener auch und vor allem als Menschen gesehen werden und auftreten, beschränkt wie auch immer, aber doch mit Eß-, Liebes- und Schlaflust gesegnet, durften in einer damaligen Residenz Untergebene sich setzen und zwanglos betragen, auch wenn die Herrschaften das sahen. Erst die bürgerliche Zeit hat die Abhängigen teils straff funktionalisiert, teils in Freizeit entlassen (die es vorher nicht gab). Im vorigen Jahrhundert waren die Bänke im Schweizer-Saal unmöglich geworden; die Dienerschaft trat nur in adretter Haltung auf und hatte ihre Ruheplätze irgendwo im Verborgenen, in Nebenräumen. So wurden also die Bänke entfernt außer denjenigen, die die Stelle verbargen, wo der Aufgang den Fußboden des Saals durchbrach.

Auch das Tafelparkett dürfte zur Zeit Friedrich Wilhelms IV. gelegt sein. Vielleicht lagen hier vorher gar einfache Dielen. Die beiden »flämischen« Leuchter schließlich waren alt und mögen zur Originalausstattung gehört haben. Erhalten waren in diesem Saal und in den ersten anschließenden Paradekammern auch die schönen eichenen Flügeltüren mit ihren kräftig gekröpften Bekleidungen und Füllungsrahmen.

96 *Paradekammern, Erste Paradevorkammer.* 2. Obergeschoß, Raum 799, L. etwa 14 m, Br. etwa 8,50 m, H. etwa 6,25 m. – Die Erste Paradevorkammer lag noch im alten Schloßteil und war seit Kurfürst Johann Georgs Zeiten das zweite Vorzimmer der kurfürstlichen Wohnung. Da das erste Vorzimmer im Schweizer-Saal aufgegangen war, bekam der Raum erst im Zusammenhang des Königsschlosses den Namen Erste Vorkammer. Im Schloß der Vorgänger Johann Georgs dürfte es von Anfang an Vorzimmer gewesen sein. Das Zimmer war also schon immer fürstlich eingerichtet. Seine königliche Ausstattung wurde aufgeschoben, bis der Neubau am Lustgarten in seinen zunächst geplanten Grenzen – ohne die Galerie – benutzbar, also im wesentlichen ausgestattet war. Dieses (und noch ein anderes) im Altbau gelegenes Zimmer ist später als die glänzenden Räume beim Rittersaal ausgestattet worden; es handelt sich offenbar um Schlüters letzte Raumausstattungen im Schloß. Schlüter ist mit weiser Ökonomie vorgegangen und hat dieses erste Zimmer weniger aufwendig gestaltet, so daß sich eine Steigerung zu den kommenden Räumen hin ergab.

Alle Paradekammern mit Ausnahme der Säle waren ursprünglich entweder mit Seidenstoffen oder mit Bildteppichen ausgespannt. Hier in der Ersten Vorkammer hingen Bildteppiche, die in der Berliner Manufaktur hergestellt und mit Gold und Silber broschiert waren. Aus welchem Stoff die Fenstervorhänge bestanden, die man sich hier wie in allen anderen Zimmern dazu denken muß, ist unbekannt. Unten hatte die Wand das übliche Sockelpaneel aus Rahmen und Füllung, das sich erhalten hatte. Auch die Fensternischen sind vertäfelt gewesen, höchstwahrscheinlich mit Innenläden, die vorgeklappt wurden, wenn der Hof, wie ziemlich häufig, sich auf einem der Landschlösser aufhielt. Die kostbaren Stoffe wurden dem Licht, das sie bleichte, nicht unnötig ausgesetzt.

Die Erste Paradevorkammer hat die erste typisch Schlütersche Stuckvoute. Den inneren Rahmen des Himmels und die Leuchterrosette muß man sich wegdenken; das dürften Zutaten des vorigen Jahrhunderts sein, ebenso die grau in grau gemalten Waffenarrangements und das Rautenwerk. Die Deckenfläche ist sicher als Himmel gemalt gewesen. Schlüters Stuckvoute war ursprünglich auch wohl nicht so völlig übergoldet, sondern mehr weiß mit einzelnen vergoldeten Linien und Teilen. Auch die gemalten Rosetten in den gerahmten Flächen sind viel zu aufdringlich erneuert, falls sie überhaupt auf den originalen Zustand zurückgehen.

Um Schlüters Voute zu verstehen, muß man sich etwas genauer hineinsehen. Die Komposition besteht aus jeweils einem barocken Rahmen über jeder Wand; die Rahmen wirken bei ihrem breiten Format etwas wie Sarkophagseiten. Eine so ernste Assoziation war der Ersten Vorkammer, neben dem martialischen Wachsaal (Abb. 94), durchaus angemessen. Die Bodenleisten der Rahmen sind an den Enden zu Füßen verkröpft und mit dorischen Tropfleisten wie Zehen besetzt. Auch die Schultern der Rahmen sind verkröpft. In deren Mitte sitzt – und dies verstärkt den sarkophagähnlichen Eindruck – über den Türen eine zweite, bilderrahmenähnliche Komposition, die ein Rundbild rahmt, mit Putten darin, die leider in der Zeit Friedrich Wilhelms IV. neu gemalt scheinen, so daß sich der originale Inhalt nicht angeben läßt. Dieser mittlere Rahmen scheint an seiner unteren Hälfte auch sehr erneuert. Oben wird er von einem bogenförmigen Gesims bekrönt, von dessen eingerollten Enden Laubgehänge ausgehen, die über die Schultern des äußeren Rahmens hinabhängen.

Die Rahmungen der Schmalseiten sind darauf berechnet, daß sie mit den Supraporten zusammengesehen werden, die von den Türstürzen bis an das Deckengesims reichen. In dem kostbaren Rahmen der Supraporten sind in jedem Zimmer besondere Darstellungen. Hier sieht man vor einem Grund aus buntem Stuckmarmor oder hinter Glas gemalter Marmorierung einen Sockel mit einem hokkerähnlichen Aufsatz und einem Kissen darauf, auf dem die Königskrone liegt; darüber ist ein Laubgebinde gespannt. An dem Untersatz der Krone sind die symmetrisch gespiegelten Initialen FR = Fridericus Rex angebracht. Darunter greifen Muschelkompositionen wie Schlußsteine über die untere Rahmenleiste und den Türsturz. Ihr schöner Perspektiveffekt leidet etwas unter den modernen Lampen.

Die sehr viel breiteren Rahmen in der Voute über den Fensterwänden hatte auch das mittlere Rundbild, anstelle aber von dessen Rahmen wurde es flankiert von allegorischen, nur gemalten Sitzfiguren, die auf besonderen, nun wieder stuckierten Sockelleisten ruhten. Die Bedeutung dieser Sitzfiguren ist wie diejenige fast aller Darstellungen bisher nicht erforscht. Unter den Bildern waren hier königliche Wappen so angebracht, daß sie das Deckengesims übergriffen. Die Komposition über den breiten Wänden scheint Schlüters Original noch näher geblieben als die über der Türwand.

Die Ecken der Voute waren ausgesetzt mit Kartuschen, die diesmal keine Wappen, sondern große Muscheln in sich faßten und von Sphinxen gehalten wurden. Ein geschweiftes, ganz frei hingesetztes Krönungsgesims überfing Sphinxen und Kartusche. Auf ihm stand eine Vase von Kelchform, umspielt von Laubwerk. Der Rahmen des Himmels schloß sich an den oberen Rand des Kelchs und an den Bogen des Rahmenwerks über der Tür an. Über den Schultern der Sarkophagrahmen lief er parallel, gestützt von Laubkonsolen, über dem Bogen in der Mitte der Längswände bildete er einen flachen Giebel.

Gerade diese erste, relativ schlichte und nur unvollständig erhaltene Voute zeigte Schlüters Dekorationskunst besonders deutlich. Er versucht fast nie, eine reale Situation darzustellen, zielt kaum jemals auf platte Sinnestäuschung, wie etwa der Maler der Decke des Schweizer-Saals es bis zu einem gewissen Grad doch tut (Abb. 95). Schlüter verwendet das Vokabular der barocken Architektur, Plastik und Malerei, um bestimmte Assoziationen beim Betrachter zu erwecken. In einer Zeit, die kein Fernsehen kannte und nicht die vielen anderen Zerstreuungen von heute, wurden solche Bildwerke schon zur Unterhaltung oder aus Langeweile genau besehen, und jedermann, der hier aus und ein ging, kannte die Assoziationen zu den einzelnen Formen und architektonischen Vorstellungen: Die Sarkophage als Prunkbestattungen antiker Fürsten bedeuteten antikischen Heroismus und Größe, durchaus mit großem Ernst (nicht aber den Tod; dieser wurde damals ganz kraß mit Totenköpfen oder ganzen Totengerippen dargestellt), die Lorbeergehänge waren Zeichen des Ruhmes, die Eichenlaubgehänge (über den Fensterseiten) spezielles Zeichen des Heldenruhms, die Muscheln konnten die hervorbringende Kraft und Fülle der Natur bedeuten, die Sphinxen, üblich als Wappenhalter, waren aufmerksame und starke Wächter, von Schnelligkeit beflügelt.

Das Rankenwerk allgemein bedeutete Fruchtbarkeit und Wachstum, der Kelch, jedermann vom Abendmahl vertraut (damals herrschte noch durchaus religiöser Zwang), bedeutete Teilhabe und Genuß höchster göttlicher Inhalte. Dies sind ganz lückenhafte und unzureichende Versuche, den vielfach verschlungenen Assoziationsgehalt solcher Formen anzusprechen. Freilich gab es in den Paradekammern auch wieder eine gewisse Inflation dieser Formen und Bedeutungen. Man muß sich dazu den Hintergrund der schlichteren Adelsschlösser, der äußerst schlichten Bürgerhäuser von damals denken, in denen solche Symbole nur ganz vereinzelt vorkamen, der Kircheneinrichtungen, wo jedermann dies Vokabular an einzelnen Grabmälern, am Altar und der Kanzel kennenlernen konnte, und den Hintergrund der ärmlichen Bauernhäuser, in denen dergleichen fast unbekannt war, zumal im schwer gedrückten Kernland, den Marken. Was an Bauernmöbeln mit barocker Schnitzerei überkommen ist, ist ja fast ausnahmslos viel jünger und aus freieren und reicheren Landstrichen.

Die hier zur Zeit der Aufnahme hängenden Bilder waren Porträts der Schwestern Friedrichs des Großen von Antoine Pesne, von links nach rechts: Amalie im Karnevalskostum einer Amazone, Luise Ulrike, spätere Königin von Schweden (beide Gemälde heute im Schloß Charlottenburg), Philippine Charlotte, spätere Herzogin von Braunschweig.

Die beiden Tische sind zur Zeit Friedrichs des Großen aus Resten von Silbermöbeln des ersten Königs hergestellt worden, die in der Geldnot des Siebenjährigen Krieges aufgelöst worden waren. Die beiden Adler gehörten zu einem, die »Wilden Männer« zu einem anderen Silbertisch. Die Holzkerne der Figuren wurden mit neuen Zargen im Rokokostil kombiniert und über Kreidegrund ganz dünn versilbert. Solche Kunstwerke, die aus verschiedenen Teilen zusammen-»gebacken« sind, nennt man Pasticcio. Der Schreibsekretär war eine Pariser Arbeit aus der Mitte des 18. Jahrhunderts, die Stühle sogenanntes Zweites Barock aus der Zeit Friedrich Wilhelms IV. oder seines Bruders Wilhelm I.

97–99 *Paradekammern, Zweite Paradevorkammer.* 2. Obergeschoß, Raum 798, L. etwa 9,50 m, Br. etwa 8,50 m, H. etwa 6,25 m. – Die Zweite Paradevorkammer war das letzte Wartezimmer vor dem Schlafzimmer der Kurfürsten seit Johann Georg und diente als solches auch während der Regierung Friedrichs III. (I.), der seinen Neubau nur wenige Jahre hat benutzen können und die längste Zeit seiner Regierung in den Räumen seiner Vorgänger repräsentieren mußte. Die Wände waren hier zu Ende seiner Regierung mit rotem Samt ausgespannt, offenbar um die regelmäßige, grandios wirkende Abwechslung von Bildteppichen und Seidenstoffen in den Paradekammern zu erreichen. Bevor deren ganze Reihe bezogen war, dürfte das Zimmer auch mit Teppichen ausgestattet gewesen sein.

Die Supraporten über den schönen alten Eichentüren waren diesmal aus bauchigen, bekränzten Henkelvasen komponiert, die auf Tischgestellen mit phantastischen, aus Laubwerk und Löwenpranken gebildeten Füßen standen. Aus den Vasen stiegen Wolken über das Deckengesims auf: Weihrauch. Die Decke war mit großer Pracht ausgestaltet, in der Komposition aber von einer gewissen Steifheit im Vergleich mit den Nachbarräumen. Vielleicht war sie eine frühe Arbeit Schlüters aus seinen ersten Jahren in Berlin, oder er hat in mehreren Etappen daran gearbeitet oder ältere Entwürfe oder Teile verwenden müssen – das ist noch nicht erforscht. Von allen seinen Decken im Schloß war diese dem großen Vorbild solcher Räume, Pietro da Cortonas Decken in den Staatszimmern im Palazzo Pitti in Florenz, am ähnlichsten. Diese Decke bewahrte noch viel von dem Weiß-Gold-Effekt der originalen Fassung, auch vom Effekt verschiedener Vergoldungen, die man damals verwendete: grünliche Kupfervergoldung, kühles helles Zitrongold, warmgelbes und rotes Gold; alle diese Arten konnten matt und poliert eingesetzt werden, wie man auf den Abbildungen ganz gut erkennt.

Über jeder Wand stand in der Voute auf einem prächtigen Sockel ein Bogen mit eingerollten Enden, im Scheitel »gesprengt« durch einen Schlußstein, Schlußstück sollte man sagen, halb Dreiecksgiebel, halb Rahmengebilde. Die Giebel waren an den Fensterseiten wiederum gesprengt durch Preußische Wappen, die ähnlich wie ein Altarbild über dem Altar über breiten antikischen Kesseln aufgehängt waren. Was die Kessel und die Medusenhäupter mit den Schlangen an den Kesseln bedeuteten, hat noch niemand erforscht. Unter den Kesseln war über den Sockel eine Decke gebreitet, die auf das Gesims herabhing und dabei eine antikische Szene sehen ließ, hier den Triumphzug eines Helden mit dem Viergespann, dem Viktoria den Siegeskranz aufsetzt, dort die Vorführung Gefangener vor dem Sieger. Aus den Kesseln hingen – gemalte – Blätter, und durch die Bögen fiel der Blick auf Gebüsch und Himmel.

Die Bögen über den Türen gaben den Blick frei auf altarähnliche Architekturen. Die Schlußstück-Giebel enthielten hier weibliche allegorische Sitzfiguren. Von diesen ist diejenige über der Tür in die erste Vorkammer offenbar die besser Erhaltene gewesen (Abb. 98). Mit Früchte-Füllhorn, Palmzweig und einer Büchse bedeutete sie wohl den Segen des Friedens. Ihr Gegenstück wirkte unvollständig; beide Rahmen scheinen erneuert und vereinfacht gewesen zu sein, wenn man die entsprechenden Rahmen über den Fensterwänden vergleicht.

In den Zwickeln zwischen den Bögen, über den Raumecken, hoben geflügelte Putten vermutlich rote, goldgestickte Vorhänge in die Höhe und enthüllten dabei goldene Sitzbilder, wie Götterbilder in thronender Haltung, deren Sockel sich aus großen Eckmuscheln entwickelten. Diese Eckmuscheln, Sockel und Goldfiguren wirken stilistisch wie Entwürfe des reifen Schlüter und stehen in einem fühlbaren Gegensatz zu der relativ steiferen sonstigen Komposition der Decke. Das goldene Sitzbild rechts über der Tür zum Königszimmer hatte ein riesiges Füllhorn voller Münzen, ihr Gegenstück links wies in der Haltung einer Allegorie des Glaubens in die Höhe zum Dekkenbild, auf welchem das Wappen des neuen Königreichs von allerhand Allegorien verherrlicht wurde. Die weiteren goldenen Sitzbilder waren die »Stärke« mit Säulen und Löwen, und das »Königtum« mit Krone und Zepter.

Zwischen den Eckgruppen und den Bögen saßen halb und lehnten halb weiße Gewandfiguren, die sowohl den Bögen wie den Eckgruppen zukomponiert waren, junge Männer und Frauen, auch ein Bärtiger. Ihnen wird durch Wegziehen des Vorhangs der blendende Glanz des neuen Königtums, den die Sitzbilder versinnlichen, offenbart; vielleicht vertreten sie symbolisch die beglückten Völker und Untertanen. Sie sind in demselben Größenmaßstab wie die Putten gebildet, weil sie mit diesen einer Szene angehören.

Über dieser Voute folgte dann, in einer auffällig schweren und steif geführten Rahmung, der Deckenspiegel, der als Deckenöffnung gegen den Himmel, als Opaion gegeben ist. Das Deckenbild zeigte, wie schon gesagt, die Verherrlichung des preußischen Wappens.

Die Gemälde an den Wänden sind (von links nach rechts): Katharina II. von Rußland von Virgilius Eriksen – das Staatsporträt war ein Geschenk der Kaiserin an Friedrich den Großen –, Kurprinz Karl Aemil von Brandenburg von Pieter Nason und Friedrich Wilhelm I. als Kronprinz von Anton Schoonjans (1702). Die Tische stammen aus der Zeit des ersten Königs, die Stühle waren wie die in der Ersten Paradevorkammer (Abb. 96) Zweites Barock.

100 *Paradekammern, Königszimmer.* 2. Obergeschoß, Raum 797, L. etwa 11,5 m, Br. etwa 8,50 m, H. etwa 6,25 m – Das Königszimmer, dem Grundriß nach zu urteilen seit Kurfürst Johann Georg offizielles Schlafzimmer der Kurfürsten, hat auch dem ersten König die längste Zeit seiner Regierung als Paradeschlafzimmer gedient – daher der Name. Das Schlafzimmer war in einer Feudalresidenz der wichtigste Empfangsraum und das letzte öffentliche Zimmer einer Fürstenwohnung. Im Mittelalter war es der einzige Wohnraum gewesen; man hatte ursprünglich auf dem Bett sitzend Besuch empfangen. In Frankreich war schon bald ein Privatzimmer üblich geworden, das Kabinett, wohin sich der Fürst etwa zur Beratung zurückziehen konnte. Gewohnt im heutigen Sinne, also in Muße im Familienkreise aufgehalten, haben sich die Fürsten in den Zimmern ihrer Frauen.

Im Berliner Schloß hatte die erste Gemahlin des Großen Kurfürsten die Zimmer des Palästchens der Herzogin Elisabeth Magdalena von Braunschweig bezogen (Abb. 10) und damit eine größere regelrechte Privatwohnung erhalten; vielleicht hatten schon ihre Vorgängerinnen nach dem Tod der Herzogin 1595 deren Wohnung so verwendet. Erst gegen Ende seiner Regierung aber hatte der Große Kurfürst sich hinter seinen Staatszimmern als Gegenstück zu der Privatwohnung seiner Gemahlin eine eigene Privatwohnung ganz neu bauen lassen und diese mit den Privatzimmern der Kurfürstin durch eine ebenfalls neugebaute Galerie (Abb. 11) verbunden. Ob er danach noch das Paradebett im Staatsschlafzimmer benutzte und ob sein Sohn Friedrich, der die Privatzimmer des Großen Kurfürsten ebenso wie dessen Staatszimmer übernahm, jemals wirklich im Königszimmer Parade geschlafen hat, ist nicht bekannt. Die protestantischen Fürsten waren in diesem Punkt des Zeremoniells vielleicht zurückhaltender. Von einem regelrechten Lever und Coucher wie bei Ludwig XIV. von Frankreich weiß ich nichts. Charakteristisch für ein Schlafzimmer waren die »Degagements«, der Anschluß an Nebenräume und -treppen, auf denen die Dienerschaft kommen und fortgehen, etwa die Kleider oder den Nachtstuhl bringen und forttragen konnte. Um sich des Nachtstuhls zu bedienen, genügte ein Wandschirm; im 18. Jahrhundert hatte man dafür aber ganz gern ein eigenes kleines Kabinett.

Das Königszimmer hatte als Nebenräume die Dachzimmer im Verbindungstrakt zur Hofapotheke; eine große Nebentreppe – eine Wendeltreppe, die »Runde Treppe« – saß auf seiner äußeren Ecke, war zuletzt allerdings nicht vom Zimmer aus zugänglich, sondern nur von den Kabinetten aus. Die Privatzimmer des Großen Kurfürsten, die hier anschlossen, waren so angelegt, daß auch deren Schlafzimmer, die Brautkammer, wiederum zu der Runden Treppe Zugang hatte. Diese Runde Treppe hatte ehemals, vor den Anbauten des Großen Kurfürsten, auch Gelegenheit geboten, daß der Fürst ungesehen aus seinem Paradeschlafzimmer gewissermaßen entkommen konnte, wenn lästige Besucher in den Vorzimmern warteten. Wo im letzten Zustand des Zimmers ein Bett bequem Platz hätte haben sollen, bleibt offen: Es müßte mit dem Kopfende an der Wand stehen, und die Türen zu den Degagements müßten daneben in dieser Wand sein. Die Wand von der Tür in die Privatzimmer bis zur Ecke bei der Runden Treppe bot mit 3,50 Metern nur noch knappe Kopfwand für das Bett, wenn man bedenkt, daß das Gefolge, das dem König aufwartete, neben dem Bett noch Platz haben mußte.

Die Wandverkleidung aus Holzgetäfel, mit den darin eingelassenen Staatsporträts von Königen und Königinnen, mit den Türen und Supraporten, der Kaminrahmung und dem Kaminspiegel war neubarock aus Wilhelms II. Zeiten und hätte auch in eine der großen Villen der neunziger Jahre des vorigen Jahrhunderts gepaßt – übrigens war sie geschmackvoll zurückhaltend. Am Ende der Regierungszeit des ersten Königs waren die Wände mit Bildteppichen ausgespannt, wahrscheinlich König Friedrich I. zur Jagd ausreitend darstellend – Teppiche, die Ludwig XIV. geschenkt hatte. Eine solche Bespannung mit Teppichen war für ein Schlafzimmer nicht zart genug, und ich möchte glauben, daß vor Eröffnung der neuen Räume beim Rittersaal, zu denen auch ein neues Schlafzimmer gehörte, hier der rote Samt ausgespannt gewesen ist, der danach nebenan in der Zweiten Vorkammer war. Ebenso wie dort muß man sich hier die schweren barocken Türrahmen und Türen und wohl auch die Sockelpaneele denken; übrigens mag der Leser beim Vergleich der Türwände der Vorkammern und des Königszimmers ermessen, wie ein Architekt durch bloße Untergliederung von zwei ganz gleich bemessenen Wänden und durch eine kleine Verbreiterung der Tür den Raumeindruck völlig ändern kann.

Über diesen Wänden nun eine Voute in Schlüters spätem Stil, flüssig und elegant gezeichnet, mit einer ganz leichten Kurvenlinie gegen den Himmel. Das Kompositionsmotiv über den Wänden ist jeweils eine Balustrade, die zurückschwingend eine Nische oder Exedra bildet. An den breiten Seiten wird sie von schweren Postamenten eingefaßt. Deren gewissermaßen zweistöckige Gliederung ist dadurch veranlaßt, daß zwischen ihnen Treppenstufen in die Exedra hinaufführen. An die Postamente schließen Attiken an. Die Nischen der Schmalwände sitzen ohne die Rahmung aus den Postamenten unmittelbar zwischen den Attiken, weswegen denn auch die Stufen davorliegen. In den Ecken sind eine Art Gewölbenischen in die Attiken eingesprengt, gerahmt von eingerollten Bögen. Diese Gewölbenischen geben den Rahmen und Grund ab für die weißen allegorischen Gruppen, die daraus hervor- und über das Deckengesims hinausquellen.

Die Gruppe links über der Tür zum Vorzimmer stellt die Wahrheit dar, wie sie von der Zeit enthüllt wird: eine junge Frau. Sie hält die Sonne, die alles an den Tag bringt, in der Hand, während der Zeitgott Kronos, ein bärtiger Mann mit der Sanduhr in der Hand, ihr das Gewand oder die Decke wegzieht. Ob die bräutliche Entkleidung der Fürstin hier im Schlafzimmer den allegorischen Anknüpfungspunkt gab? Die Leute hatten damals nicht nur ganz andere Gedankenbilder im Kopf als wir, sie müssen auch wohl andere Nerven gehabt haben. Der weitere Sinn der Gruppe könnte auch sein, daß der König, wenn er Informationen und Entschlüsse erst einmal überschlief, der Wahrheit näher kommen würde. Die Gruppe gegenüber ist noch nicht gedeutet; von den beiden anderen war die eine der von der Gerechtigkeit belohnte Fleiß, die andere scheint nicht einmal fotografiert worden zu sein und bleibt unbekannt.

Der Zyklus der Staatsporträts begann rechts an der Kaminwand mit König Friedrich I., lief rechts herum und endete an der Rückwand mit Kaiser Wilhelm I., gemalt von Xaver Winterhalter, und Kaiser Friedrich III., 1892 gemalt von Karl Keinke. Die Stühle gehören einem Typus der Zeit Friedrich Wilhelms I. an. Auf dem Kamin japanische Porzellanadler, auf dem Konsoltisch links japanisches Imari-Porzellan.

Das Königszimmer vermittelte die Ecke in der Reihe der Paradekammern, die Stelle, an der der Besucher vom Spreeflügel in den Lustgartenflügel einschwenken mußte. Dieser Lage entsprechend hatte es die Fenster übereck an der Außenseite dieser Schwenkung: eines zur rechten, eines gegenüber. In der für den Hereinkommenden linken Wand waren zwei Flügeltüren.

101–105 *Paradekammern, Rote Kammer (Drap-d'or-Kammer).* 2. Obergeschoß, Raum 796, L. etwa 12 m, Br. etwa 7,50 m, H. etwa 6,25 m. – Mit der Drap-d'or-Kammer änderte sich das Raumbild und -erlebnis in den Paradekammern ganz und gar, ohne daß die Räume größer geworden wären. Von nun an waren die Fenster an den schmalen Seiten. Die Zimmer lagen also quer im Gebäude. Und von nun an eröffneten zwei Reihen Türen den Durchgang, die »Enfilade«. Die Reihe der Türen und damit die Gehzone lag nun nicht mehr in der Mitte der Zimmer, sondern führte nahe an den Fenstern entlang. Bisher hatten die Räume beiderseits der Gehzone gewissermaßen zwei Buchten gebildet, in denen man sich vom Verkehr hatte abwenden und in eine der Fensternischen zurückziehen können. Es handelte sich ja um Räume des Altbaues aus dem 16. Jahrhundert. Die Fensternischen waren hier ehemals, vor dem Umbau zum Königsschloß, sicherlich mit einer Stufe und Bänken vor den tiefen Laibungen ausgestattet. Man hatte sie noch nach mittelalterlicher Weise bewohnt. Der Durchgehende hatte zwischen sich und dem Freien die Bewohner. Die Zimmer im Neubau des Königsschlosses und, durch Umbau, auch das erste Zimmer im Lustgartenflügel, die Drap-d'or-Kammer, waren für eine ganz andere Art des Lebens darin disponiert. Die Verkehrszone lag nun außen an den Fensterwänden; wer hier ging, hatte immer wieder Verbindung nach draußen zum Schloßhof oder zum Lustgarten, und der König hielt sich in der Mitte des Raumes auf und sah über die Wege, die seine Besucher nahmen, nach draußen. Man kam also von draußen nach drinnen, und der König war ganz innen. Andererseits war das Draußen auf eine neue Weise stets nahe. Ein, zwei Jahre vorher war in Charlottenburg die erste hiesige erdgeschossige Staatssuite eingerichtet worden, aus der man zu ebener Erde in den Garten treten konnte.

Die Drap-d'or-Kammer war der erste Raum der Paradekammern, der in der neuen Weise disponiert war, querliegend, zwei Fenster in den schmalen Wänden, zwei Türen in den breiten. Die Türen waren gewiß durch Umbau denen des anschließenden Neubaues angeglichen worden. Denn diesen Raum hatte schon Kurfürst Johann Georg bauen lassen; er war das Kabinett, in dem er, von der

Öffentlichkeit des Hofes zurückgezogen, sich mit seinen Räten beriet, »Kabinettspolitik« trieb wie alle absolutistischen Fürsten und sich mit den bevorzugtesten Gästen besprach, und dazu diente der Raum allen nachfolgenden Kurfürsten und noch Friedrich III. (I.) bis in die Zeit nach seiner Königskrönung. Dieses »Grand Cabinet« war also noch feiner und exklusiver als das Schlafzimmer (Abb. 100). Es ist wohl deswegen als einziges Zimmer der Paradekammern mit Goldbrokat ausgespannt gewesen, daher der Name. Indessen zeigt ein zeitgenössisches Bild »nur« roten Samt; der Damast auf unseren Abbildungen war vom Ende des vorigen Jahrhunderts. Bei Ingebrauchnahme der ganzen Suite wurde der Raum Audienzzimmer und erhielt einen mit rotem Samt und Goldtressen ausgeschlagenen Thron.

Ein zweites Element größter Prachtentfaltung waren in Barockeinrichtungen Spiegel. So hatte die Kurfürstin und erste Königin, Sophie Charlotte, in ihrem Schlößchen Lützenburg, das nach ihren Tod Charlottenburg genannt wurde, ein »gläsernes Schlafgemach«, an dessen Wänden die Bahnen der Damastbespannung mit Spiegelbahnen abwechselten, und Schlüter hat ihr dort den Spiegelsaal in der Mitte des Obergeschosses eingebaut. Die Drap-d'or-Kammer im Stadtschloß in Berlin war wie durch den Goldbrokat so auch durch reiche Verspiegelung aus den anderen Zimmern des Schlosses hervorgehoben. Verspiegelt waren ehemals zum Teil die Wände, zuletzt noch die Fensterlaibungen, selbstverständlich die »Spiegelpfeiler« zwischen den Fenstern (vor denen in allen zweifenstrigen, auch bürgerlichen Repräsentationsräumen seitdem bis in unser Jahrhundert hinein immer die Kommode oder der Konsoltisch zu stehen und darüber der »Pfeilerspiegel« zu hängen hatte). Verspiegelt war der Fries der Kaminkrönung, große ovale Spiegel saßen in den Ecken der Deckenkehlung, und verspiegelt war schließlich der Deckenhimmel, an dem zierliches Sproßwerk die Spiegelfugen deckte.

Da die Drap-d'or-Kammer zum Hof hin eine überaus dicke Wand und dementsprechend sehr tiefe Fensterlaibungen hatte, war die Verspiegelung der Laibungen wohl ein Mittel gewesen, diese dem neuen Raumgefühl hinderliche Tiefe der Fensternische zu kompensieren; leider erscheinen die Hoffenster in unseren Abbildungen nur im Spiegel (Abb. 101). Für dieses neue Raumgefühl war wesentlich, daß man am Fenster ging und stand, nicht aber saß. Die Wandaufteilung war darauf bezogen vor allem dadurch, daß die Sockel sehr niedrig waren. Ein gewöhnlicher Sockel hatte etwa Tischhöhe und war aus Rahmen und Füllung gearbeitet – siehe die Paradevorkammern (Abb. 96–97). Räume, in denen Möbel an die Wand geschoben wurden, bedurften schon aus praktischen Gründen tischhoher Sockeltäfelungen. In den Sälen, in denen man nicht an den Wänden, sondern allenfalls an einer Tafel in der Mitte saß, war die Wandarchitektur auf den stehenden und gehenden Menschen bezogen. Dort entfiel der (architektonisch »Postament« zu nennende) Sockel, und Schlüter ordnete lediglich eine Plinthe oder Basis an, eine Art Untersatz, der zum Unterschied vom Sockel kein selbständiges Architektur-»geschoß« mit eigener Basis und eigenem Krönungsgesims darstellt. Im Schweizer-Saal etwa (Abb. 94), wo doch die Garde an den Wänden entlang sitzen konnte, hatte Schlüter trotzdem die unterste Zone der Wand nicht als Sockel, sondern bloß als Plinthe geformt, weil die Herrschaften hier ja gingen und nicht saßen.

Die grandiose, im Schloß einzigartige schöne Plinthenzone der Laibungsvertäfelung in der Drap-d'or-Kammer war mit Vermeidung des Rahmen- und Füllungswerkes eines regelrechten Sockels entworfen, obwohl sie fast Tischhöhe hatte. Die Wände wurden ursprünglich von einem marmorierten Sockelpaneel geschützt. Das fotografierte gehört zum Ausbau unter Friedrich Wilhelm IV. (Abb. 104). Grandios auch, daß der Pfeilerspiegel beinahe bis auf die Scheuerleiste hinabreichte (Abb. 103), ganz eindeutig Stehende und Gehende spiegeln sollte und gewiß nicht darauf berechnet war, daß ein Tisch davorgestellt würde. Selbstverständlich läßt sich heute nicht mehr ohne weiteres angeben, ob dieses Maß des Spiegels nicht einer Erneuerung geschuldet ist – dann hätte jedenfalls der Architekt der Erneuerung die Raumstimmung genau getroffen. Übrigens ist der Spiegel mit dem oben darübergelegten Ornamentband und der sprühenden Bekrönung aus Wappen und Gezweig von der köstlichsten Eleganz.

Auch die Laibungsspiegel sind kostbar gerahmt, und jedem ist eine hochelegante Applik aufgelegt. Auf Abbildung 105 erkennt man deren Komposition. Die Fugen der Spiegelscheiben wurden von zwei Quersprossen gedeckt, die zu einem eigenen Rähmchen zusammengefaßt waren. Die darauf angebrachte Applik ist als Variation über eine Konsole aufzufassen, die wegen des Spiegels darunter mehrfach durchbrochen gearbeitet ist. Unten als »Konsolkapitell« ein Medusenhaupt mit starrem Blick und gesträubtem Haar, darauf sitzend eine Allegorie des Friedens mit Blume und Palme in den Händen; Waffen und Kriegstrommeln liegen unbenutzt zu ihrer Linken. Darüber dann wird die Konsolenkomposition im kleinen wiederholt: Ein Konsolkapitell von der Form eines Säulen- oder Vasenfußes trägt eine doppelte Muschel; auf deren Schnecke oder Schloß ruht die Königskrone. An den Seiten groteske Flügel- oder Akanthusweibchen und Lorbeerzweige. So beschwört noch dieses Ausstattungsdetail den Frieden als erhoffte Segnung des neuen Königtums.

Die Supraporten sind hier aus Balustraden mit einer Art kleinem Balkon in der Mitte komponiert, worüber die spiegelsymmetrisch verdoppelten Initialen FR(= Fridericus Rex) unter Krone, Palmen und Lorbeergehängen angebracht sind. Die Türen sind leider von hier an und in den weiteren Paradezimmern durch Lackierung und Appliken aus der Regierungszeit Friedrich Wilhelms IV. im Gesamteindruck etwas verändert; vielleicht waren sie aber wirklich marmoriert gestrichen. Jedenfalls ist die Einteilung der Füllungen im großen die gleiche wie bei den originalen Türen in den Paradevorkammern und an anderen Stellen des barocken Schloßausbaues.

Der Kamin mit seinem Marmorrahmen und der auf Konsolen liegenden einfachen Krönung mit dem Lorbeergehänge und dem Göttinnenhaupt in der Mitte ist streng gezeichnet. Er trägt über sich zwischen Stuckmarmorpilastern eine riesige Kartuschenfläche, vor der eine Wappenkartusche mit den Initialen FR von einer schönen Gewandfigur im Arm gehalten wird, die auf einer Wolke lagert. Eine zweite schwebt darüber und hält die Königskrone über das Wappen; Helm und Rüstung kennzeichnen sie als – ja als was, als Athena oder als Bellona, die barokke Allegorie kriegerischen Gerüstetseins? Ich glaube das letztere. Dann könnte die andere, hübschere Frauensperson der Friede sein. Zur Ehre der oberen muß gesagt werden, daß ihr bei der Besetzung durch Österreicher und Russen 1760 oder durch die Franzosen 1806 offenbar Kopf und Arme abgeschlagen worden sind: Sie sind falsch angesetzt, vielleicht ganz erneuert – so schief durfte Bellona zur Zeit des ersten Königs die Krone nicht halten. Warum soll dann die andere nicht auch noch einen Palmzweig in der Hand, mit der sie den Schild von der Seite faßt, gehalten haben? Die Gruppe ist ihrer auffälligen Qualität wegen Permoser zugeschrieben worden – gleichviel, jedenfalls dürfte sie von Schlüter entworfen sein, und die Autorschaftsangabe hätte zunächst zu lauten: Schlüter-Werkstatt. Original scheint daran die Fassung: Marmorierung mit dezentem Goldrand, Wappen und Krone ganz golden.

Das Deckengesims ist mit Lambris – Zotteln – behängt, auf denen man die Waage der Gerechtigkeit, das Buch (der Geschichtsschreibung oder des Glaubens?), den Kranz des Ruhmes und dergleichen Symbole bemerkt. Die Zotteln geben dem Raum etwas von Intimität – er diente ja tatsächlich zum Aufenthalt des Königs. Die Decke dieses ersten Raums, der modern disponiert war, war auch diejenige, die in ihrer Komposition am deutlichsten auf den neuen Schwerpunkt des Raums ganz in der Mitte bezogen war. Die Voute war auffällig breit genommen, der ovale Dekkenspiegel (hier tatsächlich verspiegelt) relativ klein und durch seine breite, als Untersicht eines klassisch kassettierten Hauptgesimses gegebene Rahmung noch eingeengt.

Über den Wänden hatte Schlüter große Bogen geschlagen, die über den breiten Türwänden gesprengt waren und eine Art Altar oder Postament rahmten, vor dem wiederum eine bauchige Henkelvase stand. Diese Vasen waren durch Siebdeckel und Rauchwolken als Räuchergefäße charakterisiert. Die großen Bogen reichten hier bis an die Rahmung des Deckenspiegels. Die Bogen über den schmaleren Fensterwänden reichten nicht so weit hinauf. Über ihnen und den Zwickeln waren große Reliefs, deren Inhalt auf unseren Abbildungen nicht zu unterscheiden ist (etwa: Klugheit, Heldenkraft, Gelehrsamkeit und Sieg zu seiten der regierenden Treue; die Gewalt trifft den Aufruhr, Friede und Frömmigkeit flüchten sich zur Gerechtigkeit unter der preußischen Königsherrschaft). In den Zwickeln, über den Raumecken, die schon genannten Spiegel in ihren römisch-barocken Rahmen. In den Zwickeln und allen Bogenfeldern um die ganze Voute herum waren Putten damit beschäftigt, wunderschön gestreifte Vorhänge – gewiß auch Drap d'or – von den Spiegeln und den Postamenten wegzuraffen und dafür Kränze darüberzuhängen: Die Zeit königlicher Feste ist gekommen, die der Dürftigkeit ist vorüber.

Es sei noch vermerkt, daß das Tafelparkett erneuert war und daß die Stirnbretter über den Fenstern ihre Neurokoko-Dekoration erst erhalten hatten, nachdem die Fenstervorhänge abgeschafft worden waren, die bis in die Zeit Kaiser Wilhelms I. hier gehangen haben und aus Samt mit Goldlitzen und -fransen waren. Vor dem Spiegel schließlich ein Geschenk ehemaliger Offiziere der hannoverschen Armee an Kaiser Wilhelm II., die Waterloo-Säule, die in groß in Hannover steht (das Königreich Hannover war 1866 von Preußen annektiert worden). Im Andenken an den Sieg von 1815 über Napoleon, an dem hannoversche wie preußische Truppen beteiligt gewesen waren, hatten diese Offiziere eine Brücke zu Preußen-Deutschland gefunden, das ja 1871 ebenfalls mit einem Sieg über Frankreich begründet worden war. Die Stühle waren aus der Zeit Friedrich Wilhelms IV.

106–109 *Paradekammern, Brandenburgische Kammer (Rote-Adler-Kammer.* 2. Obergeschoß, Raum 795, L. etwa 13 m, Br. etwa 8,50 m, H. etwa 6,25 m. – Die Rote-Adler-Kammer oder Brandenburgische Kammer war der erste Raum im Neubau Friedrichs III. (I.) und innerhalb von dessen Plan das Gegenstück der Schwarzen-Adler-Kammer (Abb. 118–123), mit der zusammen sie den Rittersaal gewissermaßen einrahmte. Diesem räumlichen Gegenüber entsprach die Bestimmung der beiden Zimmer: Die Brandenburgische Kammer war dem Kernland des Staates, der Mark Brandenburg, gewidmet, auf der die Kurwürde ruhte, während das Gegenstück dem Ordensland Preußen, Ostpreußen, gewidmet war, auf das nun die Königswürde gegründet wurde. Dem mit Erwerb der Krone gestifteten Schwarzen Adlerorden fügte erst Friedrich Wilhelm IV. den Roten Adlerorden hinzu; seitdem war mit dem Namen Rote-Adler-Kammer die inhaltliche Symmetrie der Zimmer auch sprachliche Symmetrie geworden.

Die Rote-Adler-Kammer war merklich breiter und tiefer als die Drap-d'or-Kammer (Abb. 101–104). Schlüter hat

Tabakskollegium König Friedrichs I. in der Roten Kammer (Drap-d'or-Kammer), Gemälde von Paul Carl Leygebe, um 1710

die Erweiterung durch seine Dekoration in überaus wirkungsvoller Weise zu steigern gewußt. Der Himmel war hier weit. Durch den Kunstgriff, die Voute über den Ecken fast unstuckiert zu lassen und ihre Architektur durch ein gemaltes, von Hermen getragenes Gebälk fortzuführen (Abb. 109), reichte das Deckenbild bis tief in die Ecken. Der Vergleich mit der Decke in der Drap-d'or-Kammer zeigt, wie Schlüter hier auch in den einzelnen Formen den Gegensatz gesucht hat: Wo in der Drap-d'or-Kammer Bogen sich wölben und den leeren Himmel durchblicken lassen, stehen hier massive Attiken mit sich einziehenden Kanten. Zu der ebenso durch die Dekoration wie durch die wahren Maße hervorgerufenen Raumerweiterung stimmten die Plinthen der Wände, die hier unter Sitzhöhe blieben und also auf stehende Personen und auf wenig Möbel berechnet waren. Als Zimmer neben einem Saal behielt das Zimmer einen Vorzimmer-Charakter, obwohl der Zugang zu ihm nicht mehr – wie in dem Plan von Schlüters unbekanntem Vorgänger – vom Saal her erfolgte. Der Raum sollte also keineswegs bewohnt werden in dem Sinn wie die benachbarte Drap-d'or-Kammer, trotz des Ofen-Kamins, der wohl eine bessere Heizung bewirkte als der bloße Kamin nebenan.

Die technisch wie die Kachelöfen auf den Kaminen im Schweizer-Saal funktionierenden, aus Kupfer getriebenen Heizvasen hier und in noch anderen Räumen der Paradekammern haben zur ursprünglichen Ausstattung gehört. Leider nur waren am Anfang der Regierung Friedrich Wilhelms IV. diese Räume stark erneuert worden. Der Kaminrahmen war neu und die Heizvase durch ihn offenbar viel zu hoch gehoben, so daß sie nicht mehr in perspektivischer Tiefe und Ferne stand, sondern in ihrer ganzen Massigkeit aus der Nische förmlich herausquoll und materiell nur zu gegenwärtig war. Geändert war auch an der Nischenrahmung. Vor allem war deren Krönung, wo sie in der Mitte hochgekröpft ist, ehemals gesprengt.

Die Wände waren ursprünglich mit Bildteppichen

ausgespannt. Man zerschnitt damals die Teppiche ohne Scheu in Streifen, wie sie ins Zimmer paßten; allein gegenüber dem Kamin kann ein ganzer Teppich gehängt gewesen sein. Zu den dunklen, rauhen Teppichen mögen die Stuckmarmorpilaster gut gestanden haben. Zu dem Seidendamast aus Friedrich Wilhelms IV. Zeit mit den Roten Adlern in Formen von Schinkels »Vorbildern für Fabrikanten und Handwerker« stehen sie in einem etwas gewaltsamen Gegensatz, der aber nicht Schuld der Architekten Friedrich Wilhelms IV. (August Stüler und Schloßbaumeister Albert Schadow) ist: Sie hatten die Pilaster mit zierlichen Metalleisten besetzt, die die Harmonie herstellten. Der Mißklang dürfte erst eine Leistung der denkmalpflegerischen Betreuer des Schlosses in den Jahren nach 1920 gewesen sein, die die Appliken entfernen ließen, wie sie ein Foto der Schwarzen-Adler-Kammer noch zeigt (Abb. 118), dies im vergeblichen Bemühen, den barocken Zustand wiederzugewinnen. Solche Purifizierungen sind eine Hauptgefahr aller Denkmalpflege: Den jüngeren Zustand verderben kann sie immer, den ursprünglichen erreichen aber nie. Die Kapitelle der Pilaster waren aus den Anfangsbuchstaben FR komponiert.

Die Supraporten enthielten hier Vasen mit Blumen und Gezweig darin, die auf truhenförmigen Postamenten standen. Viel bewundert waren die geschnitzten Holzvertäfelungen der Fensterlaibungen (Abb. 108), in deren Rahmen kleine Szenen grau in grau gemalt waren. Auch die Krausheit dieser Laibungstäfelungen hat zu den Teppichen gewiß besser gestanden als zu dem Seidendamast.

Die Stuckkehlung ist über den Fenstern aus schmalen Postamenten oder Attikastücken komponiert gewesen. Vor diesen stand eine antikische Truhe. Über der Truhe waren in breiten Rahmen mit großen »Ohren« oder Schultern ovale Bildnise (Athena, Herkules) angebracht. Die Krönung dieser Rahmen griff über die Attikakrönung und war von einem blattbesetzten Bogen überfangen. An den breiten Seiten waren die entsprechenden Attikastücke mehrfach phantasievoll verkröpft. Vor einer Art mittlerem Balkon hingen Wappenschilde mit den Initialen FR, darüber die Königskrone. Zu seiten hielten Allegorien hier Krone und Zepter, dort Füllhorn und Kränze. Vor den die Attiken oder Postamente konturierenden Schneckenkonsolen saßen weitere allegorische Figuren, auf unserer Abbildung 109 ein junger Krieger. Hier in der Brandenburgischen Kammer erwartet man, daß des Großen Kurfürsten und seines Kriegsruhmes gedacht sei; man sucht nach Waffen und Kampfszenen. Es finden sich in den Eckmuscheln Rahmen, die an querformatige Reiterschilde erinnern, mit Tritonen und Nereiden verziert, zwischen Drachen angebracht, als einzige durchgehende kriegerische Anknüpfung. Die Attikareliefs scheinen noch mehr derartiges enthalten zu haben.

Im Deckenbild von Samuel Theodor Gericke sah man eine allegorische Gestalt die Krone den olympischen Göttern präsentieren; Putten enthüllten sie, wie sie vom Zeitgott Kronos auf Wolken getragen wird. Jupiter und Juno, Göttervater und -mutter, grüßen die neue Krone; einige der unteren Götter staunen. Andere Putten kommen mit Blumenkränzen herbeigeflogen.

Der Pfeilerspiegel war ein Rest des Silbermobiliars Friedrichs I.; allerdings waren die Kartuschen, die die Mitten der vier Rahmenhölzer schmückten, größtenteils von feindlichen Soldaten abgerissen worden, die zweimal das Schloß besetzt haben: im Siebenjährigen Krieg und unter Napoleon. Der Konsoltisch darunter war Zweites Rokoko der Zeit Friedrich Wilhelms IV. – man vergleiche das Gegenstück aus dem ersten, echten Rokoko in der Schwarzen-Adler-Kammer (Abb. 119).

110–117 *Paradekammern, Rittersaal.* 2. Obergeschoß, Raum 792, L. etwa 16 m, Br. etwa 13 m, H. etwa 9,75 m. – Der Rittersaal war der Hauptraum, der Speisesaal der Staatssuite König Friedrichs I. Seinem Namen nach war er für die Ritter des bei der Krönung gestifteten Schwarzen Adlerordens bestimmt, also für die exklusivste Hofgesellschaft, mit der der König hier hoföffentlich tafeln wollte. Ursprünglich hatte hier der Saal der Königin eingerichtet werden sollen, und der König hatte gegenüber am Schloßplatz seinen Saal auszubauen angefangen, den später so genannten Elisabeth-Saal. Indessen, in der endgültigen Disposition der Suiten, wie sie bei Schlüters Ernennung zum Schloßbaudirektor festgelegt worden sein muß, kamen die Staatsräume des Königs an den Lustgarten, und der fast fertige Elisabeth-Saal wurde liegengelassen. Mit dem Planwechsel wurde der Zugang zum Rittersaal durch die besondere Treppe als Zugang von der Stadt her zwar überflüssig; die Treppe konnte aber weiterhin als interne Verbindung zum Lustgarten und zur Sommerwohnung des Königs im Erdgeschoß, den später so genannten Polnischen Kammern, dienen.

Der Rittersaal lag in der architektonischen Mitte der Lustgartenfront. Von seinem Balkon aus konnte man die Straße Unter den Linden entlang bis in den Tiergarten sehen und, vor allem, den Hauptweg des Lustgartens entlang bis zu der Orangerie, die in einer Bastion der Wälle stand und in ihrer halbovalen Form die Blicke auffing (siehe Abbildung S. 44). Beiderseits dieser Achse lag der Lustgarten dem Saal symmetrisch zu Füßen. Bei gutem Wetter konnte man über Garten und Wälle hinweg durch eine breite Schneise in der Spandauer Heide – das heutige Moabit – die Spandauer Zitadelle sehen.

Der Saal war trotz dieser bevorzugten Lage und bei allem Prunk – der hier seinen Gipfel hatte – doch nur für die relativ kleine, engere Hofgesellschaft gedacht; er war in seiner gedrungenen, der Würfelform nahen in sich ruhenden Räumlichkeit und in seiner Dekoration auf die Person des Königs und dessen engste Umgebung abgestimmt und für größere Versammlungen – etwa der Stände – durchaus nicht angelegt. Es gab im Schloß den über doppelt so großen Alabastersaal, den der Große Kurfürst gebaut hatte. König Friedrich I. ließ ihn gegen Ende seiner Regierung verkürzen; selbst dann war er noch doppelt so groß wie der Rittersaal. Sogar der Saal, der dem König und seiner engsten Umgebung bisher als Speisesaal gedient hatte, der »Oranische Saal« in der Ecke zur Langen Brücke hin, ist bei gleicher Breite um ein Viertel länger als der Rittersaal gewesen. Auch in der Reihe der Paradekammern war der Rittersaal keineswegs der größte Raum. Der Schweizer-Saal war um ein Drittel schmaler, aber fast doppelt so lang, die Kapelle Friedrichs I. drei Zimmer weiter war als Raum ebensogroß, die Galerie, die an diese anschloß und auch im Bauprogramm Schlüters schon enthalten gewesen ist, war zwar nicht viel mehr als halb so breit, aber fast ebensohoch und fast viermal so lang. In diesen Größenverhältnissen zeigt sich die absolutistische Tendenz, die Repräsentation des Staates von den Ständen und selbst vom Hof weg und mehr und mehr auf die Person des Königs zu verlagern.

Immerhin war der Rittersaal in der Fläche anderthalbmal so groß wie die beiden Nachbarräume und vor allem anderthalbmal so hoch, indem ihm, wie dem Schweizer-Saal, das Halbgeschoß über den Paradekammern zugeschlagen war. So konnte Schlüter das große Bogenfenster in der Lustgartenfront in ganzer Größe in den Saal hineinstrahlen lassen. Die Wände waren ganz auf Marmorweiß, Silber und Gold gestimmt, im Himmel darüber klang vor allem kühles Blau; der Raum brauchte soviel Licht. Die beiden Mezzaninfenster in der Lustgartenfassade hat Schlüter aber blind ausführen lassen; sie hätten ihm innen die Gliederung gestört.

Nach Verkündigung der drohenden Kriegsgefahr: Ansprache Kaiser Wilhelms II. vom Balkon des Rittersaals über Portal V am Nachmittag des 31. Juli 1914

Die größte Form dieser Gliederung war also das große Bogenfenster. Dessen Bogen wurde wie in der Außenfassade so auch innen von einem Paar korinthischer Säulen getragen, deren versilberte Schäfte golden umkränzt waren. Diese Säulen trugen den Architrav des Hauptgesimses des Raums, dessen obere Glieder, Fries und Krönung, durch den Bogen unterbrochen waren. Dieses Hauptgesims wurde im übrigen rings um den Saal von doppelt gestaffelten Pilastern getragen. Der vordere, kannelierte Pilaster war wieder versilbert. In die vergoldeten Pilasterkapitelle hatte Schlüter Adler einkomponiert. Es handelte sich also beim Rittersaal, wie schon beim Schweizer-Saal, wieder um einen Architekturraum.

An den drei inneren Wänden hatte Schlüter zwischen die Pilasterordnung Bögen auf kleineren toskanischen Pilastern eingestellt. Im Bogenprofil saßen wieder Adler. Die kleinere Bogenarchitektur vermittelte zu Türen und Kaminen, deren Maß ja etwa dem in den übrigen Paradekammern entsprechen mußte. Überhaupt war es ein wesentliches Kompositionsproblem für einen Barockarchitekten, von dem Maßstab möglichst großartiger Architektur zum menschlichen Maß hinunterzugelangen; der Souverän sollte ja möglichst prächtig umrahmt werden, durfte aber nicht klein erscheinen. Die Komposition der Tür ins Treppenhaus (Abb. 112) zeigt das: Schon die Kränze um die Säulen geben die perspektivische Richtung nach innen und unten; über der riesigen Tür ist eine breite Supraporte, dann über jedem Flügel noch einmal eine hohe obere Füllung, und so ist dann die Hauptfüllung mit ihren vergoldeten Reliefs von Athena und Herkules ungefähr in Augenhöhe.

Schlüter hat darauf abgezielt, den Raum in sich ruhen zu lassen, wie wenn er würfelförmig wäre: An schmalen wie breiten Wänden hat seine Architektur drei Achsen. In der Mittelachse der breiten Wände stehen zusätzlich die Säulen, und in den Kaminachsen sind die Bögen ein wenig breiter gezogen als über den Türen der Enfiladen – das genügt schon, um die Differenz der Achsweiten und Wandlängen auszugleichen.

Über den vier Türen der Enfiladen, deren Türblätter der Erneuerung Friedrich Wilhelms IV. angehörten, hielten in den Schlußsteinen der Gewände Sklaven das Wappen mit den Initialen des neuen Königs. Als Supraporten waren in etwa lebensgroßen, fast vollplastischen Figurengruppen die vier Weltteile vorgestellt. Abbildung 114 zeigt Amerika: Eine junge Frau mit indianischem Federkopfputz lehnt auf einem Elefanten (damals glaubte man, es gäbe in Südamerika Elefanten) und hält in der Rechten ein Schiffsruder, eine Ananas liegt zu ihren Füßen, ein junger Mann im Federschurz hält den Rüssel des Elefanten und stützt den Fuß auf einen Felsbrocken. Das Rundbild über ihnen zeigt einen Zweikampf von Indianern vor einem Gottesbild. Die Palme, die über dem allen wächst, hat einen reichen Blütenstand und Fruchtstände zwischen ihren Blättern. Blumen ranken durch ihre Krone. Die zweite Supraporte, die wir abbilden, zeigt Asien (Abb. 115): Eine Frau mit Turban und dem türkischen Halbmond in der erhobenen Linken faßt mit der anderen ein Kamel um den Kopf; ein kostbarer Teppich liegt darunter, und eine Palme wächst in die Höhe. Schlüter hat diesen Weltteilen über die sachlichen Angaben ihrer Produkte und Tiere hinaus ein höheres menschliches Interesse gegeben – unergründliche Weisheit liegt in dem in sich gekehrten Lächeln der Asia, und eine ihrer selbst unbewußte Unschuld teilt sich von Gesicht und Gebärden Amerikas mit. Am meisten aber berührt, daß Schlüter sie ohne europäische Arroganz und Überlegenheitsgefühl gesehen hat. Sicherlich bedeuteten die Weltteile nicht, daß der neue König sie alle zu beherrschen beanspruchte. Aber über alle Welt hin bekannt sollte sein Reich doch wohl werden.

Die Kamine waren wieder mit Ofenaufsätzen kombiniert. Wieviel daran erneuert war, ist noch nicht festgestellt. Die ovalen Reliefs gehörten jedenfalls zur ursprünglichen Ausstattung. Das rechte Relief auf Abbildung 112 zeigt Apoll, wie er dem Marsyas, der mit ihm im Flötenspiel gewetteifert hatte, die Haut abzieht – eine Parabel darauf, wie es Niedriggestellten geht, wenn sie sich Höheren vergleichen wollen.

Im Fries wuchsen immer über den Türen und Kaminen aus dem Akanthuslaub Putten, die Muscheln hielten. Dies hatte den Zweck, die Achsteilung der Wände zur Attika hinauf fortzusetzen; ein solcher übergreifender Zusammenhang war für die Architekturräume charakteristisch, während er in den mit Stoffen ausgespannten Zimmern nicht durchgeführt war.

Auf dem Konsolengesims stand eine Attika, die vielfach im Achsrhythmus vor und zurück und über den Mitten der Wandfelder auch nach oben verkröpft war. Ihren Sockel bildeten stehende Akanthusblätter. Über den seitlichen Achsen waren vor ihr antikische Becken unter Muscheln aufgestellt; auf ihr standen Blumenvasen. Analog zum Schweizer-Saal war eine Art oberes Architekturgeschoß suggeriert; man sah wieder unter eine Decke, die hier breite Relieffriese hatte und in einem Konsolengesims endete. Auf diesem stand, nun gemalt, eine Balustrade gegen den Himmel. Die Doppelung der Voutendekoration, sozusagen in zwei Geschossen übereinander, entsprach wie beim Schweizer-Saal schon der um ein Stockwerk größeren Höhe des Raumes gegen die benachbarten Zimmer. Die Derbheit der Formen, ihr starkes Relief war auf das kräftige Relief der Wandarchitektur abgestimmt, wie das zartere Relief der Kehlen in den Nachbarräumen auf deren glatte, stoffbespannte Wände.

Über dem großen Bogenfenster enthüllten Putten das Wappen mit den Initialen FR; der weggezogene Vorhang trug den riesigen Stern des Schwarzen Adlers. Minerva-Athena (oder Bellona?) krönte das Wappen, und die geflügelte Fama mit Trompeten in beiden Händen machte sich auf, aller Welt davon zu künden.

Die großen Eckmuscheln begannen unten mit den vier Winden, die zugleich etwas mit den vier Jahreszeiten zu tun haben mochten; die Gruppen darüber mochten die vier Jahreszeiten mit den vier Weltaltern der Alten und mit den vier Elementen irgendwie in Assoziation setzen. Die Putten zuoberst in den Ecken hatten alle Hände voll zu tun, von den Winden weggeblasene Vorhänge und Palmzweige festzuhalten.

Das große Deckengemälde von Johann Friedrich Wentzel (Abb. 116–117) verherrlichte die Regierungstaten Friedrichs I. Über der Thronseite – also nicht vom König, sondern von seinen Gästen über ihm gesehen – hatte die Kriegskunst ihre Stelle: Bellona mit Löwen und Keule, ein Schild mit dem Adler Brandenburgs, ein Plan mit der Fassade des Zeughauses, des Waffenarsenals des preußischen Staates, ein anderer Plan mit dem Grundriß der Spandauer Zitadelle – diesen läßt Graf Lynar, der sie hundert Jahre zuvor entworfen hatte, von einem Helfer entrollen –, darüber rechts Herkules und Mars, links oben Athena (?). Die Seite, auf die der König blickte, über dem Buffet, war den Künsten des Friedens zugewiesen, den schönen Künsten: eine Aktzeichnung eines Mannes und dann – Huldigung an Schlüter? – eine Muse in Rückenansicht, in der Linken ein Zepter, das in einer Hand ausläuft (es bedeutet in Anspielung auf das Modellierholz des Bildhauers die Skulptur), weist mit der Rechten auf das Modell des Schlosses, das von der Stechbahn her gesehen ist; sie sitzt auf einem Kapitell und blickt auf einen Mann mit Hakennase und wilden Locken: den Architekten und Bildhauer?

Das berühmte Prunk- und Schaubuffet (Abb. 110) hat Schlüters Konkurrent Eosander von Göthe entworfen und arrangiert; es war vergoldet wie das Silbergeschirr darauf und ein denkbar passender Schmuck für einen Speisesaal. Es stand sehr schön im Raum; nur an der mageren, verlegenen und überflüssigen architektonischen Krönung der Komposition erkennt man, daß Eosander hier künstlerisch nicht mithalten konnte. Die großen Schüsseln waren nicht nur Prunk, sondern auch Geldanlage. Die Augsburger Goldschmiede Albrecht und Ludwig Biller hatten sie fast alle für dieses Buffet gearbeitet. Unter den kleineren Geschirren, Flaschen und Münzhumpen befanden sich auch ältere Stücke, zum Teil aus dem 16. Jahrhundert.

Ein Stück Staatsschatz war auch der Trompeterchor über der Treppenhaustür (Abb. 113). Der Soldatenkönig Friedrich Wilhelm I. hatte ihn 1739 aus massivem Silber treiben lassen. Friedrich II. machte in einem seiner Kriege diesen Teil des Schatzes flüssig und ließ den Chor durch versilbertes Holz ersetzen, vermutlich mehr oder weniger genau kopieren. Die großenteils vollrunden bildlichen Darstellungen am Chor gelten sämtlich Militärischem; der Chor starrte förmlich von Waffen.

118–123 *Paradekammern, Schwarze-Adler-Kammer.* 2. Obergeschoß, Raum 791, L. etwa 13 m, Br. etwa 9 m, H. etwa 6,25 m. – Die Schwarze-Adler-Kammer hieß nach dem Schwarzen Adlerorden, den Friedrich I. anläßlich seiner Königskrönung 1701 gestiftet hatte. Sie hatte den Charakter eines Vorzimmers, und zwar des allerletzten vor dem dann folgenden Paradeschlafzimmer, entsprach also der Bedeutung der Zweiten Paradevorkammer (Abb. 97) vor Fertigstellung der neuen Suite. Im architektonisch-räumlichen Betracht war sie das Gegenstück zur Brandenburgischen Kammer (Abb. 106–107) auf der anderen Seite des Rittersaals. Diese Symmetrie zur Brandenburgischen Kammer hat Schlüter in der Ausstattung wohlbedacht betont: Wieder war der Raum ursprünglich mit Teppichen ausgespannt, wieder standen Stuckmarmorpilaster zu seiten der Türen und in den Ecken, ohne doch darum den Raum zu einem Architekturraum zu machen, wie der Rittersaal einer war. Anders als dort setzte er hier weder die Pilasterachsen noch die Türachsen im Deckenstuck fort – alles wie in der Brandenburgischen Kammer auch. Selbst die Supraporten waren denen in der Brandenburgischen Kammer gleich, so auch die ebenso wie dort unter Friedrich Wilhelm IV. veränderte Kaminnische.

Mit anderen Ausstattungsteilen bereitete Schlüter auf das Paradeschlafzimmer, die Rote-Samt-Kammer, vor (Abb. 124–126): zunächst mit den verspiegelten Fensterlaibungen, die sich dort ähnlich, nur noch ein wenig kostbarer ausgeziert, wiederfanden, nämlich mit Marmorierung hintermalt, so daß sie wie spiegelglatt geschliffener Marmor wirkten. In der Hauptsache aber spielte Schlüter den Gegensatz zur Roten-Samt-Kammer aus; nächst der Wandbespannung, hier Teppich, dort Samt, hatte vor allem der Stuck der Deckenkehle dies zu leisten (Abb. 120–121).

Die Decke wirkte nicht ganz so weit wie in der Brandenburgischen Kammer. Die Schwarze-Adler-Kammer war im Verhältnis zur Roten-Samt-Kammer sehr viel größer als die Brandenburgische Kammer im Verhältnis zur Drap-d'or-Kammer; daher mußte der Größenunterschied nicht auch im Deckenstuck besonders betont werden. Zwischen den Eck- und den Mittelfeldern der Attika in der Voute hatte Schlüter an den breiten Seiten immer ein Feld offengelassen; nur Fries und Krönungsgesims sprangen in einem verkröpften Bogen mit Muschel-Schlußstein zum nächsten Pfeiler hinüber. In den offenen Feldern sah man Gruppen und Einzelfiguren bei Springbrunnen, umgeben von Gebüsch, dann den Himmel. Diese zwei offenen Attika-Achsen an den breiten Wänden ließen ganz unbewußt und assoziativ spüren, daß durch diesen Raum zwei Enfiladen liefen, in sehr feiner Weise – die vier offenen Attika-Achsen saßen keineswegs genau über den vier Türen. In dieser Beziehung auf die zwei Enfiladen sehe ich eine grandiose Kompositionsidee, weil nämlich die Schwarze-Adler-Kammer die letzte Paradekammer mit den zwei Enfiladen war. Das anschließende Schlafzimmer war schmaler und hatte nur Teil an der einen Enfilade, derjenigen zum Lustgarten hinaus. Die zweite Enfilade endete mit der Flügeltür an der Hofseite; diese ging auf einen Nebenraum und war vielleicht überhaupt blind.

Das System der Deckenkehlung bestand in einer pfeilergegliederten Attika. Die Pfeiler setzten auch hier, wie in der Brandenburgischen Kammer, mit Schnecken-Einrollungen an, trugen aber oben statt der Schneckenausrollung ein sehr eigenartiges Kapitell, das aus Schneckenkonsolen in Seitenansicht komponiert war. Es sollte im Rokoko zu weitester Verbreitung gelangen. Schlüter hat es wohl irgendwo in Italien schon sehen können. Dieses Kapitell sitzt soviel tiefer als die Schneckenausrollung in der Brandenburgischen Kammer, daß der Fries der Attikarahmung mit deren Krönung zusammen fast wie ein Gebälk erscheint. In den Mittelachsen der Fensterseiten setzte Schlüter statt des »Pfeifenstabs«, der sonst, wie in der Brandenburgischen Kammer, den Fries ziert, abwechselnd Konsolen und Rosetten. Diese Form, die gewöhnlich die Untersicht des korinthischen Kranzgesimses bildet, wird hier mit dem dorischen Triglyphen- und Metopenfries assoziiert – so spielte Schlüter auf der Klaviatur der klassischen Formenwelt.

Die Füllungen der Attika waren wie ein Stoff mit Rauten aus Köpfen und zierlichen Ketten gemustert. Davor hielten Famen – die Allegorien des Ruhmes –, geflügelt und mit Posaunen, die ovalen Brustbilder hier des Königs, dort der Königin Sophie Charlotte, wobei jeweils ein Putto helfen durfte. Der Putto, der am Bild der Königin mit anfassen darf, kommt vor lauter Eifer im Sturzflug geschossen. Vor den mittleren Attikastücken der breiten Seiten sah man Putten eifrig bemüht, aus Laubgebinden die Initialen des Königs zusammenzusetzen (Abb. 122). In den Eckfeldern der Attika hielten jeweils zwei aus Akanthuslaub und gürtelähnlichen Bändern hervorwachsende Jünglinge Rundreliefs (Abb. 123). Die Bänder wiederum führten die Form der Konsolen des Frieses weiter, die hier bandartig die Krönung des Deckengesimses übergriffen. Das Rundrelief zeigte eine Szene zwischen einem bewaffneten Helden, der einen Korb mit Goldstücken neben sich hat, und einer jungen Frau mit einem Dolch(?) in der Hand.

Der von Paul Leygebe gemalte Deckenhimmel bedeutete die Stiftung des Schwarzen Adlerordens. Auf der einen Seite sah man den Adler schweben, Reichsapfel und Zepter in den Fängen, umgeben von einem großen Kranz, den Allegorien und Putten hielten (Abb. 121). Auf der anderen Seite thronte eine Allegorie mit den Buchstaben SCR = Sophia Carolina Regina und einem Zepter mit dem Kopf des preußischen Adlers in Händen (Abb. 120). Ob Kronos mit der Sense darunter den frühen Tod der Königin bedeutete?

Die mehrfachen Hinweise auf Königin Sophie Charlotte mögen mit deren Tod im Jahr 1705 zusammenhängen. Oder es mag noch von der ersten Planung her mitgeschwungen haben, daß diese Räume hinter dem Rittersaal als Suite der Königin begonnen worden waren, ehe mitten im Bau jene Umdisposition erfolgt war, von der schon mehrmals die Rede war.

Den Damast mit den hier schwarzen Adlern, demjenigen mit roten Adlern in der Roten-Adler-Kammer entsprechend, hatte Friedrich Wilhelm IV. ausspannen lassen. Das große Bild (Friedrich der Große bei Leuthen, von Wilhelm Camphausen) war eine Zutat des späteren 19. Jahrhunderts.

Der Spiegelrahmen war von der ursprünglichen Silber-Ausstattung des ersten Königs übriggeblieben; zu dessen Mobiliar gehörten auch noch die Armsessel. Der versilberte Konsoltisch unter dem Spiegel mit den Trophäen war von Johann August Nahl im Auftrag Friedrichs des Großen angefertigt. Die Uhr im Régence-Stil war eine Pariser Arbeit. Die Sitzgarnitur auf Abbildung 118 war Neu-Rokoko.

124–126b *Paradekammern, Rote-Samt-Kammer.* 2. Obergeschoß, Raum 790, L. etwa 9,25 m, Br. etwa 8,25 m, H. etwa 6,25 m. – Die Rote-Samt-Kammer hatte zuerst das Paradeschlafzimmer der Königin werden sollen; Ende 1699 aber wurde sie bei der endgültigen Disposition der Suiten zu demjenigen des Königs bestimmt, und Sophie Charlotte erhielt überhaupt keine neuen Räume, weder hier noch bei ihren alten Staatszimmern. Vermutlich hängt das mit ihrer Reserve gegenüber dem Krönungsplan zusammen. Die Rote-Samt-Kammer wurde also ausgebaut, um die bisherige Funktion des Königszimmers (Abb. 100) zu übernehmen. Man sieht hier wieder, daß nicht die Größe der Räume wichtig war, sondern die Zahl der Vorzimmer. Denn das neue Schlafzimmer war merklich kleiner als das alte. Der absolute Fürst wollte so exklusiv wie möglich regieren und die ehedem an der Regierung beteiligten Stände, den Hofadel usw. möglichst von sich distanzieren. Um jedermann einzeln den Rang anweisen zu können, dienten ihm die vielen Vorzimmer. Je näher man zum Schlafzimmer zugelassen wurde, desto höher stand man. Nur die allerhöchsten Würdenträger und nächsten Verwandten hatten Anspruch, das Schlafzimmer selbst zu betreten. In die Kabinette als des Königs private Gemächer einzutreten, hatte überhaupt niemand ein Recht; das hing allein vom Willen des Königs ab.

Ob Friedrich I. jemals in der Roten-Samt-Kammer Parade geschlafen hat, ist unbekannt. Er trat dieses Zimmer, als die Suite ein paar Jahre fertig war, an seine dritte Gemahlin ab, die Mecklenburgerin Sophie Luise. Vielleicht mochte er ihr nicht die Staats- und Privatzimmer Sophie Charlottes geben, deren Andenken er sehr pflegte.

Die Suite Rittersaal/Schwarze-Adler-Kammer/Rote-Samt-Kammer ist anscheinend die erste im Schloß gewesen, die wie ein französisches Appartement aus regelmäßig kleiner werdenden Zimmern komponiert war. Hinter Speisesaal, Vorzimmer und Schlafzimmer folgten noch, neben der Roten-Samt-Kammer gelegen, das obligatorische Kabinett sowie Dienerschaftsräume. Die Abstufung der Zimmer war hier sehr stark, betrug vom Rittersaal zur

Schwarzen-Adler-Kammer und von dort zur Roten-Samt-Kammer immer gut ein Drittel der Grundfläche; das Kabinett war fast nur den vierten Teil so groß wie die Rote-Samt-Kammer. Auf Abbildung 124 kann man die linke Tür oben in den großen Füllungen durchschnitten sehen: Die beweglichen Türflügel waren niedriger, weil der Dienerschaftsraum dahinter in zwei Geschosse geteilt war.

Die Rote-Samt-Kammer hatte nur noch an einer der beiden Enfiladen der Paradekammern teil. Im Zuge der anderen lagen die Nebenräume und das Kabinett. Dadurch wurde es hier schon ein wenig wohnlich. Die Enfilade ging an den beiden Lustgartenfenstern entlang. An der Innenwand des Zimmers hat einst das Bett gestanden, das Kopfende an der Wand, unter einem großen Baldachin. An der einen Seite des Bettes war die Tür ins Kabinett, an der anderen diejenige in die Nebenräume. Zur Rechten dessen, der im Bett lag, war der Kamin in der aus zwei anderen Paradekammern schon bekannten Form und Modernisierung Friedrich Wilhelms IV. (vgl. Abb. 106–109).

Als Aufenthaltsraum des Königs gedacht, mußte das Zimmer stark möbliert werden können. Daher fand man hier wieder ein Sockelpaneel in Tischhöhe. Es war prachtvoll marmoriert gestrichen, mit dreifach gestufter Plinthe (sprich Scheuerleiste), durchgekröpften Pfeilerchen aus einem vorgesetzten Brett in Schlütersch-geschweifter Form, dazwischen mit gerundeten Füllungen, und einem Gesims obenauf, das ein wenig an einen dorischen Triglyphenfries erinnerte. Der rote, mit Silberlitze eingefaßte Samt, mit dem das Zimmer ausgespannt war und nach dem es seinen Namen hatte, war die einzige ursprüngliche Wandbespannung in den Paradekammern. Oben war er zweifach umgeschlagen in Lambrequins und darunter in einem breiteren Volant, in dem Samt und Brokat wechselten. Auch die Supraporten über den Türen zu den Degagements waren hier mit Samt ausgespannt. (Die geschnitzten Füllungen in den Supraporten der Enfiladetüren mögen Reparaturen der Zeit Friedrich Wilhelms II. gewesen sein; ich kann mir ihre Form und ihren Sinn nicht erklären und halte sie für äußerliche, inhaltlose, stilistisch imitierte Kompositionen.)

Die Decke war nicht als Blick in den offenen Himmel, sondern als luftige Kuppel komponiert (Abb. 125), ähnlich wie diejenige in der Drap-d'or-Kammer und zu demselben Zweck wie dort, nämlich um für den Aufenthalt in diesem Zimmer eine geschütztere Atmosphäre herzustellen. Dem Deckengesims folgte eine Art Brüstung von Postamentform, dann ein bewegtes Architekturgeschoß, das man gewissermaßen als Kuppeltambour lesen muß. Hier fanden sich wohl die offensichtlichsten Anregungen durch die Kunst Francesco Borrominis in Schlüters Werk. Über diesem »Tambour« stiegen vier kassettierte Gurte in die Höhe und trugen den Ring des Kuppelzenits. In den vier Ecken des annähernd quadratischen Raumes waren große Rosetten in Sockel und »Tambour« eingesetzt, als Nebenkuppeln dekoriert. Es klingt also das geläufige Schema von Haupt- und Nebenkuppeln an. Die Dekors der Kuppelgurte und Wölbringe haben etwas von der damals beliebten Treillage-Architektur, suggerieren metallenes Lattenwerk.

Der Sockel hatte in seinen Füllungsfeldern teils in Relief hergestellte, teils gemalte Friese; im Füllungsrelief von Abbildung 125 unten rechts fährt Diana mit ihrem Hirschgespann. Außen vor den Eckpostamenten, die auf Greifenfüßen stehen, lehnen, im Maßstab nur wenig größer als die Füllungsreliefs, Sitzfiguren, die zu den umkränzten Eckkuppeln vermitteln. Die Kassettierung oder das Lattenwerk der Eckkuppeln war wie die Gurte und der Zenitring der Hauptkuppel aus vergoldetem Blei, die Innenfelder waren mit Glas ausgelegt, das mit Rosetten oder – im Zenit – Marmorierung in Rottönen hintermalt war. In dem stark spiegelnden Glas lag eine merkliche Analogie zur Drap-d'or-Kammer. In die Eckkuppel hinein ragte eine Vase, die auf der Eckmuschel in der Kehlenecke stand (Abb. 126a). Zwei geflügelte Putten spielten daran. Anstelle von Vasenhenkeln entwickelten sich Metallbänder, mit denen die Vase gegen das Gesims abgestützt war. Ihre unteren Einrollungen hatten die Form von Konsolschnekken. In den Bändern und den runden Rahmen in den Ecken hatte Schlüter Themen aus der benachbarten Schwarzen-Adler-Kammer wiederaufgenommen und verdeutlichend wiederholt.

An der Innenwand, über der Stelle, die einmal das Bett eingenommen hatte, sah man zwei gekrönte allegorische Frauen je ein großes preußisches Wappen halten und sich dabei etwas von der Mitte wegwenden (Abb. 126b), die zwar mit dem Blei-Gold-Lattenwerk besetzt, aber nicht, wie sonst immer die Mitten, betont war. Dies erklärt sich daraus, daß der Himmel des Bettes wohl etwa in Höhe des Deckengesimses angebracht war und den Blick von vorn auf die Mitte der Gruppe verdeckte. Es handelt sich also um zwei Einzelkompositionen, die auch als Gruppe begreiflich sein sollten: Gegenüber über dem Spiegelpfeiler sah man das symmetrische Gegenstück als eine Gruppe, hier über dem Bett in der Ecke zwischen Baldachin und Wand immer nur eine Allegorie. Ob man von rechts oder links an das Bett herantrat, es wurde einem das preußische Wappen entgegengehalten. Unter diesen Umständen hatte der Greif bei der einen Allegorie keinen auffälligen Platz, saß fast im Sichtschatten. Er ist eines der Wappentiere Mecklenburgs und mag 1708 angebracht worden sein, als Friedrich I. seine dritte Ehe mit Sophie Luise von Mecklenburg-Grabow schloß, die aber nur eine Aschenputtel-Königin wurde. Im wieder von Leygebe gemalten Deckenbild mit den Tageszeiten waren über dem Bett schlummernd die »Nacht« und neben ihr ein schlafender Putto zu sehen.

Die Architekturzone über der Bettseite (und ebenso über der Fensterwand) war aus kräftigen Pfeilern mit unterer länglicher und oberer quadratischer Füllung gedacht, die von Gewändepfeilern gerahmt wurden, wie sie auch an Fenstereinfassungen der Zeit begegnen, mit Schneckenkonsolen davor, obenauf ein Akanthuskapitell. Diese Wandpfeiler traten vor die attikaähnlich gebildeten Rücklagen und trugen über einer phantastischen, aus dem Vokabular einer Bogenrahmung komponierten Krönung die »Kuppelgurte«. Die Spitzen der Krönung waren ebenfalls in der Schwarzen-Adler-Kammer vorgebildet. Über den Seitenwänden rahmten die Gewändepfeiler Wandecken, die eine Scheinnische in der Kehlenarchitektur bildeten. Darin saß ein Ovalrelief, auf dem der Schlaf in Gestalt einer Frau und eines Putto durch ein Bündel Mohn charakterisiert war. Das Relief hatte unter sich als eine Art Konsole ein Greisenhaupt mit Flügeln (Kronos?) und wurde seitlich gestützt durch zu Bändern ausgezogene Schneckenkonsolen, wie sie schon ähnlich in den Ecken begegneten. Aus diesen Bändern hatte Schlüter hier eine Art Giebel und zugleich Sockelpyramide des Ovalreliefs komponiert, der von kleinen Vasen flankiert war.

Die Rote-Samt-Kammer ist vermutlich nach Friedrich I. nicht mehr als Paradeschlafzimmer benutzt worden; das Staatsbett mit seinem Baldachin war längst abgeschlagen. Indessen hatten sich in diesem Zimmer doch als einzigem auch Möbel der ursprünglichen Ausstattung gehalten, so noch das Sofa mit dem kurfürstlichen Monogramm, der runde Tisch dazu mit einer Platte aus Marmormosaik, Ecktische derselben Machart, ein paar Hocker und Armstühle, die bei der Krönung benutzt worden sein sollen; alle diese Möbel waren reich geschnitzt und vergoldet. Es verwundert, die Krone auch unter dem Sitz des Sessels auf der Kreuzung der Sprossen angebracht zu sehen. Wie die Möbel waren auch die Rahmen der Porträts Friedrichs I. und der ersten Königin Sophie Charlotte von Friedrich Wilhelm Weidemann goldgefaßt. Ein Prunkstück war auch der italienische Kronleuchter von B. Perrotto. Einzelne Möbelstücke aus der Zeit Friedrichs I. sind im Kunstgewerbemuseum Schloß Köpenick erhalten.

127a *Paradekammern, Galerie im Treppenraum vor dem sogenannten Klingelbeutel.* 2. Obergeschoß, Raum 789. – Das Kabinett bei der Roten-Samt-Kammer (Raum 788), etwa 6,25 x 4,50 m, können wir hier nicht dokumentieren. Es hieß später Klingelbeutel, weil es der anschließenden Kapelle als Nebenraum zugeschlagen worden war.

In den Degagements zwischen Kabinett und Schwarzer-Adler-Kammer befand sich auch eine Treppe, die ins Mezzanin hinaufführte. Diese Treppe war nicht gerade praktisch, wenn etwa die Diener etwas von Hof und Küche herauf oder dorthin zurück zu bringen oder einen Nachtstuhl zu leeren hatten – zu dergleichen Zwecken konnten sie eher den Weg über die Galerie und die selten benutzte Rittersaal-Treppe nehmen, über die wohl auch die Tafel im Rittersaal beschickt worden sein wird.

Die Treppe ins Mezzanin war also keine Dienertreppe, sie verband vielmehr des Königs Schlafzimmer mit der im Mezzanin über den Lustgartenzimmern gelegenen sogenannten Kunstkammer (vgl. S. 126). Das war die Kunst- und Raritätensammlung, die Antiken, Elfenbeinschnitzereien, Münzen, Naturalien wie etwa seltene Steine, schließlich kostbare Instrumente enthielt. Die Kunstkammer können wir im Zusammenhang unseres Buches ebenfalls nicht dokumentieren. Aus ihr sind die Berliner Museen hervorgegangen. Die verlassenen Räume waren dem Zeitalter der Fotografie nur in verwahrloster und entstellter Gestalt überkommen. Auch die Treppe dahinauf mußte des königlichen Auges würdig sein und ist dementsprechend mit Zierrat ausgeschmückt gewesen. Der Treppenraum war zweistöckig, wie schon an der Tür aus der Roten-Samt-Kammer hierher zu sehen. Wir zeigen eine Galerie aus diesem Treppenraum: eine eichene Täfelung, am geschnitzten Blätter- und Bänderwerk vergoldet, und ein Stuckgesims mit Lambrequins, ebenfalls vergoldet.

127b–129 *Paradekammern, Kapitelsaal (Alte Kapelle).* 2. Obergeschoß, Raum 787, L. etwa 13 m, Br. etwa 12 (14) m, H. etwa 9,75 m (ohne Laterne). – Die Kapelle Friedrichs I., auch Alte Kapelle oder Kapitelsaal, ist, kaum fertig, alsbald nach Schlüters Sturz 1706 schon wieder verstümmelt worden, um dem weiteren Ausbau des Schlosses nach Eosanders Plänen Platz zu schaffen. Erbaut worden ist sie als Eckraum am westlichen Ende der Lustgartenfront, wie Schlüters unbekannter Vorgänger sie entworfen hatte. Die Kapelle hatte ein Türmchen oder Küppelchen über ihrer Mitte, durch das das göttliche Licht direkt vom Himmel her einfallen konnte, damals eine beliebte bauliche Symbolik. Diese kleine Kuppel, vom Lustgarten aus wohl nicht zu sehen hinter der hohen Dachbalustrade, markierte gewissermaßen den Drehpunkt, um den der Schloßbau hier im rechten Winkel einschwenken sollte. Die äußere Ecke lag in Flucht des Quergebäudes. Entsprechend sollten hier auch die Paradekammern einschwenken. Die Große Galerie sollte über den Alabastersaal hinweg und durch das Quergebäude Kurfürst Johann Georgs bis an den Schloßplatzflügel führen. Das Oberlicht der Kapelle war daher innen in der Folge der Paradekammern als räumlich höchst wirkungsvoller Drehpunkt gedacht.

Die Kapelle war wieder ein Architekturraum. Freistehende korinthische Säulen, an den Langseiten gekuppelt, an den Stirnseiten einzeln stehend, bildeten schmale Seitenschiffe und trugen über ihrem Gebälk Galerien, die sich an allen vier Seiten in einem großen Segmentbogen in den Raum öffneten. Da man die Bögen von unten in Verkürzung sah, wurden sie natürlich als Rundbögen empfunden.

An der Wand nach der Roten-Samt-Kammer zu stand ehemals der königliche Kirchstuhl oder die Loge, eine Art verglaster Wandschrank mit baldachinartigem Dach, gut beheizbar durch den darin befindlichen Kamin. Die täglichen Gottesdienste dauerten stundenlang; in dem Kirchstuhl ließ sichs aushalten, auch notfalls ein Schlümmerchen einlegen, wenn die Kräfte einmal nachließen. Gegenüber an der Wand, die Eosander dann einreißen ließ, war als Gegenstück zu dem Kirchstuhl der Altartisch hinter einer Balustradenschranke aufgestellt. Darüber hing die Kanzel an der Wand. Der Prediger stand, wenn er das göttliche Wort verkündete, höher als die feiernde Hofgemeinde, den König eingeschlossen. Auf und vor der Galerie der Innenwand, nach dem Quergebäude zu, war die Orgel. Die drei anderen Galerien haben vielleicht gelegentlich Musikern oder einem Chor Platz geboten, meistens aber werden niedrigere Chargen des Hofes, vielleicht auch Dienerschaft dort dem Gottesdienst haben zuhören dürfen. In der Kapelle unten standen für die höheren Ränge Stühle, für die geringeren Hocker. Die Frauen saßen zur Rechten des Predigers, die Herren zur Linken und so auch König und Königin im Kirchstuhl, diese übrigens in Armsesseln.

Eosander mußte die Kapelle für seine Bauabsichten um etwa zwei Meter verkürzen, hat das aber damit begründet, daß die Balken verfault gewesen wären. Ein solches Argument leuchtete Laien besser ein. Er zog eine neue Altar- oder Kanzelwand ein, an der die Raumgliederung nur gemalt wurde. (Ob die gemalte Architektur den ursprünglichen Zustand der Kapelle scheinperspektivisch darstellte oder nur die vereinfachte Wandgliederung ohne vorgestellte Säulen, die 1879 in Stuck ausgeführt worden ist?) 1879 wurde die ganze Kapelle übergangen, ihr Hauptgeschoß völlig erneuert. Noch später erneuert sind die Supraporten, die ehemals ja wohl ein geistliches Thema dargestellt haben dürften. Der rote Stuckmarmor der Säulenschäfte wurde neu geschliffen. Unberührt blieben nur die Fensterlaibungen (Abb. 127b), vermutlich wegen der in ihren Füllungen auf marmornen Medaillons vermerkten Daten der Trauungen der Prinzen und Prinzessinnen des königlichen Hauses aus der Zeit zwischen 1706 und 1842. Die Laibungstäfelungen waren in denselben Mustern geschnitzt wie in der Roten-Adler-Kammer und stellten so eine formale Klammer zur übrigen Suite her.

Originaler Bestand waren – mehr oder weniger – auch die Kapitelle der Säulenordnung und das daraufliegende klassische Gebälk. Im 1879 neugestalteten Fries wechselten Adler mit großen Schaumünzen, denen ringsherum die gespiegelten Initialen FR aufgeprägt waren: die Form der Kette des Schwarzen Adlerordens. Die Gliederung im Bogengeschoß, besonders auch die Eckmedaillons und Teile von deren Rahmung und der Deckenstuck der erhaltenen Hälfte des Raums waren im großen und ganzen noch diejenigen Schlüters und demnach jedenfalls die Disposition der Gliederung des Raums im ganzen.

Nachdem die Kapelle verkürzt war, diente sie provisorisch ihrem Zweck weiter – Eosander baute eine neue, weit größere Kapelle an der neuen Westecke des Schlosses, die aber unter Friedrich I. nicht mehr fertig geworden ist. Der Nachfolger ließ in ihr nach einigem Umbau einen

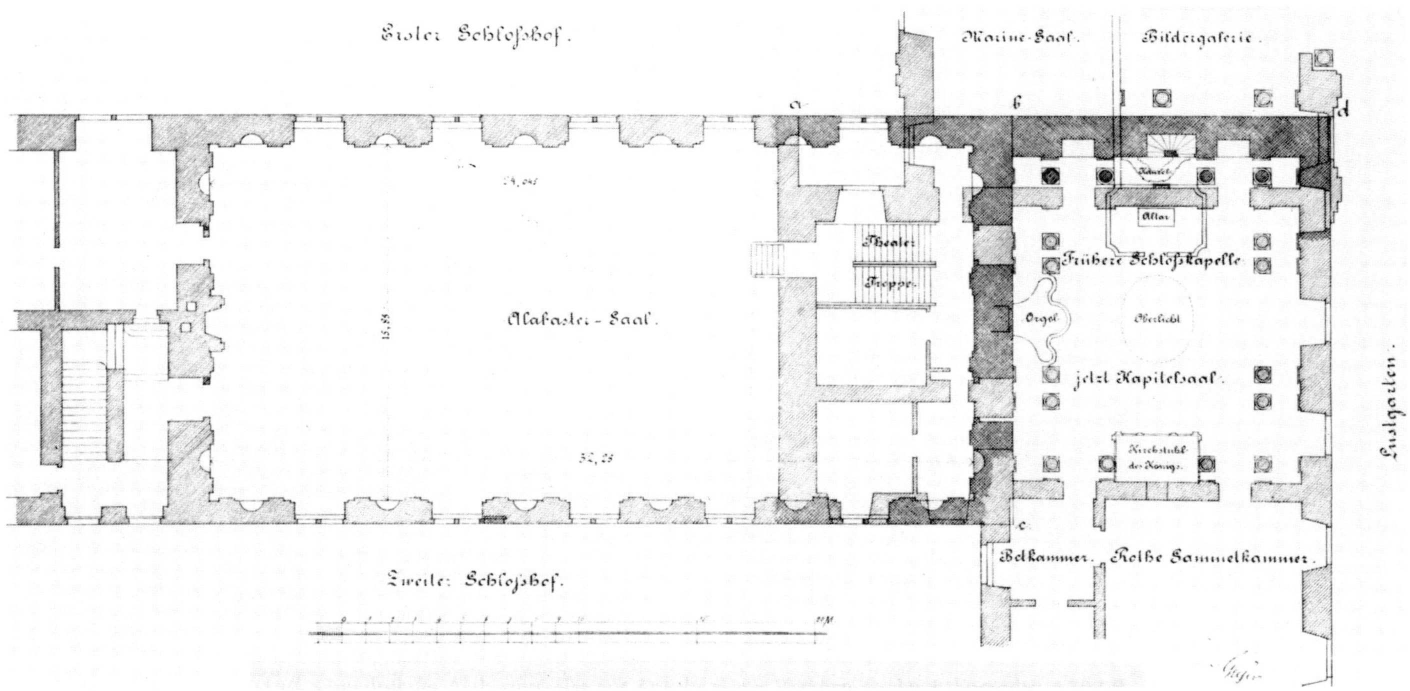

Alabastersaal und Alte Kapelle (Kapitelsaal), Grundriß, Rekonstruktion von Albert Geyer

großen Saal einrichten, den Weißen Saal (Abb. 138–141). Die alte Kapelle bestand also als Provisorium fort, Kanzel, Altar und königlicher Betstuhl dürften hier noch lange stehengeblieben sein. Erst Friedrich Wilhelm IV. hat der Staatssuite eine neue große Kapelle angefügt. Seitdem hieß der Raum Alte Kapelle; 1879 wurde ihm die Funktion des Kapitelsaales für die Ritter des Adlerordens zugewiesen. Auf Abbildung 128 sieht man über der Supraporte die Wappen der Ordensritter. Das Gemälde, von Anton von Werner 1880 nach einer Ölskizze Pesnes gemalt, zeigt die feierliche Investitur eines Ordensritters durch König Friedrich I. Die silbernen Faltstühle von Sebastian Mylius in Augsburg und der Thronstuhl waren ursprüngliches Mobiliar der Paradekammern.

Die Alte Kapelle war die letzte in der Reihe der Paradekammern, die ursprünglich von Schlüter ausgestattet worden ist. Im Rückblick bemerkt man, daß die großen Bögen und das Oval des Kuppeloberlichts der Kapelle in der Drap-d'or-Kammer (Abb. 101–103) formal mächtig widerklangen. Schlüter hat also von der Roten-Samt-Kammer (Abb. 124–126a) wie von der Kapelle eine Klammer zur Drap-d'or-Kammer geschlagen. Die Drap-d'or-Kammer mit den höchst offiziellen zwei Enfiladen und ihrer überaus klaren, gewissermaßen taghellen Dekoration, in der das Thema Kuppel auf Bögen sehr deutlich, beinahe kühl, angeschlagen wird, hielt die Mitte zwischen der Roten-Samt-Kammer mit ihrer intimeren einen Enfilade, ihrer Nachtthematik, ihrer mehr traumhaft-assoziativen Kuppelvariante, die Mitte zwischen dieser und dem Architekturraum der Kapelle mit den kühlen Säulen, den realen Bögen und dem tatsächlich offenen Kuppelzenit. So verhielten sich auch die Bestimmungen der Räume zueinander: das Schlafzimmer, das Audienzzimmer und die Kapelle, die jeweils größeren Gruppen der Hofgesellschaft offenstanden.

Ebenso ging von Drap-d'or-Kammer und Roter-Samt-Kammer als den einzigen Wohnräumen ohne Säulen oder Pilaster ein Gefälle oder eine Steigerung zum Rittersaal als Architekturraum mit vollem Apparat der Säulenordnung (Abb. 110–112); dazwischen standen die Rote- und die Schwarze-Adler-Kammer mit ihren nur die Wand gliedernden Pilastern (Abb. 106–107 und 118–119), die nicht das System der Decke beherrschten. Übrigens hätte hier die Abstufung der Größen schon genügt, und man kann bezweifeln, daß die Pilaster in Roten- und Schwarzen-Adler-Kammer zu Schlüters ursprünglichem Plan gehört haben.

Es ist nach unseren Beobachtungen über die gegenseitige Abstimmung der Räume der Suite ganz klar, daß ihr Zusammenhang im großen von Schlüter wohlbedacht komponiert worden ist. Wenn wir den thematischen Zusammenhang noch nicht übersehen, weil die meisten Einzelheiten davon noch nicht erforscht sind, so übersehen wir doch den architektonischen Zusammenhang ihrer Dekoration. Die Haupträume der Staatssuite lagen nach dem Lustgarten hinaus beiderseits des Rittersaals, und ihre Eckpfeiler gewissermaßen waren die Darp-d'or-Kammer einerseits und die Kapelle mit der Roten-Samt-Kammer andererseits. Diese Räume waren es, die für den Aufenthalt des Königs selbst gedacht waren. Die beiden Paradevorkammern (Abb. 96–97) und das mit der Eröffnung der neuen Suite zu einer dritten Vorkammer herabgesunkene Königszimmer (Abb. 100) traten deutlich gegenüber den Haupträumen zurück. Durch die Haupträume ging ein einziger großer Atem. Die rhythmische Erweiterung von der Drap-d'or-Kammer über die Rote-Adler-Kammer bis zum Rittersaal, die Verengung dagegen vom Rittersaal über die Schwarze-Adler-Kammer zur Roten-Samt-Kammer und die Eckstellung der Alten Kapelle hatte nicht Schlüter komponiert, sondern sein unbekannter Vorgänger. Schlüter aber hat mit seinen Ausstattungen die definitive Form geschaffen, die klar und übersichtlich und zugleich von überwältigendem Reichtum und unerhörter Qualität des Details war. Er hat es fertiggebracht, die Rote-Samt-Kammer wie auch die Kapelle in eine deutliche Beziehung zur Drap-d'or-Kammer zu setzen und sie doch vollkommen unterschieden zu halten. Seine glanzvolle Dekoration dieser Suite war zugleich große Architektur.

Die figürliche Bildhauerarbeit in den Stuckdekorationen kann der Leser selbst ohne viel Interpretation würdigen, soweit der bloße Augenschein dazu reicht. Die Erforschung der Inhalte wird dem Verständnis dieser Figuren noch eine ganze Dimension hinzufügen. Schlüter hat alle die Stucke selbstverständlich nicht selbst modelliert. Als Schloßbaudirektor hatte er ein ganzes Heer von Helfern zu dirigieren, unter denen es alle Grade der Ausbildung und des Könnens gab. Schlüter wird nicht einmal alle Stucke selbst haben skizzieren können. Gewiß gab es unter seinen Leuten solche, die nach den gestochenen Abbildungen von Antiken oder Kunstwerken der italienischen Renaissance und des italienischen und französischen Barock selbständig arbeiten konnten, und vermutlich gab es sogar solche, die ein Thema selbst komponieren konnten.

Ob Schlüter auch einmal selbst Hand angelegt hat? Eigenhändig gemacht, das heißt mit Helfern zusammen selbst modelliert hat er wohl so wichtige und auffällige Stücke wie die Erdteile im Rittersaal (Abb. 114–115). Wenn er die verschiedenen Bildhauer in ihren Werkstätten besuchte, wo sie die Tonmodelle ausarbeiteten, von denen die Gipsstucke gegossen wurden, hat er gewiß öfter zugegriffen. An allen Einzelheiten war er mehr oder weniger beteiligt. Den Malern, die als freie Künstler sehr auf ihre Selbständigkeit bedacht waren, hat er die Themen der Deckenbilder angegeben. Die Paradekammern sind ganz aus einem Geiste ausgestattet, sind ein Hauptwerk Schlüters. Es ist sehr zu bedauern, daß von den zugehörigen

Möbeln, wie Pfeilerspiegel, Tische, Stühle, wenig erhalten war und noch weniger dokumentiert ist – auch sie waren großenteils nach Schlüters Skizzen gearbeitet.

Ich füge hier eine bei Robert Dohme, »Das Königliche Schloß in Berlin«, zitierte alte Beschreibung der Paradekammern an, die – sicherlich mit einiger Übertreibung – Raumdekor und Inventar so zusammensieht, wie sie gedacht waren und gewirkt haben:

»Auf dem berlinischen Schlosse waren sonst 16 Königl. und fast nie zu schätzende Parade Zimmer; desgleichen in der Welt wenige anzutreffen gewesen und noch sind.

In jedem Zimmer sind:

1. reiche kostbare, theils wie eine Hand dick mit Gold und Silber sehr curios durchbrochene, und gewirkte Tapeten, welche sehr schön und natürliche Historien und Begebenheiten vorstellen; – die sämmtlichen Tapeten auf dem berliner Schlosse sind allein fast unschätzbar, darunter diejenigen die vornehmsten sind zu 6 Gemächern, mit welchen der verstorbene König in Frankreich Ludwig XIV. unsern Hochseeligen Herrn vor einigen Jahren beschenkte.

2. In allen Zimmern große Spiegel, 2 Stück in jedem, 15 F. hoch und 8 F. breit mit dicken Silber Rähmen. (Die Angabe der Spiegelmaße ist offenbar übertrieben.)

3. In jedem Zimmer waren 2 große silberne massive Tische von schöner und ausländischer Arbeit.

4. eine große silberne massive Gueridon, mit so viel massiven silbernen Leuchtern, auf welchen jeden Leuchter Wachslichte stehen können, in trefflicher ausländischer Arbeit. Jeder Gueridon mit den Leuchtern wiegt 80–100 Pfund.

5. acht große silberne massive Wandleuchter mit Schilden und Zierrath, schön.

6. zwei große silberne Lehnstühle, die Gesäße mit spanischem Rohr geflochten, mit rothen Sammetpolstern, reich mit Gold bordirt, belegt.

7. In jedem Zimmer ein ganz silberner massiver Kronenleuchter mit 36 Lichten. Sind alle Zimmer offen, so kann ich alle 16 Kronen in einer Reihe sehen.

8. Jedes Zimmer hat 4 Thüren, und über jeder Thür steht ein schönes gemaltes Portrait in einem massiv goldenen Rahmen.

9. Fenstergardinen sind von rothem Sammet reich mit Gold bordirt.

10. Alle Decken treffliche Stuckaturarbeit mit sehr schönen Figuren und Bildern, alles mit dem schönsten Dukatengold überzogen.

11. Oben an der Decke in der Mitte ein überaus schönes Plafond, das an 3000–4000 Thaler gekostet hat.

12. ein schönes Kamin mit großem massiven Feuerbecken oder Vordersatz von Silber künstlicher und ausländischer Arbeit.

13. Das Thresor oder die Thresor über dem Kamine, überaus prächtig mit echtem Porcellan, mit massivem Golde.

14. Die Fenstervertiefungen sind mit dem allerschönsten Spiegelglase belegt, die Kreutzstücke in den Fenstern, so sonst von Holz, sind von Stahl und im Feuer stark vergoldet.

15. Die Fensterscheiben sind zierlich und kostbar geschnitten ausländischer Arbeit.

16. Der Fußboden schön parquettirt, Bilder und artige Historien darin fournirt mit kostbaren türkischen Teppichen belegt.

17. Die Thürschlösser und Haken von gutem Stahl, sehr zierlich und künstlich, und stark im Feuer übergoldet.

18. Diese 16 Königl. Zimmer haben nur 2 Königl. Paradebetten. Eins derselben ist von den Holländern geschenkt, zur Zeit als er (Kurfürst Friedrich) König wurde.«

130–135 *Paradekammern, Bildergalerie und ehemaliges Königin-Zimmer.* 2. Obergeschoß, Raum 774, 773 und 772, L. etwa 61 m, Br. etwa 7,50 m, H. etwa 9,50 m, und L. etwa 10 m, Br. etwa 8 m, H. etwa 6,25 m. – Um 1700 gehörte zum Programm eines Königsschlosses eine Große Galerie. Schlüters unbekannter Vorgänger hatte sie im sogenannten Quergebäude vorgesehen. Das innere Schloß hätte sich damit in voller Höhe von drei Geschossen und Mezzanin um den Inneren Hof herumgezogen und wäre als Block vollendet gewesen. Schlüter hat an diesem Plan festgehalten, obwohl während seiner Bauleitung eine der Grundlagen dafür wegfiel. Eine solche Galerie pflegte nämlich in den moderneren Schlössern, etwa in Versailles, die Appartements von König und Königin zu verbinden, so wie schon die Galerie des Großen Kurfürsten die Privatappartements von Fürst und Fürstin verbunden hatte. Im Plan von Schlüters Vorgänger sollte ja der König in der einen Hälfte des Schlosses, die Königin in der anderen residieren. Dies hätte sich auch nach der Umdisposition von 1699 noch einrichten lassen. Indessen erhielt der Kronprinz Friedrich Wilhelm in der Ecke des Stechbahnflügels beim damaligen Dom und beim Quergebäude Staats- und Privatzimmer zugeteilt, so daß die Galerie im Quergebäude zum Appartement des Kronprinzen geführt hätte.

Nach Schlüters Sturz zog Eosander die Konsequenz – die sich vielleicht schon vorher aufgedrängt hatte –, die Galerie in gerader Fortsetzung des Lustgartenflügels anzulegen und das Hochschloß auf Kosten des Vorhofes zu verdoppeln. Dieser Vorschlag, der ihm die Stelle des Schloßbaudirektors einbrachte, dürfte allerdings nicht so ausgesehen haben, wie er den Bau dann ausgeführt hat. Der Grundriß sieht ganz so aus, als habe Eosander über dem Portal IV, wo sein Bau begann, einen Saal vorgesehen (siehe Abbildung S. 59). Die Achse des Portals lag fest. Es war diejenige der Einfahrt in den großen Schloßhof am Dom, auf die die Breite Straße zulief. Um in dieser Achse den Saal anlegen zu können, hat Eosander Schlüters eben fertige Kapelle um eine Fensterachse verkürzt, die Anschlußwand wegbrechen und nach innen versetzen lassen. Erst als sein Rohbau schon etwa fertig war, muß dann der König gewünscht haben, daß die Galerie unmittelbar an die Kapelle angeschlossen werden solle, und Eosander mußte nun den angefangenen Saal in der Länge mit einer Holzwand teilen, weil darunter keine Mauer vorhanden war, auf die er eine Steinwand hätte stellen können. Es ergab sich also nachträglich, daß die Verstümmelung der Kapelle überflüssig gewesen war: Die Galerie hätte auch um ein Fenster weiter westlich anfangen können.

Daß ein Stück der inneren Galeriewand aus Holz war, konnte niemand sehen und brauchte niemand zu stören. Was man aber doch bemerken konnte, war die Verschiedenartigkeit der Fenster am Anfang der Galerie, weil hier außen der Portalrisalit (Abb. 32–33) mit den drei viel breiteren und höheren Fenstern stand, dessen mittleres Fenster nochmals breiter war. Nach diesen Fenstern am Beginn der Galerie folgte ein ausnehmend breites Wandstück und dann erst eine gleichmäßige Reihe von sechs Fenstern. Am Ende der Galerie lag, abgetrennt durch ein Paar Säulen, ein breiteres Kompartiment (Abb. 131). Um dieser Endigung der Galerie an ihrem Anfang ein Gegenstück zu schaffen, hatte Eosander die erste Achse ebenfalls durch ein Paar Säulen ausgesondert. Diese Säulen mit den Kompositkapitellen, wie Eosander sie überall bevorzugte, trugen das gerade Deckengesims quer durch den Raum, und die Bogenscheiben bis unter das Gewölbe der Galerie waren mit großen weißen Stuckreliefs geschlossen (Abb. 132). So teilten die Säulenpaare die Galerieenden höchst wirkungsvoll ab, und es fiel nicht weiter auf, daß die Endkompartimente so verschieden groß und breit waren. Ebenso störte der holperige Rhythmus der Fenster den Raumeindruck längst nicht so, wie man dem Grundriß nach vermuten möchte – man sah die Fenster im Zusammenhang ja immer in starker Verkürzung. Die Wände waren sonst kaum gegliedert.

Die Komposition der Decke war von großzügiger Symmetrie und in ihrer Ordnung völlig übersichtlich. Das Deckengesims – noch auf unseren älteren Fotos ganz weiß – umzog in großer Ruhe den Raum und teilte die mit rotem Samt bespannten Wände von der Tonnenwölbung ab, die fast die volle Höhe des Mezzaningeschosses einnahm (und wie alle Decken in den Paradekammern aus Putz auf Holz bestand). Eosander hatte die Mezzaninfenster in dekorativ gezogenen Rahmungen die Wölbung durchbrechen lassen (und so auch das Halbrundoberlicht über Portal IV verkleidet). Das gab den Bildern an der Innenwand ein brillantes Licht. Über der Innenwand entsprachen den Mezzaninfenstern ebensolche Rahmen, die teils Fenster auf Mezzaninräume hinter der Galerie einfaßten, teils mit Malereien grau in grau gefüllt waren, die also Reliefs vertraten. Abbildung 134 zeigt einen solchen Rahmen, ausnahmsweise mit Relief darin. Schneckenkonsolen stützen ihn seitlich, eine eingerollte Bogenverdachung krönt ihn, von einem Schlußstein-Schild mit einem Kopf mit Diadem übergriffen. Auf dieser Tafel sieht man auch das Kassettenwerk, oder ebensogut: Bandwerk mit Rosetten, mit dem die neutraleren Teile der Decke geschmückt waren. Diese Malerei war unter König Friedrich I. nicht mehr fertiggeworden, und der Soldatenkönig hatte sie daher weiß übertünchen lassen. Das Relief in dem Mezzaninfensterrahmen, von Johann Gottfried Schadow, war ein Versuch der Zeit Friedrich Wilhelms III., die damals anstößigen (»unechten«) Grisaillen zu ersetzen. Es stellte in historischen Kostümen eine Verleihung des Schwarzen Adlerordens dar.

In der Decke war die Mitte durch ein Deckenbild in reicher Rahmung von elegant geführtem, tailliertem Umriß klar gekennzeichnet. Dies war sozusagen die Mittelachse der Decke. Die nächsten Achsen waren Rundbogenrahmen mit halbkreisförmigen Bildern, die einander gegenüber auf dem Gesims standen. Die äußeren Achsen der gewissermaßen fünfachsigen Decke bestanden aus verspiegelten Rosetten, deren Speichen mit Bögen einen ebenso aus Bleiguß gemachten Figurenfries nach außen drängten, so daß sich die Assoziation an eine Kuppel nicht einstellte. In den Naben dieser liegenden Radfenster die Initialen FWR; der Raum ist also erst unter dem Soldatenkönig Friedrich Wilhelm I. fertiggeworden.

Putten, Vorhänge raffend, flogen frei an der Decke umher. Andere saßen auf dem Gesims, wie derjenige, der Abbildung 130 vorn links etwas bedenklich Mörser, Schilde, Kanonen, Fahnen, Granaten betrachtet und eine Mauerkrone dabei, die die Festung bedeutet, zu deren Belagerung dies Gerät dienen kann. Auf dieser Abbildung erkennt man auch das Gesims genauer. In gelassener, weiträumiger Reihung ist es mit Konsolen besetzt, deren sehr freie barocke Form gleichwohl durch den kleinen Maßstab völlig dekorativ wirkt. Die Weite zwischen den Konsolen war nötig, damit sie in der Verkürzung nicht zu massiv aneinanderrückten. Ihre Abstände sind leicht rhythmisiert, jedes zweite Feld etwas weiter. Die Felder des Frieses sind mit zartem Relief verziert: das blütenbekränzte Haupt der Flora, ein Pulvertopf mit Feuerwerksgerät, ein Helm vor Fahnen, ein Torso vor Bildhauerspachteln und -bohrer, Meß- und Zeichengerät des Architekten und Ingenieurs, Helm, Schwert, Schild usw. Alles dies ist still, jedes für sich, ohne den durchgehenden Atem, der in Schlüters Dekorationen lebt.

Auch das große, vielfigurige Relief in der Bogenscheibenfüllung (Abb. 132) war trotz der dramatischen Aktion rechts wesentlich episch, erzählend. Auf dem Kasten links über dem vergoldeten Wappen mit den Initialen FR sitzt der Geschichtsschreiber, den Federkiel in der Rechten, und blickt die Wahrheit an, die sich ihm enthüllt hat und, die Hand in seinem Buch, sagt, was er schreiben soll. Sie lehnt sich an gewundene und schraubenförmig kannelierte Säulen: Auf ihr ruht die Weltordnung. Der Greis zu ihrer Linken, den Fuß auf Büchern, Bücher in der Hand, eine ganze Bibliothek hinter sich, muß wohl die Gelehrsamkeit oder Philosophie bedeuten. Er wendet sich der Wahrheit zu, weist aber zugleich auf sein Bücherregal. Der Löwe bedeutet Stärke – der Philosophie und Bücherweisheit(?) oder des Tugendhelden, der mit dem Flammenschwert gegen allerhand Laster vorgeht. Die Wollust stürzt schon in die Tiefe. Ihr schönes Gesicht, die Schulter und der verlockende Brustansatz täuschen: Die Arme laufen in Tatzen aus, die Brüste stehen in Reihen untereinander wie bei manchen Tieren die Zitzen, und ihre Schenkel sind schuppige Fischschwänze. Die vielen Brüste gehören auch der Diana von Ephesus, einer berühmten antiken Fruchtbarkeits- und Naturgöttin. So enthält die Szene auch protestantische Naturfeindlichkeit. Schon niedergeschlagen sind ferner, ganz unten, ein Mann, der in der Linken die Maske des Betrugs hält, und darüber eine Alte mit verwelkten Brüsten, die Allegorie des Neides. Die Frau, die der Tugendheld am Haar packt – was mag sie verbrochen haben? Wollte sie ihr Kind umbringen?

Das Relief ist lehrhaft, additiv und veristisch und im ganzen ohne Schwung. Das alles war volle Absicht Eosanders. Er hing der französischen Richtung an und trachtete eine Dekoration zu schaffen, die mit kühler Distanz und kontrolliertem Interesse betrachtet werden sollte. Sie sollte an jeder Stelle überschaubar sein und eben nicht den großen Atem und die Suggestionswirkung von Schlüters Dekorationen haben; Schlüters »italienische« Richtung muß Eosander unvornehm erschienen sein. In der prinzipiell additiven Vorstellung Eosanders konnten die Endkompartimente der Galerie und konnten auch ihre Fenster verschieden sein – dies der tiefere Grund, weshalb so offensichtliche Ungereimtheiten so selbstverständlich hingenommen wurden. Die Raumwirkung der Galerie ist niemals bemängelt worden. Sie war ganz im Gegenteil großartig, ruhig und heiter, bei weitem Eosanders schönstes Werk. Leiter der Bildhauerwerkstatt ist der Franzose Charles Claude Dubut gewesen; er hat die stilistische Übereinstimmung der Stuckplastik mit Eosanders Vorstellung von Raumdekoration hergestellt.

Wenn man in Eosanders erhaltenen Räumen im Charlottenburger Schloß umhergeht, wird man keinen finden, dessen architektonisches Maß so glücklich wirkt, abgesehen einmal vom Aufwand des Dekors, der in der Sommerresidenz der Königin nicht so groß sein konnte. Ähnlich wie Schlüter sich bei den Paradekammern an die architektonischen Maße hielt, die sein unbekannter Vorgänger für den Schloßausbau bestimmt hatte, dürfte Eosander hier die architektonischen Maße der von dem Unbekannten im Quergebäude geplanten Galerie übernommen haben. Länge, Breite, die Höhen von Wand und Gewölbe und die eingestellten Säulen konnten jedenfalls in der Bauzeichnung des Unbekannten enthalten sein. Die Dekoration soll Eosander sowenig abgesprochen werden wie Schlüter diejenige in den Paradekammern.

Der einzige Architekt, der bisher als Schlüters unbekannter Vorgänger mit einiger Wahrscheinlichkeit hat namhaft gemacht werden können, der schwedische Hofarchitekt Nicodemus Tessin d. J., hat für das Schloß in Stockholm eine entsprechende Galerie mit an den Enden eingestellten Säulen geplant (die Säulen aber nicht ausführen dürfen); Eosander hat ihn sehr geschätzt und ihm auch sonst nachgeeifert.

Abbildung 135 zeigt das ehemalige Königin-Zimmer (Raum 772), das zu Kaiser Wilhelms I. Zeiten durch einen breiten Durchgang als zweites Vorkompartiment zur Galerie gezogen worden ist, wobei der Durchgang in die Mitte der Zimmerwand und aus der Mittellinie der Galerie gelegt wurde. Die Porträts der Königinnen hängen an den Wänden. Man sieht in die Galerie hinein. Die Bilder dort hängen meistens schräg in den Raum, teils weil das Licht sonst blendete, teils auch, weil die Rahmen der größten Bilder über das Deckengesims hinaufreichten. An der Zahl der Stühle, die an der Wand entlang stehen, kann man sich die Größe der Gesellschaft vorstellen, die hier bei Hofbällen die Räume füllte.

Unter Kaiser Wilhelm II. wurde die Galerie zur Gobelingalerie bestimmt, wie sie die Abbildungen 131–133 wiedergeben, und nach dem Entwurf des Hofarchitekten Ernst von Ihne 1914 in Eiche getäfelt. Die bunte Reihe von lauter verschieden großen Bildern, mehr oder weniger schräg gehängt und dadurch noch uneinheitlicher wirkend, hatte zu individueller Betrachtung eingeladen; die Gäste des alten Kaisers hatten hier für den neuen Geschmack allzu frei herumgehen können. Die neue Ausstattung ergab ein fester organisiertes Raumbild von fast militärisch disziplinierter Eleganz, so wie es schon in kleinerem Maßstab in der Neuausstattung des Königszimmers (Abb. 100) begegnet ist. Die auf Integration alles einzelnen zielende Gesamtplanung unseres Jahrhunderts zeigt sich. Charakteristisch, daß die Lehnstühle durch Hocker und lehnenlose Bänke ersetzt wurden – die übrigens im Stil der Möbel König Friedrichs I. gehalten waren.

Die Gobelins, die 1914 hier eingebaut wurden, waren einer der bedeutendsten Komplexe preußischer Geschichtsdarstellungen in der Kunst: die Taten des Großen Kurfürsten. Die ursprünglich achtteilige Serie stellte die Siege bei Warschau und bei Fehrbellin, die Eroberungen von Stettin, Wolgast, Stralsund, Anklam, Rügen und den Winterfeldzug in Preußen dar. Friedrich III. hat sie 1690 bei dem Manufakturisten Pierre Mercier d. J. aus Aubusson, seit 1686 in Berlin, bestellt. Die Kartons schufen Rutger von Langerfeld, die Brüder Casteels, Paul Leygebe und Abraham Cornelisz Begeyn. Die Teppiche sind aus Wolle, im Einschlag zum Teil aus Seide und Silberfäden gefertigt. Sie befanden sich Ende des 18. Jahrhunderts in der Wohnung der Königin Elisabeth Christine und sind im 19. Jahrhundert in das Hohenzollern-Museum gelangt, von wo Wilhelm II. sechs Teppiche ins Schloß zurückholen und in der Bildergalerie einbauen ließ (»Der Sieg bei Warschau« und »Die Eroberung von Anklam« sind seitdem verschollen). Die sechs verbliebenen Teppiche hängen heute im Schloß Charlottenburg.

136 *Paradekammern, Grüner Salon.* 2. Obergeschoß, Raum 784, L. etwa 16 m, Br. etwa 7,50 m, H. etwa 6,25 m. – Eosander hat in seinem Bauteil eine zweite Reihe Räume angeordnet. In den unteren Geschossen und in der Kronprinzenwohnung gab es das zwar auch im Staatsgeschoß schon, doch war diese Einrichtung in der Staatssuite des Königs eine Neuerung. Der berühmte französische Architekt François Mansart hatte zwei Generationen zuvor das »Appartement double«, die doppelte Raumreihe, in die französische standesherrliche Wohnung eingeführt. Dabei ist das zunehmende Bedürfnis nach Kabinetten – und überhaupt nach Privatzimmern – wie auch der Wunsch, den Repräsentationspflichten nicht völlig ausgeliefert zu sein und einen Raum auch einmal umgehen zu können, sicherlich die wesentliche Ursache gewesen. Die Wohnbedürfnisse verfeinerten und differenzierten sich.

Welche genaue Bestimmung Eosanders Zimmerreihe neben der Großen Galerie auf der Seite zum Großen Schloßhof hin hatte, läßt sich aus dem vielleicht älteren Namen des vor dem Kopfende der Galerie gelegenen Zimmers allenfalls erschließen. Das Zimmer hieß »Königin-Zimmer«. Vermutlich waren hier neben Galerie und Königin-Zimmer Staats- und Privaträume einer neuen Königin-Wohnung beabsichtigt. Der Hof war ja naturgemäß konservativ, und ein solcher Zimmername kann weit zurückreichen. Die Erforschung der Einrichtung im Grünen Salon (später »Marinesalon«) wird vielleicht Sichereres erbringen. Hier war nämlich der Innenausbau Eosanders noch weit gediehen und auch erhalten geblieben. »Grüner Salon« hieß das Zimmer zur Zeit Kaiser Wilhelms I., es wird damals also grün ausgespannt gewesen sein. Aus unserer Abbildung gewinnt man einen guten Eindruck von der kühlen Eleganz, auf die Eosander aus war. Die Türblätter und -rahmen, das Deckengesims, die Stuckgruppen darüber, die großen Deckenbilder, selbst die Musterung der Decke dürften in der Substanz Eosanders Entwurf gewesen sein. Der Kamin war eine Kopie nach einem barocken Kamin der Schlüter-Schule.

Den Namen »Marinesalon« muß der Raum in der Zeit Kaiser Wilhelms II. erhalten haben; er bezieht sich offenbar auf die unglückliche Flottenpolitik, die das Reich am Vorabend des Ersten Weltkriegs betrieb. Linker Hand sieht man denn auch ein großes Seestück aufgehängt, und über dem Kamin ist der Kaiser selbst in effigie anwesend (in Admirals-Uniform?).

137 *Paradekammern, Königin-Zimmer Kaiser Wilhelms II.* 2. Obergeschoß, Raum 783, L. etwa 15 m, Br. etwa 6,50 m, H. etwa 6,25 m. – Das Königin-Zimmer war ehemals zwischen dem Ende der Galerie und dem Weißen Saal gelegen (Raum 772). Bei dem Umbau unter Kaiser Wilhelm II. ging es in der neuen Galerie, die den Weißen Saal erweiterte, mehr oder weniger auf, und der Name wurde auf das Zimmer neben dem »Marinesalon« (Abb. 136) am Großen Schloßhof übertragen. Der Architekt des Umbaues, Ernst von Ihne, hat den Raum erst dreiachsig gemacht, indem er vom nächsten Zimmer ein Stück dazunahm. Ihne hatte bei seiner Dekoration Versailles im Sinn, wie man an den aus farbigem Marmor zusammengesetzten Sockeln und Laibungen sieht; er bediente sich im Detail aber auch aus dem Repertoire der Schlüterschen Vouten nebenan. Die Einrichtung ist von außerordentlicher Eleganz, ein Glanzstück historistischer Raumkunst. Der Vergleich etwa mit dem Marinesalon kann lehren, wieviel straffer organisiert und disziplinierter der moderne Raum war; alles Behäbige ist daraus vertrieben.

Die Porträts der Königinnen waren rechts neben der Tür Elisabeth Christine, Gemahlin Friedrichs des Großen, von Antoine Pesne, links neben der Tür Sophie Dorothea, Gemahlin Friedrich Wilhelms I., ebenfalls von Pesne, links daneben Königin Sophie Charlotte, die Gemahlin Friedrichs I., von Friedrich Wilhelm Weidemann, zwischen den Spiegeln Kaiserin Friedrich (1893) von Heinrich Angeli, zwischen den Fenstern Kaiserin Augusta, gleichfalls von Angeli. Die Stühle gehörten zu einer älteren Garnitur aus Kaiser Wilhelms I. Zeit, die der Leser auch im Grünen Salon (Abb. 136) und in anderen Zimmern wiederfindet; bei aller straffen Eleganz schlug doch die preußische Sparsamkeit noch durch.

Dem Grundriß ist zu entnehmen, daß Ihne nebenan einen kleinen Anrichteraum mit zwei Speiseaufzügen nach oben in ein Halbgeschoß und ins Mezzanin sowie einen großen Anrichteraum mit zwei größeren Speiseaufzügen, die sowohl nach oben ins Mezzanin wie bis unten in den Keller durchgingen, angeordnet hatte. Kalte und warme Küche, Anrichten, Spülküchen waren über Keller- und Dachgeschoß verteilt. Von den Anrichten aus konnte im Königin-Zimmer, in der Großen Galerie und in der neuen Galerie am Weißen Saal serviert werden. Ehedem muß die »Theatertreppe« neben der Alten Kapelle (Friedrich der Große hatte im Alabastersaal ein Theater einbauen lassen) oder sogar die Rittersaaltreppe zum Heraufschaffen der Speisen und Getränke gedient haben. Der altmodische Hand- oder besser Kniebetrieb, bei dem die Dienerschaft, verstärkt durch Soldaten, etwa 20 Meter Höhenunterschied durch Treppensteigen überwinden mußte, hat dem Glanz der Hoffestlichkeiten keinerlei Abbruch getan.

138–141 *Paradekammern, Weißer Saal.* 2. Obergeschoß, Raum 770, L. etwa 32,30 m, Br. etwa 15,70 m, H. etwa 13 m. – Eosander hatte für Friedrich I. am Ende der Großen Galerie und nach dem Königin-Zimmer die neue Kapelle geplant, mit einem großen Treppenhaus dazu neben dem

Eröffnung des ersten Vereinigten Landtags durch Friedrich Wilhelm IV. am 11. April 1847 im Weißen Saal, Lithographie von Loeillot

Triumphbogen-Portal an der Schloßfreiheit. Er wiederholte damit sinngemäß die bisherige Disposition des Schloßausbaues, nur vergrößert. Der nächste König, Friedrich Wilhelm I., ließ sofort den Ausbau einstellen. Erst im fünfzehnten Jahr seiner Regierung, 1728, ließ er den Kapellenraum als Festsaal ausbauen, um den Besuch des Königs von Polen und Kurfürsten von Sachsen, Augusts des Starken, zu empfangen, der am 29. Mai eintraf. Friedrich Wilhelm I. hatte bei einem Besuch in Dresden im Januar 1728 die Zusage zum Gegenbesuch erhalten. Demnach war für den Ausbau nur etwa fünf Monate Zeit. An der schmalen Seite des Saals am Lustgarten ließ der König drei Kabinette abteilen, von denen er dasjenige in der Ecke zu seinem Tabakskollegium bestimmte, wo er sich abends mit Vertrauten bei gelockertem Zeremoniell traf, zu Gespräch und Kartenspiel.

Die Dekoration des Saals ist aus Zeichnungen bekannt. Sie bestand aus Felderungen oder Rahmungen; nur zu seiten der Türen, in der Mitte der schmalen Wände, standen Pilaster. Bis zum Gesims waren die Wände mit Stuckmarmor belegt, darüber einfach weiß geputzt. Der Stuckmarmor scheint weißlich gewesen zu sein, die Ornamente versilbert mit Rücksicht darauf, daß König Friedrich Wilhelm hier einen Teil seines großen Silberschatzes in Form von Möbeln, Kronleuchtern, Bilderrahmen und Geschirr auf- und ausgestellt hatte. So kam der Saal zu seinem Namen, denn die anderen Paradekammern hatten ja stark vergoldete Decken und tiefrot oder dunkelgrün ausgeschlagene Wände. Nachdem Friedrich der Große das Silber hatte einschmelzen lassen, um seine Kriege zu finanzieren, war der Saal doch etwas schlicht.

Friedrich Wilhelm IV. hat den Saal durch August Stüler im Jahr 1844 neu ausbauen lassen. Von diesem zweiten Ausbau sind Fotos (Abb. 138–139), farbige Ansichtszeichnungen und Pläne bekannt, und es fehlt auch nicht an zeitgenössischen Beschreibungen, die jede Einzelheit angeben. So schreibt Friedrich Morin 1860:

»Der weiße Saal wurde im Jahre 1846, als der Kuppelbau der Neuen Capelle begann, gänzlich umgebaut und vergrößert, und zuletzt 1857 restauriert (d.h. nicht fertiggewordene Teile der

Ausschmückung vollendet, G. P.). *Dieses größte Gemach des Königlichen Schlosses ist … durch einfache Pracht und Schönheit der architektonischen Verzierungen ausgezeichnet. Die Wände sind mit weissem, feingeäderten Stuckmarmor bekleidet, welche durch Goldfugen in Felder abgetheilt sind. Die Metallverzierungen der Thüren, die Armleuchter, die Capitäle der Säulen, die Kronenrosetten sind silbern. Die Gardinen rother Sammet, die Thürflügel damit bekleidet. Der Hauptsaal ist durch zwei übereinander gestellte Arcadenreihen, auf der einen Seite von einem Vorsaal, auf der anderen vom Treppenhause getrennt. Die dadurch in den oberen Arcaden gebildeten Logen sind auf der einen Seite bei den Festlichkeiten für die eingeladenen Zuschauer, auf der anderen für das Musikcorps bestimmt. Vor die untere Bogenreihe gestellt, tragen cannelirte Säulen, Monolithen von carrarischem Marmor, auf Stylobaten von schlesischem Marmor gestützt, vor den Logen die Marmorstatuen der 12 Kurfürsten von Brandenburg. Oben in Blenden die acht Provinzen des preussischen Staats,* (Mark Brandenburg, Ostpreußen, Pommern, Sachsen – das meint Magdeburg, Halberstadt und Halle an der Saale –, Schlesien, Westpreußen, Rheinland – von der Einmündung der Nahe bei Bingen bis an die holländische Grenze –, Westfalen, G. P.) *durch 8 Standbilder dargestellt; darunter Karyatiden mit den Wappenschildern und Kulturattributen der Provinzen. Die vier Ecken der Deckenwölbung füllen allegorische Basrelief-Gruppen, die fürstlichen Tugenden: den Frieden, den Glauben, die Liebe und den Ruhm darstellend. Die Archivoltenzwickel der unteren Bogenstellungen sind ebenfalls mit je 10 Basrelief-Figuren geziert, und zwar sind nach dem Treppenhause die Wissenschaften und Künste repräsentirt, als: die Philosophie, Astronomie, Mathematik, Jurisprudenz und die Kriegswissenschaft; rechts: die Poesie, Malerei, Musik, Bildnerei und Baukunst. Auf der entgegengesetzten Seite ist der Gewerbefleiss repräsentirt durch die Mechanik, Schifffahrt, Handel, Garten- und Weinbau, Viehzucht, Weberei, Spinnerei, Giesskunst und Bergbau. In dem umlaufenden, ornamentalen Friese des Bandgesimses sind die Portrait-Reliefs berühmter Staatsmänner, Generale, Gelehrten und Künstler aus den Zeiten der letzten Kurfürsten, darunter: Copernicus, Leibnitz, Thomasius, Schlüter u. A. m. angebracht, denen aus der neuesten Zeit Schinkel hinzugefügt ist. Zwei grosse Glas-Candelaber, ein Geschenk des Kaisers Nicolaus von Russland, schmükken den Vorsaal. Bei grossen Feierlichkeiten wird der Thron dem grossen Adlerwappen auf dem Fussboden gegenüber errichtet. Unter der Arcade nach dem Treppenhause: eine sitzende Victoria, von Rauch meisterhaft in carrarischem Marmor ausgeführt.«*

Stüler hatte also die drei Kabinette am Kopfende des Saals zu einem »Vorsaal« zusammengezogen und die Wand in fünf Bögen in zwei Geschossen geöffnet. Der Eintretende fand so eine Zwischenzone vor dem eigentlichen Saalraum, in der er sich auf das, was im Saal geschah, vorbereiten und einstellen konnte, ohne zu stören, um dann in der rechten Weise endgültig einzutreten. Durch die Einführung von fünf statt drei Achsen konnte Stüler gegenüber die Treppe, die ehemals zur Mitteltür hinaufgeführt hatte, durch ein Podest unterhalb der einstigen Mitteltür unterbrechen und in zwei seitlichen Läufen vor die beiden Türen in den Saalecken umleiten. Dies ermöglichte, die Treppe noch weiter nach oben zu verlängern und mit ihr die gleichzeitig gebaute Kapelle, die ein halbes Geschoß höher lag, und die Diplomatengalerie zu erschließen.

Die Bögen zum Treppenhaus waren verglast, in vergoldeten Bronzerahmen; die großen Spiegelglasscheiben wirkten kostbar und vornehm. Die Fenster waren in zarten, eigentlich außenarchitektonischen Formen gerahmt. Die Gardinen hingen tief in den Laibungen, so daß der rote Thronhimmel vor den weißlichen, ganz leicht ins Goldbraun spielenden Wänden als einziger Farbakzent förmlich glühte. Die glänzenden Stuckmarmorflächen waren darauf berechnet, die Lichter der verschwenderisch vielfältigen Wand- und Kronleuchter aus Kristall zu spiegeln. Nach oben zu wurde die Dekoration kleinteilig – die paarweise gestellten Karyatiden, die Kröpfung des Deckengesimses, die krausen Stuckrahmungen der Mezzaninfenster. Die großen, rechteckigen Rahmen in der Voute sollten mit Gemälden gefüllt werden; die beiden Probestücke indessen wirkten zu bunt, und so wurde die Ausführung erst einmal angehalten. Sonderbar genug müssen diese Rahmen gewirkt haben, die in die Voute hineingebogen waren. Bezeichnend für die die Raumgrenzen durchdringende Sehweise der Zeit war, daß die Sitzfiguren der preußischen Provinzen die Biegung nicht mitmachten, sondern mit ihren Köpfen die Voutenfläche durchstießen; für jede war eine Nische ausgespart. Die Bogenstellungen an den Schmalseiten des Saals zerschnitten mit ihren großen Stichkappen die Voute in lauter einzelne Dreiecke, so daß hier die geschlossene Raumgrenze vollends aufgehoben, die Raumwirkung des Barock in die offene, zum rasterhaften Gerüst tendierende der Moderne verwandelt war. Erst in dem flachen Deckenspiegel, der dem Fußbodenmuster entsprach, klang der Raum gleichmäßiger aus.

Die in der Beschreibung von Morin genannten Marmorstatuen der zwölf Kurfürsten von Brandenburg waren jene, die der Große Kurfürst bei Bartholomäus Eggers in Amsterdam für den Alabastersaal hatte arbeiten lassen (die letzte sein Sohn Friedrich III., zwölfter Kurfürst und erster König). Die Kaiserstatuen aus dem Programm des Alabastersaals waren entsprechend im Treppenhaus aufgestellt.

Für die Feste Kaiser Wilhelms II. war der Weiße Saal in dieser Form auf die Dauer zu klein im Maßstab und in der Fläche, und seine Dekoration wurde als kleinlich empfunden. Wilhelm II. ließ ihn seit 1892 durch Ernst von Ihne umbauen und erweitern. Der ganze Flügel wurde zum Hof hin um eine Raumtiefe verbreitert, so daß der Saal an dieser Längsseite um eine Galerie vergrößert werden konnte, in die das ehemalige Königin-Zimmer einbezogen wurde. Die Galerie am Kopfende zum Lustgarten hin hat Ihne beseitigt und dem Raum wieder die Größe von

Eröffnung des Deutschen Reichstags im Weißen Saal durch Kaiser Wilhelm II. am 25. Juni 1888, Gemälde von Anton von Werner, 1893

Eosanders Kapellenplan gegeben. Organisatorisch war der Anbau- und Neubauplan Ihnes äußerst geschickt. Durch den in den Hof vortretenden Bauteil hätte man nach dessen Vollendung am bis dahin hinderlichen Treppenhaus und vor allem an dem riesigen Bau von Eosanders Triumphbogen-Portal (Abb. 66) vorbei in die andere Hälfte des Schlosses kommen können, und die großen Feste hätten einmal nach Schließung des Ringes um beide Schloßhöfe auf der doppelten Fläche vor sich gehen, die Gesellschaft zirkulieren können – eine einem Kaiserreich, das unter die ersten vier Weltmächte aufgestiegen war, quantitativ durchaus angemessene Planvorstellung. Die Innenarchitektur des Weißen Saals allerdings zeigte eine Veräußerlichung, ja Sinnentleerung der Idee eben dieses Kaiserreiches an (Abb. 140–141).

Am meisten fällt die Maßstabvergrößerung auf. Statt der fünf Achsen hat Ihne an den Schmalseiten wieder drei eingeteilt, mit Kolossalsäulen über beide Geschosse hinweg. Die Glastüren wurden entfernt, das Treppenhaus völlig in den Festraum einbezogen. Die mannshohen Postamente – man vergleiche ihre Höhe mit Rauchs Viktoria, die an alter Stelle wieder aufgestellt wurde (Abb. 141) –, die Kolossalität der Gliederung, die Proportionen der Galeriehöhe, also des Mezzaninfußbodens, zur Kolossalordnung nahmen dem Saal jede Intimität und brachten eine Atmosphäre wie in einer Bahnhofshalle oder im Prunkbad eines Kurortes. Ganz zweifellos haben Bauherr und Architekt genau diese Kühle und Kolossalität, um nicht zu sagen Klotzigkeit gesucht; Ihne hat viel Kunst darangewendet. Auf Abbildung 140 kann man im Vergleich der Mezzaninfenster von Längs- und Schmalwänden sehen, daß er an den Längswänden die Laibungen schräg nach unten geführt hat, um das Gesims darüber anordnen und noch eine genügend hohe Decke gewinnen zu können; diese war übrigens in den neuen Dachstuhl um fast einen Meter höher geschoben. Der Saal maß nun in der Fläche 16 x 32 Meter, in der Höhe bis in die Kassetten hinein 14 Meter. Der kalte Eindruck wurde durch die Verkleidung aus poliertem Marmor noch verstärkt. Albert Geyer weiß allerdings zu berichten, daß das neuartige elektrische Licht den Saal warm habe wirken lassen. Auf besonderen Wunsch Kaiser Wilhelms II. wurden die Glühbirnen auf dem Hauptgesims in langer Kette angebracht, weil der Bauherr die Kronleuchter aus dem Saal heraushaben wollte – womit ein weiteres Moment von Intimität und Atmosphäre entfernt war. Von der Gesimsbeleuchtung strahlte das Licht gegen die reichlich vergoldete Decke und wurde von dieser warm reflektiert.

Für den Saal des nunmehrigen Kaisers kamen die Kurfürstenstatuen nicht mehr in Frage, der neue Statuenzyklus stellte die Könige von Preußen dar, und zwar im

Alter ihrer Thronbesteigung. Allein der Große Kurfürst war in die Reihe aufgenommen. Gearbeitet waren die Standbilder von damals modernen Künstlern: der Große Kurfürst von Fritz Schaper, Friedrich I. von Johannes Boese, Friedrich Wilhelm I. von Walter Schott, Friedrich der Große von Harro Magnussen, Friedrich Wilhelm II. von Alexander Calandrelli, Friedrich Wilhelm III. von Gustav Eberlein, Friedrich Wilhelm IV. von Johann Christian Unger, Wilhelm I. von Cuno von Üchtritz-Steinkirch, Friedrich III. von Max Baumbach. Damit waren neun von den zehn Plätzen zwischen den gekuppelten Pilastern an den Längswänden besetzt. Auf dem zehnten Platz, in der Mitte der Fensterwand, stand der Thron Wilhelms II. selbst – immer noch der Thronsessel König Friedrichs I.

Zum unpersönlichen Maßstab des Saales trugen die sehr großen Reliefs in der Voute viel bei, die dadurch, daß sie im Stil an die winzigen Darstellungen auf geschnittenen Steinen (Kameen und Gemmen) oder auch an Zinnfiguren erinnerten, um so riesenhafter wirkten. Sie waren von Otto Lessing modelliert und zeigten den siegreichen Krieg als Förderer von Kunst, Wissenschaft, Handel und Industrie. In den Mittelfeldern der Decke schließlich befanden sich die Wappen der Hohenzollern als Burggrafen, Kurfürsten, Könige und Kaiser.

142–143 *Paradekammern, Weiße-Saal-Treppe, 2. Obergeschoß und Kapellengeschoß.* Raum 768, L. etwa 22,40 m, Br. etwa 20,80 m, H. etwa 13 m. – Der Bau der neuen Schloßkapelle Friedrich Wilhelms IV. erforderte ein Höherführen der ursprünglichen Weißen-Saal-Treppe, die den Saal mit der ein halbes Geschoß höher liegenden Kapelle verbinden mußte. Dabei wurde der untere Teil der Treppe (Abb. 148–149) nicht einbezogen, sondern aus der Reihe der Paradekammern ausgeschlossen.

Die neue Weiße-Saal-Treppe, von August Stüler zusammen mit dem Ausbau des Saals und dem Aufbau der Kapelle entworfen, überwand ein ganzes Stockwerk zusätzlich und endete an der Diplomatengalerie des Weißen Saals. Dreiviertelwegs kam man auf das Podest, das zur Tür der neuen Kapelle Zutritt gab (Abb. 143). Um den unteren, bei den Hoffesten nicht benutzten Teil der Treppe von der Raumwirkung auszuschließen, hatte Stüler die Treppenaugen zuwölben lassen. Das ergab zugleich zwei kleine Plätze von etwas grottenartigem Charakter, welche mit Springbrunnen ausgestattet wurden. Da das Treppenhaus ein Oberlicht erhielt, konnten auf den Plätzen bei den Springbrunnen Kübelpflanzen gehalten werden, so daß der Treppenraum zugleich ein sehr stattlicher Wintergarten war, der in einem Festraumprogramm des vorigen Jahrhunderts nicht fehlen durfte. Einzelne Pflanzenkübel wurden zusätzlich noch in den Ecken der Treppenpodeste aufgestellt. Leider haben wir von dieser glänzend entworfenen Anlage keine guten Fotos; wir können

Die Weiße-Saal-Treppe in der Fassung Stülers, Aquarell von Carl Graeb, um 1850

sie aber in einem zeitgenössischen Aquarell vor Augen führen. Wegen der Ausstattung im einzelnen zitieren wir wieder, wie schon beim Weißen Saal, die Beschreibung von Friedrich Morin:

»Auf der oberen Treppenbrüstung stehen die Kaiserstatuen: Constantin, Justinian, Carl der Grosse und Rudolf II., in Marmor ausgeführt von Eggers. Die Reliefs an den Wänden, die Entwicklung der Architektur symbolisch dargestellt, sind von Schlüter. Zwei Heizapparate, in Candelaberform, sind mit Hautrelief-Gruppen in weissem Stuck geschmückt, welche zugleich die Portraits aller beim Ausbau dieses Theiles des Schlosses betheiligten Hauptpersonen enthalten, als: König Friedrich Wilhelm IV. und die Königin Elisabeth; rechts von ihnen: Schlossbaumeister v. Schadow, Baumeister Wesemann, Zimmerleute und Arbeiter; links vom Könige: die symbolische weibliche Gestalt der Architektur, mit dem Modell der Kuppel, der verstorbene Schinkel, der Geh. Ober-Baurath Stüler und der Bildhauer Dankberg, von dem auch diese Reliefs gefertigt sind, und Maler.«

Bei dem Umbau für Wilhelm II. hat Ihne die Disposition Stülers übernommen, hat das Treppenhaus nur ganz und gar in seinen neubarocken Formen verkleidet, da es mit dem Saal zusammengesehen wurde. Die schweren Architekturformen haben allerdings, wenn man dem Eindruck auf den alten Aufnahmen trauen darf, den Wintergarten-Charakter erdrückt; die Zeit der Wintergärten war auch vorüber.

144–147 *Paradekammern, Kapelle.* Raum 769, L. etwa 22,40 m, Br. etwa 20,80 m, H. etwa 34,50 m. – Nach Eosanders Plänen für Friedrich I. sollte auf dem großen Portalbau an der Schloßfreiheit der Turm der Schloßkapelle stehen; Zeichnungen aus der Zeit des Soldatenkönigs, die vermutlich Eosanders Pläne wiedergeben, zeigen zwei offene Säulengeschosse und eine Dachkuppel darauf. Indessen, Friedrich Wilhelm I. ließ den Turm doch nicht bauen. Erst Friedrich Wilhelm IV., der die christliche Fundierung des Throns sehr hervorkehrte, krönte den riesigen Portalbau mit einer mächtigen Kuppel, erbaute 1844–52 eine prächtige Kapelle von der Form eines dem Rechteck des Unterbaues einbeschriebenen, nicht ganz gleichseitigen Achtecks. Durch halbrunde Nischen waren auch die abgeschnittenen Ecken des Unterbaues ausgenutzt (Abb. 145). Etwa bis zu den Kämpfern der acht Bögen steckte die Kapelle im Portalbau; in Kämpferhöhe fingen draußen die Dächer an (Abb. 67). Über den Bögen ging das Achteck in ein dem Kreis nahes Oval über. Die Bogenzwickel vermittelten den Übergang zu der Galerie des Fenstergeschosses (Abb. 146), über dem sich die Kuppel hinauf zu ihrem Mittellicht schwang, das von der äußeren »Laterne« geschützt wurde. Wir lassen zunächst wieder, wie beim Weißen Saal und bei der Weißen-Saal-Treppe, die zeitgenössische Beschreibung aus dem Berlin-Führer von Friedrich Morin folgen:

»Die Neue Schloss Capelle, von Stüler und von Schadow erbaut. Der Bau begann 1845, die Einweihung erfolgte am 24. Mai 1853... Die prächtige Kuppel wölbt sich hier über dem schönsten Raum des Schlosses... Der Fussboden ist mosaikartig mit den seltensten Marmorarten ausgelegt. Der ganze Raum fast 1500 Personen und enthält unten 700 Sitzplätze auf reich vergoldeten, mit rothem Sammet überzogenen Stühlen. Stufen von carrarischem Marmor führen zum Altar, dessen Platte, von orientalischem Alabaster, auf sechs kleinen Säulen, von derselben Alabasterart, ruht. Die vergoldete Ueberdachung des Altars wird von zwei Säulen und zwei starken Wandpfeilern, sämmtlich Monolithen (aus einem Stück bestehend) von orientalischem Alabaster, getragen. Die Alabasterblöcke dazu sind ein Geschenk des Vicekönigs Mehemed Ali von Aegypten. Ueber dem Altar ist in der mit Marmor bekleideten Wand ein 8½ Fuss hohes Kreuz aus vergoldetem Silber, mit grossen Edelsteinen besetzt, eingelassen; man bemerkt darunter Goldtopase von 3 Zoll Durchmesser. An jeder Seite der Altar-Estrade ist eine Kanzel angebracht, welche, so wie der Fussboden, von carrarischem Marmor sind. Zehn pompejanische Säulen dienen als Candelaber. Die Bogennischen, Archivoltenzwickel und Pfeiler der Rotunde sind mit biblischen Gegenständen und zahlreichen Bildnissen in ganzer Figur, in stereochromischer Manier auf Goldgrund ausgeführt, bedeckt... (Stereochromie oder Wasserglasmalerei, eine 1846 in München erfundene Art der Wandmalerei, welche, im Wesen der Frescomalerei gleich, dieselbe übertrifft, indem die Farben das Feuer und die Tiefe der Ölfarben erhalten und nach Vollendung des Bildes mit einer Auflösung von Kieselerde, »Wasserglas« genannt, bespritzt werden, wodurch die Fläche eine steinartige Festigkeit erhält)... In den flachen Bogennischen: Vier Scenen aus der Geschichte Christi: Austheilung des Abendmahls, gemalt von Pfannenschmidt (über dem Altar). – Christi Auferstehung, gem. von Steinbrück (über der Thüre rechts). – Ausgiessung des Heil. Geistes, gem. von Hopfgarten (dem Altar gegenüber). – Geburt Christi, gem. von Daege (über der Thür links).

In den runden Bogennischen: Die 4 Evangelisten Matthäus und Marcus, gem. von A. v. Klöber. – Lucas und Johannes, gem. von Henning.

In den Archivoltenzwickeln: 8 grosse Propheten und Erzväter: Jeremias und Moses, gem. v. Elster. – Elias und Hesekiel, gem. von Kaselowsky. – Daniel und Johannes der Täufer, gem. von Stürmer – Samuel und Jesaias, gem. von H. Schultze.

Auf den 8 Doppelpfeilern sind 96 Bildnissgestalten vertheilt. 1) Die Pfeiler der Altarnische: die 12 Apostel, gem. von Hermann. – 2) Die Pfeiler der folgenden runden Nische: die 12 Erzväter, gem. von Holbein. – 3) Die Pfeiler der folgenden runden Nische: die 12 kleinen Propheten, gem. von Eich. – 5) Die Pfeiler der dem Altar gegenüber liegenden Nische: 12 Hohenzollernsche christliche Fürsten, gem. v. Schmidt. (Die Bilder der unteren Reihe sind immer zuerst zu betrachten.) Kurfürst Friedrich II. – Markgraf Georg von Ansbach. – Elisabeth die Heilige. – Hedwig die Heilige. – Mittlere Reihe: Johann Sigismund. – Markgraf Albrecht von Culmbach. – Kurfürst Joachim II. – Herzog Albrecht von Preussen. – König Friedrich Wilhelm III. – Kurfürst Friedrich I. – Louise Henriette. – Kurfürst Friedrich Wilhelm der Grosse. – 6) Die Pfeiler der folgenden inneren Nische: 12 Reformatoren, gem. von Eybel. Luther. – Melanchthon. – Calvin. – Huss. – Wilhelm von Oranien. – Theodor Beza. – Johannes Pomeranus (Bugenhagen). – Friedrich der Weise, Kurfürst. – A. H. Francke. – Spener. – Zinzendorf. – Gustav Adolph von Schweden. – 7) Die Pfeiler der Eingangsthürnische: die 12 ersten christlichen Monarchen, gem. von J. Schrader. Carl der Grosse. – Alfred der Grosse. – Chlodwig. – Constantin der Grosse. – Wladimir, Grossfürst von Russland. – Mitislav, Herzog von Polen. – Otto der Grosse. – Heinrich I. – Ludwig der Heilige. – Ferdinand von Castilien. – Olaf, Herzog von Norwegen. – Gottfried, König von Jerusalem. – 8) Die Pfeiler der letzten runden Nische: 12 Märtyrer des christlichen Glaubens, gem. von Lengerich. Jacobus, Bischof von Jerusalem. – Polycarp, Bischof von Smyrna. – Ignatius, Bischof von Antiochia. – Stephanus der Heilige. – Die heil. Cäcilia. – Justinus der Philosoph. – Cyprianus, Bischof von Carthago. – Die heil. Katharina. – Albrecht, Erzbischof von Gnesen. – Heinrich von Zuiphten. – Kilian, Bischof von Würzburg. – Bonifacius, Erzbischof von Mainz.

Die Kuppel von 80 Fuss Bogenspannung ist von einer aus schmiedeeisernen Sparren construirten Schutzkuppel überwölbt, welche auf einem achteckigen Unterbau ruht. Der Unterband der inneren Kuppel ist rund, und zwischen beiden ein Wendelgang, der bis zur Spitze der Kuppel führt. Zwischen den 24 Fenstern der Kuppel, durch welche ein ruhiges Oberlicht einfällt, stützen eben so viel kolossale Heiligen-Karyatiden das Gesims der Wölbung. Ueber dem Gesims der Gallerie und an dem oberen Kuppelgesims liest man

Trauung des Prinzen Wilhelm von Preußen mit Prinzessin Auguste Viktoria von Schleswig-Holstein in der Schloßkapelle am 27. Februar 1881,
aus »Das Buch für Alle«, H. 18, 1881

die acht Seligpreisungen der Bergpredigt. Eine gusseiserne Wendeltreppe von 195 Stufen führt in das Portal am Schlosshof.«

Die Bemalung der Kuppel zeigte an ihrem Ansatz Engel-Darstellungen von Eduard Steinbrück, August Hopfgarten und Eduard Daege.

An der Auswahl des Bildprogramms dieser Ausstattung war gewiß der Bauherr in allen Einzelheiten beteiligt; es zeigt die Tendenz, auch die altkirchlich-katholischen Traditionen in die evangelische Kirche einzubeziehen. Sowohl die »ersten christlichen Monarchen« wie die »Märtyrer des christlichen Glaubens« waren ja doch Heilige der katholischen Kirche und in der Reformation aus den evangelischen Kirchen entfernt worden. Ihre Anbringung in der Kapelle eines ehemals sogar reformierten, seit einiger Zeit dem aus dem reformierten und dem lutherischen »unierten« Bekenntnis angehörenden Herrscherhauses war ein starkes Stück. Friedrich Wilhelm IV. wäre gern zu einer Staatskirche wie der anglikanischen zurückgegangen, wie sein Vorfahr Kurfürst Joachim II. sie gepflegt hatte, nur bedeutete dies im 19. Jahrhundert etwas anderes als im 16.

Der Kapelle, die wie alle Zentralräume mit Fotos nicht recht darstellbar war (man hätte sie filmen müssen), wird in den Beschreibungen mächtige Raumwirkung attestiert, während die Buntheit der Marmorverkleidung und Ausmalung kritisiert wird. Indessen vermittelte die starke Teilung der Wandflächen den Maßstabsprung von den acht großen unteren Bögen zu den vierundzwanzig Bogenfenstern oben, die sonst noch kleinlicher gewirkt hätten, als sie das ohnehin schon taten, weil unglücklicherweise die Teilung der Kuppel großzügiger ansetzte. Die Kuppelfläche war zwar in gleicher Achszahl gegliedert, aber nur in Linien, während im Fenstergeschoß die Teilungen in zwei hintereinandergestaffelten und -gekröpften Pfeilern bestanden. So waren die Bögen oben breiter, die gemalten Engelsgestalten größer als die plastischen auf den Fensterpfeilern. Auch der Renaissance-Dekor auf den Kuppelsegmenten war im Maßstab größer als derjenige der Fensterpfeiler (Abb. 147).

Der Entwurf der Kapelle geht nicht allein auf August Stüler zurück. König Friedrich Wilhelm IV. war selbst ein begabter architektonischer Dilettant und pflegte bei größeren Bauunternehmungen kräftig einzugreifen, wenn er sie nicht überhaupt selbst konzipierte. Er hatte sich in seiner Kronprinzenzeit von Schinkel eine solche Kapelle für diese Stelle entwerfen lassen (samt der Höherführung der Weiße-Saal-Treppe) und hat an den Grundzügen des älteren Entwurfes gegenüber anderen Vorschlägen Stülers festgehalten. Aber auch in Details fühlte er sich mit vielem Recht kompetent. Vielleicht sind die oben bemerkten Unstimmigkeiten durch die mehreren am Entwurf beteiligten Köpfe verursacht.

Die Kapelle war im Äußeren beinahe vollendet, als die Revolution von 1848 ausbrach. Der König ließ während der anschließenden Wirren mit Fleiß, demonstrativ, weiterbauen. Die Innenausstattung der Kapelle war die letzte größere Bauarbeit unter seiner Regierung am Schloß – Friedrich Wilhelm IV. zog sich nach der Revolution nach Potsdam zurück.

Gottesdienst fand in der Kapelle bei Vermählungen, Einsegnungen und Geburtstagen von Mitgliedern des königlichen Hauses, außerdem zum Ordensfest des Schwarzen Adlerordens, zu Neujahr und bei Eröffnung der Reichs- und Landtage statt. Die Platz- respektive Rangordnung war diese: Im Halbkreis vor dem Altar saßen die Majestäten und die Prinzen des königlichen Hauses, rechts vom Altar die Minister und Botschafter, links die Wirklichen Geheimen Hofräte und Generäle, dahinter der Hofstaat mit den geladenen Gästen. Da eine Orgel gemäß dem altchristlichen Bauprogramm nicht vorhanden war, sorgten eine Instrumentalkapelle und der Domchor für die geistliche Musik.

148 und 149 *Paradekammern, Weiße-Saal-Treppe, Erdgeschoß und 1. Obergeschoß.* Raum 200 und 517, L. etwa 11,50 m, Br. etwa 17 m, H. etwa 14 (24) m. – Wir wenden uns nun zurück und verlassen die Kapelle, die Paradekammern und das Schloß über die Weiße-Saal-Treppe. Die beiden unteren Stockwerke dieser Treppe (Abb. 142–143) waren noch so, wie Eosander sie angelegt hatte. Wenn jemand den großen Triumphbogen vom Portal III zum Eingang ins Schloß benutzte, wie Eosander es sich gedacht hatte, wie es aber niemals wirklich offiziell-protokollarischer Weg geworden zu sein scheint, dann konnte das riesige Portal selbst als Unterfahrt dienen. Von da betrat man das Treppenhaus unter einem Gewölbe, das ein Podest der Treppe trug, und sah sich einigen ersten Stufen und einem Podest gegenüber, von dem aus nach beiden Seiten Läufe nach oben führten. Die ionischen Säulen, die immer zu zweit oder mit einem Pilaster zusammen gerade Gebälkstücke trugen, mußten schon in den Rohbau der massiven, ganz auf Gewölben ruhenden Treppen eingesetzt werden. Zur geplanten Stuckierung ist der Bau nicht mehr gediehen: Der Soldatenkönig ließ ihn sofort anhalten; die Treppe war ihm so schon prächtig genug.

Eosander hat das Problem, die Architektur der Säulen und Gesimse und diejenige der Bögen den Steigungen der Treppe anzupassen, geschickt gelöst. Nackte eckige Pfeiler- und Bogenkerne ließ er mit ihren Kanten die verschieden hoch anschließenden Gebälkabschnitte trennen, die Bögen die Steigungen nur etwa zur Hälfte mitmachen. Die übrigen Stufen lagen hinter den Postamenten der eingestellten Säulen. Das machte den Raum ruhig und fest. Jedes Treppenjoch war von der Seite her als Bogen auf eingestellten Säulen zu sehen. Die an den Wänden entlang aufsteigenden ersten bis dritten Läufe in jedem Geschoß boten reichlich Gelegenheit, die Joche gegenüber, das brückenartige Joch mit dem ersten Lauf, in dem sich die Läufe wieder vereinigten, und über dieses hinweg die Läufe des nächsten Geschosses von außen anzusehen (Abb. 148). Das war ein interessantes Erlebnis.

Im zweiten Geschoß kam man ursprünglich frei von den Podest- und Laufdecken, die man bisher über sich gehabt hatte, in das ehemals saalartige obere Ende des Treppenhauses; mit dem letzten Lauf stieg man gerade auf die Saaltür zu, die ehemals in der Mitte der Wand war. Stüler hatte, um die Treppe nach oben weiterzuführen, diesen letzten Lauf durch ein Podest unter der ehemaligen Saaltür unterbrochen und geteilt und zwei seitliche Zugänge zum Saal angelegt.

Auf den Fotos ist die Belichtung der Treppe extrem ungünstig, weil nur in einer Ecke des Treppenhauses Fenster waren. Durch den Aus- und Anbau Ernst von Ihnes waren entsprechende Fenster in der Ecke gegenüber verstellt worden. Vormals hatte also die Seite des Treppenhauses mit den Geschoßpodesten und den Zugängen zu den Suiten und zum Saal ein gleichmäßigeres Licht, und nach oben zu wurde es ebenfalls heller, bevor Stüler die Treppe ein Geschoß höher führte und die Treppenaugen zuwölben ließ. Oben langte man nämlich ursprünglich in einem Saal an, der von beiden Seiten abermals durch je ein Fenster erhellt war. Vor allem aber hatte Eosander, wie in der Charlottenburger Kapelle, ein großes Deckenlicht geplant, das der Soldatenkönig nur nicht hatte ausführen lassen, ein Deckenlicht etwa wie dasjenige, das dann unter Friedrich Wilhelm IV. eingebaut wurde. Die schlechte Beleuchtung von Eosanders Großem Treppenhaus, die in alten Beschreibungen kritisiert wird, ist also offensichtlich durch Planänderungen und Umbauten verschuldet gewesen.

Trotzdem ist es vielleicht ein Mißgriff Eosanders gewesen, eine Treppe, die er ruhig, rational übersichtlich und vornehm gestalten wollte, als dreiarmige Anlage zu komponieren. Die Franzosen wußten, weshalb sie dreiarmige Treppen vermieden: In einer solchen wird die Mehrzahl der Läufe verdoppelt, um bauliche Pracht und räumliche Sensation zu entfalten. Daher vereinbart sich dieser Treppentyp schwer mit distanzierter Würde und ruhig-gediegener Pracht des Raumeindrucks, wie er Eosander vorschwebte. Seine einläufige Treppe in Charlottenburg ist ungleich schöner als die Weiße-Saal-Treppe gewesen ist – sie wirkte bieder und zumal im Vergleich mit Schlüters Wendeltreppe etwas kleinlich (Abb. 76–93).

Polnische Kammern

150 und 151 *Polnische Kammern, Korridor und Schlafzimmer.* Erdgeschoß, Raum 296 (L. etwa 8 m, Br. etwa 4 m, H. etwa 6,75 m) und Raum 291 (L. etwa 11 m, Br. etwa 8 m, H. etwa 6,75 m). – Die Polnischen Kammern hatten ihren Namen daher, daß der König von Polen, Stanislaw Leszcziński, als er 1733 das zweite Mal aus Polen vertrieben worden war, hier von Friedrich Wilhelm I. zeitweise logiert worden ist. Indessen datiert die Voute im Schlafzimmer (Abb. 151) offenbar aus der Zeit König Friedrichs I., denn in den Ecken findet sich sein Monogramm, und in der Mitte der Voute sieht man die Porträtmedaillons Friedrichs I. und der Königin Sophie Charlotte. Die Einrichtung muß also in die Jahre fallen, als Schlüter den Schloßbau leitete. Nicht, daß darum die Porträtmedaillons sein Werk wären, wohl aber vermutlich der Entwurf der Decke. Das Medaillon des Königs würde von den bei Schlüter häufigen geflügelten Akanthus-Jünglingen (deren Unterleib in einen Schweif aus Akanthus übergeht) flankiert. Die ausnahmsweise illusionistische Balustrade oben auf der Voute gab mit ihrer Geradlinigkeit dem Raum eine merkliche Kühle; in den Voutenfeldern erschien gar ein Kachelmuster.

Ich halte die Polnischen Kammern für eine Sommerwohnung König Friedrichs I. Das Schlafzimmer lag genau zwei Stock unter Friedrichs Paradeschlafzimmer, dem Königszimmer, und war durch dieselbe Dienertreppe, die Runde Treppe, mit seinen Garderoben usw. verbunden. Der König selbst kam vom Rittersaal herab. Die Rittersaal-Treppe war ja eine Doppeltreppe; von ihren beiden untersten Podesten, die im Korridor des Erdgeschosses lagen, führten jeweils zwei Läufe nach beiden Seiten hinab, einer immer zum Durchgang zwischen Hof und Lustgarten, einer in entgegengesetzter Richtung. Diese letzteren Läufe sind bei den Umbauten Kaiser Wilhelms II. beseitigt worden. Friedrich I. aber konnte von dem betreffenden Podest unmittelbar in den kurzen Korridor neben dem ersten und vor dem zweiten Vorzimmer der Polnischen Kammern hinuntergehen.

Vom Podest her ist noch (vor den wilhelminischen Umbauten) die Kartusche (Abb. 150) aufgenommen, auf die der König zukam, wenn er den letzten Treppenlauf hinabstieg. Ihr mittleres Bild, in dem ovalen Rahmen, war en grisaille gemalt. Die Putten, die den Rahmen hielten, waren plastisch ausgeführt. Da beide Darstellungen, die gemalte wie die modellierte, im gleichen Größenmaßstab gehalten waren, bot die Komposition im ganzen für ein Kennerauge einen hübschen Vergleich der beiden Künste Malerei und Bildhauerei, den der König vom Podest her und vielleicht noch einmal vom Korridor her gewiß gern einen Moment angesehen haben wird, ehe er in seine Sommerwohnung eintrat.

Die beiden beteiligten Architekten, Schlüter und sein unbekannter Vorgänger, hatten das Vestibül am Lustgarten wohl als Gartensaal gedacht. Durchfahren konnte man hier erst seit 1728, als der Soldatenkönig die Stufen vor dem Portal zum Lustgarten durch eine Rampe hatte ersetzen lassen. Der Gartensaal und die Polnischen Kammern zusammen ergaben eine typische erdgeschossige Sommerwohnung, wie sie auch in anderen Residenzen ausgebaut und noch vielfach erhalten sind. In der sommerlichen Hitze war es im Erdgeschoß kühl. Man kleidete damals solche Erdgeschoßräume gern mit holländischen Kacheln aus; die Voute im Schlafzimmer mag sich auf eine solche Wandverkleidung bezogen haben.

Die Abbildung 151 gibt die Einrichtung als vornehmes Gästezimmer wieder. Kaiser Wilhelm II. hat große Teile des Schlosses ausbauen lassen, um vor allem die deutschen Fürsten im Schloß zu Besuch haben zu können. Das Prunkbett, mit gelber Seide bespannt und behängt und mit Silberlitze verziert, war ein Original aus der Zeit des ersten Königs; es hat ursprünglich in dessen Schlafzimmer im Eosanderschen Erweiterungsbau des Schlosses Charlottenburg gestanden und wird in dem nach dem Tod der Königin Sophie Charlotte 1705 aufgenommenen Inventar »hochzeitliches Beilager« genannt. So hat man hier doch wenigstens ein Beispiel der damaligen Paradebetten.

Auch der Wandteppich war alt und thematisch auf die Königin bezogen: Bildgegenstand war eine Allegorie auf das Leben der Königin Sophie Charlotte, die Salbung der Königin. Sophie Charlotte thront vor der Statue der Ceres, umgeben von weiblichen allegorischen Gestalten, unter anderem der Liebe, der Gerechtigkeit, der Astronomie, der Kunst, der Agrikultur und der Wahrheit; am Himmel drei Gestalten des Werdens und Vergehens der Zeit im Tierkreis. Der Behang gehörte zu einer Serie von vier Teppichen mit dem Thema der Verherrlichung des preußischen Königtums (Geburt Friedrichs I., Krönung Friedrichs I., Salbung der Königin, Stiftung des Schwarzen Adlerordens). Gemacht war er in der Manufaktur von Pierre Mercier d. J., mit dessen Namen und dem Datum 1705 bezeichnet. Der Karton war vermutlich von Johann Friedrich Wentzel entworfen. Das Material war Wolle, Seide und Metallfäden. Der Teppich ist 1945 verbrannt.

Elisabeth-Kammern

152 und 153 *Elisabeth-Kammern, Rotes Zimmer.* 2. Obergeschoß, Raum 835, L. etwa 14,75 m, Br. etwa 8,50 m, H. etwa 6,25 m. – Die Elisabeth-Kammern hatten ihren Namen von der Königin Elisabeth Christine, der Gemahlin Friedrichs des Großen. Sie hatte ihre Suite ein Geschoß über der Wohnung Friedrichs und traf mit ihm im Winter bei den Redouten zusammen, auf denen Friedrich, der im übrigen ein Hagestolz war, mit ihr den Tanz zu eröffnen

pflegte. Im Sommer wohnte sie in Niederschönhausen in dem dort heute noch erhaltenen Schlößchen. Später hatte die Gemahlin Friedrich Wilhelms IV., Königin Elisabeth, diese Zimmer inne.

Die Elisabeth-Kammern sind die Staatszimmer der Kurfürstinnen gewesen, auch der letzten in ihrer Reihe und ersten Königin: Sophie Charlotte. Offizieller Zugang war der Schweizer-Saal, , wie zu den Staatszimmern des Königs. Darin drückte sich die zeremonielle Gleichrangigkeit der Kurfürstinnen und der Königin aus.

Die Königin hatte nur ein einfenstriges Vorzimmer, Raum 836 (L. etwa 8,50 m, Br. etwa 6 m, H. etwa 6,25 m) – vermutlich war es für den Neubau des Schweizer-Saals verkleinert worden. Es war ehemals mit Knüpfteppichen ausgehängt. Ein Foto von diesem Zimmer scheint nicht zu existieren. Auf das Vorzimmer folgte das Paradezimmer, das Rote Zimmer; der Name bezog sich vielleicht noch auf die ursprüngliche Ausstattung für die erste Königin mit rotem Damast. Es lag über dem Gewölbe des Schiffes der Erasmus-Kapelle. Die drei Fenster gingen auf den Schloßhof, eine seitliche Tür zur Privatwohnung der Kurfürstinnen beziehungsweise der Königin und dabei befindliche Dienerschaftsräume und zu einer Nebentreppe. Diese anschließenden Privatzimmer und Degagements lagen zunächst über dem Kapellenchor, die Treppe lag im Winkel zwischen Chor und Spreeflügel im Kapellenhof; sie erschloß damals noch die Empore in der Kapelle, auf der sich einst, vor dem Umbau der Kapelle, der kurfürstliche Kirchenstuhl befand.

Von der Einrichtung des Roten Zimmers für die erste Königin waren die Türrahmungen und die Voute der Decke wohlerhalten. Der Weiß- und Goldeffekt der Gesimse und Stuckaturen wurde ein wenig verstärkt durch den Ausbau im Rokoko-Stil für Elisabeth Christine, dem nicht nur die Paneele in Weiß mit goldenen Profilleisten angehörten, sondern auch das weißgoldene Deckengesims, aus demjenigen Schlüters hergestellt durch Entfernung der darin stehenden Akanthusblätter. Die Puttengruppe auf der Türverdachung war unter Friedrich Wilhelm IV. angebracht worden, Kamin, Fußboden und Möblierung in Zweitem Rokoko ebenfalls, wenn nicht unter seinem Bruder, dem ersten Kaiser. Anstelle des Kamins muß ursprünglich das Paradebett gestanden haben. Die Doppelporträts beiderseits der Tür stellten die Prinzen Adalbert und Waldemar und die Prinzessinnen Elisabeth und Marie von Preußen dar, gemalt von Karl Wilhelm Wach.

Die Voute nach Schlüters Entwurf hatte wieder, wie im Schlafzimmer der Polnischen Kammern (Abb. 151), eine illusionistische Balustrade. Die Relieffiguren in der Voute bezogen sich auf Bacchanal, Hochzeit, Liebe, Mutterschaft, ebenso die Malereien darin, die Augustin Terwesten gemalt hat. Seine Signatur mit dem Datum 1702 ist am rechten Rand der Abbildung 152 noch zu erkennen.

Das Voutenrelief über der Tür zum Vorzimmer (Abb. 153) zeigt betrunkene Putten im natürlicherweise vergeblichen bacchantischen Tanz vor einer Herme des Priapus, der antiken Gottheit der männlichen Liebeskraft.

Königin Elisabeth Christine benutzte den Raum als Speisezimmer.

154 *Elisabeth-Kammern, Samtzimmer.* 2. Obergeschoß, Raum 837, L. etwa 12 m, Br. etwa 8,50 m, H. etwa 6,25 m. – Das Samtzimmer hieß vielleicht noch nach seiner Ausspannung mit rotem Samt zur Zeit der ersten Königin. Es hatte die beiden Fenster zur Spree hinaus; man sah Alt-Berlin und rechter Hand die Lange Brücke. Nach dem Schema des hochbarocken Appartement muß es das Grand Cabinet der Königin, also ihr halboffizieller Wohnraum, gewesen sein, wozu es sich nach seiner Lage mit den Fenstern hinaus auf den wohl unterhaltsamen Betrieb auf der Spree und der Brücke gut eignete.

Der Deckenstuck ist ein Beispiel für die Dekorationskunst der späten Kurfürstenzeit vor Beginn des Ausbaues zum Königsschloß. In den Mittelmedaillons waren noch die Initialen »F(ridericus) 3« unter der Kurkrone angebracht. Die Decke war demnach zwischen 1688 und etwa 1694, dem Jahr der Berufung Schlüters aus Polen, stuckiert. Schlüters Entwurf zeigten die Türrahmungen und die Stuckmedaillons über Kamin und Tür, hier in einer Rokoko-Rahmung, dort in einer Neurokoko-Fassung der Zeit Friedrich Wilhelms IV., der auch die Sitzgarnitur in Zweitem Barock angehört.

Die neubarocke (?) bestickte Samtbespannung ist wohl unter Kaiser Wilhelm I. in das Zimmer gekommen; vorher hatten hier zeitweise die Knüpfteppiche mit den Taten des Großen Kurfürsten gehangen. Bei Gelegenheit der Anbringung der Wandbespannung ist das Sockelpaneel nach einem Paneel Eosanders kopiert worden, das noch begegnen wird (Abb. 178–179).

Zum Stil der Dekorationen der Kurfürstenzeit sei bemerkt, daß die Stuckrahmungen aus schönem Akanthuslaub, auch Adlern und Waffen, in verschiedenen Goldtönungen gehalten waren und auf verschiedenfarbigen Gründen standen, zum Beispiel auf kühlem Hellgrün. Sie hatten dadurch etwas Buntes. Die Stucke machten keinerlei Anspruch auf perspektivische Suggestion, im Gegensatz zu denjenigen Schlüters. Dadurch erschienen die Deckenbilder in ihren Rahmungen isoliert. (Das Dekkenbild hier war wohl unter Friedrich Wilhelm IV. erneuert). Einige der Decken dieses Stils sind noch ohne Voute, also ohne die ein Muldengewölbe nachahmende Rundung zwischen Wand und Decke, die den Raum zusammenzieht und den, der sich darin aufhält, umfängt. Ohne diese Voute wirkt das Samtzimmer überaus steif und gravitätisch.

155–157 *Elisabeth-Kammern, Eckzimmer.* 2. Obergeschoß, Raum 839, L. etwa 6,50 m, Br. etwa 6,50 m, H. 6,25 m, Dm. des Erkers 4,50 m. – Das Eckzimmer war zur Zeit König Friedrichs I. Teil des Oranischen Saals, Speisesaal des kurfürstlichen und königlichen Schlosses, bis 1703 der Rittersaal benutzbar wurde. Ehedem dürfte hier noch ein Zimmer der Kurfürstinnen gewesen sein. Gewiß war der Erker nach der Langen Brücke, nach Spree und Schloßplatz hinaus ein unterhaltsamer Aufenthalt. Die Rahmung des Erkerbogens ging auf die Zeit des Neubaues des Schloßplatzflügels durch Kurfürst Joachim II. in den Jahren seit 1537 zurück. Der Hofbaumeister Martin Friedrich Rabe hat sie 1830 unter jüngerem Ausbau aufgedeckt und auf Wunsch König Friedrich Wilhelms III. und sicherlich auch des Kronprinzen sichtbar belassen und restauriert (Abb. 156–157).

Die Rundporträts in den Zwickeln des sandsteinernen Erkerbogens dürften die des Kurfürsten Joachim II. und seiner Gemahlin Hedwig von Polen gewesen sein. In dem dekorativen Blattwerk spielen zwei Putten. Aus den fleischigen Formen der Blätter wachsen unversehens Drachenköpfe, wie am Fuß der Bogenrahmung, oder Mischgebilde von Blättern und Ungeheuern, wie das, auf dem der rechte Putto sitzt, auch Füllhörner. Die vor einigen Jahren im Jagdschloß Grunewald aufgefundenen und dort ausgestellten Gangkonsolen vom Schloßhof des Joachim-Baues in Berlin sind sehr ähnlich dekoriert. Der Leiter der Bildhauerwerkstatt war Hans Schenk, genannt Scheutzlich, aus Schneeberg in Sachsen. Der Joachim-Bau war ein prominentes Stück der sächsischen oder Elb-Renaissance.

Als hier der Oranische Saal ausgebaut wurde, konnte die Kurfürstin auf diesen angenehmen Wohnraum verzichten, weil sie die Privatzimmer im Herzogin-Haus dazuerhalten hatte. Der Saal, weit entfernt von dem hektischen Ausbau der Paradekammern, wurde doch vom Umbau zum Königsschloß betroffen. Schlüter vergrößerte nämlich die Erker der Schloßplatzfassade. Der Erker des Renaissance-Baues war nicht breiter gewesen als der Eingangsbogen und entsprechend weniger tief. Die außerordentlich vornehme Täfelung aus Nußbaum scheint noch diejenige Schlüters für den Oranischen Saal gewesen zu sein, so auch das Deckengesims im Erker. Das Mobiliar, meist Zweites Rokoko, war sämtlich aus der Zeit Friedrich Wilhelms IV.

158 *Elisabeth-Kammern, Blaubart-Zimmer.* 2. Obergeschoß, Raum 843, L. etwa 8,50 m, Br. etwa 7 m, H. etwa 6,25 m. – Das sogenannte Blaubart-Zimmer in einem Foto von etwa 1930 mit der Ausstellung des Kunstgewerbemuseums, das nach dem Sturz der Monarchie einen Teil der Repräsentationsräume des Schlosses benutzte. Der Name des Zimmers ist mir nicht erklärlich. Von seinem Ausbau durch Schlüter waren Türrahmungen und Voute der Decke erhalten, diese allerdings nur an den stuckierten Teilen. Das Zimmer lag, als Schlüter daran arbeitete, zwischen dem später zu Zimmern unterteilten Oranischen Saal und dem Elisabeth-Saal (Abb. 159–162) und hatte neben sich zum Hof hin ein oder zwei Kabinette, die später in einer Galerie aufgegangen sind. Die Enfilade der Türen, durch die man blickt, verband es durch den Elisabeth-Saal mit der Wohnung der Kronprinzen Friedrich Wilhelm I.; vielleicht hat es zu dieser gehört, vielleicht aber doch zu derjenigen der Königin. In den Ecken der Voute Reliefs in der Art antiker Kameen. Der Entwurf der Decke im ganzen ähnelt etwas derjenigen im Roten Zimmer (Abb. 152).

159–162b *Elisabeth-Kammern, Elisabeth-Saal.* 2. Obergeschoß, Raum 844, L. etwa 11 m, Br. etwa 16 m, H. etwa 9,75 m. – Der Elisabeth-Saal ist in den Jahren 1698 und 1699 nach dem Plan von Schlüters Vorgänger als Festsaal des Königs ausgebaut worden. Ende 1699, als mit der Ernennung Schlüters zum Schloßbaudirektor die Entscheidung fiel, den Rittersaal zum Festsaal des Königs zu machen, ließ man den Elisabeth-Saal fast fertig liegen. Nur die Mitte des Deckenhimmels war noch unvollendet. Gegen Ende der Regierung Friedrichs des Großen sah Friedrich Nicolai noch die unübersehbar große Aufschrift des Malers an der Decke, daß er sein Werk unvollendet habe verlassen müssen. Der Saal wurde 1699 zum Saal des Kronprinzen bestimmt, blieb aber wie er war. Friedrich Wilhelm II. erst ließ die Decke durch Christian Bernhard Rode fertigmalen. Offensichtlich wurden damals zugleich die Wände mit dem grau-gelben Stuckmarmor, die Türrahmen in Marmor erneuert, auch wohl die einzelnen Laubgebinde im Fries angebracht. Die Tür in der Breitseite und der Kamin waren wilhelminisch, so auch Kronleuchter und Stühle.

Die neueste Forschung hat herausgefunden, daß die Architektur des Saals im ganzen mit der Erwerbung der römischen Antikensammlung Bellori zusammenhing und für die Aufstellung von Stücken daraus eingerichtet war; einzelne der Büsten in den Kugelnischen konnten als solche tugendhafter antiker Kaiser und Kaiserinnen, Könige und Helden identifiziert werden. In der Architektur des Saals wurden denn auch Motive einer berühmten Antikengalerie in Rom, der Galleria Farnese, zitiert. Die Architektur des Elisabeth-Saals war vielleicht auch nicht ganz einheitlich im Konzept; man hat den Eindruck, als habe Schlüter an den Schmalseiten den Entwurf etwas geändert. Diese Schmalwände sind die einzige Dekoration Schlüters im Schloß gewesen, von der (durch die neuen Forschungen) gewiß ist, daß sie noch in die Zeit fiel, als er nur Hofbildhauer war, nicht aber Schloßarchitekt. Nach Schlüters Entwurf ausgeführt sind also die Pfeiler mit den Atlanten und die von diesen getragenen Bögen (Abb. 162b), die etwas hochovalen Kugelnischen über den Pfeilern, die große Muschel über der falsch erneuerten Kaminnische (Abb. 159), in der man sich einen Kachelofen-Kamin vorstellen muß wie im Ritter- und im Schweizer-Saal (Abb. 94 und 112). Das große Deckengesims war von klassischer Form. Die Brüstung darüber war ebenfalls Schlütersch; sie trug antikisierende Reliefs auf ihren Füllungen. Von den Brüstungspfeilern hingen beiderseits Füllhörner herab. Über der Brüstung gemalte Vasen, Baumwipfel und Zuschauer.

Die Atlanten hat die Kritik von jeher als architektonisch gewagt empfunden; wegen der späteren eingreifenden Veränderungen des Saals war es aber wohl nicht möglich, sich ein Bild von ihrer ursprünglichen Wirkung im Raum zu machen. Beim Abbruch des Schlosses sind die brandbeschädigten Torsen der Atlanten abgegossen oder abgenommen worden. Man hat sie im Café des Zeughauses (Museum für deutsche Geschichte) angebracht.

Prinzeß-Marie-Kammern

163 *Prinzeß-Marie-Kammern, Kabinett (Geburtszimmer Friedrichs des Großen).* 2. Obergeschoß, Raum 850, L. etwa 5,50 m, Br. etwa 4,50 m, H. etwa 6,25 m. – Die Prinzeß-Marie-Kammern, so benannt nach einer Großnichte König Friedrich Wilhelms IV., sind ehedem beim Ausbau des Königsschlosses für das Kronprinzenpaar angelegt und eingerichtet worden, den späteren König Friedrich Wilhelm I. und seine Gemahlin Sophie Dorothea. Wie schon das Blaubart-Zimmer sind auch die Prinzeß-Marie-Kammern im doppelten Appartement disponiert worden, also in zwei Raumreihen nebeneinander. Die Zimmer nach dem Schloßplatz hinaus hatte Friedrich Wilhelm inne, die nach dem Hof hinaus die Kronprinzessin. Dem Paar ist hier am 24. Januar 1712 der Nachfolger, Friedrich der Große, geboren worden.

Von den Zimmern nach dem Hof hinaus ist das Geburtszimmer Friedrich des Großen als einziges fotografiert und auch wohl als einziges ohne völlige Neugestaltung erhalten worden. Man lernt hier einmal einen etwas einfacher ausgestatteten Raum von Schlüterscher Disposition kennen: Eichenpaneel bis unter das Deckengesims, eine etwas überlängte Pilastergliederung mit schönen – ja – Rokoko-Kapitellen, ein dazu passendes »unarchitektonisches« Deckengesims, nicht anders als in den stoffbespannten Paradekammern, und eine einfachere Voutendekoration aus mehr Rahmenwerk, weniger Figürlichem. Allein die geschnitzte Tür war von kräftigerer Plastizität. Der Kabinettschrank war noch aus dem 17. Jahrhundert, der Ofen in Neurenaissance aus der Mitte des 19. Jahrhunderts.

164–165 *Prinzeß-Marie-Kammern, östliches Zimmer.* 2. Obergeschoß, Raum 846, L. etwa 7,50 m, Br. etwa 7 m, H. etwa 6,25 m. – Dieses Zimmer am Elisabeth-Saal war nach dem Schema des Appartements das Vorzimmer des Kronprinzen. Verglichen mit den Staatszimmern des Königs waren die des Kronprinzen nicht nur kleiner, sondern auch merklich schlichter. Die Türen waren einfacher, ebenso das Sockelpaneel und das Paneel der Fensterlaibungen. Anstelle der kleinen Tür, die hier zu derb wirkt, muß man sich wohl eine Tapetentür denken. Schlüters Voute war stark überarbeitet, der Kamin und der Teil der Voute darüber wirken wilhelminisch.

Beiderseits der Tür Porträts des Hofmalers Friedrich Wilhelms I., Antoine Pesne, rechts Prinzessin Ulrike, links Prinzessin Amalie von Preußen als Schäferin. Die Stühle gehörten zu einer Garnitur vom Anfang des 18. Jahrhunderts, die allerdings in wilhelminischer Zeit ergänzt war.

Schlüters Figur über der Supraporte (Abb. 165) weist nicht nur auf das Relief in der Voute, sondern vermittelt auch ganz selbstverständlich die Differenz der Mitte der Voute zu der etwas gegen die Fensterwand hin verschobenen Tür.

166–167 *Prinzeß-Marie-Kammern, Mittelzimmer.* 2. Obergeschoß, Raum 847, L. etwa 9,25 m, Br. etwa 7 m, H. etwa 6,25 m. – Das mittlere Zimmer der Prinzeß-Marie-Kammern in der Enfilade am Schloßplatz war das Paradeschlafzimmer des Kronprinzen Friedrich Wilhelm (I.). Seinen Neigungen entsprechend war die Dekoration ganz und gar auf Militärisches gestellt. Die Eckmuscheln der Voute enthielten Schilde, die Mittelgruppen Waffen und Gefesselte (Abb. 166), der Fries in der Voute Triumphzüge. Rechts vorn auf Abbildung 167 erkennt man unter den Beutestücken des Triumphzuges einen siebenarmigen Leuchter. Dies ist ein Zitat vom Titus-Bogen in Rom – Kaiser Titus hatte Jerusalem zerstört und das erbeutete Tempelgerät im Triumphzug mitgeführt. An der Stelle, wo der mächtige Schornstein des Kamins in die Voute einschneidet, breitet ein Putto einfach ein erbeutetes Zelttuch oder eine Fahne aus und verdeckt den Platz des Frieses, der sich hier hätte nicht gut anbringen lassen. Das Zimmer war, der Datierung des Deckenbildes zufolge, 1703 fertig.

Links von der Tür König Ludwig XIV., gemalt von Claude Lefebvre, rechts Friedrich III. (I.) als Kurprinz, von einem unbekannten Maler. Auf dem Kamin das Münzfaß von dem Silberschmied Lieberkühn, von etwa 1735, hat ehemals im Tabakskollegium Friedrich Wilhelms I. gestanden (heute im Kunstgewerbemuseum Schloß Köpenick); die Gesellschaft konnte sich, ungestört von Personal, selbst daraus Bier zapfen. Stühle und Sekretär gehörten ebenfalls zum Mobiliar dieses Königs. Die übrige Ausstattung war wilhelminisch.

168–169 *Prinzeß-Marie-Kammern, westliches Zimmer (Prinzeß-Marie-Saal).* 2. Obergeschoß, Raum 848, L. etwa

11,75 m, Br. etwa 7 m, H. etwa 6,25 m. – Der Prinzeß-Marie-Saal ist in seinen Maßen erst entstanden, als das Schloßkarree im Jahr 1716 hier geschlossen wurde, der Neubau um den Großen Schloßhof herum wieder am Altbau angekommen war. Vorher war hier das Erkerzimmer, das demjenigen an der Langen Brücke entsprach, ein Zimmer, das sich sehr gut als Grand Cabinet geeignet hatte; denn aus dem Erker konnte man das Tor in den Schloßhof und den Verkehr da hindurch beobachten, einen großen Teil des Großen Schloßhofes übersehen, aber auch den Schloßplatz und die Breite Straße entlang bis zum cöllnischen Rathaus. Mit dem Umbau des Zimmers und der Fertigstellung seines Schloßbaues zog König Friedrich Wilhelm I. in seine neue Suite bei der Ecke dieses Flügels an der Schloßfreiheit, hat also das Zimmer nicht mehr bewohnt.

Die Ausstattung auf unseren Abbildungen ist ein gutes Beispiel für eine neubarocke Einrichtung aus der Zeit Kaiser Wilhelms II. Ob dessen Architekt – vermutlich Albert Geyer – irgendetwas von der originalen Dekoration übernommen hat? Das Zimmer hatte ehemals an seiner Rückwand zwei Bogenfenstertüren, weil die Kabinette dahinter sonst ohne Licht gewesen wären – nach der Hofseite schloß hier das Quergebäude an beziehungsweise der kurze Flügel, der anstelle des Ansatzes des Quergebäudes nach Eosanders Plan hier erbaut worden war. Diese Bogenfenstertüren waren von Pilastern gerahmt und von Wappen mit Wappenhaltern beiderseits gekrönt. Die Pilaster und die Türkrönungen hat Geyer übernommen, ebenso das Gesims und auch die Rahmung der Enfiladentür samt ihrer Supraporte. Die Schmalwände waren aber ehemals schlichter vertäfelt, ebenso die Fensterwand. Geyer überzog sie mit der Pilastergliederung. Ganz Geyers Erfindung ist demnach nur die Voute. Auch der Kamin und die Rollgiebel über den Kabinettüren sind von ihm. Ein Aquarell von Klose zeigt den ursprünglichen Ausbau durch Böhme, allerdings mit einer Möblierung von etwa 1850 und in einem wohl viel zu hellen Anstrich. Immerhin hat man so doch einen Eindruck von der Raumkunst Böhmes, für die uns sonst Beispiele im Schloß, das er doch zu bedeutenden Teilen entworfen und gebaut hat, fehlen. Allein noch die sehr gut entworfene Marmortreppe (Abb. 258–259) in dem hinter den Kabinetten anschließenden Hofflügel und die Unterfahrt unter Portal II (Abb. 22–23), alles Architekturräume, vertreten in unseren Abbildungen seine Raumimagination. Auch zeigt sich, daß die Räume Friedrich Wilhelms I. keineswegs so spartanisch eingerichtet waren, wie man vermuten möchte.

Das Deckenbild war eine Kopie nach einer von Michael Willmann 1682 gemalten Apotheose des Großen Kurfürsten. Über dem (wilhelminischen) Kamin die Porträts König Friedrich Wilhelms I. und seiner Gemahlin Königin Sophie Dorothea von Antoine Pesne, an der Rückwand von demselben Maler Albrecht Friedrich, Markgraf von Brandenburg-Schwedt. Die Stühle sind 18. Jahrhundert, aus dem Mobiliar Friedrich Wilhelms I., die Uhr auf dem Kaminsims ist ebenfalls 18. Jahrhundert, die Schüsseln daneben sind japanisches Imari-Porzellan.

Seit 1920 diente der Prinzeß-Marie-Saal als Ausstellungsraum des Kunstgewerbemuseums (Abb. 169), das diese und andere Räume des Schlosses zwischen den beiden Weltkriegen innehatte. In der Mitte der breiten Wand das Monogramm Kaiser Wilhelms II. – auch die Monogramme FWR (Friedrich Wilhelm [I.] Rex) und SD (Sophie Dorothea) in den Ecken sind von Geyer, der wußte, daß dieser Raum zur Zeit des Soldatenkönigs erbaut worden war.

Kurfürstenzimmer

170 *Kurfürstenzimmer (Wohnung König Friedrichs I.), Kleine Galerie.* 2. Obergeschoß, Raum 800, L. etwa 18,50 m, Br. 5 m, H. 6,25 m. – Der Große Kurfürst hat erst spät in seiner langen Regierungszeit von fast einem halben Jahrhundert das Schloß in seinem Sinne auszubauen angefangen und ist damit auch nicht ganz zu Ende gekommen. Die Kurfürstenzimmer waren seine Privatzimmer, die er ganz neu im Anschluß an das Paradeschlafzimmer der Staatssuite – das später sogenannte Königszimmer – zur Spree hin anbauen und durch einen ebenfalls ganz neu gebauten Galeriegang mit dem Herzogin-Haus verbinden ließ (Abb. 11). In den verschiedenen Bauteilen dort hatten sich die Privatzimmer von Kurfürst und Kurfürstin vorher befunden; nun konnte der Kurfürst sie der Kurfürstin alle überlassen. In einem Teil der unteren Geschosse des neuen Wohnflügels des Kurfürsten steckte übrigens Mauerwerk von einem Zeughaus Kurfürst Johann Georgs.

Der Bau des Kurfüstenflügels mag etwa 1678 oder 1679 begonnen worden sein, denn einige der alten Deckengemälde waren 1680 und 1681 datiert. Die Galerie hinüber zu den Zimmern der Kurfürstin soll erst 1685 gefolgt sein; sie enthielt keine Ausstattungen des Großen Kurfürsten mehr, sondern solche seines Nachfolgers Friedrich III., der mit seiner Gemahlin dieselben Privatzimmer bewohnt hat wie sein Vater zuletzt. Friedrich III. hat sowohl in seinen Regierungsjahren als Kurfürst (1688–1700) wie als König Friedrich I. (1701–13) in den Zimmern arbeiten lassen. Die Suite hieß daher auch Wohnung König Friedrichs I. oder – mißverständlich – alte Staatszimmer König Friedrichs I. Sie ist nach ihm nicht wieder dauernd bewohnt worden und daher teilweise einzigartig gut erhalten gewesen. Seit König Friedrich Wilhelm I. wurden die Zimmer Friedrichs I. zum Trauungszeremoniell der Hochzeiten im Königshaus benutzt; die Galerie zu den Zimmern der Königin und die Königin-Wohnung selbst wurden zu Wohnungen für Gäste und Gefolge verwendet.

Die Kleine Galerie (nach 1900 Boisierte Galerie) hat dem Großen Kurfürsten als Vorraum und Bildergalerie gedient. Am Ende der Regierung Friedrichs I. hingen hier Gobelins. Auf der Abbildung ist sie wieder mit Bildern ausgehängt: Vorfahren und Verwandtschaft des königlichen Hauses, von den Grafen von Zollern angefangen. Die Dekke war wilhelminisch erneuert, ebenso die Eichenholztäfelung; sie mag alte Teile enthalten haben, die ornamentierten Pilaster waren jedenfalls neu. Der Fußboden scheint in alter Form erneuert oder repariert gewesen zu sein. Der Kamin samt Krönung war eine Kopie nach einem Schlüterschen Kamin in der Kunstkammer. Über dem Kamin Georg der Fromme, Markgraf von Brandenburg-Ansbach, gemalt von Lucas Cranach d. J. Links davon das große Doppelporträt des Großen Kurfürsten und seiner ersten Gemahlin Luise Henriette von Oranien, gemalt von Pieter Nason 1666.

Der Prinzeß-Marie-Saal in der Fassung von Böhme, Aquarell von Carl Friedrich Wilhelm Klose, um 1850

171–174 *Kurfürstenzimmer (Wohnung König Friedrichs I.), Kugelkammer.* 2. Obergeschoß, Raum 806, L. etwa 8,50 m, Br. etwa 6 m, H. etwa 6,25 m. – Die Kugelkammer hatte ihren Namen daher, daß hier vier schwedische Kanonenkugeln aufbewahrt wurden, die bei einem Salutschießen 1631 ins Schloß gefallen waren. Damals nämlich lag König Gustav Adolf von Schweden vor Berlin; Kurfürst Georg Wilhelm, sein Schwager, hatte sich nolens volens mit ihm verbünden müssen. Daß die Artilleristen sich den Spaß machten, scharf zu schießen, war kein Einzelfall; zum Beispiel haben bei der Huldigung vor Kurfürst Friedrich III. im Jahr 1688 dessen eigene Soldaten beim Salut in die Stadt geschossen, wobei ein Kind tödlich getroffen wurde.

Die Kugelkammer hatte als einziger größerer Raum der Privatzimmer den annähernd quadratischen Grundriß eines normalen Zimmers und war also als einziges zu dauerndem Aufenthalt geeignet. Sicherlich diente sie dem Großen Kurfürsten und auch König Friedrich I. als Wohn-, Beratungs- und Audienzzimmer. Die Kugelkammer war einstmals mit rotem Samt ausgespannt. Der schöne Marmorkamin in holländischem Geschmack (Abb. 174) und die Türblätter waren noch Einrichtungen des Großen Kurfürsten, so auch die recht martialisch stuckierte Decke und das Deckengemälde von Jacques Vaillant (Abb. 173a und b), das 1680 datiert war. Es stellte die Fortitudo, die Stärke des Fürsten, seinen Krieg mit Hilfe der Kraft des Herkules und der Weisheit der Athena gegen die nach rechts unten fliehenden Furien oder Laster, seinen Ruhm mit Trompete und Friedenspalme sowie die Fülle seines Friedens mit dem Früchtehorn dar; Putten spielen mit der Waage und dem Schwert seiner Gerechtigkeit. Der kostbar eingelegte Fußboden (Abb. 172) trug das Monogramm Friedrichs III. Die Möbel waren ebenfalls aus der Kurfürstenzeit, mit Ausnahme der Schwarzlack-Vase auf dem chinoisen Trommeltisch, einer Zutat König Friedrich Wilhelms IV. Der Kronleuchter aus Bergkristall, wohl italienisch, von B. Perrotto, aus der ersten Königszeit war eine ganz außerordentliche Kostbarkeit.

Zuletzt hingen hier die Bilder der zwölf hohenzollernschen Kurfürsten im Staatsornat; neben dem Fenster ist Johann Sigismund zu erkennen, über der Tür der Große Kurfürst (die Maler sind unbekannt). Bei Hochzeiten am Königshof wurden in der Kugelkammer nach der Trauung die Ehekontrakte unterschrieben.

175–177 *Kurfürstenzimmer (Wohnung König Friedrichs I.), Betkammer.* 2. Obergeschoß, Raum 804, L. etwa 4,50 m, Br. etwa 3,50 m, H. etwa 6,25 m. – Die Betkammer soll seinerzeit mit rotem Damast ausgeschlagen gewesen sein; offenbar liegt hier jedoch eine Verwechslung mit dem italienischen Samtbrokat auf unserer Abbildung vor, der seit je in diesem Raum gewesen ist, ein Stoff von ganz außerordentlicher Kostbarkeit. Die Türen mit ihren abwechselnd verspiegelten, abwechselnd mit Akanthusblättern besetzten Friesen (Abb. 176), der Deckenfries, der die Stelle der Voute einnahm, und die Decke selbst (Abb. 177) waren aus der Zeit des Großen Kurfürsten. Das Deckenbild stellte den Helden Bellerophon im Kampfe mit dem Ungeheuer Chimaira dar und war von Rutger von Langerfeld 1683 datiert. Aus der Zeit des ersten Königs waren die Fensterlaibungen (Abb. 175) und vor allem der Kaminspiegel. Mit seinen raffiniert als scheinperspektivische Laibung schräg nach innen gestellten seitlichen Spiegelchen, dem eleganten geschnitzten Taburett, auf dem auf einem Kissen Zepter und Krone ruhten, und mit der vergoldeten Puttengruppe oben auf der Rahmung aus eingelegtem Nußbaumholz mag er von Schlüter entworfen gewesen sein, der in vorhandene Umgebungen sich äußerst feinfühlig einzufügen verstand.

178–182 *Kurfürstenzimmer (Wohnung König Friedrichs I.), Brautkammer.* 2. Obergeschoß, Raum 803, L. etwa 8,50 m, Br. etwa 4,50 m, H. etwa 6,25 m. – Seit König Friedrich Wilhelm I. wurde dieses Zimmer, das Schlafzimmer der kurfürstlichen Wohnung, bei Hochzeiten im Königshaus als Brautkammer benutzt, woher der Name. Es war zur Zeit des Großen Kurfürsten von sonderbar galerieartiger Länge. Denn auch das danebenliegende Kabinett, Raum 801, hat ursprünglich dazugehört; seine Decke (Abb. 181) bildete das fehlende Drittel zur Decke der Brautkammer (Abb. 180). Die Deckenbilder, von Jacques Vaillant 1680 gemalt, bezogen sich auf den Mythos des Apoll, dem im Bild links Merkur die Leier bringt; im Mittelbild thront Apoll unter dem Tierkreis, assistiert von Merkur, unter ihm Kronos – ob er einen Dichter inspiriert? Auf dem Deckenbild über dem abgeteilten Kabinett sieht man Frauengestalten mit Laute und Tischorgel (»Positiv«). In diesem Kabinett war noch das originale marmorierte Deckengesims.

Die übrige Einrichtung hat Eosander entworfen. Seine typischen Paneele, mit Grotesken auf Goldgrund in den Füllungen, findet man ganz ähnlich noch in Charlottenburg. Den Kaminspiegel hat er mit prächtigen gläsernen Pilastern gerahmt (Abb. 178), die nur leider zu breit waren für die wohl ältere Kaminrahmung, zu breit auch im Verhältnis zu ihrer Höhe. Ebenso standen ihre Kapitelle übel zu denen der Wandgliederung, so nobel die letzteren auch entworfen waren. Kaminspiegel und Wandgliederung sind vielleicht zu verschiedenen Zeiten eingebaut worden, und Eosander hat sich wohl beim Entwurf der Wandgliederung nicht um den Kaminspiegel oder umgekehrt gekümmert.

Die Pilaster an den Wänden waren mit rotem Goldbrokat bespannt, die Wandflächen dazwischen mit schwarzem Samt, der mit Gold- und anderen Fäden reich bestickt und mit Stücken verschiedener Brokate und Borten in phantastischen Formen belegt war (Abb. 182). Die Samtbahnen sollen ehedem grün gewesen sein. Der Überlieferung nach hat die erste Königin Sophie Charlotte die Samtbahnen mit ihren Hofdamen zusammen gestickt – vermutlich haben die Damen großes Vergnügen daran gehabt, die verschiedenen Stoffstücke zu kombinieren. Die Krönungen der einzelnen Stoffbahnen mit dem Monogramm des Königs waren gewiß professionelle Arbeit.

Von den Möbeln auf Abbildung 179 war der Tisch altes Inventar der Kurfürstenzimmer, die Sitzgarnitur trug die originalen Gobelinbezüge der zugehörigen Stühle und Bänke, war aber im Holzwerk ganz erneuert.

183 a und b *Kurfürstenzimmer (Wohnung König Friedrichs I.), Decke und Fußboden des Kronkabinetts.* 2. Obergeschoß, Raum 805, L. etwa 4 m, Br. etwa 3,50 m, H. etwa 6,25 m. – Friedrich III./I. hat gewöhnlich im Kronkabinett geschlafen, nicht in der Brautkammer. Aus seines Vaters Zeit war das marmorierte Deckengesims – die Marmorierung wiederholte sich in der Rahmung des Deckenbildes – samt Fries darüber und Stuckdecke, alles völlig unverändert. Das Deckenbild, von Rütger von Langerfeld signiert und 1681 datiert, zeigte die zum Kampf ausziehenden Dioskuren, die unzertrennlichen Zwillinge Kastor und Pollux. Der Fußboden im Kronkabinett war eine kostbare Einlegearbeit; das Monogramm Friedrichs III. war darin als Motiv verwendet.

Um von dem täglichen Leben in diesen Räumen ein Bild zu geben, schalte ich hier eine alte Schilderung ein – zitiert nach Robert Dohmes »Das Königliche Schloß in Berlin« –, die vom Kronkabinett (»;. Schlafcabinet«) ihren Ausgang nimmt, dann auf die Betkammer, dann auf die Brautkammer (»3. Die Garderobe«) und auf die kleine Galerie übergeht, von dort in die alten Paradekammern, nämlich das Königszimmer (»5. Das Conferenzzimmer«) und die zweite und erste Paradevorkammer (»6. Das ordinäre Tafel-Gemach und 7. Das Spielzimmer«) bis zum Schweizer-Saal:

»1. Des Königs Friedrich I. Schlafcabinet war klein; er konnte und wollte in keinem großen Zimmer schlafen. In diesem Cabinet war Niemand als ein Kammerjunge, und des Königs großer englischer Leibhund. Der Kammerjunge schlief gleich vor des Königs Bett auf einer Madratze, welche auf den Boden lag, und der Leibhund hat diesen Jungen, wo nicht allemal, doch oftmals zum Hauptkissen dienen müssen. Der Kammerjunge hat nicht viel schlafen, sondern Achtung geben müssen auf des Königs Begehren, insonderheit hat er müssen des Nachts dem Könige das Kammerbecken reichen, und auch wohl fürhalten. Vor diesem Schlaf Cabinet war:

2. Des Königs Bet Cabinet, auch nur ein kleines Cabinet, darinnen ein kleiner Altar, auf welchem ein schönes silbernes massives Crucifix gestanden, für welches der König alle Morgen auf einem roth sammtnen Polster niedergeknieet, und seine Andacht gantz allein fast eine Stunde verrichtet. Vor diesem Bet-Cabinet war:

3. Die Garderobe, wo alle Nacht die Wache hatten: 2 Kammerdiener, 2 Kammerpagen, 2 Kammerherren, 2 Kammerjäger, und ein Kammer-Laquai, welche theils auf besondere Schlafstühle, theils auf Matratzen lagen, aber niemals recht schlafen durften. Außerdem wurden in diesem Zimmer die Königlichen Kleider in besondere Schränke und Behältnisse verwahrt, worüber noch verschiedene andere Bediente gesetzt waren. Vor dieser Garderobe war:

4. Die Galerie, welche mit allerhand schönen Schildern und andern preciosen geziert war, auf dieser hatten 2 Haiducken die Wache, welche stets die Thüre auf und zuhalten mußten. – Vor der Galerie war:

5. Das Conferenzzimmer. In diesem hatten alle Nacht die Wache: 2 Kammerjunker, 2 Kammerherrn, 2 Kapitäns und 1 Obrist, oder auch wohl ein General, die saßen auf Sessel und Schlafstühle. Auf diesem Zimmer war ein großes und schönes Kamin, in welchen Tag und Nacht unaufhörlich Winter und Sommer warmes Wasser sein mußte, zum Thee, Caffee, zum Spielen und Waschen. Auf diesem Zimmer wurde auch alle Conferenz, sowohl von einländisch als ausländischen Herren und Ministern gehalten, da dann theils der König gegenwärtig, auch wohl abwesend war. Vor diesem Zimmer war:

6. Das ordinaire Tafel Gemach, in welchem 6 Hof Lakaien die Wache hatten. Diese mußten in allen Zimmern die weißen und sehr viele Wachskerzen anzünden, darnach sehen, daß sie keinen Schaden thäten, putzen und sie wieder austhun. In diesem großen Gemach wurde ordinaire gespeist und offene Tafel gehalten, außer wenn der König krank oder verreist war, so wurde alsdann keine offene Tafel gehalten. – Davor:

7. Das Spielzimmer oder Spiel Gemach. Auf diesem hatten inwendig für die Thür 2 Trabanten die Wache, welche Nachts auf Stühle saßen. Sonst wurde in diesem Zimmer täglich gespielet mit den Prinzen, Prinzessinnen und anderen Damen, Ministern, Generals und andern Günstlingen, welche täglich vorher dahin choisirt und invitirt wurden. Vor diesem Schlafzimmer war

8. Der so genannte Schweitzer Saal. Auf diesem Saal hielten Tag und Nacht 40 Trabanten und 40 Schützen die Wache. Sie machten auf diesem Saal 2 Fronten, zur Rechten waren die Trabanten und zur Linken die Schweitzer. Sie mußten täglich immer Parade stehen mit der fliegenden Standarte und Fahne, so oft ein Prinz oder anderer Vornehmer aus- und eingeschritten, mußten selbige ihr Gewähr praesentiren, passirte aber der König aus und ein, so mußten beide Wachen ihre Spiel-Uhren spielen lassen, so lange sie den König sehen konnten, die Stantarte fliegen, und bliesen ihre Trompeten. Die Schweitzer ließen ihre Fahnen fliegen, und rührten ihre Trommeln.«

184–185 *Kurfürstenzimmer (Wohnung König Friedrichs I.), Chinesisches Kabinett.* 2. Obergeschoß, Raum 807, L. etwa 4,50 m, Br. etwa 3,50 m, H. etwa 6,25 m. – Das Chinesische Kabinett ist wohl schon unter Friedrich III. (I.) von dem Endkabinett der Verbindungsgalerie abgetrennt worden, um chinesische Lackpaneele gewissermaßen ausstellen zu können. Solche chinesischen Lackarbeiten – sehr dicker, geschnittener und bemalter Lack, auch glatte bemalte Lackflächen – waren damals ein beliebtes Sammelobjekt der Fürsten Europas und durften auch im Berliner Schloß nicht fehlen. Allerdings war das fotografierte Kabinett nicht mehr dasjenige Friedrichs III. Vermutlich ist es in dieser Form hergestellt worden, als der Soldatenkönig die Suite für die Hochzeiten seiner Töchter herrichten ließ, deren erste 1729 stattfand – seit damals bekamen hier die Bräute Brautkrone und Schleier aufgesetzt. Aus dieser Zeit war anscheinend die Decke. Auch später sind noch Änderungen an dem Kabinett geschehen; der letzte Schloßbaumeister, Albert Geyer, der davon schreibt, wußte sich aber keinen rechten Vers darauf zu machen.

Die Wandverkleidung war aus einem ursprünglich zwölfteiligen Koromandel-Lack-Schirm zusammengesetzt, die Sockelpaneele und Türfüllungen waren teils japanische Lackarbeit, teils Nachahmungen aus der Berliner Werkstatt von Dagly.

Von den Möbeln war das Ruhesofa altes Inventar der Kurfürstenzimmer. Der silberne Toilettespiegel mag zur Einrichtung der Suite für die Hochzeiten der Töchter Friedrich Wilhelms I. gehört haben. Der Greifentisch, frühklassizistisch in der Art Franz Catels entworfen, war vielleicht für die Wohnung der Königin Luise im Berliner Schloß angefertigt oder auch für die Neueinrichtung Friedrich Wilhelms III. und der Königin Luise im Potsdamer Stadtschloß.

Braunschweigische Galerie und ehemalige Kapelle der Kurfürstin

186–190 *Braunschweigische Galerie.* 2. Obergeschoß, Raum 810, L. etwa 35,50 m, Br. etwa 4,50 m, H. etwa 6,25 m. – Die Braunschweigische Galerie hat zeitweise, zusammen mit einem Einbau König Friedrich Wilhelms I. im Eishof und dem Kabinett im Turm Kurfürst Friedrichs II. am Spreeflügel, als ständige Gästewohnung für die herzoglichen Herrschaften von Braunschweig bei ihren häufigen Besuchen gedient – die Braunschweiger waren lange dem Hohenzollernhaus eng verbunden. Die Zimmerflucht im ganzen hieß Braunschweigische Kammern und war vom Schweizer-Saal aus zugänglich.

Erbaut hat aber der Große Kurfürst die Galerie, um, wie schon an anderer Stelle erörtert (S. 46), eine interne Verbindung seiner neuen Privatzimmer zu denen seiner Gemahlin zu schaffen. Der Raum hatte ehemals auf beiden Seiten Fenster, bekam also fast den ganzen Tag lang Sonnenlicht. Die wohlerhaltene Decke (Abb. 188–189) war an den schmalen Enden durch das Monogramm Friedrichs III. als Werk aus dessen Kurfürstenzeit kenntlich; die Umrahmung des Monogramms mit der Devise des Hosenbandordens, den Friedrich 1690 verliehen bekam, grenzt das Entstehungsdatum noch weiter ein.

Der Soldatenkönig hatte vom Nordende der Galerie ein paar Zimmer abteilen lassen, um die Hofdamen des braunschweigischen Besuches unterzubringen. Diese Einbauten ließ König Friedrich Wilhelm IV. seit 1854 entfernen und die Galeriedecke restaurieren. Bei der Gelegenheit wurde die übrige Einrichtung hergestellt, wie die Tafeln sie zeigen: Die Fenster zum Eishof wurden vermauert, der Fußboden erneuert, die Paneele nach denen der Brautkammer kopiert (Abb. 178–179), die Türrahmen und Supraporten nach solchen Eosanders in Charlottenburg angefertigt, wobei in den ovalen Medaillons Abgüsse von Reliefs der Schlüter-Werkstatt ebenfalls aus Charlottenburg eingesetzt wurden. Nicht ganz unmöglich ist es, daß diese Türrahmen zu Teilen oder ganz schon aus der Zeit des Soldatenkönigs waren. Die Restaurierungen des vorigen Jahrhunderts sind am wenigsten erforscht.

Bei der Restaurierung unter Friedrich Wilhelm IV. sind hier wohl die Möbel aus der Zeit Friedrichs des Großen aufgestellt worden, die man auf Abbildung 186 sieht. Auf dieser Tafel in der ersten Nische rechts Sèvres-Porzellan, in der zweiten chinesisches Porzellan der Preußisch-Asiatischen Compagnie, die Friedrich der Große in Emden gegründet hatte.

Der große Porzellan-Schauschrank am Kopfende (Abb. 187), eine sogenannte Tressur, dürfte ein Möbel der Gemahlin Friedrich Wilhelms I., Sophie Dorothea, gewesen sein, die anders als der Soldatenkönig prächtigem Aufwand nicht abgeneigt war. In der Tressur steht als Mittelgruppe eine Neuausformung eines der berühmten Meißner Tafelaufsätze von Johann Joachim Kändler, ein Geschenk des Königs von Sachsen an Kaiser Wilhelm II., heute im Jagdschloß Grunewald. Meißner Porzellan aus dem 18. Jahrhundert sind die vier Terrinen (von etwa 1735) im Mittelfach und die Tafelaufsätze rechts und links auf der Tischplatte. Die Einzelfiguren (Tugenden und mythologische Gestalten) sind aus der Berliner Manufaktur, die Teller chinesisch oder japanisch, die große Schale und die Vase im Untergeschoß sind japanisches Imari.

Abbildung 190 gibt die Galerie mit der Einrichtung des Kunstgewerbemuseums (seit 1920). Die Konsoltische sind aus der Zeit Friedrichs des Großen; auch die Damenporträts von Pesne sind altes Inventar der Schlösser.

191 *Ehem. Kapelle der Kurfürstin.* 2. Obergeschoß, Raum 828, L. etwa 5,50 m, Br. etwa 5,50 m, H. bis in die Laterne etwa 8,50 m. – Von den Zimmern im Herzogin-Haus, die an die Galerie anschlossen, demjenigen oben im Grünen Hut und dem über dem Kapellenchor (Abb. 10), wo die letzten Kurfürstinnen ihre Privatzimmer hatten, ist kaum etwas fotografiert; sie waren sämtlich erneuert. Hinter allen diesen, in einer Ecke des Kapellenhofes, befand sich der erste Neubau des Großen Kurfürsten am Schloß, seine Kapelle oder auch die Kapelle der Kurfürstin Luise Henriette, ein etwa quadratisches Zimmer, hervorgehoben aus den übrigen durch ein Oberlicht und ohne andere Fenster. Der Große Kurfürst hat die Kapelle im ersten Jahrzehnt seiner Regierung gebaut, vermutlich zu seiner Vermählung mit der Oranierin im Jahr 1646. Denn dies war der wahrscheinlichste Anlaß, in dieser Zeit seine Wohnung im Schloß zu erweitern. An dem Kamin an der westlichen Wand mochten die Herrschaften beim Gottesdienst warm sitzen. Die kleine Tür in der Ecke ging auf ein Klosett.

Der Raum war der erste Barockraum im Schloß und gewiß einer der ersten in Norddeutschland. Weiß und mit einiger Vergoldung an Architekturprofilen, Kartuschen und Rahmenwerk, war er bei aller Kleinheit ein Architekturraum wie die späteren Säle des Königsschlosses, aber noch viel strenger als diese mit geometrisch exakten Vouten und Stichkappen in diesen Vouten. Die Gliederung hält allerdings einer genaueren Betrachtung nicht stand. Die Eckpilaster waren nicht weniger hervorgekröpft als die mittleren – man vergleiche ihre Endigung unten auf dem Boden –, ihr Gesims jedoch war gegen die Regel abgeflacht, insbesondere die obere Kehle, damit sie nicht an diejenige der mittleren Pilaster stieße. Immerhin verband sich so der Eckpilaster besonders gut mit dem Eckgurt in der Voute; diese Verbindung war durch die Dekoration mit fast gleichen Blumengehängen betont. Die mittleren Pilaster dagegen hatten zwar ihre regelrechte kräftige Gesimskröpfung; ihnen fehlte indessen eine Beziehung zur Voute; lediglich ihre innere Kante lief als Einschnitt-

Adolph von Menzel in seinem Atelier im Garde-du-Corps-Saal vor dem Gemälde der Krönung König Wilhelms I. in Königsberg 1861, Fotografie von 1865

Kante der Stichkappe nach oben weiter. Dies waren offensichtliche Provinzialismen.

Der Raum der Kapelle hatte durch die Abstufung zum Oberlicht aber eine gute architektonisch-perspektivische Anlage. Die Voute war in einem großen Quadrat nach oben geöffnet, in dem eine hohe Attika stand. Von dieser leitete eine zweite Voute, wieder von der Grundform eines Klostergewölbes, zu dem runden Ansatz der Laterne über. Leider nur war die Stuckdekoration im Maßstab nach oben zu nicht kleiner genommen, wie es hätte sein müssen, wenn sie der Raumwirkung hätte entsprechen sollen – sie wurde dort eher größer.

Dem Architekten und Ingenieur des Großen Kurfürsten, der diese Kapelle entworfen hat, Johann Gregor Memhardt, einem in den Niederlanden aufgewachsenen Glaubensflüchtling aus Linz in Oberösterreich, verdankt Berlin viel. Er hat den ersten Stadtplan gezeichnet und im Kupferstich veröffentlicht, er hat wohl auch die erste kurfürstliche Stadterweiterung, den Friedrichs-Werder, abgesteckt, auch Schleusen, Brücken, Kaianlagen aus Zimmerwerk entworfen, wie sie noch lange das Bild Berlin-Cöllns geprägt haben. Darum war er aber doch kein Architekt ersten Ranges, wie eben die Kapelle und übrigens auch das Lust- und Grottenhaus, das er im Lustgarten gebaut hat und das aus den gestochenen Bauplänen und durch viele alte Darstellungen bekannt ist, merken lassen (siehe S. 44).

Von den beiden in die Wandovale eingelassenen Bildern ist nur soviel bekannt, daß das eine einen jungen Prinzen von Oranien darstellte.

Bunter Gang und Garde-du-Corps-Saal

192 *Bunter Gang (Königskammern Friedrich Wilhelms II.).* 1. Obergeschoß, Raum 572, L. etwa 32 m (ohne die Glastüren 53 m), Br. etwa 4,50 m, H. etwa 6 m. – Der Bunte Gang vor den Königskammern diente innerhalb von deren Programm als Zugang zum Parolesaal (Abb. 210). Die Königskammern waren offiziell durch die Rittersaal-Treppe erschlossen, in deren Breite ein Windfang vom Gang abgeteilt war, gegen dessen Glastür man auf dem Foto sieht. Erbaut war der Gang beim Ausbau des Königsschlosses in den Jahren 1698 und 1699 und an Decken und Wänden noch ungefähr so erhalten, wie er vermutlich 1699 stukkiert worden war. Die Dekoration war noch vergleichsweise ruhig, in der Art, wie unmittelbar vor Schlüters Ernennung zum Baudirektor am Schloß gearbeitet worden ist. Wahrscheinlich sollten in jedes zweite Deckenfeld Gemälde kommen oder waren sogar ausgeführt. Die Wände des Bunten Gangs kann man sich marmoriert gestrichen denken, den Fußboden mit Fliesenpflaster, wenn man die originale Fassung und Stimmung des Korridors nachfühlen will.

193 *Garde-du-Corps-Saal (Königskammern Friedrich Wilhelms II.).* 1. Obergeschoß, Raum 567, L. etwa 16 m, Br. etwa 8,5 m, H. etwa 6,5 m. – Der Garde-du-Corps-Saal hieß nach der Wache König Friedrich Wilhelms II., die hier am Eingang zu den Königskammern gestanden hat. Friedrich Wilhelm IV. hat hier Rüstungen, geharnischte Ritterfiguren, auch solche zu Pferde, dazu Waffen und andere Altertümer gesammelt, mit denen er die Burg Stolzenfels am Rhein ausstatten wollte, die er sich hat auf- und neubauen lassen. König Wilhelm I. stellte den offenbar nicht weiter benutzten Saal Adolph von Menzel zur Verfügung, den er damit beauftragt hatte, seine Krönung in Königsberg 1861 zu malen. Des Malers Atelier war für das Format des Bildes, 3,50×4,50 Meter, zu eng; Menzel hat hier bis Ende 1865 gemalt. Die zeremonielle Krönung von 1861 – und ihre Verewigung in dem Gemälde – war ein politischer Wink. Wilhelm I. hatte schon seit 1858 seinen kranken Bruder als Regent vertreten und ein liberales Ministerium berufen. Man sprach und spricht von der »Neuen Ära«. Die Bürgerlichen glaubten, daß König Wilhelm, der 1849 als Prinz die Truppen befehligt hatte, die ihre Revolution niedergeschlagen hatten, sich an die Verfassung von 1849/50 buchstabengetreu halten werde und verweigerten eine dauernde Erhöhung des Wehretats, wobei sie ihren Einfluß überschätzten. Der König wollte durch die

zeremonielle Krönung am Ort der Stiftung der Preußischen Krone deutlich machen, daß seine Würde über die geschriebene Verfassung hinausreiche oder vor oder außer der Verfassung gegründet sei. Denn eine solche Krönung war der Verfassung nach überflüssig. – Auch diese Demonstration hat die Radikalliberalen damals nicht zu Kompromißbereitschaft gebracht, und Wilhelm I. berief schließlich Bismarck zum Ministerpräsidenten, der nicht davor zurückschreckte, die Verfassung zu übertreten, um die Heeresreform durchzusetzen.

Als Menzel darin malte, war der Saal noch so wie Friedrich Wilhelm II. ihn hatte ausstatten lassen. Die neue Ausstattung auf unserer Abbildung ist wohl um 1870 gemacht worden; der Saal diente bei Hoffesten als Garderobe. Die trockene Dekoration ist ein Beispiel für die Mitte der Regierungszeit Wilhelms I., allerdings von wohlbedachter Schlichtheit. Indessen, üppigere Räume hat Wilhelm I. nicht ausstatten lassen, abgesehen von der Hohenzollern-Wohnung (Abb. 268–270); noch viel nüchterner sind diejenigen der Hausbibliothek gewesen, die entfernt ähnlich waren (Abb. 281–287).

Vor den Spiegelpfeilern stehen noch die Konsoltische von der Ausstattung der Königskammern, und bei genauerem Hinsehen findet man, daß auch die Türen an den Schmalseiten und sogar die Türblätter der Mitteltür noch die alten sind. Typisch für die Zeit gegen 1870 sind aber der Rahmen der Mitteltür zum Treppenhaus, sind die Wand- und Deckenfelderung, auch das Bord über dem Sockelpaneel, das die Schauporzellane in Augenhöhe präsentiert, und die schmiedeeisernen Kronleuchter, jeder mit fünf mal sechs Öllampen. Über dreißig Stühle und drei Ablagetische waren für die Bequemlichkeit der Festgäste gedacht, denen ihre Mäntel wohl von eigenen mitgebrachten Dienern abgenommen wurden – die Diener des Gastgebers hätten sie gewiß nicht wiederfinden können. Oder ob die Sachen einfach hier auf Tischen und Stühlen liegenblieben? Bei den Hunderten von Gästen kaum denkbar.

Goerd Peschken

Die Königskammern Friedrich Wilhelms II. und die Wohnung Königin Friederikes

Die Königskammern

194 und 195 *Königskammern Friedrich Wilhelms II., Rotdamastene Kammer.* 1. Obergeschoß, Raum 566, L. etwa 9,30 m, Br. etwa 8,20 m, H. etwa 6,30 m, Entwurf und Leitung der Ausführung Karl von Gontard, 1787–89. – Nach dem Garde-du-Corps-Saal über Portal V war diese, später auch »Rotes Empfangszimmer« genannte Kammer der erste Raum der Königskammern und der Auftakt ihrer Audienzsuite – »erstes Vorzimmer« heißt sie in den Kostenaufstellungen. Der zum Lustgarten hin zweifenstrige Raum mit rautenförmig verlegtem Parkett hatte eine holzvertäfelte Lamberie mit wechselnd quadratischen und breitrechteckigen Feldern. Sie war, wie auch die Türen und boisierten Fensternischen, von den Tischlern Lindewolt und Hempel geschaffen, weiß lackiert mit goldenen Leisten. Roter Damast überspannte die Wandflächen, von einem aufgenagelten Rahmenwerk aus vergoldeten Leisten mit einer Akanthusblüten-Arabeske gefaßt. Auf diese Weise war jedes bespannte Wandfeld bildhaft gerahmt und gegen die Kamin- und Türfelder abgesetzt.

Der von Steinmetz Moser gearbeitete Kamin aus weiß geädertem italienischen Marmor stand vor der Mitte der Innenwand. Hochrechteckig proportioniert, zeigte er im Fries zwischen eingetieften Feldern mit Rundscheiben ein zopfiges Feston aus Blütenkelchen. Vor der weißen Wand über dem Kamin stand ein doppelt so hoher wie breiter Spiegel, dessen vergoldeter Rahmen mit rosettenbesetzten Quadraten auf den Ecken die vegetabile Arabeske der Damastrahmung wieder aufnahm. Bekrönt wurde er von einem gemmenartigen, hochovalen Relief einer antiken Opferszene mit Blumenkorb darüber, flankiert von dünnen Akanthusranken, deren Stiele statt Blüten ebenfalls blumengefüllte Körbe trugen. Blütenfestons verbanden die Körbe und hingen seitlich des Spiegels herab, so daß das Oval Zentrum der ornamentalen Figur aus Ranken und gestaffelten Blütengehängen war. Am Fensterpfeiler dem Kamin gegenüber stand ein Tisch mit Porphyrplatte (Rumpf), darüber ein dem Gegenstück entsprechend gerahmter Spiegel.

Den Wandaufbau schloß ein reich profiliertes Stuckgebälk ab, dessen mit Blumengehängen geschmückter Fries gekehlt war. Über dem Gesims stand die muldengewölbte Stuckdecke auf, deren Mittelspiegel durch ein flaches, rechtwinkliges Rahmenwerk mit Flechtband gegen die Voute mit ihren Rautenkassetten abgesetzt war. Auf zart rötlich getöntem Grund waren die Kassetten mit Akanthus-Arabesken gefüllt, deren Stiele abwechselnd lorbeerbekränzte Flammenschalen und Blumenkörbe trugen. Im Deckenspiegel leiteten akanthusgeschmückte Zwickelfelder zu einem ovalen, zopfig gerahmten Mittelfeld über, in dem eine Perspektivmalerei eine Scheinkuppel mit kassettierter Wölbung vortäuschte, deren Scheitel von mit flachem Stuck belegten Scheiben verdeckt war. Die Kuppel und die Reliefgründe hatte Rosenberg gemalt, die Stukkateure Föhr und Gügel den Plafond geschaffen.

Insgesamt zeigt die von Gontard entworfene Dekoration des Zimmers mit ihren rechteckigen Rahmenformen und Lamberien, Wandfeldern und Spiegeln, mit der linearen, dünnen, auf flächig-neutralen Gründen stehenden Arabesken- und Rankenornamentik und mit dem flach gehaltenen Kassetten- und Rahmensystem der Decke die typischen Merkmale einer aus dem englischen Adam-Stil entwickelten, dem Louis-seize nahen klassizistischen Raumkunst. Allein der gestufte Umriß der Spiegelkrönung, die Zwickelteilung um das Deckenoval, die Vorliebe für spiralig einrollenden Akanthus und die zopfigen Gehänge lassen Gontards Herkunft aus dem späten friderizianischen Rokoko erkennen.

Die Schlachtenbilder von K. Rechlin und L. Elsholz sowie die Louis-seize-Tische, Kaminuhr und Leuchter gehörten zur Ausstattung nach 1900. Ursprünglich standen drei antike Marmorbüsten auf dem Kamin, in der Mitte Faustina, links Lucius Verus, rechts Otho und auf dem Porphyrtisch »eine schifförmige antike Vase von gelb gestreiftem Alabaster, auf einem Fuß von Bronze« (Rumpf). Der Kronleuchter war aus Bergkristall. An den Wänden hingen insgesamt 23 Gemälde vor den damastbespannten Feldern. Nach Rumpf wurde »die silberne Standarte der Garde du Korps mit dem Adler hier verwahrt«.

196–198 *Königskammern Friedrich Wilhelms II., Gründamastene Kammer.* 1. Obergeschoß, Raum 565, L. etwa 9,30 m, Br. etwa 8,20 m, H. etwa 6,30 m, Entwurf und Leitung der Ausführung Karl von Gontard, 1787–89. – Diese auch »Blaues Empfangszimmer« genannte Kammer diente als »zweites Zimmer« in der Audienzsuite der Wohnung Friedrich Wilhelms II. Der zweifenstrige Raum mit wabenartig gemustertem Parkett besaß eine holzvertäfelte Lamberie mit langen, rechteckigen Feldern. Sie war weiß lackiert mit goldenen Leisten. Ein mit Lorbeer besetzter Rundstab bildete den oberen Abschluß. Blaugrüner Damast überspannte die Wandfelder, gerahmt von vergoldeten, holzgeschnitzten und durchbrochenen Leisten, deren Arabeske aus Akanthuskelchen, Palmetten und ovalen Lorbeerkränzen gebildet war. Die weißlackierten Türflügel zeigten in ihren hochrechteckigen Mittelfeldern ein aus gleichen Elementen entwickeltes, hochragendes Akanthus-Ornament, das, um Blütengehänge bereichert und verbreitert, auch den unteren Partien der ebenfalls weißen Paneele der Fensterwand und Fensterlaibungen auflag. Oben hingen gemmenartige Reliefs mit Götterfiguren in den oberen Partien der Paneele an gekreuzten Füllhörnern, die Rosen und Rosenfestons spendeten: Auf den hohen, hellen Feldern machten diese vom Tischlermeister Eisen holzgeschnitzten, vergoldeten Ornamentfiguren noble Wirkung.

Der vom Steinmetz Calame gearbeitete Kamin aus Breccia-Violetta-Marmor stand vor einem ins Gebälk verkröpften mittleren Vorsprung der Innenwand. Sein Fries zeigte mäanderartige Bronzebeschläge mit Rosetten und seitlichen Festons unter Konsolen. Über dem Kamin ein hochrechteckiger Spiegel, dessen vergoldeten Rahmen ein aus gegenläufigen Ranken gebildetes Kettenmotiv zierte. Das hochovale, bekrönende Relief mit einer antiken Opferszene wurde von Putten gerahmt, die einen Blütenkranz erhoben und deren Unterkörper in die flankierenden Akanthusranken mündeten. Seitlich hingen Blütenkelchzöpfe herab, während am oberen Rahmen befestigte Lorbeerfestons die Spiegelfläche überschnitten.

Der Fensterpfeiler dem Kamin gegenüber trug einen gleichen Spiegel. Den Wandaufbau schloß wie im vorigen Raum ein reiches Stuckgebälk, dessen mit breiten Akanthusblättern bemalter Fries gekehlt war. Darüber spannte sich die von Föhr und Gügel geschaffene muldengewölbte Stuckdecke, deren Mittelspiegel durch einen Rahmen aus flachen, sich kreuzenden Bändern gegen die kassettierte Voute abgesetzt war. Die Kassetten der Voute waren mit tanzenden Puttengruppen in Relief vortäuschender Grisaille vor rosa Grund von Rosenberg bemalt: längliche, auf schmalem Bodenstreifen gereihte Figürchen in Nachahmung der Wedgewood-Reliefs. Die hellgrün grundierten Kassetten des Mittelspiegels zeigten in ihren quadratischen, sechseckigen und rhombischen Feldern flache, teilweise vergoldete Stuckrosetten und -ranken. Sie rahmten ein rosa grundiertes rechteckiges Feld, von dessen zentraler Rosette der drei Etagen hohe Kronleuchter aus Bergkristall herabhing. Im Dekorationssystem der Rotdamastenen Kammer gleich, war diese Kammer im großzügigen Ornament der Boiserien und Spiegelkrönung, in der figuralen Malerei der Deckenvoute und in der gesteigerten Vergoldung der Ornamente reicher ausgestattet als jene und leitete mit der Steigerung des Schmucks zum nächstfolgenden Thronsaal über.

Die Schlachtenbilder W. Camphausens und Georg Bleibtreus sowie die Louis-seize-Kommoden, Kaminuhr und Kandelaber waren Ausstattungsstücke der wilhelminischen Zeit. Ursprünglich standen eine Vase aus Porphyr und zwei aus Serpentin auf dem Kamin, während 27 flämische und holländische Bilder vor den bespannten Wandflächen hingen.

199–203 *Königskammern Friedrich Wilhelms II., Thronzimmer.* 1. Obergeschoß, Raum 564, L. etwa 12,10 m, Br. etwa 8,20 m, H. etwa 6,30 m, Entwurf und Leitung der Ausführung Karl von Gontard, 1787–89. – Das Thronzimmer, später »Thronsaal« genannt, schloß die Raumfolge der Audienzsuite ab. Der langgestreckte Raum mit zwei Fenstern besaß einen reich ornamentierten Boden mit Parkettintarsien aus verschiedenfarbigen Hölzern und Elfenbein. Über den weißen Lamberien mit vergoldeten Leisten und schmalen Lorbeergehängen waren die Wandfelder von dunkelrotem Samt überspannt. Durchbrochene, vergoldete Leisten mit kräftigen Akanthusranken lagen der Bespannung als Rahmen auf. Die Vertäfelung der Fensterlaibungen bestand aus hochrechteckigen Feldern, in denen auf weißem Grund unten gekreuzte Palmzweige im Lorbeerkranz, in der Mitte ein auf einer Akanthusranke im Lorbeerkranz stehender Adler mit gebreiteten Schwingen und oben ein abgehängter Blumenkorb in vergoldeter Boiserie zu sehen waren.

Die zweiflügeligen Türen waren reich geschnitzt: in quadratischen Mittelfeldern wieder Lorbeerkränze mit Adlern, in den hochrechteckigen Feldern unten schwere Akanthus-Arabesken, oben zum Oval geflochtene Lorbeerzweige. Ihre Rahmen mit einer verketteten Blattvolute in der Fascie bekrönte ein vergoldeter, boisierter Aufsatz:

Über einem eingezogenen Sockelstück halb liegende, halb aufstehende Spinxen unter Lorbeerzweigen flankierten das von einer Lorbeergirlande in einem blütenbesetzten Ring abgehängte Medaillon mit dem der Sonne entgegenfliegenden Adler, Emblem des preußischen Königtums.

Der Kamin aus weißem Marmor vor der Mitte der inneren Längswand war eine Arbeit Giovanni Angelonis, 1790 von Erdmannsdorff in Rom für das Marmorpalais in Potsdam gekauft, doch dann 1791 hier aufgestellt (Abb. 203). Seine hinterlegten Pfosten und der Fries waren mit bunten Arabesken in enkaustischer Malerei, die Verkröpfungen zusätzlich mit Gemmenreliefs geschmückt. Darüber ein 2,20 Meter hoher Spiegel aus einem Stück, dessen Rahmen den Türen angeglichen ist, bekrönt von der Königskrone auf einem von Füllhörnern flankierten Präsentierkissen, darüber wieder die Lorbeergirlande und der Blütenreif am Bande in einem zum Wandgesims vermittelnden Felde. Zwischen den Fenstern gegenüber befand sich ein entsprechender Spiegel.

Über dem Gesims der Wand setzte die durch einen Astragal geteilte Voute der Decke an, über der ein reich stuckiertes Rahmenwerk das Ornament der Decke bildete, wobei die von den Ecken her kurvig geführten breiten Bänder eine höhere als die tatsächliche Wölbung illusionierten. Sechs senkrecht von der Voute abgehende Streifen verbanden zum Mittelfeld mit dem eingeschriebenen Oval. Dabei spielte die hier recht kräftige Stuckornamentik mit ihren heraldisch-emblematischen Motiven eine entscheidende Rolle: Den Kreuzungspunkten lagen große Adler mit ausgebreiteten Schwingen auf und stützten von den Seiten her die Rahmung des Mittelfeldes ab. In ihren Klauen hielten sie Lorbeerkränze, die Königskronen rahmten und von denen schwere Akanthusranken in die seitlichen Deckenfelder ausgingen. In den Schnäbeln gehaltene Blütengirlanden verbanden die Adler untereinander über die Eckzwickel der Decke hinweg, während das Motiv der Krone in den Restfeldern seitlich des Ovals, nun auf Palmzweigen, wiederholt war. Im Zentrum des Ovals lag ein mit Akanthuslaub durchsetztes konzentrisches Strahlenbündel, zu dem die Adler entsprechend dem Medaillon über den Türen in Bezug gesetzt waren.

Das Grundmuster der Decke war im Parkett des Fußbodens gespiegelt: Von einer Elfenbeineinlage im Zentrum ausstrahlend, füllte hier ein sechzehnteiliges, sich überschneidendes Lanzettmuster (von Michelangelos Pflaster auf dem Kapitol in Rom her entwickelt) das Oval, während Ranken und Rautenmuster das übrige Feldersystem auslegten.

An der Westwand des Raumes stand der Thronbaldachin (Abb. 200). Seiner vom Boden her samtbespannten Rückwand war das preußische Wappen mit Schildhaltern ganz in Gold aufgestickt. Der Himmel bestand aus einem vergoldeten hölzernen Gesimsrahmen, auf dessen Ecken vollplastische Adler mit Blütenfestons im Schnabel saßen. Vom Rahmen hing roter Samt herab, von goldenen Schnüren mit Troddeln »en vestons« hochgebunden. Die Decke des Baldachins trug goldene Stickerei. Darunter stand ursprünglich ein Thronstuhl, »von ächt vergoldeter reicher Bildhauerarbeit, mit karmoisinrothem Sammet bezogen und mit goldenen Tressen und dergleichen Rundschnüren besetzt« (Rumpf). Er war Zielpunkt der gesamten Audienzsuite. Sein Baldachin mit dem Wappen auf der Rückwand, dem vergoldeten Ornament und dem roten Samt bestimmte die übrige Gestalt des Zimmers. Der Adler des Wappens war dabei ikonographischer Ausgangspunkt für die heraldisch-emblematische Dekoration der Decke und Wandboiserien: Adler umgeben den Thronhimmel mit Girlanden, an der Decke umfassen sie damit, um den zentralen Strahlenkranz geordnet, den ganzen Raum. In den Boiserien der Türen und Fensterlaibungen, selbst in den die Samtbespannung rahmenden Leisten wurden die Motive des Adlers, der Friedenspalme, des Siegeslorbeers und des Überfluß spendenden Füllhorns in Abstufungen variiert, wiederholt und auf das Königstum des hier Audienz gebenden Herrschers bezogen. Dieser heraldisch-emblematische Schmuck, dazu die schwere plastische Gliederung des Deckenstucks, die reiche Vergoldung und das tiefe Rot der Samtbespannung verliehen dem Raum feierlich bedeutsame Wirkung, die an hochbarocke Ausstattungen erinnerte. Dabei waren in den Einzelheiten, den Arabesken und zopfigen Gehängen, den rechteckigen Felderungen und Rahmungen sowie in der Großflächigkeit der Vertäfelungen und in der Fragilität des den Flächen aufgelegten Ornaments die Formen des reifen Louis-seize in Gontardscher Prägung deutlich und gaben dem Raum bei allem Reichtum den nobel zurückhaltenden Charakter dieses Stils.

Zur ursprünglichen Ausstattung gehörten keine Bilder, allein das tiefe Samtrot mit seiner vergoldeten Fassung beherrschte die Wände. Dem Thron gegenüber stand an der Eingangswand eine Marmorstatue der Zeit in Gestalt des Alten mit der Hippe auf einem bronzebeschlagenen Marmorsockel mit einer Spieluhr darin, 1793 für diesen Platz vom Chevalier de Werder geschaffen und später ins Hohenzollernmuseum gebracht. Der prächtige Kronleuchter aus Bergkristall mit der großen Kugel hatte den König allein 85000 Taler gekostet. Der Tisch unter dem Fensterspiegel mit der schweren Marmorplatte und die ebenfalls mit rotem Samt bespannten Sessel gehörten ursprünglich in diesen Raum. Die schöne, in Wien um 1790 gearbeitete Flötenuhr aus Mahagoni (Abb. 202) sowie die Gemälde »Königin Luise und ihre Schwester Friederike bekränzen die Büste Friedrich Wilhelms II.« von F. G. Weitsch (1793) und »Friedrich II. mit seinen Generälen« von Edward Francis Cunningham kamen wohl erst im Zuge der Einrichtung des Schloßmuseums nach 1918 hierher. Zeitweilig standen die Marmorbüste Friedrich Wilhelms II. von Johann Gottfried Schadow (1792) auf dem Tisch der Fensterwand (vor 1918, Abb. 200) und die Porzellanbüste Friedrichs II. von Johann Carl Friedrich Riese (1805) auf dem Kamin (nach 1918, Abb. 201).

204–206 *Königskammern Friedrich Wilhelms II., Weißes Zimmer.* 1. Obergeschoß, Raum 558, L. etwa 8,80 m, Br. etwa 6,60 m, H. etwa 6,30 m, Entwurf und Leitung der Ausführung Karl von Gontard, 1787–89. – Westlich des Parolesaals lag zum vorderen Schloßhof hinaus das Weiße Zimmer, auch »gründamastene Kammer« (Rumpf) oder »Grünes Vorzimmer« (Plan 1803) genannt. Die letzte Bezeichnung traf die Funktion des Raumes genau, denn er war hinter dem Parolesaal das Vorzimmer zu den Privatgemächern des Königs, von denen nördlich der Speisesaal und westlich das Konzertzimmer anschlossen.

Der zweifenstrige Raum hatte über dem in Quadratmustern verlegten Parkett eine weißlackierte Lamberie mit vergoldeten Leisten und querrechteckigen Feldern. Die schlichten Türen und Vertäfelungen der Fensterlaibungen waren ebenso gefaßt. Hellgrüner, geblümter Damast bespannte die Wandflächen, auch über Türen und Fenstern, gerahmt von holzgeschnitzten, vergoldeten und durchbrochenen Leisten mit einem Ornament aus zum laufenden Hund verketteten Akanthusvoluten. Den Kamin aus weißem Marmor hatte Antoine Tassaert geschaffen, im Fries und den Pfostenstirnen schmückten ihn Arabesken- und Rankenappliken aus vergoldeter Bronze. Über ihm faßte ein weißes Wandfeld mit schlichten Rahmenbändern den Spiegel, der mit einer von Greifen flankierten Vase bekrönt war, aus der eine mit dünnen Akanthusranken umgebene Palmette wuchs. Über einem Tisch mit grünmarmorner Platte stand vor dem Fensterpfeiler gegenüber ein entsprechend gerahmter Spiegel.

Dem wandabschließenden, durchlaufenden Gesims mit Kannelurenfries saß mit einer Voute die von Sartori geschaffene und von Rosenberg bemalte Stuckdecke auf (Abb. 206). Sie bestand aus einem flachen Kassettensystem, das sich über der Voute eingepaßten Trapezoiden zu einem Muster aus Recht- und Achtecken entwickelte, wobei die langgestreckten Achtecke der Deckenmitte zentrale Kreis- und Ovalfelder enthielten. Den matt getönten Gründen lagen dünne und feingliedrige Ranken- und Girlandenmotive auf, in den Hauptfeldern der Voute gemmenartige Reliefs fassend – eine an Adam-Dekorationen geschulte Louis-seize-Ornamentik. Von allen Gontard-Räumen der Königskammern war das Weiße Zimmer der schlichteste, es bildete den Auftakt zum anschließenden Konzertzimmer.

Ursprünglich hingen zwanzig Gemälde an den Wänden (Rumpf). Die mit dem gleichen Damast wie die Wände bespannten Stühle und Chaiselongues sowie der Kronleuchter aus Bergkristall gehörten zur Ausstattung des Raumes, während das Arrangement um den Kamin und die Bilder den Zustand nach 1894 wiedergeben.

Der Prunkschreibtisch (Abb. 205) stammt ursprünglich aus dem Bibliothekszimmer des Königs. Er ist ein Werk des Neuwieder Kunstschreiners David Roentgen, etwa 1782–83 entstanden und 1789 an Friedrich Wilhelm II., einen seiner besten Kunden, verkauft. Roentgen hatte diesen und einen fast gleichen Prunkschreibtisch, den er nach Petersburg verkaufte, kurz nach seinem Parisaufenthalt 1779–80 und dem dort vollzogenen Übergang zum Louis-seize-Stil gefertigt. Nicht mehr die berühmten Holzintarsien, sondern ein architektonischer Aufbau in Mahagoni mit reichen vergoldeten Bronzebeschlägen bestimmten nun die Gestalt seiner Möbel. Der Schreibtisch der Königskammern machte das deutlich: Zwölf vergoldete und verzierte Bronzesäulen standen als Tischbeine auf einer gestuften Sockelplatte. Sie trugen den drei Schubladen bergenden Zargenteil mit der Schreibplatte darauf, die durch seitliche Wangen mit Balustraden begrenzt wurde. Ihr stand der prächtige, architektonisch mit ionischer Säulen- und Pilasterordnung gestaltete Cartonier auf, zu dessen Seiten Stufenterrassen Geheimfächer bargen. Auf der oberen Terrasse des Cartoniers befand sich die von Roentgen öfter benutzte, wohl von Justus Junker entworfene Bronzegruppe, die angeblich »Wissenschaft, Studium und Wachsamkeit« darstellte. Bronzeappliken zierten verschwenderisch die Zarge (Medaillons), die Balustraden (Vasen) und den Cartonier (Säulen, Friese, Vasen und ein Puttenrelief). Neben dem berühmten Neuwieder Kabinett war der Schreibtisch das prächtigste Stück in der reichen Sammlung von Roentgen-Möbeln Friedrich Wilhelms II. Nach der Auflösung des Bibliothekszimmers 1869 stand er zeitweilig in der Grünen französischen Kammer (Abb. 225) und ist seit dem letzten Krieg verschollen.

207–209 *Königskammern Friedrich Wilhelms II., Konzertzimmer.* 1. Obergeschoß, Raum 559, L. etwa 8,20 m, Br. etwa 6,60 m, H. etwa 6,30 m, Entwurf und Leitung der Ausführung Karl von Gontard, 1787–89. – Aus dem Weißen Zimmer betrat man das Konzertzimmer Friedrich Wilhelms II., der leidenschaftlich Musik liebte und selbst sehr gut Cello spielte; es lag gleich neben seinem Schlafkabinett und war von dort durch eine Tapetentür direkt erreichbar. Die Wände des mit zwei Fenstern zum Schloßhof liegenden Raumes waren vollständig holzvertäfelt, weiß lackiert und mit reicher vergoldeter Schnitzerei vom Bildhauer Bartels geschmückt, unterbrochen von ursprünglich sieben großen Spiegeln, deren Bekrönungen nochmals von Spiegeln hinterfangen wurden. Auch die Supraporten und die Decke waren mit Spiegeln belegt, denen bronzenes Ornament auflag, so daß das Weiß der Holzvertäfelung, das Gold des geschnitzten Ornaments und die Spiegelflächen die festlich-heitere Raumerscheinung bestimmten.

Im einzelnen erhob sich über dem in verschiedenfarbigen Hölzern und Elfenbein eingelegten Parkett eine Lamberie mit Felderteilung und piedestalartigen Verkröpfungen. Über diesen standen lisenenartige Bänder mit einem aus gegenläufigen Ranken gebildeten, rosettengefüllten Rankenmotiv. Diese Bänder teilten von den Ecken her die Wände in seitliche schmale und breite mittlere Kompartimente und stützten den mit Akanthusranken geschmückten Fries des Abschlußgesimses. Die Wandfelder nahmen abwechselnd Vertäfelungen und Spiegel auf. Die Schnitzerei vor den Vertäfelungen zeigte unten Vasen mit herauswachsenden dünnen, aber großzügigen Arabesken, über denen von oben Gehänge mit Musikinstrumenten abhingen. Die Rahmen der Spiegel waren rechteckig und schmal, ihre geschnitzten Bekrönungen vor Spiegelgrund ebenfalls aus umrankten Gebinden mit Instrumenten gebildet. Die Türfüllungen und die der Fensterlaibungen trugen ähnliche Arabesken. Die von Leisten gerahmten Supraporten zeigten vergoldete Figuren vor ovalem Spiegelgrund im Lorbeerkranz, der mit den seitlichen Volutenranken gleichzeitig wie eine Türbekrönung wirkte. Vor der östlichen Eingangswand stand ein weißer Marmorkamin von Carlo Albaccini mit Bronzebeschlag (Abb. 209).

Über dem vergoldeten Gesims setzte die Voute der Decke an (Abb. 207). Kandelaberartige Akanthusgewächse aus vergoldetem Stuck mit Lorbeerfestons stützten die Rahmenleiste des zentralen Deckenfeldes, in dem von den vier Ecken ausgehende Spiegelbahnen einen Spiegelring mit einer zentralen Stuckrosette einbanden. Die Deckenspiegel waren mit zu Kränzen gewundenen Blütengebinden aus vergoldeter Bronze besetzt, während in den seitlichen Stuckzwickeln erneut von Girlanden umgebene Musikinstrumente gezeigt wurden. Der Fußboden spiegelte das Dekorationsmuster der Decke. Die zentrale Elfenbeineinlage entsprach der Deckenrosette, von der die Bergkristallkrone herabhing, Ring und Diagonalstreifen waren mit Ranken und Schleifenmustern belegt.

Mit Recht galt das Konzertzimmer noch vor dem Thronzimmer als die bedeutendste Leistung des späten Gontard in den Königskammern und gleichzeitig als ein Hauptwerk der deutschen Louis-seize-Dekoration. Deutlich war die Ambivalenz zwischen den sicher beherrschten Vertäfelungen, den souverän gesetzten, grenzüberschreitenden Schnitzereien auf den Feldern, den Spiegel- und Türbekrönungen einerseits und den geradlinigen Rahmenprofilen des flächigen Wandaufbaus, der Supraporten und Spiegel sowie der zopfigen Voutendekoration andererseits. Den Motiven dieser eigenwilligen Stilverschmelzung lagen wieder die veröffentlichten Werke Robert Adams zugrunde.

1894 wurde die kontinuierliche Spiegel-Gliederung der inneren Längswand mit einem Türdurchbruch zur Grünen französischen Kammer zerstört und so der Raumeindruck empfindlich beeinträchtigt. Die Wiederholung der Türgliederung samt Supraporte stand an dieser Stelle isoliert und ohne Verbindung zu den seitlichen Spiegeln, die ihrerseits die symmetrische Fassung durch ornamentierte Vertäfelung verloren hatten. Der ursprüngliche Zustand ist auf einem vor 1894 aufgenommenen Foto überliefert, das die Möbel zu Sitzgruppen gestellt zeigt (Abb. 209).

Der große Tisch in der Mitte des Zimmers mit Bronzebeschlägen (Instrumentengehänge an den Beinen) gehörte wie die Sitzmöbel zur Ausstattung. Auch die übrigen Möbel waren zeitgenössisch. Auf dem Mitteltisch drei Porzellangruppen der Berliner Manufaktur, darunter Alexander Trippels Allegorie des Fürstenbundes und Schadows Allegorie des Basler Friedens, beide vom Modellmeister Johann Carl Friedrich Riese gefertigt.

210–213 b *Königskammern Friedrich Wilhelms II., Parolesaal.* 1. Obergeschoß, Raum 557, L. etwa 16,50 m, Br. etwa 5,80 m, H. etwa 6,30 m, Entwurf und Leitung der Ausführung Friedrich Wilhelm von Erdmannsdorff, 1787–89. – Der Parolesaal lag über Portal IV zum ersten Schloßhof hin, war über den Bunten Gang direkt zugänglich und seiner Funktion entsprechend der königlichen Wohnung vorgelagert. Der schmale Raum war fast dreimal so lang wie breit. Über dem in Achteck- und Quadratmuster gelegten Parkett von Johann Georg Fiedler standen stuckmarmorne Wände, die wie das Konsolgesims und die Kassettendecke von den Stukkateuren Föhr und Gügel gearbeitet waren. Die figürlichen Reliefs hatte Johann Gottfried Schadow nach Erdmannsdorffs Angaben geschaffen.

Den Raum bestimmte der Kontrast zwischen graugrünem Stuck des Wandaufbaus und rotbraunem Stuck in den großen Feldern der Längswände und Fensterlaibungen. Gegen diese kräftige Farbigkeit hoben sich die weißen Stuckreliefs, das kräftige Konsolgesims und die großflächige Kassettendecke ab. So entstand der Eindruck, als bestehe die über einem kräftig profilierten Sockel aufgehende Wand ganz aus graugrünem, grobkörnig gemusterten Marmor, in den die Türrahmen, die weißen Reliefs und die rotbraunen Porphyrplatten eingelassen sind. An der Innenwand nahm das mittlere von fünf Feldern die große, trophäengeschmückte Tür zum Säulensaal auf, die seitlichen trugen die Porphyrplatten über schmalen Stuckreliefs mit einem Ornament aus querliegenden Kommandostäben. An der Wand gegenüber wechselten die Fensteröffnungen mit zwei geschlossenen Wandstücken. Die Felder teilend, waren hohe schmale Reliefspiegel in die Wand eingelassen, auf denen antikisch gekleidete Soldaten an hohen Masten Trophäen und Siegeszeichen trugen. An den Schmalwänden befanden sich je zwei Türen in schlichten

Rahmen, nur von einem Schmuckrelief mit festonhaltenden Greifen und Delphinen bekrönt. Der Pfeiler zwischen den Türen blieb frei von Relief, doch waren über den Türen quadratische Felder aus weißem Stuck eingelassen, in denen hochovale Reliefs mit Viktorien saßen. Den Wandaufbau schloß ein kräftiges Gesims ab mit Konsolen aus Doppelvoluten und geflügelten Blitzbündel-Emblemen in den Friesfeldern dazwischen. Die Konsolen waren so verteilt, daß über jedem Zeichenträgerrelief auch eine Doppelkonsole stand, so daß die Reliefs mit den Konsolen darüber Pilastern gleich als wandgliedernde Ordnung erschienen. Die dem Gesims aufliegende Kassettendecke mit drei zentralen Achteckfeldern war flach gearbeitet und mit Helmen, Akanthusranken, aber auch mit Adlern in Lorbeerkränzen und Lorbeerzweigen geschmückt. Neben der kräftigen Farbigkeit des Stuckmarmors und der raffiniert allein aus der Felderung gewonnenen architektonischen Wandstruktur bestimmten Schadows Reliefs die Erscheinung des Saales.

Die sieben Signiferi, von denen hier vier abgebildet sind, an vierzehn Wandstreifen zum Teil mehrfach wiederholt, waren Schadows erste Arbeit für die Königskammern. In verschiedenen Stellungen trugen oder hielten sie die Stangen, die mit Trophäen, Sieges- und Feldzeichen behängt waren und mit Adlern oder Viktorien über Fahnen endeten. Sandalenstiefel, Wadenhosen, lederne Wämse und Koller, Schultermäntel und Kurzschwerter kennzeichneten sie als römische Soldaten, bedeckt mit Löwen-und Wolfskopfhelmen oder Lorbeerkränzen. Klar konturiert standen sie in kontinuierlich entwickeltem Halbrelief vor dem glatten Grund. Die verschiedenen, aus kräftigen Kontraposten entstandenen Haltungen des Tragens, Balancierens und Stützens auf engem Raum schienen die schmalen Bildfelder zu sprengen; allen war eine Bewegungsrichtung nach oben hin eigen. Bedeutend war bei allem Reichtum an stofflichem Detail die gleichmäßige, vereinheitlichende Glättung der Oberflächen. Die Fahnenträger an den Piedestalen des Konstantin-Bogens in Rom lagen als Vorbilder zugrunde, doch gab Schadow ihnen stark variierte Bewegungsfähigkeit und Kraft, die er an Gestalten Michelangelos entwickelt hatte.

Die Viktorien der Supraporten (Abb. 211a und b) hatten ebenfalls ihre Vorbilder an den Piedestalen des Konstantin-Bogens: Schadow bildete auch sie auf der Grundlage von Michelangelos Figuren an der Sixtinischen Decke zu Sitzenden um, behielt aber die Bewegungsmotive der Beinstellungen und der Schreibhandlungen bei. Diese vorzüglich den ovalen Begrenzungen wie den gerundeten Gründen eingepaßten Einzelfiguren zeigten die für Schadows Stil typische, schwellend gerundete Figürlichkeit bei klaren Konturen und weichem Fluß der den Körpervolumen angelegten Draperien. Beiden war eine verhaltene, stille Lieblichkeit eigen.

Vor dem Pfeiler zwischen den Türen der Westwand ließ Friedrich Wilhelm II. die antike Bronzestatue des »Betenden Knaben« aufstellen, die damals für ein Bild des sich in den Nil stürzenden Antinous gehalten wurde. Sie hatte zuvor auf der Terrasse des Schlosses Sanssouci bei Potsdam nahe dem Bibliothekszimmer Friedrichs II. gestanden. Mit der Aufstellung im Parolesaal zeigte der neue König seine Wertschätzung dieser berühmten Figur, die mit ihrer Patina sehr gut zur Farbigkeit des Stuckmarmors paßte. 1918 fand hier Schadows berühmte Marmorgruppe der Prinzessinen Luise und Friederike (1797) eine würdige Aufstellung. Seitdem wurde der Saal auch Schadow-Saal genannt.

Mit Recht galt der Parolesaal als der schönste neuklassizistische Raum des Berliner Schlosses. Seine vornehme Dekoration in farbigem Stuckmarmor, sein unter Verzicht auf Säulenordnung allein aus Schichtung und Felderung gewonnener Wandaufbau, die römischer Triumph-Allegorese nachgestalteten Reliefs der Signiferi und Viktorien, die emblematischen Zeichen der Blitzbündel, Adler, Kommandostäbe und Lorbeerzweige bezeichneten insgesamt in knapper, aber höchst würdevoller Weise die Funktion des Raumes, in dem sich die große militärische Repräsentation des Königs entfaltete.

214–219 *Königskammern Friedrich Wilhelms II., Großer Säulensaal.* 1. Obergeschoß, Raum 556, Grundfläche von Wand zu Wand etwa 16,50 x 8,70 m, lichte Weite innerhalb der Säulen etwa 15,10 x 7,30 m, H. etwa 6,30 m, Entwurf und Leitung der Ausführung Friedrich Wilhelm von Erdmannsdorff, 1787–89. – Über Portal IV lag zum Lustgarten hin der große Säulensaal, zuweilen auch Pfeilersaal genannt nach dem vorher an dieser Stelle liegenden Raum, den Eosander geschaffen hatte: Seine Decke hatte auf vier freistehenden ionischen Pfeilern und einigen Pilastern aufgelegen. Der etwa doppelt so lange wie breite Raum wurde als Festsaal der Wohnung Friedrich Wilhelms II. neu eingerichtet. Er erhielt sein Licht aus drei großen, zum Lustgarten gewendeten Fenstern, von denen das mittlere ein breites Balkonfenster war. Eine frei vor den Wänden stehende, komposite Säulenordnung mit gerade durchlaufendem Gebälk und aufliegender Kassettendecke gliederte den Raum streng architektonisch. Vor jeder Wand waren drei rhythmisierte Intervalle gebildet. Die mittleren Intervalle jeder Wand hatten knapp die doppelte Breite der sie flankierenden Seitenintervalle und die seitlichen der Längswände dieselbe Breite wie die mittleren der Schmalwände. Die breiten Mittelintervalle der Langseiten, die die Tür zum Parolesaal (Abb. 219) und das Balkonfenster faßten, waren von Doppelsäulen flankiert, wodurch die Querachse des Saals betont wurde.

Über dem prächtigen, von Johann Georg Fiedler gearbeiteten Parkettfußboden mit aus verschiedenfarbigen, dunklen Hölzern eingelegtem Kreis- und Lanzettmuster (Kopie nach dem Kassettenmuster einer Grabkammer bei R. Wood, Ruins of Palmyra, 1753, Taf. 42 b) bestimmte Stuck und Stuckmarmor, von Constantin Sartori geschaffen, die Erscheinung des Saals. Die 16 Säulen hatten Schäfte aus gelbem Stuckmarmor; Basen, Kapitelle, das reich ornamentierte Gebälk und die schwere Kassettendecke bestanden aus weißem Stuck, an der Decke perlgrau und rosafarben abgetönt. Die grauen, stuckmarmornen Wände bildeten die Folie für den Aufbau der Säulenordnung. Ein flach profilierter Wandsockel umlief den gesamten Raum. Halbrunde, porphyrfarbene Nischen in den Mitten der Seitenwände nahmen im Osten den hohen, einer widderkopfgeschmückten Ara nachgestalteten Marmorstuckofen mit Reliefmedaillons von Sartori (Abb. 214) und im Westen die Marmorgruppe »Achilles verteidigt die sterbende Penthesileia« von Emil Wolff auf, ausgeführt 1822 nach Rudolf Schadows Modell von 1821 (Abb. 215). Ursprünglich hatte hier eine antike Statue des Kaisers Marc Aurel gestanden.

Vor den schmalen Intervallen der inneren Längswand befanden sich auf dem vorgezogenen Wandsockel Ädikulen mit korinthischen Porphyrstucksäulen und Segmentgiebeln, denen des Pantheons in Rom nachgebildet. In den von ihnen gefaßten Wandnischen standen auf Sockeln aus Giallo-Antico-Marmor Kopien zweier berühmter Florentiner Antiken, des Apollino (links) und der mediceischen Venus (rechts), beide von Bartolomeo Cavaceppi geschaffen und von Friedrich II. für Potsdam gekauft. In den seitlichen Intervallen der Schmalwände standen Türen (Fensterseite) und Blendtüren in um eine Schicht eingetieften Wandfeldern, die auch die Supraportenreliefs rahmten: untere schmale Streifen mit girlandenhaltenden Satyrputten und Kandelabern an den Seiten, darüber Reliefs mit Szenen aus dem Leben Alexanders des Großen, 1788–89 von Johann Gottfried Schadow gearbeitet. Erdmannsdorff hatte die Themen bis ins einzelne vorgeschrieben und verlangt, auf verhältnismäßig kleinen Flächen Historienszenen darzustellen, die des Königs Verhältnis zu den Künsten allegorisieren sollten. Erstens »Alexander und Philemon (Musik)« – über der Tür zum Thronzimmer links vom Ofen: Erregt von der Musik Philemons, der links vor seinen Begleitern die Leier schlägt, gibt Alexander in der Mitte den Befehl zur Schlacht, worauf rechts eine Gruppe Soldaten den Kampf beginnt (Abb. 218). Zweitens »Alexander und Apelles (Malerei)« – über der Scheintür rechts vom Ofen: Während links ein Greis das begonnene Bild betrachtet, führt in der Mitte Alexander den Apelles der Roxane zu, die rechts, von Dienerinnen umgeben, auf einem Thron sitzt (Abb. 214). (Hier lag ein Irrtum Erdmannsdorffs oder Schadows vor, denn Alexander schenkte nicht seine Frau Roxane, sondern die Hetäre Pankaste dem Apelles.) Die Darstellung ist ein gutes Beispiel für Schadows frühen Reliefstil, den er in Rom an den Reliefs der Traianssäule und anderen Antiken sowie unter dem Eindruck Michelangelos, Raffaels, Canovas und Davids geschult hatte: Vor mäßig eingetieftem, glatten Grund werden die klar umrissenen Figuren in gleichmäßig steigender Reliefhöhe über die Bildbreite gereiht, wobei großzügige Draperien und wohlgerundete Körperpartien den Eindruck bestimmen. Drittens »Alexander und Homer (Dichtkunst)« – über der Scheintür der Westwand: Alexander befiehlt einer rechts stehenden Gruppe von Dichtern und Philosophen, das Buch mit den Werken Homers in den links von Soldaten herbeigetragenen kostbaren Kasten aus der Kriegsbeute des Darius zu legen (Abb. 216). Viertens »Alexander und Deinokrates (Baukunst und Bildhauerei)« – über der Tür zum Speisesaal: Deinokrates im Löwenfell tritt vor den rechts thronenden Alexander und präsentiert das Modell zur Umgestaltung des Berges Athos in eine Riesenstatue des Königs mit einer Stadt in der Rechten und einem Wasserreservoir in der Linken.

Bemerkenswert an der Themenwahl aus der reichen Tradition von Historienbildern der Alexandergeschichte, die mit ihrer historisch-moralischen Vorbildhaftigkeit seit der Hochrenaissance zum festen Kanon der Ausstattung europäischer Fürstenresidenzen gehörte, war die Beschränkung auf die die Künste betreffenden Taten des Königs unter Weglassung der kriegerischen und politischen. Offenbar sollte die Kunstförderung Friedrich Wilhelms II. durch diese Alexandertaten allegorisiert werden. Insgesamt zeigten die Historienreliefs des soeben aus Rom zurückgekehrten jungen Schadow »in ihrer Mischung von malerisch empfundener Anordnung und quellend weicher plastischer Form« noch Züge »des absterbenden Spätbarocks« (Mackowsky), doch paßten sie sich mit ihren Rahmenprofilen und der mäßigen Relieftiefe den Schmuckplatten darunter und der antikischen Architektur des Saales sehr gut an.

Im Mittelintervall der inneren Langseite des Saales sprang die stuckmarmorne Wand zweimal flach ein, vermittelt über korinthische Pilaster auf dem Wandsockel, die das prächtige, von Erdmannsdorff nach dem Vorbild der großen Türen des Portikus am Sonnentempel in Palmyra (R. Wood, Ruins of Palmyra, 1753, Taf. 7) entworfene Portal zum Parolesaal flankierten. Sein Rahmen aus Architravfascien in weißem Marmorstuck wurde von einem palmettengeschmückten Fries und einem auf seitlichen Volutenkonsolen ruhenden, reich profilierten Gesims bekrönt. Die Türflügel, von den Bildhauern Eben gefertigt und bronziert, trugen in den Rundfeldern Bronzemasken eines Bildhauers Salvino, während die von einem Kannelurenfries gerahmten Restfelder mit schweren Motiven aus Akanthusranken belegt waren.

Mit der die Wände in je drei Intervalle gliedernden rhythmisierten Säulenordnung, den Statuennischen, der

Kassettendecke, der Marmorierung und dem antikischen Detail war der Saal auf der Grundlage des »korinthischen Saals« in Palladios »Quattro libri dell'architettura« und unter Kenntnis englischer »halls« wie in Harewood House oder Kedleston Hall von Robert Adam entworfen. Dabei ging Erdmannsdorff der Aufgabe und den Bedingungen entsprechend durchaus frei und eigenschöpferisch vor: Er überwand die palladianischen und englischen Anregungen dank seines an römisch-kaiserzeitlicher Architektur (Pantheon, Palmyra) gewonnenen Antikenverständnisses zugunsten einer üppigen Reliefierung (Gebälk, Kassetten) sowie einer Aktivierung und Steigerung der Erscheinung der architektonischen Elemente (Säulenordnung, Ädikulen, Türen) und schuf so eine der königlichen Würde des Auftraggebers entsprechende festliche, aber auch verhalten pathetische frühklassizistische Architektur.

220–223 *Königskammern Friedrich Wilhelms II., Speisesaal.* 1. Obergeschoß, Raum 555, L. etwa 11,80 m, Br. etwa 6,90 m, H. etwa 6,30 m, Entwurf und Leitung der Ausführung Friedrich Wilhelm von Erdmannsdorff, 1787–89. – Westlich des großen Säulensaals schloß der rechteckige Speisesaal der Wohnung des Königs an, später auch Spiegelsaal genannt. Das von Erdmannsdorff entworfene Dekorationssystem schmückte drei Wände, die Decke und den reich eingelegten Fußboden, während die Fensterwand mit den Fensterlaibungen von oben bis unten mit 510 von Bronzeleisten eingefaßten Spiegelstücken belegt war. Im Kontrast zum architektonisch gestalteten Säulensaal war die gesamte Dekoration dieses Zimmers den Wänden aufgemalt, nur die Türrahmen und das Deckengesims bestanden aus Stuck. An den Wänden illusionierte Erdmannsdorff mit der von Rosenberg ausgeführten Malerei einen nach außen geöffneten Raum, der Ausblick in eine tiefgelegene sommerliche Parklandschaft gewährte.

Die fingierte architektonische Gliederung der Wände wurde durch den Wechsel von geschlossenen Kompartimenten und geöffneten, mit Grotesken geschmückten Wandstücken charakterisiert. Die Türöffnungen und der Kamin mit dem Spiegel darüber waren dabei den »geöffneten« Partien zugeordnet. Sockelzone und oben umlaufender Girlandenfries gaben dem Ganzen das Gepräge einer auf antike Wandsysteme zurückgehenden Ordnung. Das geschlossene, pfeilerartige Kompartiment war ganz in grünlicher Grisaille als architektonisches Relief gemalt und wurde an den Seiten von in vertieften Spiegeln aufgemalten Akanthusmotiven gerahmt. Es gliederte sich in einen hochrechteckigen, von einem Gesims abgeschlossenen Wandteil mit drei übereinander geordneten Bildfeldern und einen querrechteckigen darüberliegenden, der in einer vorgeblendeten Halbkreisnische ein Muschelmotiv barg. Farblich setzte sich diese grün in grün gemalte Wandfelderung mit ihren Gesimsen und Ornamentfüllungen deutlich von der bunten Wachsmalerei in den großen Mittelfeldern ab.

Die Öffnung illusionierenden Wandkompartimente gaben in heller Farbigkeit vor lichtem, landschaftlichem Grund eine Phantasiearchitektur: Dünne, hohe Säulchen, flankiert von arabesken Ornamentbändern, trugen ein schmales, durchgehendes Gesims, dessen seitliche Enden von Karyatiden gestützte Gebälkstücke mit Spinxenaufsätzen krönten. Vor diesem architektonischen Gebilde stand in der Mitte ein Kandelaberbrunnen, der mit Satyrn, Papageien und verschieden großen Amoretten besetzt war. Über den in »geöffneten« Wandfeldern stehenden Türen wiederholte sich der obere Teil dieser Dekoration. Sie war aus verschiedenen Vorlagen recht geistreich entwickelt. Dabei wurden antike Anregungen mit solchen der Hochrenaissance vermischt.

Wie Peter Werner bemerkte, der diese Dekoration kürzlich analysierte, waren die seitlichen Groteskenstreifen in den Raumecken vereinfachte Nachbildungen der Raffaelschen Ornamentbänder in den Loggien des Vatikans. Die gitterartige Architektur in den gemalten Öffnungen setzte sich aus verschiedenen Motiven der römischen Domus Aurea zusammen, wie sie aus zeitgenössischen Publikationen bekannt waren; der Brunnenaufbau ähnelte gleichen Gebilden in Hochrenaissance-Dekorationen. Erdmannsdorffs Leistung bestand in der freien Kombination der Einzelmotive zu einer motivischen und dekorativen Einheit, wobei nicht nur die Komposition vorgeprägter Elemente, sondern die Zusammenstellung eines neuen Ganzen erreicht wurde, unter deutlicher Anspielung auf die Vorbilder. Blieb, wie Werner feststellte, diese »pompeianische« Dekorationsweise noch auf einzelne Wandfelder beschränkt, so lag dem Wechsel von derart illusionistisch geöffneten Teilen und architektonisch geschlossenen Wandpartien mit Bildern im Zentrum doch der Versuch zugrunde, römische Wandsysteme, wie sie in Pompeji häufiger gefunden wurden (z.B. Haus der Vettier), nachzuahmen oder zu »rekonstruieren«, freilich mit architektonischen Formen der eigenen Zeit.

Die gleiche Dekorationsweise lag der Decke zugrunde: Seitlich des von Johann Christoph Frisch gemalten Mittelbildes, das im gestreckten Vierpaß zwei Putten mit den Attributen der Ceres und des Bacchus zeigte, schlossen um eine Öffnung zentrierte Groteskenfelder an, die in ihrer Aufteilung dem System der »volta dorata« in der römischen Domus Aurea folgten. Auch der Fußboden von Johann Georg Fiedler kombinierte in seinen reichen Einlegarbeiten römische Dekorationsmotive, wie sie aus Wandmalereien und Bodenmosaiken bekannt waren, etwa die Efeuranke, die Bildfelder mit gereihten Schmuckgefäßen, Dreifüßen und Fruchtkörben oder der Pfau auf einer Ara im ovalen Mittelfeld.

Den prächtigen, vierundzwanzigarmigen Kronleuchter aus Bergkristall hatte bereits Friedrich I. von Ludwig XIV. zum Geschenk erhalten. Die beiden Marmorgruppen, »Venus und Amor« sowie »Nymphe und Bacchus«, waren Arbeiten ungenannter Bildhauer aus der zweiten Hälfte des 19. Jahrhunderts. Auch das übrige auf den Fotos zu sehende Mobiliar gehörte nicht ursprünglich in diesen Saal.

Den schönen Marmorkamin (Abb. 222) in der Mitte der inneren Längswand nannte Rumpf »römisch«. Seine Pfosten mit reichen Basisprofilen zierten Akanthusranken, die Öffnung umgab eine Fascie mit Eierstab. Der hohe Fries, über den Pfosten verkröpft, zeigte figürliches Relief. Das breite Mittelstück stellte in der Mitte Apollon als Kitharoeden und Athena von den Musen umgeben dar. Von links nach rechts waren es Klio, Muse der Geschichtsschreibung (am Pult mit Buch darauf), Thalia, Muse der Komödie (mit Keule und komischer Maske), Terpsichore, Muse des Tanzes, und Euterpe, Muse der Instrumentalmusik (mit Flöten). Es folgte Apollon als Kitharoede (mit Leier und einer Andeutung des Parnaß), ihm stand Athena gegenüber, dahinter Polyhymnia, Muse des ernsten Gesanges (in sinnender Haltung mit aufgestütztem Kopf), Kalliope, Muse der epischen Dichtung (mit Schreibtafel), Erato, Muse des heiteren Gesanges (mit Saiteninstrument), Urania, Muse der Astronomie (mit Himmelsglobus und Zeigestab), und schließlich Melpomene, Muse der Tragödie (mit hochgeschobener tragischer Maske). Über den Pfosten waren im Fries zwei Szenen mit dem Thema »Dichter und Muse« zu sehen, links ein Sokrates ähnelnder sitzender Greis vor einer an Polyhymnia gemahnenden Musengestalt mit Kopfschleier, rechts, spiegelbildlich dazu komponiert, ein Homer ähnelnder Dichter vor einer an Kalliope erinnernden Muse, die ihm ein Buch vorhielt.

Die Komposition des Frieses einschließlich der Nebenszenen kopierte die eines Musensarkophages im Louvre, damals im Vatikanischen Museum (Wegner, Nr. 75), an dem auch die Seitenszenen zu finden sind. Nur Apollon und Athene waren Hinzufügungen des Nachahmers, aber ebenfalls Sarkophagreliefs entlehnt, wohl um einen vollständigen Parnass darstellen zu können. Stilistisch und auch nach dem Typus seines Aufbaus war der Kamin eine Arbeit des römischen Bildhauers und Antikenrestaurators Carlo Albaccini und zählte sicher unter die »vier aus Rom verschriebenen Camine«, die in der Abschlußrechnung genannt werden und die, wie Erdmannsdorff am 15. März 1788 dem Herzog von Dessau schrieb, »mir Reiffenstein geschickt hat, wovon zwey wirklich schön gearbeitet sind«. Auch der König selbst hatte seiner Zufriedenheit darüber Ausdruck gegeben (Parlasca).

Die in die gemalten Pfeilerpartien der Wanddekoration eingelassenen Bilder in den Maßen 1,60 x 0,90 m gaben zu seiten des Kamins wie auf beiden Schmalwänden Darstellungen mit Themen der Musik aus der griechischen Mythologie. Es waren speziell für Putz- und Steingründe entwickelte, antike enkaustische Techniken nachahmende Wachsmalereien von Johann Christoph Frisch (1738–1815), einem Schüler Bernhard Rodes. Als Begleiter des Marquis d'Argens hatte er 1765 eine Studienreise nach Italien unternommen und war 1786 Rektor der Berliner Akademie. Sein Lehrfach war die »praktische Malerei«, in deren Zusammenhang auch seine Versuche mit Wachsfarben gehörten.

Das Bild links neben dem Kamin stellte die mythologische Erfindung der Musik unter dem Thema »Apoll und Merkur« dar: Merkur, der bald nach seiner Geburt in einer Höhle des Berges Kyllene in Arkadien die Leier unter Zuhilfenahme des Schildkrötenpanzers erfunden hatte, stahl seinem Bruder Apollon eine Rinderherde. Er durfte die Herde gegen Abgabe der Leier behalten (Ovid, Met. II, 678ff.). Eben diese Szene ist gezeigt: Links vorn überreicht Merkur, auf einem Felsblock sitzend, das Musikinstrument dem herzutretenden Apollon, der mit seiner Linken auf zwei Kühe im Hintergrund weist. Am Boden liegt die Syrinx, als deren Erfinder Merkur ebenfalls gilt (Abb. 223a).

Die Komposition rechts neben dem Kamin gestaltet das Thema des Musikerwettstreits mit der Zweiergruppe »Muse und Sirene«: Die Sirene, eine geflügelte Jungfrau mit Vogelbeinen, hält zwei Flöten in den Händen und blickt weinend nach oben zu der sie strafenden Muse, die ihr Federn aus den Flügeln reißt. In der Ferne rechts ein Ausblick in eine tiefliegende Landschaft. Die in der Sangeskunst und Allwissenheit den Musen nachgeordneten Sirenen, dämonische Mischwesen, unterliegen ihnen im Wettstreit und werden ihres Federkleides beraubt (Abb. 223b).

Die Themen der beiden anderen Wachsbilder waren »Achill, der sich mit der Leier über den Verlust der Briseis tröstet« (Homer, Ilias 2, 689ff.), also Besänftigung der Leidenschaften durch Musik, und »Orpheus vor Pluto und Proserpina« (Ovid, Met. X, 11ff.), die Macht der Musik symbolisierend. Über diesen in der Nahansichtigkeit der Gruppen und den Licht-Schatten-Modellierungen der Figuren den »Pitture antiche d'Ercolaneo« (1757–65) verpflichteten, aber in Landschaft und Kolorit die Tradition deutscher Malerei des 18. Jahrhunderts nicht verleugnenden Kompositionen befanden sich in einfarbiger Reliefmalerei Puttenfriese von Rosenberg, während die Bronzereliefs fingierenden Bildstreifen unter den Hauptbildern diese erläuternde mythologische Nebenszenen darstellten.

224 und 225 *Königskammern Friedrich Wilhelms II., Grüne französische Kammer.* 1. Obergeschoß, Raum 554, L. etwa 8,70 m, Br. etwa 6,90 m, H. etwa 6,30 m, Entwurf und Leitung der Ausführung Friedrich Wilhelm von Erdmannsdorff,

1787–89. – Westlich des Speisesaals lag die Grüne französische Kammer, auch »Grünes Empfangszimmer« genannt. Ihren Namen hatte sie von der Bespannung ihrer Wände mit hellgrünem französischen Damast. Der zweifenstrige Raum zum Lustgarten hinaus hatte an den Seitenwänden nahe den Fenstern Türen auf der Enfilade und eine weitere, 1894 eingebrochene links neben dem Kamin. Über dem von Johann Georg Fiedler gelegten Parkettboden mit prächtigen, im Oval eingelegten Akanthus- und Rautenmustern stand eine von Chevalier in Lackmalerei mit von Mäanderbändern umschlungenen Zierfeldern geschmückte Amberie als Wandsockel, über dem die Bespannung bis unter das Deckengesims reichte. Ihre Rahmen bestanden aus mit Perlstäben und Kanneluren geschmückten Profilleisten. Unterbrochen war die Bespannung durch die Tür-, Fenster- und Spiegelfelder, sämtlich durch schmale Kelchblattbänder von den bespannten Flächen abgesetzt. Vergoldete Stäbe aus geschnitzten Lorbeerblüten belegten die innere Fascie der Türrahmen, ihre Friese zeigten ein Akanthus-Blattmuschelmotiv.

Die Türflügel mit schmuckvoll gemalten Blütenmotiven hatte der Tischler Nerger gefertigt. Über den Türen befanden sich schmale, mit Putten in Grisaille bemalte Felder, darüber gemalte Supraporten im Rund mit Wagen fahrenden Putten im Stil der »Pitture antiche d'Ercolaneo«. Die Fensterlaibungen waren ebenfalls mit Arabeskenranken und mythologischen Bildfeldern bemalt.

Der Marmorkamin von Antoine Tassaert mit Pfostenvoluten stand vor der Mitte der Längswand. Über ihm reichte der Spiegel bis unter die Decke, nur von einem Rahmenwerk aus vergoldeten Bronzestäben geschmückt, in dem oben ein durchbrochener Palmettenfries als Schmuck eingesetzt war. Vor dem Fensterpfeiler stand ein entsprechender Spiegel über einem Tisch. Das gerade und hohe, reich profilierte Deckengesims hatte der Stukkateur Sartori gefertigt, während der flach kassettierte Stuckplafond eine Arbeit Föhrs und Gügels war. Um ein zentrales Kreismotiv im Achteck lag ein mit schmalen Rahmenleisten gefaßtes Kassettensystem, das wieder von Domus-Aurea-Decken herzuleiten ist. Dünner Akanthusrankenstuck und Reliefmedaillons in den Füllungen wechselten mit von Johann Christoph Frisch gemalten Blütenranken und Meerwesen in grüngrauer Grisaille. Zu den Schmalwänden schlossen Grisaillefriese mit der Darstellung der Geburt und des Triumphs der Venus an.

Auf den Fotos zeigt der Raum seine Ausstattung vor 1918 mit Möbeln aus der Entstehungszeit, jedoch mit um 1894 erneuerter Wandbespannung. An der Ostwand stand zeitweilig der prächtige Schreibtisch Friedrich Wilhelms II. von David Roentgen (Abb. 205).

226 und 227 *Königskammern Friedrich Wilhelms II., Blaue französische Kammer.* 1. Obergeschoß, Raum 553, L. etwa 10 m, Br. etwa 6,90 m, H. etwa 6,30 m, Entwurf und Leitung der Ausführung Friedrich Wilhelm von Erdmannsdorff, 1787–89. – Die Blaue französische Kammer folgte der grünen. Sie wurde auch »Rotes Empfangszimmer« genannt, da wahrscheinlich im Zuge von Renovierungen anläßlich der Umbauten des Weißen Saales 1894 die ursprüngliche Bespannung der Wände mit blaugrauem französischen Damast durch rosafarbenen ersetzt worden war. Die Ausstattung des zweifenstrigen, zum Lustgarten gewendeten Raums glich der vorherigen Kammer: Wandsockel, Bespannungsfelder und ihre Rahmenleisten, Türrahmen und Aufteilung der Supraporten, Spiegelrahmen und Deckengesims unterschieden sich nur in den Einzelheiten der Ornamente. Johann Georg Fiedlers im Oval gelegter Parkettfußboden mit Ranken in den Zwickeln antwortete auf die im Kreis radial kassettierte, von Johann Fischer mit Efeuranken und Grotesken bemalte Decke, die an den Schmalseiten pompeianische Friese mit der Diana opfernden Figuren flankierten. Die von Fischer gemalten Supraporten teilten sich wieder in ein unteres schmales Grisaillefeld mit Putten und ein oberes quadratisches mit Götterbildern (u.a. Apoll, Minerva) im Achteck. Auch die Fensterlaibungen waren mit Grotesken, die figürlich-mythologische Szenen enthielten, bemalt.

Der weiße Marmorkamin war eine Arbeit Carlo Albaccinis (Rumpf) und auf Erdmannsdorffs Bestellung aus Rom von Baron Reiffenstein geschickt worden. Seine mit Kandelaberreliefs und Widderköpfen geschmückten Pfosten trugen einen Fries mit über Patenen gelegten Girlanden und mit einem Medusenhaupt in der Mitte. Der Aufbau mit eierstabgeschmückter Fascie um die Öffnung und mit dem über den Pfosten verkröpften Fries entsprach dem im Speisesaal (Abb. 222). Er wird der zweite von Erdmannsdorff als »wirklich schön« bezeichnete Kamin sein (vgl. S. 515).

Auch hier zeigen die Fotos die Möblierung der Kammer vor 1918. Zur ursprünglichen Ausstattung gehörte die prächtige, vor der Westwand stehende astronomische Standuhr aus Mahagoni mit vergoldeten Schnitzereien, einem Flötenwerk im Gehäuse und zwei Zifferblättern übereinander, die den Auf- und Untergang der Sonne anzeigten, von Möllinger 1791 in Berlin geschaffen. Stühle und Tische waren ebenfalls zeitgenössisch. Auf dem Kaminsims die Figur eines sitzenden, als Diana gekennzeichneten Mädchens von Antoine Tassaert. Die beiden breiten »brûles parfums« aus rosa Marmor in Urnenform mit Bronzefestons an Kinderköpfen und gegen die Vasenschulter gelehnten Putten sowie die beiden hohen Urnenvasen aus gleichem Material auf dem Kamin, alle im Stil Louis-seize, stammten aus dem Besitz Friedrichs des Großen.

Gegenüber den entsprechenden Räumen Gontards in der Audienzsuite (Abb. 194–198) waren in den Französischen Kammern die klassizistischen Dekorationsformen Erdmannsdorffs straffer und entschiedener. Der glatte, profilierte Wandsockel, die architektonische Türrahmung und die rigorose Rechteckfelderung der Wände, Spiegel und Supraporten, dazu das gerade, hohe Gesims mit aufliegender Flachdecke unter Verzicht auf die der Raumkunst des Rokoko unentbehrliche Voute sowie der dünnlinige, an Adamsche Dekorationen gemahnende Deckenstuck über antikischen Motiven läßt keine Erinnerung an ausklingendes Rokoko oder Louis-seize mehr aufkommen, führt vielmehr die von Erdmannsdorff in Wörlitz entwikkelten frühklassizistischen Dekorationssysteme konsequent fort. Typisch für dieses Vorgehen war, daß er hier mit Johann Christoph Frisch denselben Dekorationsmaler beschäftigte wie dort seit Jahrzehnten.

Wohnung Königin Friederikes

228–231 *Wohnung Königin Friederikes, Pfeilersaal.* 1. Obergeschoß, Raum 679, L. etwa 16,30 m, Br. etwa 9,40 m, H. etwa 6,30 m, Entwurf und Leitung der Ausführung Carl Gotthard Langhans, 1789–91. – Über Portal II lag im ersten Stock der Pfeilersaal, auch »Großer Marmorsaal« (Rumpf) genannt, ein rechteckiger Raum, der sich durch drei große Fenstertüren zum Schloßplatz hin öffnete. Vor den Wandlaibungen der breiten Mittelöffnung standen ionische Doppelsäulen, die den Fensterarchitrav trugen. Diese von Eosander vom Triumphportal Schlüters (Portal I) übernommene Gestalt der Fensteröffnung machte Langhans zum Ausgangspunkt seiner architektonischen Raumausstattung. Die Verglasung des Fensters ordnete die inneren Säulen dem Innenraum zu. Er stellte in den rechteckigen Raum eine oval geführte Ordnung mit acht ionischen Säulen aus grauem Stuckmarmor, deren Gebälk die von Johann Christoph Kimpfel freskierte Decke trug. Das Maß der Ordnung war von den Säulen in der Fensterlaibung übernommen, die, gleichfalls marmoriert und mit eigener Architravsoffitte versehen, in die Raumgestaltung einbezogen und seitlich der großen Tür der inneren Längswand als Halbsäulen wiederholt wurden (Abb. 229).

Die Wände bestanden aus rötlichem Stuckmarmor und waren durch hinter den freistehenden Säulen um eine Wandschicht vorspringende hochrechteckige Felder in drei Abschnitte unterteilt: Die seitlichen faßten Türrahmen aus grauem Stuckmarmor mit Zahnschnittgesims und bekrönenden Attikaaufsätzen, die vor runden Nischen in einem flach zurückspringenden Feld weiße Büsten berühmter Frauen des Altertums trugen. Auf der inneren Längswand nahm der mittlere Abschnitt die große Tür auf, während die der Schmalseiten die Kamine bargen (Abb. 230). Die Kamine selbst bestanden nur aus einem sockelartigen, stuckmarmornen Vorsprung, dessen einziger Schmuck in die Rahmenöffnung gelegte Fascienbündel waren. Diese »Kaminsockel« trugen von kannelierten Pilasterhermen gebildete Ädikulen um Halbrundnischen, in denen auf dorisierenden Sockeln aus kannelierten Pfeilerstümpfen Prachtkratere mit bacchischen Reliefszenen standen. Über den Nischen bronzierte Relieftondi mit Szenen der Weinernte, ihre Rahmung aus Eichenlaubgebinden legte sich zugleich über die Nischenarchivolte.

Die Deckenzwickel zwischen den Saalwänden und dem Gebälkring des Säulenovals füllten ebenfalls in Stuck reliefierte Tondi mit allegorischen Darstellungen der Wissenschaften, wohl nach Langhans' Entwurf von einem Mitarbeiter in Schadows Werkstatt gearbeitet. Der hier abgebildete Tondo zeigt die »Astronomie«, eine jugendliche, antikisch gewandete Frau, die mit dem Zirkel eine Strecke auf dem von einem Atlasknaben getragenen Himmelsglobus mißt, während ihre Linke auf dem nach unten gerichteten Fernrohr ruht (Abb. 231). Über dem Gebälk der Kolonnade lag die flache Decke des Saals auf mit Kimpfels Deckengemälde, das in den Wolken einer illusionistisch gemalten Himmelsöffnung die »Versammlung der olympischen Götter« darstellte.

Kurz nach Erdmannsdorffs Säulensaal (Abb. 214–219) entstanden, bot der Pfeilersaal von Langhans – bei fast gleichen Maßen, analoger Lage und mit entsprechender Funktion – ein bezeichnendes Gegenstück zu diesem. Hatte Erdmannsdorff die Säulenordnung direkt vor die Wand gestellt, ihr zugeordnet und diese als Folie für jene wirken lassen, so trennte Langhans die gerundet geführte Kolonnade von den geraden, rechtwinklig gefügten Wänden und stellte sie frei in den Raum, das zentrierende Oval aus ihm herausgrenzend. Mit der abgestuften Farbigkeit und der unprofilierten Reliefschichtung erhielten die Wände eigenständigen Charakter, indem sie bewußt Ordnungsglieder vermieden und als Träger von Öffnungsarchitekturen und Skulpturenschmuck fungierten. Langhans verwendete das Motiv des in einen rechteckigen Raum eingestellten Säulenovals häufig, Gottfried Schadow nannte es »eine Lieblings-Idee« des Baumeisters. Er hatte es sicherlich während seines Englandaufenthaltes 1775 in dortigen Landhäusern, etwa in Claremont House, Surrey, von Henry Holland (1770–74), als moderne Form der Innenraumgestaltung kennengelernt und hier nun im Festsaal der Königinwohnung als angemessene, in Vitruvs Sinne »iunonische« Dekoration verwendet: Die ionische Ordnung und die Büsten berühmter Frauen aus der römischen Geschichte waren deutlich auf die Königin bezogen.

Abbildung 229 zeigt den Saal in der Möblierung als Vorsaal der Wohnung des Kaiserpaares Wilhelm II., in dem auch kleinere Festlichkeiten stattfanden. Nach der Einrichtung der »Historischen Wohnräume« (nach 1918) blieb der Saal bis auf einige Louis-seize-Stühle unmöbliert, zwei schöne Kronleuchter vom Ende des 18. Jahrhunderts wurden hier aufgehängt.

232 *Wohnung Königin Friederikes, Rote Marmorkammer.* 1. Obergeschoß, Raum 682, L. etwa 9,30 m, Br. etwa 6,90 m, H. etwa 6,30 m, Entwurf und Leitung der Ausführung Carl Gotthard Langhans, 1789–91. – Westlich des Pfeilersaals war dieser Raum über einen Durchgang neben der Fürstentreppe zu erreichen; mit zwei Fenstern lag er zum Schloßplatz hinaus. Hier erscheint er in seiner Einrichtung als Empfangszimmer der Kaiserin Auguste Viktoria in den Jahren 1909–18. Den ursprünglich zur Wohnung Friedrich Wilhelms I. gehörenden Raum gestaltete Langhans zu einem Gesellschaftszimmer der Königin Friederike um, behielt aber die kostbare Verkleidung der Fensterlaibungen, des Paneels und der Türrahmen mit Bayreuther Marmor aus der Böhmeschen Ausstattung bei. Während die Rahmungen aus grauem Marmor bestanden, waren die Füllungen der Paneele und Fensterwände mit rotem Marmor ausgelegt, dem die Kammer den Namen verdankt. Langhans ließ die Wände mit einem blaßgrünen, mit rötlichen Girlanden durchwirkten Atlasstoff aus der Berliner Fabrik Girard & Michelet bespannen und über den Türen bekrönende Gesimse und Wandfelder aus grauem Stuckmarmor bilden, in denen als Supraporten halbrunde Nischenkalotten zur Aufnahme gipsmarmorner Amphoren eingeschnitten waren. Das Gesims mit dem gewellten Blattfries behielt er bei und ließ die Decke in einem Kassettenmuster von Johann Christoph Kimpfel bemalen.

Bei Einrichtung der Wohnung Auguste Viktorias ersetzte man Kimpfels Deckenmalerei durch eine Nachahmung der Decke des anschließenden Gesellschaftszimmers (Abb. 233b), die weiß gestrichenen Türflügel durch solche aus Nußbaum und öffnete in der Rückwand eine Tür zum dahinter neu eingerichteten Speisezimmer. 1909 brach man zum westlich anschließenden Gesellschaftszimmer die zweite, innere Tür an der Stelle des Kamins durch, der nun auf die Mitte der Westwand versetzt wurde. Er bestand aus Bayreuther Marmor. Der Spiegel darüber erhielt, wie der am Fensterpfeiler, eine Rahmung und Bekrönung, die entsprechende Motive aus Gontards Konzertzimmer der Königskammern kopierten.

Durch die mehrfachen Änderungen war die Langhanssche Einrichtung stark verfälscht überkommen, die ihrerseits bereits Ergebnis eines Kompromisses mit zu übernehmenden älteren Ausstattungsteilen gewesen ist. Dennoch hatte sie einheitlichen, strengen und vornehmen Charakter, der durch die Weiterführung der Marmorierung in Stuckmarmor, den kargen Schmuck der Türbekrönungen und die durchgehende Kassettierung der Decke im antikisierenden Stil eigener Prägung bestimmt war. Durch das Vervielfachen der Türen und das Kopieren von Motiven aus anderen Zimmereinrichtungen des Schlosses (Spiegelrahmungen, Deckenmalerei) wurde dieser einheitliche Charakter des Raumes zerstört und ein historisierendes Pasticcio hergestellt, das zugleich prächtiger und weniger streng als die Langhanssche Einrichtung wirken sollte.

Über der Chaiselongue hing zur Zeit der Kaiserin die linke Hälfte von Antoine Watteaus »Firmenschild des Gersaint«, dessen rechte Hälfte rechts der Tür als Pendant ausgestellt war. Vor dem Spiegel des Fensterpfeilers stand die verkleinerte Replik einer »Tambourin spielenden Bacchantin« von Antoine Tassaert.

233 a und b *Wohnung Königin Friederikes, Gesellschaftszimmer.* 1. Obergeschoß, Raum 683, L. etwa 8,60 m, Br. etwa 6,90 m, H. etwa 6,30 m, Entwurf und Leitung der Ausführung Carl Gotthard Langhans, 1789–91. – Das Gesellschaftszimmer der Königin lag westlich der Roten Marmorkammer mit zwei Fenstern zum Schloßplatz hinaus. Es war zuvor Konzertzimmer des Kronprinzen Friedrich Wilhelm II. 1888 richtete man hier das Wohnzimmer der Kaiserin Auguste Viktoria ein und behielt von der Langhansschen Ausstattung nur den von Johann Christian Fiedler prächtig eingelegten Parkettfußboden und die von Christian Bernhard Rode gemalte Decke bei. Türen, Täfelungen, Wandbespannungen wurden damals neu gestaltet und die Rodeschen Supraporten aus dem Schlafzimmer Friedrichs des Großen hierher versetzt. 1909 brach man die zweite, innere Tür zur Roten Marmorkammer durch die Ostwand, so daß nun zwei Türen den hier neu gebauten Kamin flankierten. Der Spiegel über dem Kamin erhielt dabei eine Rahmung, die Gontards Spiegelrahmen aus der Gründamastenen Kammer der Königskammern kopierte.

Langhans hatte bei der Ausstattung des Gesellschaftszimmers die Wände mit gelbseidenem Atlasstoff bespannt, von einer blaßgrünen Bordüre mit Blumengirlande gerahmt. Das abschließende, in der Zeit Friedrich Wilhelms I. entstandene Stuckgesims behielt er bei und ließ den darauf mit einer Voute aufsitzenden Plafond von Rode ausmalen. Über der Voute mit bronzierten Vasen in den Ecken und fingierten Bronzereliefmedaillons in der Mitte war ein rechteckiges Feld von einem mäander- und rosettengeschmückten Band abgegrenzt. Darin waren ein großes zentrales Rundbild und vier kleine, in den Ecken liegende Medaillons vor einem kleinteiligen, liliengeschmückten Kassettengrund eingelassen. Das Mittelbild zeigte auf Wolken die Personifikation des Jahres als sitzende, Kränze spendende Göttin, umgeben von den als Putten gebildeten vier Jahreszeiten, während in den Ecktondi die Tageszeiten als Putten dargestellt waren. In den Grisaillemalereien des Voutenfrieses waren nochmals mit fingierten Puttenreliefs ländliche, den Jahreszeiten entsprechende Tätigkeiten geschildert. Diese deutlich noch dem Rokoko verpflichteten allegorischen Deckenbilder gehörten im Reichtum des Kolorits und in der Großzügigkeit der Komposition zu Rodes besten Leistungen. Die Grundaufteilung der Decke wurde in Fiedlers Parkett wiederholt: ein großer, mit Akanthusranken ausgelegter Kreis im Rechteck, das von Quadratmustern und Kreisen in den Ecken umgeben war.

Die auf den Fotos aus der Zeit nach 1918 zu sehenden Sitzmöbel waren Arbeiten von Jean Baptiste Lelarge. An den Wänden hingen in herrlichen Rokoko-Rahmen fünf Damenporträts von Antoine Pesne, auf denen fünf Schwestern Friedrichs II. dargestellt sind: auf der Westwand zum Marmorsaal »Markgräfin Wilhelmine von Bayreuth« (um 1750) mit Buch und Schoßhund, auf der Nordwand links »Königin Ulrike von Schweden« (1744), in der Mitte »Prinzessin Amalie als Amazone« (um 1744) und rechts »Herzogin Philippine Christine von Braunschweig« (um 1744), schließlich »Markgräfin Friederike Luise von Ansbach« (um 1730). Heute befinden sich diese Bildnisse im Schloß Charlottenburg. Der reich bestickte Kaminschirm mit gemalten Ansichten Charlottenburgs entstand Ende des 18. Jahrhunderts, ebenso die englische Uhr von Henry Hardman auf dem Kamin.

234 und 235 *Wohnung Königin Friederikes, Marmorsaal.* 1. Obergeschoß, Raum 684, L. etwa 8 m, Br. etwa 6 m, H. etwa 6,30 m, Entwurf und Leitung der Ausführung Carl Gotthard Langhans, 1789–91. – Der kleine Marmorsaal folgte auf das Gesellschaftszimmer und ging ebenfalls mit zwei Fenstern zum Schloßplatz hinaus. Friedrich Wilhelm II. hatte hier das Schreibzimmer seiner Kronprinzenwohnung, bevor Langhans den Raum für die Königinwohnung durchgreifend umgestalten ließ. 1834–37 benutzte Prinz Wilhelm von Preußen ihn als Schreibzimmer. 1888 wurde er als Schreibzimmer der Kaiserin Auguste Viktoria eingerichtet und nach 1918 für die »Historischen Wohnräume« unter Vereinfachung der Wandgliederung wieder hergerichtet.

Der längsrechteckige Raum erhielt nach Langhans' Plan durch abgeschrägte Ecken die Gestalt eines gestreckten Oktogons. Das Deckengesims verstärkte die zentralisierende Tendenz, indem es, gerundet über Eckkonsolen geführt, kontinuierlich durchlief und so den Eindruck einer ovalen Raumform erweckte. Die weit zur Mitte gezogene Deckenvoute trug über einem Fascienrahmen ein ovaloides Kuppelgewölbe, das in der Deckenmitte eine gerundete Himmelsöffnung illusionierte, so daß Rumpfs Beschreibung des Saales, »welcher oval mit einer Decke in Form einer Kuppel angelegt ist«, den zentralisierten Raumeindruck treffend überliefert.

Über einem Parkettboden standen die völlig mit Stuckmarmor bekleideten Wände auf. Ihr flacher, unprofilierter Sockelstreifen war blaugrau, die übrigen Flächen hellrötlich marmoriert. Die Wandabschnitte in den Ecken und auf der Mitte der Längswände waren leicht vorgezogen, wobei durch eine weitere schwache Abstufung auf der inneren Längswand die Breite des gegenüberliegenden Fensterpfeilers wiederholt wurde. In diese Wandpartien waren zur Aufnahme weißer Marmorstatuetten hohe unprofilierte Halbrundnischen eingeschnitten, lediglich ihre Standflächen waren als Simse auf Konsolen aus weißem Stuck gebildet. Über den Ecknischen waren hochovale, blaugrundige Felder mit gemmenartigen Reliefdarstellungen tanzender Bacchantinnen eingelassen. Schmale, mit einem Akanthusblatt belegte Hakenkonsolen, die in einem Knauf endeten, flankierten seitlich die Ovale, stützten das hier überstehende, kurvig geführte Deckengesims und bildeten die pfeilerartige Funktion der nischenbesetzten Wandfelder ab.

Die gleiche Wirkung erzeugte über den mittleren Partien der Längswände die Verkröpfung der Profile am Deckengesims bis zum Zahnschnitt. Hier waren statt der Ovale friesartige, blaugrundige Reliefs aus Stuck in die marmorierte Fläche über den Nischen eingelassen. Sie fanden in Relieffriesen über der ganzen Breite der Schmalwände ihre Gegenstücke. Die Reliefs waren nach Entwürfen Johann Gottfried Schadows geschaffen und stellten die »Hochzeit von Amor und Psyche«, den »Triumph des Bacchus und der Ariadne«, »Kentaurinnen und Bacchanten« und den »Raub der Sabinerinnen« dar.

Die Schmalwände trugen ursprünglich als Gliederung eine von stegartigen Bändern gerahmte Felderteilung, die auch die Türen aufnahmen. Die seitlichen Flächen der inneren Längswand den Fenstern gegenüber waren rechts mit einer Tür zu dem dahinter liegenden Korridor, links mit einer Blendtür besetzt, über denen halbrunde Tympana mit Maskenreliefs als Supraporten in die Marmorierung eingelassen waren (siehe Abbildung S. 97). Diese Binnengliederungen der rückliegenden Wandpartien wurden anläßlich der Ausstattungen des 19. Jahrhunderts verändert und bei der Wiederherstellung nach 1918 nicht erneuert, wodurch die Erscheinung des Raumes erheblich beeinträchtigt blieb, denn gerade die Schadowschen Friese bedurften des Verbundes mit der Felderteilung. Die Deckenmalereien von Johann Christoph Kimpfel illusionierten auf der Krümmung der Voute eine zum Himmel sich öffnende Rippenkuppel, deren von einem Fascienprofil gerahmte mittlere Öffnung in der ovaloiden Wölbung Apoll auf dem Sonnenwagen zeigte, während auf den Wolkenbänken zwischen den Rippen die Tierkreiszeichen erschienen und den Sonnengott umgaben.

Von Anbeginn war geplant, in den sechs Wandnischen Statuetten aus weißem Marmor von Antoine Tassaert aufzustellen. Als Sockel hatte Langhans kannelierte Pfeiler- und Säulenstümpfe aus Stuck entworfen. Die Figuren besaßen halbe oder drittel Lebensgröße. Seit 1918 standen hier in der Nische der inneren Längswand die allegorische

Gruppe »Die Liebe der Freundschaft geopfert«, über dem Kamin »Die Liebe von der Hoffnung genährt« und an der Innenwand rechts »Amor auf der Schulter der Venus«. Die Nische am Fensterpfeiler barg »Bacchus mit Traube und Schale«, seitlich der Fenster standen links der laufende »Hippomenes« mit dem Apfel in der Hand und rechts »Atalante«, die im Lauf den Apfel aufhebt. Die Figurengruppen waren verkleinerte Wiederholungen lebensgroßer Werke Tassaerts und stammten aus dem Besitz des Prinzen Heinrich. Hippomenes und Atalante (beide 1784 datiert) hatten ursprünglich nicht hier, sondern im Eckkabinett der Königskammern an der Fensterwand zur Schloßfreiheit gestanden.

Die Marmorstatuen in den Nischen der massigen, unprofilierten Stuckmarmorwände, die Stuckreliefs, das Deckengesims und die gemalten Kuppelrippen erzeugten ursprünglich den Gesamteindruck einer reichen, doch vornehm kühlen Marmorausstattung, die dem Saal zu Recht den Namen gab. Langhans' Lieblingsmotiv, dem rechteckigen Raum ovale Erscheinung zu geben, war deutlich, und die Art der unprofilierten Wandmarmorierung war für seinen Dekorationsstil ebenso typisch. Auch inhaltlich bildete die Ausstattung eine Einheit: Die vier mythologisch-historischen Reliefszenen Schadows verbildlichten die Verschränkung des Themas »Hochzeit« mit »bacchischen Festen« und bildeten gemeinsam mit Tassaerts das Thema »Liebe und Freundschaft« variierenden Marmorallegorien sowie mit den Bacchus- und Venusstatuen in den Wandnischen ein für den kleinen Festsaal der Königinwohnung angemessenes Skulpturenprogramm, über dem in der Deckenmalerei Kimpfels sich der Himmel mit dem Tierkreis und dem Lauf der Sonne wölbte.

Glücklicherweise sind nicht nur Langhans' ursprüngliche Entwürfe für den Saal erhalten, sondern auch Zeugnisse seiner im Lauf der Zeit verschiedenartigen Einrichtungen überliefert. So zeigt Abbildung 235 die Möblierung des Schreibzimmers der Kaiserin Auguste Viktoria. Schwere Teppiche, Fenstervorhänge und teilweise Seidenbespannung der Wände milderten die Kühle der Marmorierung. Üppige Sitzmöbel, Konsoltische, Familienbildnisse und der von Wandschirmen geschützte Schreibtisch machten den zugleich prächtigen wie – für damalige Vorstellungen – intim-wohnlichen Charakter der Einrichtung aus. Nach der Wiederherstellung nach 1918 standen hier Stühle und Sessel von Jean Baptiste Lelarge.

236 a–327 b *Die Hochzeit von Amor und Psyche* und *Triumph des Bacchus und der Ariadne,* blau grundierte Stuckreliefs im Marmorsaal der Wohnung Königin Friederikes, etwa 0,63 x 3,80 m, Entwurf von Johann Gottfried Schadow, 1789. – Als Hofbildhauer hatte Johann Gottfried Schadow, der Ende September 1788 in dieses Amt berufen worden war, auch dem Oberhofbauamt zuzuarbeiten, dessen Direktor Carl Gotthard Langhans die Ausstattung des Marmorsaales der Königinwohnung entwarf. Auf Grundlage der summarischen Angaben zu den Reliefs in dessen Plänen (siehe Abbildungen S. 95f.) entwarf Schadow die Reliefkompositionen und lieferte auch die Zeichnungen, für die er am 19. Dezember 1789 mit 300 Talern bezahlt wurde. Die Ausführung überließ er den Gehilfen seiner Werkstatt.

Das Relief »Armor und Psyche« befand sich an der Wand zum westlich anschließenden Schlafzimmer. Die Szene stellt das Hochzeitsfest aus dem bei Apuleius (Met. 4, 28–6, 24) überlieferten antiken Roman dar: Nach mehrfachen Prüfungen durch die rachsüchtige Venus hat Jupiter auf Amors Bitten der Psyche Unsterblichkeit verliehen und einer dauerhaften Verbindung des Paares zugestimmt. Die Mitte des Bildfeldes nimmt der in Psyches Schoß ruhende Liebesgott ein, dem ein Knabe von rechts eine Weinschale reicht, während von links her Hymen die Szene mit seiner Fackel beleuchtet, eine Anspielung auf die tragische Wendung der Liebesgeschichte. Auf einem Hügel im linken Bildfeld sitzen Jupiter und Juno. Sie sind umgeben von zwei Dreiergruppen. Links stehen Ganymed und zwei Horen sowie eine rosentragende und eine dem Ganymed Nektar bringende junge Frau. Rechts weist Venus als Schwiegermutter das Götterpaar auf das Hochzeitspaar hin, während Vulkan dem Merkur begegnet, dessen Aufgabe es gewesen war, Psyche in den Götterhimmel einzuführen. Auf der anderen Hälfte des Bildfeldes gruppieren sich weitere Horen und bacchisches Gefolge in strenger Reihung, daran schließen die drei Grazien an sowie Bacchus und Pan mit der Syrinx. Den Abschluß bildet rechts die Sitzgruppe von Herkules mit Omphale und Mars in der Ecke. Wie auch bei den übrigen Reliefs dieses Raumes sind die Figuren weiß vor blau getöntem Grund gegeben, sicher eine Anspielung auf Wedgewood-Reliefs. Gemmenhaft knapp tritt der Umriß der Einzelfigur hervor, die Gewänder liegen flach und linear an. Es ist eine streng rhythmisierte, mäßig bewegte Entwicklung der friesartigen Komposition in Zweier-, Dreier- und Vierergruppen erkennbar, ihre Motive sind der antiken Kleinplastik, vornehmlich der Relief- und Gemmenkunst entlehnt.

An der Wand zum Gesellschaftszimmer befand sich das Relief »Bacchus und Ariadne«: Bacchus erhebt die von Theseus auf Naxos verlassene Ariadne zu seiner Gattin und fährt mit ihr im Triumph durchs Land. Zwei Panther ziehen den Wagen, in dem das Paar sitzt. Putten umgeben das Gespann, Amor zielt mit Pfeil und Bogen auf Ariadne, dies als Hinweis darauf zu verstehen, daß die dem verlorenen Geliebten nachtrauernde Ariadne an Bacchus' Seite neues Glück finden wird. Ausgelassen vergnügt sich im Zug das bacchische Gefolge: Trunkene Satyrn und Mänaden tanzen und musizieren, Silen folgt auf seinem Esel, Kentauren ziehen lärmend voran. Die Komposition reiht die Figuren in kleinen Gruppen locker aneinander und bildet einen einheitlichen Bewegungszug von links nach rechts. Wenige Verschränkungen im Figurenaufbau bringen die für das Bildthema erforderliche Bewegtheit zustande. Die wechselnd in Frontal-, Rücken- und Seitenansicht gegebenen, zumeist nackten Figuren wirken in der Proportionierung weniger antikisch als die eher statuarisch aufgefaßten Göttergestalten in der »Hochzeit von Amor und Psyche«, obwohl auch hier viele Motive der antiken Plastik, vor allem aus bacchischen Sarkophagreliefs, aber auch Vorbild der Hochrenaissancekunst übernommen sind.

Die beiden anderen Reliefs dieses Raumes waren über der Nische am Fensterpfeiler »Ein Spiel von Kentaurinnen und Bacchanten« und – gegenüber – »Der Raub der Sabinerinnen«. Zu letzterer Komposition ist die Vorzeichnung Schadows erhalten, so daß das Verhältnis von Entwurf und Ausführung genauer bezeichnet werden kann. Die Vorlage ist exakt ins Relief übertragen, doch wurden den nackten Figuren der Zeichnung im Relief Gewandstücke etwas geziert hinzugefügt. Der Stil der Modellierung mit gelängten Figurenproportionen, dünnen Gliedmaßen und grazilen Bewegungen weist auf die gleichzeitige französische Zierplastik (Mackowsky).

Fritz-Eugen Keller

Die Wohnung König Friedrich Wilhelms IV. und Kaiser Wilhelms II. (»Historische Wohnräume«), die Hohenzollern-Wohnung, Gästeappartements, Hausbibliothek und Staatsrats-Räume

Die Wohnung Friedrich Wilhelms IV.

Nach dem Sturz der Monarchie Ende des Jahres 1918 hatte die vom Preußischen Staat gegründete Verwaltung der Staatlichen Schlösser und Gärten seit Ostern 1926 die Wohnungen Kaiser Wilhelms II. und der Kaiserin Auguste Viktoria der Öffentlichkeit als »Historische Wohnräume« zugänglich gemacht. Die kaiserliche Wohnung umfaßte die Zimmer im Mittelgeschoß von der »Wendeltreppe« bis über den größten Teil des Schloßplatzflügels. In einem Teil dieser Raumreihe hatten ehedem Friedrich der Große und Friedrich Wilhelm IV. gewohnt, in einem anderen Königin Friederike Luise, die Gemahlin Friedrich Wilhelms II. Die Führungen in den Historischen Wohnräumen fingen bei der Wendeltreppe an. Im Gegensatz dazu hatten die Wohnungen der Könige und des Kaisers ihre Eingänge am anderen Ende der Raumreihe und bei der Wendeltreppe nur Nebeneingänge, gewissermaßen Hintertüren. Die Schlösserverwaltung wollte aber mit der Erasmus-Kapelle beginnen, dem größten Rest des Joachim-Baues, den sie eigens für die Führungen restauriert hatte.

Wir folgen in unserer Dokumentation dieser Disposition der Schlösserverwaltung von einst, mit der einen Ausnahme, daß wir von den Zimmern der Kaiserin diejenigen zum Schloßplatz hinaus, in denen viel von der Einrichtung für Königin Friederike Luise erhalten war – Einrichtungen nach dem Entwurf von Langhans –, den Königskammern zugeordnet haben (Abb. 228–237), damit die Gesamtheit der Suiten König Friedrich Wilhelms II. und seiner Gemahlin so auch als das erscheinen, was sie waren, nämlich die bedeutendste Inneneinrichtung des deutschen Frühklassizismus.

Die Wohnung Friedrichs des Großen, von der nur zwei vereinzelte Räume erhalten waren, haben wir in einem besonderen Textkapitel dargestellt (vgl. S. 96ff.). Die Fotos reihen wir so ein, wie die beiden Zimmer in den Wohnungen Friedrich Wilhelms IV. beziehungsweise Kaiser Wilhelms II. lagen und geben dort dazu die nötigsten Erläuterungen.

Die Wohnung Friedrich Wilhelms IV. hatte ihren Eingang beim Saal über Portal I und reichte bis ins Herzogin-Haus und an die Wendeltreppe. Friedrich Wilhelm hatte die Wohnung schon als Kronprinz erhalten, als er heiratete; er hat sie sich 1824–26 von Schinkel ausstatten lassen. Von einer Suite alten Stils unterschied sie sich vor allem dadurch, daß der König seine Staatszimmer mit seiner Gemahlin Elisabeth von Bayern teilte, was der Wohnung etwas Privat-bürgerliches gab. Nach den – sagen wir lieber – Empfangszimmern folgten die privaten Zimmer der Königin, nicht die des Königs.

Friedrich Wilhelm hatte seine Privatzimmer und Räume für die Regierungsgeschäfte im Herzogin-Haus und in der Erasmus-Kapelle. Als Hintereingang konnte die Arkadengalerie (Raum 633) dienen, die von einem oberen Podest der Wendeltreppe zum Herzogin-Haus führte. Die beiden Zimmer 636 und 637 im Herzogin-Haus wurden zusammengefaßt und die Bibliothek darin aufgestellt. Das übrige Zimmer im Herzogin-Haus, Raum 653, war Vortragszimmer.

Die Räume im Herzogin-Haus sind unter Wilhelm II. zu Gästezimmern ausgebaut und in den Jahren nach 1920 der Hausbibliothek zugeschlagen worden. Von deren Einrichtung haben wir Fotos (Abb. 284–286). Man sieht auf den Fotos Stuckdecken aus der Zeit des Großen Kurfürsten über allen drei Zimmern. Friedrich Wilhelm IV. hat diese Decken schonen lassen, obwohl er zwei der Zimmer hatte zusammenlegen lassen: Es muß also ein Unterzug die Dekke seiner Bibliothek geteilt haben, und das Deckenmuster war zu dessen beiden Seiten verschieden. Man glaubte damals, daß die Stuckdecken noch diejenigen der Erbauungszeit dieser alten Schloßteile seien, und so wurden sie aus romantischem Gefühl für das Altertümliche dieser winkligen Gebäude respektiert.

Vom Vortragszimmer ging eine kurze Treppe hinunter in den Grünen Hut, in des Königs Schlafzimmer (Raum 652). Auch von diesem haben wir ein Foto aus der Zeit, als es von der Hausbibliothek eingenommen war (Abb. 287). Das Schlafzimmer war durch einen Korridor im dicken Gemäuer, Raum 650, und über noch einige Stufen hinab sowohl mit den Vorzimmern als auch mit dem Arbeitszimmer verbunden. Die Vorzimmer, Raum 651 und 643, waren damals beide noch nicht unterteilt. Vor ihnen befand sich der gewöhnliche Eingang von der Hofgalerie her, wieder über die Wendeltreppe zu erreichen. Wer in amtlichen Geschäften zum König bestellt war, betrat seine Räume geradeso wie zuletzt die Teilnehmer an den Führungen durch die Historischen Wohnräume: Von der Wendeltreppe ging es hinaus auf die erste Hofgalerie, von dort in ein Anmeldezimmer, Raum 643, und von da in die einstige Erasmus-Kapelle, das Empfangs- und Arbeitszimmer des Königs.

238–239 *Wohnung König Friedrich Wilhelms IV., Erasmus-Kapelle.* 1. Obergeschoß, L. etwa 23 m, Br. etwa 14 m, H. etwa 6,25 m (vor Unterteilung in zwei Geschosse 13,17 m). – Die Erasmus-Kapelle ist die Schloßkapelle schon Kurfürst Friedrichs II., des Schloßgründers, gewesen (vgl. S. 18). Den Fußboden der ersten Kapelle hat Geyer unter demjenigen der späteren ergraben. Beim Bau Kurfürst Joachims II. wurde die Kapelle wie der ganze Altbau umgestaltet. Auf unseren Abbildungen blickt man aus Emporenhöhe in die Gewölbe; Friedrich der Große hat 1742 den Kapellenraum in Höhe der Emporen durch eine Balkendecke unterteilen lassen. Dabei sind die Emporen herausgebrochen worden, so daß man von ihnen keine rechte Vorstellung hat. Die Gemeinde-Empore bildete entlang den Wänden des quer zum Chor liegenden Gemeinderaumes ein Hufeisen, das vielleicht die beiden Gewölbestützen nicht berührte, so daß diese frei vom Erdboden an aufstiegen. Die Empore des Kurfürsten dürfte linker Hand an der Chorwand angebaut gewesen sein, wo sich hinter der Ecke zum Gemeinderaum eine Wendeltreppe befand. Der etwas außermittige Anschluß des Chors an den Gemeinderaum, den man nicht nur im Grundriß, sondern auch auf Abbildung 238 an der Versetzung in der Reihe der Gewölbeschlußsteine sieht, mag durch die kurfürstliche Empore bedingt gewesen sein.

Wie die Steinmetzen am Äußeren des Joachimschen Schlosses spätgotische Vorhangbogenfenster mit Dekor und Arkaden der Frührenaissance gemischt hatten, hatte hier in der Kapelle der Baumeister ein Rippengewölbe in typischen Formen der böhmisch-sächsischen Spätgotik mit flachen Gurtbögen hinterlegt, auf denen Renaissance-Ornamentik ausgebreitet war. Der aufmerksame Beobachter wird bemerken, daß diese Renaissancegurte zwar im Grundriß nicht geschweift waren wie die Rippen, aber im übrigen genau wie diese in verschiedenen Kreissegmenten verwendet waren, statt in klaren Halbkreisen der Renaissance, und auch in spätgotischer Weise unvermittelt in Pfeiler und Wände einschnitten, wo sie nicht von Wappen aufgefangen wurden. Ein besonderer Stolz der spätgotischen Meister waren »fliegende« Rippen, die von der Gewölbefläche abgelöst frei durch den Raum fahren. Sie waren hier, jeweils in Paaren, entlang der Linie angebracht, die den Gemeinderaum in dessen Breite teilte und über die beiden frei eingestellten Säulen verlief.

Am Eingang des Chors traten beiderseits Wandpfeiler vor. Der Architekt hat die Säulen im Gemeinderaum aber noch enger gestellt, als diese Wandpfeiler zusammentraten. Die von den Säulen auf den Chor zuschwingenden Gurte wurden von großen Konsolen aufgefangen, die als Wappen gebildet waren. Das kursächsische Wappen auf der einen Seite erklärt sich daher, daß Joachim II. in erster Ehe mit einer sächsischen Prinzessin verheiratet war. Gegenüber war das preußische Wappen angebracht mit einem großen S darin, weil Joachim in Preußen Lehnsmann des polnischen Königs Sigismund war – Kurfürst Joachims zweite Gemahlin, die polnische Königstochter Hedwig, wird auf solche Formen sicherlich Wert gelegt haben.

Der Architekt hat dem Chorgewölbe die gleiche Höhe und Krümmung gegeben wie demjenigen über dem Gemeinderaum, wo die Achsabstände aber enger waren als der Chor, dessen Wände gegenüber den schon weiter gestellten Wandpfeilern an seinem Eingang nochmals zurücktraten. Dadurch erreichte der Architekt, daß die Rippen an den Chorwänden viel tiefer hinabreichten als im Gemeinderaum. So wurde der Blick hinunter zum Altar gelenkt, der ja ein volles Geschoß tiefer nur auf ein paar Stufen stand.

Diese Kapelle war also die Privatkapelle Joachims II. oder eher diejenige der Kurfürstin; denn für größere Anlässe hatte der Kurfürst ja die Dom- und Schloßkirche eingerichtet (vgl. S. 21). Vermutlich hat Hedwig von Polen, die katholisch blieb, als Joachim zur Reformation übertrat, hier weiter katholischen Gottesdienst gehalten. Als später Kurfürst Sigismund zum Calvinismus übertrat (1613), behielt die lutherisch bleibende Kurfürstin wiederum die Erasmus-Kapelle für ihren abweichenden Gottesdienst; um sie scharte sich der lutherisch bleibende Teil des Hofes. Später diente die Kapelle nicht mehr zu Gottesdiensten, aber noch der feierlichen Aufbahrung der Kurfürsten und ihrer Gemahlinnen. Noch die erste Königin ist hier 1705 aufgebahrt worden. Ihr Enkel, Friedrich der Große, baute in der Kapelle Nebenräume und Dienerschaftszimmer in drei Geschossen ein, dazu eine hölzerne Treppe als inoffiziellen Zugang zu seiner Wohnung.

Friedrich Wilhelm IV. ließ sich im oberen Geschoß des Chors unter den schönen Gewölben sein Schreib- und Arbeitszimmer einrichten, im oberen Teil des Gemeinderaumes eine »Halle«, wo Besucher in Staatsgeschäften empfangen wurden oder warteten, zu ihm hineingerufen zu werden. Die Einrichtung dieser Zimmer hatte Schinkel neugotisch besorgen müssen. Leider ließ Kaiser Wilhelm II. hier Gastzimmer ausbauen; von Schinkels Einrichtung sind nur noch Möbel übrig. Auf einem Aquarell von Hintze sieht man das Arbeitszimmer (siehe Abbildung S. 122): Eine Vergitterung aus schmalen hölzernen Bögen über Sockelschränken teilt ganz zart das Rund der Apsis ab; die Sockelschränke ziehen sich an der Innenwand entlang, überall stehen große und kleine Kunstgegenstände darauf. Darüber ist die Wand mit Gemälden bedeckt. Die Fenster fassen in ihrem oberen Rund Reste mittelalterlicher Glasbilder. Das Kanapee am Fensterpfeiler ist von Rollen bedeckt, von allen Seiten lehnen Mappen daran, gewiß voller Kupferstiche und Baupläne. Dahinter in der Fensternische ein Schreib- und Leseplatz. In der Mitte ein Schreibtisch, ebenfalls mit Papieren und Büchern bedeckt. Der Fußboden ist mit einem Webteppich bespannt. Auch durch die nur sitzhohen Fensterbrüstungen wird das Wohnen hier nobel und leicht wie schwebend. Der Blick fällt durch das vordere Fenster hinab zum Großen Kurfürsten auf der Langen Brücke. Zwischen dem Arbeitszimmer und dem Vorzimmer war der Bogen durch eine Wand geschlossen. Das Vorzimmer wurde durch die beiden frei darin stehenden Säulen zur Halle. Ein Foto der Jahrhundertwende zeigt sie als Salon einer Gästewohnung Kaiser Wilhelms II.: ein schwerer Kamin nach mittelalterlicher Art, dicke Orientteppiche – wie anders ist doch die späthistoristische Stimmung.

Die Schlösserverwaltung stellte schließlich in den Jahren nach 1920 die denkmalpflegerische Fassung der Kapelle her, die auf unseren Abbildungen dokumentiert ist: die Erasmus-Kapelle in halber Höhe, aber als Kapellenraum ausgestattet mit einem Altarbild, das Kurfürst Friedrich I., der noch mehr Franke als Märker war, der Pfarrkirche in Kadolzburg bei Nürnberg gestiftet hatte (heute im Jagdschloß Grunewald); das Parkett ist von 1893, die Vergoldung der Gurte und die Farben der Schlußsteine von 1826, der weiße Wandanstrich und die falschen Säulenbasen von 1926. Schließlich wurden in diesen Eingangsraum der Historischen Wohnräume die Staatsporträts der brandenburgischen Kurfürsten gehängt, die vorher in der Kugelkammer waren (Abb. 171).

Das anschließende Schlafzimmer der Königin Elisabeth (Raum 646) haben wir nicht dokumentiert. Sein eckiger Erker in Formen der Neurenaissance ist aber auf den Abbildungen 8 und 9 am Außenbau zu sehen. Der Erker gehörte nicht zu dem Ausbau durch Schinkel, sondern scheint 1858 durch Stüler und Schadow angebaut zu sein.

240–241 *Wohnung König Friedrich Wilhelms IV., Schreibzimmer Königin Elisabeths (ehem. Schreibzimmer Friedrichs des Großen).* 1. Obergeschoß, Raum 648, Dm. 6,73, H. 6,59 m. – Friedrich Wilhelm IV. hat das Schreibzimmer Friedrichs des Großen als einzigen von dessen Räumen in seine Wohnung einbezogen und bestehen lassen; seine Gemahlin benutzte es wieder als Schreibzimmer. Es wurde nur blau statt grün zwischen den vergoldeten Zieraten gestrichen und so gewissermaßen zu einem Neurokoko-Raum gemacht. Unter Kaiser Wilhelm II. wurde 1893 auch hier ein Gästeschlafzimmer eingerichtet, mit dem Neurokoko-Mobiliar, das auf der Abbildung 240 zu sehen ist. Die Schlösserverwaltung setzte hier 1926 wieder das Bild der Tänzerin Barberina von Pesne ein (Abb. 241), das Friedrich Wilhelm IV. hatte entfernen lassen; man mußte freilich mit einem neuen Rahmen vorliebnehmen. Auch wurde das Zimmer nun wieder grün gestrichen und ein originaler Schreibtisch Friedrichs des Großen hineingestellt.

242 *Wohnung König Friedrich Wilhelms IV., Wohnzimmer Königin Elisabeths.* 1. Obergeschoß, Raum 658, L. 11,75 m, Br. 6,50 m (ohne Erker), H. 6,75 m, Dm. des Erkers 4 m. – Das Erkerzimmer mit dem Erker zur Langen Brücke war das Wohnzimmer der Königin Elisabeth. Diesen Raum und die drei folgenden Zimmer hat Friedrich Wilhelm IV. als Kronprinz 1824–27 von Schinkel ganz neu einrichten lassen, alle vier in klassizistischem Stil. Sie hatten sämtlich in der Wohnung Kaiser Wilhelms II. untergeordneten Zwecken gedient und waren unverändert geblieben. Schloßbaumeister Albert Geyer schreibt im »Führer durch die Historischen Wohnräume« 1926: »Einem Aquarell des Raumes von Schinkel entsprechend ist das Zimmer mit den alten noch vorhandenen Möbeln und Ausstattungsstücken, der Lichterkrone, der Ampel im Erker, den zwei in Bronze hergestellten auf dem Fußboden stehenden Kinderfiguren von Rauch, mit den weißen Musselin-Vorhängen, dem Schmuck an Blumen und Pflanzen usw., sowie dem reichen Bilderschmuck aus damaliger Zeit ausgestattet... Die Wände hatten saftgrüne Seidenbespannung... Die ... Bilder über dem Sofa an der Ostwand sind dieselben wie zur Zeit der ersten Einrichtung des Zimmers, darunter rechts unten Schinkel: Entwurf einer Ruhmeshalle auf dem Kreuzberg bei Berlin... Vor dem Mittelfenster im Erkerraum steht die Büste des Kronprinzen von Rauch (1823); auf dem Glasschrank in der Ecke die Büste der Kronprinzessin von Tieck (1824) und auf dem dazugehörigen Postament die Büste der Prinzessin Charlotte, der späteren Kaiserin von Rußland, ebenfalls von Rauch. Kaiser Wilhelm II. benutzte den Raum besonders als ›türkisches Zimmer‹ zur Unterbringung der ihm vom türkischen Sultan gemachten Geschenke sowie der von seiner Orientreise mitgebrachten Gegenstände, Waffen und gewerblichen Kunstarbeiten aller Art.«

Die Bilder, die Geyer nicht nennt, waren links neben den Fenstern oben eine Kopie nach Raffaels »Madonna del Granducca«, an der Wand rechts oben: von Schack nach Claude Lorrain »Acis und Galathea« (um 1818); Jean Barthélemy Pascal nach Claude Lorrain »Landschaft« (1810); von Schack nach Claude Lorrain »Landschaft«, unten: Caspar David Friedrich »Kreuz im Riesengebirge« (1811),

Vorzimmer zum Arbeitszimmer König Friedrich Wilhelms IV. in der ehem. Erasmus-Kapelle, Einrichtung von 1893

»Mönch am Meer« (1809–10) und »Abtei im Eichwald« (1809–10). Hinzugesetzt sei noch, daß der Kronprinz und Schinkel die gewölbte Form der barocken Putzdecke belassen haben und auch das barocke Deckengesims. An der Erkerdecke befand sich sogar noch ein barockes Gemälde, das wir nicht dokumentieren.

243–245 *Wohnung König Friedrich Wilhelms IV., Teesalon Königin Elisabeths.* 1. Obergeschoß, Raum 659, L. etwa 11,40 m, Br. etwa 10,50 m, H. etwa 6,25 m. – Der Teesalon der Königin Elisabeth oder das große Wohnzimmer war nach einer Skizze des Kronprinzen Friedrich Wilhelm (IV.) von Schinkel entworfen und ausgeführt. Die Raumidee des Kronprinzen war die, daß eine große halbrunde Polsterbank, eine Exedra, wie sie ein zeitgenössisches Aquarell zeigt, die innere Hälfte des Zimmers ausfüllen sollte. Diese Bank hatte ungefähr schulterhohe Rückwände und schloß an das mannshohe hölzerne Paneel des Zimmers an, wie es auf der Abbildung noch erhalten ist (die Bank war veräußert worden). Der Raum hatte durch diese Bank etwas von der Wirkung eines Außenraumes, was durch Pflanzenschmuck noch verstärkt wurde. Die Wandgliederung aus Stuckmarmor machte das Zimmer zu einem Architekturraum, in den das Holzpaneel einbezogen war. Die Decke war als Sonnensegel (Velarium) gemalt.

Auf den Paneelpfeilern trugen Puttenpärchen, immer ein kleiner Junge und ein Mädchen, Gesimsplatten, auf

Der Teesalon Königin Elisabeths,
Aquarell von Louise Piepenhagen, 1853

denen antikische Figuren, von Christian Friedrich Tieck modelliert, angebracht waren, auf Abbildung 243 von links nach rechts: Odysseus, Iphigenie, Achill, Omphale (mit Keule und Löwenhaut des Herakles), Elektra, Hippolyte, Herakles. Die weiteren zum Zyklus gehörigen Figuren waren Psyche, Amor, Demeter, Proserpina, Theseus, Ariadne, Bacchus, Kassandra. Bei dem Versuch, die Figuren anhand alter Schloßführer zu identifizieren, stellt man fest, daß, wie so oft in der Denkmalpflege, auch hier Besserwisserei am Werke gewesen ist. Die Figuren sind zum Teil später umgestellt worden: So sind die beiden Figuren in der Ecke, auf dem Aquarell Psyche und Amor, auf Abbildung 243 ersetzt durch Omphale und Elektra.

Die Rundgemälde darüber, von den Malern Carl Wilhelm Kolbe, Julius Schoppe, Heinrich Anton Dähling und Hermann Stilke, zeigten, soweit von Abbildung 243 erfaßt von links nach rechts: Aphrodite, die Schaumgeborene, auf ihrem von Seepferden gezogenen Wagen (Kolbe); Perseus, die Andromeda errettend (Schoppe); Zeus in Gestalt eines Stieres die Europa entführend (Stilke); eine Bacchantin auf einem gefesselten Zentauren; Nymphen, den Hylas in ihre Quelle hinabziehend; Amphitrite auf dem Delphin, der sie dem Poseidon zuführen wird (alle drei von Schoppe). Die ersten drei Bilder sind auf Tafel 244 über dem Kamin größer zu sehen. Unsere Abbildungen 245a und b zeigen die beiden letzten Bilder der Ostwand: Pegasus von den Musen gepflegt (Dähling) und die Amazonenkönigin Penthesilea, wie sie unter dem Schwert des Achill fällt (Kolbe); dieses letzte Bild sieht man auch im Rückblick aus dem folgenden Zimmer (Abb. 246a). Der Vollständigkeit halber sei auch hier das auf den Tafeln nicht erscheinende innerste Bild der Ostwand genannt, Aktäon, wie ihn die Hunde zerreißen (Dähling), und das benachbarte Bild an der Innenwand, eine Kentaurin, mit einem Jüngling die Becken schlagend (Schoppe).

Wenn man an die Barockräume zurückdenkt, ist es lehrreich zu sehen, wie diese Antikendarstellungen nicht mehr fürstlichen Ruhm und Fürstenpflichten besagen sollen, sondern offenbar extreme Situationen und Aspekte allgemeiner Menschlichkeit – die bürgerlichen Ideale, die abstrakter sind als die barocken Allegorien. Die Abstraktheit erscheint in den Gemälden zum Beispiel auch darin, daß die Maler, obwohl sie doch für diesen Raum gemalt haben, auf die Perspektive des Betrachters und auf das Licht von den Fenstern her nicht achteten. Die Penthesilea-Gruppe erhält das Licht vom Fenster rechts, der Maler läßt aber den Schatten nach rechts fallen. Hätte das den Kronprinzen gestört, hätte er gewiß das Bild zurückgewiesen: Man abstrahierte bei der Betrachtung schon ganz selbstverständlich von sich selbst und seiner räumlichen Situation.

Max Schasler hat in seinem katalogähnlichen Werk »Berlins Kunstschätze« dem Teesalon eine interessante Würdigung beigefügt: »Das ganze Arrangement, namentlich auch die ringsumherlaufenden Spinden und Konsolen, sowie der halbrunde Divan, welcher fast die ganze Breite der Rückwand einnimmt, endlich die mythologischen Wandmalereien, geben dem Gemach einen, gegenüber unserer modernen Architektur fremdartigen, durchweg rein künstlerischen Charakter, der von überraschender Wirkung ist.«

Friedrich Wilhelm IV. hielt hier als Kronprinz und auch noch als König seine berühmten Teeabende – »zu denen bedeutende Männer ohne Rücksicht auf Rang und Stand zur Wechselrede und zu behaglichem Beisammensein hinzugezogen wurden«, wie Albert Geyer sich ausdrückt. Dabei saß man denn im Kreise in der großen runden Bank und auf den Stühlen, die auf der Abbildung zu sehen sind, um einen runden Tisch. Friedrich Wilhelm IV. verkehrte besonders gern mit Gelehrten und Künstlern, Leuten, die weder adlig waren noch im Generalsrang standen, ungewöhnliche Gesellschaft für einen preußischen König.

246a *Wohnung König Friedrich Wilhelms IV., Speisezimmer.* 1. Obergeschoß, Raum 662, L. etwa 8,50 m, Br. etwa 7 m, H. etwa 6,75 m. – Das Speisezimmer König Friedrich Wilhelms IV., von Schinkel entworfen, nahm nicht wie der Teesalon (Abb. 243–245) die ganze Tiefe des Schloßflügels ein; dahinter lagen zum Hof zwei Kabinette. Die Wände waren hier im Speisezimmer mit roter Seide bespannt, die in vergoldete Holzleisten mit ebensolchem Eckzierat aus Zinkguß gefaßt war. Die durchbrochene Türkrönung aus vergoldetem Zinkguß, unter der die rote Seide den Fond machte, war von köstlichster Eleganz. Auch das weiße Gesims mit dem Palmettenfries war von Schinkel, die Decke ganz weiß wie im Eckzimmer. Die berühmten Bilder von Karl Blechen, die man auf der Abbildung sieht, gehörten nicht zur ursprünglichen Ausstattung; es waren rechts neben der Tür »Villa d'Este in Tivoli«, links neben der Tür »Golf von La Spezia«, darunter »Aufstieg nach Narni«, links neben dem Kamin hing oben August Wilhelm Schirmers Gemälde »Blick von den Kaiserpalästen auf Rom«. Der Kamin war samt Kachelofenaufsatz wilhelminisch. Kaiser Wilhelm II. diente das Zimmer als Aufenthalts- und Arbeitsraum der Adjutanten.

246b–247 *Wohnung König Friedrich Wilhelm IV., Sternsaal.* 1. Obergeschoß, Raum 666, L. 16 m, Br. 11,50 m, H. 6,75 m. – Da der an das Speisezimmer (Abb. 246a) anschließende Raum, der Sternsaal, wieder ein großer Architekturraum war, kann man in der Disposition der Suite einen Wechsel der größeren Architekturräume mit kleineren Zimmern mit Stoffbespannung als planvoll erkennen, der sich, wenn man so will, noch weiter fortsetzte; denn auf das Eckzimmer folgte der holzgetäfelte runde Rokoko-Raum und dann wieder ein mit Stoff ausgeschlagenes Zimmer.

Der Sternsaal war ganz in Weiß und Gold gehalten (Abb. 247), die Türblätter völlig übergoldet, bei der Treppenhaustür auch der Rahmen und die flache Supraporte darüber mit dem riesigen Adler. Im Gesims und auf dem Kronleuchter wiederholten sich die Adler kleiner. Die barocke Komposition der Treppenhaustür zwischen den Säulen wirkte in Schinkels Detaillierung befremdend maßstablos. Die Gliederung der Decke, die auch für ein Damast-Tafeltuch passen würde, erweist sich bei genauerem Nachdenken als abstrakt gewordener barocker Illusionismus: Die Borte ist eine nur nicht perspektivisch gegebene Brüstung auf dem Hauptgesims des Saals, der sich gegen den Himmel öffnet. Schinkel hatte in den barocken Raumkasten einen seiner glänzendsten klassizistischen Räume einzukomponieren vermocht; die Kontinuität, mit der er barocke Formen weiterbilden und so weiterführen konnte, kam im Sternsaal klar zum Ausdruck.

Hier im Sternsaal nahm der König Wachtmeldungen und dergleichen militärische Formalien wahr, gab offizielle Audienzen, hier haben in den Revolutionstagen von 1848 die Generäle und Minister dem König aufgewartet. Kaiser Wilhelm II. benutzte ihn als »Fahnensaal« (siehe weiter unten).

Die kaiserliche Wohnung

Von den drei Hohenzollern-Kaisern hat nur der letzte, Wilhelm II., im Schloß gewohnt. Seine Wohnung begann am Sternsaal über Portal I und erstreckte sich von da bis an die Ecke der Freiheit. Die nächsten Zimmer bis an den Pfeilersaal über Portal II waren zu Friedrich Wilhelms IV. Zeit Adjutantenzimmer und Raumreserve gewesen; zu Wilhelms II. Zeit waren umgekehrt das Speisezimmer Friedrich Wilhelms IV., der Teesalon und so weiter Adjutantenzimmer und Raumreserve der kaiserlichen Wohnung. Offizieller Eingang war der Sternsaal, nunmehr der »Fahnensaal«. An diesen schlossen sich die Regierungs- und Privaträume des Kaisers: Empfangs-, Arbeits-, Vortragszimmer zum Schloßplatz hinaus (Räume 668–670), Schlafzimmer und Garderobe zum kleinen Schloßhof (Räume 671–675). Dann folgten die Räume der Kaiserin, beginnend mit dem Pfeilersaal (Raum 679), erschlossen durch Portal II und die Marmortreppe und ein Vorzimmer (Raum 678) oder durch eine Nebentreppe, die Fürstentreppe, ebenfalls von Portal II herauf. Am Schloßplatz lagen Empfangszimmer, Wohnzimmer, Schreibzimmer und Schlafzimmer der Kaiserin (Räume 682–695), deren

Darstellung im einzelnen der Leser im Anschluß an die Königskammern findet (Abb. 228–237), weil die Einrichtung im wesentlichen noch frühklassizistisch war. Zum Großen Schloßhof hinaus lagen das kaiserliche Speisezimmer und die Bibliothek (Räume 696, 697) sowie hinter Dienerschaftszimmern noch das große Ankleidezimmer des Kaisers (Raum 691); als Privattreppe konnte die Hohenzollerntreppe in der Ecke des Großen Schloßhofes dienen, die mit einem Aufzug versehen worden war.

Abbildung 246 b (siehe auch Text weiter oben) zeigt den Sternsaal als Fahnensaal des Kaisers. »Bei der Einrichtung der kaiserlichen Wohnung 1888 wurden die Wandflächen zwischen den Pilastern über dem Sockel mit rotem Seidenstoff bespannt, namentlich um geeignete Plätze zum Aufhängen von Bildern zu schaffen, sonst blieb der Saal unverändert in seiner Schinkelschen Form«, so Albert Geyer. Unsere Abbildung zeigt den Raum mit dieser Ausspannung. Rechter Hand die Fahnen und Standarten der Berliner Garnison, die vor Paraden mit militärischem Gepränge eingeholt wurden. An den Wänden sind große Marinebilder gehängt: »Im Stillen Ozean« von Carl Saltzmann und »Die Eröffnung des Kaiser-Wilhelm-Kanals« (heutigen Nord-Ostseekanals) von Haf Lillén. Auf Tischen stehen in Vitrinen silberne Schiffsmodelle, die wir nicht benennen können, weil immer die neusten Schiffe der Kriegsflotte aufgestellt, die älteren wieder beiseitegesetzt wurden. Als die Einrichtung ganz neu war, werden die Kriegsschiffe »Irene«, »Oldenburg« und »Greif« genannt, später die Kreuzerkorvette »Kaiserin Augusta«, die Panzerschiffe »Wörth«, »Beowulf«, »Preußen«, der Aviso »Hela«, der Aviso »Hohenzollern«. Der Kaiser liebte seine Flotte und stand mit ganzem Herzen hinter der Flottenpolitik, die soviel zum Unglück des Ersten Weltkriegs beigetragen hat.

248–251 *Kaiserliche Wohnung, Empfangszimmer Kaiser Wilhelms II.* 1. Obergeschoß, Raum 668, L. etwa 8 m, Br. etwa 7 m, H. etwa 6,75 m. – Das Empfangszimmer des Kaisers war Audienzzimmer Friedrichs des Großen gewesen und eines der beiden mehr oder weniger erhaltenen Zimmer des Ausbaues seiner Wohnung im Schloß (vgl. S. 70). Das Deckengesims war noch vom Ausbau Schlüters für den ersten König erhalten, Decke, Türen, Sockelpaneel und Supraporten waren friderizianisch. Der Fußboden, die Tapeten und der Kamin waren wilhelminisch; als Tapeten hatte man grüne mit braunen Blumen, eine Art Damast, ausgesucht; die Kaminkrönung hatte Otto Lessing 1888 modelliert.

Die Fotos zu den Abbildungen 248 und 249 scheinen zu verschiedenen Zeitpunkten während der dreißig Jahre aufgenommen zu sein, in denen der Kaiser diese Suite innegehabt hat. Die Tür in der Rückwand ist einmal Tapetentür (Abb. 249), einmal eine kleine Holztür mit Rahmen (Abb. 248); die Vitrine links vom Kamin fehlt auf Abbildung 249. Sonderbar die Ausspannung des Fußbodens mit ungemustertem Samt, auf dem nur in der Mitte unter dem Tisch ein Orientteppich liegt. Die Stühle waren friderizianisch wie der Raum im wesentlichen noch, der Konsoltisch von Johann Michael Hoppenhaupt d.Ä. Den Schreibtisch und die Vitrinen hatte Wilhelms II. Hoflieferant Zwiener passend dazu gearbeitet. Die Supraporten (Abb. 250–251) zeigten spielende Putten, einmal um einen Schild mit dem Haupt der Gorgo beschäftigt, einmal um eine Hermesbüste. Die Gemälde auf Abbildung 249 waren links am Bildrand Georg Wenzeslaus von Knobelsdorffs »Friedrich der Große als Kronprinz«, über dem Kabinettschrank Antoine Pesnes »Elisabeth Christine«, die Gemahlin Friedrichs des Großen, unter dem Kronleuchter Antoine Pesnes »Dietrich von Keyserlingk«, über der Tapetentür Antoine Pesnes »Baron Georg Wenzeslaus von Knobelsdorff« und rechts daneben »General Chasot als Domino« von Pesne. Das Bild rechts der Tür auf Abb. 248, ein Porträt Charles Etienne Jordans von Antoine Pesne, gehört zu der Porträtserie der Jugendfreunde Friedrichs des Großen von etwa 1738 wie die drei vorgenannten Gemälde.

252–253 *Kaiserliche Wohnung, Arbeitszimmer Kaiser Wilhelms II.* 1. Obergeschoß, Raum 669, L. etwa 9 m, Br. etwa 7 m, H. etwa 6,75 m. – Abbildung 252 gibt das Arbeitszimmer Kaiser Wilhelms II., wie es seit 1926 gezeigt wurde, wieder. Es war ehemals von Friedrich dem Großen ebenfalls als solches benutzt worden. Deckengemälde und Deckengesims waren noch diejenigen des Schlüterschen Ausbaues für König Friedrich I.; das Gemälde stellte eine Versammlung der olympischen Götter dar und war von Augustin Terwesten signiert und 1704 datiert. Vertäfelungen und Türen waren friderizianisch, nun grau-grün gestrichen und an den Profilen vergoldet. Die Supraportenreliefs, Kopien friderizianischer Supraporten in Charlottenburg, waren erst 1888 eingebaut worden, ebenso die goldgeprägten Ledertapeten der Firma Hulbe in Hamburg. Der Bücherschrank war derjenige Wilhelms II. und gehörte hierher. Der Schreibtisch in der Mitte des Zimmers hat zu Wilhelms II. Zeit im Adjutantenzimmer (Speisezimmer Friedrich Wilhelms IV.) gestanden; an ihm hat der Kaiser am 1. August 1914 den Mobilmachungsbefehl unterzeichnet. Er war ein Geschenk der Kunstwerkstatt Waring & Gillow in London und samt dem Schreibzeug aus dem Holz der »Victory« hergestellt, des Flaggschiffes Admiral Nelsons in der Schlacht bei Trafalgar, in der er 1805 die vereinigte französische und spanische Flotte vernichtete und selbst den Tod fand. Die übrigen Möbel und die Bilder waren von der Schlösserverwaltung arrangiert, denn der Kaiser hatte nach seiner Abdankung einen Teil seiner Möbel nach Holland nachkommen lassen. Über dem Schrank »Die brandenburgische Flotte« von Lieve Verschuir, 1684; links daneben Ludolf Backhuysens »Leicht bewegte See mit Schiffen«; rechts neben der Tür unten Johann Heinrich Schröders »Königin Luise«.

Vom Arbeitszimmer des Kaisers ist ein Foto etwa vom Anfang unseres Jahrhunderts überkommen (Abb. 253), offenbar aufgenommen während der Saison, zu der der Kaiser es dauernd benutzte (also nicht während des sommerlichen Aufenthaltes im Neuen Palais in Potsdam). Es ist lehrreich, diesen Alltagszustand mit dem Präparat der Schlösserverwaltung von 1926 zu vergleichen. Der Kaiser ist nur eben abwesend; er hat die Lesebrille am oberen Rand der Schreibunterlage auf dem Pult angehängt, damit sie nicht die schräge Fläche hinabrutscht; der Kammerdiener hat die Bleistifte, den Brieföffner, das Lineal und die Papierschere griffbereit zurechtgelegt. Auf dem Pult wie auf dem Schreibtisch beim nächsten Fenster sieht man Gänsefedern stehen – offenbar liebten Majestät es, dies etwas veraltete Schreibgerät zu benutzen.

Auf dem Beistelltisch vorn links liegen Bücher und Akten und spiegeln sich in dem gläsernen Wandschirm, der wie die schweren Vorhänge die Zugluft abhalten soll. Auf dem Boden liegt ein einfacher Strohteppich, nur unter dem Schreibtisch und unter dem Lesesessel mit dem geblümten Polster am Fensterpfeiler liegen Orientteppiche, vermutlich auch, damit es dort nicht zu fußkalt ist. Unter dem Wust persönlichen Kleinkrams fällt auf dem Pult das Foto Kaiser Friedrichs III. auf, denn Wilhelm II. hat seinen Vater bei Lebzeiten gehaßt. Entsprechend steht auf dem Schreibtisch rechts von der Uhr ein Foto von Bismarck in Zivil, an einem Gartentisch sitzend – Wilhelm II. hatte ihn 1890 als Reichskanzler entlassen. Das große Porträt der Kaiserin von Conrad Kiesel (1889) war nach 1918 an seinem Ort geblieben, nicht mit nach Holland gegangen.

Wie die Möbel im Originalzustand stehen und auch ein wenig noch, wie die Schlösserverwaltung sie 1926 aus ihren Möbelbeständen nachgestellt hat, zeigen sie eine eigenartige Wohnweise. Fast provisorisch steht das Mobiliar, so wie eben das beste Licht darauf fällt: das Stehpult etwas schräg gegen die Ecke des Spiegelpfeilers, als wenn der Raum, das Schloß ein Dickicht wäre, in dem man sich irgendwie Platz schafft. Übrigens stehen in der Wiener Hofburg die Möbel Kaiser Franz Josephs ganz ähnlich gegen den Raumsinn zwischen die Enfilade und die Fenster geklemmt.

254–255 *Kaiserliche Wohnung, Vortragszimmer Kaiser Wilhelms II.* 1. Obergeschoß, Raum 670, L. etwa 11,50 m, Br. etwa 7 m, H. etwa 6,25 m. – Das Vortragszimmer Wilhelms II. ist 1888 durch die bekannte Berliner Architektenfirma Kyllmann & Heyden neu eingerichtet worden, wobei Teile des Ausbaues der Zeit Friedrich Wilhelms I. wiederverwendet worden sind; der Entwurf war von Adolph Heyden. Hier hatte 1716 der Ausbau des Großen Schloßhofes den Altbau erreicht; dessen Giebelwand wurde weggebrochen, um aus dem zweiachsigen letzten Zimmer des Altbaues dieses dreifenstrige zu machen. Nach dem Hof zu schloß hier das Quergebäude an, so daß die Kabinette an der Rückwand von dort her kein Licht hatten. In den Bogen beiderseits des Kamins waren daher ursprünglich Glasfenster zur Belichtung der Kabinette, genauso wie im Prinzeß-Marie-Saal darüber (Abbildung S. 501). Das Deckengesims, die Türblätter und -rahmen und einzelne Paneelteile, wie man sie auf Abbildung 255 beiderseits der Kabinettür sieht, waren alt; als Schnitzer wird Charles King genannt. Die Schmalwände waren mit braunrotem Samt bespannt. Das Porträt Friedrich Wilhelms I. von Antoine Pesne war 1926 von der Schlösserverwaltung hier aufgehängt. Abbildung 254 zeigt den Raum zu der Zeit, als der Kaiser ihn noch benutzte, mit Strohteppich und vollgepacktem Tisch. Die Stucke der Deckenkehlung und der Kaminrahmung waren wie die gleichfalls vergoldete Büste Friedrichs des Großen von Ernst Westpfahl 1888 modelliert. Die Rahmung war nach einem Vorbild von Schlüter kopiert. In den Ecken der Deckenvoute hatte man Allegorien der Herrschertugenden Weisheit, Milde, Gerechtigkeit und Tapferkeit angebracht; im Deckenbild, gemalt von Max Koch, nahte sich Merkur, der Götterbote.

An der Wand links von Hyacinthe Rigaud: August III., Kurfürst von Sachsen und König von Polen, als Kurprinz. Der Schrank unter dem Bild ist einer der vier gleichen Schränke, in denen Friedrich der Große 1770 seine Münzsammlung in einem Kabinett des Antikentempels im Park von Sanssouci hat aufstellen lassen. Die Schränke waren von einem englischen Tischler Tüllmann aus Zedernholz gemacht und mit Bronzeappliken geschmückt. Mit der Sammlung waren sie ins Münzkabinett der Museen gegeben worden; Kaiser Friedrich erst hatte ihre Rückgabe an die Schlösser veranlaßt.

256 *Kaiserliche Wohnung, Kleines Ankleidezimmer Kaiser Wilhelms II.* 1. Obergeschoß, Raum 671, L. etwa 8 m, Br. etwa 4 m, H. etwa 6,75. – In der Reihe der Räume zum Inneren Schloßhof hin lag hinter dem Empfangszimmer des Kaisers das kleine Ankleidezimmer. Es war, wie das danebenliegende Schlafzimmer (Raum 672), durch die Arkadengalerie verschattet. Der Elisabeth-Saal-Treppenkasten gleich daneben und das Quergebäude zehn Meter zur Linken nahmen jedes Sonnenlicht. Die Tür vorne führte in das Schlafzimmer. Das Marmortürgewände gehörte zur Einrichtung für den Kaiser, die Kaminarchitektur aber war aus originalen Kaminteilen und Rahmenstücken der Zeit Friedrich Wilhelms I. zusammengestellt; vielleicht waren auch Sockelpaneel und Türblätter wiederverwendet. Die

Zimmer waren mit einem Cretonne mit farbigem Blumenmuster auf weißem Grund ausgespannt, den man vor lauter Graphik an der Wand hier allerdings kaum sieht.

Nach dem Schlafzimmer folgte die aus zwei Räumen zusammengefaßte Garderobe (Raum 673–674), größtenteils in der dunklen Zone zwischen Marmortreppe und Vortragszimmer gelegen. Der Kaiser war nominell Chef verschiedenster Truppenteile, auch befreundeter Nachbarstaaten, und trug die vielen verschiedenen Uniformen überaus gern, mußte sie auch je nach Gelegenheit tragen, wie das Protokoll es vorschrieb. Die Uniformen gab es jeweils noch in mehreren Formen, für Paraden, für Festlichkeiten, für Manöver – daher die Ausdehnung der Garderobe.

257 *Kaiserliche Wohnung, Vorzimmer der Kaiserin.* 1. Obergeschoß, Raum 678, L. etwa 10,50 m, Br. etwa 4 m, H. etwa 6,75 m. – Die kaiserliche Wohnung war an ihrem staatsoffiziellen Anfang durch die Elisabeth-Saal-Treppe und den Sternsaal erschlossen. Ein Besucher der Kaiserin hätte aber nicht von dort durch Empfangs-, Arbeits- und Vortragszimmer des Kaisers gehen müssen, ebensowenig persönlicher Besuch für den Kaiser. Als persönlicherer Vorsaal diente dem Kaiserpaar der Pfeilersaal, der von der Unterfahrthalle unter Portal II aus über die Marmortreppe zu erreichen war. Von der Marmortreppe aus (Abb. 258–259) gelangte man zuerst in das Vorzimmer (der Kaiserin Auguste Viktoria). Man betrat es so, daß man es wie auf der Abbildung fotografiert sah. Das Fenster rechts ging auf den Großen Schloßhof, die Tür links war der Mittelzugang des Pfeilersaals, die Tür geradezu war verschlossen, denn dahinter war der Anrichteraum zum Speisezimmer. Es gab vorn links, außerhalb des Bildes, eine Tür, die in einen der Zwickelräume des Pfeilersaals einzutreten erlaubte. Wenn jemand verspätet zu einer größeren Gesellschaft kam, konnte er so, geschützt hinter der Säulenstellung des Saales, etwas unauffällig und ohne zu stören eintreten. Aus dem Pfeilersaal konnte man dann durch einen Gang, für den ein Podest der Fürstentreppe durch eine Glaswand abgeteilt war (Raum 680), in die Suite der Kaiserin kommen oder durch eine andere Tür in den Speisesaal der kaiserlichen Wohnung. Die Zimmer der Kaiserin sind, da in ihnen die Einrichtung für die Königin Friederike Luise von Langhans erhalten war, im Anschluß an die Königskammern beschrieben (Abb. 228–237). Das Vorzimmer der Kaiserin war einfach, aber äußerst vornehm getäfelt, vermutlich nach Entwurf von Ernst von Ihne. Ob ältere Teile verwendet worden waren, wage ich nicht zu entscheiden.

258–259 *Kaiserliche Wohnung, Marmortreppe.* Raum 453, 676 und 856, Grundfläche etwa 12 x 8 m. – Die Marmortreppe ist gegen 1716, als das große Schloßkarree geschlossen wurde, von Böhme erbaut worden. Friedrich Wilhelm I. ließ einfache Eisenstäbe als Geländer anbringen; Stufen und Säulen waren aus Sandstein, die Gewölbe unter den Läufen waren glatt verputzt. König Wilhelm I. ließ 1863–64 Stufen und Geländer aus Großkunzendorfer Marmor einbauen, um der Arbeitslosigkeit in Schlesien entgegenzuwirken, und die Gewölbe erhielten Stuckgliederung. 1902 wurden die Pfeiler, Säulen und Wandsockel mit Stuckmarmor bekleidet. Der Treppe wird in der Literatur gute Raumwirkung nachgesagt. Das Treppenhaus war rechteckig, das Treppenauge daher schmal rechteckig. Böhme hat in die weiten Achsen gekuppelte Säulen eingestellt und so erreicht, daß die Bögen an den schmalen und den breiten Seiten nicht allzusehr differierten. Für die Belichtung rechnete er auf den Abbruch des Quergebäudes, den der Bauherr aber dann nicht genehmigte.

Hinter der Suite der Kaiserin lagen zum Großen Schloßhof hin Speisesaal, Bibliothek und, einige Räume weiter, das große Ankleidezimmer des Kaisers.

260–261 *Kaiserliche Wohnung, Speisesaal.* 1. Obergeschoß, Raum 696, L. etwa 19,50 m, Br. etwa 7 m, H. etwa 6,75 m. – Der Speisesaal der kaiserlichen Wohnung war, wie schon das Vortragszimmer, 1888 von Kyllmann & Heyden eingerichtet; es war aus zwei Zimmern des Barockbaues zusammengefaßt. Die Wandbekleidung aus Nußbaumholz war in beinahe jeder Einzelheit barocken Vorbildern aus den preußischen Schlössern nachgeahmt. Ihre relative Zartheit im Vergleich zum Vortragszimmer (Abb. 254–255) war auf die Gobelins nach Boucher abgestimmt, die bis 1918 hier hingen – jetzt in Charlottenburg. In den Supraporten an der breiten Wand waren der Erzengel Michael und der Hl. Georg als Schutzpatron des Deutschen Reiches und des ritterlichen Sinnes angebracht. Die Stuckdecke hatte Julius Lessing entworfen. Die barocken Motive sind kalt und ohne Verständnis gestückelt: An den schmalen Enden des Deckenbildes steigen die gesprengten Krönungsgesimse falsch herum, hängen die Laubgebinde falsch herum herab.

Als Deckenbild war 1888 eine Kranichbeize nach Max Koch von Hans Koberstein ausgeführt worden. Dazu stimmten die Hirschgeweihe über den Türen. Indessen ließ der Kaiser das Deckenbild später durch ein anderes, von Anton von Werner entworfenes und von Karl Wendling ausgeführtes ersetzen (Abb. 261), mit dem Thema »Der Ruhm Friedrichs des Großen«. In den Endfeldern der Decke war »das Motiv des Eisernen Kreuzes und des von zwei Genien gehaltenen, von der Ordenskette umrahmten Wappen Preußens« ... »verwertet. Kleine Reliefs enthalten symbolische Darstellungen der Tugenden des Kaiserlichen Herrn, Gerechtigkeit und Tapferkeit (Salomos Urteil, Herrscher im Siegeswagen), und seiner erlauchten Gemahlin, Wohlthätigkeit und Demut (eine Gaben spendende Fürstin, Anbetung der drei Könige) ... Aus den Pila-

Badeschrank im Großen Ankleidezimmer Kaiser Wilhelms II., aus »Herforder Zeitung für Stadt und Land« vom 15. März 1930

stern der Wände blühen aus Kupfer und Messing getriebene Sträuße von Feuerlilien hervor, die in ihren Kelchen die Glühlampen, insgesamt 72, bergen« – so die zeitgenössische Beschreibung von C. Jahnel.

Die Schlösserverwaltung hat statt der Gobelins 1926 große Gemälde aufgehängt. An der Mitte der Rückwand Menzels Monumentalbild der Krönung Wilhelms I. zum König von Preußen in der Schloßkirche zu Königsberg (siehe Abbildung S. 505), beiderseits davon Bildnise Wilhelms I. (von Ferdinand Weiß) und Friedrichs III. (von Leo Reiffenstein).

Abbildung 260b zeigt den Raum mit Eßtisch und dem »Kronprinzensilber« oder »Städtesilber«. 1905 schenkten 414 preußische Städte dem Kronprinzen Friedrich Wilhelm zur Hochzeit ein Prachtgedeck für 50 Personen, zu dem bekannte Künstler der Zeit die Entwürfe geliefert hatten. Die figürlichen Tafelaufsätze waren von Adolf Amberg, August Gaul, Fritz Klimsch, Hugo Lederer, Constantin Starck, Ignatius Taschner, August Vogel, Ernst Wenck und Wilhelm Widemann modelliert, Platten, Schüsseln, Teller und anderes von Emil Lettré entworfen und gearbeitet, die Bestecke von Theodor Wenck, die Gläser von Hans Vauk entworfen. Da der Hof und auch die Staatsbürokratie der damaligen Moderne mißtrauisch gegenüberstanden – wie man zum Beispiel an den neubarokken Gerichtsgebäuden dieser Jahre noch gut sehen kann –, entbehrte es nicht einer gewissen Delikatesse, daß das Geschenk in jugendstilig-klassizistischen Formen gehalten war. Es war übrigens 1914 noch nicht fertig. Nach dem Ersten Weltkrieg kaufte die Stadt Berlin das Geschirr an, um es auszustellen.

Es heißt, der Kaiser habe hier bis zu hundert Gäste bewirtet. Dann mußten allerdings die Tische hufeisenförmig gestellt werden, was schon etwas eng gewirkt haben dürfte. Die Komposition der Schmalwände mit einem mittleren Spiegel war auf einen Tisch in die Länge des Zimmers berechnet; dann hatten gut fünfzig Gäste Platz.

262–263a *Kaiserliche Wohnung, Bibliothek des Kaiserpaares.* 1. Obergeschoß, Raum 695, L. etwa 9 m, Br. etwa 7 m, H. etwa 6,75 m. – Die Bibliothek der kaiserlichen Wohnung ist 1888 nach Entwürfen von Ernst von Ihne eingerichtet worden. Ihne war nur wenige Jahre jünger als Adolf Heyden; in seiner Dekoration macht sich fast ein Generationsunterschied bemerkbar: größere Eleganz, dezentere Vornehmheit, aber auch größere Straffheit, wie sie Ihnes Arbeiten für Wilhelm II. bis 1914 zunehmend bezeichnet. Die Voute war weiß gelassen und stand in schönem Gegensatz zu den dunklen Nußbaumschränken und der Täfelung; die Neubarockformen der Decke waren gut studiert. Dieser Stil ist dann auch für die Einrichtungen Geyers, der eine große Zahl Gästezimmer ausgebaut hat, vorbildlich geworden.

Das Deckenbild von Woldemar Friedrich zeigte Athena als Schutzgöttin der Wissenschaften und Künste von den Musen umringt. In die Täfelung waren über den Türen folgende Ovale mit Porträts eingelassen: links über der Tür eine Kopie nach Carel de Moor: »Peter der Große von Rußland«; daneben eine Kopie (?) nach unbekanntem Maler: »Gustav Adolf, König von Schweden«; neben dem Fenster eine Kopie nach Jean Etienne Liotard: »Kaiserin Maria Theresia von Österreich«; weiter gehörten noch zu dem Zyklus ein Porträt des Großen Kurfürsten und eines Friedrich Wilhelms I.

263b *Kaiserliche Wohnung, Decke des Großen Ankleidezimmers Kaiser Wilhelms II.* 1. Obergeschoß, Raum 691, L. etwa 7 m, Br. etwa 4,50 m, H. etwa 6,75 m. – Das große Ankleidezimmer des Kaisers lag als letztes Zimmer dieser Raumreihe am Großen Schloßhof unmittelbar vor der Hohenzollerntreppe. Gegenüber war das Schlafzimmer der Kaiserin oder gemeinsame Schlafzimmer (Raum 685), vom Ankleidezimmer durch einen Flur getrennt. Im großen Ankleide- oder Toilettenzimmer befand sich der berühmte große Mahagonischrank mit der Badewanne des Kaisers, ausgekleidet mit Cadiner Kacheln, aus denen Schiffsbilder zusammengesetzt waren: die kurbrandenburgische Fregatte »Friedrich Wilhelm zu Pferde«, das Panzerschiff »Kaiser Wilhelm II«, der Dampfer des Norddeutschen Lloyd »Kaiser Wilhelm der Große« und die preußische Fregatte »Gefion«.

Die Decke des Zimmers war noch aus der Erbauungszeit dieses Flügels in Friedrich Wilhelms I. Regierungsanfängen 1713–16. An den Schmalseiten sind die verschlungenen Monogramme FW und SD (Friedrich Wilhelm und Sophie Dorothea) zu lesen. Die Decke war in einem phantastisch grotesken Stil komponiert, in dem Einflüsse Schlüters sich ebenso erkennen lassen wie solche von den hübschen Decken nach Jean Bérain d. Ä. in den Kabinetten in Charlottenburg nach dem Hofe hinaus. In den Eckkartuschen sind die vier Weltteile vorgestellt, unten rechts Europa mit allerhand Kriegsgerät, unten links Asien mit Porzellan, Papagei und Elfenbein, oben rechts Amerika, unter anderem mit Tabak, oben links Afrika. Im Deckenbild sieht man Putten mit Schmuck und kostbarem Gerät beschäftigt. Diese Räume hat seinerzeit nach dem Bau des Flügels 1716 König Friedrich Wilhelm I. selbst bezogen. Er wohnte nach dem Schloßplatz, das heißt damals nach dem noch dort stehenden Dom, seine Gemahlin Sophie Dorothea nach dem Großen Schloßhof hin. Vermutlich ist dieser Raum ihr Grand Cabinet gewesen.

Die hinter der Hohenzollerntreppe anschließenden Räume im Flügel an der Schloßfreiheit, die ehemalige Hohenzollern-Wohnung (Abb. 268–270), erhielten 1888 die Ober-Hofmeisterin und die Hofdamen der Kaiserin. Vorher hatte Wilhelm II. als Prinz dort residiert.

264–265 *Kaiserliche Wohnung, Fürstentreppe.* Raum 481a–483, Grundfläche etwa 7,50 x 6,50 m. – Die Fürstentreppe führte von der Unterfahrtshalle im Portal II zur Wohnung der Kaiserin und weiter ins zweite Obergeschoß hinauf. Wie auf den anderen kleineren Staatstreppen des Barockbaues brauchte man immer zwei Windungen, um die an 7 Meter hohen Hauptgeschosse des Schlosses zu durchsteigen: Die alte, 1890 abgerissene Höllentreppe unter dem Weißen Saal führte in zwei Windungen zu den Königskammern im 1. Obergeschoß; die Hohenzollerntreppe in der anderen Ecke des Großen Schloßhofes bei der Freiheit führte in sechs Windungen ins Mezzaningeschoß, die Fürstentreppe in vier Windungen ins 2. Obergeschoß. Auf der Abbildung befindet man sich auf der untersten Windung; links im Treppenauge unter der Abdeckung ist eine Dienerschafts-Wendeltreppe zum Keller eingebaut.

Eine Windung höher würde der Brückengang links vom Treppenhaus abgeteilt sein, denn er diente als Verbindung vom Pfeilersaal der kaiserlichen Wohnung zum Empfangszimmer der Kaiserin. Er war mit einer Brunnennische im Fensterpfeiler und mit einem Scheinkamin zum Treppenauge hin sowie mit Plaudernischen in den Fensterlaibungen wohnlich gemacht. Um diesen Verbindungsgang, eigentlich ja Stockwerkpodest der Treppe, umgehen zu können, hatte man eine provisorische Umleitung auf Podest, Läufen und im Auge der Fürstentreppe eingebaut: In dem betreffenden Stockwerk würde man auf dem Podest, auf das man hier blickt, eine hölzerne Wendelung aufgesetzt sehen, so daß über dem Lauf links schon das Stockwerkpodest liegen würde, von wo aus eine kleine Tür in die kaiserliche Wohnung gehen würde. Das Treppenauge wäre in Höhe des Stockwerkpodestes geschlossen – man bemerkt am Pfeiler oben links in unserer Tafel schon den Schatten des Einbaues. Von diesem leiteten einige Stufen auf die Höhe des nächsten Podestes (das zweite über dem Kopf des Fotografen).

Der Einbau war schon vor Kaiser Wilhelms II. Zeit gemacht, er findet sich 1877 im Grundriß von Robert Dohme. Die Treppe war so selbstverständlich als offizieller Aufgang ungeeignet geworden. Im 2. Obergeschoß haben über den Zimmern der Kaiserin und ihrer Damen die Kinder gewohnt: Von der Fürstentreppe bis zum Absatz in der Außenwand wohnte 1888 zum Schloßplatz hinaus der noch jugendliche Kronprinz mit seinem Gouverneur (Räume 865–868/9). In den anschließenden Zimmern zur Freiheit hinaus hatten die kleinen Prinzen ihr Tageszimmer und ihr gemeinsames Schlafzimmer (Räume 890, 891/2). Zu ihnen hinauf führte aus dem Bade- und Toilettezimmer der Kaiserin (Raum 686) eine kleine Wendeltreppe. Die Prinzenzimmer sind später zu Appartements ausgebaut worden, wie unsere Grundrisse sie zeigen.

Das Raumbild der Fürstentreppe ist, wie es in der Abbildung erscheint, typisch für die erste Hälfte des 18. Jahrhunderts: Rationalität und sinnlicher Schwung halten einander die Waage. Die zarten Spiegel in den Pilastern, die Pilasterkapitelle, die Profilierung der Brückenbögen, die verhalten-deftigen Stufenprofile entsprechen der Bauzeit um 1716. Die schönen freien Holzgeländer gehören in die Zeit Friedrich Wilhelms IV. oder seines Bruders Wilhelm I. – der Soldatenkönig hatte 1716 hier gewiß wie überall nur eiserne Querstäbe genehmigt. Oben, in der Zone der Bögen und Gewölbe, nimmt überaus dick angetragener Putz vom Ausbau von 1888 oder noch später den Gurtfelderungen und den Gewölbezwikkeln möglichst viel von ihrer Flächigkeit und beeinträchtigt das barocke Raumbild ernstlich. So war der originale Bau nicht angelegt. Die Randstreifen in den Wölbzwikkeln sind schräg geputzt, damit möglichst hohe Schattenkanten herauskommen: Man sieht es an den Graten, in denen sie in den Ecken zusammenstoßen. Eine Daumendicke zu tiefes Profil, und dem Raum ist das Ruhig-Beschirmende genommen; kalte Distanz ist erzeugt, als ob es darin zieht – die Architekten Kaiser Wilhelms II. müssen ihrerseits die originale Geschlossenheit als stickig empfunden haben.

266–267 *Kaiserliche Wohnung, Joachim-Saal.* 2. Obergeschoß, Raum 861, L. etwa 17 m, Br. etwa 12,50 m, H. etwa 10 m. – Der Joachim-Saal lag im zweiten Stock über Portal II, zugänglich von der Marmor- und der Fürstentreppe. Kaiser Wilhelm II. hat ihn 1912 durch Ernst von Ihne und Franz Naager ausbauen lassen, wobei die Breite auf Kosten der dahinter liegenden Kabinette etwas größer genommen wurde, als sie vorher bei dem Apollo-Saal, der sich hier ehemals befand, gewesen war. Für den Entwurf war offensichtlich wesentlich, eine Serie Brüsseler Wandteppiche unterzubringen, kostbare Stücke der Renaissancezeit, geknüpft nach Entwürfen des Barend van Orley. Die Themen waren den »Trionfi« des Petrarca entnommen. Links vom Kamin »Der Triumph der Liebe«, rechts »Der Triumph der Keuschheit«, mit denen der Zyklus beginnt. (Die weiteren Allegorien: der Tod überwindet die Keuschheit, der Ruhm den Tod, die Zeit den Ruhm, die ewige Gottheit die Zeit.)

Zugunsten der Teppiche war der Sockel übermannshoch genommen, so daß er die Türen einbegriff. Der Sokkel war mit Einlegearbeit aus farbigen Marmorsorten gegliedert, die Türrahmen waren Marmor, die Türblätter hatten Füllungen von Kassettenform mit geschnitzten Rosetten darin. In der Zone der Teppiche gaben die Kandelabersäulen, die jedem Teppich zur Rahmung beigefügt waren, eine regelrechte Architekturgliederung. Darauf »ruhten« dann der Architrav mit seinem Rankenornament, der sehr hohe Fries voller Schnörkelwerk und das gut antikische Kranzgesims. Die schwere Decke aus gedoppelten Balken war kassettiert – alles im Stil der italienischen Renaissance. Passend auch die Armstühle, die Truhen mit den Sitzpolstern darauf, der Kaminrahmen, zu schwer dagegen die Rahmung der Nische darüber, vor der das Standbild Kurfürst Joachims II. aufgestellt war, eine moderne Bronze von Martin Wolff. Von ungeheurer Kostbarkeit auch der riesige Orientteppich in der Mitte. Die Kleinheit der Türen und ihre Lage in den Ecken lassen den Raum als gewaltigen Kasten erscheinen, obwohl er kaum größer als der Ritter- und der Elisabeth-Saal war. Der Kaiser nahm hier die Konkurrenz mit den Empfangsräumen der damaligen Bank- und Industrieherren auf, von denen sich mancher ebenfalls in gepflegtester Renaissance eingerichtet hatte. Die Renaissance war offenbar nun zum reinen Kunststil geworden und wurde nicht mehr, wie noch in der Generation zuvor, als der Stil der königlichen Kaufleute des 15. und 16. Jahrhunderts gesehen – der Kaiser beanspruchte sie durch Beschwörung seines Ahnherrn auch für die Tradition des eigenen Hauses. Der Saal konnte auch seiner Dimension nach durchaus noch immer den Rang seines Bauherrn repräsentieren. Zudem war der Ausbau ein weiterer Schritt auf dem Wege, den Ring der Festräume im 2. Obergeschoß des Schlosses ganz herumzuführen; wir haben das beim Weißen-Saal-Ausbau erläutert.

Die Teppiche waren im Jahr 1900 im englischen Kunsthandel erworben worden; auch die Renaissance-Möbel waren sämtlich im Antiquitätenhandel gekauft und hatten mit der Geschichte des Schlosses nichts zu tun.

Hohenzollern-Wohnung

Die Hohenzollern-Wohnung (Räume 698–708) lag im ersten Obergeschoß an der Schloßfreiheit zwischen der kaiserlichen Wohnung und Portal III. Sie hieß nach Carl Anton Fürst zu Hohenzollern-Sigmaringen, der die ersten vier Jahre der Regierung Wilhelms I. preußischer Ministerpräsident gewesen ist. Es handelt sich um die beiden Jahre der Regentschaft und die ersten beiden Jahre Wilhelms I. als König, die sogenannte Neue Ära (1858–62), in der die Demokraten glaubten, Wilhelm I. werde wirklich parlamentarisch regieren.

Wie kam der katholische Fürst des schwäbischen Kleinstaates, Sohn einer Nichte und Adoptivtochter Murats übrigens und praktisch mit dem preußischen Königshaus nicht mehr verwandt, zu einer Wohnung im Schloß? In der deutschen Märzrevolution 1848 waren mehrere deutsche Fürsten vor ihren Untertanen geflohen oder von diesen vertrieben worden, so auch die Fürsten der beiden hohenzollernschen Stammländer in Schwaben, Hohenzollern-Hechingen und Hohenzollern-Sigmaringen. Wie fast überall einigten sich aber die Fürsten doch mit den Revolutionären gütlich, kehrten zurück, und es begann ein Verhandeln um die parlamentarische Verfassung in ihren Einzelheiten. In Sigmaringen hatte der alte Fürst Ende August 1848 zugunsten seines Sohnes abgedankt, der Sohn war Ende September mit der ganzen Regierung geflohen. Bayerische Truppen, die im Auftrag des Deutschen Bundes (also der Fürsten) handelten, setzten ihn im Oktober wieder ein. Nun verhandelte die Regierung friedlich, berief einen Landtag, man einigte sich, der Landtag ging in die Ferien. Im Sommer 1849 kam es wieder zu Unruhen, die Regierung war aber Herr der Lage.

Inzwischen hatten preußische Truppen, ebenfalls in Wahrnehmung der Interessen des Bundes, zuerst in Berlin, dann in verschiedenen preußischen Provinzen und in mehreren deutschen Staaten die Volksvertretungen auseinandergejagt oder niedergekämpft (so zum Beispiel in Dresden). Die Fürsten, die sich mit ihren Völkern geeinigt hatten, konnten nun die Zugeständnisse an ihre Bürger widerrufen und mußten das sogar, auch wenn sie nicht wollten, weil die preußischen Truppen im Lande standen. Der König von Preußen hatte damals, mit Ausnahme Österreichs und Bayerns, Deutschland militärisch in der Hand und hätte mit Leichtigkeit sich arrondieren können. Trotzdem hat Friedrich Wilhelm IV. von all den Kleinstaaten nur die beiden hohenzollernschen Stammlande, die er im August 1849 hatte besetzen lassen, Preußen einverleibt. Die beiden Fürsten mußten ihre Länder abtreten, wurden mit Renten abgefunden und bekamen erbliche Sitze im preußischen Herrenhaus; die beiden fürstlichen Familien wurden nicht einmal thronfolgeberechtigt. Immerhin wurden sie zur Verwandtschaft des Königshauses erklärt und erschienen seitdem im Staatskalender (der offiziellen Rangliste) nach dem königlichen Haus; auch wurde der sigmaringensche Hausorden unter die königlichen Hausorden Preußens aufgenommen. Friedrich Wilhelm IV. hat die beiden abgelegenen hohenzollernschen Fürstentümer mit ihren damals 60000 Einwohnern sicher nicht aus Gründen der Machtpolitik annektiert, sondern aus dem romantischen dynastischen Wunsch, die Stammländer seines Hauses zu besitzen. Er ließ denn auch sofort die im Hechingenschen gelegene Stammburg auf dem Hohen Zollern wiederherstellen (1850–54).

Wilhelm I., damals noch Prinz, war 1849 Oberbefehlshaber der preußischen Truppen gewesen. Wenn er 1858, als er für seinen kranken Bruder die Regentschaft übernahm, den Fürsten von Hohenzollern-Sigmaringen zum Ministerpräsidenten berief und ihm eine Wohnung im Schloß zur Verfügung stellte, so waren das Gesten von einiger Delikatesse. Im Schloß wohnten ja nur Angehörige des königlichen Hauses, Prinzen sowie Witwen von Königen und Prinzen; die Überweisung einer Wohnung an Carl Anton von Hohenzollern war so etwas wie eine Erklärung, daß er wirklich zur engsten Verwandtschaft gehörte. Die Ministerpräsidentenschaft Carl Antons dauerte keine vier Jahre. 1862 endete die Neue Ära im sogenannten Verfassungskonflikt. Das nach der oktroyierten Verfassung von 1849/50 gewählte Parlament genehmigte nämlich die Militärausgaben nicht, die der König für notwendig hielt, um die deutsche Einheit herzustellen. Wilhelm I. dachte damals daran abzudanken, fand aber in Otto von Bismarck-Schönhausen einen Ministerpräsidenten, der bereit war, die Militärausgaben gegen das geschriebene Recht der Verfassung durchzusetzen. Bismarck erkämpfte die deutsche Einheit von oben her, und die Gründung des Reichs und der Erwerb der Kaiserkrone für die Hohenzollern gaben ihm 1871 recht. Der Verlust der Kaiser- und Königskrone der Hohenzollern 1918 und der Zusammenbruch und die Teilung dieses Reiches 1945 aber haben die Frage wiedereröffnet, ob nicht die deutsche Einheit auf das Volk hätte gegründet werden, von unten her hätte erkämpft werden müssen, wie die Radikalliberalen damals verlangten, die man zunächst ein oder zwei Generationen lang als weltfremde Träumer abgetan hat.

Carl Anton von Hohenzollern-Sigmaringen wurde nach seiner Ministerpräsidentschaft Oberkommandierender in der Rheinprovinz und in Westfalen. Gestorben ist er im Schloß in Sigmaringen 1885, hat die Wohnung im Berliner Schloß aber nicht solange behalten. Seine engen Verbindungen zum preußischen Hof dürften dazu beigetragen haben, daß es ihm gelang, seinen Sohn Karl zum König von Rumänien zu machen.

Die Hohenzollern-Wohnung bestand aus zwei Suiten, eine nach der Schloßfreiheit hinaus für den Fürsten, eine nach dem Großen Schloßhof für die Fürstin. Beide Suiten waren unabhängig voneinander von der Hohenzollern-Treppe aus zugänglich, die in der Südwestecke des Großen Schloßhofes lag (Abb. 70) und aus massiv gewölbten Bögen gebaut war, ähnlich der Fürstentreppe (Abb. 264–265). Der Aufzug ist erst im Zusammenhang mit der Einrichtung der kaiserlichen Wohnung in den Schacht der Treppe eingestellt worden.

Die Fürstin von Hohenzollern hatte im Raum 708 ihren Salon, im Raum 707 ein Wohnzimmer, im Raum 705/6 ihr Schlafzimmer mit einem Bett-Alkoven; daran schlossen Dienerschaftsräume und eine Dienerschaftstreppe für beide Suiten an, die in ein Zwischengeschoß und ins Mezzaningeschoß hinaufführte, wo sich weitere Dienerschafts- und Gefolgszimmer, Kinderzimmer und dergleichen befanden. Der Fürst hatte seinen Salon im Raum 699, ein Wohnzimmer im Raum 700 – hier gab es eine Querverbindung zum Salon der Fürstin – und sein Schlafzimmer im Raum 701/703. Wie im Schlafzimmer der Fürstin waren auch hier zu seiten des Bett-Alkovens zwei Kabinettchen (Closets), aus deren einem man in die Hinterflure und Dienerzimmer gelangen konnte. Die große runde Treppe neben Portal III, die von diesen Hinterfluren zugänglich war, führte durch alle Stockwerke und auch hinab in die Portalhalle und hinaus aus dem Schloß, konnte also als Hintertreppe dienen.

Beide Suiten waren noch in der schulmäßig barocken Weise abgestuft vom großen Salon zur etwas kleineren Antichambre und zum noch etwas weniger großen Schlafzimmer. Sie gingen aber nicht etwa auf die Disposition Böhmes von 1713 zurück – hier waren um 1800 noch Registraturen, also Regierungsbehörden. Die Räume waren erst um die Zeit der Freiheitskriege so eingeteilt worden und hießen darum dann »Neue Kammern«, bevor sie Hohenzollern-Wohnung wurden, oder auch »Mecklenburgische Wohnung«, nach dem Großherzog von Mecklenburg-Strelitz, Bruder der Königin Luise und also Schwager König Friedrich Wilhelms III., für den und dessen Gemahlin sie wohl hauptsächlich als Gastsuite eingerichtet worden waren. Indessen waren die mecklenburgischen Herrschaften nicht eigentliche Inhaber dieser Wohnung, sonst hätten Carl Anton von Hohenzollern-Sigmaringen und seine Gemahlin die Wohnung nicht zwei Jahre vor dem Tod des Großherzogs erhalten können. Carl Anton und Gemahlin hatten, als ihr kleines Land von Preußen geschluckt wurde, die Rechte der jüngeren Agnaten des preußischen Throns erhalten, zählten also gewissermaßen zur Familie des Souveräns und konnten daher von diesem lebenslang im Schloß untergebracht werden, im Unterschied zu Gästen, die sooft sie auch kommen mochten, nicht als dauernde Bewohner gelten konnten.

Beim Salon des Fürsten war als Besonderheit ein Kabinett (Raum 698). In barocken Staatswohnungen wurden die Kabinette hinter dem Schlafzimmer als letztem öffentlichen Zimmer angeordnet. Hier dagegen befinden sich hinter den Schlafzimmern keine bewohnbaren Kabinette mehr, sondern nur noch Nebenräume. Die gesellschaftlichen Sitten hatten sich in den hundert Jahren geändert; man war nun taktvoll. Um in großer Gesellschaft sich vertraulich zu unterhalten, mußte der Hausherr nur mit dem Gast beiseite treten oder sich in ein solches Kabinettchen zurückziehen, und er brauchte nicht zu befürchten, daß irgendein Würdenträger das Recht geltend machen würde, dabeizusein. Von dem Kabinett ging eine Tür auf eine Nebentreppe ins Mezzanin, abermals zu Dienerschaftsräumen (sie wurde erst zu Wilhelms II. Zeit bis ins Erdgeschoß und in den Keller hinab verlängert). Vermutlich wurde von hier aus bei Empfängen des Fürsten serviert.

mit Spiegelfüllungen, die Vestalinnenbüste mit bloßer Brust, seidenbezogene Neurokoko-Stühle, -Sessel, -Ecksofa (Causeuse, zum vertraulichen Gespräch zu zweit); Neurokoko-Gardinen, die Untergardine mit Gartengerät und schnäbelnden Sperlingen; die Vorhänge so gerafft, daß die Spitzenränder der Übergardinen am Fußboden darunter vorschäumen – ein Glanzstück der Plüsch-Epoche. Der Prunktisch links vom Fenster war altes Inventar der Schlösser aus der Zeit des ersten Königs. Seine Platte war

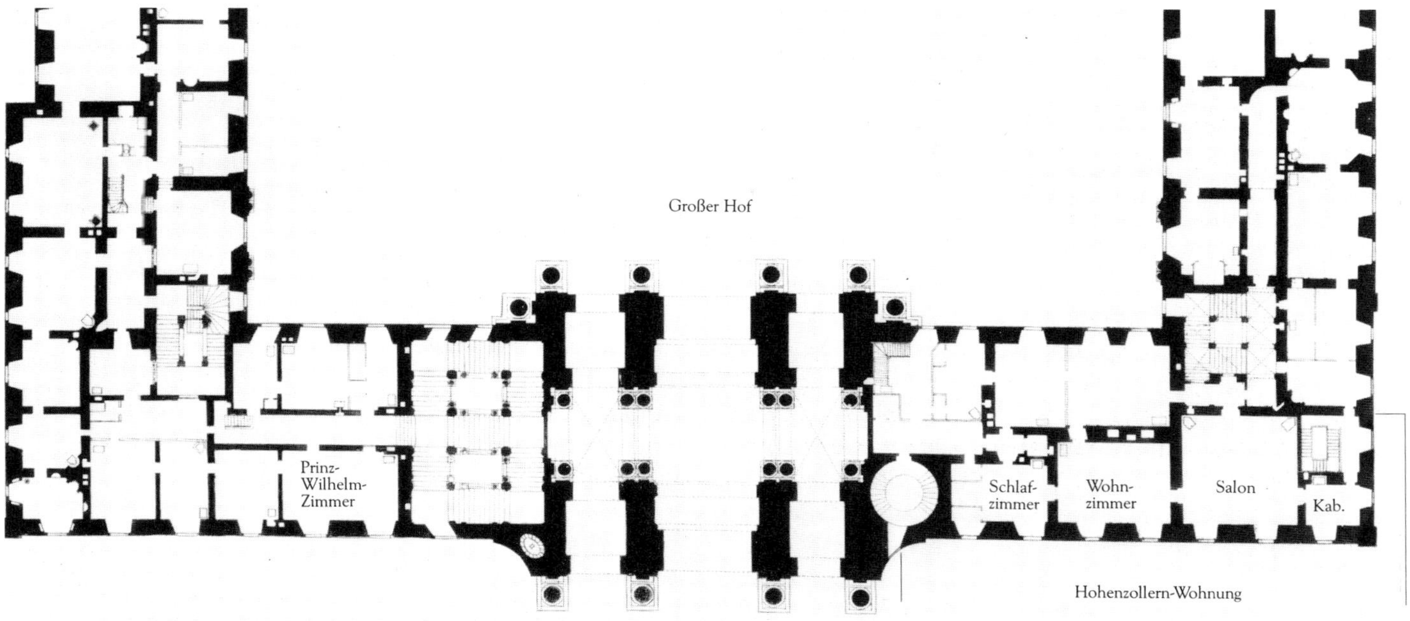

Hohenzollern-Wohnung und Prinz-Wilhelm-Zimmer, Grundriß

mit Chinoiserien aus Perlmutt, Elfenbein und Schildpatt eingelegt.

268 *Hohenzollern-Wohnung, Salon.* 1. Obergeschoß, Raum 699, L. etwa 10 m, Br. etwa 9,50 m, H. etwa 6,75 m. – Der Salon des Fürsten war ein zweifenstriges, etwa quadratisches Zimmer. Man blickt auf die Innenwand und durch die Eingangstür in den Vorflur am Treppenhaus. Die Wände mit ihren kräftigen Rahmungen wirken etwas förmlich und steif und sollten das wohl auch. Der niedrige Sockel ist aber von schöner Freiheit, und die Decke gar zeigt, zu welcher Delikatesse die Berliner Einrichtungskunst gegen Ende der Zeit Friedrich Wilhelms IV. aufgestiegen war.

269 *Hohenzollern-Wohnung, Kabinett.* 1. Obergeschoß, Raum 698, L. etwa 4,50 m, Br. etwa 4 m, H. etwa 6,75 m. – Das Kabinett mit einem Fenster geradezu auf den Schloßplatz und einem zweiten, rechts außerhalb des Fotos, auf die Freiheit war zu vertraulichem Rückzug aus dem großen Salon bestimmt und entsprechend bequem und auch ein wenig amourös gehalten: Neurokoko-Täfelung

270 *Hohenzollern-Wohnung, Wohnzimmer.* 1. Obergeschoß, Raum 700, L. etwa 9,50 m, Br. etwa 7,50 m, H. etwa 4,50 m. – Das Foto des Empfangs- oder Wohnzimmers, zweifenstrig wie der Salon (Abb. 268), aber nicht ganz so tief, ist von der Schlafzimmertür her aufgenommen – aus dem Bett-Alkoven konnte man bei offenen Türen die ganze Enfilade bis zu dem Schloßplatzfenster im Kabinett entlangsehen. Obwohl hier anscheinend das alte barocke tischhohe Sockelpaneel verwendet war, wirkte der Raum überaus komfortabel. Das liegt zunächst an der geringeren Höhe, die ihn breit und weitläufig erscheinen läßt. Darüber war nämlich ein Zwischengeschoß abgeteilt.

Die Kunst des Polsterers und Dekorateurs diente einem Lebensstil von gelassener Eleganz. Neben den typischen leichten, gepolsterten Tafelstühlchen Neurokoko-Polsterlehnstühle und Polsterarmstühle; zu diesen links neben der Tür ein dreisitziges Sofa. An der linken Wand ein viersitziges Sofa, komponiert aus einem zu zwei

Sitzen und zwei gewissermaßen angebauten Sesseln, die so angewinkelt sind, daß das Sofa einer Unterhaltungsrunde dienen kann. Rechts von der Tür eine Chaiselongue, auf der eine schöne Frau halb sitzend halb liegend hingegossen Hof halten, aber auch einem Verehrer ein Plätzchen einräumen kann – siehe die zweite Lehne. Der Polster-Puff und die Portiere machen den Raum persönlicher, als der Salon es war. Die Decke wirkt auch deswegen flacher als dort, weil das Gesims auf eine Leiste reduziert war und sie erst mit der Voute anfing. Die hellen Ovale in der Borte der Wandbespannung und diejenigen im Bezug der Polstergarnitur gehen schön zusammen. An die Stelle der gleichmäßig gemusterten Bodenbespannungen des ersten Jahrhundertdrittels sind Medaillonteppiche getreten, auch diese maschinell gewebt, mit delikaten Blumensträußen im Blickpunkt. Die Standuhr in der linken Ecke von Jean Pierre Latz, Paris, um 1755, war wieder altes Inventar des Schlosses.

So gab es im Schloß doch auch eine Suite von dem feinen Luxus jener Epoche, die in Europa die viktorianische heißt. Leider habe ich bisher keine namentliche Nennung des Entwerfers dieser schönen Ausstattung gefunden. Man kann aber annehmen, daß eine so wichtige Aufgabe vom Direktor der Schloßbaukommission, dem Hofarchitekten und Geheimen Oberbaurat August Stüler, selbst bearbeitet worden ist, zusammen mit Hofbaurat Albert Dietrich Schadow, der schon beim Weißen Saal und der Kapelle Friedrich Wilhelms IV. beteiligt gewesen war. In diesen Jahren vor 1860 assistierte bei Stüler der junge Reinhold Persius, der dann als übernächster Direktor der Schloßbaukommission der letzte Vertreter der Berliner Bauschule am Schloß gewesen ist, wie sie von Schinkel und Friedrich Wilhelm IV. herkam. Wir haben noch ein Foto von einer Einrichtung, die 1878/79 unter Leitung von Reinhold Persius im ersten Stock des Herzogin-Hauses, im südlichen Eckzimmer, ausgeführt worden ist, für wen ist einstweilen unbekannt. Zu der feinen Ornamentik an Wänden, Decke und Erkerbogen passen wieder die komfortablen Möbel, von denen die Causeuse mit der S-förmigen Lehne besonders reizend ist: Welch ein Vergnügen muß es gewesen sein, darin mit einer schönen Frau zu plaudern.

Erkerzimmer am südlichen Turm des Herzogin-Hauses, 1. Obergeschoß, Raum 410

Wilhelmsche Wohnung

»Wilhelmsche Wohnung« oder »Wilhelm-Kammern« haben im Laufe der Zeit verschiedene Wohnungen im Schloß geheißen. Die Wilhelmsche Wohnung von Abbildung 271–275 soll einstmals vom Prinzen August Wilhelm, Bruder Friedrichs des Großen und Vater Friedrich Wilhelms II., bewohnt worden sein. Lange nach ihm hat von 1809 bis 1829 Prinz Wilhelm, der spätere König und Kaiser, darin gewohnt, zunächst zusammen mit seinem Vetter Friedrich, Sohn des Prinzen Ludwig, bis dieser Vetter 1817 heiratete und ein eigenes Palais in der Wilhelmstraße erhielt. Prinz Wilhelm selbst heiratete so spät wegen seiner Hoffnungen auf Prinzessin Elisa Radziwill, auf die er indessen am Ende verzichten mußte. Denn der Kronprinz Friedrich Wilhelm (IV.) würde, wie man wohl schon wußte, kinderlos bleiben. So stand dem Prinzen Wilhelm oder seinen Nachkommen die Thronfolge zunächst zu. Dadurch hatte es besonderes Gewicht, daß die Prinzessin als dem Königshaus nicht ebenbürtig galt.

Die Wilhelm-Kammern lagen im Mittelgeschoß an der Schloßfreiheit unter dem Weißen Saal und sind dessen Ausbau durch Wilhelm II. zum Opfer gefallen. Wir können indessen ein Foto vom Empfangszimmer des Prinzen Wilhelm beibringen (Abb. 271).

Der Neubau des Weißen Saals unter Wilhelm II. kam einem inneren Neubau auch der Geschosse unter dem Saal gleich und betraf wegen der Verlegung der »Höllentreppe« (Abb. 71) und des ihr zugehörigen Eckportals im Hof auch die Innenseite des Lustgartenflügels etwa in der Länge, die außen durch den Eckrisalit bezeichnet wurde (Abb. 28–29 und 34). Anstelle der einstigen Wilhelm-Kammern und der letzten beiden Kabinette der Königskammern an der Ecke des Lustgartenflügels mit dem Flügel an der Schloßfreiheit richtete der damalige Hofbauinspektor und spätere Schloßbaudirektor Albert Geyer zwischen 1895 und 1903 Gäste-Appartements ein, die »Wilhelmsche Wohnung« genannt wurden. Während der Ausbau im ganzen und derjenige des Weißen Saals auch im einzelnen von Ernst von Ihne entworfen war, durfte Geyer die Einrichtungen der Gästezimmer selbst entwerfen.

Die neuen Zimmer waren etwas höher als die vormaligen Wilhelm-Kammern, weil man statt des Dienerschafts-Zwischengeschosses, das über ihnen abgeteilt gewesen war, nun anderthalb Meter unter dem Fußboden des Weißen Saals einen Doppelboden eingebaut hatte, um die Belüftung und Luftheizung des Saals verteilen zu können.

271 *Wilhelmsche Wohnung (ehem. Wilhelm-Kammern), Prinz-Wilhelm-Zimmer.* L. etwa 10 m, Br. etwa 6 m, H. etwa 4,50 m. – Das Zimmer hieß einfach Prinz-Wilhelm-Zimmer, denn Wilhelm (I.) hatte keine regelrechte Suite, sondern mußte in der Raumflucht auch seinen Hofstaat unterbringen. Ob er auch die Räume zum Großen Schloßhof dazubekommen hat, als Prinz Friedrich ausgezogen war, ist mir nicht bekannt und erscheint zweifelhaft, denn der Prinz schreibt gelegentlich, er wohne in einem Zimmer.

Das Zimmer hatte zwei Fenster zur Freiheit. Hinter der Wand, auf die man in der Abbildung blickt, war die Weiße-Saal-Treppe. In unserem Grundriß würde das Zimmer die Räume 522 und 523 einnehmen, aber nur in der Tiefe von Raum 522 (vgl. den älteren Grundriß S. 535).

Die Einrichtung zeigt auf einer früheren und schlichteren Stufe den gleichen aufs Komfortable gerichteten Wohnstil wie die Hohenzollern-Wohnung (Abb. 268–270): Teppichboden, bespannte Wände, Polstermöbel, Platz, um sich bewegen zu können. Da der Prinz die eigenen Möbel sicherlich bei seinem Auszug in das Palais Unter den Linden mitgenommen haben wird, sind die fotografierten Möbel Stücke aus dem allgemeinen Möbelvorrat der Krone, und es ist nicht anzugeben, ob der Prinz davon welche benutzt hat oder ob sie alle erst nach seinem Auszug in das Zimmer gestellt worden sind.

Als es aufgenommen wurde, war das Zimmer sicherlich ein Gastzimmer; als es noch mit den persönlichen Siebensachen eines ständigen Bewohners angefüllt war, hat es wohl keinen ganz so großzügigen Eindruck gemacht. Modern sind nur die beiden Sesselchen am Kachelofen-Kamin. Im übrigen konnte man sich mit dem Sockelpaneel aus der Zeit des Soldatenkönigs, den – aufgepolsterten – frühklassizistischen Sitzmöbeln (Stühlen und Sofa) aus der Zeit Friedrich Wilhelms II., dem spätklassizistischen Dekkengesims und dem Teppich aus der Zeit Friedrich Wilhelms III. (und also des Prinzen Wilhelm) begnügen, und die Landschaft von Potsdam, gemalt 1862, hängt in einem Rokoko-Rahmen, der einmal für eine Einrichtung Friedrichs des Großen gearbeitet worden ist – historistische Wohnkultur. Die Bilder waren links vom Kamin Jacob van der Does' »Hirtin mit Herde«, rechts vom Kamin das erwähnte Gemälde von Karl Lindemann-Frommel »Ansicht von Potsdam«.

272 *Wilhelmsche Wohnung, Schlafzimmer.* 1. Obergeschoß, Raum 526, L. etwa 9 m, Br. etwa 5 m, H. etwa 5,25 m. – Das Schlafzimmer hat in der Ecke von Lustgartenfront und Schloßfreiheit gelegen. Die beiden Fenster gingen auf den Lustgarten. Der große süddeutsche Barockschrank an der Rückwand enthielt eine Badewanne; in der Täfelung links daneben war ein Türchen zu einem Klosett. In den Fensterlaibungen sind die Gitter der Luftheizung zu erkennen. Die Angleichung der Gastzimmer im Schloß an modernen Komfort war eine Hauptaufgabe bei diesen Ausbauten. Das künstlerische Vorbild Geyers dürfte Ihnes Einrichtung der kaiserlichen Wohnung gewesen sein. Wie dort in der Bibliothek ist hier der ruhige Gegensatz von dunklen Wänden gegen eine weißgelassene Neubarock-Decke angestrebt. Geyer hat der Decke hier Formen der Kurfürstenzeit zu geben versucht. Die Möbel waren zum Teil im Antiquitätenhandel gekauft. Auf dem Schrank chinesiche Wuzai-Vasen (Fünf-Farben-Malerei) aus der Mitte des 17. Jahrhunderts.

273 *Wilhelmsche Wohnung, Salon.* 1. Obergeschoß, Raum 525, L. etwa 9,50 m, Br. etwa 9 m, H. etwa 5,25 m. – Dies war der zum vorigen Zimmer gehörige Salon mit zwei Fenstern zur Schloßfreiheit. Die Möbel waren wieder zum Teil aus dem Antiquitätenhandel. Die Uhr indessen, von Jean Pierre Latz, Paris, um 1755, war altes Schlösserinventar. Sessel und Sofa vor dem Kamin ähneln schon sehr dem Typus des Clubsessels, der um 1900, aus Amerika und England kommend, auch in Deutschland Mode wurde und nichts mehr mit höfischer Lebensweise und Kultur zu schaffen hat.

274 *Wilhelmsche Wohnung, Schlafzimmer.* 1. Obergeschoß, Raum 523, L. etwa 9,50 m, Br. etwa 5 m, H. etwa 5,25 m. – Das Schlafzimmer war nach dem Salon das übernächste Zimmer. Man sieht, wie der Gegensatz der weißen Decke im Stil der Kurfürstenzeit durch die ganze Suite festgehalten ist. Zu diesem Schlafzimmer gehörte ein besonderes Bade- und Ankleidezimmer (Abb. 275), in das die rechts angeschnittene Tür führte. Das Zimmer hatte ein Fenster zur Schloßfreiheit.

Das Bett dürfte dasjenige Friedrich Wilhelms II. gewesen und aus dessen von Gontard eingerichtetem Schlafzimmer der Königskammern übernommen sein, das dem Umbau Ihnes zum Opfer gefallen war.

275 *Wilhelmsche Wohnung, Badezimmer.* 1. Obergeschoß, Raum 522, L. etwa 5 m, Br. etwa 3,25 m, H. etwa 5,25 m. – Auch das Ankleide- oder Badezimmer neben dem Schlaf-

zimmer von Abbildung 274 ist durch ein Foto vorzüglich dokumentiert. Die Wandverkleidung mit den eingelassenen Alabasterreliefs hat Geyer aus der beim Weißen-Saal-Umbau angefallenen Täfelung des letzten Kabinetts der Königskammern an der Ecke zur Freiheit hierher versetzt; das gegen Feuchtigkeit unempfindliche Mahagoniholz eignete sich technisch für ein Badezimmer (siehe Abbildung S. 531). Fries und Decke sind von Geyer entworfen; der Kaminrahmen ist wieder aus den Königskammern.

Die Wanne hat einen großen Holzdeckel – etwa an Schlafwagenausstattungen erinnernd –, der hochgeklappt ist. Ihr Rand ist vermutlich aus Mahagoniholz, die Wanne selbst vernickeltes Blech. Rechts hinten auf dem Rand liegt das in eine hölzerne Handhabe eingebaute Thermometer, nach dem der Diener die Mischung von kaltem und warmem Wasser herstellte, in der Schüssel davor die Seife. Vorn auf dem Rand ein kreuzförmiger Ventil-Drehgriff; ein zweiter wird von der spiegelnden Wandverkleidung vorgetäuscht. Der Hebel daneben diente vielleicht zur Wahl von Warm und Kalt oder zum Öffnen und Schließen des Ablaufs. Die Verkleidung der Wanne dürfte aus Kupferblech sein. Diesem zwar umständlichen, aber wesentlich modernen Ausstattungsstück steht an der linken Wand die Waschkommode oder der Waschtisch gegenüber, wie unsere Groß- und Urgroßeltern sie benutzt haben (freilich ist diese um die Hälfte breiter und tiefer als die bürgerliche Norm). Auch diese Kommode sieht so aus, als sei sie aus den Königskammern übernommen, scheint allerdings völlig umgearbeitet zu sein, ein »Pasticcio« mit Teilen des originalen Möbels.

Die große Waschschüssel und die Kanne für das kalte Wasser gehörten immer dazu, die anderen Schüsseln und die kleine Kanne für das heiße Wasser sind höfischer Luxus. Eine Marmorplatte auf dem Waschtisch war auch in bürgerlichen Häusern nichts Außergewöhnliches. Die Trinkwasserkaraffe und die beiden Mundgläser kennt man aus der Schlafwagenausstattung. Vor dem Waschtisch ein Flickenteppich, das Äußerste an Bescheidenheit – der Fußboden aber ist mit Samt ausgespannt, was damals nun wieder ein gewaltiger Luxus war, und vor der Wanne liegt ein Orientteppich.

276 *Wilhelmsche Wohnung, Gästeschlafzimmer (ehem. Bibliothek König Friedrich Wilhelms II.).* 1. Obergeschoß, Raum 552, L. etwa 9,50 m, Br. etwa 6,50 m, H. etwa 6,75 m. – An den Flur der Wilhelmschen Wohnung (Raum 521), der bei seiner stattlichen Breite von 5 Metern später im Führungsheft des Kunstgewerbemuseums »Barockhalle« genannt wurde, grenzten die Nebenräume des Gästeschlafzimmers. Schon diese Nebenräume (Raum 547–551) lagen nicht mehr in der Neubauzone unter dem Weißen Saal. Man hatte aber das betreffende letzte zweifenstrige Zimmer der Königskammern geopfert, um in seiner Hälfte ein Ankleidezimmer (Raum 551) mit Badenische und Toilette sowie in der anderen Hälfte in zwei Stockwerken Dienerschaftsräume einbauen zu können.

Das Gästeschlafzimmer nun nahm die Stelle ein, an der sich ehemals die Bibliothek der Königskammern Friedrich Wilhelms II. befunden hatte. Schon 1868 hatte Schloßbaumeister Ludwig Ferdinand Hesse die Bibliothek zu einem Schlafzimmer umbauen müssen (vgl. S. 85ff.). Dieser erste Umbau hatte offenbar den Zweck, daß die Königskammern zu zwei Gästesuiten verwendet werden konnten, eine am Lustgarten – für diese war das neue Schlafzimmer erforderlich –, eine am Großen Schloßhof – dort befand sich das originale Schlafzimmer Friedrich Wilhelms II. Hesse hatte den gesamten Ausbau erneuert; die verstümmelten Bibliotheksschränke wurden dann in der Hausbibliothek wieder aufgestellt (Abb. 286). Beim Neubau des Weißen Saals hat Geyer dann den Raum, wohl schon 1892, abermals völlig erneuert: Paneel, Wandbespannung und Deckenstuck sind von ihm disponiert. Da sich darüber der Vorraum der Bildergalerie befand, der erhalten wurde, geschah der Umbau des Schlafzimmers nicht, weil er technisch notwendig war. Vermutlich wurde Hesses Dekoration als veraltet empfunden.

In den Königskammern wurden die vornehmsten Gäste logiert. Hier mußte also größte Pracht entfaltet werden. Gleichwohl läßt die Buntheit des Mobiliars erkennen, daß man auch alte Stücke verwendete. In der Ecke sieht man einen Rokoko-Konsoltisch. Das Prunkbett scheint einer älteren Einrichtung in den Königskammern anzugehören; denn es sieht so aus, als habe sich einer der Hofarchitekten – etwa Stüler – hier in Neo-Gontard versucht – man vergleiche das wohl von Gontard selbst entworfene Bett auf Abbildung 274. Die Nachtschränkchen und der nach einem Vorbild in Charlottenburg kopierte Kamin dürften von Geyer entworfen sein.

Mecklenburgische Kammern

277 *Mecklenburgische Kammern, Schlafzimmer.* Erdgeschoß, Raum 211, L. etwa 8,50 m, Br. etwa 5 m, H. etwa 6,90 m. – »Mecklenburgisch« haben nacheinander verschiedene Suiten im Schloß geheißen. Die Mecklenburgische Wohnung oder Mecklenburgischen Kammern (Abb. 277–279) lagen im Erdgeschoß unter der Wilhelmschen Wohnung (Abb. 272–274) und waren wie diese unter Kaiser Wilhelm II. bei Gelegenheit des Weißen-Saal-Umbaues als Gästezimmer ganz neu ausgebaut worden; als Architekt der Ausstattung wird wie für die Wilhelmsche Wohnung Albert Geyer genannt. Die Wohnung hatte ihren Namen von Prinzessin Alexandrine von Mecklenburg, einer Schwester Kaiser Wilhelms I., deren Zimmer allerdings nach dem Lustgarten hinaus gelegen hatten. Bei dem Neu-

bau blieben wie im Geschoß darüber vier Staatszimmer nach der Schloßfreiheit übrig, die als Suite insgesamt oder in zwei Teilen benutzbar waren. Da etwa gleichzeitig mit dem Weißen-Saal-Umbau die Häuser an der Schloßfreiheit abgebrochen wurden, gewann man auch für diese neue erdgeschossige Suite eine repräsentable Aussicht über den Spreegraben zum Schinkelplatz hin. Der Ausbau ist hier erst gegen 1903 vollendet worden. Als Stil hat Geyer in der Mecklenburgischen Wohnung das Barock der Königszeit zum Muster genommen.

Wir beginnen die Zimmerreihe wie bei der Wilhelmschen Wohnung darüber mit dem Schlafzimmer an der Ecke Schloßfreiheit/Lustgarten mit zwei Fenstern zum Lustgarten. An seiner Rückwand war wieder ein großer Schrank eingebaut – übrigens Kopie nach einem im Lübecker St.-Annen-Museum befindlichen –, hinter dessen Mitteltüren sich eine Badewanne, hinter dessen linker Tür sich ein Klosett befand, beide direkt belichtet und belüftet durch das große, gegen das Zimmer zugebaute Fenster zur Schloßfreiheit. In den Fensterlaibungen die Gitter der Warmluftheizung, Vorgänger unserer Klimatisierung. Im teilweise vergoldeten Gesims und der weiß gelassenen Decke hatte Geyer Motive aus Einrichtungen Schlüters verwertet. Der Boden des Schlafzimmers war mit ungemustertem Samt ausgespannt, auf dem der große Orientteppich liegt.

278 *Mecklenburgische Kammern, Salon.* Erdgeschoß, Raum 210, L. etwa 9,50 m, Br. etwa 9 m, H. etwa 6,90 m. – Der Salon war getäfelt, »boisiert«, mit Rücksicht auf die Teppichserie, die seinen Hauptschmuck bildete; die Boiserie war lackiert in einem hellen Ton ähnlich Rokoko-Täfelungen. Die Decke im Barock der Königszeit war weiß gelassen; Geyer hat hier das System seiner Decke im Gästeschlafzimmer der ehemaligen Königskammern (Abb. 276) etwas variiert wiederholt. Der Fußboden war auch in barocker Manier »geschränkt«.

Das Foto ist in den Jahren zwischen 1920 und dem Zweiten Weltkrieg aufgenommen, als das Kunstgewerbemuseum diese Räume benutzte – die Möbel stehen auf Podesten, damit das Publikum sie nicht beschädigt. Gleichwohl gehörten einige der Möbelstücke zum alten Inventar der Schlösser. Die kleine Standuhr links neben der Tür in der Rückwand war von Melchior Kambly in Potsdam. Sie war mit Schildpatt furniert und mit Appliken aus Goldbronze besetzt. Auch die Kommode links neben der Uhr ist aus den Schlössern gewesen. Beide Stücke waren aus Einrichtungen Friedrich Wilhelms II.

Die Wandteppiche hier wie im nächsten Zimmer gehören der Folge der »Götterliebschaften« an, die in der Manufaktur von Beauvais nach Kartons von Boucher von 1749 nicht weniger als sechsundsiebzigmal hergestellt worden sind. Friedrich der Große erhielt 1766 eine gekürzte Folge von fünf Teppichen, von denen heute noch vier vorhanden sind (Ariadne und Bacchus auf Naxos, Neptun und Amyone, Entführung der Europa, Venus und Vulkan), zusammen mit einem Entre-Fenêtre-Teppich, auf dem zwei Mädchen im Gehölz dargestellt sind. Die Teppiche sind um 1760 gemacht, das Material ist Wolle und Seide. Die Serie war für das Palais des Prinzen Heinrich, des Bruders Friedrichs des Großen, bestimmt – die heutige Humboldt-Universität – und ist von dort nach dem Tode des Prinzen von König Friedrich Wilhelm III. übernommen worden. Sie wurde dann über die Schlösser verstreut, mit einer anderen Folge von Beauvais-Teppichen nach Boucher vermischt und endlich 1903 in den beiden Zimmern der Mecklenburgischen Kammern im Schloß wieder vereinigt. Heute hängen sie in Charlottenburg. Auf Abbildung 279 ist der Teppich mit den Mädchen im Gehölz, auf Abbildung 278 links der Raub der Europa, anschließend Bacchus und Ariadne auf Naxos und rechts in Verkürzung Neptun und Amyone zu sehen.

279 *Mecklenburgische Kammern, Schreibzimmer.* Erdgeschoß, Raum 209, L. 9 m, Br. etwa 5 m, H. etwa 6,90 m. – Das Kabinett war ähnlich wie der Salon (Abb. 278) neubarock getäfelt, um die Teppichserie unterzubringen. Die Decke war hier kräftig vergoldet; als Deckengemälde war eine venezianische Antiquität gekauft worden.

Die Einrichtung ist wieder die des Kunstgewerbemuseums. Altes Schlösserinventar war die große Standuhr von Melchior Kambly, noch aus der Regierungszeit Friedrichs des Großen (heute im Neuen Palais, Potsdam).

Mit den Marmortürgewänden, den fest in die Paneele eingespannten Beauvais-Teppichen, dem Deckenstuck waren diese Ausstattungen einheitlich geplant und von straffer Eleganz. Geyers Entwurf war hier flüssiger und sicherer als in der Wilhelmschen Wohnung (Abb. 272–274) oder in dem wohl zu allererst ausgebauten Gästeschlafzimmer der ehemaligen Königskammern (Abb. 276).

Wenn man die Mecklenburgische Wohnung mit dem Ausbau des Weißen Saals und dem Umbau der Bildergalerie der Paradekammern zur Gobelingalerie (Abb. 130–136) zusammensieht, stellt sich der Eindruck eines speziellen Neubarock Wilhelms II. ein, dem draußen in der Stadt und im Lande die großen Gerichts- und Regierungsgebäude dieser Zeit korrespondieren.

280 *Petits Appartements, Salon.* Erdgeschoß, Raum 249, L. etwa 9 m, Br. etwa 7 m, H. etwa 6,90 m. – Die Petits Appartements lagen im Erdgeschoß des Lustgartenflügels von Portal IV nach der Ecke der Schloßfreiheit zu. Hier und wo später die Mecklenburgischen Kammern waren, hatte seit den zwanziger Jahren des 18. Jahrhunderts König Friedrich Wilhelm I. gewohnt, nach dem Lustgarten hinaus, sei-

ne Gemahlin nach dem Großen Schloßhof zu. Friedrich Wilhelm II. ließ dann hier, unter seinen Zimmern, Gästewohnungen einrichten, die Petits Appartements. Bei Gelegenheit des Weißen-Saal-Ausbaues unter Kaiser Wilhelm II. wurden die Petits Appartements, soweit sie nicht dem Umbau zum Opfer fielen und neugebaut wurden, modernisiert, mit Heizungen und Bädern versehen. Unsere Abbildung zeigt einen Salon mit zwei Fenstern zum Lustgarten in Verwendung durch das Kunstgewerbemuseum beziehungsweise Schloßmuseum (Norddeutsche Renaissance) in den Jahren nach 1920. Die Wandtäfelung ist noch aus der Zeit Friedrich Wilhelms II. Sie muß aber wohl umgesetzt worden sein, denn das Gesims darüber ist barock oder neubarock. Nach Richard Borrmann befand sich die »mattgelbe Wandvertäfelung aus Eschenholz« ursprünglich im Raum 225/226, den Geyer beim Weißen-Saal-Umbau in ein Schlaf- und ein Ankleidezimmer aufgeteilt hat.

Hausbibliothek

Die Räume der Hausbibliothek (Räume 625–630, 636, 637, 652 und 653) lagen im Mittelgeschoß der Anbauten an den Spreeflügel. Die Hausbibliothek war eine Stiftung König Wilhelms I., des ersten Kaisers. In älteren Zeiten war die kurfürstliche Bibliothek noch die Bibliothek des Landes oder Staates. Der Große Kurfürst machte die Bibliothek 1661 öffentlich zugänglich. Er ließ die Trümmer der märkischen Klosterbibliotheken sammeln und pflegte die Bibliothek mit der ihm eigenen Großzügigkeit und Weitsicht, wie auch andere Sammlungen von kultureller Bedeutung. Wie die Elfenbeine usw. seiner Kunstsammlung sich als Grundstock der Berliner Museen nachweisen lassen, so finden sich die Bestände seiner Bibliothek als Grundstock mehrerer Abteilungen der heutigen Staatsbibliothek. Die Forschung ist immer wieder von deren Reichhaltigkeit überrascht.

Die kurfürstliche Bibliothek war im oberen Geschoß des Apothekengebäudes (Abb. 16) untergebracht, in Höhe der Zwerchhäuser, ganz nahe an den Privatzimmern des Kurfürsten, woraus man ersehen kann, wie sehr er sie werthielt. Auch in dem großen, nach seinem Tode liegengebliebenen Neubau des Staatsappartements von 1687 hatte er der Bibliothek das oberste Geschoß zugedacht. Sein Sohn Friedrich III. (I.) hat zwar diesen Neubau eingestellt, pflegte die Bibliothek aber weiter im Sinne des Großen Kurfürsten. Der Enkel, König Friedrich Wilhelm I., ließ sie allerdings stagnieren.

Friedrich der Große lagerte die Bibliothek aus dem Schloß aus; er ließ 1774–80 ein besonderes Bibliotheksgebäude am Opernplatz erbauen. Dem Architekten Georg Christian Unger schrieb er dazu als Muster den Michaelertrakt der Kaiserlichen Hofburg in Wien vor, dessen geschweifte Form in meisterlicher Weise auf die örtliche Situation bezogen ist. Die Berliner Nachahmung ist dagegen rein formal (die Berliner: Kommode). Das Gebäude, im Zweiten Weltkrieg ausgebrannt, ist wiederaufgebaut worden. Die Staatsbibliothek allerdings war schon gegen 1910 in den Neubau Unter den Linden neben der Universität gezogen.

Friedrich der Große war es auch, der als erster Hohenzoller eine größere Privatbibliothek hatte – wollte sagen, deren mehrere. Er wünschte dort, wo er sich aufhielt, immer seine Bücher zur Hand zu haben. Er hatte in Berlin, in Charlottenburg und vor allem in Potsdam Bibliotheken – in Potsdam gleich drei, im Stadtschloß (das nach den Kriegszerstörungen leider abgerissen worden ist), in Sanssouci und im Neuen Palais –, endlich noch im Stadtschloß in Breslau je einen Satz Bücher. Jede dieser Bibliotheken enthielt Friedrichs Lieblingsschriftsteller, sonst aber auch besondere Bestände, die nicht mehrfach vorhanden waren. Die Bücher waren nach ihrem Standort gekennzeichnet, damit die Diener die Bücher, die der König auf Reisen mitnahm, in die richtige Bibliothek zurückstellen konnten.

Lesen wurde danach immer mehr eine übliche Weise, sich zu unterhalten, und von da an hatten die Könige und Königinnen, auch wenn sie literarisch nicht sonderlich interessiert waren, ihre Bibliotheken wie heute viele Leute – ein Stück Verbürgerlichung des Hofes. Die Bibliotheken der einzelnen Könige und Königinnen wurden, wenn sie starben, wie ihre Möbel und ihr Kunstbesitz mit den Bücherschränken inventarisiert und blieben entweder in den Räumen stehen, solange nämlich diese nicht wieder für einen neuen Bewohner umgestaltet wurden, oder sie kamen in irgendwelche Abstellräume oder Gastzimmer. (Eine systematische Lagerung und Katalogisierung der Kunstsachen kam erst gegen Ende des vorigen Jahrhunderts zustande, eine solche der Möbel ist überhaupt nicht erfolgt, bevor die meisten im Zweiten Weltkrieg verloren gingen).

Nach dem Großen Kurfürsten und Friedrich dem Großen war Friedrich Wilhelm IV. der nächste Hohenzoller, der wieder spezielle wissenschaftliche Interessen hatte. Er hielt sich eine glänzende Bibliothek, die schließlich an die 20000 Bände umfaßte und auf fast allen Wissensgebieten auf der Höhe ihrer Zeit war. Friedrich Wilhelm IV. bedurfte für eine solche Bibliothek eines wissenschaftlichen Bibliothekars und hat einen solchen auch angestellt. Dieser, Paul Duvinage, schlug nach dem Tode seines Herrn dem Nachfolger, Wilhelm I., der sich selbst nicht sonderlich für Bücher interessierte, vor, die Bibliothek weiterzuführen und die Bibliotheken der früheren Könige mit ihr zu vereinigen.

König Wilhelm vollzog pietätvoll die Stiftung, verfügte aber, daß die Bibliotheken seiner Vorgänger in deren Wohnungen verbleiben sollten. Kronprinz Friedrich (III.) sorgte aber dafür, daß die älteren Bibliotheken dann, wenn die originalen Räume umgestaltet wurden, der Hausbibliothek überwiesen wurden. Die Bibliothekare haben leider in einigen Fällen die überwiesenen Bücher in den Hauptbestand eingereiht. Später, wohl erst nach 1920, sind solche Bücher nach Möglichkeit wieder aus dem Hauptbestand herausgezogen und nach ihrer Provenienz zusammengestellt worden, zum Beispiel ein Teil der Bibliothek der Königin Luise. Die Hausbibliothek enthielt Bücher aus allen Hohenzollern-Schlössern, nicht nur solche, die ehemals im Berliner Schloß gestanden haben.

Die Hausbibliothek wurde 1862 zunächst in den Zimmern der ehemaligen Kunstkammer im Mezzanin über den Paradekammern untergebracht, die nicht einmal heizbar waren. Der Nachfolger Duvinages, Robert Dohme, erreichte den Umzug in die Räume unter der Braunschweigischen Kammer und Galerie, die in unseren Abbildungen dokumentiert sind. Die Einrichtung geschah 1874 vermutlich nach Entwürfen und unter Leitung des Direktors der Schloßbaukommission Ludwig Ferdinand Hesse, und der Umzug erfolgte noch in demselben Jahr. Die Schnelligkeit erklärt sich daraus, daß offensichtlich viele vorhandene Möbel verwendet worden sind. Nach 1920 wurden der Hausbibliothek die anschließenden Zimmer im Herzogin-Haus und im Grünen Hut zugeteilt, so daß darin die Bibliotheken der Könige und Königinnen seit Friedrich dem Großen bis zu Friedrich Wilhelm IV. in übersichtlicher Gliederung gezeigt werden konnten, beginnend im Grünen Hut. Wir gehen in unserer Abbildungsfolge aber nach der Entstehungsgeschichte der Hausbibliothek vor und demnach in der Reihe der Könige rückwärts.

281 *Hausbibliothek, Bibliotheksraum zwischen dem Turm Kurfürst Friedrichs II. und der Galerie des Großen Kurfürsten.* 1. Obergeschoß, Raum 628, L. etwa 14 m, Br. etwa 6 m, H. etwa 6,50 m. – Dies war der Eingangsraum der Bibliothek, in den man über ein Podest der Wendeltreppe und den Galeriegang des Herzogin-Hauses kam. Er war im Zusammenhang mit dem Ausbau der Braunschweigischen Kammer im Geschoß darüber von Friedrich Wilhelm I. erbaut worden; damals hatte der König die Lücke zwischen dem Turm Kurfürst Friedrichs II. und dem Galeriegang des Großen Kurfürsten schließen lassen, und es hatte sich dieser recht lange Saal mit zwei Fenstern in der Schmalseite zum Eishof ergeben. Die Decke war noch aus der Zeit dieses Ausbaues. Die Einrichtung hat Schloßbaudirektor Hesse offensichtlich aus verschiedenen vorhandenen Möbeln zusammengestückt. Die halbhohe Schrankreihe an der Wand unten bestand aus Schränken der ersten Hälfte des 19. Jahrhunderts. In der Brüstung der Galerie waren geschnitzte Füllungen aus der Schloßkapelle in Köpenick verwendet, die dort vermutlich einen kurfürstlichen Kirchenstuhl oder, noch eher, einen solchen der Kurfürstin abgetrennt haben. Der freistehende Schrankblock ist sicherlich nachträglich eingestellt worden, um Zuwachs der Bibliothek unterzubringen. Die Büste Kaiser Friedrichs III. deutet an, daß es seine Bücher gewesen sind, die in dem Schrankblock aufbewahrt wurden.

282 *Hausbibliothek, Bibliotheksraum im Turm Kurfürst Friedrichs II.* 1. Obergeschoß, Raum 629, L. etwa 9 m, Br. etwa 7,50 m, H. etwa 6,50 m. – Dieses Zimmer im Turm Kurfürst Friedrichs II. hatte zwei Fenster zum Eishof. Die Decke war wohl in der Zeit König Friedrichs I. stuckiert worden. Die Bibliotheksschränke mit der Galerie davor sind diejenigen der Einrichtung von 1874. Bemerkenswert sind die schönen Mappenschränke (mit den nachträglich aufgesetzten Schaupulten). Vermutlich waren sie für die Pracht-Kupferstichwerke über Architektur usw. in Großfolio angefertigt, von denen sich Friedrich Wilhelm IV. eine kostbare Sammlung hielt, deren Verbleib leider unbekannt ist.

283 *Hausbibliothek, Bibliotheksraum in der Galerie des Großen Kurfürsten.* 1. Obergeschoß, Raum 626/627, L. etwa 35,50 m, Br. etwa 4,50 m, H. etwa 6 m. – In diesem ehemals beiderseits offenen Bogengang sind der Große Kurfürst und der erste König an frischer Luft spazierengegangen. Seit langem schon war er vermauert und zum Teil verglast, als die Bibliothek hier einzog. Ob die Decke aus der Zeit Friedrichs III. (I.) oder der Friedrich Wilhelms I. war, oder ob Hesse sie entworfen hat, getraue ich mich nicht zu entscheiden. Die Schränke links dürften, wie schon die Pultschränke im zweitletzten Raum, seinerzeit für die Bibliothek Friedrich Wilhelms IV. angefertigt worden sein und hatten vielleicht schon vorher einmal hier, später aber wohl in Potsdam gestanden, wohin sich Friedrich Wilhelm nach der Revolution von 1848 zurückgezogen hatte. Seine Büste war hier aufgestellt, offenbar weil es seine Bibliotheksschränke waren.

284 *Hausbibliothek, nördlicher Bibliotheksraum im Herzogin-Haus.* 1. Obergeschoß, Raum 636, L. etwa 7,50 m, Br. etwa 5 m, H. etwa 5,25 m. – Der Große Kurfürst hatte hier im Herzogin-Haus unter seinen und seiner Gemahlin Privatzimmern wohl Prinzenwohnungen einrichten lassen, daher die schöne Stuckdecke. Der Bibliothek sind die Räume erst nach 1920 zugeteilt worden; vorher waren darin zuletzt Gästezimmer Kaiser Wilhelms II.; deren Einrichtung gehören der Marmorkamin und die Damastbespannung an. Tisch und Stühle waren aus der Schinkelzeit; die Bibliotheksschränke mögen der Königin Luise gehört haben, deren Büste auf dem Kaminsims aufgestellt ist.

285 *Hausbibliothek, mittlerer Bibliotheksraum im Herzogin-Haus.* 1. Obergeschoß, Raum 637, L. etwa 7,50 m, Br. etwa 5 m, H. etwa 5,25 m. – Dieses Nachbarzimmer zum vorigen war mit einem Tisch nach Schinkels Entwurf und mit Stühlen aus der Zeit Friedrich Wilhelms II. ausgestattet. Die Büsten stellten seinen Nachfolger Friedrich Wilhelm III. dar, hier modern-realistisch, da antik idealisiert. Die Schränke links haben gotischen Zierat im Gesims und auf der Kreuzung der Sprossen der Glastüren; sie haben ursprünglich in dem Gotischen Bibliothekspavillon Friedrich Wilhelms II. im Neuen Garten bei Potsdam gestanden.

Diese beiden letzten Räume waren zu Zeiten Friedrich Wilhelms IV. zusammengefaßt und enthielten die Bibliothek, aus der die Hausbibliothek hervorgegangen ist; seit 1874 war darin die Wohnung des Bibliothekars, Robert Dohme, bevor hier die Gästezimmer Kaiser Wilhelms II. ausgebaut wurden.

286 *Hausbibliothek, südlicher Bibliotheksraum im Herzogin-Haus.* 1. Obergeschoß, Raum 653, L. etwa 6,50 m, Br. etwa 6 m, H. etwa 5,25 m. – In diesem Zimmer war die Barockdecke noch mitsamt einem großen Deckenbild erhalten. Die edlen Stühle waren aus einer Einrichtung Friedrich Wilhelms II., der Tisch eher aus einer frühen Friedrich Wilhelms III. und der Königin Luise. Die Mahagonischränke waren ebenfalls die aus der Bibliothek Friedrich Wilhelms II. im Schloß selbst, aus einem der von Erdmannsdorff eingerichteten Zimmer am Lustgarten, das schon 1868 umgebaut worden war. Den Schränken fehlt ihr Sockel, dem linken das Krönungsgesims, denjenigen rechts auch die Hälfte der Kapitelle. Zu ihrem originalen Einbau vergleiche Seite 85ff.

287 *Hausbibliothek, Bibliotheksraum im »Grünen Hut«.* 1. Obergeschoß, Raum 652, Dm. etwa 3,75 m, H. etwa 6,75 m. – Dieses Zimmer im Grünen Hut ist einmal das Schlafzimmer Friedrich Wilhelms IV. gewesen. Die Schränke waren hier aus der Bibliothek Friedrichs des Großen im Neuen Palais in Potsdam; man hatte seine Büste auf dem Kaminsims aufgestellt. Ein Tischchen Friedrich Wilhelms IV. sollte den Schreibtisch des großen Königs darstellen. Es trägt einen Vitrinenaufsatz, in welchem bibliophile Andenken an ihn, unter anderem seine Kinderfibel, ausgelegt waren. Das Arrangement war mit Bedacht hier getroffen, um an die runden Schreibzimmer und Bibliotheken Friedrichs in Rheinsberg, Sanssouci und nebenan in den Historischen Wohnräumen zu erinnern (Abb. 240–241). Historisch waren darum doch nur einige seiner Einzelteile; das ganze war eine Andachtsstätte von zweifelhaftem Wert, ja genau genommen eine Fälschung.

Staatsrats-Räume

288–289 *Staatsrats-Räume.* Raum 489 (L. etwa 18 m, Br. etwa 7 m) und Raum 490 (L. etwa 8,50 m, Br. etwa 6 m), H. beider Räume etwa 6,90 m. – Der Saal des Staatsrates (Raum 489) im Erdgeschoß des Schloßplatzflügels links von Portal II ist in unserer Dokumentation das einzige Zeugnis für das Schloß als Behördensitz. Dabei ist das Schloß zur Zeit der Kurfürsten und ersten Könige das Verwaltungszentrum Brandenburgs und Preußens gewesen. Es war für die Entstehung der preußisch-deutschen Bürokratie das bedeutendste bauliche Dokument. Diese Bürokratie wächst und blüht heute noch immer fort und hat die Monarchie überdauert, so daß das Schloß als Monument ihrer Geschichte fast wichtiger ist, weil die Bürokratie sich als das gegenüber der Monarchie bedeutendere Thema erwiesen hat. Indessen wurde die Verwaltung in schlichteren Räumen vollzogen, die das Interesse der Fotografen nicht gefunden haben; und man hat zumindest die Staatssuiten auch als Repräsentation der Verwaltung zu begreifen, die der Absolutismus geschaffen hatte.

Nicht alle Behörden der kurfürstlichen Residenz befanden sich im Schloß. Der Jägerhof und der Mühlenhof (dieser diente der Versorgung des Hofes mit Lebensmitteln und Pferdefutter) lagen anderswo in der Stadt. Dies waren aber auch keine Zentralbehörden, sondern, wie man heute sagen würde, technische Dienste. Die Zentralbehörden, die Regierungsfunktionen ausübten, die Gerichte, Archive, Kassen, der Staatsschatz aber waren im Schloßkomplex untergebracht, soweit es den Fürsten gelungen war, sie zu zentralisieren – ein Prozeß, der ja mit der Durchsetzung des Absolutismus gleichbedeutend war. Ehedem hatten ja doch alle einzelnen Landesteile, nein Länder, die die Hohenzollern besaßen, eigene Behörden. Die allmählich eingerichteten Zentralbehörden waren auch keineswegs wie die heutige Verwaltung geordnet, sondern so anders, daß hier nicht Platz ist, ihre Organisation zu erläutern. Auch die bürgerliche Errungenschaft der Gewaltenteilung, der Trennung von Verwaltung und Gerichtsbarkeit, gab es ja noch nicht.

Immerhin war das Kammergericht die erste Behörde, die aus dem Schloß ausgelagert wurde. Friedrich Wilhelm I. ließ ihm 1734 durch Philipp Gerlach das schöne Haus an der Lindenstraße erbauen, in dessen Mauern heute das Berlin-Museum residiert. Das Kammergericht – eine populäre Abkürzung – bot dem Ober-Tribunal als höchste Berufungsinstanz für ganz Preußen, dem Disziplinarhof (für Beamte), dem Gerichtshof für Kirchliche Angelegenheiten, dem Geheimen Justizrat und dem Kammergericht selbst, das etwa einem Oberlandesgericht für die mittlere Mark entsprach, ein anständiges Unterkommen. Die Behörden sind nach dem Stand von 1870 angegeben; sie entwickelten sich fortwährend weiter. Die Aufzählung soll nur eine Idee von der Vielgestaltigkeit der älteren Gerichtsbarkeit geben.

Nach und nach zog eine Behörde nach der anderen, wie sie anwuchs, aus dem Schloß aus, meistens in Palais der Wilhelmstraße oder sonstwo in der Friedrichstadt. In Palais deswegen, weil ja die Minister von jeher einen Teil ihrer Geschäfte in ihren Wohnungen abgemacht hatten. Seit der zweiten Hälfte des vorigen Jahrhunderts wurde die Wilhelmstraße ein Synonym für die preußische und dann die Reichsregierung. Dort standen die schönsten Palais Berlins, eines am anderen, besonders nach der Westseite der Straße, wo die Gärten an den Tiergarten grenzten. Neubauten für die preußischen Ministerien wüßte ich aus der Zeit der Monarchie überhaupt nicht zu nennen; die Palais wurden umgebaut und erweitert, auch auf zugekauften Grundstücken neue Bürotrakte errichtet; die Minister blieben aber möglichst in ihren Palais. Die Reichsregierung folgte dem preußischen Vorbild und baute ebenfalls hauptsächlich nur Bürotrakte – übrigens gab es keine Ministerien dem Namen nach, weil Bismarck, um das Zugeständnis des allgemeinen gleichen Wahlrechtes zu kompensieren, in der Reichsverfassung selbständig dem Reichstag verantwortliche Minister zu vermeiden gewußt hatte: Was praktisch die Reichsministerien waren, hieß Reichsamt des Inneren usw., wurde von Staatssekretären geleitet und gegenüber dem Parlament allein durch Bismarck vertreten, so daß also der Reichstag es immer allein mit dem Kanzler zu tun hatte.

Um 1800 befanden sich noch die wesentlichsten Zentralbehörden und Archive im Schloß, und zwar, seit Friedrich Wilhelm I. 1724 an den Lustgarten hinübergezogen war, hauptsächlich in den Erdgeschoßräumen zwischen Portal II und III. Dies war praktisch eine Erweiterung des Quergebäudes, aus dessen Erdgeschoß diese Verwaltungen gewissermaßen herausgewachsen waren.

Nach der Niederlage gegen die Franzosen 1806 gewann in Preußen eine Reformpartei die Oberhand, die gewisse Neuerungen nach dem Vorbild des seit der Revolution bürgerlich-modernen Frankreich einführte. Freiherr vom Stein setzte 1808 durch, daß das königliche Kabinett aufgelöst wurde. Bis dahin hatten die von der Regierungsbürokratie bearbeiteten »Vorgänge« darauf gezielt, daß der zuständige Kabinettsrat sie beim König vortrug und mit dessen Genehmigung als »Kabinettsordres« dann in Vollzug setzte. Stein erreichte die Trennung der Sachgebiete in regelrechte Ministerien und setzte durch, daß die wichtigeren Entscheidungen in einem Staatsrat gefaßt werden sollten; 1810 wurde dieser konstituiert.

Im Staatsrat waren unter dem Vorsitz des Königs die Prinzen des königlichen Hauses, die Minister, deren Staatssekretäre und die Oberpräsidenten und Regierungspräsidenten aus ganz Preußen bei Anwesenheit in der Residenz Mitglieder. Steins Kollege Hardenberg wußte, als er Staatskanzler wurde, den Zusammentritt des Staatsrats bis 1817 hinauszuzögern – die Macht ist so süß, daß man, hat man sie erst, die besten Vorsätze von Kollegialität und öffentlicher Kontrolle vergißt. Danach aber trat das Gremium in Wirksamkeit und war so etwas wie ein Beamten-Parlament, unter Ausschluß der Öffentlichkeit, aber doch eine Kontrolle der Regierung, bis 1850 der preußische Landtag nach der vom König aufgezwungenen Verfassung diese Kontrollfunktion übernahm. Trotzdem reaktivierte der König 1852 den Staatsrat nochmals; das Gremium verlor aber doch mehr und mehr an Bedeutung.

Der Saal des Staatsrates ist von 1817 bis 1849 das Zentrum des preußischen Regierungs- und Verwaltungsapparates gewesen, und dies war das Ende der Funktion des Schlosses als Behördensitz. Die bürgerliche Revolution von 1848 hat ihr Ziel zwar nicht erreicht, immerhin aber ließ sich eine deutliche Trennung von Staatsverwaltung und König nicht mehr vermeiden. Nach 1848 gab es keine zentralen Staatsbehörden mehr im Schloß, außer dem Staatsarchiv und der »General-Staats-Casse«.

In der nächsten Generation wird das Schloß als Privathaus des Königs angesehen, so in dem vom Architektenverein herausgegebenen Überblickswerk »Berlin und seine Bauten« von 1877. Die einstigen Verwaltungsräumlichkeiten wurden von der Verwaltung des Privatbesitzes der Hohenzollern bezogen; in den Archivräumen beim Staatsratssaal richtete sich das Königliche Hausarchiv ein, das infolge der ehemals noch nicht entwickelten Trennung von Staats- und Privatsachen des Fürstenhauses in seinen älteren Beständen auch Teile umfaßte, die ebensogut dem Staatsarchiv hätten zugeteilt werden können. Unter Kaiser Wilhelm II. wurde ein eigenes Gebäude für das Hausarchiv in Charlottenburg erbaut, linker Hand vor dem Schloß, das im Zweiten Weltkrieg ausbrannte und danach abgerissen wurde; seine einzigen Reste sind der Torpavillon und das Gitter vor dem Kopf des linken Ehrenhofflügels. Die Bestände des Hausarchives befinden sich heute im Staatsarchiv in Merseburg.

Nach dem Hausarchiv bezog die Kaiser-Wilhelm-Gesellschaft die Räume, eine Stiftung und Behörde, die wissenschaftliche Forschung zentral und auf einem Niveau über den Universitäten organisierte. Kaiser Wilhelm II. hat sie 1910 nach dem Vorbild der großen amerikanischen wissenschaftlichen Stiftungen, wie der Rockefeller Foundation, gegründet und Großfinanz und Großindustrie dafür mobilisiert. Ihr heutiger Nachfolger ist die Max-Planck-Gesellschaft. Die Kaiser-Wilhelm-Gesellschaft hat zum Beispiel den deutschen Beitrag zur Atomphysik, der in den zwanziger und dreißiger Jahren international führend war, getragen.

Anstelle des Saales des Staatsrates (Abb. 289) sind zuerst zwei Zimmer gewesen; ob diese für den neuen Zweck zusammengelegt wurden oder schon vorher zusammengefaßt worden waren, ist nicht bekannt. Der neue Ausbau wird zwischen 1809 (der Rückkehr des vor den Franzosen geflohenen Königs nach Berlin) und 1817 (als der Staatsrat endlich zusammentrat) erfolgt sein. Leider sind noch keine Forschungen über den Ausbau veröffentlicht worden. Der Architekt dürfte sich darüber geärgert haben, daß er die barocke Voutendecke verwenden mußte. Die Kassetten der Decke sind infolgedessen in den Ecken etwas verzogen. Die kräftigen korinthischen Pilaster, die das klassische Gebälk tragen, stehen immer unter jeder vierten Kassettenbahn, mit Ausnahme der Achsen der Türen, die um eine Kassettenbreite gespreizt sind. Die große Einheitlichkeit des Raumgedankens, die Klarheit jeder Form und die Kälte und Logik des Arrangements zeigen die Höhe der Berlin-Potsdamer Hofbaukunst. Der Saal war ja kein Festsaal, sondern ein Sitzungssaal, damals ein neuer Raumtypus. Die Strenge seiner Form paßt gut zu der Disziplin konzentrierter Arbeit des Gremiums.

Von den rechteckigen Nischen an den Kopfenden des Raumes bot die eine – links hinter dem Fotografen – die schickliche Stelle für den Thron des Königs. Der Konferenztisch zog sich hufeisenförmig vor den Wänden entlang. Die Mitglieder saßen außen ringsherum; innen war der Raum frei, so daß man kein direktes Gegenüber hatte und in vornehmer Distanz sprach oder zuhörte. In der Nische im Foto hinten wurde nachträglich, 1823, eine Uhr nach Schinkels Entwurf angebracht. Die kleine Tür dort ist erst eingebrochen worden, als der Raum nicht mehr dem Staatsrat diente. Vor ihr war einst eine halbhohe Stellwand in Exedraform, mit Stoff drapiert, aufgestellt, die auch die Tür links verdeckte. So zeigt es eine Skizze des Kronprinzen, der wohl bei einer Sitzung aus Langeweile zum Zeichenstift gegriffen hat. Weil er ein glänzender Zeichner war, sind seine Skizzen oder wenigsten viele davon erhalten (jetzt im Schinkel-Museum der Handzeichnungssammlung der Nationalgalerie in Ost-Berlin). Sie erweisen, daß er die Kunst nicht verstand, bei der langweiligsten Sitzung noch mit aufmerksamem Gesichtsausdruck und bedeutungsvollem Blick unbeschäftigt herumzusitzen und mit offenen Augen zu schlafen.

Der Kamin links in der Mittelachse der langen Wand war offenbar wilhelminisch. Die Stühle gehören dem Normaltypus der Zeit Friedrich Wilhelms III. an, mit einer Rückenlehne und einer Schweifung der Stuhlbeine, die griechisch-antiken Vorbildern – die man natürlich nur aus Bildern auf Vasen und von steinernen Analogien kannte – nachempfunden sind: dem sogenannten Klismos-Typ. Man liebte helle Hölzer ohne auffällige Maserung, etwa Birke und Ahorn. Die spezifische Schlichtheit dieses Möbels mag preußisch sein.

Das Arbeitszimmer des Präsidenten der Kaiser-Wilhelm-Gesellschaft (Abb. 288), mit zwei Fenstern zum Schloßplatz, lag neben dem Staatsrats-Sitzungssaal, der als solcher auch der Kaiser-Wilhelm-Gesellschaft gedient hat. Vordem war hier ein Archivraum des Hausarchivs, davor des Staatsarchivs. Dieses hat sicher nur Dielenfußboden gehabt. Zur Einrichtung aus der Erbauungszeit (1713–16) können aber die Türen gehören, ein Typus, der im 18. Jahrhundert häufig ist (eine so breite Füllung wie die obere erforderte völlig abgelagertes Holz, das im vorigen Jahrhundert schon anfing knapp zu werden). Aus der Bauzeit ist ganz sicher das Deckengesims mit dem S-förmig gebauchten Fries. Im Schloß Charlottenburg habe ich Dienerschaftskammern von damals gesehen, die noch immer mit einem regelrechten Gesims ausgestattet gewesen sind; so sehr die Diener in der Hierarchie unter dem Hausherrn standen, sie waren doch Menschen. So waren also auch die Räume, die keiner Repräsentation dienten, noch anständig gehalten.

Auch der Raum des Präsidenten der Kaiser-Wilhelm-Gesellschaft war aus dem schier unerschöpflichen Möbel- und Bilderspeicher der Schlösser eingerichtet worden, wobei das flämische Bild rechts, von etwa 1600, besonders passend scheint: der Turmbau zu Babel.

Goerd Peschken

Sitzungssaal des Staatsrates, Zeichnung des Kronprinzen Friedrich Wilhelm

Anhang

Literaturverzeichnis

Zur Geschichte Berlins und des Berliner Schlosses

M. Arendt, E. Faden und O. F. Gandert, Geschichte der Stadt Berlin, Berlin 1937

Berlin, Quellen und Dokumente 1945–1951 (Schriftenreihe zur Berliner Zeitgeschichte, Bd. 4), 1. Halbbd., Berlin 1964

E. Berner, Geschichte des Preußischen Staates, Berlin 1891

W. M. Freiherr von Bissing, Friedrich Wilhelm II., König von Preußen, Berlin 1967

M. von Bunsen, Die Welt, in der ich lebte, Leipzig 1929

P. Clauswitz, Zur Geschichte Berlins, in: Die Bau- und Kunstdenkmäler von Berlin, Berlin 1893, S. 3ff.

Das Berliner Schloß vernichtet, in: Berliner Nachtausgabe, 9. Februar 1945

Das Stadtbuch des alten Köln an der Spree aus dem Jahre 1442 (Schriften des Vereins für die Geschichte Berlins, H. 52), Hrsg. P. Clauswitz, Berlin 1921

Das zerstörte Berliner Schloß, in: Deutsche Allgemeine Zeitung, 11. Februar 1945

E. Faden, Die Spree im märkischen Berlin, in: Märkischer Wandergruß, Berlin 1951, S. 8ff.

Genealogie des Gesamthauses Hohenzollern, bearb. und hrsg. von J. Großmann, E. Berner, G. Schuster und K. Th. Ziegler, Berlin 1905

K. Heinig, Hohenzollern, Wilhelm II. und sein Haus, Der Kampf um den Kronbesitz, Berlin 1921

C. Hinrichs, König Friedrich I. von Preußen, in: C. Hinrichs, Preußen als historisches Problem, Berlin 1964, S. 253ff.

C. Hinrichs, Der Regierungsantritt Friedrich Wilhelms I., in: C. Hinrichs, Preußen als historisches Problem, Berlin 1964, S. 91ff.

O. Hintze, Hof- und Landesverwaltung in der Mark Brandenburg unter Joachim II., in: Hohenzollern-Jahrbuch 10, Berlin 1906, S. 138ff.

O. Hintze, Die Hohenzollern und ihr Werk, 8. Aufl., Berlin 1916

E. Kaeber, Die Beziehungen zwischen Berlin und Cölln im Mittelalter und der Konflikt der beiden Städte mit Kurfürst Friedrich II., Sonderdruck aus: Hansische Geschichtsblätter 34, Leipzig 1929

E. Kaeber, Berlin 1848, Berlin 1948

B. Krieger, Das Berliner Schloß in den Revolutionstagen 1918, Leipzig 1922

K. Freiherr von Ledebur, König Friedrich I. von Preußen, Leipzig 1878

H. von Meyerinck, Die Straßenkämpfe in Berlin am 18. und 19. März 1848, Leipzig 1912

E. Müller-Mertens, Zur Städtepolitik der ersten märkischen Hohenzollern und zum Berliner Unwillen, in: Zeitschrift für Geschichtswissenschaft 4, Berlin 1956, H. 3, S. 525ff.

Politische Correspondenz des Kurfürsten Albrecht Achilles, hrsg. und erläutert von F. Priebatsch (Publicationen aus den Königl. Preußischen Staatsarchiven, Bd. 59, 67, 71), Bd. 1: 1470–74; Bd. 2: 1475–80; Bd. 3: 1481–86, Leipzig 1894–98

F. Priebatsch, Die Hohenzollern und die Städte der Mark im 15. Jahrhundert (F. Priebatsch: Die deutschen Städte im Kampfe mit der Fürstengewalt, Bd. 1), Berlin 1892

F. Priebatsch, Geistiges Leben in der Mark Brandenburg am Ende des Mittelalters, in: Forschungen zur Brandenburgischen und Preußischen Geschichte 12, Berlin 1899, H. 2, S. 325ff.

H. Räther, Vom Hohenzollernschloß zum Roten Platz, Berlin 1952

Regesten der Markgrafen von Brandenburg aus askanischem Hause, bearb. von H. Krabbo und G. Winter (Veröffentlichungen des Vereins für die Geschichte der Mark Brandenburg), Leipzig, München und Berlin 1910–55

K. Rodemann, Hrsg., Das Berliner Schloß und sein Untergang, 2. Aufl., Berlin 1951

R. Rotheit, Das Berliner Schloß im Zeichen der Novemberrevolution, Berlin 1932

G. Schapper, Die Hofordnung von 1470 und die Verwaltung am Berliner Hofe zur Zeit Kurfürst Albrechts (Veröffentlichungen des Vereins für die Geschichte der Mark Brandenburg), Leipzig 1912

H. Schmitz, Revolution der Gesinnung, Preußische Kulturpolitik und Volksgemeinschaft seit dem 9. Nov. 1918, Neubabelsberg 1931

U. Schüren, Der Volksentscheid zur Fürstenenteignung 1926 (Beiträge zur Geschichte des Parlamentarismus und der politischen Parteien, Bd. 64), Düsseldorf 1978

J. Schultze, Die Mark Brandenburg, Bd. 1–3, Berlin 1961–63

Urkundenbuch zur Berlinischen Chronik, hrsg. vom Verein für die Geschichte Berlins durch F. Voigt, Berlin 1869 f.

E. Vehse, Hofgeschichten, München 1913

A. Wolff, Berliner Revolutionschronik, Berlin 1898

Zur Baugeschichte

Berlin und seine Bauten, hrsg. vom Architekten-Verein zu Berlin, Berlin 1877

Berlin und seine Bauten, hrsg. vom Architekten-Verein zu Berlin und der Vereinigung Berliner Architekten, Berlin 1896

R. Borrmann, Die Bau- und Kunstdenkmäler von Berlin, Mit einer geschichtlichen Einleitung von P. Clauswitz, Berlin 1893

J. B. Broebes, Vues des palais et maisons de plaisance d.S.M. le Roy de Prusse, Augsburg 1733

Der Entwurf zum Neubau des Domes und zur Vollendung des Königlichen Schlosses in Berlin, in: Deutsche Bauzeitung, Berlin 1888, H. 78, 80 und 82

Die Wiederherstellung der alten Kapelle im Königlichen Schlosse zu Berlin, in: Deutsche Bauzeitung, Berlin 1880, H. 9

R. Dohme, Das Königliche Schloß in Berlin, Eine baugeschichtliche Studie, Leipzig 1876

A. Donath, Das offene Schloß zu Berlin, in: Berliner Tageblatt, 2. April 1926

Entwürfe zum Ausbau des Königlichen Schlosses in Berlin, in: Deutsche Bauzeitung, Berlin 1888, H. 62

A. Geyer, Zur Baugeschichte des königlichen Schlosses in Berlin (Tl. 1: Der Festsaal des Großen Kurfürsten, Tl. 2: Die Kapelle Friedrichs I. [III.], Tl. 3: Die Räumlichkeiten der Hofapotheke im Berliner Schloß, Tl. 4: Das »neue Schloß« Friedrichs I., Tl. 5: Der Weiße Saal), in: Hohenzollern-Jahrbuch 1, Berlin 1897, S. 146ff.; 2, 1898, S. 227ff.; 7, 1903, S. 249ff.

A. Geyer, Geschichte des Schlosses zu Berlin, Bd. 1, Berlin 1936

H. Graffunder und M. Beerbaum, Der Palast der Republik, Leipzig 1977

C. Gurlitt, Andreas Schlüter, Berlin 1891

E. Hubala, Das Berliner Schloß und Andreas Schlüter, in: Gedenkschr. für Ernst Gall, München 1965

J. Kothe, Das Hohe Haus in Berlin, Ein Beitrag zur Baugeschichte Berlins im Mittelalter, Sonderabdruck aus: Forschungen zur Brandenburgischen und Preußischen Geschichte 48, Berlin 1936

J. Kothe, Das mittelalterliche Rathaus der Stadt Berlin, Sonderabdruck aus: Forschungen zur Brandenburgischen und Preußischen Geschichte 49, Berlin 1937

H. Ladendorf, Der Bildhauer und Baumeister Andreas Schlüter, Beiträge zu seiner Biographie und zur Berliner Kunstgeschichte seiner Zeit, Berlin 1935

H. Ladendorf, Andreas Schlüter, Berlin 1937

F. Morin, Berlin und Potsdam im Jahre 1860, Berlin o. J.

N. Müller, Die Gründung und der erste Zustand der Domkirche zum Hlg. Kreuz in Köln-Berlin und das Neue Stift in Halle a.S., in: Jahrbuch für brandenburg. Kirchengeschichte 2/3, Berlin 1906, S. 68ff.

R. Nicolas, Ist das Schloß Kurfürst Friedrichs II. 1540 ganz abgebrochen worden? in: Mitteilungen, Zeitschrift des Vereins für die Geschichte Berlins 54, Berlin 1947, H. 3

G. Peschken, Die städtebauliche Einordnung des Berliner Schlosses zur Zeit des preußischen Absolutismus, in: Gedenkschr. für Ernst Gall, Berlin 1965

G. Peschken, Neue Literatur über Andreas Schlüter, in: Zeitschrift für Kunstgeschichte 30, München 1967, S. 229ff.

G. Peschken, Ein Königsschloß für Berlin, Bisher unerforschte Anfänge des barocken Umbaues des Stadtschlosses, in: Der Bär von Berlin 26, Berlin 1977

G. Peschken, Zum Hauptgebäude des Jagdschlosses Grunewald, in: Schlösser, Gärten, Berlin, Festschr. für Martin Sperlich, Tübingen 1979

J. D. F. Rumpf, Berlin und Potsdam, Tl. 1, Berlin 1803, S. 163ff. u. 206ff.

H. Schmitz, Preußische Königsschlösser, Berlin 1926

J. A. Schmoll, gen. Eisenwerth, Das Kloster Chorin und die askanische Architektur in der Mark Brandenburg 1260–1320 (Veröffentlichungen der Berliner Historischen Kommission beim Friedrich-Meinecke-Institut der Freien Universität Berlin, Bd. 2), Berlin 1961

H. Seyer, Zur mittelalterlichen Stadtbefestigung von Berlin-Cölln, in: Ausgrabungen und Funde 19, Berlin 1974, H. 3, S. 164ff.

G. Strauß, Denkmalpflege an der Schloßruine in Berlin, in: Planen und Bauen 12, Berlin 1950, S. 384f.

F. Wagner, Die älteste Geschichte des Domes und Domstiftes zu Köln-Berlin bis 1535, in: Hohenzollern-Jahrbuch 8, Berlin 1904, S. 37ff.

Zur Innenausstattung und Dekoration

Andreas Schlüter und die Plastik seiner Zeit, Berlin 1964 (Kat.)

E. Berckenhagen, Baumeisterbildnisse im Rittersaal des Berliner Schlosses, in: Zeitschrift des Deutschen Vereins für Kunstwissenschaft 17, Berlin 1963, S. 215ff.

Beschreibender Katalog der Sonderausstellung der Hausbibliothek Seiner Majestät des Kaisers und Königs, Berlin 1914

H. Börsch-Supan, Marmorsaal und Blaues Zimmer, So wohnten Fürsten, Berlin 1976

Das Kunstgewerbemuseum (Führer durch die Königlichen Museen zu Berlin), 17. Aufl., Berlin 1915

Die Hohenzollernwohnräume im Berliner Schloß, in: Tägliche Rundschau, 5. Juni 1925

Die jüngsten Veränderungen im Kgl. Schlosse zu Berlin, in: Deutsche Bauzeitung 29, Berlin 1895, H. 8 u. 10

Die neuen schmiedeeisernen Thore am königlichen Schlosse zu Berlin, in: Deutsche Bauzeitung 25, Berlin 1891, H. 91 u. 95

O. O. Falke, Führer durch das Schloßmuseum, Berlin 1920

Führer durch die Kunst- und Kulturgeschichtlichen Museen Berlins, Hrsg. Generaldirektor der Staatlichen Museen, Berlin 1937

A. Geyer, Die historischen Wohnräume im Berliner Schloß, in: Deutsche Bauzeitung 60, Berlin 1926, S. 441ff. und 451ff.

A. Geyer, Die historischen Wohnräume im Berliner Schloß, 3. Aufl., Berlin 1939

S. Harksen, Friedrich Wilhelm Erdmannsdorffs Ankäufe von Skulpturen für Berlin und Potsdam, in: Staatliche Museen zu Berlin, Forschungen und Berichte 18, Berlin 1977, S. 131ff.

E. Hennings, Das Königliche Schloß in Berlin, Ein Führer durch seine Sehenswürdigkeiten, Berlin o. J.

J. Hildebrand und Chr. Theuerkauff, Die Brandenburgisch-Preußische Kunstkammer, Berlin 1981

W. Th. Hinrichs, Carl Gotthard Langhans, Ein schlesischer Baumeister, Straßburg 1909

C. Jahnel, Das Heim des deutschen Kaiserpaares in dem Königlichen Schlosse zu Berlin, in: Der Bär, Berlin 1888, S. 340ff.

Kostüme im Schloßmuseum, in: Steglitzer Lokalanzeiger, 13. September 1940

B. Krieger, Die Berliner Schloßbibliothek (Manuskript im Bes. der Staatlichen Schlösser und Gärten, Schloß Charlottenburg, Berlin)

H. Mackowsky, Johann Gottfried Schadow, Jugend und Aufstieg, Berlin 1927

H. Mackowsky, Die Bildwerke Gottfried Schadows, Berlin 1951

Öffnung der sogenannten historischen Räume der früheren Kaiserlichen Wohnung im Berliner Schloß, in: Deutsche Bauzeitung 60, Berlin 1926, S. 326ff.

K. Parlasca, Motive antiker Stützfiguren an Kaminen des Frühklassizismus, in: Zeitschrift für Kunstgeschichte 37, München 1974, S. 269ff.

O. Reichl, Zur Geschichte der ehemaligen Kunstkammer, in: Jahrbuch der Preußischen Kunstsammlungen 51, Berlin 1930, S. 223ff.

O. Reichl, Die Staatlichen Museen auf der Ausstellung »Alt-Berlin«, in:

Berliner Museen, Berichte aus den Preußischen Kunstsammlungen 52, Berlin 1931, H. 1, S. 13ff.
E. P. Riesenfeld, Erdmannsdorff, Der Baumeister des Herzogs Leopold Friedrich Franz von Anhalt-Dessau, Berlin 1913
A. Rode, Leben des Herrn Friedrich Wilhelm vom Erdmannsdorff, Dessau 1801, S. 29ff.
M. Schasler, Berlin's Kunstschätze, Ein praktisches Handbuch zum Gebrauch bei der Besichtigung derselben, Berlin 1855
R. Schmidt, Das Schloßmuseum, in: Staatliche Museen zu Berlin, Gesamtführer, Berlin 1930, S. 215ff.
P. Seidel, Ein Gang durch die neue kaiserliche Wohnung im Berliner Schlosse, in: Preußische Jahrbücher 63, Berlin 1889, S. 377ff.
P. Seidel, Das Bildhaueratelier Friedrich des Großen und sein Inhaber, in: Jahrbuch der Preußischen Kunstsammlungen 14, Berlin 1893, S. 101ff.
P. Seidel, Les collections d'oeuvres d'art français du XVIIIe siècle, Berlin 1900, S. 175ff.
P. Seidel, Kunst und Kunstgewerbe in den königlichen Schlössern, Tl. 4: Berliner und Potsdamer Standuhren in den königlichen Schlössern, in: Hohenzollern-Jahrbuch 12, Berlin 1908, S. 252ff.
P. Vitry, L'Amour et l'Amitié, groupe par le sculpteur Tassaert à Berlin et au Chateau de Dampierre, in: Revue de l'art ancien et moderne 5, Paris 1899
P. Wallé, Leben und Wirken Karl von Gontards, Berlin 1891
P. Werner, Pompei und die Wanddekoration der Goethezeit, München 1970, S. 48f.
A. Zeller, Das Schloßmuseum im Berlin, in: Mitteilungen des Vereins für die Geschichte Berlins 34, Berlin 1927, S. 35ff. u. 73ff.
Zum Wechsel in der Leitung des Schloßmuseums in Berlin, in: Deutsche Bauzeitung 62, Berlin 1928, S. 47f.

Nachträge und wichtige Neuerscheinungen

L. Beger, Thesaurus Electoralis Brandenburgicus, Bd. I, 1696; Bd. II, 1699; Bd. III, 1701
E. Benkard, Andreas Schlüter, Frankfurt am Main 1925
R. Biederstedt, Johann Friedrich Eosander, Grundzüge einer Biographie, Stockholm 1961
W. Boeck, Permoser in Berlin, in: Berliner Museen, Berichte aus den preußischen Kunstsammlungen 54, Berlin 1933, S. 30ff.
E. Bohm, Teltow und Barnim, Untersuchungen zur Verfassungsgeschichte und Landesgliederung brandenburgischer Landschaften im Mittelalter (Mitteldeutsche Forschungen, Bd. 83) Köln und Wien 1978
E. Gall, Das Berliner Schloß, in: Deutsche Kunst, Bd. 9/2, Bremen 1943
A. Geyer, Die historischen Wohnräume im Berliner Schloß, 1. Aufl., Berlin 1929
M. Hass, Die Hofordnung Kurfürst Joachims II. von Brandenburg, (Historische Studien, H. 87) Berlin 1910
F. Holtze, Geschichte der Befestigung von Berlin, in: Schriften des Vereins für die Geschichte Berlins, H. 10, Berlin 1874
Katalog: Die Zukunft der Metropolen, Bd. 1, Aufsätze, Tl. III: Berlin, Das Schloß, Berlin 1984, S. 226ff.
Katalog: Metall im Kunsthandwerk, Ch. Keisch, Zur Geschichte des Berliner Silberbuffets, Berlin 1967, S. 241ff.
H.-W. Klünner, Als 80 Schlösser staatlich wurden, in: Der Tagesspiegel, 1. April 1977
F.-E. Keller, Christian Eltesters Entwürfe für die Erweiterung der Paradekammern und die Kapelle des Berliner Stadtschlosses 1697/98, in: Zeitschrift für Kunstgeschichte, Bd. 48, Berlin 1985, S. 541ff.
B. Krieger, Die Hausbibliothek der Hohenzollern, in: Mitteilungen des Vereins für die Geschichte Berlins 42, Berlin 1925, S. 14ff.
B. Krieger, Eine Königliche Hausbibliothek, in: Westermanns Monatshefte, H. 922, Braunschweig Juni 1933
C. F. von Klöden, Andreas Schlüter, Berlin 1855
M. Kühn, Preußische Schlösser in der Zeit vom Großen Kurfürsten bis zu Friedrich Wilhelm IV., 1. Aufl., Berlin 1934
H. Mauter und H. Zettler, Das Berliner Schloß – Eine Photodokumentation der verlorenen Stadtmitte, Berlin 1991
F. Nicolai, Beschreibung der Königlichen Residenzstädte Berlin und Potsdam, Bd. I–III, 3. Aufl., Berlin 1786
R. Nicolas, Die ältesten Ansichten von Berlin, in: Zeitschrift des Vereins für die Geschichte Berlins 54, Berlin 1937, S. 29ff.
F. Nonn, Altert Geyer †, in: Zentralblatt der Bauverwaltung, 58. Jg., H. 42, Berlin 1938
G. Peschken, Das Berliner Schloß, Bonn 1987
E. Redslob, Barock und Rokoko in den Schlössern von Berlin und Potsdam, Berlin 1954
A. Schellenberg, Das genealogische Dunkel um Andreas Schlüter, in: Archiv für Sippenforschung u. a. verwandte Gebiete, H. 1, Januar 1944
P. Seidel, Der Lustgarten am Schlosse in Berlin bis zu seiner Auflösung im Jahre 1715, in: Forschungen zur brandenburgischen und preußischen Geschichte, Bd. 3, Berlin 1890, S. 89ff.
L. Sternaux, Hier spukte die Weiße Frau, in: Berliner Lokal-Anzeiger, 25. Dezember 1936
F. Wendland, Der Lustgarten am Berliner Schloß, in: Jahrbuch für brandenburgische Landesgeschichte, Bd. 20, Berlin 1969, S. 94ff.,
L. Wiesinger, Drei unbekannte Ansichten des kurfürstlichen Berliner Schlosses, in: Schlösser, Gärten, Berlin, Festschr. für Martin Sperlich, Tübingen 1980, S. 35ff.
L. Wiesinger, Der Elisabethsaal des Berliner Schlosses, Ein Beitrag zur Antikenrezeption in Berlin um 1700, in: Jahrbuch der Berliner Museen, Berlin 1982, S. 189ff.
L. Wiesinger, Das Berliner Schloß, Von der kurfürstlichen Residenz zum Königsschloß, Darmstadt 1989
Wie viele Fenster hat das Königliche Schloß?, in: Der Bär, Berlin 1884, S. 335

Namenregister

Quellenverzeichnis der Abbildungen

Tafelteil: Die Vorlagen für die Abbildungen im Tafelteil des Bandes verdankt der Verlag vor allem dem Institut für Denkmalpflege, Berlin, und der Verwaltung der Staatlichen Schlösser und Gärten, Berlin. Eine Reihe von Bildvorlagen stellten darüber hinaus die nachfolgend aufgeführten Archive bzw. Personen zur Verfügung.
Bildarchiv Preußischer Kulturbesitz, Berlin 8, 22–23 · Hans-Werner Klünner, Berlin 1, 260b · Kunstbibliothek, Staatliche Museen Preußischer Kulturbesitz, Berlin 6, 10–11, 68–69 · Landesbildstelle, Berlin 246b, 249, 254 · Staatliche Museen zu Berlin, Kunstgewerbemuseum, Berlin 158, 202, 223a und b, 279, 280 · Ullstein Bilderdienst, Berlin 281, 282, 288, 289.

Abbildungen im Text: Die Vorlagen für die Abbildungen im Textteil des Bandes, soweit nicht den dort oder im Literaturverzeichnis erwähnten Publikationen entnommen, verdankt der Verlag den nachstehend genannten Archiven bzw. Personen.
Bildarchiv Preußischer Kulturbesitz, Berlin S. 31, 68, 505 · Deutsche Staatsbibliothek, Berlin S. 39–42, 44, 45, 47, 439 · Institut für Denkmalpflege, Berlin S. 437, 440 · Hans-Werner Klünner, Berlin S. 12, 23, 25, 29, 63, 108, 114, 115, 117 unten, 127, 128 oben, 135 oben, 432, 436, 438 oben, 446, 450, 475, 477, 489, 490, 494, 531 · Landesarchiv, Berlin S. 128, 129 oben und unten, 130, 131 oben, 132 oben und unten, 135, 442 · Propyläen Verlag, Berlin S. 101, 125 · Ullstein Bilderdienst, Berlin S. 57, 100, 101, 109, 116, 117, 118 alle, 119 alle, 120 alle, 121, 131, 132 oben, 133 oben, 433, 453, 438 unten, 443 · Verwaltung der Staatlichen Schlösser und Gärten, Berlin S. 20, 21, 24–28, 33, 40, 49, 55, 56, 58, 61, 68, 71, 75, 76–81, 85–87, 89, 93–97, 101 alle, 105, 106 oben, 107, 110, 111, 122, 434, 441, 460–462, 464, 466, 492, 501, 525, 526, 536, 544.

Die Deutsche Bibliothek – CIP-Einheitsaufnahme

Das *Berliner Schloss*: das klassische Berlin/Goerd Peschken; Hans Werner Klünner. Unter Mitarb. von Fritz-Eugen Keller und Thilo Eggeling. – 2. Aufl. – Frankfurt am Main; Berlin: Propyläen, 1991
ISBN 3-549-06652-X
NE: Peschken, Goerd; Klünner, Hans-Werner